한국외교문서

제4차 한일회담 II

한일회담
자료총서 4

한국외교문서
제4차 한일회담 II

동북아역사재단 편

동북아역사재단
NORTHEAST ASIAN HISTORY FOUNDATION

• 이 책은 2020년도 동북아역사재단 기획연구와 용역연구 수행 결과물임(NAHF-2020-기획연구-10),
(NAHF-2023-용역-2).

발간사

한일관계에서 한일협정만큼 민감하고 논쟁적인 주제는 없을 것입니다. 한일 양국은 1951년 10월 국교정상화를 위한 회담을 시작하였습니다. 이후 회담은 13년 8개월에 걸쳐 중단과 재개를 되풀이하였고, 1965년 6월 한일 양국은 협정에 조인하였습니다. 한일회담은 해방 후 한일관계뿐만 아니라 한국현대사의 기본 틀을 만드는 과정이었습니다. 한일 양국이 최근 첨예하게 대립하는 근본 원인도 한일회담에 있다고 할 수 있습니다. 2018년 10월 30일 일제 강제동원 피해자 손해배상소송 판결과 2021년 1월 9일 일본군'위안부' 피해자 손해배상소송 판결은 1965년 한일협정이 지나간 과거가 아닌 현재진행형의 문제라는 사실을 확인시켰습니다.

한국 정부와 법원은 1910년 강제병합조약은 원천 무효이고 반인도적 범죄에 대한 배상 문제는 1965년 한일청구권협정으로 해결되지 않았다고 주장합니다. 하지만 일본 정부와 법원은 강제병합조약은 합법이고 청구권협정으로 모든 배상 문제가 해결되었다고 주장합니다. 한일협정에 대한 평가와 해석을 둘러싸고 이처럼 첨예하게 대립하는 근본 원인은 무엇일까요? 한일협정 해석을 둘러싼 갈등은 해결할 수 있는 것일까요?

이 문제들에 대한 해답을 찾기 위해서는 한일협정 조문 해석뿐만 아니라 협정이 어떤 과정을 거쳐 체결되었는지, 당시 양국 정부가 어떠한 역사인식과 전략을 토대로 협상하였는지를 한일회담 당시 관련 일차 자료에 근거하여 파악할 필요가 있습니다.

한일회담 외교문서가 공개된 것은 강제동원 피해자들이 2002년 한국 정부를 상대로 문서공개요구소송을 한 것이 계기였습니다. 강제동원 피해자들은 일본에서 제소한 소송에서 일본 법원이 1965년 청구권협정으로 모든 배상은 해결되었다는 판결을 내리자, 청구권협정에서 강제동원 피해자 문제가 어떻게 다루어졌는지 공개하라며 한국 정부를 상대로 소송을 하였습니다. 이후 2004년 강제동원 피해자들이 승소하였고, 한국 정부는 2005년 약 3만 5,000장의 문서를 공개하였습니다. 일본에서도 시민단체인 '일한회담문서 전면공개를 요구하는 모임'이 문서 공개를 요구하자, 일본 정부는 2008~2015년까지 약 9만 장의 문서를 공개하였습니다.

동북아역사재단은 한일 양국에서 한일회담 외교문서가 공개된 이후 국민대학교 일본학연구소와 협력하여 방대한 분량의 외교문서를 체계적으로 정리하는 작업을 해왔습니다. 그 첫 작업으로 한국외교문서를 체계적으로 분류·해제한 『한일회담 외교문서 해제집』 5권을 2008년에 발간하였습니다. 이후에는 소송을 통해 추가로 공개된 문서를 포함한 일본외교문서 약 9만 장을 체계적으로 분류하여 그 결과물을 『한일회담 일본외교문서 상세목록』(2021) 5권으로 발간하였습니다. 한국외교문서 원본은 동북아역사재단 〈동북아역사넷〉에 올렸으며, 일본외교문서 원본도 올리는 중입니다. 그 외 미국 국무성 문서도 국사편찬위원회의 협력을 받아 〈동북아역사넷〉에 올렸습니다.

이렇게 외교문서의 원문을 제공하는 작업은 한일회담의 전모를 밝히는 데 크게 기여하고 있지만, 외교문서를 찾아보는 일반 대중과 연구자, 정책 입안자들이 필기체로 된 방대한 문서에서 필요한 자료를 찾아내는 것은 쉬운 일은 아닙니다. 이에 우리 재단은 국민과 학계, 관계 기관에서 한일회담 관련 자료를 폭넓게 활용할 수 있도록 한일회담 관련 핵심 문서를 자료총서로 발간하는 작업을 하고 있습니다. 이 자료총서가 한일회담의 전모를 파악하고 핵심 쟁점이 어떻게 논의되었는지를 이해하고 한일회담에 대한 객관적인 이해를 토대로 한국과 일본이 현재 직면한 문제를 해결하는 데에 기여할 수 있기를 기대합니다. 나아가 앞으로 진행될 북일 국교정상화 관련 대응에도 도움이 될 수 있을 것입니다.

한일회담 자료총서 발간 작업은 연구자들과 활동가들의 열정적인 노력이 있었기에 시작할 수 있었습니다. 외교문서가 공개될 수 있도록 노력하신 많은 분들과 방대한 분량의 외교문서를 한 장 한 장 검토해 주신 분들께 감사를 드립니다.

2023년 12월

동북아역사재단 이사장

이영호

책머리에

한국과 일본이 8월 15일을 각각 '광복절'과 '종전기념일'로 부르고 있는 것에서 상징적으로 드러나듯이 일본의 식민지배에 대한 인식 차이는 오늘날도 여전하다. 인식의 차이는 인식의 영역에만 머무르지 않는다. 비근한 예로, 근년 벌어지고 있는 강제동원과 일본군'위안부' 피해자 소송 판결을 둘러싼 한일 간의 외교적 갈등은 1910년 한국병합과 35년간의 식민지배에 대한 불법·합법론 및 합당·부당론적 인식과 평가에 기반을 둔 법적 논쟁이기도 하다. 한일협정의 교섭 과정이나 체결과 연관된 문제들은 여전히 오늘의 한일 관계를 규정하는 중요한 요인이 되고 있다. 따라서 한일회담의 핵심을 이루는 자료와 기록을 면밀히 검토하는 일은 한일협정에서 기인하는 갈등과 마찰을 풀어가는 데 매우 중요한 단서가 될 수 있다.

1965년 6월 22일 한국과 일본은 1951년 10월부터 시작한 약 14년에 걸친 마라톤 교섭을 마무리하고 국교를 정상화했다. 이 교섭은 해방 후 한국이 모든 외교적 역량을 쏟아부었음에도 외교사상 유래를 찾을 수 없을 정도로 힘겨운 싸움이었다. 하지만 한일협정을 체결한 지 56년이 지난 오늘날에도 이를 둘러싼 논란은 여전히 뜨겁다. 냉전하에서 경제 논리를 내세워 과거사 문제를 봉인한 굴욕적인 협정이라는 평가는 협정 체결 당시부터 제기되었다. 최근에는 한일 간 과거사 문제를 둘러싼 갈등은 한일협정에서 이 문제를 제대로 처리하지 못한 것에 기인하기 때문에 협정을 폐기하고 다시 맺어야 한다는 주장마저 제기되고 있다. 현재의 시점에서 과거의 교섭을 보면 부족하고 미흡한 게 많을 수밖에 없다. 한일회담과 한일협정을 객관적으로 평가하기 위해서는 당시 한국 정부가 어떤 국내외적 상황 속에서 교섭을 추진했는지를, 기록에 근거하여 실증적으로 파악할 필요가 있다.

2005년 8월 한국 정부는 한일협정과 관련된 외교문서를 전면 공개했다. 2002년 강제동원 피해자 99명이 제기한 문서공개요구소송에서 원고가 승소함에 따라 3만 5,245쪽에 이르는 외교문서를 공개한 것이다. 한국 정부가 공개한 문서에는 정부가 협상을 앞두고 내부적으로 정책을 검토한 자료, 조약 및 협약 초안, 양국의 회담 회의록 등 중요자료가 대거 포함되어 있다. 하지만 문서의 분량이 워낙 방대하고 가독성이 떨어지는 필사본도 있어 접근하기 어려운 문제가 있다.

이 자료집은 연구자나 일반인들이 자료와 기록에 근거하여 한일회담의 전체상과 주요 쟁점을 상세하고도 구체적으로 살펴볼 수 있도록 발간되었다. 이 자료집의 발간은 세 가지 의미를 지닌다. 첫째, 한일회담은 현대 한국외교사의 대표적인 협상 사례로서 관련 문서와 기록이 비교적 풍부하게 남아있다. 이 자료들은 한국외교사 연구의 질적 수준을 높이고 연구의 지평을 확대하는 데 크게 기여할 수 있을 것이다. 둘째, 강제동원, 일본군'위안부' 문제 등에서 보듯이 어떤 의미에서 한일회담은 여전히 종결되지 않았다고 할 수 있다. 따라서 한일 과거사 현안을 면밀하게 파악하고 해석하기 위한 토대로서 한일회담 관련 자료는 여전히 의미가 크다. 더 나아가 이 자료집은 대일 외교정책의 수립과 합리적 추진이라는 실천적 차원에서도 중요한 참고자료가 될 수 있을 것이다. 셋째, 이 자료집은 향후 북일 관계의 향방을 전망하고 예측하는 데도 중요한 길라잡이가 될 수 있을 것이다. 북일 관계는 현재 미수교 상태에 놓여있다. 국교를 정상화하기 위한 북일협상은 1990년대 이래 여러 차례 진행되었으나 중단과 결렬을 거듭하였고 현재는 완전히 중단된 상태이다. 그러나 언젠가는 북일 국교정상화 협상이 재개될 것으로 예상된다. 장차 한일 관계와 북일 관계 및 남북한 관계가 서로 영향을 주고받는 역동적인 국제관계로 진화할 가능성을 배제할 수 없다.

이 자료집의 발간은 동북아역사재단과 국민대학교 일본학연구소의 공동 노력으로 이루어졌다. 자료집 발간은 관련 연구를 하는 많은 연구자들의 엄청난 열정과 노력 덕분에 가능했다. 이 자리를 빌려 이 자료집 편찬 작업에 참여한 모든 분께 진심으로 감사의 말씀을 전하고 싶다. 특히 유의상 대사님은 교정이 허락되는 마지막 순간까지 원문 하나하나를 철저히 검토하며 대조하였다. 유의상 대사님은 한일청구권협정을 주제로 박사학위 논문을 집필하고 대일 외교 일선에서 일하신 경험이 있어 외교문서의 어려운 행간을 읽어내는 데 많은 도움과 노력을 주었다. 작은 사항 하나하나 세세하게 챙기며 검토를 거듭해 주었기 때문에 자료집의 완성도가 높아졌다. 마지막으로 흔쾌히 이 자료집의 발간을 허락해 주신 이영호 동북아역사재단 이사장님께도 감사의 말씀을 전한다.

2023년 12월

조윤수 씀

차 례

제4차 한일회담 II (1958. 4. 15~1960. 4. 19)

일러두기

이 자료집의 원문과 구성 원칙은 다음과 같다.

- 원문은 2005년 외교부에서 공개한 한일회담 외교문서이며, 동북아역사넷(contents.nahf.or.kr) 및 외교부 외교사료관, 국회도서관, 국가기록원에서 확인할 수 있다.
- 이 자료집은 공개된 문서 중 사료 가치가 크지 않은 일부 문서를 제외하고 대부분의 문서를 수록하였다.
- 이 자료집에 수록된 문서의 문서명에 '전문', '공문', '내부 재가 문서', '훈령안', '보고서' 등을 첨기하여 문서의 종류를 구분할 수 있도록 하였다.
- 원문과 비교할 수 있도록 본문 왼쪽에 마이크로필름 프레임 번호를 제시하였다.
- 내용은 원문대로 표기하는 것을 원칙으로 하였다.
- 원문에는 없지만 편집 과정에서 추가한 내용은 [ ]로 처리하였다.
- 원문 상태가 좋지 않아 판독이 어려운 일부 단어는 □로 표기하였다.
- 이 자료집에 수록된 일본어 및 영어 사료는 감수자가 번역한 한글 번역본을 함께 수록하였다.

가독성을 고려하여 다음과 같이 수정하였다.

- 띄어쓰기와 맞춤법은 국립국어원 표준어 규정에 맞추었다.
- 원문의 명백한 오기 및 현대어 문법에 맞지 않는 단어는 일부 바로잡았다.
- 한자는 한글로 표기하되, 필요한 경우 원문을 병기하였다.
- 한자식 고어 일부와 고유명사는 현대어로 수정하였다.
- 『 』와 「 」는 서명, 신문·잡지명, 문서, 조약, 법령, 안을 제외하고 큰따옴표, 작은따옴표로 수정하였다.
- 문서의 제목과 번호, 날짜 위치는 문서의 유형에 따라 임의로 왼쪽, 오른쪽, 또는 중앙으로 편집하여 정렬하였다.

외래어 표기는 다음과 같은 규정을 적용하였다.

- 일본어 고유명사(인명, 지명 등)는 일본어 독음으로 표기하고 [ ]에 원문을 병기하였다.
- 고유명사와 보통명사가 결합된 일본어는 고유명사만 일본어 독음으로 표기하였다.
- 인명, 지명, 국명 중 주요한 것은 국립국어원 외래어 규정에 맞춰 표기하였다.

해제

제4차 한일회담

유의상 광운대학교 겸임교수

1. 한일회담의 재개

1953년 10월 21일 구보타 '망언'과 일본의 한국에 대한 역청구권 주장 등으로 결렬된 한일회담이 그 후 제4차 회담으로 재개되기까지는 무려 4년 반이라는 긴 세월이 소요되었다.

한국은 제3차 회담 결렬 후 일본에 대한 압박 수단으로 평화선 침범 일본 어선에 대한 나포를 강화하였다. 또한 나포 어선의 선원들에 대한 사법 처리가 가능하도록 1953년 12월 12일에 '어업자원보호법'을 제정, 공포하였다. 어업자원보호법은 평화선 내 수역을 전관수역으로 규정한 것으로서, 위반 시 3년 이하의 징역 또는 금고형에 처하고 어선, 어구 및 어획물을 몰수하도록 규정하고 있었다.[1] 일본에서는 이러한 한국 측 조치에 반발하는 어업 단체의 항의 성명 발표 및 집회 개최, 국회의 항의 결의안 통과 등이 이어졌다. 한일회담 중단기인 1954년부터 1957년까지 한국이 나포한 일본 어선 및 어민의 수는 총 93척, 1,285명에 이르렀다.[2]

예상치 못했던 사안으로 한일회담이 결렬되자 그간 회담에 직접적인 개입을 자제해 왔던 미국이 다시금 적극적인 자세로 한일 양국에 대한 중재 노력을 기울이기 시작하였다. 미국은 1953년 11월 초에 ① 회담 재개 시 일본이 (구보타 발언과 관련) 한국 측의 감정을 완화시킬 수 있는 내용을 인사말에 포함하고, ② 청구권 문제는 양국이 상

1 국가법령정보센터, 「어업자원보호법」, 1953. 12. 12(http://www.law.go.kr/lsSc.do?menuId=0&p1=&subMenu=4&nw Yn=&section=&query=#Eundefined, 2023. 10. 27 검색).

2 『日本外交文書(일본 외교 문서)』 526, 「日韓會談重要資料集(續)[일한회담 중요자료집(속)]」, 1962. 7. 1, 87쪽.

호 포기하되 일본이 한국에 징병, 징용자들의 미지불 임금과 은급[3]을 지불하고 국유 문화재 일부를 증여 형식을 통해 반환하며, ③ 한국은 억류 중인 일본 어선과 어민을 돌려보내는 내용의 중재안[4]을 마련하였다. 일본은 이 안을 수용하였으나 한국은 구보타 발언 관련 일본 측의 발언 내용에 불만을 표하면서 반대하였다. 이후 미국은 일본과의 협의를 통해 구보타 발언에 관한 표현이 수정된 새로운 중재안을 한국 측에 제시하였으나 한국은 이 또한 받아들이지 않았다. 한국이 미국 중재안을 수용하지 않은 이유는 일본의 역청구권 포기 내용이 포함되어 있지 않았기 때문이다. 미국은 대일강화조약 제4조에 관한 재해석을 통해 일본이 역청구권을 완전히 포기하도록 유도하는 한편, 한국에 대해서도 회담을 재개할 것을 계속해서 종용하였다.

한일회담은, 일본에서 한국에 전혀 양보의 여지를 보이지 않았던 요시다 총리가 퇴진하고 하토야마 이치로(鳩山一郎, 1954년 12월 10일~1956년 12월 23일 총리 재임), 이시바시 단잔(石橋湛山, 1956년 12월 23일~1957년 2월 25일 총리 재임) 정권을 거쳐 한국에 비교적 우호적이었던 기시 노부스케(岸信介) 정권이 들어선 연후에야 재개의 물꼬를 트게 되었다.

회담이 중단되었던 기간에 양국은 한국에 억류 중이던 일본 어민들과 불법 입국 및 일본 국내법 위반 등의 혐의로 오무라(大村)수용소에 수용되어 있던 한인들의 상호 송환 문제를 해결하기 위한 교섭을 계속 진행하였다. 이 교섭이 한일회담 재개를 위한 교섭으로 이어졌으며, 양국은 마침내 1957년 12월 31일에 ① 일본의 구보타 발언 철회, ② 일본의 대한 청구권 포기, ③ 한국에 억류 중인 일본인 및 일본에 억류 중인 한인의 상호 석방 및 송환, ④ 일본의 한국 문화재 일부 반환, ⑤ 한일회담의 1958년 3월 1일 재개 등에 합의하였다. 한국은 이와 같은 합의를 도출한 교섭을 '제4차 회담 예비교섭(1957년 4월~12월)'이라고 불렀다.[5]

한국이 회담 재개에 합의하게 된 것은 미국의 적극적인 중재 노력이 있었기 때문이

---

3 연금의 일본식 표현이다.

4 『日本外交文書(일본외교문서)』 658, '日韓請求權相互放棄について(일한청구권 상호포기에 관해), 1953. 11. 10', 1~5쪽.

5 『한국외교문서』 99, 「제4차 한일회담 예비교섭, 1956-58, V. 1」; 『한국외교문서』 100, 「제4차 한일회담 예비교섭, 1956-58, V. 2」; 『한국외교문서』 101, 「제4차 한일회담 예비교섭, 1956-58, V. 3」.

기도 하지만, 보다 결정적인 이유는 일본이 구보타 '망언' 철회와 함께 그간 무리하게 주장해 온 한국에 대한 역청구권을 완전히 포기하였기 때문이다. 일본 정부는 어느 정도 경제력이 회복되자 한국에서 사유재산을 몰수당한 자국인들에 대한 보상이 가능토록 국내 조치[6]를 취하게 되었으며, 이에 따라 한국에 대한 청구권 주장도 철회할 수 있었던 것으로 보인다.

한일 양국이 1958년 3월 1일 개최하기로 합의했던 제4차 회담은 상호 억류자 석방 실시 계획 수립을 위한 교섭 과정에서 양국 간 의견 대립이 빚어지면서 지체되어 4월 15일이 되어서야 개최되었다. 일본이 오무라수용소에 억류 중인 한인 불법 입국자 중 93명을 본인 희망에 따라 한국이 아닌 북한으로 송환하겠다는 뜻을 밝히면서 한국이 그 반발로 일부 일본인 어부의 송환을 거부하는 사태가 발생하였기 때문이다. 양국은 북한행을 원하는 재일한인들은 본인 의사의 변경을 기다려 한국에 송환한다는 미봉책에 합의한 후 회담을 개최하기로 하였다.

2. 제4차 한일회담 경과

제4차 회담은 1958년 4월 15일부터 12월 19일(전반기)까지 개최되고, 8개월의 중단 기간을 거쳐 다시 1959년 8월 12일부터 11월 2일(후반기)까지 개최되었으며, 5개월 뒤인 1960년 4월 15일 본회의 한 차례 개최를 마지막으로 종료되었다. 한국에서 4.19혁명으로 이승만 정권이 무너져 더 이상 회담을 계속할 수 없었기 때문이다.

가. 전반기 회담

제4차 회담의 한국 측 수석대표는 임병직 전 유엔 대사가 맡았다. 임 대표는 제1차 회담 수석대표였던 양유찬 주미 대사와 마찬가지로 이승만 대통령의 최측근 인사였다. 미국에서 대학 졸업 후 독립운동에 참가하였으며, 1949부터 1951년까지 한국의

---

6 일본은 1957년 3월 각의에서 재외 재산 보유자에 대한 정부의 법적 보상 의무는 없으나, 그들의 특별한 사정을 고려하여 정책적 조치를 취하기로 결정하였다(장박진, 『미완의 청산』, 역사공간, 2014, 482쪽).

외무부 장관을 거치고 1951년 4월부터 1955년 2월까지 유엔 대사로 근무하였다. 일본은 재계 출신 인사를 임명하려던 계획을 바꾸어 유엔에서 임 대표와 친교를 맺어온 유엔 대사(1953년 3월~1955년 8월) 출신의 사와다 렌조(澤田廉三) 외무성 고문을 수석대표로 임명하였다.[7] 사와다 대표는 한일회담 재개 전 시게미쓰 외상이 다니 대사의 후임으로 지명해 김용식 공사와 협의를 해왔던 인물이다.

회담은 앞서 3차 회담과 마찬가지로 본회의와 각 의제별 분과위원회, 그리고 수석대표 간 비공식 협의로 진행되었다. 1958년 5월 6일 제6차 본회의에서 양측은 '기본관계위원회', '한국청구권위원회'(청구권 문제는 일본이 재한일본인 사유재산 청구권을 공식적으로 철회한 관계로 의제가 한국의 대일 청구권에 한정됨에 따라 종전의 '재산청구권위원회'라는 명칭을 '한국청구권위원회'로 개칭[8]하였음), '어업 및 평화선위원회', '재일한인법적지위위원회' 등 4개의 위원회를 설치하는 데 합의하였다. 분과위원회는 '재일한인 법적지위위원회'가 전·후반기 모두 개최되었을 뿐, 나머지 위원회는 전반기에만 개최되었다. '기본관계위원회'는 아예 한 차례도 열리지 않았다. 1958년 5월 18일 부산수용소에 남아있던 일본 어민 122명의 송환이 완료되면서 '재일한인 법적지위위원회'는 5월 19일부터, '청구권위원회'는 5월 20일부터 개최되었다. 일본이 조기 개최를 희망했던 '어업 및 평화선위원회'는 개최가 지연되어 10월 2일이 되어서야 열렸다. 청구권 문제와 재일한인 국적 문제를 해결한 다음 논의를 개시한다는 이승만 대통령의 교섭 전략과 오무라수용소에 수용 중이던 재일한인 중 북한으로의 귀환을 요구하던 25명의 가석방 문제를 둘러싸고 양국이 대립했기 때문이다. '어업 및 평화선위원회'의 개최가 늦어지면서 이미 시작된 다른 위원회의 협의도 본궤도에 오르지 못하였다.

한국 측 이호 전 법무장관, 일본 측 쇼지 게지로(正示啓次郎) 대장성 이재국장이 수석위원을 맡은 '청구권위원회'는 1958년 5월 20일부터 29일까지 세 차례 개최된 뒤, 제3차 회의에서 분야별 소위원회, 즉 '일반청구권소위원회', '문화재 전담 청구권소위원회', '선박소위원회'로 분리하여 개최하기로 하였다. '문화재 전담 청구권소위원회'

---

7 김유택, 『회상 65년』, 합동통신사 출판부, 1977, 302쪽.

8 『한국외교문서』 708, 「제4차 한일회담: 본회의 회의록, 제1-15차, 1958. 4. 15-60. 4. 15」, '제6차 본회의, 1958. 5. 6', 1635쪽.

는 6월 4일부터 12월 13일까지 총 12회, '선박소위원회'는 6월 6일부터 12월 6일까지 총 24회, '일반청구권소위원회'는 12월 1일부터 17일까지 3회에 걸쳐 개최되었다. '일반청구권소위원회'의 개최가 늦어진 이유는 일본이 '어업 및 평화선위원회'의 진행 상황을 이 소위원회의 개최와 결부시켰기 때문이다. 한국대표단의 경우는 문화재 문제를 먼저 해결한 다음 일반청구권 문제의 교섭을 시작하라는 이승만 대통령의 훈령이 있었기 때문에 '일반청구권소위원회'의 개최를 서두르지 않았던 것으로 보인다. '일반청구권소위원회'는 개최된 뒤에도 일본 측이 소극적인 태도로 일관했던 관계로 구체적인 토의가 이루어지지 못했다. 이 회의에서 한국은 1952년 2월의 제1차 회담 시 일본 측에 제출한 바 있는 '대일 청구권 요강'을 토대로 협의할 것을 제의했다. 그러나 일본은 이 문제를 더 연구한 후 공식 견해를 제시할 것이라는 선에서 대응하는 등 성의를 보이지 않았다.[9]

일본은 12월에 들어, 한국이 계속해서 평화선의 존속을 기초로 어업 문제의 협의를 주장하는 상황에서는 회담을 계속해 봐야 무의미하다는 결론을 내리고, 양국 간 국교정상화를 위한 기본조약 체결에 관한 협의만을 진행하든가, 아니면 회담의 휴회를 제안한다는 방침을 정하였다.[10] 이에 따라 사와다 대표는 12월 19일 임병직 대표와의 비공식 협의(양국 수석대표 간 비공식 협의는 4월 16일부터 12월 19일까지 총 28회 개최)에서 12월 20일부터 회담을 휴회하고 명년(1959년) 1월 26일 재일한인 법적지위위원회를 시작으로 각 위원회의 토의를 재개할 것을 제의하였다. 한국도 이에 동의함으로써 회담은 휴회에 들어갔다.[11] 회담 휴회 기간 중인 1959년 1월 11일 서울에 체류 중이던 한국대표단의 임병직 수석대표가 사의를 표명하였다. 한국 언론은 임병직 대표가 유태하 공사와의 불화로 사의를 표명하였다고 보도하였으나[12] 사실 관계를 확인할 수 있는 기록은 한국 외교 문서에 남아있지 않다.

---

9 유의상, 『대일외교의 명분과 실리』, 역사공간, 2016, 240, 241쪽.

10 『日本外交文書(일본외교문서)』 1544, '對韓交涉方針に關する件(대한교섭방침에 관한 건), 1958. 12. 3'.

11 유의상, 위의 책, 241쪽.

12 「임 대표 사표, 수리를 보류」, 『경향신문』, 1959. 1. 12.

나. 후반기 회담

1959년 1월 26일 속개 예정이었던 회담은 열리지 않았다. 회담이 속개되지 못한 데에는 다음과 같은 몇 가지 이유가 있다. 첫 번째, 1959년에 들어와 유태하 공사와 사와다 대표, 야마다 히사나리(山田久就) 차관 및 이타가키 오사무(板桓修) 아시아국장 간에 이어진 비공식 협의에서, 각 위원회별로 회의를 진행하기보다는 실질적인 성과를 거두기 위해 적당한 기회에 고위급에서 회담 진행 방식을 협의하는 것으로 양측이 원칙적인 합의를 보았기 때문이다. 두 번째, 자민당 내 주류파와 비주류파 간 대립, 1월 24일 자민당 총재 선거 등 일본 국내 정정(政情)이 회담 개최에 영향을 끼쳤다. 당내 기반이 취약했던 기시가 자민당 총재 선거에서 패배할 경우 총리직에서도 물러나야 하는 상황이었던 만큼, 일본 외무성으로서는 정국의 동향을 지켜볼 수밖에 없었다. 기시는 결국 총재선에서 승리하면서 총리 자리를 지킬 수 있게 되었다. 세 번째, 재일한인의 북송과 관련한 일본 정부의 움직임이 적극화되면서 이에 반발한 한국이 회담 재개에 응하지 않았기 때문이다. 일본의 후지야마 외상은 1월 29일 국회에서 "북한 귀환을 희망하는 재일한인들에게는 이를 허가할 것"이라는 취지의 발언[13]을 한 후, 1월 30일 기자회견을 통해 "재일한인의 북한 귀국 문제를 가능한 한 조속히 처리할 방침"[14]이라고 발표하였다. 이로 인해, 어업 문제 등과 관련하여 유연한 입장으로 회담 준비를 하던 한국 측의 태도가 경화(硬化)되고 말았다.[15]

첫 번째, 두 번째 요인으로 회담 재개가 늦어지고 있는 상황에서 세 번째 재일한인 북송 문제로 인하여 회담 개최가 무기 연기되었다고 보아야 할 것이다. 이후 1959년 4월부터 6월까지는 제네바에서 일본적십자사와 북한적십자사 간에 재일한인의 북송 문제 관련 협의가 진행되는 가운데, 일본이 계속해서 한국 측에 회담의 재개를 요청하는 국면이 이어졌다. 그러나 한국은 이에 응하지 않으면서, 한일회담과는 별도로 재일한인의 북송을 저지하기 위해 일본에 대한 압박, 미국에 대한 중재 요청 등 외교적 노력을 전개하였다(이에 관해서는 본 한일회담 자료총서 5권 참조 요망). 6월 24일 일본적

---

13 『第31回 國會參議院本會議 會議錄(제31회 국회 참의원 본회의 회의록)』 第10號, 1959. 1. 29, 13쪽.

14 「北朝鮮歸國近く決定(북조선 귀국 곧 결정)」, 『朝日新聞(아사히신문)』, 1959. 1. 30, 석간.

15 유의상, 앞의 책, 242쪽.

십자사와 북한적십자사가 재일한인 북송에 관한 협정에 가(假)조인하게 되자, 한국은 입장을 바꾸어 7월 30일 유태하 대사[16]가 후지야마 아이이치로(藤山愛一郎) 외상을 면담, 회담 재개를 요청하였다. 일본도 이에 응하면서 8월 12일 회담이 재개되었다. 한국이 회담 재개로 입장을 바꾼 것은 회담을 통해 어업 등 다른 현안 문제와 연계시키면서 재일한인의 북송을 저지해 보고자 하는 의도에서였다.[17]

8개월의 공백 끝에 재개된 회담의 한국 측 수석대표는 허정 전 서울시장으로 바뀌었다. 일본 측은 사와다 대사가 계속 수석대표를 맡았다. 회담은 1959년 8월 12일부터 11월 2일까지 수석대표회의 2회, 본회의 4회, 어업위원회 2회, 재일한인 법적지위위원회 6회가 개최된 후 다시 중단되었다. 이 기간 중 개최된 회담의 주된 토의 내용은 재일한인의 북송 문제와 재차 현안으로 부각된 상호 억류자 석방 문제였으나 양국 간 이견은 좁혀지지 않았다.

이후 회담 재개에 관한 분위기가 다시 조성된 것은 4개월 뒤인 1960년 3월에 들어서서다. 1959년 12월 14일 재일한인 북송 제1진 975명이 니가타(新潟)항을 출발하면서 재일한인의 북송이 기정사실화되자 한국도 반발만을 계속할 수는 없었다. 일본이 한국산 쌀 3만 톤을 수입하는 조건으로[18] 한국은 억류된 일본 어부를 송환하기로 하면서 상호 억류자 송환에 관한 건도 원만히 해결되었다. 3월 15일 이승만이 대통령에 재선되면서 회담 재개에 관한 협의가 급진전되었다. 이승만은 1960년 3월 26일 자신의 생일날 유태하 대사에게 "살아있는 동안에 금년[1960년] 중에는 어떻게든 회담을 타결하고 싶다"라는 뜻을 표명하였는데, 이 이야기가 일본 측에 긍정적 의미로 전해졌다.[19] 일본도 그간 견지해 왔던 선(先) 어업 문제 해결, 후(後) 문화재·선박 문제 해결의 입장에서 벗어나, 어업 문제의 진전과 관계없이 한국 측에 문화재와 선박 반환을

---

16 유태하 공사는 1958년 9월 19일 자로 김유택 주일 대표부 대사가 주영 대사로 자리를 옮기게 되면서 주일 대표부의 대표가 되었다. 1959년 3월 20일에는 주일 대사로 승진하였다.

17 『한국외교문서』 706, '제4차 한일회담 대표에 대한 설명자료, 1959. 8. 11', 1447~1448쪽.

18 한국산 쌀 3만 톤의 일본 수출은 최종적으로 1960년 6월 24일 허정 과도내각하에서 이루어졌다. 일본이 한국 쌀 3만 톤을 사들이고 한국은 쌀 수출 대금으로 일본으로부터 같은 액수의 물자를 수입한다는 협정이 체결된 것이다.

19 浅野豊美 外 編(아사노 도요미 외 편), 『日韓國交正常化問題資料 基礎資料編 第6券 日韓國交正常化交渉の記録(일한국교정상화 교섭의 기록)』, 現代史料出版(현대사료출판), 2011, 182쪽.

약속한 연후에 어업 문제에 관해 한국의 양보를 받아내며 청구권 문제는 국교 수립 후 협의한다는 기본 방침을 정하였다.[20] 양측은 이와 같은 적극적인 입장하에 4월 15일 한일회담 본회의를 개최하였다. 그러나 곧이어 4월 19일 이승만 정권이 학생 혁명에 의하여 붕괴되면서 제4차 회담은 아무런 성과도 거두지 못하고 종료되고 말았다.

3. 제4차 한일회담에 대한 평가

'구보타 발언'으로 결렬되어 4년 6개월 만에 어렵게 재개된 제4차 회담은, 재일한인의 북송 문제라는 커다란 악재와 함께 기본적으로 한국이 우선시하는 현안(문화재와 선박의 반환, 일반청구권 문제)과 일본이 중시하는 현안(어업 및 평화선 문제)이 달랐던 관계로 평행선을 달릴 수밖에 없었다. 한국은 일본이 회담 개최 전 수립하였던 유화적인 입장과 달리 선박 및 문화재 반환에 적극적이지 않았기 때문에 어업 및 평화선 문제 토의에 열의를 보이지 않았다. 한국 외무부는 일본의 교섭 태도와 관련하여, 중단되었던 제4차 회담의 재개를 앞둔 1959년 8월 11일에 작성한 자료(신임 허정 수석대표에 대한 설명 자료)에서 "일본은 ① 정부의 기본 방침이 결정되지 않았다, ② 국내법의 규정상 우리의 요구에 응하기 곤란하다, ③ 국내 여론에 비추어 우리 측의 요구에 응하기 곤란하다 등의 구실을 들면서 회담을 지연시키고 있다"라고 비판하였다.[21]

여기서 또 한 가지 짚고 넘어가야 할 사항은 제4차 회담에서 청구권 관련 금액이 제시되었다는 주장이다. 오타 오사무(太田修)와 다카사키 소지(高崎宗司)는 선행 연구에서 임병직의 회고록을 인용, "한국 측은 대일 청구권 금액이 3억 불 이상이라고 추산했고, 일본 측은 4,000만 불 내외로 추산해서 대립하였으며 그 후 진전이 없었다"라고 기술하고 있다.[22] 그러나 임병직-사와다 간 비공식 회담을 포함하여 공개된 한국 외

20 『日本外交文書(일본외교문서)』 1403, '日韓全面會談に關する基本方針(일한전면회담에 관한 기본 방침), 1960. 4. 12'.

21 『한국외교문서』 706, '제4차 한일회담 대표에 대한 설명자료, 1959. 8. 11', 1430쪽.

22 오타 오사무(송병권 외 역), 『한일교섭 청구권 문제 연구』, 선인, 2008, 178쪽; 高崎宗司(다카사키 소지), 『檢證日韓會談(검증일한회담)』, 岩波書店(이와나미 서점), 1996, 93쪽; 임병직, 『임병직 회고록-

교 문서상의 회담 기록에는 이러한 내용이 전혀 발견되지 않는다(일본 외교 문서도 마찬가지임). 아마도 그러한 협의가 있었다면 기록에 남아있지 않은 비공식 협의 등에서 이루어진 일화가 아닐까 추정된다.

한일회담 기록에 양국이 생각하는 청구권의 금액이 나타난 것은 제5차 회담 때부터다. 그 전에 한국이 생각하는 청구권 금액이 막연한 형태로나마 최초로 나타난 것은 1956년 3월 28일 이승만 대통령이 김용식 주일 공사에게 회담 재개 관련 지침을 하달한 외교 문서에서다. 여기에는 "(전략) 일본이 필리핀에 지불하기로 했던 전쟁 배상금의 10배에 해당하는 금액을 일본에 전쟁 피해 보상금으로 청구할 것 (후략)"이라는 내용이 포함되어 있다.[23] 일본은 1955년 5월 필리핀의 8억 달러(무상 지원 5억 5,000만 달러, 상업 차관 2억 5,000만 달러) 배상 요구를 그대로 수용하였으며, 따라서 필리핀 배상금의 10배는 80억 달러를 의미한다.

제4차까지의 한일회담에서 한국 정부의 교섭 목표는 일본과의 국교 정상화가 아닌, 일본의 과거 행위에 대한 각성을 촉구하는 가운데 일본과의 배상 문제를 어떻게 해결해 나가는가에 방점이 찍혀있었다고 할 수 있다. 이승만 대통령은 1956년 5월 김유택 주일 대사를 임명하는 자리에서 배석한 각료들에게 "내가 김유택 총재를 주일 대사로 임명했는데 김 총재더러 국교 정상화하라고 보내는 게 아니야. 지금은 일본과 국교 정상화할 때가 아니야. 적어도 40세 이상 된 한국 사람들이 모두 죽은 뒤라야 국교 정상화가 제대로 되는 거야. (후략)"라고 말한 적이 있다.[24] 그의 의중에는 국교 정상화보다는 한일회담을 통해 일본을 중요시하는 미국을 견제함으로써 한국에 대한 미국의 관심과 지원을 유지하고, 일본에 대해 강경한 모습을 보여줌으로써 국민의 지지를 획득하고자 하는 의도가 숨어있었다.[25]

이승만의 이와 같은 개인적인 대일 노선뿐만 아니라 당시 한국 내 여론도 반일 감정이 지배하고 있었기 때문에 한국대표단은 회담에서 일본 측에 대해 강경 기조를 유지할 수밖에 없었다. 이 기간 일본 역시 한국에 대한 역청구권 주장 이외에도 제3차 회

근대 한국 외교의 이면사』, 여원사, 1964, 515쪽.

23 『한국외교문서』 99, 1488, 1489쪽.

24 김유택, 앞의 책, 268, 269쪽.

25 유의상, 앞의 책, 246, 247쪽.

담에서의 구보타 일본 대표의 '식민지 시혜' 발언, 제4차 회담 기간을 전후로 추진된 재일한인의 북송 등을 통해 지속적으로 한국 국민의 감정을 자극하였다. 한국은 이에 대항하는 조치로 '평화선'을 침범하는 일본 어선을 나포함으로써 양국 관계는 전반적으로 반목 또는 소강의 국면을 벗어나지 못하였다. 결국 이승만 대통령 재임 기간 중에 개최된 네 차례의 한일회담은 대일 교섭사의 중단과 반복을 되풀이하면서 별다른 진전을 이루지 못한 회담들로 기록될 수밖에 없었다.

한편 이승만 정부 시절 한국의 대일 교섭은 이승만이라는 개인의 역량에 의해 모든 것이 이루어졌다고 해도 과언이 아니다. 당시 신생 독립국으로 외교 인프라가 열악할 수밖에 없었던 한국은 직업 외교관의 부재로 인해 사회 각층의 전문가로 회담대표단을 구성하여 회담에 임하였다. 외교 교섭 경험이 일천하였던 한국대표단은 대일 교섭 자세에서부터 교섭 방침 수립에 이르기까지 일일이 이승만 대통령의 지휘 감독을 받았다. 이승만은 또한 자신의 심복이었던 유태하를 주일 대표부에 보내 교섭을 주도하도록 하였으나 유태하의 역할은 긍정적인 평가를 받지는 못하였다. 한국이 대일 교섭상 여러 면에서 열세에 놓여있었던 점(외교 인프라의 미비, 미국의 대일 중시 정책 등)을 고려하여 일본에 대한 압박 수단이 된 '평화선'을 선포하거나, 회담 수석대표를 양유찬, 임병직 등 미국통으로 임명하여 미국과의 원활한 소통을 통해 미국이 일본에 편향된 정책적 판단이나 간섭을 하지 않도록 도모한 것은 이승만의 오랜 외교 경험에서 나온 전술적으로 매우 유효한 조치였다고 생각된다.[26]

한국은 제4차까지의 회담 자체에서는 별다른 성과를 거두지 못하였으나 이승만 대통령의 지도 아래 한국대표단이 교섭의 기술과 경험을 축적할 수 있었으며, 이러한 소중한 외교적 자산이 다음 정권으로 이어진 일본과의 어려운 교섭에서 큰 역할을 한 것으로 평가할 수 있다.

26 유의상, 앞의 책, 248쪽.

다음은 제4차 한일회담 관련 사항을 표로 간략하게 정리한 것이다.

개최 기간		수석대표		의제	특기사항
		한국	일본		
전반기	1958. 4. 15~ 12. 19	임병직 전 유엔 대사	사와다 렌조 외무성 고문	① 재일한인의 국적 및 처우 문제 ② 청구권 문제 ③ 선박 문제 ④ 어업 문제 ⑤ 문화재 문제	ㅇ 제3차 회담 결렬 후 4년 반 만에 일본의 구보타 발언 철회 및 역청구권 주장 포기로 회담 재개 - 회담 중단 기간에도 양국은 상호 억류자 석방 문제, 어업 문제, 구보타 망언 철회 문제, 일본의 역청구권 문제 포기 등에 관한 교섭 지속 ㅇ 본회의와 청구권위원회(일반청구권, 선박 및 문화재 소위원회로 분리 개최), 재일한인 법적지위위원회, 어업 및 평화선위원회 등 3개 위원회 개최 - 기본관계위원회는 미개최 ㅇ 한국 중시 현안(문화재, 선박의 반환, 일반청구권 문제)과 일본 중시 현안(어업 및 평화선 문제)의 상이, 일본의 재일한인 북송 문제 등으로 진전이 없는 가운데 이승만 정권의 붕괴로 중단
후반기	1959. 8. 12~ 1960. 4. 12	허정 전 서울 시장	사와다 렌조 외무성 고문		

4.『한일회담 자료총서』제4권 수록 내용

이 자료집은 다음과 같은 총 6개의 파일에 편철된 외교 문서 가운데 사료 가치가 큰 자료들을 선별하여 수록하였다.

① 제4차 한일회담 청구권위원회 회의록 제1-3차, 1958. 5. 20-12. 17(파일 번호 104)

② 제4차 한일회담 청구권 관계 자료, 1958(파일 번호 105)

③ 제4차 한일회담 기타청구권소위원회(문화재 관련)(파일 번호 102)

④ 제4차 한일회담 선박소위원회(파일 번호 103)

⑤ 제4차 한일회담 재일한인의 법적지위위원회 회의록 제1-22차, 1958. 5. 19-59. 11. 2(파일 번호 107)

⑥ 제4차 한일회담 어업 및 평화선위원회 회의록 및 일반 문제 1958-60(파일 번호 709)

【참고문헌】

『경향신문』.

국가법령정보센터(https://www.law.go.kr/), 「어업자원보호법」, 1953. 12. 12.

김유택, 『회상 65년』, 합동통신사 출판부, 1977.

오타 오사무 저(송병권 외 역), 『한일교섭 청구권 문제 연구』, 선인, 2008.

유의상, 『대일외교의 명분과 실리』, 역사공간, 2016.

임병직, 『임병직 회고록-근대 한국 외교의 이면사』, 여원사, 1964.

장박진, 『미완의 청산』, 역사공간, 2014.

高崎宗司, 『檢證日韓會談』, 岩波書店, 1996.

国会会議録検索システム(https://kokkai.ndl.go.jp/#/).

浅野豊美 外 編, 『日韓國交正常化問題資料 基礎資料編 第6巻 日韓國交正常化交渉の記録』, 現代史料出版, 2011.

제4차 한일회담 II
(1958. 4. 15~1960. 4. 19)

청구권위원회 회의록 1~3차, 1958. 5. 20~12. 17

분류번호 : 723.1JA 청 1958 1~3차
등록번호 : 104
생산과 : 아주과
생산연도 : 1958
필름번호 : C1-0003
프레임번호 : 0544~0590

1958년 5월 20일부터 제4차 한일회담 한국청구권위원회가 개최된다. 일본 측이 한국에 대한 역청구권을 포기한 후 한일회담이 재개된 관계로, 4차 회담부터 청구권 문제는 한국의 일본에 대한 청구권 문제만을 다루게 되었으며, 따라서 위원회 명칭도 '한국청구권위원회'가 되었다. 양측은 3차 청구권위원회 회의에서 청구권위원회를 일반 청구권 문제를 다루는 소위원회, 문화재를 다루는 소위원회, 선박소위원회로 분리하여 각각 주제별 토의를 하는 것으로 합의한다. 이 장에는 한국청구권위원회 제1~3차 회의록이 수록되어 있으며, 그 뒤에는 일반 청구권 문제를 다루는 소위원회 회의록이 수록되었다. 문화재 문제를 다루는 소위원회와 선박소위원회 회의록은 별도의 장으로 정리되어 있다.

2. 제4차 한일회담 청구권위원회 제1차 회의 요록

0550

Tokyo, May 20, 1958

THE GIST OF TALKS
OPENING SESSION
THE COMMITTEE ON KOREAN CLAIMS

1. Time and place:

From 10:30 a.m. to 10:50 a.m. on May 20, 1958 at Room 411, Ministry of Foreign Affairs, Japanese Government

2. Conferees:

The Korean side: Mr. LEE. Ho
Mr. CHOI, Kyu Ha
Mr. CHIN, Pil Shik
Mr. WHANG, Soo Young
Mr. HAN, Ki Bong
Mr. LIMB, To Kyong
Mr. OHM, Young Dal
Mr. LEE, Won Ho
Mr. ROH, Jae Won

The Japanese side: Mr. Keijiro SHOJI
Mr. Kazuo AWASAWA
Mr. Tokichi TAKANO
Mr. Yoshisuke ISODA

Mr. Masanobu YABE

Mr. Go HANDA

Mr. Taizo ICHINOSE

Mr. Kiyoshi SUGANUMA

Mr. Minao TSUCHIYA

3. The gist of talks:

(At this meeting the Korean side used Korean language and the Japanese side used Japanese language. Secretary Han interpreted Japanese into Korean. Upon the request by the Japanese side, Mr. Han assisted the Japanese side in interpreting Korean into Japanese)

Mr. Shoji: May we start with the introduction of the Japanese members of this Committee?

Mr. Lee: No objection.

Japanese side: (Following the self-introduction of Mr. Shoji, the Japanese members introduced themselves.)

Mr. Lee: I would like to introduce the Korean members of this Committee.

(Mr. Lee introduced the Korean members of the Committee of Korean Claims)

0551 Mr. Shoji: How shall we arrange procedural matters such as language, Summary Records, and Press Release for this Committee?

Mr. Lee: As procedural matters for committee meeting have already been decided at the Plenary Session, we are to follow what have been decided at the Plenary Session.

Mr. Shoji: Have you say subject in mind to discuss today?

Mr. Lee: I would like to know your idea on how to proceed this Committee.

Mr. Shoji: As you know, this Committee on Korean Claims has, under it, two sub-committees. How about to discuss on the proceeding of the sub-committees?

Mr. Lee: Inasmuch this is the Opening Session, both sides introduced their respective members. How do you think to start discussing the matter at the next session?

Mr. Shoji: It would be fine. Therefore, we would hold one more full Committee meeting to discuss things regarding the proceeding of the sub-committees.

Mr. Lee: We would like to discuss at the next meeting these matters as to whether or not the main Committee would hold more meetings prior to entering into sub-committee works, and regarding the proceeding of sub-committee meetings, etc. I hope that the Japanese side would also make a study of the proceeding of next meeting in this Committee.

Mr. Shoji: Do you mean that we would discuss at the next meeting on whether or not the sub-committee works will start following that meeting or on whether the main Committee will hold more meetings before the starting of works of the sub-committees?

Mr. Lee: Yes, that is right.

Mr. Shoji: No objection to your suggestion. Shall we set the date for next meeting? How would it be to hold next meeting on next Tuesday. May 27, 1958?

0552 Mr. Lee: That would be good, for Japanese side will be busy for these days with the election, reception of foreign dignitaries, the 3rd Asian Games, and so forth, although we would like to have the next meeting earlier.

Mr. Shoji: How do you like to set the time and place of next meeting as today's?

Mr. Lee: No objection.

Mr. Shoji: Have you any particular idea as to Press Release on Today's meeting?

Mr. Lee: In this regard, how about to follow the example of the first meeting of the Committee on Legal Status of Korean Residents?

Mr. Shoji: That would be fine.

-The end-

번역

1958년 5월 20일, 도쿄

한국청구권위원회 1차 회의 요록

1. 일시 및 장소

1958년 5월 20일, 오전 10시 30분~10시 50분, 일본 외무성 411호

2. 참석자

한국 측: 이호, 최규하, 진필식, 황수영, 한기봉, 임도경, 엄영달, 이원호, 노재원

일본 측: 쇼지 게지로, 아와사와 가즈오, 다카노 도키치, 이소다 요시스케, 야베 마사노부, 한다 고, 이치노세 다이조, 스가누마 기요시, 쓰치야 미나오

3. 회의록

(이 회의에서 한국 측은 한국어를, 일본 측은 일본어를 사용하고 한 서기관이 일본어를 한국어로 통역했다. 일본 측 요청에 따라 한 서기관이 한-일 통역을 지원했다.)

쇼지: 일본대표단을 소개해도 되겠는가?

이: 이의 없다.

일본 측: (쇼지의 자기소개 후 일본대표단의 소개가 이어졌다.)

이: 본 위원회의 한국 측 대표를 소개하고 싶다.

(이호가 한국청구권위원회의 한국대표단을 소개했다.)

쇼지: 언어, 요록, 보도 자료 등 절차적인 문제를 결정하는 것이 어떤가?

이: 위원회의 절차적 문제는 이미 본회의에서 결정된 바 있다. 본회의에서 결정한

대로 따라야 한다.

쇼지: 오늘 논의하고 싶은 주제가 있는가?

이: 위원회 진행 방식에 대한 생각을 들어보고 싶다.

쇼지: 알다시피 한국청구권위원회 산하에 2개의 소위원회가 설치되어 있다. 이 두 소위원회의 진행 방식에 대해 논의하는 것은 어떤가?

이: 이 자리가 1차 회의이고 양측이 각자의 대표단을 소개했다. 논의는 다음 회의부터 시작하는 것은 어떤가?

쇼지: 좋다. 소위원회 진행을 논의하기 위한 위원회 회의를 한 번 더 소집하겠다.

이: 다음 회의에서는 소위원회 회의를 시작하기 전에 본위원회가 추가로 회의를 소집할 것인가에 대한 문제를 논의하고 싶다. 그리고 다음 회의 전에 일본 측도 소위원회 회의의 진행 방식에 대해 검토했으면 좋겠다.

쇼지: 다음 회의 이후에 소위원회의 논의를 시작할 것인지, 아니면 소위원회를 시작하기 전에 본위원회가 추가로 소집될 것인지에 대해 다음 회의에서 논의하자는 의미인가?

이: 그렇다.

쇼지: 이의 없다. 다음 회의 일정은 다음 주 화요일인 1958년 5월 27일이 어떤가?

이: 좋다. 선거, 외교사절단 방일, 제3회 아시안게임 등으로 인해 일본 측이 바쁘겠지만 빨리 다음 회의를 가질 수 있으면 좋겠다.

쇼지: 시간과 장소는 오늘과 같이 정해도 괜찮은가?

이: 이의 없다.

쇼지: 오늘 회의의 보도 자료에 대한 의견 있는가?

이: 재일한인의 법적 지위에 관한 위원회 1차 회의에서 했던 대로 작성하는 것은 어떤가?

쇼지: 좋다.

끝

3. 제4차 한일회담 청구권위원회 제2차 회의 요록

0554 Tokyo, May 27, 1958

THE GIST OF TALKS
SECOND SESSION
MEETING OF THE COMMITTEE ON KOREAN CLAIMS

1. Date, time and places:

May 27, 1958 (Tuesday) 10:00 a.m.-11:15 a.m. at Room 411, Ministry of Foreign Affairs, Japanese Government

2. Conferees:

Korean side: Mr. LEE, Ho
Mr. YIU, Tat Ha
Mr. CHOI, Kyu Han
Mr. CHIN, Pil Shik
Mr. WHANG, Soo Yung
Mr. HAN, Ki Bong
Mr. LIMB. To Kyong
Mr. OHM, Young Dal
Mr. LEE, Won Ho
Mr. ROH, Jae Won

Japanese side: Mr. Keijiro SHOJI
Mr. Kazuo AWASAWA
Mr. Tokichi TAKANO

Mr. Yoshisuke ISODA

Mr. Masanobu YABE

Mr. Go HANDA

Mr. Taizo ICHINOSE

Mr. Toshiro YOSHIDA

Mr. Kiyoshi SUGANUMA

Mr. Minao TSUCHIYA

Mr. Chihiro KATSUTA

3. Gist of Talks:

Mr. Lee: I would like to open hereby the Second Session of the Committee on Korean Claims.

Mr. Shoji: We agreed at the previous meeting that we would discuss today on whether or not the Sub-committees works are to be commenced.

Mr. Lee: Yes, we did so. In this connection, I would like to propose that, instead of continuing the meeting of the Committee, we will begin the Sub-committee works.

Mr. Shoji: No objection.

0555 Mr. Lee: How do you like to arrange matters in regard to the proceeding of the two Sub-committees?

Mr. Shoji: If you so agree, we would like to exchange the list of the members of the respective Sub-committees, though the lists of the Committee members (the main Committee) were already exchanged. Further, we are ready to submit to you the lists concerned of the Japanese side.

Mr. Lee: So are we with the list of our side.

(The Chief Members of both sides, exchanged the lists of members of the Sub-committee on Vessels and the Sub-committee on Claims, the contents of which are as attached to the end of this record)

Mr. Lee: Since we have agreed to commence the Sub-committee works, I do not find any particular matters to take up for discussions at this Committee meeting at the present time. How do you like, therefore, to set the dates for the meetings of the Sub-committees before closing this Committee meeting?

Mr. Shoji: (Silent)

Mr. Lee: I would like to propose the dates for the meeting of Sub-committee on Claims to be on May 30, 1958 (Friday) and of Sub-committee on Vessels on June 3, 1958 (Tuesday).

Mr. Shoji: For the Sub-committee on Vessels, coming Tuesday might be good. What could be the first agenda item for the Sub-committee on Claims?

Mr. Lee: I would like to know what would be the true intention behind your question about the agenda? The matter is to be decided upon at the Sub-committee meeting. Furthermore the subject items for the Sub-committee were already decided at the Plenary Session.

Mr. Shoji: I understand that Ambassador Limb said at the Plenary Session that
0556 the art objects and vessels would be included in the subjects of discussion at the Committee on Korean Claims. However, it is my understanding that a sub-committee for the art objects was not set up.

Mr. Lee: What I understood is that, though a Sub-committee on art objects was not established separately, the matter on art objects was to be taken up and settled at the Sub-committee on Claims.

Mr. Shoji: The point is that we understand that we will not discuss the matters concerning the art objects at any sub-committee. That is also what I heard from the Ministry of Foreign Affairs(Japanese). I consider the question on art objects is still pending.

Mr. Lee: I can hardly understand the question brought up by the Japanese side. It is my knowledge of the fact that "Art Objects and other claims" are the subjects for discussion for the Sub-committee on Claims.

Mr. Shoji: We are of different views in this regard, and, therefore, I wanted to clear it out. In this connection, I would like to designate Mr. Takeno for our side to adjust the difference with a representative of your side.

Mr. Lee: It is quite a surprise for us to face such a question brought up by the Japanese side. That is quite unexpected, since "Art objects" and other claims were already decided logically to be discussed at the Sub-committee on Claims and, further, the "Art objects" was to be the first item for discussion.

Mr. Shoji: We just wanted to know of the Korean stand, and we did not understand the thing that may. Therefore, I would like to have Mr. Takano conduct talks with your representative in order to settle this matter.

Mr. Lee: Whereas the matter on art objects is a very important item for discussion, it is hardly understandable to discuss on the subject outside the meeting of the Sub-committee on Claims.

Mr. Shoji: We understand it well that the Korean side put a weight on the "Art objects". But it is our position that, though the art objects would be the subject of discussion at the Committee on Korean claims, it will be the object of the works at neither the Sub-committee on Vessels nor that on Claims.

0557 Mr. Lee: From the logical point of view, once the Committee is divided into two sub-committees, the problems for discussion covered by the main Committee shall be accordingly divided into one of those two sub-committees.

Mr. Shoji: That is the reason why we raised the question now. As for the Japanese side, we wanted to arrange with you a method of taking up this matter within the Committee on Korean Claims.

Mr. Lee: Mr. Shoji, the Japanese Chief Member of this Committee, has said that the "Art objects" shall be discussed in this Committee but not at any Sub-committee under it. However under the premise that the both Sub-committees were established to work out the problems which this Committee covers and that the Sub-committee on Vessels was set up for the obvious purpose of handling the problem of vessels, nothing could be more logical than that the problem of art objects be discussed at the Sub-committee on Claims.

Besides, it is very difficult for us to understand the Japanese stand in this regard suggesting a different method, to say no more of the fact that it was completely a surprise to us.

Mr. Shoji: Since the opinions of both sides are found conflicting, we would like to have time to reconsider the case. Therefore, I would like to propose to hold another meeting of this Committee.

Mr. Lee: It would be hardly understandable not to discuss the problem of art objects at the relevant sub-committee. However, if the Japanese side is unable to make on-the-spot decision, it would be useless to sit here any longer. Therefore, if the Japanese side desires so, we would agree to holding another meeting of this Committee. Though it was all the surprise to us to confront such an unexpected question raised by your side, I would have no objection to having Mr. Choi for our side contact with Mr. Takano for your side to discuss and map out a solution.

Mr. Shoji: If so, how about to open the Sub-committee on Claims after arriving at an agreement on this matter, though we have no objection to holding the meeting of the Sub-committee on Vessels on coming Tuesday?

Mr. Lee: Why don't we reserve for the time being the setting of the dates for the sub-committee meetings?

Mr. Shoji: No objection.

0558 Mr. Lee: Since it is necessary to continue the meeting of this Committee, how about to meet again on May 29 1958(Thursday)?

Mr. Shoji: No objection. And how about the place and time to be Room 211 and 3 p.m. respectively?

Mr. Lee: No objection. As to the Press Release, for today's meeting, let us release information as did yesterday, without mentioning the exchange or the list of the members of the Sub-committees.

Mr. Shoji: No objection.

-The end-

번역

1958년 5월 27일, 도쿄

한국청구권위원회 2차 회의 요록

1. 일시 및 장소

1958년 5월 27일(화요일), 오전 10시~11시 15분, 일본 외무성

2. 참석자

한국 측: 이호, 유태하, 최규하, 진필식, 황수영, 한기봉, 임도경, 엄영달, 이원호, 노재원

일본 측: 쇼지 게지로, 아와사와 가즈오, 다카노 도키치, 이소다 요시스케, 야베 마사노부, 한다 고, 이치노세 다이조, 요시다 도시로, 스가누마 기요시, 쓰치야 미나오, 가쓰타 지히로

3. 회의록

이: 한국청구권위원회 2차 회의를 시작하겠다.

쇼지: 지난 회의에서 오늘 소위원회를 시작할 것인지 논의하기로 합의했다.

이: 맞다. 본위원회 회의를 이어가는 대신 소위원회를 시작하자고 제안하고 싶다.

쇼지: 이의 없다.

이: 두 소위원회는 어떻게 진행하고 싶은가?

쇼지: 한국 측이 합의한다면 위원회(본위원회) 명단은 이미 교환했지만 각 소위원회의 명단을 공유하면 좋겠다. 일본 측 명단은 제출할 준비가 되어있다.

이: 우리 측 명단도 준비되어 있다.

(양측 수석위원이 선박소위원회와 청구권소위원회 명단을 교환했다. 명단의 내용을 본 요록 끝에 첨부한다)

이: 소위원회를 시작하기로 합의했으니 현재로서는 본 위원회에서 논의할 특별한 내용은 없는 것 같다. 따라서 마무리하기 전에 소위원회 회의 일정을 정하는 것이 어떤가?

쇼지: (침묵)

이: 청구권소위원회 회의는 1958년 5월 30일(금요일), 선박소위원회 회의는 1958년 6월 3일(화요일)로 제안하고 싶다.

쇼지: 선박소위원회 일정은 괜찮을 것 같다. 청구권위원회의 첫 번째 안건은 무엇이 될 것인가?

이: 안건에 대해 묻는 진의가 무엇인지 알고 싶다. 의제는 소위원회 회의에서 결정할 사안이다. 또한 소위원회의 주제는 이미 본회의에서 결정된 바 있다.

쇼지: 임 대사가 본회의에서 예술품과 선박을 한국청구권위원회의 회의 주제로 포함시키겠다고 말했지만 예술품소위원회는 설치되지 않은 것으로 알고 있다.

이: 예술품에 관한 소위원회가 별도로 구성되지는 않았지만 예술품 문제를 청구권소위원회에서 논의하고 해결한다는 것으로 이해했다.

쇼지: 예술품 문제를 어느 소위원회에서든 논의하지 않는 것으로 이해했다. (일본) 외무성으로부터 들은 바가 그렇다. 예술품 문제는 여전히 계류 중인 것으로 사료한다.

이: 일본이 제기한 내용을 이해하기 어렵다. 소위원회가 논의할 주제가 '예술품 및 기타 청구권'인 것으로 안다.

쇼지: 이 부분에 있어서 의견이 다르니 정리하고 싶다. 이 부분에 대해 한국 측과 의견을 조정하기 위해 일본 측에서는 다카노를 담당자로 지정하고 싶다.

이: 일본 측이 제기한 질문에 상당히 놀랐다. 청구권소위원회에서 '예술품 및 기타 청구권'을 논의하기로 이미 논리적으로 결정한 상태였기 때문에 예상하지 못한 문제다. 소위원회에서 논의할 첫 번째 항목이 '예술품'이었다.

쇼지: 한국 측의 입장을 알고 싶었을 뿐이다. 다카노가 한국 측 담당자와 논의하여 이 문제를 정리했으면 좋겠다.

이: 예술품은 매우 중요한 주제이기 때문에 청구권소위원회가 아닌 다른 경로로 논의하는 것은 이해하기가 어렵다.

쇼지: 한국 측이 '예술품'에 중점을 두고 있다는 건 잘 알지만, 예술품은 선박소위원회의 논의 주제도, 청구권소위원회의 논의 주제도 아니라는 것이 우리 측의 입장이다.

이: 논리적인 관점에서 본위원회를 두 개의 소위원회로 분할했다면 본위원회의 논의 주제에 포함되는 문제를 두 소위원회의 주제에 따라 배분하는 것이 맞다.

쇼지: 지금 질문하는 이유가 바로 그거다. 한국청구권위원회 내에서 예술품 문제를 논의할 방법을 한국대표단과 함께 정하고 싶었다.

이: 한국청구권위원회의 쇼지 일본 수석위원은 "예술품은 본 위원회 산하의 일체의 소위원회가 아닌 한국청구권위원회에서 논의한다"라고 말했다. 그러나 두 소위원회가 본위원회의 주제에 해당하는 문제를 해결하기 위해 구성되었고, 선박소위원회는 선박 문제를 다루기 위한 명확한 목적을 가지고 설치되었기 때문에 예술품 문제를 청구권소위원회에서 논의하는 것보다 논리적인 선택은 있을 수 없다.

또한 일본이 다른 방식을 제안한 것이 매우 놀라운 뿐만 아니라 이해하기도 힘들다.

쇼지: 양측의 의견이 상충하므로 재고할 시간을 갖고 싶다. 또 한 번 회의를 소집할 것을 제안한다.

이: 예술품 문제를 관련 소위원회에서 논의하지 않는다는 것은 이해하기 어렵다. 그러나 일본 측이 바로 결정을 내릴 수 없다면 더 이상 이 자리에 앉아있을 의미가 없다. 따라서 일본 측이 원한다면 본 위원회 회의를 또 한 번 개최하는 데 동의하겠다. 하지만 일본 측이 예상치 못한 질문을 던져 매우 놀랐다. 일본 측이 지정한 다카노와 논의하고 해결책을 도출할 우리 측 담당자로 최 참사관을 지정하겠다.

쇼지: 돌아오는 화요일에 선박소위원회 회의를 개최하는 것을 반대하지는 않지만 이 문제에 대한 합의를 도출한 후에 청구권소위원회를 여는 건 어떤가?

이: 당분간은 소위원회 회의 일정은 보류해 두는 것이 어떤가?

쇼지: 이의 없다.

이: 본 위원회의 회의는 계속해야 하니 1958년 5월 29일(목요일)에 다시 모이는 것이 어떤가?

쇼지: 이의 없다. 오후 3시에 211호 괜찮은가?

이: 이의 없다. 오늘 회의의 보도 자료는 소위원회 명단 교환에 대해서는 언급하지 말고 어제와 같이 작성하자.

쇼지: 이의 없다.

끝

첨부

3-1. 한국청구권위원회 양측 명단

0559 LIST OF MEMBERS OF COMMITTEE ON KOREAN CLAIMS

For Republic of Korea:

1. Sub-Committee on Claims:

Chief Member	Mr. LEE, Ho
	Mr. YIU, Tai Ha
	Mr. CHOI, Kyu Hah
	Mr. CHIN, Pil Shik
	Mr. WHANG, Soo Yung
	Mr. KANG, Yung Kyu
	Mr. OHM, Young Dal

2. Sub-Committee on Vessels:

Chief Member	Mr. LEE Ho
	Mr. YIU, Tai Ha
	Mr. CHOI Kyu Hah
	Mr. CHIN, Pil Shik
	Mr. KANG, Yung Kyu
	Mr. OHM. Young Dal

0560 LIST OF MEMBERS OF COMMITTEE ON KOREAN CLAIMS

For Japan:

1. Sub-committee on Claims:

Chief Member	Mr. Keijiro SHOJI

Deputy Chief Member	Mr. Tokichi TAKANO
〃	Mr. Yahisuke ISODA
〃	Mr. Masanobu Yab
Assistant Member	Mr. Go Handa
〃	Mr. Kiyoshi Suganuma
〃	Mr. Mizuo Kuroda
〃	Mr. Minao Tsuchiya
〃	Mr. Chihiro Katsuta

2. Sub-committee on Vessels

Chief Member	Mr. Kazuo Awasawa
Deputy Chief Member	Mr. Tokichi Takano
〃	Mr. Masanobu Yabe
〃	Mr. Yoshisuke Isoda
Assistant Member	Mr. Toshiro Yoshida
〃	Mr. Ho Nanda(Go Handa)
〃	Mr. Taizo ICHINOSE
〃	Mr. Kiyoshi Suganuma
〃	Mr. Mizuo Kuroda
〃	Mr. Minao Tsuchiya
〃	Mr. Chihiro Katsuta

번역 **한국청구권위원회 명단**

대한민국

1. 청구권소위원회

수석위원	이호
〃	유태하
〃	최규하
〃	진필식
〃	황수영
〃	강영규
〃	엄영달

2. 선박소위원회

수석위원	이호
〃	유태하
〃	최규하
〃	진필식
〃	강영규
〃	엄영달

일본

1. 청구권소위원회

수석위원	쇼지 게지로
차석 위원	다카노 도키치
〃	이소다 요시스케

〃	야베 마사노부
보좌역	한다 고
〃	스가누마 기요시
〃	구로다 미즈오
〃	쓰치야 미나에
〃	가쓰타 지히로

2. 선박소위원회

수석위원	아와사와 가즈오
차석위원	다카노 도키치
〃	야베 마사노부
〃	이소다 요시스케
보좌역	요시다 도시로
〃	한다 고
〃	이치노세 다이조
〃	스가누마 기요시
〃	구로다 미즈오
〃	쓰치야 미나오
〃	가쓰타 지히로

4. 제4차 한일회담 청구권위원회 제3차 회의 요록

0562 Tokyo, May 29, 1959

GIST OF TALKS
3rd SESSION
COMMITTEE ON KOREAN CLAIMS

1. Time and place:

May 29, 1958 (Thursday) 03:00 p.m. - 03:15 p.m. Room 211, Ministry of Foreign Affairs, Japanese Government

2. Conferees:

Korean side: Mr. LEE, Ho
Mr. YIU, Tai Ha
Mr. CHOI, Kyu Hah
Mr. CHIN, Pil Shik
Mr. WHANG, Soo Yung
Mr. HAN, Ki Bong
Mr. LIMB, To Kyong
Mr. OHM, Young Dal
Mr. LEE, Won Ho
Mr. ROH, Jae Won

Japanese side: Mr. Keijiro SHOJI
Mr. Osamu ITAGAKI
Mr. Tokichi TAKANO

Mr. Yoshisuke ISODA

Mr. Masanobu YABE

Mr. Go HANDA

Mr. Toshiro YOSHIDA

Mr. Kiyoshi SUGANUMA

Mr. Minao TSUCHIYA

Mr. Chihiro KATSUTA

3. Gist of Talks:

Mr. Shoji: I suppose that you have received the report of the talks between Mr. Takano for our side and Mr. Choi for your side conducted concerning how to handle the problem on "Art objects". I would like to have Mr. Takano report here on the result of the talks for our side, if you agree.

Mr. Lee: No objection.

Mr. Takano: The "Art objects" will be discussed at the Sub-committee on Claims with Mr. Osamu ITAGAKI as a Chief Member of Japanese side, while other agenda items of the Sub-committee on Claims would be discussed in the presence of Mr. Shoji as a Chief Member.

0563 Mr. Lee: Since Mr. Choi conducted talks with Mr. Takano on this matter, he will present us his report for our side.

Mr. Shoji: No objection.

Mr. Choi: After Mr. Takano and I were appointed at the previous meeting of this Committee to adjust views of both sides on the question concerning the proceeding of the discussion of "Art objects", we started discussions on the matter from 03:30 p.m. May 27, 1958 (Tuesday) with the attending of Mr. Chin for our side and Mr. Suganuma for the Japanese side. As the result of the talks, both sides agreed that the "Art objects" be discussed at the Sub-committee on Claim with Mr. Yiu heading the Korean members, while Mr. Lee will lead the Korean members in the discussion of other agenda items of the Sub-committee.

Mr. Lee: Since the representatives of both sides presented the points of their arrangement, I think we had better confirm the reports submitted by them. Tor us, I confirm Mr. Takano's report.

Mr. Shoji: I confirm Mr. Choi's, too.

Mr. Itagaki made self-introduction to the Korean side, saying that he would lead the Japanese side of the Sub-committee on Claims when it deals with "Art objects."

Mr. Shoji: How would it be to set the date for the first meeting of the Sub-committee on Vessels on June 6, 1958 (Friday) at 03:00 p.m.?

Mr. Lee: No objection. And, how about setting the date for the meeting of Sub-committee on Claims on June 4, 1958 (Wednesday), to take up "Art objects" first?

Mr. Shoji: No objection. The time and place of the meeting are to be at 03:00 p.m., and Room 411 respectively.

Mr. Lee: No objection.

-The end-

번역

1959년 5월 29일, 도쿄

한국청구권위원회 3차 회의 요록

1. 일시 및 장소

1958년 5월 29일(목요일), 오후 3시~3시 15분, 일본 외무성 211호

2. 참석자

한국 측: 이호, 유태하, 최규하, 진필식, 황수영, 한기봉, 임도경, 엄영달, 이원호, 노재원

일본 측: 쇼지 게지로, 이타가키 오사무, 다카노 도키치, 이소다 요시스케, 야베 마사노부, 한다 고, 요시다 도시로, 스가누마 기요시, 쓰치야 미나오, 가쓰타 지히로

3. 회의록

쇼지: '예술품' 문제를 어떻게 다룰 것인가에 대해 다카노와 최 참사관이 한 논의에 대한 보고를 받았을 것이라 생각한다. 동의한다면 우리 측 논의 결과를 다카노를 통해 보고하겠다.

이: 이의 없다.

다카노: '예술품'은 이타가키 오사무를 일본 측 수석위원으로 하여 청구권소위원회에서 논의하고, 청구권소위원회의 기타 안건은 쇼지를 수석위원으로 하여 청구권소위원회에서 논의한다.

이: 최 참사관이 다카노와 이 문제에 대해 논의했기 때문에 최 참사관이 우리 측을 대표하여 보고하겠다.

쇼지: 이의 없다.

최: '예술품' 문제의 논의 방식에 대한 양측의 의견을 조정하기 위해 본 위원회의 지난 회의에서 다카노와 내가 담당자로 지명된 후 1958년 5월 27일(화요일) 오후 3시 30분부터 우리 측에서는 진 서기관, 일본 측에서는 스가누마가 배석하여 논의를 시작했다. 논의 결과 양측은 유 공사를 수석위원으로 하는 청구권소위원회에서 '예술품'을 논의하고 청구권소위원회의 다른 안건에 대한 논의 과정에서는 이호가 수석위원을 맡기로 합의했다.

이: 양측 담당자들이 합의사항을 제시했으니 이들이 제출한 보고서를 승인하는 게 나을 것 같다. 우리 측은 다카노의 보고서를 승인한다.

쇼지: 나도 최 참사관의 보고서를 승인한다.

(이타가키가 자신을 한국 측에 소개하며 '예술품'에 대해 논의할 때 청구권소위원회의 일

본 수석위원을 맡게 되었다고 말했다.)

쇼지: 선박소위원회의 첫 번째 회의는 1958년 6월 6일(금요일) 오후 3시가 어떤가?

이: 이의 없다. 먼저 '예술품'에 대해 논의하기 위해 청구권소위원회 회의는 1958년 6월 4일(수요일)에 하는 게 어떤가?

쇼지: 이의 없다. 회의 시간과 장소는 오후 3시, 411호로 하겠다.

이: 이의 없다.

끝

8. 청구권위원회 소위원회 명단

0569 LIST OF MEMBERS OF COMMITTEE ON KOREAN CLAIMS

May 29, 1958

1. Sub-committee on Claims:

Chief Member	Mr. YIU, Tai Ha
Chief Member	Mr. LEE, Ho
	Mr. CHOI, Kyu Hah
	Mr. CHIN, Pil Shik
	Mr. WHANG, Soo Yung
	Mr. KANG, Yung Kyu
	Mr. OHM, Young Dal

2. Sub-committee on Vessels:

Chief Member	Mr. LEE, Ho
	Mr. YIU, Tai Ha
	Mr. CHOI, Kyu Hah
	Mr. CHIN, Pil Shik
	Mr. KANG, Yung Kyu
	Mr. OHM, Young Dal

0570 REVISED LIST OF JAPANESE MEMBERS ON SUB-COMMITTEES

May 29. 1958

(Subject alteration)

1. Sub-committee on Claims:

Chief Member	Mr. Osamu Itagaki
〃	Mr. Keijiro Shoji
Deputy Chief Member	Mr. Tokichi Takano
〃	Mr. Yoshisuke Isoda
〃	Mr. Masanobu Yabe
Assistant Member	Mr. Go Handa
〃	Mr. Kiyoshi Suganuma
〃	Mr. Mizuo Kuroda
〃	Mr. Minao Tsuchiya
〃	Mr. Chihiro Katsuta

2. Sub-committee on Vessels:

Chief Member	Mr. Kazuo Awasawa
Deputy Chief Member	Mr. Tokichi Takano
〃	Mr. Masanobu Yabe
〃	Mr. Yoshisuke Isoda
Assistant Member	Mr. Toshiro Yoshida
〃	Mr. Go Handa
〃	Mr. Taizo Ichinose
〃	Mr. Kiyoshi Suganuma
〃	Mr. Mizuo Kuroda
〃	Mr. Minao Tsuchiya
〃	Mr. Chihiro Katsuta

Notes; Mr. Osamu Itagaki is added as a Chief Member of Sub-committee on Claims.

번역 한국청구권위원회 위원 명단

1958년 5월 29일

1. 청구권소위원회

수석위원	유태하
수석위원	이호
	최규하
	진필식
	황수영
	강영규
	엄영달

2. 선박소위원회

수석위원	이호
수석위원	유태하
	최규하
	진필식
	강영규
	엄영달

소위원회 일본 측 명단 수정본

1958년 5월 29일

(변경 가능성 있음)

1. 청구권소위원회

수석위원	이타가키 오사무
〃	쇼지 게지로
차석위원	다카노 도키치
〃	이소다 요시스케
〃	야베 마사노부
위원	한다 고
〃	스가누마 기요시
〃	구로다 미즈오
〃	쓰치야 미나오
〃	가쓰타 지히로

2. 선박소위원회

수석위원	아와사와 가즈오
차석위원	다카노 도키치
〃	야베 마사노부
〃	이소다 요시스케
위원	요시다 도시로
〃	한다 고
〃	이치노세 다이조
〃	스가누마 기요시
〃	구로다 미즈오
〃	쓰치야 미나오
〃	가쓰타 지히로

비고: 이타가키 오사무를 청구권소위원회 수석위원으로 추가함.

9. 제4차 한일회담 청구권소위원회 개최 관련 보고 전문

0573 NO. MTB-043

DATE. 11071830

TO. Foreign Minister, Office of the President

At 4:30 p.m. on November 7, accompanied by Minister Yiu, I met Mr. Sawada and proposed that the Sub-committee on other claims from November 17, as instructed under Formin letter Woijung No. 4099 dated November 4, 1958. Mr. Sawada agreed to our proposal.

Ambassador Limb

번역 번호: MTB-043

일자: 11071830[1958. 11. 7]

수신인: 외무부 장관, 대통령실

11월 7일 오후 4시 30분, 유 공사와 함께 사와다를 만나 1958년 11월 4일 자 외무부 서한 외정 제4099호에서 지시받은 바에 따라 기타청구권소위원회를 11월 17일부터 시작하자고 제안했고 사와다가 동의했습니다.

임 대사

11. 제4차 한일회담 청구권소위원회(문화재 문제 제외한 일반) 1차 회의에 대한 결과 보고 전문

0575 NO. MTB-073

DATE. 1201

TO. Office of the President A Foreign Minister

Item 1. The first meeting of the Sub-committee on Other Claims (excepting the matter on art objects) was held at 3 p.m. on December 1 at the Japanese Foreign Ministry. Both sides introduced their respective members of this Sub-committee at this meeting. Also it was agreed that the Sub-committee would follow the rules of procedure confirmed at the Opening Session of the Committee on Korean Claims. Next Meeting will be held at 10 a.m. on December 10th.

Item 2. As the 2nd Session of the Sub-committee will be held on December 10th, early government instructions regarding the guiding principles for the negotiations at this Sub-committee would be highly appreciated and presence here soon of Messrs Lee Sang Duk and Yoo Chang Soon is deemed necessary.

Ambassador B. C. Limb

번역 번호: MTB-073

일자: 1201[1958. 12. 1]

수신인: 대통령실, 외무부 장관

1. (예술품 문제를 제외한) 청구권소위원회의 첫 번째 회의가 12월 1일 오후 3시에 일본 외무성에서 개최되었습니다. 이 회의에서 양측이 본 소위원회에 참석하는 위원들을 소개했고, 한국청구권위원회 1차 회의에서 확정한 절차에 따르기로 합의했습니다. 다음 회의는 12월 10일 오전 10시에 개최할 예정입니다.

2. 기타청구권소위원회 2차 회의가 12월 10일에 열릴 예정이므로 이 소위원회에서 따를 기본 원칙에 대한 지시를 내려주시면 감사하겠습니다. 곧 이상덕과 유창순이 일본으로 와야 할 것 같습니다.

임 대사

12. 기타청구권위원회의 진행에 관한 훈령이 담긴 문서

0577 Instructions on the Proceedings of Other Claims Committee

1. Agenda Adoption

The following 6 agenda items shall be proposed by our delegation:

(1) The gold and silver taken away from Korea.

(2) The obligations and debts of the Government of Japan to the Government-General of Chosun as of August 9, 1945.

(3) The monetary accounts transferred or remitted from Korea on and or since August 9, 1945.

(4) The properties in Japan of the juridical persons with head offices in Korea as of August 9, 1945.

(5) The national or public bonds and the Bank of Japan notes or other currencies, issued by the Japanese authorities, in possession of Korean nationals and or juridical persons, the Japanese obligations to the conscripted Korean laborers including the Japanese compensations for damage occurred to the military personal and other claims of Korean nationals or its juridical persons to the Government of Japan and or her nationals.

(6) The legality of the Korean natural and or juridical persons' ownership of the shares or other securities issued by Japanese juridical persons.

In the course of discussions on agenda adoption, our delegation will have opportunities to sound out what Japanese side has in mind on the question of "other claims".

2. After agenda adoption, discussions shall be made item by item. Before

proceeding to next item, each item shall be satisfactorily settled.

3. In the course of discussions on each item, overall figures or amount of our claims on each item shall not be exposed to Japanese side, at least at present stage but only the figures or amount of each sub-item shall be presented. When it is considered preferable in the judgment of our delegation to request Japanese side to present figures, amount or materials first, our delegation may do so.

4. The figures and amount of our claims on each item will be sent later.

0578 5. Our delegation shall submit recommendations, if any, on the proceedings of this Committee.

번역 **기타청구권위원회 진행에 관한 지시사항**

1. 의제 채택
우리 대표단은 다음과 같은 6개 안건을 제안해야 한다.
(1) 한국에서 반출된 금과 은
(2) 1945년 8월 9일 기준 일본 정부의 조선총독부에 대한 부채 및 채무
(3) 1945년 8월 9일에 또는 그 후에 한국에서 이체 또는 송금된 계좌
(4) 1945년 8월 9일 기준 한국에 본사를 둔 법인의 일본 소재 재산
(5) 한국인 및/또는 법인이 소유하고 있으며 일본 당국이 발행한 국채 또는 공채와 일본은행권 또는 기타 통화, 군 인력에 대한 일본의 보상금을 포함하여 강제 징용된 한국인 노동자에 대한 미지급금, 일본 정부 및/또는 일본 국민에 대한 한국 국민 또는 법인의 기타 청구권
(6) 일본 법인이 발급한 주식 또는 기타 증권에 대한 한국 자연인 및/또는 법인의

소유권이 지니는 적법성

의제 채택을 논의하는 과정에서 '기타 청구권'에 대한 일본의 마음속 생각이 무엇인지 파악할 수 있을 것이다.

2. 의제 채택 후에는 안건별로 논의한다. 각 안건을 만족스럽게 해결한 후 다음 안건으로 넘어가야 한다.

3. 각 안건을 논의하는 과정에서 각 항목에 대한 총 수치 또는 총량을 적어도 현 단계에서는 일본 측에 노출하지 않고 각 하위 항목의 수치나 금액만 제시한다. 대표단이 판단하기에 일본 측에 먼저 수치, 양 또는 자료를 제시할 것을 요청하는 게 좋다고 생각되는 경우 그렇게 해도 좋다.

4. 각 항목에 대한 우리 측 반환청구의 수치와 양은 추후 전달할 예정이다.

5. (있는 경우) 대표단이 본 위원회의 진행 방식에 대한 권고사항을 제출한다.

13. 제4차 한일회담 청구권소위원회(일반) 제2차 회의 결과 보고 전문

0579 NO. MTB-082

DATE. 1210

TO. Office of the President & Foreign Minister

Item 1. The 2nd session of the Sub-Committee on Other Claims regarding general claims was held at 10 a.m. on December 10 at the Japanese Foreign Ministry. Both sides introduced each other some of their respective members who were either newly appointed or absent at the previous session. The Sub-Committee decided to hold next meeting at 10 a.m. on December 17. Early government instructions regarding the guiding principles for negotiations at this Sub-Committee would be highly appreciated.

Item 2. Government instructions also on how to proceed with the 7th session of the Fisheries Committee are urgently requested as it is scheduled to be held at 3 p.m. on December 12th.

Ambassador Limb

번역 번호: MTB-082

일자: 1210[1958. 12. 10]

수신인: 대통령실, 외무부 장관

1. 일반 청구권에 관한 기타청구권소위원회 2차 회의가 12월 10일 오전 10시 일본 외무성에서 개최되었습니다. 양측이 새로 임명되었거나 지난 회의에 불참한 위원들을 소개했고, 다음 회의는 12월 17일 오전 10시에 시작하기로 결정했습니다. 본 소위원회에서의 협상에 대한 기본 원칙을 조기에 전달해 주셔서 감사합니다.

2. 어업위원회 7차 회의가 12월 12일 오후 3시에 열릴 예정이므로 이 회의의 진행 방식에 대한 지시사항도 긴급히 내려주시기를 요청합니다.

임 대사

14. 청구권소위원회(일반) 청훈 전문

0581 NO. MTB-089

DATE. 12161500

TO. Office of the President & Foreign Minister

I would be highly appreciated urgent government instructions in regard to my cable MTB-085 of December 30th[13th의 오류로 보임], 1958 concerning the point to be taken up first at Sub-Committee on other claims regarding general claims scheduled to be held on December 7th[17th의 오류로 보임], 1958

Ambassador Limb

DEC 16 1958

번역 번호: MTB-089

일자: 12161500[1958. 12. 16]

수신인: 대통령실, 외무부 장관

1958년 12월 7일[17일]로 예정되어 있는 기타청구권소위원회에서 우선적으로 논의할 사항에 대한 1958년 12월 30일[13일] 자 전보 MTB-085와 관련하여 긴급히 지시를 내려주시면 감사하겠습니다.

임 대사

1958년 12월 16일

19. 제4차 한일회담 청구권소위원회(일반) 훈령 전문

0585 NO. FTB-032

DATE. 161845

SENT TO. AMBASSADOR LIMB KORDIPSION

ITEM ONE RECABLE MTB ZERO EIGHT SIX PD YOU ARE AUTHORIZED TO INFORM THE JAPANESE SIDE THAT THE KOREAN SIDE HAS NO OBJECTION TO THE JAPANESE PROPOSAL PD HOWEVER CMA EXPRESS OUR REGRET TO THE JAPANESE SIDE THAT THE KOREA JAPAN TALKS MADE VERY LITTLE PROGRESS EVEN IF NEARLY EIGHT MONTHS PASSED BY CMA AND OBTAIN ASSURANCE FROM THE JAPANESE SIDE THAT IT WILL BE SINCERE FOR SUCCESSFUL CONCLUSION WHEN THE TALKS ARE RESUMED IN NEW YEAR PD

ITEM TWO ALL DELEGATIONS CMA EXCEPTING MISSION MEMBERS NA ARE INSTRUCTED TO RETURN HOME AFTER DECEMBER TWENTIETH PD

ITEM THREE GOVERNOR OF BANK OF KOREA REQUESTED ME GOVERNMENT TO PERMIT MR YU CHANG SOON TO RETURN HOME BY DECODER EIGHTEENTH PD IT IS INFORMED THAT THE SAID REQUEST HAS BEEN GRANTED PD

FOREIGN MINISTER

번역 번호: FTB-032

일자: 161845[1958. 12. 16]

수신인: 임 대사

1. 전보 MTB-086과 관련하여, 일본 측 제안사항에 대해 한국이 이의가 없음을 일본 측에 통보하는 것을 승인합니다. 그러나 8개월에 가까운 시간이 지났는데도 한일회담에 진척이 거의 없는 것에 대한 유감을 일본 측에 표시하고, 새해에 회담이 재개되면 회담의 성공적인 타결을 위해 성의 있게 임하겠다는 확약을 받으십시오.

2. 주일 대표부 관계자들을 제외한 모든 한일회담 참석자들은 12월 20일 이후 귀국하십시오.

3. 한국은행 총재가 유창순이 12월 18일까지 귀국하도록 허가할 것을 정부에 요청했고, 해당 요청이 승인되었습니다.

외무부 장관

20. 제4차 한일회담 청구권소위원회(일반) 훈령 전문 추가 부분

0586 NO. FTB-033

DATE. 161845

SENT TO. AMBASSADOR LIMB

CONCERNING OTHER CLAIMS COMMITTEE TO BE HELD ON DECEMBER SEVENTEENTH CMA THE DELEGATION IS INSTRUCTED AS FOLLOWS COLON ITEM ONE IN ACCORDANCE WITH ARTICLE FOUR OF THE AGREED MINUTES OF DECEMBER THIRTY FIRST CMA ONE NINE FIVE SEVEN CMA OUR SIDE WILL SUBMIT THE PROPOSAL OF THE SAME CONTENTS THAT WE HAD SUBMITTED AT THE PREVIOUS TALKS CMA NAMELY THE PROPOSAL SUBSTANTIALLY SAME WITH ONE SUBMITTED IN ONE NINE FIVE TWO PD THE REWORDED TEXT OF CUR PROPOSAL WILL BE SENT TO THE DELEGATION LATER BY POUCH PD ITEM TWO ASK THE JAPANESE SIDE WHETHER IT WILL BE READY TO DISCUSS FOR SETTLEMENT ITEM BY ITEM OF OUR PROPOSAL PD IF IT IS SO READY CMA PROCEED FIRST WITH THE PROBLEM OF BANK OF JAPAN NOTES CMA ETC AS YOU RECOMMENDED BY MTB ZERO EIGHT FIVE PD ITEM THREE DEMAND THE JAPANESE SIDE WHETHER IT WILL REPAY OUR CLAIMS FOR SETTLEMENT
0587 AS STATED IN ITEM TWO WHEN THE TALKS CONFIRM THE FIGURES ARE CORRECT PD

FOREIGN MINISTER

번역 번호: FTB-033

일자: 161845[1958. 12. 16]

수신인: 임 대사

12월 17일에 열릴 기타청구권위원회와 관련하여 대표단에 다음과 같이 지시합니다.

1. 1957년 12월 31일 자 합의의사록 제4조에 따라 우리 측은 기존 회담에서 제출한 것과 동일한 내용의 제안서, 즉 1952년에 제출한 것과 동일한 제안서를 제출할 예정입니다. 행낭을 통해 표현을 다듬은 제안서를 발송하겠습니다.

2. 일본 측에 우리 제안서를 항목별로 논의하여 해결할 준비가 되어있는지 문의하기 바랍니다. 준비가 되어있다면 MTB-085에서 권고한 바와 같이 일본은행권 문제부터 신속하게 논의를 진행하기 바랍니다.

3. 회담을 통해 숫자가 정확하다고 확인되면 2번 항목에 명시된 문제에 대한 한국의 청구액을 상환할 예정인지 일본 측에 문의하십시오.

외무부 장관

21. 제4차 한일회담 청구권소위원회(일반) 훈령 수정 내용이 담긴 전문

0588 NO. FTB-034

DATE. 171300

SENT TO. AMBASSADOR LIMB

TEXT DISPATCHED BY FTB ZERO THREE THREE HAS BEEN APPROVED PD BUT THE WORDING OF ITEM THREE OF THE SAID INSTRUCTIONS WAS REVISED AS FOLLOWS COLON QUOTE ITEM THREE DEMAND THE JAPANESE SIDE WHETHER IT WILL REPAY OUR CLAIMS FOR SETTLEMENT AS STATED IN ITEM TWO WHEN THE TALKS CONFIRM THE FIGURES ARE CORRECT PD UNQUOTE

FOREIGN MINISTER

번역 번호: FTB-034

일자: 171300[1958. 12. 17]

수신인: 임 대사

FTB-033로 전송한 텍스트는 승인되었으나 해당 훈령의 3번 항목의 표현이 다음과 같이 수정되었습니다. "3. 회담을 통해 숫자가 정확하다고 확인되면 2번 항목에 명시한 한국의 청구액을 상환할 것을 일본 측에 요구하십시오."

외무부 장관

22. 제4차 한일회담 청구권소위원회(일반) 제3차 회의 결과 보고 전문

0589 NO. MTB-093

DATE. 1218

TO. Office of the President Foreign Minister

The third session of the Sub-Committee on Other Claims regarding general claims was held at 10 a.m. on December 17 at the Japanese Foreign Ministry. Next meeting was tentatively decided to be held on December 24.

Our side stated at this meeting that though, in accordance with the agreed minutes of December 31, 1957, the same 8 items of Korean claims as submitted at the previous talks should be the subject of discussions at the Sub-Committee, this Committee would take up those items minus those on art objects, since the matter on art objects was already under discussions at another place. The Japanese side answered that, the Japanese chief member Shoji was absent at this meeting attending the Diet session, it is unable to give
0590 a prompt reply thereto, but that it would put forth reply at the next session after studying our statement.

Ambassador Limb

번역 번호: MTB-093

일자: 1218[1958. 12. 18]

수신인: 대통령실, 외무부 장관

일반 청구권에 관한 기타청구권소위원회 3차 회의가 12월 17일 오전 10시 일본 외무성에서 개최되었습니다. 다음 회의 일자는 12월 24일로 잠정 결정했습니다.

이 회의에서 우리 측은 1957년 12월 31일 자 합의의사록에 따라 기존 회담과 동일한 한국 청구권 8개 항목이 논의의 주제가 되어야 하지만, 예술품 문제는 이미 다른 곳에서 논의하고 있으므로 본 소위원회에서는 예술품을 제외한 나머지 항목에 대해 논의한다고 말했습니다. 일본 측은 쇼지 수석위원이 의회 출석으로 인해 이번 회의에 참석하지 못했기 때문에 즉시 답변할 수는 없으나 한국 측 발언을 검토한 후 다음 회의에서 답변하겠다고 했습니다.

임 대사

청구권 관계 자료, 1958

분류번호 : 723.1JA 청 1958
등록번호 : 105
생산과 : 아주과
생산연도 : 1958
필름번호 : C1-0003
프레임번호 : 0591~0826

제4차 한일회담 청구권위원회 개최에 즈음하여 작성되거나 그 이전에 작성되었던 청구권 관련 자료들을 담은 장이다. 대일 청구권 문제에 관한 공문과 답신, 체신 관계 대일 확정채권 상환자료, 대일 청구권 문제에 관한 의견서 등이 수록되어 있다.

1. 대일 청구권 문제에 관해 외무부가 재무부에 보낸 문서

0594 외정 제192호

단기 4291년 1월 14일

외무부 장관

재무부 장관 귀하

건명: 대일 청구권 문제에 관한 건

수제지건에 관하여 객년 12월 31일에 한일예비교섭의 종결에 있어서 한일 양국 간에 조인된 합의 문서(별첨 1)에 의거하여 오는 3월 1일부터 일본 도쿄에서 한일 본회담이 재개될 것이며 이 회담에서는 단기 4284년 10월 이래 개최되었던 제1, 2, 3차 한일회담에서 취급되었던 것과 원칙적으로 동일한 의제가 상정 토의되기로 합의를 보았으며, 동 회담 '한국의 대일청구분과위원회(가칭)'에서는 당부로서는 단기 4285년 2월 21일 제1차 회담에서 제안한 바 있는 '한일 간 재산 및 청구권 협정 요강안(별첨 2)'을 제1차적으로 재제안할 계획이온바 동 요강은 단기 4282년 9월 1일 현재로 귀부 협의하여 작성하였던 '대일배상조서(별첨 3)'를 기초하여 작성되었던 것입니다. 여기에 상기 '대일배상조서' 중 귀부 소관 사항 및 상기의 '한일 간 재산 및 청구권 협정 요강'을 재검토하시와 만약 추보 또는 수정할 사항 기타 귀견이 있으면 이를 조속한 시일 내에
0595 통지하여 주시고 또한 상술한 우리 측의 대일 청구를 논증할 서류 및 자료를 제출하여 주심을 앙망하오며 그 후 본건에 관한 제반 문제에 관하여 귀부와 재협의할 예정임을 첨신하나이다.

별첨: 1. 한일예비회담 종결 합의 문서

2. 한일 간 재산 및 청구권 협정 요강(아 측 안)

3. 대일배상요구조서

이상

2. 대일 청구권 문제에 관한 재무부의 답신 공문

0596 재비 제60호

단기 4291년 2월 17일

재무부 장관

외무부 장관 귀하

대일 청구권 문제에 관한 건

단기 4291년 1월 14일 자 외정 제192호로 요청하신 계제지 건에 관하여는 귀부 주동하에 단기 4282년에 작성하신 '대일배상요구조서'에 동의하오며 그 자료는 일체 귀부에서 보유하고 계신 것으로 사료함으로 우선 그 뜻을 회보하오며, 아울러 앞으로도 귀부 주도하에 준비위원회 같은 것을 구성하여 검토할 작정이시면 당부도 참가하겠아오니 하량하시기 바랍니다.

이상

3. 체신 관계 대일 확정채권 상환 자료[1]

0597-0712 작성기관: 체신 관계 대일 확정채권 상환대책위원회

작성일: 1958년 1월 25일

목차

1. 서문
   ㄱ. 대일 배상 요구의 근거와 요강
   ㄴ. 현물 반환 요구를 제외한 아국의 대일 배상 요구 총액
   ㄷ. 대일 확정채권의 조서
2. 체신 관계 대일 확정채권 상환 요구 자료 조서(1949년 7월 31일 현재)
   ㄱ. 체신 관계 대일 확정채권의 조서
   ㄴ. 체신 관계 대일 확정채권 조서에 대한 각 관 항목 설명
   ㄷ. 증빙자료
3. 참조 법령
   ㄱ. 부록 제1호. 태평양미국육군총사령부포고령 제3호
   ㄴ. 부록 제2호. 재조선미국육군사령부군정청법령 제33호
   ㄷ. 부록 제3호. 대한민국 정부 및 미국 정부 간의 재정 및 재산에 관한 최초 협정
   ㄹ. 부록 제4호. 일본국과의 평화조약(발췌)
4. 부록
   ㄱ. 체신 관계 대일 확정채권상환대책위원회 규정
   ㄴ. 위원 명단

---

1 대일 청구권 및 체신 관계 대일 확정채권의 역사적, 법적 근거와 내역을 기록한 보고서. 보고서의 내용은 생략하였다.

4. 한국 체신문화재 대일 현물 반환 요구 품목[2]

0712-0716 작성기관: 체신부

작성일: 1958년 2월

[표찰, 마패, 지도, 인장, 엽서 등 한국 체신문화재 대일 현물 반환 요구 품목을 기록한 자료]

2 43-1 문서에 동일한 내용이 수록되어 있으므로 이곳에서는 내용을 수록하지 않았다.

5. 대일 청구권 문제에 관한 임송본 대표의 의견서[3]

0718-0785 작성자: 한일회담 대표 임송본

작성일: 1958년 2월 15일

제4차 한일회담에서 제기되는 대일 재산권 및 청구권 문제에 관한 대표 임송본의 의견서

[목차는 다음과 같음]

1. 대일 재산권 및 청구권 또는 확정채권 관계

(가) 기본 원리에 관한 자료, 연구, 개론

(a) 평화조약 제4조 A항 및 B항에 관한 견해

(b) 군정법령 제33호의 적용 및 그 효력

(c) 점령 정책하의 한국 재산 처리 상황

2. 금후 대일회담 시 제기될 재산 및 청구권에 관련한 제목 및 조항

3. 재외한국인 사유재산 보상 요구 관계

4. 재한 미군정청 관계 법령

---

3 전반부에는 대일 청구권 협상 전략에 대한 의견과 청구권 자료가, 후반부 부록에는 관련된 SCAP 각서들이 수록되어 있다. 전반부 의견서는 문서파일 87(제1차 한일회담 청구권 관계 자료, 1950-52)에 수록되어 있는 「대일회담 재산권 및 청구권 문제」와 동일하다. 이곳에 내용은 수록하지 않았다.

5. 대일 확정채권 관계 조항

6. 구왕실 재일 재산 관계 사항

〈자료〉

재산권 및 청구권의 종합표

한국 내 보관일계 통화 내역표

본점 소유 유가증권 내역표

구조선은행 본점 계정의 일계 유가증권 일람표

구조선은행 본점 소유 계정 중 1945년 8월 25일 도쿄 지점에 불법 이관한 유가증권 내역표

폐쇄 기관 청산 보고(조선은행 재일본지점)

폐쇄 기관 청산 보고(조선식산은행 도쿄 및 오사카 지점)

폐쇄 기관 청산 보고(조선금융조합연합회 도쿄지점)

폐쇄 기관 청산 보고(조선신탁주식회사 도쿄 및 오사카 지점)

폐쇄 기관 분석표

연합국총사령부 SCAPIN 제 각서의 요점

별첨

5-1. 한일 간에 특별히 해결되어야 할 대일 재산권 및 청구권에 관한 짧은 설명[4]

0754 ONE BRIEF EXPLANATIONS ON OUR PROPERTY IN JAPAN AND CLAIMS AGAINST JAPAN WHICH WILL BE THE SUBJECT OF SPECIAL ARRANGEMENT BETWEEN THE REPUBLIC OF KOREA AND JAPAN

1) Article 4 of the Peace Treaty against Japan provided that the disposition of property of Japan and of its nationals in Korea and their claims, including debts, against the Government the Republic of Korea and its residents, and the disposition in Japan of property of Korean Government and Korean residents and claims, including debts, of Korean Government and Korean residents against Japan and its residents, should be the subject of special arrangement between the Republic of Korea and Japan.

In addition, (b) of the article above-mentioned provided that Japan recognized the validity of disposition of property of Japan and Japanese nationals made by or pursuant to directives of the United States Military Government in Korea.

2) Subject to the provisions of Ordinance No. 33 of the United States Military Government in Korea, all property of Japan and Japanese nationals in Korea was vested in USAMGIK and furthermore the property vested in USAMGIK
0755 was transferred to the Republic of Korea in compliance with the provisions of the Initial Financial and Property Settlement Between the Government of the

4 앞 5번 문서에 포함되어 있는 문서.

United States of America and the Government of Republic of Korea that was settled on December 10, 1948.

3) In the lights of the provisions of Article 4 (b) of the Peace Treaty against Japan and of Ordinance No. 33 by USAMGIK, the disposition of property of Japan and Japanese nationals in Korea and their claims, including debts, against the Republic of Korea and Korean people shall not be the subject of the special arrangement between the Republic of Korea and Japan. Therefore, only the resumption of our property and claims will be discussed at the meeting of special arrangement which will be held in near future.

4) The brief particulars of our property and claims against Japan and Japanese are as follows:

(a) Property and claims under the custody of Closed Institutions Liquidation Committee

¥8,025,575,160.28

(b) Property and claims subject to the provisions of SCAPIN No. 1965

100,000,00.- (about)

0756 (C) Japanese currency

1,540,783,700.17

(d) Bonds, debentures and other securities

2,638,922,220.44

Total ¥12,305,281,080.89

5) The property and claims referred to in Paragraph 4 (a) and (b) are those of all branches or agencies in Japan of firms with head offices in Korea.

Those under paragraph 4 (a) are the property and claims of the branches in Japan of the Bank of Chosen, Chosen Industrial Bank, Chosen Trust Company and Chosen Financial Associations which are convicted of War Crime Financial Institutions and subject to the special liquidation pursuant to Japanese Imperial Ordinance Concerning Closed Institutions.

The property and claims referred to in Paragraph 4 (b) are those of branches or agencies in Japan of firms with head offices in Korea other than four institutions mentioned above.

6) It we could not resume our property and claims mentioned above in
0757 whole, the Japanese nationals bonds owned by the Bank of Chosen for
¥4,793,272,385.—included in Paragraph 4 (a), must be returned to us in view of the fact that they have been transferred to Japan by Japanese stuff of the Bank of Chosen in Korea illegally on August 25,1945 in spite of the prohibition by USAMGIK Ordinance No. 33 on financial transactions between Korea and Japan on and after August 9, 1945.

번역 한일 간 특별 협정 대상인 대일 재산권 및 대일 청구권에 관한 간단한 설명

1) 대일강화조약 제4조는 대한민국 정부와 거주민에 대한 부채, 일본과 일본 국민의 한국 내 재산과 청구권의 처분, 일본 정부와 국민에 대한 부채 등 한국 정부와 한국 국민의 일본 내 재산과 청구권의 처분은 대한민국과 일본이 특별 협정을 통해 해결할 대상이라고 명시한다.

또한 위 조항의 (b)항에 따르면 일본이 주한 미군정의 지침에 의한 또는 그 지침에 의거한 일본 및 일본 국민의 재산 처분이 지니는 효력을 인정했다.

2) 주한 미군정 법령 제33호에 따라 일본과 일본 국민의 한국 내 모든 재산은 주한 미군정에 귀속되었고, 주한 미군정에 귀속된 재산은 미국 정부와 대한민국 정부가 1948년 12월 10일에 합의한 재정 및 재산에 관한 최초 협정에 의거하여 대한민국 정

부에 이양되었다.

3) 대일강화조약 제4(b)조와 주한 미군정 법령 제33호에 따라 일본 및 일본 국민의 한국 내 재산(부채 포함)과 대한민국 및 한국인에 대한 청구권의 처분은 대한민국과 일본 간 특별 합의 대상이 아니다. 따라서 근 시일 내에 열릴 특별 협정 회의에서는 한국 측 재산과 청구권의 재개에 대해서만 논의한다.

4) 일본과 일본에 대한 우리 측 재산 및 청구권을 요약하면 다음과 같다.

(a) 폐쇄 기관 청산위원회에서 관리 중인 재산 및 청구권

8,025,575,160.28엔

(b) SCAPIN 제1965호가 적용되는 재산 및 청구권

(약) 100,000,00.-

(c) 일본 통화

1,540,783,700.17

(d) 채권, 채무증서 및 기타 증권

2,638,922,220.44

총 12,305,281,080.89엔

5) 4)의 (a)와 (b)에서 언급한 항목은 한국에 주 사무소를 둔 기업의 모든 일본 지사 또는 대리점의 재산과 청구권이다.

4)의 (a)는 전범 금융 기관으로 유죄 판결을 받은 조선은행, 조선산업은행, 조선신탁주식회사 및 조선금융협회의 재산 및 청구권이며, 폐쇄된 기관에 관한 일본제국 법령에 의거하여 특별 청산 대상에 해당한다.

4)의 (b)는 위에서 언급한 4개 기관을 제외한, 한국에 주 사무소를 둔 기업의 재일 지사 또는 대리점의 재산 및 청구권이다.

6) 위에서 언급한 재산 및 청구권 전체를 돌려받지 못하면 4)의 (a)에 포함되어 있는 조선은행 소유의 일본 국채 4,793,272,385엔을 우리에게 반환해야 한다. 이 국채

는 1945년 8월과 그 이후 한일 간 금융 거래를 금지한 주한 미군정 법령 제33호에도 불구하고 1945년 8월 25일 조선은행의 일본인 직원이 불법적으로 일본에 이체한 것이기 때문이다.

6. 체신 관계 대일 확정채권 상환 요구 조서[5]

0786-0821 작성기관: 체신부

작성일: 1958년 2월 27일

[채신 관계 대일 확정채권 상환 요구에 대한 조사자료.

대일 확정채권 상환 요구의 역사적 법적 근거와 총 요구액, 대일 확정채권 상환 결제 방법 구별표 등이 제시되어 있다. 대일 확정채권 상환 결제 방법 구별표는 약 30페이지에 달하는 긴 도표로서, 항목별로 금액·항목에 대한 개요·산출 근거 및 취급 경위·방증자료 등이 정리되어 있다.]

---

5 조서의 내용은 이곳에 수록하지 않았다.

7. 왜정 시 피징용자에 대한 배상 요구 자료 제공 공문

0822 보로 제396호

단기 4291년 4월 17일[1958. 4. 17]

보건사회부 장관

외무부 장관 귀하

왜정 시 피징용자에 대한 배상요구자료(賠償要求資料) 제공의 건

왜정 말기에 강제(强制)로 징용(徵用)되었던 자 또는 그의 관계자들로부터 배상을 요망하는 자가 많으므로 일제조사(一齊調査)하였던바 별표와 같사오니 일본 정부(日本 政府)에 이에 대한 배상을 요구하여 동포가 당하였던 억울한 고난(苦難)에 대한 그
0823 들의 숙원(宿願)을 풀어주도록 선처(善處)하시기 바랍니다.

추기: 본건 조사에 의한 개인별 명단(個人別 名單)은 당부가 보관하고 있사오니 필요시는 제공하겠사옵기에 첨신(添伸)하나이다.

0824 왜정 시 피징용자 수 표(단기 4291년 3월 31일 현재)

	시도별	총 수	동상내력별		참고		
			귀환자 수	미귀환자 수	징용 중 사망자 수	귀환 후 생존자 수	귀환 후 사망자 수
	서울	3,243	3,031	168	44	2,842	189
	경기	31,837	29,793	1,407	637	27,056	2,737
	충북	20,933	19,562	783	588	18,315	1,247
	충남	41,448	38,825	1,408	1,215	37,021	1,804
	전북	40,491	36,437	2,470	1,584	33,169	3,268
	전남	55,750	51,954	2,276	1,520	46,328	5,626
	경북	47,974	44,239	2,603	1,132	41,480	2,759
	경남	29,859	27,399	1,519	941	25,802	1,597
	강원	14,803	13,857	653	293	12,113	1,744
	제주	1,596	1,490	73	33	1,109	381
0825	계	287,934	266,587	13,360	7,987	245,235	21,352

8. 대일 청구권 문제에 관해 재무부가 외무부에 보낸 공문

0826 재비 제70호

단기 4291년 9월 30일[1958. 9. 30]

재무부 장관

외무부 장관 귀하

대일 청구권 문제에 관한 건

단기 4291년 1월 14일 자 외정 제192호로 요청하신 표기 건에 관하여 당부 소관 대일 재산청구권을 별지와 같이 조사 보고하오니 선처하여 주시옵기를 이에 경망하나이다.[6]

이상

---

6 별지는 첨부되어 있지 않다.

문화재소위원회 회의록 및 문화재 반환 교섭, 1958

분류번호 : 723.1JA 문1958
등록번호 : 102
생산과 : 아주과
생산연도 : 1958
필름번호 : C1-0003
프레임번호 : 0006~0254

한국청구권위원회 기타청구권소위원회의 문화재 반환 관련 제1차부터 12차까지의 회의 기록이 담겨있다. 일본 측 대표단은 처음부터 문화재 반환에 관한 정부 지침을 받지 못했다면서 협상에 매우 소극적인 태도를 보였으며, 1차 회의가 개최된 후 4개월이 지나서야 2차 회의가 개최되었다. 한국 측은 계속해서 반환할 문화재(예술품) 목록을 제출하라고 요구했으나 일본 측이 이에 응하지 않자, 1958년 10월 25일에 개최된 제5차 회의에서 한국 측이 작성한 1,000여 점의 반환 문화재 목록을 일본 측에 제시하였으며, 목록에 대한 설명도 덧붙였다. 일본 측은 1957년 12월 31일 한일회담 재개에 합의하면서 한국 측에 반환하기로 한 문화재 106점을 4월 16일에 반환했는데 이때 앞으로 추가적으로 반환할 문화재 목록 486점을 한국 측에 제시했으나 이 문화재의 반환에 관해서도 매우 소극적인 자세를 견지했다. 결국 이 위원회 회의는 12차례 개최되었으나 별다른 성과 없이 종료되고 말았다.

1. 제4차 한일회담 청구권소위원회(문화재) 제1차 회의 요록

0011 Tokyo, June 4, 1958

THE GIST OF TALKS
FIRST SESSION
MEETING OF THE SUB-COMMITTEE ON CLAIMS

1. Date, time and place:

June 4. 1958 (Wednesday) 3.00 p.m.-3:20 p.m. Room 411 of the Ministry of Foreign Affairs of the Japanese Government

2. Conferees:

Korean Side: Mr. Tai Ha Yiu (Chief Member)
Mr. Kyu Hah Choi
Mr. Pil Shik Chin
Mr. Soo Young Whang
Mr. Ki Bong Han
Mr. Won Ho Lee

Japanese side: Mr. Osamu Itagaki (Chief Member)
Mr. Tokichi Takano
Mr. Kiyoshi Suganuma
Mr. Minao Tsuchiya

3. Gist of Talks

MR. ITAGAKI: Now we would like to open the first meeting of this Sub-

Committee, As both of us are aware, today we are scheduled to talk about "cultural properties". As to the matter of "cultural properties", there were discussions to a certain degree at the Overall Talks and at the Preliminary Talks at the end of last year. What we would like to tell you is that, since our side has not been able to get new instructions from the Government, we wish only to listen to your side's opinion, today.

MR. YIU: As Japanese chief Member Itagaki has just mentioned, I understand that, in the past, discussions were made on this subject. Needless to say, as well as other claims, the problem of Art Objects is also the most important claims in view of the fact that art objects are indispensable for a nation's cultural development. It is more so for the newly-independent nation whose remaining art objects were, to a great degree, either destroyed or taken away in the course of the war with communists. There will be no need for any further explanation in this connection regarding the significance of the return of art objects to Korea and to the Korean people. Therefore, we hope that you will endeavor to settle this problem conscientiously at the earliest possible date.

MR. YIU: May we present our proposal on the proceeding of the first meeting of this Sub-Committee?

MR. ITAGAKI: No objection.

MR. YIU: The Korean side wishes to settle at this Sub-Committee the problem regarding the return of Art Objects. In this connection,

0012 a. The "Korean Art Objects" shall cover all classical books, art objects in narrow sense, curios, other cultural treasures and map negatives.

b. Though there are different opinions in our country, with a view to expediting the settlement of this problem, we will limit our request to the return of those Art Objects taken away from Korea to Japan sines 1905.

We, therefore, request you that a complete list of all the items of Korean Art Objects which your side is ready to turn over to us be submitted to us at the earliest date. I would like to add that as for 1905, there are opinions in my country supporting the idea that art objects taken away before the year 1905 should be also returned to Korea. However, we decided it as '1905' with a view to bringing about an early and smooth settlement of the matter.

MR. ITAGAKI: I wonder whether the year of 1905 has a bearing on the year in which the defunct Resident-General was established.

MR. YIU: Though it may be related to the date of the setting-up of the so-called "Tong-Kam-Bu", we will inform you the exact date at the next Sub-Committee meeting.

MR. ITAGAKI: We, the Japanese side, have fully understood what Chief Member Mr. Yiu mentioned at the beginning. When it comes to an actual implementation of your terms, there will inevitably arise such fundamental problems as matters of legislation and forms of turn-over, I believe. However, I will not go into further discussion on this at today's meeting.

We are also sympathetic toward what you have mentioned, and we think that your terms are considerably clear to us excepting a few points. But because we have not been given so far any instructions from our Government, we will not make any questions on them.

We will tell you our opinion after we have studied them.

MR. YIU: If that is so, when shall we hold the next meeting. Would it be suitable to you to hold it in the morning or In the afternoon of coming Tuesday?

MR. ITAGAKI: We have no objection to holding the meeting in principle. But as I say to you a short while ago, we cannot tell anything substantial until a new Cabinet is formed and thereafter new instructions are given to us. And I think it will not be by next Tuesday. Anyway I am pretty positive that our discussion cannot go into any substantial point until a new Cabinet of Japan is formed and new instructions are available for the Japanese delegation.

MR. YIU: We understood you well. Then, how is it that Chief Member Director Itagaki and I separately talk and decide the date and time for next meeting?

0013 MR. ITAGAKI: All right.

MR. YIU: What shall we do about press release?

MR. ITAGAKI: How about reporting to the effect that the Sub-Committee made discussions on the matter of the Art objects after introducing both sides' Sub-Committee members?

MR. YIU: All right.

-THE END-

번역

1958년 6월 4일, 도쿄

한국 기타청구권소위원회(문화재 관련) 1차 회의 요록

1. 일시 및 장소

1958년 6월 4일(수요일), 오후 3시~3시 20분, 일본 외무성 411호

2. 참석자

한국 측: 유태하(수석위원), 최규하, 진필식, 황수영, 한기봉, 이원호

일본 측: 이타가키 오사무(수석위원), 다카노 도키치, 스가누마 기요시, 쓰치야 미나오

3. 회의록

이타가키: 본 소위원회의 첫 번째 회의를 시작하고자 한다. 모두 알고 있듯이 오늘 이 자리에서는 '문화재'에 대해서만 논의하기로 되어있다. '문화재' 문제에 대해서는

전면회담과 작년 말 예비교섭에서 어느 정도 논의가 되었다. 우리 측은 정부로부터 새로운 지시를 받지 못했기 때문에 오늘은 한국 측의 의견만 들어보고 싶다.

유: 이타가키 수석위원이 방금 언급했듯이 기존에 이 주제에 대한 논의가 있었다. 다른 청구권과 마찬가지로 예술품 문제 또한 한 국가의 문화 발전에 있어서 없어서는 안 될 요소라는 사실을 고려했을 때 가장 중요한 청구 대상 중 하나다. 공산주의와의 전쟁 과정에서 예술품이 상당 부분 파괴되었거나 도난당한, 새로 독립한 국가에게는 더욱 그렇다. 예술품을 한국과 한국인들에게 반환하는 것의 중요성에 대해서는 더 이상의 설명이 필요하지 않을 것이다. 따라서 최대한 빠른 시일 내에 이 문제를 양심적으로 해결하기 위해 노력해 주기를 바란다.

유: 본 소위원회의 첫 번째 회의의 진행 방식을 제안해도 되겠는가?

이타가키: 이의 없다.

유: 한국 측은 본 소위원회에서 예술품 반환 문제를 해결하고자 한다. 이와 관련하여

a. '한국 예술품'은 고서, 협의의 예술품, 골동품, 기타 문화재와 지도 원판을 모두 포괄한다.

b. 국내에서 의견이 갈리고 있으나 문제를 신속히 해결하기 위해 1905년 이후 한국에서 일본으로 피탈된 예술품으로 반환 요청을 제한하겠다.

따라서 우리는 일본 측이 한국에 인계할 준비가 되어있는 모든 한국 예술품을 명시한 목록을 최대한 빠른 일자에 제출할 것을 요청한다. 1905년 기준에 대해, 1905년 이전에 피탈된 예술품도 한국으로 반환해야 한다는 의견이 있다는 것을 덧붙이고 싶다. 그러나 문제를 조기에 원만히 해결하고자 '1905년'을 기준으로 삼기로 결정한 것이다.

이타가키: 1905년이 지금은 사라진 통감이 설치된 시점과 관련이 있는지 궁금하다.

유: 소위 '통감부' 설치 시기와 관련이 있을 수도 있지만 정확한 일자는 다음 소위원회 회의에서 통보하겠다.

이타가키: 우리 일본 측은 유 수석위원이 시작할 때 한 말을 전적으로 이해한다. 한국이 제시한 조건의 실질적인 이행에 있어서는 법과 인계 형식과 같은 근본적인 문제를 제기하지 않을 수 없다. 그러나 이 자리에서 더 깊이 들어가지는 않겠다.

방금 한 발언에 우리도 공감하며, 몇 가지 부분만 제외하면 제시한 조건이 상당히

명확하다고 생각한다. 하지만 우리 정부로부터 아직까지 지시를 받은 사항이 없기 때문에 질문을 하지는 않겠다.

검토한 후에 우리 측 의견을 통보하겠다.

유: 그렇다면 다음 회의는 언제가 좋겠는가? 돌아오는 화요일 오전이나 오후에 하는 것이 좋지 않겠는가?

이타가키: 회의를 소집하는 것 자체에는 이의가 없으나 방금 말했듯이 새 내각이 꾸려지고 새로운 지시를 받을 때까지는 구체적인 대화를 나눌 수가 없다. 그리고 다음 화요일까지 지시를 받을 수 있을 것 같지 않다. 일본의 신임 내각이 구성되고 일본대표단이 새로운 지시를 받을 때까지는 실질적인 논의를 진행할 수 없을 것이라고 생각한다.

유: 이해한다. 그러면 이타가키 수석위원과 내가 따로 이야기를 나눠 다음 회의 일시를 정하자.

이타가키: 좋다.

유: 보도 자료는 어떻게 할 것인가?

이타가키: 양측의 소위원회 구성원을 소개한 후 예술품 문제에 대해 논의했다고 작성하는 것이 어떤가?

유: 좋다.

끝

3. 한일회담 문화재 반환 협상 진전을 위한 지침이 담긴 문서

0015

18 September, 1958

Instructions for future conduct of negotiation at the 4th Korea–Japan Conference

II. Committee on Korean Claims

2. At the Sub-Committee on Korean Claims (the problem of Korean Art Objects is immediately pending), our delegation shall press the Japanese side for delivering without delay the 489 items of Korea art objects, and to present us a full list of items which they are able to transfer to us. If the Japanese side is further hesitant to present the above full list, our delegation will present or the Japanese reply our list containing at least 1,000 items, selection of which is up to the decision of the delegation, adding reservation that an additional list will be presented later.

As of September 19, 1958

List of the Korean delegation

a. Committee on Korean Claims:

Chief member: Mr. Lee, Ho

Alternate chief member: Mr. Chang, Kyung Kenn, and Choi, Kyu Hah

b. Specially for Korean art objects question:

Member: Mr. Choi, Kyu Hah

Expert: Mr. Whang, Soo Young

Secretary: Mr. Limb, To Kyung

번역

1958년 9월 18일

4차 한일회담의 추후 교섭에 대한 지시사항

II. 한국 청구권에 관한 위원회

2. 한국 청구권에 관한 소위원회에서 (한국 예술품 문제 계류 중) 우리 대표단은 한국 예술품 489점을 지체 없이 반환하고 인도할 수 있는 모든 품목의 목록을 제출하라고 압박하십시오. 일본이 이 목록을 제시하기를 더 이상 주저한다면 우리 측이 선택한 최소 1,000점 이상의 반환 대상 예술품 목록을 일본에 제시하고 추가 목록을 추후 제시할 수 있다는 단서를 붙일 것입니다.

1958년 9월 19일 현재

한국대표단 명단

a. 한국청구권위원회

수석대표: 이호

교체수석대표: 장경근, 최규하

b. 한국 예술품 문제 대표단:

위원: 최규하

전문가: 황수영

서기관: 임도경

6. 제4차 한일회담 청구권소위원회(문화재) 제2차 회의 요록

0019

October 6, 1958

GIST OF TALKS
SECOND SESSION
SUB-COMMITTEE ON OTHER CLAIMS WITH MATTERS REGARDING KOREAN ART OBJECTS, COMMITTEE ON KOREAN CLAIMS

1. Time and Place:

October 4, 1958 (Saturday) 10:35 - 10:50 a.m. at Room 411, Ministry of Foreign Affairs, Japanese Government

2. Conferees:

Korean side: Mr. YIU, Tai Hah
Mr. CHOI, Kyu Hah
Mr. CHIN, Pil Shik
Mr. OHM, Young Dal
Mr. ROH, Jae Won
Mr. LEE, Won Ho

Japanese side: Mr. Osamu ITAGAKI
Mr. Tokichi TAKANO
Mr. Go HANDA
Mr. Kiyoshi SUGANUMA
Mr. Minao TSUCHIYA

3. Gist of Talks:

Mr. Itagaki: Now, I would like to open the second meeting of the matters regarding Art Objects of the Committee on Korean Claims. On June 4, 1958, the Korean side presented to the Japanese side a proposal with respect to art objects, and the Japanese side submitted the proposal to its high level for the instructions thereon. However, due to a considerable period of stalemate of the Overall Talks, the Japanese delegation has not been able to receive instructions is this regard. This being the reality, it is with regret that it is not in a position to give answer to the Korean proposal today though it wanted to go into detailed discussions at this Subcommittee at an early date. As the Talks have been resumed, we will try our best to obtain Government instructions in this regard and to settle the problem as soon as possible.

Minister Yiu: I could understand what you have told me now. It was with regret that the Overall Talks were suspended for a length of time. But, the Talks having being opened, now, I hope that the Japanese side would consult with the Government on the Korean proposal and give reply to the Korean proposal as soon as possible.

Mr. Itagaki: The Japanese side, for its part, is making every effort to bring about a settlement of the problem of arts objects. However, I would like to ask an understanding from the Korean side on this matter. The key to an early settlement of the problem of art objects lies, first of all, the establishment of a basic policy of the Japanese side toward the problem of Korean art objects. And, such a policy has not yet been made by the Japanese side, under present circumstances, to settle this problem independently from the other pending
0020 issues. Of course, we would like to settle the problem as soon as possible with all sincerity.

Minister Yiu: I hope that the Japanese side, especially Mr. Itagaki, does not spare efforts for the prompt solution of the problem in question.

Mr. Itagaki: As a member of the Japanese delegation and as a Director of competent Buresu on the matter, I will spare no effort. But, as you know, the reaction of the Diet toward 106 items of the arts objects which were returned previously by the Japanese side to the Korean side was something unusually critical. So, I think the Japanese side needs to be cautious in handling this matter.

Minister Yiu: In view of the importance of the problem, I would like to say again that the matter be settled as soon as possible.

Mr. Itagaki: So do I.

Minister Yiu: Le me suggest next Tuesday for our next meeting.

Mr. Itagaki: I rather would like to propose next Saturday for the date of next meeting. we need time to obtain Government instructions.

Minister Yiu: No objection. And how about 10:30 a.m.?

Mr. Itagaki: That will do.

Minister Yiu: I wonder if you would mind Counseller Choi's acting on behalf of me as chief member when I am tied up in the future. I will attend the meeting from time to time, when necessary.

Mr. Itagaki: Not at all. And Mr. Takano may, too, head the Japanese delegation when I am busy.

Minister Yiu: Any suggestion you would like to make regarding press release?

I think we had better state that the both sides agreed to proceed the discussions with sincerity at this Subcommittee on Arts Objects.

Mr. Itagaki: No objection.

-The end-

번역

1958년 10월 6일

한국 기타청구권소위원회(문화재 관련) 2차 회의 요록

1. 일시 및 장소

1958년 10월 4일(토요일), 오전 10시 35분~10시 50분, 일본 외무성 411호

2. 참석자

한국 측: 유태하, 최규하, 진필식, 엄영달, 노재원, 이원호

일본 측: 이타가키 오사무, 다카노 도키치, 한다 고, 스가누마 기요시, 쓰치야 미나오

3. 회의록

이타가키: 한국 청구권에 관한 위원회의 예술품에 대한 2차 회의를 시작하겠다. 1958년 6월 4일 한국 측은 예술품에 대한 제안서를 제시했고, 일본 측은 지시를 받기 위해 상부에 보고했다. 그러나 전면회담이 상당 기간 교착 상태에 빠지면서 일본대표단은 이 부분에 대한 지시를 받지 못했다. 이러한 상황에서 조기에 본 소위원회에서 구체적으로 논의하고 싶었음에도 한국의 제안에 대한 답변을 할 수 있는 입장이 아님이 유감스럽다. 회담이 재개되었으니 이 문제에 대해 정부의 지시를 받고 최대한 조속히 해결할 수 있도록 최선을 다하겠다.

유 공사: 이해할 수 있다. 전면회담이 상당 기간 중단되어 안타까웠다. 하지만 이제 재개가 되었으니 일본 측이 한국의 제안에 대해 정부와 협의하여 최대한 빠른 시일 내에 답변해 주기를 바란다.

이타가키: 예술품 문제를 해결하기 위해 최선을 다하고 있다. 그러나 이 문제에 대한 한국 측의 이해를 구하고 싶다. 예술품 문제를 조기에 해결하기 위해서는 무엇보다 일본이 한국 예술품에 대한 기본 방침을 수립하는 것이 핵심이다. 그리고 제반 상황들로 인해 다른 현안들과 별도로 이 문제를 해결하기 위한 방침이 아직 세워지지 않은 상황이다. 물론 진심으로 이 문제를 빨리 해결하고 싶다.

유 공사: 일본 측, 특히 이타가키 수석위원이 조속한 문제 해결을 위해 모든 노력을 기울여 주기를 바란다.

이타가키: 일본대표단의 일원이자 이 문제를 관장하는 정부 부처의 국장으로서 최선을 다하겠다. 그러나 알다시피 기존에 일본이 한국에 반환했던 예술품 106점에 대한 의회의 반응이 이례적으로 비판적이다. 따라서 이 문제는 일본 측이 주의를 기울여 다뤄야 할 것 같다.

유 공사: 문제의 중요성을 고려하여 최대한 빠른 시일 내에 문제를 해결하자고 거듭 언급하고 싶다.

이타가키: 마찬가지다.

유 공사: 다음 주 화요일에 회의하는 것을 제안하고 싶다.

이타가키: 다음 회의 날짜는 다음 토요일로 제안하고 싶다. 정부로부터 지시를 받기 위한 시간이 필요하다.

유 공사: 이의 없다. 오전 10시 30분 어떤가?

이타가키: 좋다.

유 공사: 앞으로 내가 일정이 안 되면 최 참사관이 대신 수석위원으로 참석해도 괜찮은지 묻고 싶다. 필요하면 종종 회의에 참석할 것이다.

이타가키: 전혀 문제없다. 내가 바쁠 땐 다카노가 일본대표단의 수석위원을 맡을 수 있다.

유 공사: 보도 자료에 대해 제안하고 싶은 내용이 있는가?

양측이 예술품에 관한 본 소위원회에서 진정성 있게 논의를 진행하기로 합의했다고 말하는 게 좋을 것 같다.

이타가키: 이의 없다.

끝

7. 제4차 한일회담 청구권소위원회(문화재) 제3차 회의 요록

0023

Tokyo, October 11, 1958

GIST OF TALKS
THIRD SESSION
SUB-COMMITTEE ON OTHER CLAIMS WITH MATTERS REGARDING KOREAN ART OBJECTS, COMMITTEE ON KOREAN CLAIMS

1. Time and place:

October 11, 1958(Saturday) 10:30 a.m. - 11:00 a.m., Room 411, Ministry of Foreign Affairs, Japanese Government

2. Conferees:

Korean side: Mr. YIU, Tai Ha
Mr. CHOI, Kyu Hah
Mr. CHIN, Pil Shik
Mr. MOON, Chul Soon
Mr. ROH, Jae Won
Mr. OHM, Yung Dal

Japanese side: Mr. TAKANO, Tokichi
Mr. HANDA, Go
Mr. SUGANUMA, Kiyoshi
Mr. TSUCHIYA, Minao

3. Gist of Talks:

Mr. Takano: Sines Mr. ITAGAKI should attend the session of the Diet, he is unable to attend the meeting of this Sub-committee.

MR. Yiu: Though Mr. CHOI is the Korean chief member of this Subcommittee, I will head the Korean side at today's meeting in view of the importance of the discussion we are going to make at this meeting.

At the previous meeting of this Sub-committee, we requested the Japanese side to make an answer to our request made at the first Session of this Sub-committee. To this Mr. ITAGAKI replied that he would try to answer at today's meeting. Now, are you ready to give answer to our request?

Mr. Takano: We tried our best to do so. But, we are not prepared yet.

MR. Yiu: To put it short, our proposal was that things taken away should be returned to their owner. Yet, if you still say that you are unable to answer the simple question, it is obviously of no use to continue the meeting of this Sub-committee.

When I talked with Mr. SAWADA on this problem, he also fulled to give us a satisfactory answer. I think that the Japanese side should give definite answer to our request here and now.

Mr. Takano: As for the Japanese Delegation, we are trying to make a settlement, too.

0024 MR. Yiu: Our position is merely that what has been taken away should be returned. Top ranking officials of the Japanese Government including Premier Kishi agreed to our position. Yet, if the matter is not able to be settled here, we cannot but make an appeal to the public opinion.

Mr. Takano: The difficulty in connection with this matter is that the Diet would put the problem into controversy thereby, making the settlement of this problem more difficult.

MR. Yiu: That is your Diet but not Korean diet. Therefore, it has nothing to do with us. We want you to get in touch with the top Government officials without delay and bring this matter to an end as soon as possible.

If you excuse me, I must leave for this morning and Mr. Choi will head the Korean side at today's meeting hereafter. (Here, Minister YIU left the conference room.)

Mr. Choi: Regarding the matter on the Art Objects, I recall that, on June 4, 1958, at the first Session of the Sub-committee On Other Claims with Matters Regarding the Korean Art Objects, we requested that the whole art objects items which the Japanese side was ready to turn over to us be submitted to our side. Mr. ITAGAKI asked us at that time to give the Japanese side a time in giving us Its answer after consulting with the Japanese Government. We expected to receive an answer from your side, long before. But, after four months since we made the proposal, you still say that you are awaiting instructions from your government.

Mr. Takano: We are very sorry for that, but we have not obtained instructions from the Government. As Mr. ITAGAKI said, this is closely connected with the other committees. But, he thinks that all will be settled well, and will bring about a good result.

Mr. Choi: If my memory is correct, it is well more than four months, since our proposal was presented to your side. It is hardly understandable that the Japanese side is yet unprepared to give us its answer, now that such a long time has elapsed since.

International feelings support the propriety of returning art objects to their country of origin. It is natural, as Minister YIU has said, that the cultural heritages are to be returned to the country of their origin. The Korean people are much concerned about this matter. In this connection, would you give me a word when answer will be made on this matter.

Mr. Takano: As I have said, no instructions are given to us from the

Government. So, I can not say definitely When we can give you an answer.

0025 Mr. Choi: I wonder, then, whether your side is willing to give an answer to us, or you are not going to produce any answer by merely dragging on the matter as long as possible?

Mr. Takano: We, of course, will answer in due course of time.

Mr. Choi: Whatever it may be, we want to have an answer from your side by October 15th, that is Wednesday.

Mr. Takano: As I have said, I can not say definitely when.

Mr. Choi: I remember that, as far as the fundamental view on the matter of art objects is concerned, we talked on it at the Preliminary Talks held during the last year, and Foreign Minister Fujiyama's official statement made it clear that the matter of art objects will be discussed and settled at the Overall Talks. Therefore, it is very hard for the Korean side to understand why it should take so long to produce an answer on the matter. By now, me must be at least prepared to settle down on this problem,

Mr. Takano: As Mr. ITAGAKI has said, we are not yet able to answer your side on this matter.

Mr. Choi: The question I have is whether you will give us an answer or not at all.

Mr. Takano: I think so.

Mr. Choi: Do you mean, by that you think so, that you will give us an answer?

Mr. Takano: Yes, that is correct.

Mr. Choi: Have you anything to say?

Mr. Takano: Nothing for today.

0026 Mr. Choi: Then, I propose that we meet next time on October 15th, Wednesday.

Mr. Takano: I hope we meet on Saturday, since Mr. ITAGAKI will be available on that day.

Mr. Choi: You mean you can give an answer on that day?

Mr. Takano: I don't know, though we will try.

Mr. Choi: Though we insisted to hold next meeting on Wednesday, October 15th, with the strong expectation that your side will give us the answer under reference on October 18th, we won't raise objection to holding the next meeting on October 18 (Saturday).

-The end-

번역

1958년 10월 11일, 도쿄

한국 기타청구권소위원회(문화재 관련) 3차 회의 요록

1. 일시 및 장소

1958년 10월 11일(토요일), 오전 10시 30분~11시, 일본 외무성 411호

2. 참석자

한국 측: 유태하, 최규하, 진필식, 문철순, 노재원, 엄영달

일본 측: 다카노 도키치, 한다 고, 스가누마 기요시, 쓰치야 미나오

3. 회의록

다카노: 이타가키가 의회에 출석해야 해서 본 소위원회 회의에 참석할 수 없었다.

유: 본 소위원회의 한국 수석위원은 최 참사관이나 우리가 이 자리에서 논의할 내용의 중요성을 고려하여 내가 한국 측 수석을 맡겠다.

본 소위원회의 지난 회의에서 우리는 일본 측에 1차 회의에서 요청한 사항에 대해 답변할 것을 요청했다. 이타가키는 오늘 회의에서 답변하기 위해 노력하겠다고 말했었다. 우리 쪽 요청사항에 답변할 준비가 되었는가?

다카노: 최선을 다했지만 아직 준비가 되지 않았다.

유: 가져간 것을 주인에게 돌려달라는 요청일 뿐이다. 그런데 아직도 이렇게 간단한 질문에 답변할 수가 없다면 이 회의를 이어갈 의미가 없다.

이 문제에 대해 사와다와 이야기를 나눴을 때에도 만족스러운 답변을 듣지 못했다. 일본 측이 지금 이 자리에서 확실한 답변을 해줘야 한다고 생각한다.

다카노: 우리도 노력하고 있다.

유: 가져간 것을 돌려줘야 한다는 것뿐이다. 기시 총리를 포함하여 일본 정부의 최고위 관계자들이 우리 입장에 동의했다. 그런데도 여기에서 문제를 해결할 수 없다면 여론에 호소할 수밖에 없다.

다카노: 이 문제의 어려운 점은 의회가 논쟁을 벌여 해결을 더 어렵게 하고 있다는 것이다.

유: 일본 의회의 문제이지 한국 국회의 문제가 아니지 않은가? 따라서 우리랑은 아무 상관이 없다. 지체 없이 고위급에 접촉하여 최대한 빨리 이 문제를 종결하기를 바란다.

실례지만 나는 자리를 떠나야 해서 지금부터는 최 참사관이 한국 측을 대표하여 발언하겠다(이때 유 공사가 회의실을 떠났다).

최 참사관: 1958년 6월 4일 한국 예술품과 관련하여 문제와 기타 청구권에 관한 소위원회의 1차 회의에서 일본 측이 반환할 준비가 된 모든 예술품의 목록을 제출하라고 요청했었다. 이타가키는 당시 일본 정부와 협의 후에 답변할 시간을 달라고 했고, 이미 한참 전에 일본이 답변을 해줄 것이라고 기대했다. 그러나 목록을 요청한 지 4개월이 지났는데도 여전히 정부의 지시를 기다리고 있다고 말하는 상황이다.

다카노: 그 점은 매우 미안하다. 하지만 정부로부터 지시를 받지 못했다. 이타가키가 말했듯이 다른 위원회와 긴밀히 연결되어 있다. 그러나 이타가키는 모든 것이 잘 해결되고 좋은 결과로 이어질 것이라고 생각하고 있다.

최 참사관: 내 기억이 맞는다면 목록을 요청한 지가 4달이 훨씬 넘었다. 이렇게 긴 시간이 지났는데 일본 측이 아직도 답할 준비가 안 되었다는 것을 이해하기 어렵다.

국제적인 여론도 예술품을 본래 국가로 반환하는 것을 지지한다. 유 공사가 말했듯 문화재를 본 소유국으로 반환하는 것이 당연하다. 한국인들은 이 문제에 대해 크게 우려하고 있다. 언제 답변할 것인지 말해달라.

다카노: 말했듯이 정부로부터 지시를 받지 못했다. 그래서 언제 답변할 수 있는지 확실히 말할 수가 없다.

최 참사관: 그러면 답변을 할 의향이 있는 것인지, 아니면 최대한 오래 질질 끌며 어떠한 답변도 하지 않을 작정인지 궁금하다.

다카노: 물론 적절한 때에 답변할 것이다.

최 참사관: 무슨 답변이든 10월 15일 수요일까지 답변을 듣고 싶다.

다카노: 말했듯이 언제라고 확실히 말할 수 없다.

최 참사관: 예술품 문제에 대한 기본적인 입장에 대해서는 지난해에 있었던 예비교섭에서 논의를 했었고 후지야마 외무상의 공식 성명을 통해 예술품 문제는 전면회담에서 논의 및 해결할 것이라고 밝혔다. 따라서 한국 측의 입장에서는 왜 이렇게 답변을 정하는 데 오랜 시간이 걸리는지 이해하기가 매우 어렵다. 지금쯤이면 적어도 문제를 해결할 준비는 되었어야 한다.

다카노: 이타가키가 말했듯 이 문제에 대해서는 아직 답할 수 없다.

최 참사관: 내가 묻는 것은 답변을 할 것이냐, 아예 안 할 것이냐이다.

다카노: 그럴 것 같다.

최 참사관: 그럴 것 같다는 게 답변을 할 것이란 의미인가?

다카노: 맞다.

최 참사관: 할 말 있나?

다카노: 오늘은 없다.

최 참사관: 그럼 10월 15일 수요일에 만나는 것으로 하자.

다카노: 이타가키가 참석할 수 있는 토요일에 모였으면 한다.

최 참사관: 그날 답변을 할 수 있다는 말인가?

다카노: 모르겠다. 하지만 노력하겠다.

최 참사관: 우리 측은 10월 15일 수요일에 다음 회의를 소집하자고 했지만 10월 18일에 일본이 답변할 것이라고 강하게 기대하며 다음 회의를 10월 18일(토요일)에 개최하는 것에 이의를 제기하지 않겠다.

끝

9. 제4차 한일회담 청구권소위원회(문화재) 협상 지침 전문

0029 NO. FTB-012

DATE. 10221830

SENT TO. AMBASSADOR LIMB

THE MINISTRY TOOK NOTE OF HAN IL DAE TWO ONE FIVE SIX DATED OCTOBER TWENTIETH ENCLOSING LIST OF ART OBJECTS WHICH DELEGATION PREPARED FOR PRESENTING IT TO THE JAPANESE SIDE PD DELEGATION IS ADVISED TO PROCEED WITHOUT FURTHER DELAY PURSUANT TO INSTRUCTIONS OIJUNG NUMBER THREE FIVE FIVE FOUR PD

FOREIGN MINISTER

번역 번호: FTB-012

일자: 10221830[1958. 10. 22]

수신인: 임 대사

일본 측에 제시하기 위해 우리 대표단이 작성한 예술품 목록이 첨부된 10월 20일자 한일대 2156을 받았습니다. 외정 제3554호의 지시에 따라 더 이상의 지연 없이 진행하기 바랍니다.

외무부 장관

10. 제4차 한일회담 청구권소위원회(문화재) 제4차 회의 요록

0030

Tokyo, October 18, 1958

GIST OF TALKS
FOURTH SESSION
SUB-COMMITTEE ON OTHER CLAIMS
REGARDING KOREAN ART OBJECTS, COMMITTEE ON
KOREAN CLAIMS

1. Time and Place:

October 18, 1958 (Saturday) 10:30 - 11:00 a.m.,Room 411, Ministry of Foreign Affairs, Japanese Government

2. Conferees:

Korean side: Mr. CHOI, Kyu Hah
Mr. CHIN, Pil Shik
Mr. WHANG, Soo Young
Mr. MOON, Chul Soon
Mr. ROH, Jae Won
Mr. OHM, Yung Dal

Japanese side: Mr. ITAGAKI, Osamu
Mr. TAKANO, Tokichi
Mr. HANDA, Go
Mr. SUGANUMA, Kiyoshi
Mr. TSUCHIYA, Minao

3. Gist of Talks:

Mr. ITAGAKI: Regarding the Art Objects, the Korean side requested us at both second and third Sessions to deliver to it the answer of the Japanese side. We have requested the Government for its instructions, and the high levels of the Government, including the Prime Minister, are still studying on this problem with sincerity. Since this is involved with the internal politics, it is very difficult to put forth a conclusion at present. Therefore, we wish you would wait a little more. I regret to say so, but we can not enter today into a substantial discussion.

Mr. CHOI: You say that you have not yet received your Government instructions concerning this matter. A considerable time had passed before the Overall Talks was reopened, Further, more than twenty days has elapsed since the Sub-committee on Art Objects was reopened. Don't you think, therefore, that, by now, we have had more then enough time for such decision?

Mr. ITAGAKI: On that point, we too are in difficulty. Since this matter Is concerned with its fundamental problem, we can't do anything without Government's instructions. Besides, the internal politics having been involved rather than the theoretical arguments, we are yet unable to enter into discussions on the details.

0031 Mr. CHOI: Though you repeat that the Government instructions are not given, it is an ordinary international practice that the art objects are, being different, from others, to be returned to the country of their origin, in view of the particular love of a people to their cultural heritages. Therefore, it would not be difficult, if the Japanese side would try to settle this problem with sincerity. As to your "internal problem," which I am not in a position to mention, I don't see why this should be so controversial, since even a number of Japanese people would comprehend the justifications in returning the art objects to the country of their origin. I am simply at a loss to understand that the return of the art objects is difficult to decide on account of the internal situation.

Mr. ITAGAKI: I fully understand the cause of your feeling for return of art objects, and we are also trying to realize it. Though there exists doubt as to the justification in returning the art objects to the country which has become independent, we do not make any argument thereon. We have tried to settle this matter for the sake of the success of the Talks. Further, it is the view of the Prime Minister, as I understand, that this problem should be settled down, putting the internal situation fully in consideration.

Mr. CHOI: I have expressed my view in connection with our request for the list of art objects to be returned to us on the basis of practical view points rather than of theoretical argument. Now, when will you let us have the concrete knowledge on the list of the art objects

Mr. ITAGAKI: Since this is deeply related with the fundamental policy of the Government, I can not answer without its instructions.

Mr. CHOI: Since you have said that you would try to settle this matter, with sincerity, I will repeat my hope that you will quickly bring the matter to its end. Further, I would like to invite your attention to the fact that the earlier settlement of thin problem would be helpful to the smooth proceeding of the other works of the Korea-Japan Talks.

Mr. ITAGAKI: We have already conveyed the significance of the subject affairs to our seniors, and we would pay effort to settle the problem along that line.

Mr. CHOI: Frankly asking, when can we expect your answer?

0032 Mr. ITAGAKI: I regret to say so, but I have no knowledge as to when, since the Prime Minister said nothing about it. We have to consider the internal situations which may affect the solution of this problem. We may only invite chaos if we take a hasty action. I feel it is difficult to answer you before the end of one or two weeks from now, but I do not think It will take too long time.

Mr. CHOI: You must know that this problem is not a new one. We have discussed on this matter since last year when the Preliminary Talks were being conducted. It, therefore, is quite unexpected and regrettable to hear from you at this stage rather ambiguous remarks.

Shall we meet again at 10:30 a.m. on October 25, 1958 (Saturday)? But, I hope you would continue to try to bring about the earlier settlement of this problem.

Mr. ITAGAKI: No objection.

REMARKS:

Before the session was adjourned, both sides agreed to the text of the press release for the meeting which reads: "Both sides agreed to continue the discussions on art objects, and it was decided that the next meeting of the Sub-committee would be held at 10:30 a.m. on October 25, 1958."

번역

1958년 10월 18일, 도쿄

한국 기타청구권소위원회(문화재 관련) 4차 회의 요록

1. 일시 및 장소

1958년 10월 18일(토요일), 오전 10시 30분~11시, 외무성 411호

2. 참석자

한국 측: 최규하, 진필식, 황수영, 문철순, 노재원, 엄영달

일본 측: 이타가키 오사무, 다카노 도키치, 한다 고, 스가누마 기요시, 쓰치야 미나오

3. 회의록

이타가키: 예술품에 대해 한국 측이 2차 및 3차 회의 모두 일본이 답변할 것을 요청했다. 정부에 지침을 요청했고 총리 등 고위급이 이 문제를 성의 있게 검토하는 중이다. 국내 정치와 관련이 있는 문제라서 지금으로서는 결론을 제시하기가 매우 어렵다. 조금 더 기다려주기를 바란다. 안타깝지만 오늘은 본격적인 논의에 착수하지 못할 것 같다.

최 참사관: 이 문제에 대한 정부 지침을 아직 못 받았다고 말하는데, 전면회담이 재개되기 전부터 상당히 긴 시간이 흘렀다. 게다가 문화재소위원회가 재개된 후에도 20일이 넘게 지났다. 그러한 결정을 내리기에 충분하고도 남는 시간을 줬다고 생각하지 않는가?

이타가키: 그 부분에 대해서는 우리도 매우 입장이 곤란하다. 근본적인 문제와 관련이 있기 때문에 정부의 지침 없이는 무엇도 할 수가 없다. 게다가 이론적인 주장보다도 국내 정치가 결부되어 있어서 아직 구체적인 사항에 대한 논의를 할 수 없는 상황이다.

최 참사관: 정부 지침을 못 받았다고 반복하고 있지만 다른 문제와는 다른 성격을 지닌 예술품은 문화재에 대한 사람들의 애정을 고려하여 본국으로 반환하는 것이 일반적인 국제 관행이다. 따라서 일본이 정말 이 문제를 해결할 의지가 있다면 어려운 일이 아니었을 것이다. 내가 언급할 입장이 아닌 '내부적 문제'에 대해서는 상당수의 일본인들조차 예술품을 반환하는 것이 타당하다는 것을 이해할 텐데 왜 그렇게 논란이 되는지 모르겠다. 내부적인 상황으로 인해 예술품을 반환하는 것이 어렵다는 걸 전혀 이해할 수가 없다.

이타가키: 예술품 반환에 대해 그렇게 느끼는 이유는 충분히 이해하고 우리도 반환하기 위해 노력 중이다. 독립한 국가에 예술품을 반환하는 것의 정당성에 의구심이 존재하지만 논쟁하지 않고 있다. 회담의 성공을 위해 문제를 해결하려 시도했다. 또한 내가 이해하기로는 내부적 상황을 전적으로 고려하여 해결해야 한다는 것이 총리의 시각이다.

최 참사관: 이론적인 논쟁보다는 현실적인 관점에서 우리에게 반환할 예술품 목록을 요청한 데 대한 내 견해를 제시했다. 예술품 목록에 대한 명확한 정보를 언제 줄 것

인가?

이타가키: 정부의 기본적인 방침과 깊이 연관이 있기 때문에 지침을 받지 않고 답변할 수 없다.

최 참사관: 성의껏 이 문제를 해결하기 위해 노력할 것이라고 말했으니 이 문제를 빨리 종결하기를 바란다는 말을 반복하겠다. 또한 예술품 문제를 조속히 해결하는 것이 한일회담의 다른 과제를 원활히 진행하는 데 도움이 될 것이라는 사실에 주의를 환기시키고 싶다.

이타가키: 이미 사안의 중요성에 대해서는 상부에 전달했고 해결하기 위해 노력하겠다.

최 참사관: 솔직히 언제 답변할 수 있을 것으로 예상하는가?

이타가키: 유감스럽지만 총리가 아무 말도 안 했기 때문에 언제라고 짐작할 수가 없다. 이 문제의 해결책에 영향을 미칠 수 있는 국내 상황을 고려해야 한다. 성급히 행동했다가는 혼란만 초래할 수 있다. 지금부터 1~2주 안에 답변하기는 어려울 것이라고 생각하는데, 그렇게 오랜 시간이 걸리진 않을 것이다.

최 참사관: 이건 새로운 문제가 아니다. 예비교섭을 진행한 작년부터 논의해 온 문제다. 따라서 지금 시점에 모호한 발언을 하는 것이 상당히 예상 밖이고 유감이다.

1958년 10월 25일 토요일 오전 10시 30분에 다시 만나는 것이 어떤가? 계속해서 조속히 예술품 문제를 해결하기 위해 노력해 주기를 바란다.

이타가키: 이의 없다.

비고: 회의가 종료되기 전에 "양측은 예술품에 대한 논의를 이어나가기로 합의했으며, 다음 소위원회 회의는 1958년 10월 25일 오전 10시 30분에 시작하기로 결정했다"라는 내용의 보도 자료에 합의했다.

12. 제4차 한일회담 청구권소위원회(문화재) 제5차 회의 요록

0038

Tokyo, November 3, 1958

GIST OF TALKS
FIFTH SESSION
SUB-COMMITTEE ON OTHER CLAIMS
REGARDING KOREAN ART OBJECTS, COMMITTEE ON
KOREAN CLAIMS

1. Time and Place:

October 25, 1958 (Saturday) 10:30 a.m. - 11:00 a.m., at Room 411, Ministry of Foreign Affairs, Japanese Government

2. Conferees:

Korean side: Mr. CHOI Kyu Hah
Mr. CHIN, Pil Shik
Mr. WHANG Soo Young
Mr. MOON Chul Soon
Mr. OHM Young Dal
Mr. ROH Jae Won

Japanese side: Mr. ITAGAKI Osamu
Mr. TAKANO Tokichi
Mr. HANDA Go
Mr. SUGANUMA Kiyoshi
Mr. TSUCHIYA Minao

1. Gist of Talks:

Mr. Itagaki: The Japanese side, after a week has been passed since the last meeting, is not yet prepared to express Japanese position concerning the problem of Korean art objects. The Japanese side, as I have previously told you, referred the problem to the high level of the Japanese Government, but, as has been expected, it learned that the high level has not yet laid down a basic principle on the problem.

Mr. Choi: It is regretted that your side is delaying in giving answer to the Korean request. When will the Korean side be able to hear a final stand of the Japanese side?

Mr. Itagaki: I don't know the definite dates myself, however, I am this much sure that the Prime Minister and the Minister of Education, who is a competent minister on this problem, are not unnecessarily delaying the decision on the part of the Japanese side in this connection,

Mr. Choi: Hoping that the Japanese side will make a prompt decision on the problem under reference, I would like to say today in more detailed and concrete way on what art objects the Korean side is setting up a claim against the Japanese side; nevertheless, I won't go into detailed items such as, "pens and fountain-pens" today, but will mention the categories thereof.

1. Registered cultural properties including important fine art objects. These are the Korean art objects which were removed from Korea to Japan and decided by Japanese legislatures as national treasures or important fine art
0039 objects. These art objects include crowns of gold and copper, porcelains, and tombstones, stone monuments and so on.

2. The art objects which were removed from Korea to Japan by the so-called Chosen Government-General or by its agent, the Korean Historical Remains Research Association. Of all the art objects that were removed from Korea to Japan by the said Research Association, only 106 items have been returned by

the Japanese side to Korea. So, my delegation wishes to ask the Japanese side to return the rest of them at the earliest possible date. In thin connection, my delegation would like to point out that the said Research Association was a so-called government agent, of which the directorship was occupied by either the so-called Deputy Governor-General or Director of Education and, further, that the said art objects. were removed to Japan under the forcible pressure of the so-called government authorities.

3. Those art objects which were removed from Korea to Japan by the so-called Resident-Generals and Governor-Generals. Those art objects include such a stone pagoda at Sukgoolam in Kyongjoo.

4. Those unearthed art objects from old tombs and other historical sites located in Kyongsang Nam-Do and Puk-Do (south and north Provinces). The areas covering present Kyongsang Nam-Do and Puk-Do were part of the territory of the early era of Shilla dynasty. And there had been a great number of historical sites, monuments, and remains in the said areas. However, most of them were secretly or without legal sanction unearthed, especially from each areas as Kyongjoo, Changyoung, Sunsan, and Sungjoo, and removed to Japan during the period of the Japanese occupation of Korea.

5. Those art objects which were unearthed from old tombs and other historical sites of Koryo dynasty. Among them are Koryo porcelains (Koryo Jagi). A great number of these porcelains were found from the various tombs and other historical sites near Songdo, old capital city of then Koryo dynasty, and great many of them were removed to Japan lawlessly.

One thing I would like to make clear in this regard is that most of those art objects which I have just outlined were historical remains and antiquities being regarded as the art objects in narrow sense; consequently, the list of such other art objects as classical books, writings and paintings, map negatives and the like which the Korean side referred to at previous sessions will be presented, later, as well, after we enter into concrete and substantial discussions, the above mentioned categories of Korean art objects, Today, I present you a gist of the Korean art objects as the first gist of such, which I have categorically outlined nut generally explained in the above.

(Thus, Mr. Choi handed a copy of the first gist of the art objects which he explained previously to Chief member of the Japanese delegation Mr. Itagaki.)

Mr. Itagaki: At a glimpse, this list seems to cover quite a number of art objects. The Japanese side will have to study it before it can say anything in this regard.

Mr. Choi: If need be in your study of the gist, the Korean side will be glad to send an expert to explain them whenever the Japanese side requests either formally or informally.

Mr. Itagaki: Let me say a word on the gist. The scope of the Korean art objects appearing in the category 2 seems to be fairly clear; however, taken the gist together, their scopes are not clear as a whole. It gives me an impression that the list includes those art objects, which are privately owned
0040 by individuals. Their locations are hard to be known and, even though they are known to the Japanese side, it finds extremely difficult to turn over "privately-owned" art objects to the Korean side. To make it short, the Japanese side is thinking of turning over to the Korean side of those art objects owned or kept by Government only.

Mr. Choi: All Korean art object now in Japan were taken away and removed to Japan illegally and unjustly. In consequence, the Korean side claims against the Japanese side to turn them back, no matter who may own or keep them at present. However, regarding the gist of the art objects which the Korean side requests to be returned to the Republic of Korea under categories 2 and 5 inclusive of 3 and 4 "Privately-owned" Korean art objects are not contemplated to be included in the case of the first return, except some items.

Mr. Itagaki: Were the art objects which are under category 1 taken away in or since 1905?

Mr. Choi: The year of 1905 was mentioned by our side at the first meeting of this Subcommittee.

Mr. Itagaki: How about other art objects under categories 2, 3, 4, and 5?

Mr. Choi: We are talking about the matter of art objects removed to Japan in and since 1905.

Mr. Itagaki: The Japanese side wishes to reserve its official comment on the gist of the art objects which the Korean side presented today pending the final decision by its high level. Today, however, I just wanted to hear the Korean view and put informally several questions to you on several points. My delegation will study it later. And if my delegation feels it necessary to ask you questions on the gist you presented, it will do it from the next meeting,

Mr. Choi: What I would like to remind you in this connection is that a considerable length of time has passed since we sat to discuss this problem. So, I hope that the Japanese side will be able to express its view as soon an possible; further, that this problem be settled and subsequently those art objects under reference be returned to the Republic of Korea at the earliest date. That will, I am sure, be much helpful to the settlement of all outstanding issues between two countries, and will also be much conclusive to the smooth proceeding of the Overall Talks.

Mr. Itagaki: I am of the opinion that it will be helpful to the Japanese side in making its decision if the Korean side submits all the gist of all art objects which it claims against Japan rather than bringing in one by one.

Mr. Choi: The Korean side will present hereafter some more gists as the talks enter into concrete discussions. The Korean side requested previously the Japanese side to present the list of the art objects, which it was ready to turn over to Korea and, further asked it to turn over those 489 item of which the list had already been handed to the Korean side.

0041 But the Japanese side failed to give an answer to the Korean request. So, my delegation handed today to you the gist of the art objects to be returned firstly to expedite our talks in this connection. This being the case, I again request the Japanese side to decide its attitude thereon at the earliest possible date so that we can pave the way for an early settlement of this problem.

Mr. Itagaki: As a big political decision should be made by the Japanese side before we go into the problem of implementing the turning-over to the Korean side of the Korean art objects, the Japanese side must, first of all, know the Korean claims to art objects on the whole. Therefore, I hope you will present an overall gist rather than partial ones.

Mr. Choi: As the Korean side put forth the scopes and definitions of Korean claims to the art objects at the first and second sessions, I think the Japanese side would be able to know what art objects the Korean side clams against Japan. So, I think that it will not be difficult for the Japanese side to make its "decision" in connection with the Korean art objects.

Mr. Choi: When shall we meet again?

Mr. Itagaki: Let us decide next Saturday tentatively because the Japanese side needs time to study on it.

Mr. Choi: Well, if you say so, then, I would not raise objection to decide the date tentatively.

Mr. Itagaki: Any particular idea as to press release? How about Saturday that both sides discussed substantial problem?

Mr. Choi: I think we rather say that both sides continued the discussion on substantial problems.

Mr. Itagaki: That will do.

-The end-

번역

1958년 11월 3일, 도쿄

한국 기타청구권소위원회(문화재 관련) 5차 회의 요록

1. 일시 및 장소

1958년 10월 25일(토요일) 오전 10시 30분~11시, 일본 외무성 411호

2. 참석자

한국 측: 최규하, 진필식, 황수영, 문철순, 엄영달, 노재원

일본 측: 이타가키 오사무, 다카노 도키치, 한다 고, 스가누마 기요시, 쓰치야 미나오

3. 회의록

이타가키: 지난 회의 이후 1주일이 지났는데 일본 측은 아직 한국 예술품 문제에 대한 일본의 입장을 표명할 준비가 되지 않았다. 전에도 말했듯이 이 문제를 일본 정부의 고위급 관계자들에게 회부했으나 예상했듯이 아직 기본적인 원칙을 결정하지 않은 상태다.

최 참사관: 한국의 요청에 대한 답변을 미루는 것이 유감이다. 일본의 최종적인 입장은 언제 들을 수 있는 건가?

이타가키: 정확한 날짜를 예상할 수는 없지만 총리와 이 문제에 대한 권한을 지닌 장관인 교육상이 불필요하게 결정을 지연시키고 있지는 않다는 것은 확신할 수 있다.

최 참사관: 일본이 이 문제에 대해 조속히 결정을 내리기를 바라며, 오늘은 한국이 일본에 어떠한 예술품에 대한 반환을 청구할 것인가에 대해 보다 구체적이고 확실하게 말하고자 한다. 그러나 이 자리에서 '펜과 만년필'처럼 구체적인 품목까지 들어가지는 않을 것이고 카테고리만 언급하겠다.

1. 중요한 미술품을 포함하는 등록 문화재. 한국에서 일본으로 반출되었고 일본 입법부에서 국보 또는 중요한 미술품으로 분류한 한국 예술품. 여기에 금관과 동관, 도자기, 묘석, 표석 등이 포함된다.

2. 소위 조선총독부 또는 그 대리 기관인 한국역사유적연구회가 한국에서 일본으로 반출한 예술품. 이 연구회가 한국에서 일본으로 반출한 모든 예술품 중 일본이 한국에 반환한 예술품은 106점에 불과하다. 따라서 우리 대표단은 나머지 예술품을 최대한 빠른 시일 내에 반환할 것을 요구한다. 이와 관련하여 한국대표단은 위 연구회가 부총독 또는 교육부장의 지시를 받는 정부 기관이었고, 이러한 예술품들이 소위 정부 당국의 강제적 압박하에 일본으로 반출되었음을 지적하고 싶다.

3. 통감과 총독에 의해 한국에서 일본으로 반출된 예술품. 여기에 경주 석굴암 석탑 등이 포함된다.

4. 경상남도 및 경상북도에 위치한 고분 및 기타 유적지에서 발굴한 예술품. 현재 경상남도 및 경상북도 지역은 초기 신라의 영토 중 일부였고, 여기에는 수많은 사적지, 기념물 및 유적들이 있다. 그러나 일본의 한국 지배 기간 동안 특히 경주, 창녕, 선산 및 성주에서 대부분 몰래 또는 법적 인가 없이 발굴되어 일본으로 반출되었다.

5. 고려시대 고분 및 기타 사적지에서 발굴된 예술품. 여기에 고려자기가 포함된다. 고려시대의 옛 수도인 송도 인근에 위치한 여러 무덤과 기타 사적지에서 수많은 고려자기가 발견되었고, 상당수가 불법적으로 일본으로 반출되었다.

한 가지 확실히 말하고 싶은 것은 내가 방금 언급한 예술품의 대부분이 좁은 의미에서의 예술품으로 간주되는 고적과 골동품이라는 사실이다. 따라서 고서, 글, 그림, 지도 원판 등 한국 측이 기존 회의에서 언급했던 것들 또한 구체적이고 본격적인 논의에 착수한 이후에 언급할 계획이다. 오늘은 카테고리별로 나누어 한국 예술품의 1차 목록을 제시하는 것이다(최 참사관이 방금 설명한 예술품의 1차 목록 사본을 일본대표단 이타가키 수석위원에게 전달했다).

이타가키: 잠깐 들여다보니 이 목록에 상당히 많은 숫자의 예술품이 포함되어 있는 것 같다. 의견을 제시하기 전에 먼저 검토해 보겠다.

최 참사관: 검토에 필요하다면, 일본 측이 공식적으로든 비공식적으로든 요청하면 언제든 기꺼이 우리 측 전문가를 보내 목록에 대해 설명해 주겠다.

이타가키: 한마디 하자면, 카테고리2의 한국 예술품은 상당히 명확해 보인다. 하지만 전체를 보면 범위가 명확하지 않다. 개인 소유의 예술품도 포함되어 있다는 인상을 받았다. 개인 소유 예술품의 경우 위치를 파악하기 어렵고, 일본 측이 위치를 파악한

다 한들 '개인 소유의' 예술품을 한국 측에 인계하기란 매우 어렵다. 간단히 말해 일본 측은 정부가 소유 또는 보관 중인 예술품만 한국 측에 반환한다고 생각 중이다.

최 참사관: 지금 일본에 소재한 모든 한국 예술품은 불법적이고 부당하게 피탈되어 일본으로 반출된 것들이다. 따라서 한국 측은 현재 누가 소유하거나 보관하고 있든 관계없이 반환해야 한다고 생각한다. 그러나 대한민국으로의 반환을 요청한 예술품 1차 목록에서 3번 및 4번의 '개인 소유' 한국 예술품을 포함하는 카테고리 2와 5는 일부 품목을 제외하고는 첫 번째 반환 대상으로 고려하거나 포함되지 않는다.

이타가키: 카테고리1의 예술품들을 1905년이나 그 후에 가져갔는가?

최 참사관: 1905년 기준은 본 소위원회 첫 번째 회의에서 우리 측이 언급한 것이다.

이타가키: 카테고리2, 3, 4, 5의 예술품도 1905년이나 그 후에 가져갔는가?

최 참사관: 1905년과 그 후에 일본으로 피탈된 예술품에 대해 이야기하고 있는 것이다.

이타가키: 일본 측은 상부의 최종 결정이 내려질 때까지 오늘 한국 측이 제시한 예술품 1차 목록에 대한 공식적인 견해를 유보하고자 한다. 그러나 이 자리에서는 한국의 입장에 대해 들어보고 몇 가지 부분에 대해 비공식적으로 질문하고 싶다. 우리 대표단이 추후 검토할 것이고, 만약 제시한 요지에 대한 문의가 필요하다고 생각되면 다음 회의에서 묻겠다.

최 참사관: 한 가지 상기시키고 싶은 사실은 이 문제를 논의하기 위해 처음 모인 이후 상당히 오랜 시간이 지났다는 것이다. 따라서 일본 측이 최대한 빨리 입장을 밝히길 바란다. 또한 이 문제를 조속히 해결하고 그에 따라 지금 말하고 있는 예술품들이 최대한 빠른 시일 내에 대한민국으로 반환되기를 바란다. 그렇게 하면 양국에 남아있는 모든 현안의 해결에 큰 도움이 될 것이고, 전면회담의 원활한 진행에도 크게 기여할 것이라고 확신한다.

이타가키: 한국 측이 하나씩 목록을 제시하는 것이 아니고 일본에 반환을 요청하는 모든 예술품 전체 목록을 제출하면 일본이 결정을 내리는 데 도움이 될 것이라고 생각한다.

최 참사관: 구체적인 논의에 들어가면 추가적으로 제시할 예정이다. 한국 측은 이미 일본에게 한국에 반환할 준비가 된 예술품 목록을 제공해 달라고 요청했고, 이미 한국

측에 목록이 전달된 489점을 반환하라고도 요청한 바 있다.

그러나 일본이 한국의 이러한 요청에 답하지 않아 오늘 우리 대표단이 논의의 속도를 높이기 위해 반환해야 할 예술품의 일부 목록을 작성하여 건넨 것이다. 따라서 이 문제를 조속히 해결하기 위한 길을 닦을 수 있도록 최대한 빨리 입장을 결정해 줄 것을 거듭 일본 측에 요청한다.

이타가키: 한국에 한국 예술품 반환을 시행하는 문제에 접어들기 위해서는 일본이 큰 정치적 결정을 내려야 하기 때문에 먼저 한국이 반환을 요구하는 예술품 전체를 파악해야 한다. 따라서 부분적인 목록이 아닌 전체 목록을 제공해 주기를 바란다.

최 참사관: 1차 회의와 2차 회의에서 한국이 반환을 주장하는 예술품의 범위와 정의를 제시했으니 일본이 한국 측이 일본에 청구하는 예술품이 무엇인지 알 수 있을 것이라고 생각한다. 따라서 한국 예술품에 있어서 일본 측이 '결정'을 내리기는 어렵지 않을 것이다.

최 참사관: 다음 회의는 언제가 좋겠는가?

이타가키: 검토할 시간이 필요하니 잠정적으로 다음 주 토요일로 하자.

최 참사관: 그렇게 말한다면 회의 일자를 잠정적으로 정하는 데 이의를 제기하지는 않겠다.

이타가키: 보도 자료에 대한 의견 있는가? 토요일에 양측이 구체적으로 논의한다는 건 어떤가?

최 참사관: 양측이 구체적인 문제에 대한 논의를 이어갔다고 하는 게 좋겠다.

이타가키: 좋다.

끝

16. 제4차 한일회담 청구권소위원회(문화재) 제6차 회의 요록

0052 Tokyo, November 5, 1958

GIST OF TALKS
SIXTH SESSION
SUB-COMMITTEE ON OTHER CLAIMS REGARDING THE MATTER ON KOREAN ART OBJECTS

1. Time and place:

10:30 a.m. - 11:30 a.m., November 1,

1958, Room 411, Ministry of Foreign Affairs, Japanese Goverment

2. Conferees.:

Korean side: Mr. CHOI, Kyu Hah
Mr. CHEE, Choul. Keun
Mr. MOON, Chul Soon
Mr. ROH, Jae Won
Mr. LEE, Won Ho

Japanese side: Mr. ITAGAKI, Osamu
Mr. TAKANO, Tokichi
Mr. HANDA, Go
Mr. SUGANUMA, Kiyoshi

3. Gist of Talks:

Mr. ITAGAKI: The Ministry of Foreign Affairs has studied the first gist of

Korean art objects which the Korean side presented to the sub-committee at the Previous session. The gist has been also transmitted to the Ministry of Education for their study thereon. Since this matter is related to the basic policy of the Government, we are not in a position to deliver to you any answer today, pending the receipt of instructions from the high level of the Government thereon. The basic policy has not been decided upon yet.

Mr. CHOI: Our side has requested your side to submit a list of Korean art objects which your side is ready to return to Korea, but, since you said that the submittance of such list was to be delayed, our side presented to your side the first gist of Korean art objects to be returned to Korea at the previous session.

You say that the basic policy is not decided yet. Do you refer to the "basic policy," then, on our request for the submittance of the complete list of Korean art objects, which Japan is ready to return to Korea, or on our first gist of Korean art objects presented at the previous session?

Mr. ITAGAKI: Since the basic policy is meant in connection with the Korean art objects, it covers both of them. Therefore, I meant we can not enter into discussions thereon today.

Mr. CHOI: I would like to make a supplementary explanation, on the first gist of Korean art objects which was presented at the previous meeting: First, regarding "the Registered Art Objects, No. 1 of the gist" they are contained in the 'List of the Registered Art Objects' published by the Japanese Ministry of Education, under the category of "Important Art Objects." It, therefore, can be asserted that the art objects under reference are located in Japan. They had
0053 been called "the national treasures," but we know that they are now called "the important cultural properties." They are, therefore, within the category of "the Registered Art Objects."

Second, I want to know when your side will return the 489 items covered in the list which the Japanese side had already submitted to our side.

We request that the Japanese side would return the items included in the gist, since they are no doubt the art items to be returned to Korea at any moment without any further discussion.

We are prepared to answer question you may raise in connection with Nos. 3, 4 and 5 of the gist of the Korean side, but we wish that the prompt return of the art objects be realized in view of the fact that such would help the smooth process of the works of other committees as well.

Mr. ITAGAKI: It is impossible for the Japanese side to settle a part of them separately putting aside the others for later discussion, because the matter of the Korean art objects should be considered as a whole in its decision. we turned over to Korea 106 items of Korean art objects and it was a matter of impossibility in the light of the standing laws concerned. Therefore, the measure brought about a lot of difficulties in the Diet. It is administratively impossible to return 489 items unless there is an amendment of laws concerned.

Mr. CHOI: Your words that even the return of a part of them is impossible now, are very hard to be understood. If there is any difficulty in connection with the domestic procedures concerned, it should be your responsibility to take appropriate steps according to the need so that they would not hinder the success of Korea-Japan Talks. It is further hard for the Korean side to understand that the Japanese side delays the constructive settlement of the matter only because of the internal difficulties. I hope the Japanese side would take more constructive steps for the settlement of the pending matter.

Mr. ITAGAKI: The difficulty with us is that, if this matter is to be settled without connection with works of other committees it would become an internal complicacy, but it would be less difficult, if it is to be settled together with the other matters of the Talks. This, I hope, you will understand.

Mr. CHOI: It has been the Korean stand that all pending questions be settled as early as possible. However, as regards the art objects, their return to Korea has been a national demand of the whole people of Korea, and this was well verified by the fact that the question had been specially discussed from the time of preliminary talks. I have to say that almost all the Korean art objects now in Japan are those which were removed from Korea to Japan unlawfully and lawlessly. It is more than natural that Japan should return them to Korea.

The Japanese side says that this matter should be settled in consideration of the progress of the works of the other committees, but such would only drive both sides to a difficult situation in carrying out effective negotiations in the Talks. From this view point, we strongly hope the Japanese side would cooperate with us for the prompt settlement of the art objects affairs which would be an important. key to the success of the present Talks.

I remember Mr. ITAGAKI said at the previous sessions that the Japanese side would be able to produce an answer "in not so distant future" and that it was sincerely considering the settlement of the pending problem. I hope you can give an answer today.

Mr. ITAGAKI: You may rest assured that the Japanese side has sincerity for the settlement of the art objects problem. But, I hope you would understand that this should be solved in relation to the other problems as a whole.

0054 Mr. CHOI: How about discussing in details at least on those art objects, of which the Japanese side grasped the clear picture?

Mr. ITAGAKI: It is very difficult for us to do so, since the basic policy on the Korean art objects has not been decided yet. The Japanese side can hardly make any discussion on your gist without Government authorization. Anyway, there might be some questions to be presented at this Sub-committee in the course of its future meetings, since the Ministry of Education is conducting an unofficial study thereon.

Mr. CHOI: Do you hare any idea on what would be stimulus for the settlement of the pending question on the return of Korean art objects?

Mr. ITAGAKI: In fact, for the Japanese side, we are conducting study and collecting data in our own way for the settlement of the problem regarding the Korean art objects.

As to the time of the next meeting, how do you like to meet on November 8, (Saturday) at 10:30 a.m.?

Mr. CHOI: The Korean side hopes that next meeting will be held earlier than that. But, since you insist on that day, I would not argue with you. in this regard.

(Remarks: Before the meeting was adjourned both sides agreed to the Joint Press Release which reads: The sub-committee continued substantial discussions on the problem concerning Korean art objects, and it was decided that the next meeting would be held at 10:30 a.m. on November 8, 1958, Saturday.)

-The end-

번역

1958년 11월 5일, 도쿄

한국 기타청구권소위원회(문화재 관련) 6차 회의 요록

1. 일시 및 장소

1958년 11월 1일, 오전 10시 30분~11시 30분, 일본 외무성

2. 참석자

한국 측: 최규하, 지철근, 문철순, 노재원, 이원호

일본 측: 이타가키 오사무, 다카노 도키치, 한다 고, 스가누마 기요시

3. 회의록

이타가키: 외무성이 지난 회의에서 한국 측이 소위원회에 제출한 한국 예술품의 첫 번째 목록을 검토했고, 검토를 위해 교육성에도 전달했다. 이 문제가 정부의 기본 방침과 관련되어 있기 때문에 정부 고위급 지시를 기다리고 있는 상황에서 오늘 답변할 수 있는 입장이 아니다. 기본 방침이 아직 결정되지 않았다.

최: 한국에 반환할 준비가 된 한국 예술품 목록을 제공하라고 요청했으나 일본 측이 제출을 연기하여 우리 측이 지난 회의에서 한국에 반환할 한국 예술품의 첫 번째 목록을 제시했다.

기본적인 방침이 정해지지 않았다고 말하는데, '기본적인 방침'이라는 것이 일본이 한국에 반환할 준비가 된 한국 예술품 목록을 제출하라는 우리 측 요청에 대한 것인가, 아니면 지난 회의에서 제출한 한국 예술품에 대한 첫 번째 요지에 대한 것인가?

이타가키: 한국 예술품과 관련한 기본적인 방침이므로 두 가지 모두에 해당한다. 오늘은 이 부분에 대한 논의가 불가능하다는 의미였다.

최: 지난 회의에서 제시한 한국 예술품의 첫 번째 목록에 대해 보충 설명을 하고 싶다.

첫째, '1. 등록된 예술품'은 일본 교육성이 작성한 '등록된 예술품 목록'의 '중요예술품' 카테고리에 포함되어 있다. 따라서 이러한 예술품들이 일본에 있다고 할 수 있다. '국보'라고 부르던 예술품들인데 지금은 '중요문화재'로 불리는 것으로 알고 있다. 따라서 '등록된 예술품' 카테고리에 속한다.

둘째, 일본이 이미 우리 측에 제출한 목록에 포함되어 있는 489점은 언제 반환할 예정인지 알고 싶다.

1차 목록에 포함된 예술품들은 어떠한 추가적인 논의 없이 언제든 한국에 반환할 대상이라는 데 의심의 여지가 없으므로 반환할 것을 요청한다.

한국 측이 제시한 목록의 3, 4, 5번에 대한 질문에 답변할 준비가 되어있으나 다른 위원회의 원활한 진행에 도움이 된다는 사실을 고려하여 예술품을 신속히 반환하기를 바란다.

이타가키: 다른 품목은 추후에 논의하기로 하고 일부만 해결하는 것은 불가능하다. 한국 예술품 문제 전체에 대한 결정을 내려야 하기 때문이다. 우리는 한국 예술품 106점을 한국에 인도했고, 이것은 법을 고려하면 불가능한 일이었다. 그래서 이 예술

품 반환이 의회에서 여러 가지 문제를 야기했다. 관련 법을 개정하지 않으면 489점을 반환하는 것이 행정적으로 불가능하다.

최: 일부라도 반환하는 것이 불가능하다는 말은 이해하기가 매우 어렵다. 국내에 절차상의 문제가 있다면 한일회담의 성공을 가로막지 않도록 적절한 조치를 취하는 것이 일본대표단의 의무다. 내부적인 문제만을 이유로 건설적인 문제 해결을 지연시키는 상황은 이해하기가 더욱 어렵다. 일본 측이 문제를 해결하기 위해 보다 건설적인 조치를 취하기를 바란다.

이타가키: 이 문제를 다른 위원회의 진행과 별개로 해결한다면 내부적인 복잡성을 야기하겠지만 회담의 다른 문제와 함께 해결하면 어려움이 줄어들 것이다. 이 부분을 이해해 주기 바란다.

최: 모든 현안을 최대한 빨리 해결하자는 것이 한국의 입장이었다. 그러나 예술품 반환은 모든 한국인들의 요구해 온 바이고, 이것은 예비교섭 당시부터 특별히 논의했다는 사실에서도 잘 드러나는 사실이다. 현재 일본에 있는 한국 예술품의 거의 전부가 불법적이며 비합법적으로 한국에서 일본으로 피탈되었다. 일본이 한국에 반환하는 것이 당연한 일 그 이상이다.

일본은 이 문제를 다른 위원회의 진행 상황을 고려하여 해결해야 한다고 말하는데, 이러한 방식은 회담에서 효과적인 교섭을 진행하는 데 있어서 양측을 어려운 상황에 빠지게 할 뿐이다. 이러한 관점에서 일본 측이 현재 진행 중인 회담의 성공에 중요한 열쇠가 될 예술품 문제의 조속한 해결을 위해 협조해 줄 것을 진심으로 바란다.

이타가키가 지난 회의에서 일본 측이 '그리 멀지 않은 미래에' 답변할 수 있을 것이고 현안의 해결을 성의 있게 검토하고 있다고 말한 것이 기억난다. 오늘 답변할 수 있기를 바란다.

이타가키: 일본이 예술품 문제를 진심으로 해결하고 싶어 한다는 것은 믿어도 된다. 하지만 다른 문제들과 연계하여 해결해야 함을 이해해 주기 바란다.

최: 일본이 완전히 파악한 예술품이라도 구체적으로 논의하는 것이 어떤가?

이타가키: 한국 예술품에 대한 기본적인 방침이 아직 결정되지 않은 상태이므로 그렇게 하기가 매우 어렵다. 일본대표단은 정부의 승인 없이 한국이 제출한 목록에 대해 어떠한 논의도 하기 힘들다. 교육성이 비공식적으로 검토하고 있으므로 향후 있을 회

의에서 질문을 하게 될 수도 있다.

최: 한국 예술품 반환 문제 해결을 도모하기 위한 자극제가 될 만한 것이 있을까?

이타가키: 사실 일본 측에서는 한국 예술품에 대한 문제를 해결하기 위해 자체적으로 분석을 진행하며 데이터를 수집하고 있다.

다음 회의는 11월 8일(토요일) 오전 10시 30분에 진행하는 것이 어떤가?

최: 한국 측은 그것보다는 일찍 만났으면 좋겠지만 일정을 제안했으니 논쟁하지는 않겠다.

(비고: 회의를 종료하기 전에 "소위원회는 한국 예술품 문제에 대한 구체적인 논의를 이어갔으며, 다음 회의는 1958년 11월 8일 토요일 오전 10시 30분에 개최하기로 결정했다"라는 내용의 공동 보도 자료에 합의했다.)

끝

19. 제4차 한일회담 청구권소위원회(문화재) 제7차 회의 요록

0062

Tokyo, November 8, 1958

GIST OF TALKS
SEVENTH SESSION
SUB–COMMITTEE ON OTHER CLAIMS REGARDING KOREAN ART OBJECTS

1. Time and place:

10:30 a.m. – 11:30 a.m., November 8, 1958 (Saturday), Room 411, Ministry of Foreign Affairs, Japanese Government

2. Conferees:

Korean side: Mr. CHOI Kyu Hah
Mr. CHIN Pil Shik
Mr. MOON Chul Soon
Mr. WHANG Soo Young
Mr. ROH Jae Won
Mr. OHM Young Dal

Japanese side: Mr. ITAGAKI Osamu
Mr. TAKANO Tokichi
Mr. HANDA Go
Mr. SUGANUMA Kiyoshi
Mr. TSUCHIYA Minao

3. Gist of Talks:

Mr. ITAGAKI: During the last week. we have tried to present at the Cabinet meeting the problem of deciding the basic policy on Korean art objects, but, due to the difficulties in connection with the Diet, we failed to do so. I think that, before the situation in the Diet is brought to normal condition, we can do little about the pending problem. Therefore, I have not much to say for today.

Mr. CHOI: As you well know, we have come through sessions of this Subcommittee, and we requested the Japanese side to submit to us a list of Korean art objects which Japan is ready to return to Korea, and also to return 488 items to us as early as possible. In fact, he have attended this session today expecting that we can have an answer from the Japanese side in this regard. We cannot, therefore, but be disappointed to find the Japanese side still unable to produce any answer.

It is the view of the Korean side that the settlement of this problem is vital to the smooth proceeding of the other committees, as has repeatedly been made clear. The Japanese words that the Japanese side would sincerely desire to settle this problem were received by the Korean side with trust thereupon. However, it is quite regrettable that the Japanese side is not yet ready to enter into substantial discussions on the problem, in spite of the fact that months have passed since the Japanese side said "waiting for instructions." By the way, do you have any thing to say about our first gist of Korean art objects, since you said it was transmitted to the authorities concerned for study thereon?

0063 Mr. ITAGAKI: We sent the gist to the Ministry of Education for its study, but we have not yet received any report from it. Supposing that we did receive from it, it is questionable whether such could be submitted at this Subcommittee, as we are not in a position yet to enter into discussions for details before instructions on the basic policy concerning art objects are given by the Government. However, it is true that authorities concerned are studying on the matter. Taking an instance, according to the Ministry of Education, a stone pagoda of Seokkul-Am in Kyongju is not located in Japan. So, I wonder if you had any evidence to prove that the stone pagoda was taken into Japan?

Mr. CHOI: We will explain about it through an expert of our side. But, for your reference, the location of the stone pagoda was eye-witnessed by a Japanese named MOROKA Nakao, according to his report. Mr. MOROKA was the "chief" of the museum in Kyongju, and, in his report, he also made it clear that the stone pagoda was taken to Japan by a high ranking Japanese official.

Mr. HWANG: The title of Mr. MOROKA's report is "A lecture on the historical remains in Kyongju," in which he reported that he personally eye-witnessed the stone pagoda in the Seokul-Am and that it was taken to Japan around the year of 1908.

Mr. CHOI: I hope the Japanese side would make particular effort to expedite the works of this subcommittee. We must set up a target of our works, and, as you know, our side has already presented the first gist of Korean art objects at this Subcommittee. Now, when do you think your side can enter into substantial discussions on this problem

Mr. ITAGAKI: I have no idea at all, to be honest. We are waiting for instructions from the Government, but, for the reason of domestic political condition, it may be difficult to get one within this or next week.

Since a long long time has elapsed, we, too, want a conclusion in this regard as soon as possible, whether it is good or bad. In view of the internal situation, I think that more than two weeks would be necessary before any decision can be obtained. I still think that it won't be possible to get a conclusion on the art objects separately from the works of other various committees.

Mr. CHOI: Though you are trying to connect the solution of the problem on Korean art objects to that of the other pending problems of the Talks, such would do not good to the smooth proceeding of the Talks as a whole; we must dispose of the problem one after another as they come along, as the problem on art objects has no relation with other matters.

Besides, I believe that, by discussing in details of the subject matter at this Subcommittee, we can expedite ways for a successful conclusion, thereby, bringing about an early conclusion of the Japanese Government. Therefore, I would like [이하 문서 없음]

번역

1958년 11월 8일, 도쿄

한국 기타청구권소위원회(문화재 관련) 7차 회의 요록

1. 일시 및 장소

1958년 11월 8일(토요일), 오전 10시 30분~11시 30분, 일본 외무성

2. 참석자

한국 측: 최규하, 진필식, 문철순, 황수영, 노재원, 엄영달

일본 측: 이타가키 오사무, 다카노 도키치, 한다 고, 스가누마 기요시, 쓰치야 미나오

3. 회의록

이타가키: 지난주에 한국 예술품에 대한 기본적인 방침을 결정하는 문제를 의회 회의에 제시하려 했으나 의회와 관련한 문제들로 인해 하지 못했다. 의회의 상황이 정상화될 때까지는 할 수 있는 일이 거의 없을 것 같다. 그래서 오늘은 할 말이 많지 않다.

최: 알다시피 본 소위원회 회의를 진행해 오면서 일본이 한국에 반환할 준비가 된 한국 예술품의 목록을 제출하고 예술품 488점을 최대한 조속히 반환할 것을 요청했다. 일본 측의 답변을 들을 수 있을 것이라고 기대하며 오늘 회의에 참석한 것이 사실이다. 따라서 여전히 아무런 대답도 할 수 없다는 말에 실망할 수밖에 없다.

반복적으로 말했듯이 예술품 문제의 해결이 다른 위원회의 원활한 진행을 위해 필수적이라는 것이 우리 입장이다. 진심으로 이 문제를 해결하기를 원한다는 일본의 말을 신뢰했다. 하지만 '지시를 기다리고 있다'고 말한 후 몇 달이 지났는데도 아직 구체적인 논의에 착수할 준비가 되지 않았다니 상당히 유감스럽다. 검토를 위해 관련 당국에 전달한다고 했던 한국 예술품의 첫 번째 목록에 대해 의견이 있는가?

이타가키: 목록의 검토를 위해 교육성에 전달했으나 아직 어떠한 보고도 받지 못한 상황이다. 검토 결과를 받았다고 해도 정부가 예술품에 대한 기본적인 방침에 대해 지시를 내리기 전에 세부적인 사항을 논의할 수 있는 입장인지도 확실치 않다. 그러나 관련 당국이 이 문제를 검토하고 있는 것은 사실이다. 예를 들면 교육성에 따르면 경주 석굴암의 석탑은 현재 일본에 없다. 석탑이 일본으로 반출되었다는 증거가 있었던 것인지 궁금하다.

최: 우리 측 전문가를 통해 설명하겠다. 일단 참고로 말하자면 석탑의 위치를 '모로카 나카도'라는 일본인이 목격했다. 그가 작성한 보고서를 통해 모로카는 경주에 있는 박물관의 '관장'이었다는 것과 일본의 고위급 관료가 석탑을 일본으로 가져갔다는 것을 확인할 수 있었다.

황: 모로카가 작성한 보고서의 제목은 '경주의 사적에 대한 강의'다. 여기에서 모로카는 석굴암 석탑을 개인적으로 목격했고 1908년경 일본으로 반출되었다고 보고했다.

최: 일본이 본 소위원회의 논의 속도를 높이기 위해 더 많은 노력을 기울여 주기 바란다. 목표를 설정해야 한다. 알다시피 이미 한국 예술품의 첫 번째 목록을 제출했지 않은가? 구체적인 논의를 언제 시작할 수 있다고 생각하는가?

이타가키: 솔직히 전혀 모르겠다. 정부의 지시를 기다리고 있지만, 국내의 정치적 상황으로 인해 이번 주나 다음 주 내에 지시를 받기는 어려울 수도 있다.

오랜 시간이 지났기 때문에 우리도 좋은 쪽으로든 나쁜 쪽으로든 빨리 결론을 내리고 싶다. 일본 국내의 상황을 고려할 때 결정이 내려지려면 2주 이상은 걸릴 것 같다. 여전히 다른 여러 위원회와 별개로 예술품에 대한 결론을 내리기는 불가능하다고 생각한다.

최: 한국 예술품 문제의 해결을 한일회담의 다른 현안과 연결 지으려고 하는데, 그것은 회담 전체의 원활한 진행에 전혀 도움이 되지 않는다. 예술품 문제는 다른 문제

와 무관하므로 하나씩 해결해 나가야 한다.

또한 본 소위원회에서 예술품 문제를 세부적으로 논의함으로써 일본 정부가 조속히 결론을 내리기 위한 길을 열어줄 수도 있다. 따라서 [이하 문서 없음]

21. 제4차 한일회담 청구권소위원회(문화재) 제8차 회의 요록

0070

Tokyo, November 17, 1958

GIST OF TALKS
EIGHTH SESSION
SUB–COMMITTEE ON OTHER CLAIMS REGARDING KOREAN ART OBJECTS

1. Time and place:

10:30 a.m. – 10:40 a.m., November 15, 1958, Room 411, Ministry of Foreign Affairs, Japanese Government

2. Conferees:

Korean side: Mr. CHOI, Kyu Hah
Mr. CHIN, Pil Shik
Mr. MOON, Chul Soon
Mr. ROH, Jae Won
Mr. OHM, Yung Dal

Japanese side: Mr. ITAGAKI, Osamu
Mr. TAKANO, Tokichi
Mr. HANDA, Go
Mr. SUGANUMA, Kiyoshi
Mr. TSUCHIYA, Minao

3. Gist of Talk:

Mr. ITAGAKI: Last Monday we held a meeting with the attendance of the Foreign Minister discussing on the pending problem, and the Foreign Minister was well briefed on the crux of the matter concerned and he was going to hold a meeting with cabinet Ministers concerned including the Prime Minister during the last week. However, on account of the Government's political difficulties in connection with the Diet proceeding, the meeting had to be postponed.

Mr. CHOI: Was what you call discussion with Foreign Minister Fujiyama the "basic policy" concerned?

Mr. ITAGAKI: Yes, it was.

Mr. CHOI: The Korean side has hoped that there would be an earlier settlement of the pending problem with substantial progress thereof by this time, and for this and with a view to helping the smooth proceeding of the works of the Sub-committee, we presented at the previous session the first Gist of art objects to be returned to Korea. I hope the Japanese side would understand what the Korean side has been doing to expedite the works of the Sub-committee.

It is true that the Korean delegation has attended this meeting, expecting the presentation by the Japanese side of a constructive opinion and substantial views on the return of Korean art objects. But Mr. ITAGAKI explained of the difficulties with which the Japanese Government has been confronted in making a decision of its "basic policy" on Korean art objects due to the present domestic political impasse. Now, my delegation is aware that it is not in a position to refer to the internal affairs of Japan, but I wish to express my hope that the present "domestic political difficulties" in Japan will be settled down am soon as possible, in as much as Mr. ITAGAKI said that those high authorities concerned who would make a decision on the return of Korean art objects have been busy with the internal political affairs. And, recalling once again that the Japanese side stated that it would do its utmost effort to settle the art objects problems with sincerity, I hope that the Japanese side will work out a constructive and substantial conclusion on the settlement of the matter on Korean art objects at the earliest possible date. That is about all for me to say today.

0071 Mr. ITAGAKI: Since the higher authorities are now tied up with the Diet affairs, it is quite difficult at present to arrange a meeting of the Ministers concerned for the purpose under reference. We also hope that a conclusion regarding art objects be reached as early as possible.

Mr. CHOI: When shall we meet again? I wish we meet as soon as possible.

Mr. ITAGAKI: It is difficult for us to meet earlier than on next Saturday, November 22 at 10:30 a.m.

Mr. CHOI: If so, it will be alright.

(Remarks: Before the meeting was adjourned, the Sub-committee agreed to the Joint Press Release which reads: "The Sub-committee continued substantial discussions on Korean art objects, and it was decided that the next meeting would to held at 10:30 a.m. on November 22, 1958.")

-The end-

번역

1958년 11월 17일, 도쿄

한국 기타청구권소위원회(문화재 관련) 8차 회의 요록

1. 일시 및 장소

1958년 11월 15일, 오전 10시 30분~10시 40분, 일본 외무성 411호

2. 참석자

한국 측: 최규하, 진필식, 문철순, 노재원, 엄영달

일본 측: 이타가키 오사무, 다카노 도키치, 한다 고, 스가누마 기요시, 쓰치야 미나오

3. 회의록

이타가키: 지난 월요일에 외무상이 참석한 회의가 개최되어 현안을 논의하고, 외무상에게 이 문제의 핵심에 대해 보고했다. 외무상은 지난주 총리와 관련 내각 대신들이 참석할 회의를 개최하려 했으나 의회와 관련하여 정부가 당면하고 있는 정치적 문제들로 인해 회의가 연기되었다.

최: '기본 방침'을 정하기 위해 후지야마 외무상과 회의하려던 것인가?

이타가키: 그렇다.

최: 한국은 현안의 조기 해결을 바랐고 지금쯤이면 상당한 진전이 있을 것이라고 기대했다. 그리고 본 소위원회의 원활한 진행을 돕기 위해 지난 회의에서 한국에 반환할 예술품의 첫 번째 목록을 제출하기도 했다. 소위원회의 진행 속도를 높이기 위해 한국 측이 어떠한 노력을 해왔는지 인지하기 바란다.

한국대표단은 일본이 한국 예술품 반환에 대한 건설적인 의견과 구체적인 입장을 제시할 것을 기대하며 오늘 회의에 참석한 것이 사실이다. 그러나 이타가키가 일본 정부가 현재 국내의 정치적 교착 상태로 인해 한국 예술품에 관한 '기본적 방침'을 결정하는 데 있어서 당면하고 있는 어려움을 설명해 주었다. 우리 대표단이 일본의 국내 상황을 언급할 입장은 아니나 이타가키가 한국 예술품 반환에 대한 결정을 내릴 고위급 인사들이 내정의 문제로 바쁘다고 한 만큼 '국내 정치적 어려움'이 최대한 빨리 해소되기를 희망한다. 그리고 다시 한 번 일본대표단이 성의 있게 예술품 문제를 해결하기 위해 최선을 다하겠다고 말했음을 상기시키며, 최대한 빠른 시일 내에 한국 예술품 문제에 대한 건설적이고 구체적인 결론을 도출하기를 바란다. 오늘 전할 말은 이것이 전부다.

이타가키: 의회 문제로 고위급 관료들의 발이 묶여있기 때문에 현재로서는 예술품과 관련이 있는 장관들과 회의를 갖기가 상당히 어려운 상태다. 우리도 예술품에 대한

결론이 최대한 빨리 도출되기를 희망한다.

최: 다음 회의는 언제로 할 것인가? 최대한 빨리 만났으면 한다.

이타가키: 다음 주 토요일인 11월 22일 오전 10시 30분보다 일찍 만나기는 어렵다.

최: 좋다.

(비고: 회의가 종료되기 전에 본 소위원회는 다음과 같은 공동 보도 자료에 합의했다. "소위원회는 한국 예술품에 대한 구체적인 논의를 이어갔으며, 1958년 11월 22일 오전 10시 30분에 다음 회의를 개최하기로 결정했다.")

끝

22. 제4차 한일회담 청구권소위원회(문화재) 제9차 회의 결과 전문 보고[7]

0073 No. MTB-058

DATE. 11221500

TO. Office of the President & Foreign Minister

The 9th session of Sub-committee on other Claims regarding Korean art objects was held at 1030 a.m. on November 22 at the Japanese Foreign Ministry Next meeting will be held at 1030 a.m. on November 25.

At today's meeting the Japanese side regretted that it was not in a position to give a reply to our request for return of Korean art objects, pending decision of basic policy by the higher authorities. It continued that it discussed with Foreign Minister Fujiyama regarding Japanese policy on Korean art objects in the last week but the contemplated meeting of the Cabinet ministers concerned to decide the policy regarding the matter on Korean art objects and other problems of Korea-Japan Talks had to be postponed due to internal political difficulties in connection with Diet proceeding.

0074 Our delegation reiterated our stand that the matter on Korean art objects should be settled without connecting it with the settlement of the other problems as soon as possible, repeating that an early settlement of the matter on Korean art objects would be of a significance to the smooth proceeding of works of other committees.

The Japanese side replied that, as the current internal political difficulties

7 제9차 회의는 회의록이 누락되어 있다.

seem to be settled soon, the contemplated meeting of the cabinet ministers mentioned above could be held sometime in the next week if things would go smoothly.

Ambassador Limb

번역 번호: MTB-058

일자: 11221500

TO. 대통령 비서실 및 외무부 장관

한국 예술품 관련 기타청구권소위원회 제9차 회의가 11월 22일 오전 10시 30분 일본 외무성에서 개최되었으며, 다음 회의는 11월 25일 오전 10시 30분에 개최될 예정입니다.

오늘 회의에서 일본 측은 우리 측의 한국 예술품 반환 요청에 대해 고위 당국의 기본 방침 결정이 이루어지기 전까지 답변을 할 수 있는 입장이 아님을 유감스럽게 생각한다고 하였습니다. 이어 지난주 후지야마 외무상과 한국 예술품에 대한 일본의 방침에 대해 협의했으나, 한국 예술품 문제 및 기타 한일회담 현안에 대한 방침을 결정하기 위한 관계 각료회의가 국회 진행과 관련한 내부 정치적 어려움으로 인해 연기될 수밖에 없었다고 설명했습니다.

우리 대표단은 한국 예술품 문제가 다른 문제 해결과 연계되지 않고 조속히 해결되어야 한다는 우리 입장을 재차 강조하면서, 한국 예술품 문제가 조속히 해결되는 것이 다른 위원회의 원활한 업무 진행에 중요한 의미를 갖는다는 점을 거듭 강조하였습니다.

이에 대해 일본 측은 현재 일본 내부의 정치적 어려움이 조만간 해결될 것으로 보이는 만큼, 일이 순조롭게 진행되면 다음 주 중으로 앞서 언급한 각료회의가 개최될 수 있을 것이라고 답했습니다.

임 대사

25. 제4차 한일회담 청구권소위원회(문화재) 제10차 회의 요록

0083

December 2, 1958

GIST OF TALKS
TENTH SESSION
SUB-COMMITTEE ON OTHER CLAIMS REGARDING KOREAN ART OBJECTS

1. Time and place:

10:30-11:45 a.m., November 29, 1958, Room 411, Ministry of Foreign Affairs, Japanese Government

2. Conferees:

Korean side: Mr. CHOI, Kyu Hah
Mr. CHIN, Pil Shik
Mr. MOON, Chul Soon
Mr. ROH, Jae Won
Mr. OHM, Young Dal

Japanese side: Mr. ITAGAKI, Osamu
Mr. YOSHIKAWA, Shigezo
Mr. HANDA, Go
Mr. SUGANUMA, Kiyoshi
Mr. TSUGHIYA, Minao

3. Gist of talks:

Mr. ITAGAKI: Early this week, we had a meeting of the Cabinet Ministers including the Prime Minister to discuss on the matters regarding the Japan-Korea Talks. I was summoned to the said meeting to make explanation on the pending problems, especially on the Korean art objects. It is true that the meeting covered many of the subject problems and a conclusion was reached at the meeting on the fishery problem to submit a provisional agreement on fisheries between Japan and Korea. However, with regard to the other problem of the Talks, i.e. those under sub-committees on Vessels and, on Other Claims Regarding Korean Art Objects, at the meeting, many opinions were, presented that, since the two sub-committees were faced with difficulties as to the proceedings of their works and the subjects of the sub-committees should be settled in connection with these of various committees, the matters regarding the proceedings of the works of the respective committees should be re-examined at the higher levels of both sides of the Talks.

I, therefore, am not in a position today to enter into the substantial discussions on the art objects problem.

Mr. CHOI: As you know very well, view has already been exchanged on the art objects problem, and I have come to today's session with the expectation that there would be some substantial Answers from the Japanese side, now that internal political problems which allegedly stood in the way of living definite answers to the Korean request were now over.

However, hearing Mr. ITAGAKI's statement as above, I am really surprised, because it is, in the first place, incomprehensible that the subjects of this sub-committee should be dealt together with those of the other committees. Furthermore, as regards your statement on the "higher levels negotiations on
0084 the 'proceedings' of the two sub-committees", I can not but doubt whether the Japanese side has any sincerity toward an early settlement of the problem

on Korean art objects. Under the circumstance, when I heard that the Japanese side is thinking of another means for the settlement of the subjects of two sub-committees in a different way, I can't see whether the attitude of the Japanese side is in favour of settlement of pending problems of the Talks. Since your statement is of some seriousness, I wish that you repeat it for us to know it better.

Mr. ITAGAKI: I think there is a misunderstanding in this regard by the Korean side. Of course, I, too, believe that it is better to discuss the pending questions at their respective committees or sub-committees, but, in view of the past experience, there arose so many difficult questions that the settlement in the usual way has become hard to be made. It is of course desirable to settle the art objects problem at this sub-committee, but some of the Cabinet Ministers still think the domestic conditions make impossible such separate settlement of art objects problems from that of other issues. It is also difficult to settle the problem at this stage, because the people would not understand a solution as such.

At the present stage where the Talks develops, the majority of the Cabinet Ministers viewed that this matter should be considered again according to the future prospect of the Talks. They viewed that the higher levels of both sides of the Talks should take up the problem as to the proceeding of the two sub-committees, and, thereafter, the respective sub-committees could work again on their tasks. As a matter of fact, my impression was that there would be a meeting between Ambassador Sawada and Minister Yiu on this problem. The atmosphere of the cabinet meeting was observed to be that, since there occurred difficulties regarding the matters on art objects and vessels, re-examination is necessary on the way of the proceeding of the two sub-committees.

Mr. CHOI: Frankly speaking, your statement is completely against my expectation with which I have come to this session. My impression from the attitude of the Japanese side is that it is dragging this sub-committee to some other place which is apart from that where it is expected to go. Through last nine meetings of this sub-committee, our side had presented our demand regarding the art objects, together with enough of views of the Korean side with regard to the return of Korean art objects. If you read the records of the past sessions, you will easily find that not a bit of substantial statement regarding a direction toward the solution of the pending questions of the sub-committee has been presented by the Japanese side. The Japanese side has avoided presenting its substantial opinions under the excuse that the Japanese Government has had no time to decide basic policy on the art objects due to the internal political difficulties in connection with the Diet proceedings, etc. The Japanese side, however, made it clear on many occasions that it would try with "sincerity" to settle the pending problem on art objects, and our side has waited for constructive answer from the Japanese side, trusting the Japanese "sincerity" at its face value.

However, what the Japanese side has brought out actually, is only the repetitious statement that it still is unable to enter into the substantial discussions, with another excuse. I cannot but doubt where the real Japanese intention is in this regard, to mention nothing of our disappointment in finding
0085 another evidence of the Japanese "insincerity" toward the art objects problem. Under the circumstances, I cannot find any propriety of the Japanese repetition of the old empty statement including another way of Japanese excuse made today.

As regards your statement on "people's understanding…", I know that it is a tendency of the modern diplomacy to conduct negotiations with the understanding and the support of the people, but, frankly speaking, why is it so difficult for you to obtain your people's understanding on this problem, despite that the problem is so simple and clear in its legal and historical backgrounds? Our delegation has had a considerable interest in the reporting tendencies of the Japanese newspapers, but the substances they carry cannot but make us doubt if the Japanese side is truly making efforts to introduce to its people what and where the fundamental points are in the problems between Korea and Japan, and why such problems should be solved. What we get as an impression from such reports is that, in Japan, the Korea-Japan Over-all Talks are being changed into the Korea-Japan Fisheries Talks.

You say you are trying to settle this problem with the understanding of your people, but what I observe from the papers here is that you are not trying to deeper the people's understanding, but only attempting to have your people misunderstand the purpose of the present talks. I will tell you frankly that this is not the Korea-Japan fisheries conference, but the Korea-Japan overall talks in the literal sense of the words.

Mr. ITAGAKI: Though it has been our internal political difficulties that delayed the solution of the matter on art objects, I must state that this sub-committee was set up rather prematurely in terms of timing. It is true that our side agreed to the establishment of the Sub-committee on Korean Art Objects, but the situation at present has not been ripened to make a separate settlement of the matters concerned. I must say that the political situations of our side has not turned out to make such solution of the problem on art objects, separately from other issues.

The same situation can be told of the Korean side which had to delay the opening of the Committee on Fisheries and Peace Line.

I hope, anyhow, you would understand that we have not been able to decide on the fundamental question of the art objects problem.

Regarding "the understanding of the people" it is true that there exist a peculiar feeling and ignorance on the points concerned among a part of

Japanese people, but we must obtain the people's understanding on the solution of the problem concerned, and we must wait for a situation proper to do so.

If we talk of the press tendency, the Seoul Press, for instance, is dealing only with the art objects problem. From this, I can say that the same situations exist with your side, as with our side.

Mr. CHOI: Regarding the reports of the Seoul Press, I can say that it well reflects the feeling and reasoning of Korean people. If we only thought of money-value interest from the present Talks, Seoul papers should have dealt with other problems which are numerous times more economically valuable than the art objects.

0086 Mr. CHOI(Cont'): Such reports of the Seoul Press represent the honest intention of our people that, unlike the Japanese people, we should exert every effort for the settlement of various pending problems between the two countries so that the peoples of the two countries could live on a peaceful basis in future. The Seoul press reports show ardent desire of Korean people that the art objects taken to Japan should find their places back to the site of their historical origin, which is the national demand of the entire Korean people.

I even remember that, since the end of the World War II, the Japanese Government has on many occasions made public its full support for the self-determination of end due respect for the history of the newly independent nations. If so, there can't be any reason why Japanese people as well as their Government are unable to comprehend the significance of the due demand of Korean people for return of their art objects which are their own historical and inherited property belonging to their cultural heritage.

Circumstances being as such, I would like to reiterate, that, in order to promptly settle this matter, this subcommittee should be directed toward its target of solving the substantial matters one after another, and I hope the

Japanese side would respond to the Korean request for the return of Korean art objects at the earliest possible date.

Mr. ITAGAKI: I would like to invite your attention to the fact that, according to the Asahi-Shimbun, for instance, the public opinion is not necessarily opposing to the return of art objects, and also knows the point of the Korean requests concerned.

As to the proceeding of this sub-committee, I think it might as well be discussed between the higher levels of both sides as early as possible, For our side, I have advised the higher officials of our side to that effect, in my belief that such discussions between the higher officials of both sides would not be of no significance.

We are well aware of the fact that this art objects problem bears delicate factors in terms of the understanding of the people as well as the political conditions concerned. In fact, some among the Japanese delegation think that the settlement of this problem is not so difficult, but actually it is difficult to readily settle down.

Mr. CHOI: If the Asahi story is true, then why do you hesitate to settle the problem? I still cannot understand why this problem is so delicate and difficult to be settled.

Mr. ITAGAKI: I think we had better arrange for the next meeting after a meeting between Ambassador Sawada and both Ambassador Limb and Minister Yiu on either coming Thursday or Friday.

0087 Mr. CHOI: Though Mr. Itagaki is suggesting higher levels negotiations on the proceeding of the sub-committee on art objects, I would like him to know that I have not been instructed to agree on your suggestion. I believe that art objects problem should be, and is proper to be. discussed and solved at this sub-committee.

Mr. ITAGAKI: I do not mean by the higher levels negotiations that the sub-committee on art objects will not be, but that how the proceeding should be carried out at this sub-committee in dealing with the art objects problem, is to be discussed by such meeting.

Mr. CHOI: I would like to make it clear that our side is completely immune from any such delay in the works of this sub-committee. Further, if only the Japanese side step forward to the solution of this problem, there won't be any problem at all in connection with the "proceeding" of this sub-committee. It is clear that the delay in the "proceeding" of this sub-committee has been caused only by your side which has been avoiding definite answers to Korean request under one excuse or other.

Now, when shall we meet again?

Mr. ITAGAKI: Let us meet on December 6 (Saturday), at 10:30 a.m.

Mr. CHOI: No objection.

REMARKS:

Before the meeting was adjourned, the sub-committee agreed to the Joint Press Release which reads: "The sub-committee continued substantial discussions on the matter regarding Korean art objects, and it was decided that the next meeting would be held at 10:30 a.m. on December 6, 1958."

번역

1958년 12월 2일

한국 기타청구권소위원회(문화재 관련) 10차 회의 요록

1. 일시 및 장소

1958년 11월 29일, 오전 10시 30분~11시 45분, 일본 외무성 411호

2. 참석자

한국 측: 최규하, 진필식, 문철순, 노재원, 엄영달

일본 측: 이타가키 오사무, 요시카와 시게조, 한다 고, 스가누마 기요시, 쓰치야 미나오

3. 회의록

이타가키: 이번 주 초 총리 및 각료들이 참석하는 회의가 열려 한일회담에 대해 논의했다. 나는 현안, 특히 한국 예술품에 대한 설명을 위해 소환되어 회의에 참석했다. 이 회의에서 여러 가지 주제를 다루었고 어업 문제에 대해서는 일본과 한국 간 어업 가협정을 제출하기로 결정했다. 그러나 회담의 다른 주제, 즉 선박소위원회와 한국 예술품 관련 기타청구권소위원회가 다루는 문제에 대해서는 두 소위원회의 진행이 어려움을 겪고 있고 해당 문제들은 다른 여러 위원회와 연계하여 해결해야 하기 때문에 이 두 소위원회의 진행에 대해 회담의 양측 고위급 관계자들이 재검토해야 한다는 의견이 많았다.

따라서 오늘은 예술품 문제에 대해 구체적인 논의를 할 수 있는 상황이 아니다.

최: 잘 알다시피 예술품 문제에 대한 의견을 이미 교환했고, 한국의 요청에 대한 확실한 답변을 하는 것을 가로막던 내정 문제가 이제 해소되었으니 일본으로부터 구체적인 답변을 들 수 있을 것이라고 기대하며 오늘 이 회의에 참석했다.

그러나 이타가키의 말을 듣고 정말 놀랐다. 일단 본 소위원회의 주제를 다른 위원회가 논의하는 문제와 함께 다루어야 한다는 것이 이해가 되지 않는다. 또한 "두 소위원회의 '진행'에 대한 고위급 교섭"에 대한 발언은 일본이 한국 예술품 문제를 조속히 해결하는 데 대한 어떠한 진정성도 가지고 있지 않다고 의심할 수밖에 없게 만든다. 이러한 상황에서 일본이 두 소위원회의 문제를 해결하기 위한 다른 방법을 생각하고 있다는 말을 들으니 일본 측이 회담의 현안들을 해결하기를 원하는 것인지 알 수 없다는 생각이 든다. 발언한 내용이 심각하기 때문에 좀 더 잘 이해하기 위해 반복해 주기를 바란다.

이타가키: 한국 측에서 오해가 있는 것 같다. 물론 나 또한 각 위원회 또는 소위원회에서 논의하는 것이 낫다고 생각하지만 과거의 경험에 비추어 보며 이러한 방식을 취

했을 때 너무 많은 복잡한 질문들이 제기되어 일반적인 방식으로 문제를 해결하는 것이 어려워졌었다. 물론 예술품 문제를 본 소위원회에서 해결하는 것이 이상적이지만 일부 각료들은 여전히 국내의 상황으로 인해 예술품 문제를 다른 현안과 분리시켜 해결하는 것이 불가능하다고 생각한다. 이러한 해결 방식을 국민들도 이해하지 못할 것이기 때문에 해결이 어렵기도 하다.

각료들은 회담이 진행 중인 현시점에서 이 문제를 회담의 향후 전망에 따라 다시 검토해야 한다는 입장이다. 각료들은 회담의 양측 고위급 대표들이 두 소위원회가 진행한 논의사항을 이어받아 논의하고, 그 후에 각 소위원회가 다시 논의해야 한다는 의견이다. 사실 나는 사와다 대사와 유 공사가 이 문제에 대해 다시 논의하게 될 것이라는 인상을 받았다. 예술품과 선박 문제와 관련하여 어려움이 따랐으니 두 소위원회를 진행하는 방식에 대한 재검토가 필요하다는 분위기였다.

최: 솔직히 방금 그 발언은 내가 오늘 회의에 참석하며 기대했던 바와 완전히 반대된다. 일본이 이 소위원회를 원래 예상한 경로와는 거리가 먼 다른 어딘가로 끌고 가려고 한다는 인상을 받았다. 본 소위원회가 진행한 지난 9번의 회의에서 우리는 한국 예술품 반환에 대한 의견을 충분히 개진하며 요구사항을 제시했다. 지난 회의의 기록을 읽어보면 일본 측은 본 소위원회의 현안을 해결하기 위한 구체적인 발언을 전혀 한 바가 없다는 것을 금방 알 수 있다. 일본 측은 정부가 의회 등으로 인해 내정의 어려움을 겪고 있어서 예술품에 대한 기본적인 방침을 결정할 시간이 없다는 핑계를 대며 구체적인 의견을 제시하는 것을 회피했다.

그러나 일본은 여러 차례 예술품에 대한 현안을 성의 있게 해결하기 위해 노력할 것이라고 말했고, 우리는 일본이 말하는 '성의'를 있는 그대로 믿으며 일본의 건설적인 답변을 기다렸다.

그러나 실제로 일본 측이 우리에게 제시한 것은 또 다른 핑계와 함께 아직도 구체적인 논의를 할 수 없다는 반복적인 발언뿐이었다. 예술품 문제에 대한 일본의 '무성의함'을 깨달은 데 대한 실망감은 말할 것도 없고, 이 문제에 대한 일본의 진의가 무엇인지 의심할 수밖에 없다. 이러한 상황에서 오늘처럼 또 다른 핑계를 대며 과거에 그랬듯이 의미 없는 발언을 반복하는 일본의 태도에서 어떠한 예의도 찾아볼 수 없다.

'국민들의 이해'에 대한 발언과 관련하여 국민들의 이해와 지지를 얻어 교섭을 진행하는 것이 현대식 외교의 흐름임은 알고 있으나, 솔직히 말해서 법적, 역사적 배경이 이렇게도 간단하고 명명백백한 문제인데 국민들의 이해를 구하는 것이 그렇게 어려운 이유가 도대체 무엇이란 말인가? 우리 대표단은 일본 신문의 보도에 상당한 관심을 가지고 있으나, 일본 언론 보도의 내용을 보면 일본이 국민들에게 한국과 일본이 해결해야 하는 현안의 근본적인 쟁점이 무엇이고 문제가 어디에서 발생하는지, 왜 해결해야 하는지 설명하기 위해 정말 노력하고 있는 것인지 의심할 수밖에 없다. 일본 언론 보도를 보면 일본에서는 한일전면회담이 한일어업회담으로 바뀌고 있다는 인상을 받는다.

국민들의 이해를 받아 이 문제를 해결하려 한다고 말하지만 이곳 신문을 보면 국민들의 이해를 제고하려는 것이 아니라 국민들에게 현재 회담의 목적을 이해시키려고만 하는 것 같다. 지금 우리는 한일 어업회담이 아니라, 말 그대로 한일전면회담을 개최하고 있는 것이다.

이타가키: 일본 내정 문제로 예술품 문제의 해결이 지연되었으나 본 소위원회는 시기적으로 너무 이르게 구성되었다. 우리 측이 한국 예술품에 관한 소위원회 설치에 동의한 것은 사실이지만, 이 문제를 다른 현안과 분리하여 해결할 만큼의 상황에 이르지 못했다. 우리 측의 정치적 상황으로 인해 다른 문제와 별도로 예술품 문제를 해결할 수 없었다.

어업 및 평화선에 관한 위원회의 시작을 연기해야 했던 한국 측도 같은 상황을 겪었다고 할 수 있다.

예술품 문제에 대한 근본적인 질문에 대한 답변을 하지 못하는 상황을 이해해 주기를 바란다.

'국민의 이해'에 대해서는, 일본 국민들 중 일부가 예술품 문제에 대한 이상한 감정을 가지고 있고 잘 모르는 상태인 것이 사실이지만, 이 문제의 해결에 대한 국민들의 이해를 얻어야 하고 그렇게 할 수 있는 상황이 오기를 기다려야 한다.

언론의 보도 성향에 대해 말하자면 예컨대 『서울 프레스』는 예술품 문제만을 다루고 있다. 이러한 사실을 통해 한국도 일본과 같은 상황이라고 할 수 있다고 생각한다.

최: 『서울 프레스』 보도에 대해서는 한국인들의 감정과 생각이 잘 반영되어 있었다고 말하고 싶다. 한일회담으로부터 금전적인 이득만을 생각했다면 『서울 프레스』는

예술품보다 경제적 가치가 훨씬 큰 다른 문제들을 다뤘을 것이다.

최(계속): 『서울 프레스』의 보도는 일본인들과는 다른, 양국 국민들이 앞으로 평화롭게 살아가려면 양국 간 여러 현안을 해결하기 위해 최선을 다해야 한다는 우리 국민들의 솔직한 생각을 반영한다. 『서울 프레스』의 보도는 일본이 가져간 예술품이 다시 본래의 역사적 자리로 돌아가야 한다는 국가적 요구에 대한 한국인들의 열렬한 바람을 보여준다.

제2차세계대전 종전 이후 일본 정부는 새로 해방된 국가들의 자결권을 전적으로 지지하고 역사를 존중한다고 공개적으로 여러 차례 언급했다. 그렇다면 한국의 문화적 유산이며 선조로부터 전해온 역사의 자산인 예술품을 반환하라는 한국인들의 당연한 요구를 일본인들과 일본 정부가 이해하지 못할 이유가 없어야 한다.

상황이 이러니 문제를 신속히 해결하기 위해 본 소위원회는 구체적인 문제를 하나씩 해결하는 것을 목표로 설정해야 한다고 다시 반복하고 싶고, 일본 측은 최대한 빠른 시일 내에 한국 예술품 반환에 대한 한국 측의 요청에 대응해 주기를 바란다.

이타가키: 『아사히신문』을 예로 들면 여론이 꼭 예술품 반환을 반대하는 것은 아니며 한국이 요청하는 사항의 핵심이 무엇인지도 알고 있다는 사실에 주의를 환기시키고 싶다.

본 소위원회의 진행에 대해서는 양측 고위급 관계자들도 곧 논의할 것이라고 생각한다. 우리 측 고위급 관계자들에게 전달한 상태고, 고위급 관계자들의 논의가 의미가 없지 않을 것이라고 생각한다.

예술품 문제가 국민들의 이해와 정치적 상황이라는 점에서 민감한 요소를 내포하고 있다는 사실은 우리 모두 잘 알고 있다. 사실 일본대표단 중 일부는 이 문제를 해결하는 것이 그다지 어렵지 않다고 생각하지만 실제로는 빠르게 해결하기가 어려웠다.

최: 『아사히신문』의 보도가 맞는다면 문제 해결을 주저하는 이유가 무엇인가? 아직도 이 문제가 왜 그렇게 민감하고 해결하기 어려운 것인지 이해가 되지 않는다.

이타가키: 사와다 대사, 임 대사, 유 공사가 돌아오는 목요일이나 금요일에 만나 논의한 후 다음 회의 일정을 잡는 것이 좋을 것 같다.

최: 이타가키는 예술품에 관한 소위원회의 진행 방식에 대해 고위급 협의를 제안하고 있지만, 그러한 제안에 동의하라고 지시받은 바가 없음을 알리고 싶다. 예술품 문

제는 본 소위원회에서 논의 및 해결해야 하고, 그렇게 하는 것이 적절하다고 생각한다.

이타가키: 고위급 협의가 필요하다는 것이 예술품에 대한 소위원회가 사라질 것이라는 의미가 아니라, 예술품 문제를 다루는 과정에서 본 소위원회를 진행하는 방식에 대한 논의가 이루어질 것이라는 의미였다.

최: 우리 측은 본 소위원회의 논의에 대한 어떠한 지연에도 완전히 면역이 생겼다는 것을 확실히 언급하고 싶다. 또한 일본 측이 문제를 해결하기 위해 나서준다면 본 소위원회의 '진행'에 있어서 어떠한 문제도 없을 것이다. 본 소위원회의 '진행'이 지연된 유일한 원인은 이런저런 핑계를 대며 한국의 요청에 대한 확실한 답변을 회피한 일본 측의 태도다.

언제 다시 만날 것인가?

이타가키: 12월 6일(토요일) 오전 10시 30분으로 하자.

최: 이의 없다.

비고: 회의가 종료되기 전에 "본 소위원회는 한국 예술품 문제에 대한 구체적인 논의를 이어갔고, 1958년 12월 6일에 다음 회의를 개최하기로 결정했다"라는 내용의 공동 보도 자료에 합의했다.

27. 제4차 한일회담 청구권소위원회(문화재) 제11차 회의 요록

0091

Tokyo, December 8, 1958

GIST OF TALKS
THE ELEVENTH SESSION
SUB-COMMITTEE ON OTHER CLAIMS
REGARDING KOREAN ART OBJECTS

1. Time and place:

10:30-10:50 a.m., December 6, 1958, Room 411, Ministry or Foreign Affairs Japanese Government

2. Conferees:

Korean side: Mr. CHOI Kyu Hah
Mr. CHIN Pil Shik
Mr. ROH Jae Won
Mr. OHM Young Dal

Japanese side: Mr. ITAGAKI Osamu
Mr. YOSHIKAWA Shigezo
Mr. SUGANUMA Kiyoshi
Mr: HANDA Go
Mr. TSUCHIYA Minao

3. Gist of Talks:

Mr. ITAGAKI: We have frequently had top-level meetings of the Government during this week regarding Japan-Korea Talks including the art objects problem. However, no conclusion was available there from regarding the problem of art objects.

Since Minister Yiu has come back from Seoul, we are expecting that there will be a higher level meeting of both sides concerning the proceedings of the overall talks including this matter in next week, but, to my regret, I have nothing to say at today's session.

Mr. CHOI: Now that a considerable time has passed since we started this sub-committee's works, I think there must be by now a conclusion on the pending problem particularly on art objects, don't you think so?

Mr. ITAGAKI: I, too, feel so. We have frequently consulted on this matter with the Foreign Minister, asking for a decision thereon. The Foreign Minister himself has often conferred with the Prime Minister regarding the matter and the latter consulted with the Ministers concerned and party leaders on the making of Government policy on the art objects problem. But, the decision has not been made yet by the Government.

Along with the higher level talks of both sides, I think that there will be a certain change in the present stalemate of the Talks. But, I can say that the views of the Government has not been unified as regards the art objects problem.

0092 Mr. CHOI: Though you talk about the higher levels talks of both sides, I don't believe there would be any progress in such talks, unless the Japanese side put forth constructive and substantial answer to our request at the high levels talks to which you referred.

Mr. ITAGAKI: I feel the same way as you do. I regret that progress has not been made in this sub-committee's works due to the absence of the Government instructions concerned. I think the meeting of the higher levels of both side to be held in next week will bring about something which will help the works of this sub-committee going forward. Our side also is in difficulty on account of the non-decision by the Government on the policy on art objects.

Mr. CHOI: I do not want to repeat here the position of the Korean side regarding art objects, but I must say that the settlement of this simple affair would consequently bring about a favourable reactions to the settlement of the other pending problems of the Talks.

Now, have you anything to say?

Mr. ITAGAKI: No, not particularly. Though the Korean side says that the settlement of the art objects problem is simple, it is not so simple. You may not be satisfied with it, but the point of the question concerned is that, under the situation, the settlement of the problem could hardly be made, separately from other problems. That is why the Prime Minister is still unable to make a decision on this matter. But, my impression is that the higher levels talks of both sides can produce a solution. I hope you would understand that the Japanese delegation is doing its best for the settlement of this question.

Mr. CHOI: If the settlement of this problems should be made, it is up to whether the Japanese side produces a constructive answer to the Korean request. Before closing this session, I would like to renew the request of the Korean side that the Japanese side would promptly render a constructive answer to our request on art objects. Now, when shall we meet again.

Mr. ITAGAKI: Let us meet again on December 13, 1958, coming Saturday, at 10:30 a.m.

Mr. CHOI: We wish to hold next meeting earlier than that, but, expecting an encouraging answer from the Japanese side, I will raise no objection to your suggestion.

REMARKS: Before the meeting was adjourned, both sides agreed to the Joint Press Release which reads: "The Sub-committee continued substantial discussions on the problem regarding Korean art objects."

-The end-

번역

1958년 12월 8일, 도쿄

한국 기타청구권소위원회(문화재 관련) 11차 회의 요록

1. 일시 및 장소

1958년 12월 6일, 오전 10시 30분~10시 50분, 일본 외무성 411호

2. 참석자

한국 측: 최규하, 진필식, 노재원, 엄영달

일본 측: 이타가키 오사무, 요시카와 시게조, 스가누마 기요시, 한다 고, 쓰치야 미나오

3. 회의록

이타가키: 예술품 문제 등 한일회담과 관련하여 이번 주에 정부 고위급 회의가 여러 차례 열렸다. 그러나 예술품 문제에 대해서는 결론이 도출되지 않았다.

유 공사가 서울에서 돌아왔으므로 다음 주에 예술품을 포함하여 전면회담의 진행에 대해 양측이 고위급 논의를 진행하게 될 것으로 예상하나, 오늘 회의에서는 할 수 있는 말이 없어서 유감이다.

최: 본 소위원회가 논의를 시작한 지 상당한 시간이 지났다. 지금쯤이면 특히 예술품에 대해서는 결론이 나왔어야 한다고 생각하는데, 그렇지 않은가?

이타가키: 나도 그렇게 느낀다. 이 문제에 대해 외무상과 자주 논의했고, 결정을 내려줄 것을 요청했다. 외무상 본인도 이 문제에 대해 총리와 자주 상의했고 총리는 예술품에 대한 정부 방침을 수립하고자 관련 각료들 및 당 지도자들과 협의했다. 그러나 정부에서 결정을 내리지 못한 상태다.

양측이 고위급 논의를 진행함에 따라 현재 회담이 당면해 있는 교착 상태에 변화가 있

을 것이라고 생각한다. 하지만 예술품 문제에 대한 정부의 의견이 아직 모이지 않았다.

최: 양측의 고위급 논의에 대해 이야기하지만 일본이 우리 요청에 건설적이며 구체적인 답변을 제시하지 않는 한 그러한 대화에서 어떠한 진전이 있을 것이라고 생각하지 않는다.

이타가키: 나도 그렇게 느낀다. 정부의 지시가 내려지지 않아 본 소위원회에 진전이 없어서 유감스럽다. 양측 고위급 회의가 다음 주에 개최되면 본 소위원회를 진행하는데 도움이 될 만한 무언가가 도출될 것이라고 생각한다. 우리 대표단도 예술품에 대한 정부의 정책이 결정되지 않아 어려움을 겪고 있다.

최: 예술품에 대한 한국 측의 입장을 또다시 반복하고 싶지는 않다. 하지만 간단한 문제인 예술품 문제를 해결하면 회담은 다른 현안을 해결하기에 유리한 반응으로 이어질 것이라는 말을 해야겠다. 할 말 있는가?

이타가키: 특별히 없다. 한국 측은 예술품 문제의 해결이 간단하다고 말하는데 그렇게 간단하지가 않다. 만족스럽지 않을 수 있겠지만 지금 상황에서 이 문제의 핵심은 다른 문제와 분리하여 해결하기가 어렵다는 것이다. 이것이 총리가 결정을 내리지 못하는 이유다. 하지만 양측의 고위급 인사들이 논의를 하면 해결책이 도출될 수 있다는 것이 내 생각이다. 일본대표단이 최선을 다하고 있음을 이해해 주기를 바란다.

최: 이 문제의 해결은 일본 측이 한국의 요청에 건설적인 답변을 하는 것에 달려있다. 이번 회의를 마무리하기 전에 예술품에 대한 요청에 일본이 조속히 건설적인 답변을 제시해야 한다고 다시 말하고 싶다. 언제 다시 만날 것인가?

이타가키: 1958년 12월 13일 토요일 오전 10시 30분에 모이자.

최: 그것보다 일찍 만나면 좋겠지만 일본 측이 고무적인 답변을 가져오기를 기대하며 제안한 일정에 이의를 제기하지 않겠다.

비고: 회의를 종료하기 전에 양측은 "소위원회는 한국 예술품 문제에 대한 구체적인 논의를 이어갔다"라는 내용의 공동 보도 자료에 합의했다.

끝

30. 제4차 한일회담 청구권소위원회(문화재) 제12차 회의 요록

0097 Tokyo, December 15, 1958

TWELFTH SESSION
SUB-COMMITTEE ON OTHER CLAIMS
REGARDING KOREAN ART OBJECTS

1. Time and place:

10:30-11:20 a.m., December 13, 1958, Room 411, Ministry of Foreign Affairs, Japanese Government

2. Conferees:

Korean side: Mr. CHOI, Kyu Hah
Mr. CHIN, Pil Shik
Mr. WHANG, Soo Young
Mr. ROH, Jae Won
Mr. OHM, Young Dal

Japanese side: Mr. ITAGAKI, Osamu
Mr. TAKANO Tokichi
Mr. YOSHIKAWA, Shigezo
Mr. TSUCHIYA, Minao

3. Gist of Talks:

Mr. ITAGAKI: As I informed you already at the previous session, Mr. TAKANO is leaving his post at this sub-committee for a new assignment. He would say a few words.

Mr. TAKANO: It is with regret that I must leave from this committee, contributing little towards the settlement of problems. Though I leave from the Japanese Delegation to the Talks, I will be still working in the Foreign Ministry. Therefore, I wish I could do something for the improvement of Korea-Japan relations from another direction.

Mr. CHOI: I would like to avail myself of this occasion to express my thanks on behalf of the Korean Delegation to Mr. TAKANO for his contributions rendered to the works of this sub-committee. We would miss him, but, since he would still be working in the Foreign Office, I wish his future works there would as well contribute directly or indirectly to the settlement of pending problem.

(Mr. TAKANO withdrew himself from the conference room, expressing his thanks to the Korean delegation.)

Mr. ITAGAKI: Entering into the session, the complicacy in the recent Diet proceeding has made the Government be unable to produce instructions to this delegation on the matter of art objects, though discussions on a higher level have been made on this matter during the week. As was informally notified to Minister Yiu, the higher level is of the opinion, that, since it seems to be difficult to reach a conclusion before the end of the year in view of the pressure of works on the part of the Government and the Party in connection with the New Year Budget problem, etc., it is advisable to recess the Talks for the New Year season and start the meetings of the various committees anew early next year.

0098 Mr. CHOI: Have you any other thing to say?

Mr. ITAGAKI: No, not particular. But I must add that we are unable to enter today into substantial discussions at this sub-committee, which I regret very much.

Mr. CHOI: It is true that the year is drawing near to its end, but, when the end of the year is drawing near, it is our practice and custom to make more efforts to settle the pending affairs before the year end so that we could welcome the new year with clear hearts. I think that is a well observed custom of the oriental countries including Korea and Japan.

As to the proceeding of this sub-committee, I have not received any new instructions from the higher level of the Korean delegation. Therefore, until otherwise instructed from the higher level, I consider that it is our duty and mission to continue our tasks here at this sub-committee. In view of the above, I would reserve any comment on your suggestion regarding the proceeding of this sub-committee.

Including today's session, this sub-committee has held 12 meetings. Enough and full opinions on Korean art objects have been given and our side has presented the first gist of our request in the course of the sub-committee meetings, and it is true that, by now, a positive step should have been taken by the Japanese side for the settlement of the problems this sub-committee is to deal with. Needless to reiterate, I have attended this sub-committee since quite a time ago with strong expectations that there would be a constructive response from the Japanese side to the Korean request.

The Japanese side, however, has been delaying to make a reply under the excuse of difficulties in the domestic politics, etc., but, to be frank, I can say that such has nothing to do with this international problem, and further that such an internal affair does not constitute in any way an excuse for delay in the proceeding of international negotiations.

It is my strong belief that, only if the Japanese side had an intention to settle the matter, this pending matter would be settled without any difficulty at all. The Japanese side has hitherto put forth its own excuse one after another for the delay in the proceeding of the sub-committee's works, without showing any sincerity to bring about an early settlement of this problem.

I wonder what would be your opinion to my suggestion that we make more efforts to settle this problem before the end of the year so that we could give a good news to both Korean and Japanese peoples who have waited for 8 long months for a good outcome of the works of this sub-committee.

Mr. ITAGAKI: As for the Japanese delegation, we have tried hard to bring about a conclusion at this sub-committee before the end of the year, but, as has been said, we haven't received any instructions from the Government in connection with this matter.

Of course, we know that the internal difficulties our Government faces could
0099 not be any excuse applicable to your side, but we have had to refer to such difficulties in order to explain our situation under which the decision regarding the art object matter has not been made. We, too, have full desire to settle the pending problem on art objects, but, if the domestic situations did not turn out good for the solution, even the Prime Minister could do little about it, no matter how much he personally desired to settle the problem. Also it is a prevailing view of many higher authorities that the settlement of this matter be made along with and in connection with other pending problems.

It is my impression, therefore, that the settlement of the art objects matter before the end of the year would be much difficult. I feel it would be wise to recess the Talks for the time being and, after restudying the various problems concerned, start our works again in the New Year.

Mr. CHOI: As I repeatedly made clear, this problem should not be connected with other problems. This is a very clear and simple problem which can be settled easily with your sincerity.

With regard to the matter of recessing the meeting of this sub-committee, I would not make any comment thereon, as I have already reasoned about it.

If we raise the matter of internal situations, our side, too, has its own situations. As you might be busy in the New Year season, so will our delegates be to the equal extent. They have come here from Seoul to work out the successful conclusion in the present Talks, in spite of their duties in Seoul and also their personal inconvenience in staying for so long time in a foreign country. What I would like to emphasize here is that, though both sides may be busy, we should try hard to bring about a result in our works before the end of the year.

Mr. ITAGAKI: I fully understand your position as a member of the Japanese delegation, and I am ready to proceed with substantial works of this sub-committee whenever instructions are given by the Government. Besides, the Government will be quite busy on account of the budget affairs.

Mr. CHOI: I hope you would keep pounding regarding the problem so that you could obtain your Government instructions at the earliest possible date with a view to working out a settlement before the end of the year.

It must be noted that the task we are working for would be, when settled, a stepping stone to the smooth and expeditious proceedings of other committees' works. In view of the significance thereof and the commanding demand for the settlement of the pending problems between both countries as early as possible, we must work harder then ever, to reach the target.

Mr. ITAGAKI: Your views and stand will be conveyed to the Government.

Mr. CHOI: Have you anything to say?

Mr. ITAGAKI: Nothing particular. How about setting the date of next session after the meeting of Ambassadors Sawada and Limb early next week?

0100 Mr. CHOI: Pending instructions otherwise, we must proceed the sub-committee's works as usual. Therefore, I think we must set the date of neat meeting.

Mr. ITAGAKI: Then, how about temporarily setting the date of next meeting at 10:30 a.m. on December 20, 1958?

Mr. CHOI: No objection.

REMARKS: Before the meeting was adjourned, both sides agreed to the joint press release which reads: "the sub-committee continued discussions on art objects, and it was decided tentatively that the next meeting would be held on December 20, 1958."

-The end-

번역

1958년 12월 15일, 도쿄

한국 기타청구권소위원회(문화재 관련) 12차 회의 요록

1. 일시 및 장소

1958년 12월 13일, 오전 10시 30분~11시 20분, 일본 외무성 411호

2. 참석자

한국 측: 최규하, 진필식, 황수영, 노재원, 엄영달

일본 측: 이타가키 오사무, 다카노 도키치, 요시카와 시게조, 쓰치야 미나오

3. 회의록

이타가키: 이미 지난 회의에서 통보했듯이 다카노가 새로운 임무를 부여받아 본 소위원회에서 떠나게 되었다. 다카노가 몇 마디 하겠다.

다카노: 문제 해결에 기여한 바가 거의 없는 상황에서 본 위원회를 떠나게 되어 안타깝다. 회담의 일본대표단 자리에서는 물러나지만 앞으로도 외무성에서 일하는 것이니 다른 방향에서 한일 관계 개선을 위해 무언가 할 수 있기를 바란다.

최: 이 자리를 빌려 한국대표단을 대표해 본 소위원회에 기여한 데 대해 다카노에게

감사를 표하고 싶다. 아쉽지만 앞으로도 외무성에서 일하는 것이니 현안의 해결에 직접적으로나 간접적으로 기여할 수 있기를 희망한다.

(다카노가 한국대표단에 고마움을 전하며 회의실에서 퇴장했다.)

이타가키: 회의를 시작하며, 최근 의회 진행 상황의 복잡성으로 인해 정부가 예술품에 대해 우리 대표단에게 지시를 내리지 못했지만, 이번 주에 고위급 회의에서 예술품 문제를 논의했다. 유 공사에게 비공식적으로 알린 바와 같이 고위급 관료들은 새해가 다가오며 예산 문제 등 정부와 당이 다뤄야 할 과제의 압박이 커서 연말 전에 결론에 도달하기 어려워 보이기 때문에 새해 시즌 동안 회담을 휴회하고 내년 초에 여러 위원회의 회의를 재개하는 것이 바람직할 것이라는 입장이다.

최: 다른 할 말 있는가?

이타가키: 특별히 없다. 오늘 본 소위원회에서 구체적인 논의를 할 수 없어서 매우 유감으로 생각한다는 말은 하고 싶다.

최: 올해가 끝나가는 것이 사실이나 연말이 다가오면 홀가분한 마음으로 새해를 맞이할 수 있도록 한 해가 끝나기 전에 현안들을 해결하려고 더 많은 노력을 하는 것이 우리의 관행이고 관습이다. 이것이 한국과 일본을 포함한 동양 국가들에서 흔히 볼 수 있는 관습이라고 생각한다.

본 소위원회의 진행에 대해 한국대표단의 고위급으로부터 새롭게 지시받은 바가 없다. 따라서 고위급이 다르게 지시할 때까지는 본 소위원회에서의 과제를 이어나가는 것이 우리의 의무이자 임무라고 생각한다. 따라서 본 소위원회의 진행에 대한 일본 측의 제안에 대해서는 일단 어떠한 의견도 제시하지 않겠다.

이번 회의를 포함하면 본 소위원회는 12번의 회의를 가졌다. 우리 측은 한국 예술품에 대한 충분하고 완전한 의견을 제시했고, 반환을 요청하는 예술품의 첫 번째 목록도 제공했다. 지금쯤이면 일본 측이 본 소위원회의 주제인 예술품 문제를 해결하기 위해 긍정적인 움직임을 보였어야 하는 것이 사실이다. 다시 말할 필요도 없지만 이미 상당히 오래전부터 일본이 우리 요청에 건설적인 반응을 보일 것이라고 크게 기대하며 소위원회에 참여하고 있다.

그러나 일본은 내정의 어려움을 핑계 삼아 답변을 연기하고 있다. 그러나 솔직히 말하면 국내 정치 문제는 국제적인 문제와 전혀 관련이 없고, 내부적인 사정은 어떠한 방식으로든 국제적 교섭의 진행을 지연시키기 위한 명분이 될 수 없다.

일본 측이 문제를 해결할 의지가 있어야만 예술품 문제를 어려움 없이 해결할 수 있다고 믿는다. 일본은 지금까지 문제를 조기에 해결하기 위한 진정성은 보이지 않고 소위원회 논의의 진행을 지연시키기 위해 여러 가지 핑계를 대왔다.

8달 동안 본 소위원회에서 좋은 결과가 나오길 기다린 한국과 일본의 국민들에게 좋은 소식을 줄 수 있도록 올해가 끝나기 전에 이 문제를 해결하기 위해 더 노력해 보자고 제안하고 싶다. 어떻게 생각하나?

이타가키: 일본대표단은 연말 전에 본 소위원회에서 결론을 도출하기 위해 열심히 노력해 왔으나, 말했듯이 이 문제에 대해 정부로부터 지시를 받지 못했다.

물론 우리 정부가 당면한 내부적 문제는 한국에게 적용되는 명분이 될 수 없다는 것을 안다. 하지만 예술품에 대한 결정이 내려지지 않은 상황을 설명하기 위해 우리가 겪고 있는 어려움을 언급해야 했다. 우리도 예술품 문제를 정말 해결하고 싶다. 하지만 국내의 상황이 이 문제의 해결에 좋은 방향으로 흘러가지 않는다면 총리조차도 이 문제를 개인적으로 아무리 해결하고 싶다 한들 할 수 있는 것이 많지 않다. 또한 많은 고위급 관계자가 예술품 문제는 다른 현안과 연계하여 해결해야 한다고 생각하는 상황이다.

따라서 예술품 문제를 연말 전에 해결하기는 매우 어렵다는 것이 내 생각이다. 당분간 회담을 중단하고 여러 문제를 다시 분석한 후 새해에 재개하는 것이 현명한 선택이라고 생각한다.

최: 여러 차례 말했듯이 이 문제는 다른 문제들과 연결시키지 않아야 한다. 성의만 보인다면 쉽게 해결할 수 있는 아주 명확하고 간단한 문제다.

본 소위원회 회의를 중단하는 문제에 대해서는 이미 설명했듯이 어떠한 의견도 제시하지 않겠다.

내부적 상황에 대해 언급한다면 우리도 우리만의 상황이 있다. 새해에 바쁘겠지만 우리 대표단도 마찬가지로 바쁠 것이다. 서울에서 처리할 임무가 있고 해외에 장기간 체류하는 것이 개인적으로 불편함에도 불구하고 이번 회담에서 성공적인 결론을 도출하기 위해 서울을 떠나온 사람들이다. 양측 모두 바쁘겠지만 올해가 끝나기 전에 결과를 낼 수 있도록 노력해 봐야 한다는 것을 강조하고 싶다.

이타가키: 일본대표단의 일원으로서 어떠한 입장인지 충분히 이해한다. 나도 정부의 지시만 내려지면 언제든 구체적인 논의를 언제든 진행할 준비가 되어있다. 그리고 예산 문제로 정부가 상당히 바쁠 예정이다.

최: 연말 전에 해결책을 도출하기 위해 최대한 빠른 시일 내에 정부의 지시를 받을 수 있도록 이 문제에 대해 계속 노력해 주기를 바란다.

우리가 논의하고 있는 문제가 해결되면 다른 위원회의 진행을 원활히 하고 가속화하기 위한 디딤돌이 될 것임을 기억해야 한다. 양국의 현안을 최대한 빨리 해결하는 것이 지니는 의의와 이에 대한 강렬한 요구를 고려하여 목표를 달성하기 위해 그 어느 때보다도 최선을 다해야 한다.

이타가키: 견해와 입장을 정부에 전달하겠다.

최: 덧붙일 말 있는가?

이타가키: 특별히 없다. 다음 주 초에 사와다 대사와 임 대사가 만난 후 다음 회의 일정을 정하는 것이 어떤가?

최: 지시를 기다리는 동안 소위원회의 논의는 평상시와 같이 진행해야 한다.

이타가키: 그러면 일단 1958년 12월 20일 오전 10시 30분으로 정해두는 것이 어떤가?

최: 이의 없다.

비고: 회의가 종료되기 전에 "본 소위원회는 한국 예술품 문제에 대한 구체적인 논의를 이어갔고, 1958년 12월 20일에 다음 회의를 개최하기로 잠정 결정했다"라는 내용의 공동 보도 자료에 합의했다.

끝

31. 문화재 관련 유태하 공사가 대통령에게 보낸 보고 전문

0102 NO. MTB-095

DATE. 1219

TO. Office of the President & Foreign Minister

The Japanese Vice-Foreign Minister Yamada requested to see me and we met at 3 this afternoon and talked about 80 minutes. He said regarding return of our art objects he could assure us that all art objects taken from Korea after 1905 now in Government possession will be returned. However it is impossible to return those in private possession. Regarding those in private possession it is impossible not only to locate them completely but to assure value to enable Finance Ministry to make appropriation available. He said it is impossible for Finance Ministry to agree to make such appropriation. I asked Yamada if he was making this statement officially as Vice Foreign Minister to which he replied in affirmative. I strongly urged it him to return art objects
0103 in private possession too and offered our help in locating them if Japan is sincerely eager to do so. Yamada again said it is impossible to include those in private possession for reasons already stated. Regarding Fishery issue Yamada, reminding me of what he previously told me and Ambassador Limb (reported in my latter Nos. 221, 227 and 237). He continued in this regard during process he wanted to discuss the issue with me, Mr. Chang and Vessel representatives. He said as he plans to go to soon America for Japanese Ambassadors Conference January 7th he wanted to do it before then. I asked him on vessels issue to which he replied that he understood no list complete of vessels was presented

by us, he wants to know our clear stand in this respect. Stiff argument followed on this matter. Before meeting was over I asked him when Japan will return
0104 the articles, Yamada said Japan will not fail to return them but he did not yet now when. I will report details via pouch. I would appreciate your keeping contents of this meeting secret.

Minister Yiu

번역 번호: MTB-095

일자: 1219[1958. 12. 19]

수신인: 대통령실, 외무부 장관

야마다 일본 외무차관이 만남을 요청하여 오늘 오후 3시에 만나 80분간 대화를 나눴습니다. 야마다 외무차관은 우리 예술품 반환에 대하여 1905년 이후에 한국에서 반출되었으며 현재 일본 정부가 소유하고 있는 모든 예술품을 반환하겠다고 보장할 수 있으나, 개인 소유의 예술품은 반환하기가 불가능하다고 했습니다. 개인 소유 예술품의 경우 위치를 모두 파악하는 것이 불가능할 뿐만 아니라 재무성이 가치를 책정하는 것도 불가능하다고 합니다. 야마다 외무차관은 이러한 가치 책정에 재무성이 동의하게 하는 것이 불가능하다고 말했습니다. 저는 야마다에게 지금 하는 말이 외무차관으로서의 공식적인 발언이냐고 물었고, 야마다는 그렇다고 답변했습니다. 저는 개인 소유의 예술품도 반환할 것을 강력하게 촉구하고 일본이 성의와 의지를 보인다면 위치를 파악하는 과정을 돕겠다고 제안했습니다. 야마다는 다시 한 번 위에서 언급한 이유로 인해 개인 소유의 예술품을 포함시키기는 불가능하다고 말했습니다. 어업 문제에 대해서는 기존에 저와 임 대사에게 말한 내용(서한 221, 227, 237호에서 보고드린 내용)을 상기시켜 주었습니다. 그는 이 문제를 저, 장 대표, 그리고 선박 담당 대표들과 논의하고 싶었다고 말했습니다. 야마다 외무차관은 1월 7일에 일본 대사회의 참석차 미국으로 떠날 예정이기 때문에 그 전에 만나서 논의하고 싶다고 했습니다. 저는 선박 문제에 대해 질문을 했고, 그는 우리 측이 선박의 전체 목록을 제시하지 않은 것으로 안다면서 이 부분에 대한 우리의 명확한 입장을 알고 싶다고 했습니다. 이 문제에 대해 논쟁이 이어졌습니다. 회의를 마치기 전에 언제 예술품을 반환할 것인지 물었고, 야마다 차관은 틀림없이 반환할 것이나 언제가 될지는 아직 모르겠다고 답변했습니다. 구체적인 내용은 행낭을 통해 보고드리겠습니다. 이 회의의 내용은 기밀로 유지해 주시면 감사하겠습니다.

유 공사

32. 사와다 일본 측 수석대표의 제안에 관한 보고 서한[8]

0105

January 14, 1959

No. 256

According to Amb. Sawada, the indication at present is that the Japanese government will return to Korea those art objects in its possession and in the possession of its various agencies. As to the vessels issue, if Korea accepts Japan's stand to return only the vessels of Korean registry, it would be done. Sawada asked that we exert our efforts to settle the problems along the above lines as it was practically impossible for him to go any further.

With regard to the fisheries issue, Mr. Sawada again referred to the two suggestions he made on several occasions. (1. To limit the number of vessels and tonnage of catch. 2. To withdraw the Line to some degree) He asked that no political significance be attached to the Line as the term Peace Line implies but that a restricted area be established to which Japanese fishing vessels are not allowed entry say perhaps for a period of five years or so to ensure fishery conservation and during which time Korean fishing techniques will have improved. This suggestion is another method of settling the fishery issue, Sawada said.

---

8 작성자 불명.

번역

1959년 1월 14일

번호: 256

사와다 대사에 따르면 현재 일본 정부와 여러 정부 기관이 소유하고 있는 예술품을 한국에 반환할 것이라는 분위기가 있다고 합니다. 선박 문제에 대해서는 한국 국적 선박만 반환한다는 일본의 입장을 우리가 수용하면 반환을 이행하겠다고 합니다. 사와다는 더 이상 타협안을 끌어내기는 현실적으로 불가능하므로 위의 조건에서 한국 측이 문제를 해결하기 위해 노력해 줄 것을 요청했습니다.

어업 문제에 대해 사와다는 다시 한 번 기존에 몇 차례 제안했던 두 가지 조건을 언급했습니다(1. 선박 수와 어획 톤수를 제한할 것, 2. 평화선을 어느 정도 철회할 것). 그는 평화선이라는 용어에 정치적인 의미를 부여하지 말고, 예를 들면 5년 정도 일본 어선들의 진입을 금지하여 해양 자원을 보존하고 그동안 한국의 어획 기술이 개선될 수 있도록 제한 구역을 설정할 것을 요구했습니다. 사와다는 이 제안이 어업 문제를 해결할 수 있는 또 다른 방법이라고 말했습니다.

33. 미술품 명단 송부를 차기 파우치 편에 보내다는 내용의 공문

0107 단기 4291년 1월 10일

주일 대표부 유태하 공사 귀하

외무부 차관 김동조[서명]

건명: 미술품(Art objects) 명단 송부에 관한 건

수제지건에 관하여 미술품 명단은 현재 작성 중에 있으므로 이번 '파우치'로는 송부치 못하오니 다음 '파우치' 편에는 송부할 수 있도록 예의 노력 중이오니 여차 양지하심을 바랍니다.

추이: 송환 일본인 어부의 명부는 이번 '파우치' 편에 별도로 송부합니다.

35. 일본에 피탈된 예술품 목록 송부 공문

0110 외정 제 호

단기 4291년 1월 16일

주일 대사 귀하

외무부 장관

건명: 일본에 피탈된 예술품 목록에 관한 건

수제지건에 관하여 일본이 과거에 한국으로부터 탈취하여 간 한국 예술품(Art Objects)의 명단으로서 우선 작성된 '피탈 미술품 목록 기 1' 1통을 별첨과 여히 송부하오니 이는 한국 예술품 목록의 일부로서 현재 계속하여 이를 작성 중이므로 완성되는 대로 잔여분은 추송할 것이며 또한 본 목록 중 어느 부분이 과거 한일 예비교섭 종결 시 양국 간에 이루어진 합의사항에 해당하는 예술품인가에 대하여서는 이를 별도로 지시할 위계이오니 여사 양지하시고 동송하는 목록은 그간 극비로 참고에 자하시고 일본 측에 대하여서는 이 목록의 일부라 할지라도 본부 지시 없이는 제시하여서는 불가하므로 이에 특히 첨신하는 바입니다.

이상

37. 일본이 탈취하여 간 한국의 예술품 목록 독촉 공문

0113 외정 제 호

단기 4291년 1월 16일

문교부 장관 귀하

외무부 장관

건명: 일본이 탈취하여 간 한국의 예술품 목록에 관한 건

수제지건에 관하여 객년 12월 31일 한일예비교섭 종결을 위한 한일 양국 간에 조인된 합의 문서(별첨 1)에 의거하여 일본이 과거에 탈취하여 간 한국의 예술품을 아국 측으로 반환함에 있어서 아국이 취할 방침에 관하여는 지난 1월 10일 당부에서 개최된 '한일예비교섭 종결에 있어서 조인된 협정을 시행하는 데 관한 정부의 방침의 요강안'의 토의를 위한 회의 석상에서 당부로서 앞서 설명한 바 있사오나 피탈된 한국 예술품의 명단으로서 귀부 차관이 '피탈 미술품 목록' 15부를 당부 차관에게 수교하여 온 바이오나 계속적으로 동 예술품 목록을 작성하시와 조속한 시일 내에 이를 제출하여 주심을 경망하나이다.

이상

38. 피탈 문화재 중 일부의 설명서 송부 공문

0114 문화 제224호

단기 4291년 1월 21일

문교부 장관[관인]

외무부 장관 귀하

피탈 문화재 중 일부의 설명서 송부의 건

수제 건 현재 조사 진행 중인 피탈 문화재 중에서 피탈의 경위와 일본국에서의 소장이 확증되는 것의 일부에 대한 설명서를 별지와 같이 송부하오니 참조하시기 바라나이다.

별첨

38-1. 피탈 문화재 목록과 경위

0115 1. 양산부부총(梁山夫婦塚) 발굴품

경남 양산군 양산면 북정리 소재 3국 신라시대 금동관 외 다수 1920년 발굴, 1938년 3월 31일 총독부가 도쿄국립박물관에 기증 P. 13.

2. 낙랑왕우묘(樂浪王旴墓) 발굴품

평남 대동군 대동강면 석암리 소재(낙랑시대) 도쿄대학에서 1925년 발굴, 동시에 동대학으로 반출.

0116 부(附): 이 밖에도 경주 황오리 16호분 등 다수 고분의 발굴품이 도쿄박물관에 있음.

3. 경주 석굴암 내

대리석 사리탑 1. 감불 2. 야나기 무네요시(일인)(柳宗悅 日人) 저 『조선의 예술(朝鮮の藝術)』, 모로가 히데오(일인)(諸鹿央雄 日人) 저 『경주 유적』에 의하면 1909년경 소네 통감(曾禰 統監)에 의하여 철거되었다고 함.

4. 오대산 사고(史庫) 구장(舊藏) 조선실록 일질(帙)

0117 1915, 1916년경 총독부에 의하여 주문진에서 적재 반출하여 도쿄대학 도서관에 두었다가 1923년 도쿄 진재 시에 소신(燒燼)되었으며 당시 동양문고에 대출 중이던 20여 책이 남아있음.

5. 마쓰가타 후작(松方 侯爵) 외 25명 소장

고려자기 약 120점. 이 자기는 한일 합방 전에 1910년 도쿄에서 개최된 전시회에
0118 출품된 것이며 동 전람회 도록「고려소」도쿄 1910년 2월 출판에 사진이 게재되었음. 이 자기들은 확실히 합방 전에 도굴 반출된 것임. P. 150.

6. 오구라 다케노스케(小倉武之助) 소장품

이 소장품은 오구라가 남선전기회사 사장으로서 대구 재주 시 입수한 것이며 그의 거의 전부가 도굴품으로서 그중 창녕 출토 황금관 초두(鐎斗) 및 고려자기 등 일본에 반출되어 일본 정부에 의하여 국보 중요예술품 중요문화재로 지정된 것이 다수며 이
0119 소장품은 비록 개인 소장이라 할지라도 그 가치의 중요성에 비추어 당연히 반환되어야 할 것임.

40. 피탈 문화재 중 1부 설명서 송부에 관한 답신 공문

0122 외정 제 호

단기 4291년 2월 일

외무부 장관

문교부 장관 귀하

피탈 문화재 중 1부의 설명서 송부의 건

수제지건 단기 4291년 1월 21일 자 문화 제224호 공한으로 송부하신 피탈 문화재 중 1부에 관한 설명서는 정히 사수하였으며 금후에도 계속하여 조속히 조사하시와 여사히 피탈 아국 문화재 중에서 피탈의 경위와 그의 일본국 내에서의 소장이 확증되는 대로 그에 대한 설명서를 수시 추송하여 주심을 바랍니다.

42. 일본이 반환해야 할 한국 미술품 목록 검토 요청 공문

0125 외정 제 호

단기 4291년 2월 일

외무부 장관

문교부 장관 귀하

일본이 반환해야 할 한국 미술품 목록에 관한 건

수제지건에 관하여 일본 정부는 그가 반환하여야 할 한국 미술품 중 현재 도쿄국립박물관에 소장되어 있는 물품 중 즉시 이전이 가능한 97점의 미술품 목록을 아 측에 제출하여 왔으므로 동 목록 사본 1통을 별첨과 여히 송부하오니 사수하시고 이를 엄밀히 검토하시와 동 목록에 들어있는 미술품의 가치를 평가하시는 동시에 동 미술품 수락으로 인하여 금후 우리 정부가 요구하는 미술품 반환 문제에 여하한 영향을 줄 것인지를 검토 회보하여 주심을 바랍니다.

별첨: 도쿄국립박물관 소장의 97점 미술품 목록

별첨

42-1. 일본 정부로부터 대한민국에 인도되어야 하는 미술품 목록

0126 日本政府より大韓民國に引渡すべき美術品のリスト

東京國立博物館所在

件名	個数	備考
金飾耳飾	一双	
鉄製刀子残欠	五	ナイフに當るもの. 破損して原形なし. 削除
鉄罟残欠	二括	破損して原形不明のものを二まとめにしたもの.
銀製指輪鐶	二	指輪
碧玉製管玉	一	次の小玉と一連とした装身具, 出雲石
ガラス玉	七	
陶製長頸壺	一	火度の高い焼物の壺で頸の長い形台のついた埦
陶製脚付盌	二	台のついた埦
0127 赤素焼盖残欠	六	火度の低い焼物の盖
赤素焼深怨	九	深い埦
陶製坏	四九	食物を盛る罟, 高い台のある埦
陶製盖	一二	
計	九七	

번역 일본 정부로부터 한국에 반환되어야 할 미술품 목록

도쿄국립박물관 소재

건명	개수	비고
금귀고리	한 쌍	
철제 칼 잔형	5	칼에 해당하는 것으로 파손되어 원형이 없음. 삭제
철 그물형	두 세트	파손되어 원형불명의 물건을 모아놓은 것
철제 반지	2	반지
옥으로 만든 관	1	아래 작은 옥과 연결된 장식구
유리 옥	7	
도자기로 된 경대	1	높은 온도로 구운 자기의 대에 기다란 경대가 붙은 물건
도자기 다리가 붙은 술잔	2	받침대가 붙은 술잔
붉은색 덮개 잔형	6	낮은 온도로 구운 자기 덮개
붉은색 그릇	9	속이 깊은 그릇
자기 그릇	49	음식을 담는 덮개와 받침대가 있는 그릇
자기 덮개	12	
계	97	

43. 대일 재산청구권 자료 송부 관련 공문

0133 체제 252호

단기 4291년 1월 28일

체신부 장관 리응순[관인]

외무부 장관 귀하

'유첨부물'

대일 재산청구권 자료 송부의 건

수제 건 단기 4138년 7월 일본의 강압으로 체결된 한일통신업무합동협정의 결과로 한국 통신 관서로부터 탈취한 체신 관계 문화재가 일본 도쿄에 있는 체신박물관에 소장(진재 시 약간 소실)되어 있음이 밝혀졌음으로 이에 증빙 조서를 작성하여 별첨 송부하오니 이의 현물 반환을 이룩함에 급히 선처하여 주시기 바랍니다.

별첨

43-1. 한국 체신문화재 대일 현물 반환 요구 목록

0134 단기 4291년 2월 일

한국 체신문화재 대일 현물 반환 요구 품목

체신부

0135 **한국 체신문화재 대일 현물 반환 요구 품목**

소장관명(所織館名)	실별	함부별(凾部別)	품명	수량	비고
도쿄체신박물관	제4실	제40함 조선의 부	전보아문표찰(電報衙門標札)	1매	
〃	〃	〃	호남전보분국표찰(湘南電報分局標札)	1매	
〃	〃	〃	전보사표찰(電報司標札)	1매	
〃	〃	〃	의주우체사표찰(義州郵遞司標札)	1매	
〃	〃	〃	영등포전화지소표찰(永登浦電話支所標札)	1매	
〃	〃	〃	홍주우체사표찰(洪州郵遞司標札)	1매	
〃	〃	〃	수원전보사표찰(水原電報司標札)	1매	
〃	〃	〃	우체함(郵遞函)	1개	
〃	〃	〃	체전부모전장액(遞傳夫帽前章額)	1면	

0136	도쿄체신박물관	제4실	제40함 조선의 부	전신송부(한국전보사창설시대몽문용) (電信送符)(韓國電報司創設時代蒙文用)	1매	
	〃	〃	〃	마패(천계4년제 관자호2마패) (天啓4年製關字號2馬牌)(모조)	1개	
	〃	〃	〃	〃 (〃 홍자호3마패) (〃 紅字號3馬牌)(〃)	1개	
	〃	〃	〃	〃 (〃 황자호4마패) (〃 荒字號4馬牌)(〃)	1개	
	〃	〃	〃	우전선로도본(郵電線路圖本)	일축 (壱軸)	
	〃	〃	〃	편액(扁額)	1매	
	〃	〃	〃	우편집배인제모(郵便集配人制帽)	1개	
	〃	〃	〃	우편행낭용정(郵便行囊用錠)	2개	
	〃	〃	〃	영등포우편전보전화괘판 (永登浦郵便電報電話罫版)	4개	
	〃	〃	〃	초혜(草鞋)[짚신]	3족	
	〃	〃	〃	전보사요금수납괘찰 (電報司料金収納掛札)	1매	
	〃	〃	〃	전함(銭凾)	1개	
0137	〃	〃	〃	호현외국제수부평량[저울](분동 7개 첨) (互懸外國製受付枰量(分銅七個添))	1개	
	〃	〃	〃	조선목성수부평량(朝鮮目盛受付枰量)	1개	
	〃	〃	〃	우체사우체집배인체송인인명게시찰 (郵逓司郵逓集配遞送人人名掲示札)	1매	
	〃	〃	〃	영등포우체사용제인 (永登浦郵逓司用諸印)	8개	
	〃	〃	〃	잡인(雑印)	4개	

	도쿄체신박물관	제4실	제40함 조선의 부	안동우체사사용우편일부인(安東郵遞司使用郵便日付印)	2개	
	〃	〃	〃	전주우체사사용우편일부인(全州郵遞司使用郵便日付印)	1개	
	〃	〃	〃	진주우체사사용우편일부인(晋州郵遞司使用郵便日付印)	1개	
	〃	〃	〃	남원우체사사용우편일부인(南原郵遞司使用郵便日付印)	1개	
	〃	〃	〃	홍주우체사사용우편일부인(洪州郵遞司使用郵便日付印)	1개	
	〃	〃	〃	은진우체사사용우편일부인(恩津郵遞司使用郵便日付印)	1개	
	〃	〃	〃	벽동우체사사용우편일부인(碧潼郵遞司使用郵便日付印)	1개	
0138	〃	〃	〃	한국시대우편기(韓國時代郵便旗)	2기	
	〃	〃	〃	의주우체사소표찰(義州郵遞司小標札)	1매	
	〃	제3실	제33함	구한국우표(舊韓國郵票)	286매	
	〃	〃	〃	구한국엽서(舊韓國葉書)	23매	
	계			37건	281점	

0139 진열품 목록

체신박물관

0140~0148 일본 체신박물관 진열품 목록 복사

[문서 상태 불량에 따른 판독 어려움으로 생략]

44. 체신부의 대일 청구권 자료 송부 공문

0149 체제 253호

단기 4291년 1월 28일

체신부 장관 리응순[관인]

외무부 장관 귀하

체신 관계 대일 청구권 자료 송부의 건

수제 건 지난 2월 20일 귀부 회의실 개최 관계 부처 차관 연석회의 결과에 따라 귀부 실무자와의 사전 검토를 필(畢)한 바 있는 체신 관계 대일 확정채권 상환 요구 조서를 별첨 송부하오니 사수 선처하시기 바랍니다.

추기: 본 조서의 관계 증빙자료에 대하여는 지난번 회의 시 귀부 차관에게 별도 수교한 바 있는 자료(부록)를 참조할 것이며 금후 수집되는 증빙자료에 의하여 상기 조
0150 서의 개정을 요할 때에는 그때마다 별도 통고할 것이오니 겸양하시기 바랍니다.

45. 일본국 정부로부터 대한민국 정부에 인도할 미술품 목록(일본 측 자료)[9]

0151　日本国政府より大韓民国政府に引渡す美術品目録

品目	数量
金製耳飾	2コ
鉄製刀子残欠	5コ
鉄器残欠	1括
銀製鐶	2コ
碧玉製菅玉	1コ
ガラス製小玉	7コ
陶製長頸壺	2コ
陶製脚付盌	2コ
陶製蓋	24コ
陶製深盌	10コ
陶製高坏	50コ
計	106点

9　1958년 4월 16일 반환.

번역 **일본 정부로부터 대한민국 정부에 인도할 미술품 목록**

품목	수량
금귀고리	2개
일부 손상된 철로 만든 칼	5개
일부 손상된 철 그릇	1세트
은반지	2개
옥 장식	1개
유리로 만든 작은 옥 장식	7개
도기로 만든 경대	2개
도기로 만든 다리 달린 그릇	2개
도기로 만든 덮개	24개
도기로 만든 속 깊은 그릇	10개
도기로 만든 높은 잔	50개
계	106점

46. 일본이 반환한 한국 문화재 목록 송부 공문

0153 한일대 제664호

단기 4291년 4월 17일

주일 대사[관인]

외무부 장관 각하

아국 문화재 목록 송부에 관한 건

수제지건 일본 정부가 대한민국 정부에 인도할 아국 문화재에 관하여 단기 4291년 4월 16일 가포장한 106점의 문화재 및 동 목록을 검수하고 별첨과 여히 영수증을 교부하였사오며 489점의 문화재 목록도 받았으므로 이에 동 사본을 작성하여 송부하오니 사수하시기 바라나이다.

0154 추이: 동 문화재 목록의 원본은 별도 경무대로 송치하였사옵고, 106점을 받았다는 사실과 489점의 목록을 받은 사실에 대하여는 계속 엄비에 붙여주시기를 앙망하나이다.

별첨

46-1. 일본이 한국에 반환한 문화재 인수증[10]

0152 Tokyo, April 16, 1958

This is to acknowledge the receipt of 106 (one hundred six) articles of Korean art objects as shown in the attached list which were turned over to the Republic of Korea by the Government of Japan.

Pil Shik Chin

First Secretary

Mr. Nagatake Asano

Chief

Tokyo National Museum of Japan

Tokyo

번역 1958년 4월 16일, 도쿄

일본 정부가 대한민국에 인도한 별지 목록과 같은 한국 미술품 106점(1백 6점)의 수령을 확인하는 바입니다.

진필식 1등서기관

일본국립도쿄박물관 나가타케 아사노 관장

도쿄

---

10 편집자가 편철 순서를 바꾸었다.

46-2. 일본국 정부가 대한민국 정부에 인도한 미술품 목록[11]

0155 日本國政府より大韓民國政府に引渡す美術品目録

品目	数量
金製耳飾	2コ
鉄製刀子残欠	5コ
鉄器残欠	1括
銀製鐶	2コ
碧玉製管玉	1コ
ガラス製小玉	7コ
陶製長頸壺	2コ
陶製脚付盌	2コ
陶製蓋	24コ
陶製深盌	10コ
陶製高坏	50コ
0156 陶製深盌	10コ
陶製高坏	50コ
計	一〇六点

備考 本美出品は東京國立博物館が保管し大韓民國慶尚南道昌寧郡昌寧面校洄出土のものである

번역 비고: 본 미술품은 도쿄국립박물관이 보관한 대한민국 경상남도 창녕군 창녕면 교동에서 출토된 것들이다.

11 45번 문서와 동일.

46-3. 한국 출토 미술품 목록[12]

0157 韓國出土美出品リスト

(東京國立博物館所藏)

	品目	数量
	冠金銅製	一
	冠白樺製	一
	麻布残片	一括
	沓金銅製	二
	帯金具 銀製	一具
	同 銀製	一具
	腰佩銀製	一組
	同 銀製	一
	同 銀製	一
0158	同 銀製	一具
	釧金製	二
	同 銀製	二
	同 玉製	一
	同 玉製	一
	耳飾 金製	二
	耳飾 金製	二
	指輪 銀製	一括
	頸飾	一連
	銀空玉	一七
	金空玉	二四

12 주일 한국대표부에서 기재한 것으로 보인다.

	品目	数量
	金空玉	二
0159	勾玉 硬玉製	一
	丸玉 ガラス製	七六
	同 ガラス製	三八
	小玉ガラス製	一〇
	歩揺残片金銅製	一括
	耳飾残片金銅製	二
	丸玉ガラス製	九一
	勾玉硬玉製	一
	同 硬玉製	一
	同 ガラス製	一
	小玉ガラス製	一四
	薏苡玉残片	一括
0160	革 残片	一括
	小雲珠金銅製	一三
	同 金銅製	一括
	同 金銅製	一括
	杏葉鉄地金銅張	一
	同	一
	同	一
	同 金銅薄板製	一括
	銙 銀製	四
	鉸具銀製	一
	鉈尾銀製	一
	鉸具金銅製	一
[번호 없음]	銙 鉄地銀張	一括
	銀 鐶	五

	銀装具	一
	鍍銀装具 残片	一括
	鉸具金銅製	一
	同 金銅製	一
	帯金具金銅製	一
	鉸具鉄製	二
	同 鉄製	一
	輪鐙 鉄製	二
	轡 残欠鉄製	一
	鞍橋 残欠金銅製	一
0160[10]	鉄鏃	六
	同	二括
	円頭太刀 残欠	一
	環頭太刀	一
	金銀装刀子 残欠	一
	刀子 木柄	一
	同 鉄身木柄	一
	同 同	一
	同 鉄身木柄	一三
	矛身鉄製	一
0161	鉄器	二
	鉄器 残片	一括
	馬鐸銅製	一
	釜 鉄製	一
	脚付坩陶製	一
	坩 残欠陶製	一

13 번호가 위에 0160이 있는데 다시 0160으로 찍혀있다.

	坩 陶製	二
	脚付坩陶製	二
	坩 陶製	一
	坩陶製蓋付	二
	脚付坩陶製蓋付	二
	台 陶製	四
0162	脚付盌 陶製蓋付	三
	蓋付坏 陶製	四三
	盌 赤素焼製 蓋付	一〇
	甕 赤素焼製 蓋付	一
	脚付盌 赤素焼製蓋付	八
	刀子 鉄身木柄	四
	木材 残庁	一括
	礫石	一
	歯	一包
	鉄器 残片	五
	鉄鏃 残欠	一
	鉄釘 残欠	二
0163	鋏 残欠 鉄製	一
	木桿 残片	二括
	貝殼残欠	二
	ガラス残片	一括
	鉄釘残欠	一
	蛇行状鉄器	一
	計	四八九

번역

한국 출토 미술품 목록

(도쿄국립박물관 소장)

품목	수량
금동제 관	1
자작나무제 관	1
삼베 천 조각	한 세트
금동제 신발	2
은제 허리띠 부품	1구
〃	1구
은제 허리띠	한 묶음
〃	1
〃	1
〃	1구
금팔찌	2
은팔찌	2
옥팔찌	1
〃	1
금귀고리	2
금귀고리	2
은반지	한 세트
목 장식	한 줄
은과 옥으로 만든 장신구	17
금과 옥으로 만든 장신구	24
금과 옥으로 만든 장신구	2
단단한 옥으로 만든 장신구	1
유리로 만든 둥근 옥	76

〃	38
유리로 만든 작은 옥	10
금동제 머리에 꽂는 장식 (걸으면 흔들리는 장식)	1세트
금동 귀고리 조각	2
유리로 만든 둥근 옥	91
단단한 옥으로 만든 옥 장신구	1
단단한 옥으로 만든 옥 장신구	1
유리로 만든 옥 장신구	1
유리로 만든 옥 장신구	14
풀 모양 옥 조각	1세트
가죽 조각	1세트
금동제 구름 모양 장신구	13
〃	1세트
〃	1세트
철과 지금, 동으로 만든 은행잎 장신구	1
〃	1
〃	1
얇은 금동으로 만든 은행잎 장신구	1세트
은제 허리띠	4
은제 가위	1
은제 주전자	1
금동제 허리띠 장식	1
철과 지은으로 만든 허리띠	1세트
은 고리	5
은 장신구	1
은 도금 장신구 조각	1세트
금동제 가위	1

금동제 가위	1
금동제 허리띠 부속품	4
철제 가위	2
〃	1
철제 마차 바퀴 등	2
철제 재갈 조각	1
금동제 말 안장 골격 부분	1
화살촉	6
〃	2세트
원형 머리의 긴 칼	1
고리형 머리의 긴 칼	1
금은 장식 단도 조각	1
철제 나무 자루 단도	1
나무 자루 단도	1
〃	1
〃	1
〃	13
철제 창	1
철 그릇	2
철 그릇 조각	1세트
말에 매다는 철제 방울	1
철 가마솥	1
도기로 된 다리 달린 단지	1
도기로 된 단지 조각	1
도기 단지	2
다리 달린 도기 단지	2
도기 단지	1

뚜껑이 있는 도기 단지	2
도기 받침대	4
다리가 달리고 뚜껑이 있는 도기 주발	3
뚜껑이 있는 높이가 있는 잔	43
뚜껑이 달린 붉은색 도기 주발	10
뚜껑이 있는 붉은색 도기 항아리	1
다리가 달리고 뚜껑이 있는 붉은색 주발	8
철제 나무 손잡이 단도	4
목재 조각	1세트
치아	1 포
철제 그릇 조각	5
철 화살촉 조각	1
철정 조각	2
철 집게 조각	1
나무로 만든 방패 조각	2세트
조개껍질 조각	2
유리 조각	1세트
철제 정 조각	1
뱀이 기어가는 형상의 철기	1
계	489

47. 일본에 피탈된 아국 예술품에 관한 검토를 요청하는 공문

[번호 없음] 외정 제1509호

단기 4291년 4월 21일

외무부 장관

문교부 장관 귀하

건명: 일본에게 피탈된 아국 예술품에 관한 건

수제지건 일본이 과거 우리나라에서 탈취하여 간 예술품에 관하여서는 객년 12월 31일 한일 예비교섭 종결에 제하여 조인된 합의사항에 따라 일본 정부는 즉시 이전이 가능한 아국 예술품을 조속한 기일에 반환하기로 되어있음은 이미 귀하도 지실하는 사실로서 그 후 전기 합의사항의 시행을 위하여 한일 실무자 회의에서 여사한 예술품의 반환 문제가 토의되어 방금 그 시행 단계에 있으며 또한 지난 4월 15일에 재개된 한일회담 제4차 회담에서도 계속 이 문제가 의제로서 채택 토의될 것인바 금번 일본 정부는 지난 4월 16일 당부 관할 주일 대표부에 106점의 예술품을 인도하여 오는 동시, 489점의 목록을 교부하여 왔사옵기로 이에 각각 동 목록의 사본을 송부하오니 이에 기재된 예술품의 가치를 검토하시고 앞으로 이 문제에 관한 일본 정부와의 교섭에 있어서의 귀부의 참고 의견을 회보하여 주시기 바라나이다.

별첨: 예술품 목록 사본

48. 문화재 반환 관련 일본 언론 기사 송부 요청 전문

0164 NO. FT-0847

DATE. 0424170[1958. 4. 24]

수신인: 주일 대사 귀하

유피 통신이 전하는 바에 의하면 24일간 일본 도쿄신문은 일본 정부가 한국과 문화재 반환 문제에 관하여 비밀 협정을 체결하였으며 지난 4월 16일 동 문화재의 제1차 인도가 있었음을 보도하였다고 하니 동 원문을 오는 25일 파우치 편에 송부하시기 바랍니다.

장관

49. 도쿄신문 기사 송부 공문

0166 한일대 제710호

단기 4291년 4월 24일

주일 대사[인장]

외무부 장관 각하

도쿄신문 기사 송부의 건

수제지건 FT-047호 전문으로 요청하신 표기 신문 기사를 송부하나이다.

별첨

49-1. 문화재 반환을 다룬 1958년 4월 24일 자 도쿄신문 기사[14]

0165 旧韓国王室の財宝

政府, 返還を密約

漁夫送還と引替え

一部すでに引渡しずみ

政府筋が二十三日明らかにしたところによると, 政府は韓国に抑留されている日本人漁夫の送還と引替えに, 日本が統治中没収にた旧韓国王室の財宝を返還することを約束し, 去る十六日すでに一部を韓国に極秘裏に手渡したといわれる.

社党きょう追及か

この点について外務省では一切口をつぐんで論評をさけているが, 政府筋ではこの密約は岸首相と藤山外相との間に打合せずみで, 韓国側も了承したといわれ, 韓国側がこの財産の引渡しについて公表を望んだのに対し, 政府は選挙に与える影響を考慮し今日まで秘密裏に事を進んでいたといわれる.

旧韓国王室の財宝は日本が統治中, 王室敷地から発掘して日本に運んだものだと韓国側は主張している. 韓国側ではこの財宝は国宝級で四百五十九点に上るといっており, 現在は国立博物館に保存されている.

政府がとった今回の措置は当然日韓全面会議で財産請求権の問題として議論されるもので, 政府がこれを日本人抑留漁夫の送還の取引きとして使ったことについては, 二十四日の参院外務委でも社会党側からその責任を激しく追及されることとなろう.

---

14 49의 첨부물. 신문 기사를 타이핑한 것. 편집자가 편철 순서를 바꾸었다.

文化紹介的なもの

野間国立博物館学芸部長談

私の聞いているところでは昨年十二月末ごろから駐日韓国代表部と外務省の間で，旧総督府時代に韓国から持って来た財産を返還する秘密協定をつくっているということだ. 国立博物館にもその話があったことがある. これらの文化財は韓国文化を日本に紹介するためであり，いわゆる「略奪」ではなかった. しかも美術的な価値より考古学的な価値に重きを置き持ってきたもので，その内容は世界中周知のものばかりである. 文化財としては二流品である. 宮内省と国立博物館に分けて保管してあったが, 宮内庁所管のものは韓国へ返すことになってから逐次「国宝」に繰り入れている.

分料会問題で 対立 日韓会議

第四次日韓全面会議の第三回会合は二十三日午後四時から外務省で開かれたが，議事運営をめぐって意見が対立し，まとまらないまま散会した. この議事運営の対立は日本側が昨年十二月の覚書により全面会議の五議題(①日韓基本関係②財産請求権問題③漁業問題④在日韓国人の国籍および処遇問題⑤船舶問題)と同一の分科委員会を設けることを主張したのに対し，韓国側は船舶問題と財産請求権問題を同一の分料会で討議し，分科会は四つにすることを主張したので生じたものである. 次回は二十五日外務省で開かれる予定.

번역

옛 한국 왕실의 보물

정부, 반환을 밀약

어부 송환과 교환

일부 이미 인도 완료

정부 소식통이 23일 밝힌 바에 따르면, 정부는 한국에 억류된 일본인 어부 송환과 맞바꾸는 조건으로 일본이 통치 기간 중 몰수한 옛 조선 왕실의 보물을 반환하기로 약속하고 지난 16일 이미 일부를 한국에 극비리에 전달한 것으로 알려졌다.

사(회)당 오늘 추궁하는가?

이 점에 대해 외무성에서는 일절 언급을 피하고 있지만, 정부 소식통에 따르면 이 밀약은 기시 총리와 후지야마 외무상 사이에 협의가 이뤄졌고 한국 측도 동의한 것으로 알려졌으며, 한국 측이 이 재산의 인도에 대해 공개를 원한 반면, 정부는 선거에 미치는 영향을 고려해 지금까지 비밀리에 진행해 왔다고 한다.

구 조선 왕실의 보물은 일본이 통치하던 시절 왕실 부지에서 발굴해 일본으로 가져간 것이라고 한국 측은 주장하고 있다. 한국 측에서는 이 보물이 국보급으로, 459점에 달하며 현재 국립박물관에 보존되어 있다고 한다.

정부가 취한 이번 조치는 당연히 한일전면회의에서 재산청구권 문제로 논의될 것이며, 정부가 이를 일본인 억류 어부 송환의 명분으로 삼은 것에 대해서는 24일 참의원 외무위원회에서도 사회당 측으로부터 그 책임을 강하게 추궁당할 것으로 보인다.

문화 소개 성격의 것

노마국립박물관 학예부장 이야기

내가 듣기로는 작년 12월 말경부터 주일 한국대표부와 외무성 사이에 구 총독부 시절 한국에서 가져온 재산을 반환하는 비밀 협정을 만들고 있다고 한다. 국립박물관에도 그런 이야기가 있었던 적이 있다. 이 문화재들은 한국 문화를 일본에 소개하기 위한 것이지 이른바 '약탈'이 아니었다. 게다가 미술적 가치보다 고고학적 가치에 무게를 두고 가져온 것이고, 그 내용은 전 세계에 알려진 것들뿐이다. 문화재로서는 2류품이다. 궁내성과 국립박물관에 나누어 보관되어 있었으나, 궁내청 소관의 것은 한국으로 돌려보내기로 한 후 순차적으로 '국보'로 편입하고 있다.

분과위원회 문제로 대립한 한일회담

제4차 한일전면회의 제3차 회의가 23일 오후 4시부터 외무성에서 열렸으나, 의사일정 운영을 놓고 의견이 대립해 합의에 이르지 못한 채 산회했다. 이번 의사일정 운영의 대립은 일본 측이 지난해 12월 각서에 따라 전체 회의 5개 의제(① 한일 기본관계 ② 재산청구권 문제 ③ 어업 문제 ④ 재일한인 국적 및 처우 문제 ⑤ 선박 문제)와 동일한 분과위원회 설치를 주장한 반면, 한국 측은 선박 문제와 재산청구권 문제를 동일한 분과위원회에서 논의하고 분과위는 4개로 하자고 주장하여 발생한 것이다. 다음 회의는 25일 외무성에서 열릴 예정이다.

별첨

49-3. 아국 예술품 반환협정에 관한 일본 도쿄신문의 보도 내용

0167 4291년 4월 24일

아국 예술품 반환협정에 관한 일본 도쿄신문의 보도 내용

수제지건 지난 4월 24일간 일본 도쿄신문은 "첨부 어부 송환과 교환으로 구 한국 왕실 재보의 반환을 밀약"이라는 제목하에 일본 정부 소식통을 인용하면서 일본 정부가 억류 어부의 송환을 교환 조건으로 일본 소유의 구 한국 황실 재보를 반환할 것을 밀약하고 이미 16일에 그 일부를 한국 측에 극비리에 인도하였다고 보도하고 이어 한국 측은 이 협정의 공표를 희망하고 있는 데 반하여 일본 정부는 오는 총선거에 미칠 영향을 우려하여 이제까지 비밀을 지켜왔다고 지적하고 또한 한국 측이 반환을 주장하고 있는 구 한국 황실 재산은 459점에 달하고 있으며 이는 현재 일본 국립박물관이 보존하고 있다고 보도함.

특히 일본 국립박물관장의 담화라 하여 인용한 바에 의하면 여사한 한국 재보는 현재 궁내성(宮內省)과 국립박물관이 나누어 보존하고 있으나 궁내청 소관의 것은 한국에 이것을 반환하기로 되면서부터 점차 '국보' 속으로 편입되고 있다 함.

50. 일본에 피탈된 아국 예술품에 관한 검토 요청 회신 공문

0168 문화 제2224호

문교부 장관[관인]

외무부 장관 귀하

일본에 피탈된 아국 예술품에 관한 건

대(외정 제1509호 4291년 4월 25일)

대호로 조회한 피탈 문화재 목록의 489점에 대하여 조사 검토한 결과 본 유물은 그 전부가 경남 양산 북정리(北亭里) 부부총(夫婦塚)에서 발굴된 것으로서 학술 연구상 중요하고 또 저명한 유물이옵기로 이에 회보하나이다.

51. 제4차 한일회담 문화재 반환 협상을 위한 기본 원칙이 담긴 문서[15]

0171

May 21, 1958

Oechung 1851

To. Chief of Korean Delegation

GUIDING PRINCIPLES FOR NEGOTIATIONS AT THE FOURTH KOREA-JAPAN CONFERENCE

Sub-Committee on Korea Claims.

1. Agenda Priority: It is considered that agenda items at this sub-committee are divided into two parts: a) return of Korean art objects; and b) other claims. That is why our side originally proposed to set up a sub-committee on Korea art objects. "Other claims" should be discussed after a satisfactory settlement of "return of Korean art objects", because the latter question has been already taken up for settlement since the days of the preliminary talks.

2. Initial move on return of art objects; In discussion of return of Korean art objects, the following principles should be observed:

1) At the opening of the first session of the sub-committee, request the Japanese side to present to our side a full list of Korean art objects, which it is ready to return to us, in addition to those 106 and 489 objects. It is the

---

15 대표단에 보내는 훈령.

Japanese side that should first declare what Korean art objects it is possessed of. Never hand our list of Korean art objects in Japanese possession before we (Government) confirm that the Japanese side has presented a final and last list of the objects which it is prepared to deliver to us.

0172 2) Our negotiators' move at next stage will be instructed later. But our negotiator are confidentially informed that after the foregoing negotiation has been done, we will present our list of these objects which are not included in the Japanese list. Even in that case, we will not hand to the Japanese the list of whole objects that we prepared.

3. Search by delegates on art objects: Our delegates, especially expert on art objects, should make constant efforts to study our list of art objects in Japanese possession, inquiring into, value of objects, year of production, when and how they were taken away from Korea, etc., and report from time to time to the Government.

4. Art objects privately owned. Our negotiator should bear in mind that the Government intends to pursue not only those Korean art objects in the Japanese government possession but also ones privately owned by Japanese nationals or organizations.

5. Definition of Korean art objects: The meaning of Korea art objects has been already defined in the previous instructions to the Mission PS/9.

번역

1958년 5월 21일

외정 1851

수신인: 한국 수석대표

4차 한일회담에서의 협상을 위한 기본 원칙

한국 청구권에 관한 소위원회

1. 의제의 우선순위: 이 소위원회의 안건은 a) 한국 예술품 반환, b) 기타 청구권의 두 부분으로 나뉩니다. 이것이 당초 우리가 한국 예술품에 관한 소위원회를 설치하자고 제안한 이유입니다. 예술품은 예비교섭 당시부터 해결하기 위해 논의해 온 문제이기 때문에 '한국 예술품 반환'을 만족스럽게 달성한 후에 '기타 청구권'을 논의해야 합니다.

2. 예술품 반환에 대한 선제적 움직임: 한국 예술품 반환을 논의할 때 다음과 같은 원칙을 견지해야 합니다.

1) 소위원회 첫 번째 회의가 열리면 106점 및 489점 외에 일본이 반환할 준비가 되어있는 모든 한국 예술품의 목록을 우리 측에 제시할 것을 일본에 요청하십시오. 어떠한 한국 예술품을 소유하고 있는지 먼저 알려야 하는 쪽은 일본입니다. 우리가(정부가) 일본이 반환할 준비가 된 예술품의 최종 목록을 제시했다고 확인하기 전에는 절대로 일본이 소유 중인 한국 예술품에 대해 우리가 작성한 목록을 전달하지 마십시오.

2) 다음 단계에서 우리 측 교섭자들이 취할 행동은 추후 지시하겠습니다. 하지만 앞서 말한 협상이 이루어진 후에 일본 목록에 포함되지 않았으나 우리가 작성한 목록에 포함되어 있는 예술품 목록을 제시할 것이라고 교섭자들에게 비밀리에 통보한 상태입니다. 이 경우에도 우리가 작성한 전체 예술품 목록은 전달하지 않을 예정입니다.

3. 예술품에 대한 대표단의 연구: 우리 대표단, 특히 예술품 전문가들은 예술품의 가치, 생산 연도, 한국으로부터의 반출 시기와 방식 등을 조사하며 우리가 작성한 일본

이 소유하고 있는 예술품 목록을 꾸준히 연구하고 이따금씩 정부에 보고해야 합니다.

4. 개인이 소유 중인 예술품: 교섭자들은 우리 정부가 일본 정부가 소유하고 있는 한국 예술품뿐만이 아니라 일본 국민이나 기관이 개인적으로 소유 중인 예술품까지 반환받으려 한다는 사실을 유념해야 합니다.

5. 한국 예술품의 정의: 한국 예술품의 정의는 이미 주일 한국대표부에 전달한 훈령 PS/9에 명시되어 있습니다.

52. 한국 문화재의 반환과 관련된 1905년 한국 문화재 일본 반출 과정이 정리된 문서[16]

0173 DRAFT

June 14, 1958

MEMORANDUM

SUBJECT: The Year of 1905 (in connection with return of Korean art objects)

As for the return of the Korean art objects, which is now subject for discussion at the Korea-Japan overall talks (at Sub-committee on Korean Claims), the position of our Government is that the Japanese Government should turn over to us all those art objects taken away from Korea since 1905. However, our delegation does not seem to understand clearly why the year of 1905 should specifically be designated as marking the range of time for return of the removed art objects. Our position is based on the following consideration.

In a series of aggressive designs in modern times, Japan early had an eye to occupation of Korea. The outcome of the Sino-Japanese and Russo-Japanese Wars served to further this Japanese ambition. Immediately after the outbreak of the Russo-Japanese war in February 1904, the Japanese came upon Korea for free utilization of strategic points in Korea, by concluding the Korea-Japan Protocol. On August 22, the same year, Japan forced upon Korea the
0174 First Korea-Japan Agreement, which provided for dispatching to the Imperial

16 외무부가 대통령실에 보고하기 위해 작성한 문서.

Korean Government of Japanese advisors on diplomatic and financial affairs. The conducting of national affairs in Korea was thus placed under the constant surveillance of those Japanese "advisors".

When the Russo-Japanese War came to an end with Japan's "special interests" over Korea being recognized at the Portsmouth Peace Conference, the Japanese soon set to engulfing Korea. The Machiavellian Prince Ito, then the moving power in the Japanese Government, forced with intimidation the Royal Korean Government into signing on November 17, 1905 the Second Korea-Japan Agreement (so-called Five-Article Treaty), which made Korea a protectorate of Japan. A Resident General was dispatched to Korea in the person of Ito. Japan virtually seized actual control of Korea. The Japanese were able to do anything they wanted to. It was rather easy for them to take away national treasures from Korea.

During the transitory period from 1905 to 1910, the Japanese consolidated their grip on Korea through a series of imperialistic policies and intimidations, which culminated in the signing of the Annexation Treaty on August 22, 1910. The history of Japanese occupation of Korea, therefore, should be recorded from the year of 1905.

In 1906, when Viscount Tanaka was sent to Korea by the Japanese Emperor to attend the wedding ceremony of the Korean Crown Prince, he asked the
0175 Korean King to give the beautiful and ancient Pagoda of Pungdok as a present. Being turned down indignantly by the King, Tanaka sent a company of armed Japanese soldiers to dismantle the Pagoda, and shipped it to Japan. It was an illustrating manner in which the Japanese rooted recklessly national treasures from Korea, even before the annexation of Korea in 1910. Since 1905, Korean national treasures were taken away to Japan in large quantity by the marauding Japanese. The range of time for return of the removed Korean art objects should be set from the year of 1905.

번역 초안

1958년 6월 14일

메모랜덤

제목: 1905년(한국 예술품 반환 관련)

(한국 청구권에 관한 소위원회에서) 현재 한일전면회담의 논의 주제인 한국 예술품 반환과 관련하여 우리 정부의 입장은 일본 정부가 1905년 이후 한국에서 가져간 모든 예술품을 한국에 반환해야 한다는 것입니다. 그러나 우리 대표단은 예술품 반환 대상의 탈취 시기로서 1905년을 지정한 이유를 명확하게 이해하지 못한 것 같습니다. 다음과 같은 내용을 고려하여 세운 기준입니다.

현대에 발생한 일련의 공격 계획 중에서 일본은 일찍이 한국을 지배하는 데 관심을 두었습니다. 중일전쟁과 러일전쟁의 결과로 일본의 이러한 야망이 더욱 강해졌습니다. 1904년 러일전쟁 발발 직후 일본은 한일의정서를 체결함으로써 한국의 요충지를 자유롭게 활용하기 위해 한국에 왔습니다. 같은 해 8월 22일 일본은 한국이 강압적으로 제1차 한일협정을 체결하게 했습니다. 이 협정에 따라 외교 및 재무 분야에 대해 일본이 대한제국 정부에 자문관을 파견했고, 이로써 한국 국정이 일본 '자문관'들의 지속적인 감시하에 놓이게 되었습니다.

포츠머스평화회의에서 한국에 대한 일본의 '특수 이익'이 인정되면서 러일전쟁이 종료되었을 때 일본은 한국을 지배할 준비를 마쳤습니다. 당시 일본 정부의 실세였던 권모술수에 능한 이토 히로부미는 1905년 11월 17일 대한제국 정부를 위협하여 한국을 일본의 보호국으로 만든 제2차 한일협정(소위 '을사5조약')을 체결하게 했습니다. 이토 히로부미가 통감으로서 한국에 파견되었고, 일본이 사실상 한국을 실효적으로 지배했습니다. 일본은 원하는 무엇이든 할 수 있었고, 한국의 국보를 피탈하는 것은 쉬운 일이었습니다.

과도기였던 1905년에서 1910년까지 일본은 일련의 제국주의적 정책과 협박으로 한국에 대한 통제를 공고히 했고, 1910년 8월 22일 병합조약을 체결하기에 이르렀습니다. 따라서 일본의 한국 지배 역사는 1905년부터 기록되어야 합니다.

1906년 일본 황제가 한국 왕세자의 결혼식에 참석하기 위해 다나카 자작을 한국으로 보냈을 때 그는 한국 왕에게 풍덕의 아름다운 고대 석탑을 선물로 달라고 요구했습니다. 왕이 분개하며 거부하자 다나카는 무장한 일본 군인들을 보내 석탑을 해체하고 일본으로 실어갔습니다. 일본이 1910년 한일병합 이전에도 어떠한 방식으로 한국의 국보들을 마구 약탈했는지 보여주는 일화입니다. 1905년부터 약탈할 대상을 찾아 돌아다니는 일본인들이 한국의 국보들이 대량으로 일본에 반출했습니다. 반환해야 할 한국 예술품의 탈취 시기는 1905년부터로 설정해야 합니다.

53. 1905년의 월일에 대한 청훈 전문

0176 NO. MT-080

DATE. 251700

TO. FOREIGN MINISTER

REFERENCE IS MADE TO ITEM TWO OF MY CABLE NUMBER MT-072 OF FIFTH JUNE 1958.

IN CONNECTION WITH THE RANGE OF TIME OF REMOVAL REGARDING KOREAN ART OBJECTS, GOVERNMENT'S INSTRUCTIONS ON THE DATE AND MONTH IN THE YEAR OF QUOTE ONE NINE ZERO FIVE UNQUOTE WOULD BE HIGHLY APPRECIATED.

AMBASSADOR KIM

번역 번호: MT-080

일자: 251700[1958. 6. 25]

수신인: 외무부 장관

1958년 6월 5일 자 전보 MT-072 두 번째 항목에 대한 내용입니다.

한국 예술품의 탈취 시기와 관련하여 설정할 1905년의 월일에 대한 정부의 지시를 내려주시면 감사하겠습니다.

김 대사

54. 대표부 청훈에 대한 답신 전문

0177 NO. ST-910664

DATE. 261700

SENT TO: AMBASSADOR YU TAIK KIM TOKYO

WITH REGARD TO YOUR CABLE MT 080 CMA PLEASE REFER TO FORMIN NOTE WOIJUNG NO 2436 SENT BY TODAYS POUCH PD

FOREIGN MINISTER

번역 번호: ST-910664

일자: 261700[1958. 6. 26]

수신인: 김유택 대사, 도쿄

귀하의 전보 MT-080 관련, 금일 행낭 편으로 보낸 외정 제2436호를 참조 바람.

외무부 장관

55. 일본이 반환하여야 할 우리 문화재가 일본에 탈취된 시기에 관한 내용이 담긴 공문

0178 외정 제2436호

4291년 6월 23일

외무부 장관

주일 대사 귀하

건명: 일본에 반환하여야 할 우리 문화재의 일본으로의 탈취 시기에 관한 건

대 6월 25일 자 MT-080호 전보

수제지건에 관하여서는 서기 1905년 이후에 일본인이 우리나라로부터 탈취하여 간 모든 문화재를 반환하여야 한다는 우리 정부의 입장은 이미 지난 2월 10일 자 PS/9호로 귀하에게 통보한 바 있거니와 이 문제에 대하여서는 1905년의 어느 달 어느 날이냐 하는 문제가 중요한 것이 아니라 어찌하여 1905년을 기준으로 하느냐 하는 이유가 중요한 것이므로 이해를 지정한 우리의 입장이 서게 된 경위를 귀하에게 밝히기 위하여 지난번 경무대에 작성 앙달하였던 '메모랜덤' 사본을 이에 송부하오니 참조하시고 우리 정부의 입장을 숙지토록 하시기 바랍니다.

별첨: 위와 같음.

이상

60. 일본 측의 한국 인도 문화재 목록 발표와 관련한 보고 전문

0179 NO. MT-084

DATE. 07041430[1958. 7. 4]

TO. 경무대, 외무부 장관 귀하

금일 통신사로부터 전하는 바에 의하며 일본 외무성은 일백육 점의 반환된 문화재의 목록을 금일 오전 열 시에 일본 국회에서 발표하였는데 발표 내용은 기반 당 대표부가 수리한 바 있는 일백육 점의 문화재 목록과 동일함.

주일 대사

61. 일본 정부가 반환한 106점의 문화재 목록 발표에 관한 내부 재가 문서

0180 단기 4291년 7월 5일

품의

건명: 일본 정부로부터 반환받은 106점의 문화재 목록 발표에 관한 건

수제지건 지난 4월 16일 일본 정부가 우리에게 반환한 106점의 문화재에 관하여서는 그간 일본 측의 요구에 의하여 그 목록 발표를 보류하여 오던 터인바, 일본국 외무성은 지난 7월 4일에 일본 중의원 및 참의원, 양 외무위원회에 동 106점의 문화재 목록을 제출하여 이것이 일본의 보도 기관에 발표되었으므로 우리 정부로서도 이 이상 동 목록 발표를 보류할 필요가 없는 것으로 생각되옵기에 곧 적의한 방법으로서 별첨과 여한 106점 문화재 목록을 발표함이 어떠하올지 이에 고재[결재]를 바라나이다.

별첨

61-1. 일본 정부가 대한민국 정부에 반환한 문화재 목록

0181 **일본국 정부에서 대한민국 정부에 반환한 문화재 목록**

품목	수량
금제이식(金製耳飾)	2개
철제도자잔결(鐵製刀子殘欠)	5개
철기잔결(鐵器殘欠)	1세트(括)
은제환(銀製鐶)	2개
벽옥제관옥(碧玉制管玉)	1개
초자제소옥(硝子製小玉)	7개
도제장경호(陶製長頸壺)	2개
도제각부완(陶製脚付盌)	2개
도제개(陶製蓋)	24개
0182 도제심완(陶製深盌)	10개
도제고배(陶製高坏)	50개
계	106점

비고: 본 문화재는 일본국 도쿄국립박물관이 보관하고 있었던 대한민국 경상남도 창녕군 창녕면 교동 출토의 것임.

61-2. 일본 정부가 대한민국 정부에 반환한 문화재 목록(일본어본)[17]

0183 日本國政府より大韓民國政府に引渡す

美出品目録

品目	数量
金製耳飾	二コ
鉄製刀子供残欠	五コ
鉄器残欠	一括
銀製鐶	二コ
碧玉製菅玉	一コ
ガラス製小玉	七コ
陶製長頸壺	二コ
陶製脚付盌	二コ
陶製蓋	二四コ
0184 陶製深盌	一〇コ
陶製高坏	五〇コ
計	一〇六点

備考 本美出品は東京國立博物館が保管し大韓民國慶尚南道昌寧郡昌寧面校洞出土ものである.

17 45번 문서와 동일.

64. 1958년 7월 7일 자 황수영 전문위원의 조사 보고문

0195 단기 4291년 7월 7일

한일회담 수석대표 임병직 귀하

전문위원 황수영

조사 보고에 관한 건

아래 3건에 대한 조사 보고를 제출하나이다.

기

1. 제1차로 반환된 문화재 106점의 평가에 대하여
1. 대일 청구 한국 문화재 목록 검토의 건
1. 도쿄국립박물관 소장 우리 문화재의 종별 수량에 관하여

(이상)

0196 제1차로 반환된 문화재 106점의 평가에 대하여

지난 4월 16일 일본 측으로부터 반환된 문화재 106점에 대하여 다음과 같이 평가하나이다.

1. 고고 자료로서의 평가:

106점은 모두가 우리나라 삼국시대에 속하는 고분 1기(창녕군 교동 소재)로부터 1918년 소위 조선총독부에 의하여 발굴된 유물의 총량이온바 그 종류와 수량에서 판정하여 동대(同代) 고분 중에서도 소규모의 것이오며 출토된 유물의 자료 가치도 크다

고는 할 수 없나이다. 다만 창녕군에 소재하던 고분 수백 기가 일제 시 전부 도굴되었고 그 발굴 유물 중 중요한 것이 모조리 일인 수중에 들어가 산일된 현상에 비추어 이 지방에서 출토된 확실한 고고자료라는 점에서 또 다행히 그에 관한 보고서도 있으므
0197 로써 그 학적 자료로서의 가치가 인정되는 바입니다. 이러한 의미에서 일괄 유물의 반환은 우리 고문화 연구에 있어서 귀중한 자료를 확보케 하였다고 할 수 있나이다.

2. 금전 평가에 대하여:

고고자료로서의 가치는 그 출토지가 명백하고 조사 기록이 정확할 때에 비로소 부여되는 것이온바 이 같은 자료 가치를 떠나 분리된 개체로서 평가할 때에는 가치의 저하를 초래하나이다. 다만 이것을 무리하게 개개로 분리하여 현재 일본에서 동 종류의 우리 문화재에 대한 시가를 참고삼아 추산한다면 유일의 귀중품이라 할 수 있는 금제이환(金製耳環) 1쌍(2개)은 일화로 7만 엔 내지 10만 엔 정도이오며 철제도자잔결(鐵製刀子殘欠), 철기잔결(鐵器殘欠), 은제환(銀製環), 벽옥제관옥(碧玉製管玉), 소자소옥
0198 (硝子小玉) 등등은 거의 환가의 대상물이 되지 않사오며 도기 토기류에 있어서는 대형의 도제장경호(陶製長頸壺) 2개가 각각 일화 2만 엔 내외의 평가를 받을 수 있을 것이오며 기타의 완(盌), 배(坏), 개(蓋)류 등은 1개에 대하여 일화 수백 엔으로부터 최고 수천 엔 정도입니다. 따라서 106점 전부의 금전 평가는 현재 일본 도쿄에서 매매되고 있는 고려자기 우량품 1개의 시가 20만 엔 내지 30만 엔과 차등(此等)할 것으로 추정하나이다.

〔부기 1〕 106점에 대한 기록과 사진은 「대정 7년도 고적 조사 보고」(조선총독부 간행) 중에 기재되어 있음(이 책은 국립박물관에 있습니다).

〔부기 2〕 일제 시 창녕군 고분(추정 왕릉)에서 도굴되어 일인에 의하여 비밀리에 일본으로 운반되어 일제 시에 국보 또는 중요미술품으로 지정된 것은 다음과 같습니다.

0199 ◉ 국보

금동투조보관(金銅透彫寶冠) 1

금동익상관식(金銅翼狀冠飾) 1

금동심엽형수식이환(金銅心葉形垂飾耳環) 1

금동노당(金銅臑當) 1

→ 경남 창녕 고분 출토 일본 치바(千葉)현 오구라 다케노스케(小倉武之助) 소장

금천(金釧) 1

금동투조식리(金銅透彫飾履) 1

금은장환두대도병(金銀裝環頭大刀柄) 1

초두(鐎斗) 1

● 중요미술품

조형와기(鳥形瓦器)

마형와기(馬形瓦器)

→ 전칭(傳稱) 창녕 고분 출토 일본 치바현 오구라 다케노스케 소장

차륜부쌍구와기(車輪付雙口瓦器)

0200 **대일 청구 한국 문화재 목록 검토의 건**

정부 작성의 우리 문화재 목록은 1945년 이전의 문서 또는 간행물과 같은 문헌자료를 주요한 근거로 하여 재일본 문화재 전반에 대하여 작성된 만큼 자료적 성격을 띤 이 목록은 수정 정비되어야 하겠사온바 그 이유는 대략 다음과 같습니다.

(1) 석조물 이외는 모두가 이동성이 많은 유형문화재이므로 제2차세계대전 중 전재에 의한 약간의 손실은 제외한다 하더라도 해방 후 일본의 경제적 문화적 혼란기에 있어서 그 소재지와 소유자의 변동이 격심하나이다. 이 같은 현상은 특히 개인 소장품이 있어 현저하나이다.

(2) 대일 문화재 청구에 있어서 일본에 의한 우리 문화재의 반출 기간을 '서기
0201 1905년 이후'로 한정하였기 때문에 그 이전에 있어서 주로 임진왜란을 계기로 약탈되었다고 추정되는 문화재는 청구 대상에서 제외하여야 하므로 그 취사선택의 필요가 있나이다. 이것은 특히 전적 부문에 있어서 방심(尨甚)[매우 난잡]하나이다.

(3) 목록 작성 당시 자료의 미비로서 누락된 우리 문화재로서 새로이 조사된 것 또

는 앞으로 판명될 상당량의 문화재가 있나이다.

상기와 같은 이유에 의하여 문화재 목록의 정비를 위한 자료 수집에 노력하고 있사온바 문화재의 범위가 넓고 그 종류가 많사오며 그중 미술품만을 들어보더라도 각 부문별로 분류할 수 있어 모두가 전문적 지식과 판단을 요하는 것뿐이므로 단독으로 단
0202 시일 내에 문화재 총목록의 완비를 기하기는 곤란할 것으로 짐작하나이다. 더욱이 우리 문화재가 도쿄, 교토와 같은 집중 지대 이외에 일본 전국에 분산되어 있는 만큼 그 집대성을 위하여서는 상당한 기간과 인원이 있어야 할 것입니다. 특히 이곳에서 주목되는 바는 개인 수장품 중에 가장 귀중한 문화재가 집중되고 있는 사실입니다. 미술품 중 고려자기나 이조 도자에 있어서는 더욱 이 같은 사실이 현저하온바 최근 일인 전문가의 추산에 의하면 일제 시 일본에 건너간 고려자기는 수만 점에 달한다고 하였사오며 일인 오구라 다케노스케 소장품의 신목록(1954년에 3개월의 시일을 요하여 작성된 귀중한 자료인바 이것은 우리 대표부에서 입수한 것을 최근 조사할 수 있었음)에 의하면 총점
0203 수 약 1,000점에 달하는바 그중에는 국보급 유물이 다수 포함되어 있나이다. 다만 이 같은 개인 소장품은 실물 조사와 평가에 있어서 더욱 곤란을 느끼는 바입니다.

상기한 바와 같이 이미 작성된 우리 문화재 목록을 중심으로 하여 급속한 정리와 조사의 만전을 기하기 위하여 전적과 개인 소장품을 전담 조사할 전문위원 각 1인을 보강하여 주시옵기 건의하나이다. 본 위원은 전적에 관하여서는 충분한 지식을 구비하지 못하오며 따라서 이 방면의 조사 검토는 거의 진행을 보지 못하고 있사오며 또 양과 질에 있어서 우리 문화재의 가장 중요한 부분을 차지하는 개인 소장의 미술품에 대한 조사와 평가에 있어서도 전담할 위원을 필요로 하나이다. 앞으로 문화재 목록 중 수정을 요하는 점에 대하여서는 항목을 따라 보고하겠습니다.

(이상)

0204

도쿄국립박물관 소장 우리 문화재의 종별 수량에 관하여

정부 작성의 대일 청구 한국 문화재 목록(미술품) 1, 2에 각각 수록되어 있는 일본 도쿄국립박물관 소장품 목록은 일제 시에 간행된 연도별 박물관 연보와 기타 자료에

의하여 집성한 것이온바 도쿄에서 새로이 입수 조사한 동관의 신목록(도쿄국립박물관 80주년(1952년 기념 출판임)에 의하면 현재 동관이 수장하고 있는 우리 문화재의 종류별 수량은 아래와 같습니다. 따라서 우리 목록 중 해당 부분은 이 신목록에 의거하여 정리되어야 하겠습니다. 이 신목록 중에는 일본이 제1차로 반환한 106점과 2차 목록
0205 으로 제출한 489점의 목록도 포함되어 있사온바 오직 이 양 건에 대하여서만은 그 밑에 각각 '조선총독부 기증'이라고 기록되어 있나이다.

도쿄국립박물관 소장의 우리 문화재의 종별 수량

고고자료 3,038점

토속품 1,177점

금공품 797점

〔종교(26) 복식(182) 경(鏡)(156) 식기 기타(94) 화폐(323) 잡(雜)(16)〕

도자기 386점

초자기류(硝子器類) 26점

옥석류 32점

칠공품 39점

염직품 8점

0206 회화 24점

서적 59점

조각 31점

총계 5,617점

『도쿄국립박물관 수장품 목록』 전 3책에 의하여 분류 계수하였음.

(이상)

66. 1958년 7월 10일 자 황수영 전문위원의 조사 보고문

0208 단기 4291년 7월 14일

한일회담 수석대표 임병직 대사 귀하

전문위원 황수영

문화재 489점(양산 고분 발굴품)의 평가에 대하여

일본 측으로부터 제출된 제2차 문화재 목록 489점에 관하여 다음과 같이 보고하나이다.

1. 물품의 성질: 고고자료로서 우리나라 삼국시대 신라 고분 1기로부터 발굴된 유물의 총량이온바 일본이 제1차로 반환한 문화재 106점에 비하여 종류와 수량이 많고 그중에는 학술자료로서 귀중한 장신구가 포함되어 있나이다.

0209 1. 발굴 연대와 원소재지: 1920년 11월 경남 양산군 양산읍 북정리 제10호분

1. 반출 경위: 소위 조선총독부에 의하여 발굴 후 이 유물은 당시의 총독부 박물관에 진열되어 있던바 1938년 3월 31일 일본 도쿄제실박물관에 운반되었고 현재 동관(현칭 도쿄국립박물관)에 보관 중임.

1. 유물의 종류와 고고자료로서의 가치: 고분 내에는 부부로 추정되는 2인의 유해가 매장되어 있었던바(따라서 '부부총'이라 명명되었음) 총계 489점에 달하는 이 고분의 유물을 대별하면 다음과 같습니다.

(1) 장신구: 금동보관(金銅寶冠), 순금이환(純金耳環), 옥제(玉製) 목걸이, 은제지환

(銀製指環), 금은제천(金銀製釧), 은제요대(銀製腰帶) 및 요패(腰佩), 금동리(金銅履)

(2) 부장품: 무기류〔도검창궁야(刀劍槍弓矢)〕, 마구류〔안등(鞍鐙), 교구(鉸具) 등〕,
0210 토기류〔감(坩), 완(盌), 배(坏) 등〕, 철제품, 기타 잡편

고분의 규모와 유물의 종류 품질에서 판정하여 당대 양산 지방 유력자의 분묘로 추정되었는바 신라 고분으로서 발굴 조사된 중 경주의 추정 왕릉을 제외하고는 가장 유물이 풍부하며 조사 기록이 확실한 것이라고 할 수 있나이다. 이에 관하여서는 아래의 보고서도 있음으로서 우리 고문화 연구를 위하여 귀중한 학술자료라 할 수 있으며 일제 시 소위 조선총독부에 의하여 일본으로 반출된 고고자료 중에서는 최대의 것이라 할 수 있나이다.

서명『양산 부부총과 기 유물』본문 1책 도판 1책 1927년 조선총독부 고적조사특별보고 제5책

0211 1. 시가에 대하여

귀중품으로서 중요한 문화재라고 지목할 수 있는 장신구로서 금동보관을 비롯하여 순동이환(純銅耳環), 옥제 목걸이, 金釧(금천)(팔각지), 은요대(銀腰帶), 금동리(金銅履)(신) 등 금공품을 타 품과 분리 평가한다면 일화로서 최고 200만 엔 정도로 추산될 것이오며 부장품인 무기류, 마구류, 토기류 등은 장신구에 비하여 훨씬 저가로 평가될 것입니다. 그 이유로서는 489점 중 상당수를 차지하는 토기류 같은 것은 단가가 이곳에서 매우 저렴한 시세이오며 무기류, 마구류는 연구(年久)한 세월에 부식되어 감상용품이 되지 못하고 고고자료로서의 가치를 보유하고 있을 뿐이므로 환가(換價)는 곤란하나이다.

1. 일본 정부가 제출한 489점의 목록을 정부 작성「피탈 미술품 목록 (1)」,「도쿄국
0212 립박물관 수장품 목록」과 비교 검토한바 상호 부합되어 누락된 것이 없나이다.

(이상)

68. 1958년 7월 21일 자 황수영 전문위원의 문화재 목록 검토 보고서

0214 단기 4291년 7월 21일

한일회담 수석대표 임병직 대사 귀하

한일회담 전문위원 황수영

문화재 목록 검토의 건

정부 작성의 대일 청구 문화재 목록 중 아래 양 건에 관하여는 당지에서 구득한 자료에 의하여 검토되고 있음을 보고하나이다.

기

(1) 도쿄국립박물관 소장 고려자기에 관하여: 상기 박물관에 보관되어 있는 우리 문화재 중 도자기는 총수 386점에 달하는바 그중에는 고려자기의 최우수품으로서 소
0215 위 '헌상품'이라 전하는 916점이 포함되어 있사온바 그 반출 경위는 다음과 같습니다. 1907년 소위 통감으로서 내한 중인 이토 히로부미(伊藤博文)는 당시 개성을 중심으로 일인에 의하여 고려시대 왕후의 능묘로부터 대규모로 도굴 매매되고 있던 고려자기 중 우수한 것을 선택하여 일왕에게 헌상품으로서 송부되었던바 이들은 그 후 당시의 제실박물관(현재의 도쿄국립박물관)에 '하사'되었나이다. 이 같은 사실과 그 목록은 좌기 문헌에 의하여 확인되었사온바 이 고려자기는 청자, 백자를 포함하고 종류와 작품에 있어서 일본의 국립 기관이 보관하는 동 종류의 유품 중 가장 우량한 것입니다.

- 도쿄제실박물관 미술공예부 제2구 소제품 목록(1919년 6월 30일 조사)
- MUSEUM(도쿄국립박물관 미술법) No. 19 1952년 10월호

0216 (2) 오구라 다케노스케 소장품 신목록에 관하여: 우리 문화재를 소장하고 있는 일인 중 양과 질에 있어서 수위를 차지하는 오구라 다케노스케(生存中)의 소장품 목록은 정부 작성의 문화재 목록 (1), (2) 중에 포함되어 있사오나 그 의거한 주요한 자료가 모두 1945년 이전에 작성된 전람회 출품 목록이온바 이곳에서 최근에 작성된 전 목록 2종을 입수하였으므로 상호 검토 중에 있사온바 최신 목록 ②에 의한 종별 수량은 좌기와 같습니다.

① 1953년 조사

1954년 편집 오구라가[家] 가장(家藏) 미술 공예 고고품 목록 1책

② 오구라 컬렉션 목록(1957년 말이나 금년 초 작성한 것으로 추정됨) 1책

오구라 다케노스케 소장품은 1945년 이후 매매 또는 일부 도난에 의한 변동이 다대하였사오며 그중 일본의 중요미술품으로 지정되어 있던 고려자기는 거의 타인에게 매도되었다고 하나이다. 또 그 전 소장품의 보관을 위하여 법인 조직이 승인되었다고 하
0217 는바(금년 4월경) ②의 목록은 그와 같은 수속을 위하여 신규로 작성된 것이라고 함.

• 오구라 다케노스케 소장품 종별(시대별) 수량

1. 선사시대 64점(중국 출토 약간 포함)
2. 낙랑시대 80점
3. 고구려시대 17점
4. 백제시대 27점
5. 임나시대 247점
6. 신라시대 241점
7. 고려시대 139점
8. 이조시대 143점
9. 불상 45점
10. 회화 97점

합계 1,000점

(이상)

70. 황수영 문화재 관계 전문위원 연구 보고 관련 지시 공문

0221 외정 제2990호

단기 4291년 7월　일

외무부 장관

제4차 한일회담 수석대표 임병직 대사 귀하

문화재 관계 전문위원 연구 보고에 관한 건

(대 4291년 7월 7일 자 한일대 제1217호)

(동년 7월 21일 자 한일대 제1375호)

머리의 건 대호 공한으로 제출하신 한일회담 한국청구권위원회에서 사용할 아국 문화재 목록에 대한 전문위원 황수영의 2회에 공한 연구 보고서를 접수로 이를 검토하건대 그간 현지에서 본건 연구를 위하여 노력이 있었음을 인정하는 바이나, 상금 여러 가지 미심한 점이 있으므로 하기 사항을 해명하시는 동시에 금후 하기 요령에 의하여 계속 연구 검토하도록 동 전문위원에게 지시하시기 바라나이다.

기

1. 문화재 반출 시기(始期)의 기점(起點)을 1905년으로 한 결과, 이미 작성된 문화재 목록이 수정되어야 할 부분을 구체적으로 조사 보고할 것.

2. 문화재 중 개인 소장품에 관하여는 따로이 전문가의 파견이 필요한 사유를 명시할 것이며, 아직은 황 위원이 그도 담당할 것이나 이 개인 소장품 조사에 앞서 우선 현 단계에 있어서는 일본 정부 소장품의 조사에 초점을 두고 이것부터 먼저 철저히 조사 파악할 것.

0222 3. 도쿄국립박물관 및 오구라 다케노스케(小倉武之助) 소장 아국 문화재의 list를 구체적으로 작성하여 앞서 본국 정부가 작성한 대일 청구 문화재 목록 중에 포함되어 있는 것, 되어있지 않은 것을 명시하여 본부에서 전기 목록을 수정할 수 있도록 재차 보고할 것.

4. 이미 일본 측으로부터 명단만을 수교받은 489점 문화재에 대하여 시급히 평가 보고할 것.

5. 전적 관계 전문위원의 파견은 현재 고려 중에 있으므로 추후 결정되면 통지하겠음.

이상

담당 과장[인장] 국장[인장] 차관[인장] 장관[대차관 인장] 1958년 7월 28일

71. 황수영 문화재 관계 전문위원 연구 보고서에 따른 목록 수정 요청 공문

0223 외정 제2991호

단기 4291년 7월 일

외무부 장관

문교부 장관 귀하

문화재 관계 전문위원 연구 보고에 관한 건

수제지건 현재 제4차 한일회담 한국청구권위원회에 참석 중에 있는 문화재 관계 전문위원 황수영이 작성한 7월 7일 및 7월 21일 자 보고서 사본 각 1통을 별첨 송부하오니 사수하시와 이를 검토하신 후 귀견이 있으시면 이를 회시하여 주시는 동시에 동 보고서에서 지적되어 있는 바와 같이 문화재 반출 시기(始期)의 기점(起點)을 1905년에 두기로 결정된 결과 또한 도쿄국립박물관 소장 아국 문화재의 추가 발각 및 기타 관계 등으로 말미암아 앞서 작성된 아국 문화재 목록에 수정이 있어야 할 것이므로 이 점을 구체적으로 수정하여 주시기 바랍니다.

추이: 전적 관계 전문위원의 파견을 고려 중에 있사온데 인선에 있어서 귀견이 있으시면 이를 회시하여 주시기 바라나이다.

이상

담당 과장[인장] 국장[인장] 차관[인장] 장관[인장] 1958년 7월 28일

72. 대일 문화재 청구 촉구 지시 공문

0224 외정 제 2992 호

단기 4291년 7월 일

외무부 장관

제4차 한일회담 수석대표 임병직 대사 귀하

대일 문화재 청구 촉구에 관한 건

머리의 건 아국 문화재 106점은 앞서 이를 반환받은 바 있으나 그 명단에 수교가 있은 지 오래되는 489점에 대하여는 상금 이의 현물 실지 반환이 지연되고 있음은 심히 유감으로 생각하는 바이며, 동 489점이 물론 아국이 만족할 만한 점수가 아님은 더 말할 것도 없으니 앞으로 계속하여 일본 측이 가지고 있는 아국 모든 문화재의 목록을 조속히 아 측에 수교하도록 촉구할 것이나 이에 앞서 전기한 489점의 문화재 현물을 일본 측이 즉시 아 측에 반환하도록 최선의 노력을 다하시기 바랍니다.

이상

담당 과장[인장] 국장[인장] 차관[인장] 장관[인장] 1958년 7월 29일

73. 일본인 호시지마 씨가 반환한 문화재 3점에 관해 통보하는 공문

0225 다음과 같은 공문을 발송, 시행함이 어떠하오리까

장관 차관(차관 전결사항) 정무국장[인장] 아주과장[인장] 기안자[인장]

단기 4292년 10월 5일 기안
외정(아) 제2094호
단기 4292년 10월 6일

외무부 장관

문교부 장관 귀하

건명: 일본인 '호시지마' 씨가 반환한 문화재 3점에 관한 건

머리의 건에 관하여 관하 주일 대표부로부터 전 일본 중의원 의장이었던 표기인이 지난 9월 17일 당 대표부에 반환한 문화재 3점의 사진과 이에 대한 한일회담 황수영 전문위원의 보고서를 별첨 사본과 같이 송부하여 왔사오니 사수하시기 바랍니다.

별첨: 1. 문화재 사진 3매
2. 황수영 위원 조사 보고서 사본

별첨

73-1. 일본인 호시지마 씨가 반환한 문화재 3점에 관한 건

0226 한일대(정) 제190호

단기 4292년 10월 1일

주일 대사[인장]

외무부 장관 귀하

건명: 일본인 '호시지마' 씨가 반환한 문화재 3점에 관한 건

(연: 4292년 9월 18일 자, TM-0954호)

머리의 건에 관하여는 앞서 연호 전문으로 보고드린 바 있사온데 동 문화재 3점의 사진과 이에 관한 제4차 한일회담 아 측 대표단 황수영 전문위원의 조사 보고서를 별첨과 여히 송부하나이다.

별첨: 1. 표기문화재 사진(3매 1조)

2. 황수영 전문위원 조사 보고서 사본

73-2. 석조 유물 3점(호시지마 씨 반환품)에 관한 황수영 전문위원 조사 보고서

0227 단기 4292년 9월 30일

제4차 한일회담 전문위원 황수영[인장]

주일 대표부 유태하 대사 귀하

석조 유물 3점(호시지마(星島) 씨 반환품)의 건

표기의 건에 관하여 다음과 같이 조사하였나이다. 이 3점은 모두 일정기에 사지 또는 능묘로부터 반출된 것으로 추정되나이다.

(1) 석사자좌상〔부대좌석(附臺座石)〕 1

신라 통일시대 사자. 좌고 1m 23cm, 대(臺) 좌고 85cm

신라 석조 미술의 우수한 유품으로서 서기 800년경의 거품(巨品)인바 원래는 자웅(雌雄)의 배치가 있을 것으로 추정됨. 4족을 앞에 모으고 정면한 좌세(座勢)를 하였는
0228 데 두 발과 영락경환(瓔珞頸環)을 모각하였으며 개구(開口)한 안모(顔貌) 등이 사실적인 수법을 보이는 동시에 원상(圓像)의 체구에는 양감이 뚜렷하여 웅위한 작풍을 표현하고 있음. 방형(方形)의 대좌(臺座) 또한 매우 우수한 작품으로서 4면에는 주락(奏樂) 또는 공양의 천부좌상(天部座像)을 각 1구씩 양각하였는데 연화좌상(蓮花座像)에 부좌(趺坐) 또는 궤좌(跪坐)한 자태는 그 천의(天衣)와 더불어 매우 자유스러운 조법(彫法)을 보이며 체구와 그 장엄도 섬세 유려하여 신라성기(新羅盛期)의 우품(優品)으로 추정됨. 보존 상태도 양호한데 차종(此種) 유품으로서는 전남 구례 화엄사 사자석탑(국보 151호) 기단부의 사자상과 동 천부상(天部像)을 들 수 있는바 형태, 대소, 연대에 있어서 서로 비견될 수 있음.

(2) 팔각석주 1

이조시대. 고(高) 1m 60cm

0229 원래 한 쌍을 이루고 능묘 앞에 배치되었던 것인바 상부에는 당초문대(唐草文帶)를 조각하였으며 정상은 운문(雲文) 받침과 보주형(寶珠形)을 이루고 있음. 간주(竿柱)에는 배부림[배흘림]의 수법이 있고 조법(彫法)은 다소 둔후(鈍厚)하나 차종(此種) 유품으로서는 가작에 속함.

(3) 대좌석(臺座石) 1

이조시대. 고(高) 53cm

1석으로 제작된바 방형(方形) 지대상(地臺上)에 면상(眼象)을 새긴 사족대상(四足臺床)을 묘(模)하였고 상대(上臺)와의 중간에는 간주(間柱)를 넣었음. 소품이나 간결한 수법을 보이고 있음.

이상 3점 중 (2), (3)은 근세의 작품으로 유례가 불소하나 (1)은 국내에서도 매우 희귀할 뿐 아니라 작품으로서도 우수하여 귀중한 고대 문화재로 판정됨.

73-3. 호시지마의 반환품 사진

대좌석의 모습

0230

팔각석주의 모습

0231

석사자좌상의 모습

0232

0232 0269

78. 문화재 반환 교섭 관련 훈령 전문

0240 NO. FTA-018

DATE. 10131545

SENT TO: AMBASSADOR LIMB KORDIPSION

WITH REGARD TO THE PROBLEM OF COUNTING ART OBJECTS CMA DELEGATION IS ADVISED AS FOLLOWS COLON ITEM ONE COLON DECISION IS LEFT TO THE DELEGATION IN CONSULTATION WITH EXPERT WHANG[HWANG] OF EDUCATION MINISTRY AS HOW TO SELECT AND COUNT THOUSAND ITEMS OF ART OBJECTS SEMICOLON ITEM TWO COLON THE GOVERNMENT IS NOT CONCERNED WITH NUMBER IN THE SINGLE LIST BUT PARTICULARLY WITH WHAT IT WILL CONTAIN PD

FOREIGN MINISTER

번역 번호: FTA-018

일자: 10131545[1958. 10. 13]

수신인: 임 대사

예술품 집계 문제에 대해 대표부에 다음과 같이 전달합니다.

1. 예술품 1,000점을 선택하고 집계하는 방식에 대해서는 교육부 황수영 전문위원과 협의하여 대표단이 결정하십시오.

2. 정부는 목록에 포함되는 예술품의 수량보다는 어떠한 예술품이 포함되느냐에 중점을 두고 있습니다.

외무부 장관

79. 일본 측에 반환 청구 한국 문화재 항목을 전달하였다는 내용의 보고 공문

0241 한일대 제2225호

단기 4291년 10월 27일

제4차 한일회담 수석대표 임병직[인장]

외무부 장관 각하

제1차 반환 청구 한국 문화재 항목의 건

표기의 건에 관하여 별첨 중 기(1)과 여한 「제1차 반환 청구 한국 문화재 항목」을 단기 4291년 10월 25일(토요일) 제5차 소위원회에서 일본 측에 제시하였음을 보고하옵나이다.

별첨: 황수영 위원으로부터 본직에 제출된 표기 건

별첨

79-1. 일본 측에 제시할 제1차 반환 청구 한국 문화재 항목에 관한 황수영 전문위원 보고서

0242 단기 4291년 10월 23일

제4차 한일회담 수석대표 임병직 대사 귀하

전문위원 황수영[인장]

제1차 반환 청구 한국 문화재 항목의 건

표기의 건에 관하여 별지와 같이 일본 측에 제시함이 여하하올지 앙고재하나이다[결재를 바라나이다]. 단 문안에 있어서 구안과 상위한 바 있사오나 청구 내용에 있어서는 아무런 변동이 없나이다.

기

1. 일본에 있어서는 '국보', '중요문화재'라는 명칭이 현재 사용되고 있사오며 또 '중요미술품'이라는 명칭은 그에 해당되는 법률이 폐지되었음에도 불구하고 계속 사용되고 있나이다. 그리하여 이상 신구 각종 명칭을 총괄하여 '지정문화재'라고 부르고 있음으로서 이와 같은 표현을 채택고자 하나이다. 이 같은 명칭 사용의 또 하나의 이유
0243 로서는 일정기에 우리 문화재가 일본에 반출되어 지정될 당시에는 '국보' 또는 '중요미술품'이라는 양 종의 명칭이 사용되었으나 해방 후 일본에 있어서 신법률이 제정됨에 따라서 종전의 '국보'가 전부 '중요문화재'로 개칭케 되었으므로 이 같은 점도 고려하였나이다.

1. 구안 제2항 내지 제7항까지는 소위 총독부의 고적 조사 사업을 대행하던 '조선고적연구회'(제2항부터 제6항까지) 또는 소위 총독부의 허가 감독하에 도쿄대학(제7항)에 의하여 발굴, 반출된 동일 성질의 것이므로 이들을 총괄하고자 하나이다.

별첨: (1), (2), (3)

(이상)

0244 별첨 (1)

제1차 반환 청구 한국 문화재 항목

단기 4291년 10월 25일(일본 측에 제출)

1. '지정문화재'('중요미술품'을 포함함)
1. 소위 조선총독부('조선고적연구회')에 의하여 반출된 것
1. 소위 통감 총독 등에 의하여 반출된 것
1. 경상남·북도 소재 분묘 기타 유적으로부터 출토된 것
1. 고려시대 분묘 기타 유적으로부터 출토된 것

(이상)

0245 별첨 (2)

항목별 설명 원안

1. 지정문화재라 함은 한국 문화재로서 일본에 반출되어 일본 법률에 의하여 일본의 '국보' 또는 '중요미술품'으로 지정된 것을 가리킨다(예를 들면, 금동보관(金銅寶冠), 도자기, 석조물 등).

1. 소위 조선총독부에 의하여 반출된 한국 문화재로서는 우금(于今) 단 1건만이 반환되었는데 기외의 것도 모두 반환하여 줄 것. '조선고적연구회'라 함은 소위 총독부

의 고적 조사 대행 기관으로서 그 이사장은 소위 정무통감 또는 학무국장이었음은 주지의 사실이다.

0246 1. 소위 초대 통감이었던 이토 히로부미를 비롯하여 역대의 통감 총독 등에 의하여 반출된 한국 문화재를 반환하여 줄 것(일례를 들면 경주 석굴암 내의 석탑).

1. 경상남·북도는 신라의 판도로서 무수의 고분 기타 고대 유적이 보존되어 있던 바 일제 시 그것의 전부가 파괴되었다. 특히 그곳에서 출토된 유물은 마땅히 반환되어야 한다.

1. 고려시대의 분묘는 서기 1905년을 전후하여 일본인에 의하여 전부 파괴되었다. 금일 일본에 수만 점에 달하는 고려 도자기가 있는데 그것은 모두 이와 같은 분묘에서 출토된 것으로서 불법 취득되었던 것이다.

(이상)

0247 별첨 (3)

(구안) 반환 청구 한국 문화재 목록(제1차)

단기 4291년 10월　일 1958년

1. 한국 문화재로서 일본 '국보' 또는 '중요미술품'으로 지정된 것
2. 경북 경주시 로서리 215번지 소재 고분 유물
3. 경북 경주시 황오리 16호분 유물
4. 평남 대동군 대동강면 정백리 127, 227호분 유물
5. 평남 대동군 대동강면 석암리 201호분 유물
6. 평남 대동군 대동강면 남정리 116호분 유물

7. 평남 대동군 대동강면 왕우묘 유물

8. 소위 통감 총독 등에 의하여 반출된 미술 공예품

9. 경상남·북도 소재 고분 기타 유적 출토 유물

10. 고려시대 고적 기타 유적 출토 유물

(이상)

80. 일본에 대한 한국의 청구권 관련 입장이 정리된 문서 (문화재와 선박)

0248 OUR POSITION

Document No. ______ Date: October 7, 1959

Re: Korean Claims against Japan (Art Objects & Vessels)

I. Art Objects

1. It is reminded again that "Korean art objects mean all classical books, art objects in narrow sense, curios and other national treasures. As for the range of time of removal from Korea of Korean art objects, our position is that the Japanese Government should turn over to us all those art objects taken away from Korea since 1905." (FT-006, February 10, 1958)

2. There is no essential change in our position that we intend to pursue not only those Korean art objects in the Japanese Government possession but also ones privately owned by Japanese nationals or organizations.

3. As for art objects excluding classical books, we prepared for claim a list of 12,489 items of them (see Annex I page 2) which includes 6,471 items in the Japanese Government possession and 6,018 items in private possession. The Delegation is instructed to negotiate with the Japanese side for having these items returned as soon as possible. Even in case the Japanese side refuses

under any circumstances to deliver the objects in private possession, we must claim 80 registered items (see Annex I page 3) of them. The Delegation is exclusively informed that the 935 items included in "Itemized List of Cultural Properties (Art Objects and Archaeological Materials) firstly requested for restoration" (see Annex I page 3) plus the above-mentioned 80 items, besides
0249 489 items the list of which the Japanese side presented us the other day (see Annex I page 4) are those items which cannot be dispensed with under any circumstances.

4. The talks for classical books should be settled simultaneously with the settlement of the other art objects, and a list of these books are shown in Annex I pages 2 and 3. The Delegation is exclusively informed that the books of Naikaku Bunko and Kunaisho Toshoryo excluding those removed from Korea before 1905 are a heart of our claims on this subject.

번역 우리의 입장

문서번호: ______ 일자: 1959년 10월 7일

한국의 대일 청구권(예술품, 선박) 관련

I. 예술품

1. "한국 예술품은 모든 고서, 좁은 의미에서의 예술품, 골동품 및 기타 국보를 의미한다. 한국에서 한국 예술품이 반출된 기간에 대해서는 일본 정부가 1905년부터 한국에서 탈취한 모든 예술품을 반환해야 한다는 입장이다(FT-006, 1958년 2월 10일)"라는 것을 다시 한 번 상기합니다.

2. 일본 정부가 소유하고 있는 한국 예술품뿐만이 아니라 일본 국민 또는 기관이 사적으로 소유하고 있는 한국 예술품도 반환받아야 한다는 우리의 입장에는 기본적으로 변화가 없습니다.

3. 고서를 제외한 나머지 예술품 12,489점의 목록(부록 I, 2페이지 참고)을 작성했고, 이 중 6,471점은 일본 정부가 소유하고 있고, 6,018점은 개인 또는 기관이 사적으로 소유하고 있습니다. 대표단은 이러한 예술품을 최대한 빠른 시일 내에 반환하도록 일본 측과 협상하십시오. 일본 측이 어떠한 상황에서든 민간 소유의 예술품 반환을 거부한다면, 등록된 예술품 80점(부록 I, 3페이지 참고)을 청구해야 합니다. 일본 측이 제시한 목록에 포함된 489점(부록 I, 4페이지 참고)과 '1차 반환 요청 문화재(예술품 및 고고유물) 목록'에 포함되어 있는 935점과 위에서 말한 80점은 어떠한 상황에서도 포기할 수 없음을 대표단에게만 통보합니다.

4. 고서에 대한 논의는 기타 예술품과 동시에 진행하고 결론을 내려야 하며, 고서의 목록은 부록 I, 2~3페이지에서 확인할 수 있습니다. 1905년 이전에 한국에서 반출된 고서를 제외하고 나이카쿠 분코와 구나이쇼 도쇼료의 서적이 우리 측 청구 대상의 핵심임을 대표단에게만 알립니다.

별첨

80-1. 일본 내 (한국) 문화재와 예술품의 누적 목록

0250 ANNEX I

CUMULATIVE LIST OF ART OBJECT AND
ARCHAEOLOGICAL MATERIAILS IN JAPAN

0251

CUMULATIVE LIST OF ART OBJECTS AND ARCHAEOLOGICAL MATERIALS IN JAPAN

A. Government Property

Tokyo Museum	5,617 items
Kyoto Museum	5 items(List 2, from page 26 to 27)
Tokyo University	412 items(List 1, from page 101 to 111)
Kyoto University	345 items(List in possession of Foreign Ministry, Korea)
Tokyo University of Arts	85 items(List 1, page 113 and List 2, page 28, These items include those in possession of masaki.)
Total	6,471 items

B. Non-Government Property

Takenosuke Ogura	1,002 items(List of Kogura Collection)
Jiro Ichita	292 items(List 1, from page 181 to 193)
Seiichi Yatsui	1,865 items(List 2, from page 31 to 41)
Reigo Shibata	90 items(List 2, from page 49 to 56)
Join Karube	11 items(List 2, page 59)

* Other Properties owned by individuals.

Ceramics	744 items(List 1, 626 items, from page 117 to 152 and List 2, 68 items, from page 63 to 80)
Buddhist Images	70 items(List 1, 69 items, form page 201 to 206 and List 2, 1 items, page 81)
0252 Paintings	44 items(List 1, 20 items from 207 and 209 and List 2, 24 items, from page 82 to 84)
Mirrors	120 items(List 1, 41 items, from page 231 to 235 and List 2, 79 items, from page 85 to 91)
Bells(private)	7 items(List 1, 4 items from page 155 to 156 and List 2, 5 items, page 93)

* Miscellaneous

Archaeological Materials	167 items(List 1, 65 items, page 237 to 244 and List 2, 5 items(consisting mainly of page 95) Nak-nang remains)
Stones Places	6 items(List 2, page 157)
Wooden Pieces	246 items(List 1, page 211 to 230)
Tiles	1,338 items(List 1, page 231)
Total	6,018 items

Total of Government Property	6,471 items
Total of Non-Government Property	6,018 items
Grand Total	12,489 items

CUMULATIVE LIST OF KOREAN CLASSICAL BOOKS IN JAPAN

	Name of Library	Number of Books		
	1. Naikaku Bunko(Naikaku Library)	(Government-connect)	2,566	(ROK Foreign Ministry's List)
	2. Kunaisho Toshoryo	〃	895	〃
	3. Seikado	〃	2,643	〃
	4. Hosa Bunko	〃	1,335	〃
0253	5. Sonkeikaku Bunko	〃	2,708	〃
	6. Seikido Bunko	〃	384	〃
	7. Shokokan Bunko	〃	154	〃
	8. Midoke Shodenhon	〃	19	〃
	9. Toyo Bunko	(Government-owned)	4,900	〃
	10. Kawai Bunko(Kyoto University)	〃	10	〃
	11. Yonesawa Uesugiko Shogohon	〃	10	〃
	12. Nanki Bunko	〃		〃
	13. Yonesawa Toshokan	〃	253	〃
	14. Tohuku University Library	(Government-owned)	273	(List 2)
	15. Sekisui Ishii Bunko	〃	119	〃
	16. Iwazaki Bunko	〃	557	〃
	17. Takagi Bunko	〃	9	〃
	18. Ryukoku Daigakuhon	〃	38	〃
	19. Seishu Bunko	〃	19	〃
		Total	18,288(excluding Nanki Bunko)	

** Remarks: Of the above libraries, the first and second libraries are deemed most important.

ITEMIZED LIST OF CULTURAL PROPERTIES(ART OBJECTS AND ARCHAEOLOGICAL MATERIALS) FIRSTLY REQUESTED FOR RESTORATION

1. Registered Cultural Properties(National Treasures important Art Objects)

81 items(of three, 80 are privately owned.)

2. Objects removed by the so-called "Chosen-Government-General"

201 items (Government owned)

3. Objects removed by the so-called "Resident and Governor-Generals"

104 items

0254 4. Objects unearthed from ancient tombs and other historical remains in Kyung Nam and Kyung Buk Provinces

434 items (Government owned)

5. Objects unearthed from ancient tombs and other historical remains of "Koryo" Period

195 items (Government owned)

Total 1,015 items

**Remarks:

1. A list of the above 5-category items was already put forward to the Japanese side.

2. The above list does not include those objects unearthed from "Changnyung"

ancient tombs (already restored by Japan) and 489 items from "Yangsan" Couple's Tomb as submitted by the Japanese side.

3. The above items were removed from Korea subsequent to 1905.

ITEMS REQUESTED FOR RESTORATION OF PRIVATELY-OWNED KOREAN CULTURAL PROPERTIES

1. Registered Cultural Properties

80 items(These items were registered during the period of Japanese occupation as national treasures or important art objects and included in the first request for restoration of art objects and archaeological materials.)

2. Classical books, paintings and Buddhist images removed by Masaki Terauchi.

3. Cultural Properties owned by Takenosuke Ogura

1,002 items(including registered cultural properties.)

4. Cultural properties owned by Jiro Ichita

292 items

**Remarks:

1. The above properties were removed from Korea subsequent to 1905.

2. Takenosuke Ogura and Jiro Ichita had been prominent collectors of Korean cultural properties and the properties owned by them were not yet requested for restoration.

일본의 예술품 및 고고학 자료 누적 목록

일본의 예술품 및 고고학 자료 누적 목록

A. 정부 재산

도쿄박물관	5,617점
교토박물관	5점(목록 2, 26~27페이지)
도쿄대학교	412점(목록 1, 101~111페이지)
교토대학교	345점(목록 1, 대한민국 외무부 소장)
도쿄예술대학	85점(목록 1, 113페이지 및 목록 2, 28페이지, 이 항목에는 마사키가 보유한 항목이 포함됨)
	총 6,471점

B. 비정부 재산

오구라 다케노스케	1,002점(오구라 컬렉션 목록)
이치타 지로	292점(목록 1, 181~193페이지)
야쓰이 세이이치	1,865점(목록 2, 31~41페이지)
시바타 레이고	90점(목록 2, 49페이지부터 56페이지까지)
가루베 조인	11점(목록 2, 59페이지)

*기타 개인 소유 재산

도자기	744점(목록 1, 626점, 117~152페이지, 목록 2, 68점, 63~80페이지)
불상	70점(목록 1, 69점, 201~206페이지 및 목록 2, 1점, 81페이지)
그림	44점(목록 1, 207페이지부터 209페이지까지 20점, 목록 2, 24점, 82페이지부터 84페이지까지)
거울	120점(목록 1, 41점, 231~235페이지, 목록 2, 79점, 85~91페이지)
종(개인용)	7점(목록 1, 155~156페이지의 4점 및 목록 2, 93페이지의 5품목)

*기타

고고학 자료　167점(목록 1, 65점, 237~244페이지 및 목록 2, 5점, 95페이지)
(주로 낙랑 유물로 구성)

석대　6점(목록 2, 157페이지)

나무 조각　246점(목록 1, 211~230페이지)

기와　1,338점(목록 1, 231페이지)

총 6,018건

정부 재산　6,471점

비정부 재산　6,018점

총 12,489점

일본 내 한국 고전 도서 누적 목록

도서관명		장서 수	
1. 나이카쿠 문고(나이카쿠 도서관)	(정부 관련)	2,566권	(대한민국 외무부 목록)
2. 구나이쇼 도서료	〃	895권	〃
3. 세이카도	〃	2,643권	〃
4. 호사 문고	〃	1,335권	〃
5. 손케이카쿠 문고	〃	2,708권	〃
6. 세이키도 문고	〃	384권	〃
7. 쇼코칸 문고	〃	154권	〃
8. 미도케 서점	〃	19권	〃
9. 도요 문고	(정부 소유)	4,900권	〃
10. 가와이 문고(교토대학)		10권	〃
11. 요네사와 우에스기코 서고		10권	〃
12. 난키 문고		〃	
13. 요네사와 도서관		253권	〃

14. 도후쿠 대학도서관	(정부 소유)	273권	(목록 2)
15. 세키스이 이시이 문고		119권	〃
16. 이와자키 문고		557권	〃
17. 다카기 문고		9권	〃
18. 류코쿠 대학도서관		38권	〃
19. 세이슈 문고		19권	〃

총 8,288권(난키 문고 제외)

**비고: 위 도서관 중 가장 중요하다고 판단되는 도서관은 1, 2번 도서관입니다.

우선 반환 요청된 문화재(미술품 및 고고자료)의 항목별 목록

1. 등록문화재(국보, 중요미술품)	81점(이 중 80점은 개인 소장)
2. 소위 '조선총독부'에 의해 반출된 문화재	201점(정부 소유)
3. 소위 총독에 의해 반출된 문화재	104점
4. 경남, 경북 고분 출토 유물	434점(정부 소유)
5. 고대 고분 및 기타 고려시대 유적 출토 유물	195점(정부 소유)

총 1,015점

**비고:

1. 상기 5가지 항목의 목록은 이미 일본 측에 제시된 바 있음.

2. 상기 목록에는 일본 측이 이미 복원한 '창녕' 고분 출토품과 '양산' 부부묘 출토품 489점은 포함되지 않음.

3. 위 유물들은 1905년 이후 한국에서 반출된 것임.

개인 소유 한국문화재 반환 요청 품목

1. 등록문화재

80점(일제 강점기에 국보 또는 중요미술품으로 등록되어 1차 미술품 및 고고자료 반환 요청 대상에 포함되었던 문화재)

2. 마사키 데라우치에 의해 반출된전적, 회화 및 불상

3. 오구라 다케노스케가 소장하고 있는 문화재

1,002점(등록문화재 포함)

4. 이치타 지로 소유 문화재

292점

**비고:

1. 상기 문화재는 1905년 이후 조선에서 반출된 것임.

2. 오구라 다케노스케와 이치타 지로는 저명한 한국 문화재 수집가였으며, 이들이 소유한 문화재는 아직 반환을 요청하지 않았음.

선박소위원회 회의록 1~24차, 1958.6.6~12.6

분류번호 : 723.1JA 선 1958 1~24차
등록번호 : 103
생산과 : 아주과
생산연도 : 1958
필름번호 : C1-0003-00
프레임번호 : 0255~0543

이 장에는 1958년 6월 6일부터 12월 6일까지 24차에 걸쳐 개최된 청구권위원회 선박소위원회 회의 요록, 대표단의 회의 결과 보고 전문 및 서한, 회의에 임하는 한국대표단에 대한 외무부 본부의 훈령 등이 담겨있다. 회의는 의제 채택과 관련하여 상당한 시간이 소비되었다. 1958년 10월 14일 개최된 제15차 회의에서야 비로소 양국은 한국 측 제의에 따라 1951년 11월 6일 예비회담 당시의 선박위원회 의제를 제4차 회담 선박소위원회 의제로 채택하는 것에 합의하였다. 의제 합의 후 제16차 회의부터 실질적인 토의가 시작되었다. 한국 측이 SCAPIN 2168과 주한 미군정청의 33호 군정령에 근거하여 일본 측에 선박 반환을 요구하자, 일본 측은 SCAPIN 2168의 유효성 등을 문제 삼으며 한국 측 요구를 거부하였다. 결국 제4차 한일회담에서의 선박 문제 협상은 아무런 성과 없이 끝나고 말았다.

1. 제4차 한일회담 청구권위원회 선박소위원회 제1차 회의 요록

0261

June 6, 1958

GIST OF TALKS
FIRST SESSION
SUB-COMMITTEE OF VESSELS, COMMITTEE ON KOREAN CLAIMS

1. Time and Places:

June 6, 1958(Friday) 03:00 p.m.-03:45 p.m. at room 411, Ministry of Foreign Affairs, Japanese Government

2. Conferees:

Korean sides: Mr. LEE, ho
Mr. CHOI, Kyu Ha
Mr. CHIN, Pil Shik
Mr. OHM, Young Dal
Mr. ROH, Jae Won
Mr. LEE, Won Ho

Japanese sides: Mr. Kazuo AWASAMA
Mr. Tokichi TAKANO
Mr. Masanobu YABE
Mr. Yoshisuke ISODA
Mr. Toshiro YOSHIDA

Mr. Go HANDA

Mr. Kiyoshi SUGANUMA

Mr. Minao TSUCHIYA

Mr. Chihiro KATSUTA

3. Gist of Talks:

MR. AWASAWA: I would like to open the first meeting of the Sub-Committee on Vessels of the Committee on Korean Claims. I wonder if you have any particular idea in mind as to the proceeding of this meeting.

MR. LEE: I am afraid that we don't have any particular idea. Rather, if the Japanese side has any specific preposition to make at this meeting either as to the proceeding or in connection with adopting agenda of the Sub-Committee, please, let us know.

MR. AWASAWA: We, too, do not have any particular proposal in this regard.

(Then, silence fall upon conference table for a moment)

0262 MR. LEE: Taking into consideration the understandings reached at the previous First, Second, and Third Korea-Japan Conferences and the "Agreed Minutes" of December 31, 1957 between our two countries, I think we may as well begin with the problem concerning the return of vessels of Korean registry and, subsequent to satisfactory settlement of the issue, proceed with the problem on the return of vessels located in Korean waters on or since 9 August 1945.

MR. AWASAWA: It is my understanding that the problems on the return of the "five vessels" located to Korea and on the "fishing vessels" should also be the main subjects of our discussion. Nevertheless, I would like to remind you that this is nothing but my own review. The Japanese side is not yet prepared to put forward any concrete proposal in this regard. The matter is now being considered. Therefore, we may be able to make necessary proposals on the agenda, if any, at the next meeting.

MR. LEE: Since the problems on the so-called "five vessels" and other fishing vessel were thoroughly discussed in the courses of our talks at the previous Conferences, and, moreover, taking into consideration the very nature of this Sub-Committee, I do think there will be some particular reasons for discussing the problem here.

MR. AWASAWA: I do not take this matter in such a way as you think. The Japanese side, however, will look into it, too.

MR. LEE: I would like to formally propose here to place the following two items on the agenda of this Sub-Committee:

1) Return of vessels of Korean registry: 2) Return to Korea of vessels located in Korean waters on or since August 1945.

Those two items are identical with the proposals which the Korean side made during the talks at the previous Conferences. I want to add in this regard that the item 2 be taken up at this Sub-Committee after we have come to a satisfactory settlement of item 1.

MR. AWASAWA: Your proposal for the agenda seems to stand. However, I am afraid there may arise, in the course of our discussion on the subject matter, some points on which we may not be able to come to agreement separately from other points. Anyhow, we would like to have time to review tho proposal more in detail.

0263 MR. LEE: we have spent a good deal of time for no substantial discussions. I hope therefore, that both side get down to substantial work and do their utmost to bring about an early solution to the problems at issue.

MR. AWASAWA: I am of the same opinion on that point. I would like to know for my reference what would be the content of the subject items. That will be helpful to our study on the matter.

MR. LEE: If the agenda be adopted and substantial discussion go on, the content of the subject items will automatically be brought to light. So, I do not see any particular necessity of disclosing it here now.

MR. AWASAWA: As regards the next meeting, how do you like to set the date?

MR. LEE: How about holding the next meeting on next Tuesday(June 10)?

MR. AWASAWA: Please allow us more time.

MR. LEE: When does the Japanese side think it convenient, then?

MR. AWASAWA: It will be convenient for us if we could call the next meeting sometime between the 11th and 15th of June.

MR. LEE: Those dates are rather too later. How about June 10? And it would not matter, as far as we concerned, to have the time in the late afternoon.

MR. AWASAWA: On June 10, the Diet is scheduled to be convened.

0264 MR. LEE: Then, there in nothing for us but to wait. 11th of June will be all right.

MR. AWASAWA: I wonder if the Korean side agrees to 3:00 p.m.

MR. LEE: No objection. And places?

MR. AWASAWA: Here, Room 411.

MR. LEE: By the way, what shall we do about the press release?

MR. AWASAWA: (…Silent…)

MR. LEE: Let me propose that the both sides name their respective representatives so as to take care of the press release.

MR. AWASAWA: No objection.

MR. LEE: The Korean side would like to designate Mr.Chin.

MR. AWASAWA: The Japanese side will designate Mr. Suganuma as his counterpart.

MR. LEE: That will be all right.

-The end-

번역

1958년 6월 6일

한국청구권위원회 선박소위원회 1차 회의 요록

1. 일시 및 장소

1958년 6월 6일(금) 오후 3시~3시 45분, 일본 외무성 411호, 일본 정부 외무성 회의실

2. 참석자

한국 측: 이호, 최규하, 진필식, 엄영달, 노재원, 이원호

일본 측: 아와사와 가즈오, 다카노 도키치, 야베 마사노부, 이소다 요시스케, 요시다 다시로, 한다 고, 스가누마 기요시, 스치야 미나오, 가쓰타 지히로

3. 회의록

아와사와: 한국청구권위원회 선박에 관한 소위원회 제1차 회의를 시작하겠다. 이번 회의의 진행에 대해 특별히 염두에 두고 있는 것이 있는지 궁금하다.

이호: 특별히 구상하고 있는 것은 없다. 오히려 이번 회의 진행이나 소위원회 의제 채택과 관련해서 일본 측에서 특별히 제의할 것이 있으면 말씀해 주기 바란다.

아와사와: 일본 측도 이와 관련하여 특별한 제안은 없다.

(회의장에 잠시 침묵이 흘렀다.)

이호: 지난 제1, 2, 3차 한일회담에서 합의된 사항과 1957년 12월 31일의 양국 간 '합의의사록'을 고려할 때, 한국 선적 선박의 반환에 관한 문제부터 시작하여 그 문제가 만족스럽게 해결된 후에 1945년 8월 9일 이후 한국 수역에 있는 선박의 반환에 관한 문제를 진행하는 것이 좋다고 생각한다.

아와사와: 일본 측은 한국에 소재한 5척의 선박 반환 문제와 '어선'에 관한 문제도 논의의 주요 대상이 되어야 하는 것으로 이해하고 있다. 그럼에도 이것은 내 개인적인 검토에 불과하다는 점을 말씀드리고 싶다. 일본 측은 이와 관련하여 아직 구체적인 제안을 내놓을 준비가 되어있지 않다. 이 문제는 현재 검토 중이다. 따라서 다음 회의에

서 필요한 제안이 있다면 그때 가서 의제로 제안할 수 있을 것이다.

이호: 소위 '5척'과 기타 어선에 대한 문제는 지난 회의에서 충분히 논의된 바 있고, 또한 이 소위원회의 성격을 고려할 때 이 문제를 여기서 논의할 특별한 이유가 있을 것이라고 생각한다.

아와사와: 나는 이 문제를 그렇게 생각하지 않는다. 하지만 일본 측에서도 이 문제를 검토할 것이다.

이호: 이 자리에서 다음 두 가지 안건을 이번 소위원회의 의제로 상정할 것을 정식으로 제안하고자 한다.

1) 한국 등록 선박의 귀환

2) 1945년 8월 이후 한국 해역에 위치한 선박의 한국으로의 귀환

이 두 가지 항목은 이전 회의에서 한국 측이 회담 중에 제안한 것과 동일하다. 이와 관련하여 2항은 1항에 대한 만족할 만한 합의가 이루어진 후에 이번 소위원회에서 다루자는 점을 추가하고 싶다.

아와사와: 의제에 대한 제안은 타당한 것 같다. 다만 이 안건에 대해 논의하는 과정에서 다른 점과 별개로 합의에 이르지 못하는 점이 발생할 수 있을 것 같다. 어쨌든 이 제안에 대해서 좀 더 자세히 검토할 수 있는 시간을 가졌으면 좋겠다.

이호: 실질적인 논의가 이루어지지 않은 채로 많은 시간을 보냈다. 따라서 양측이 실질적인 토의에 들어가서 현안 문제에 대한 조속한 해결을 위해 최선을 다했으면 좋겠다.

아와사와: 그 점에 대해서는 같은 의견이다. 참고하기 위해 주제의 내용이 무엇인지 알고 싶다. 이 문제에 대한 연구에 도움이 될 것 같다.

이호: 안건이 채택되고 실질적인 논의가 진행되면 주제의 내용은 자동적으로 드러날 것이다. 그래서 지금 여기서 특별히 공개할 필요성은 없다고 생각한다.

아와사와: 다음 회의에 관해서는 날짜를 어떻게 정하면 좋을까?

이호: 다음 회의는 다음 주 화요일(6월 10일)에 개최하는 것은 어떨까?

아와사와: 시간을 좀 더 주기 바란다.

이호: 그러면 일본 측에서는 언제가 좋다고 생각하나?

아와사와: 다음 회의는 6월 11일에서 15일 사이에 하면 우리도 편리할 것 같다.

이호: 그 날짜는 너무 늦은 것 같다. 6월 10일은 어떤가? 늦은 오후에 시간을 내도 상관없을 것 같다.

아와사와: 6월 10일에 국회가 소집될 예정이다.

이호: 그럼 기다리는 수밖에 없겠군. 6월 11일은 괜찮을 것 같다.

아와사와: 한국 측이 오후 3시에 동의하는지 궁금하다.

이호: 이의 없다. 그리고 장소는?

아와사와: 여기, 411호이다.

이호: 그런데 보도 자료는 어떻게 할까?

아와사와: (침묵)

이호: 양측이 각자의 대표를 지명해서 보도 자료를 처리할 것을 제안한다.

아와사와: 이의 없다.

이호: 한국 측에서는 진 서기관을 지정하고 싶다.

아와사와: 일본 측에서는 스가누마 과장을 상대방으로 지정하겠다.

이호: 좋다.

끝

4. 제4차 한일회담 청구권위원회 선박소위원회 제2차 회의 요록

0268

June 11, 1958

GIST OF TALKS

SECOND SESSION

SUB-COMMITTEE ON VESSEL, COMMITTEE ON KOREAN CLAIMS

1. Time and Place:

June 11, 1958 (Wednesday) 03:00 p.m.-04:45 p.m. at Room 411, Ministry of Foreign Affair, Japanese Government.

2. Conferees:

Korean side: Mr. LEE, Ho
Mr. CHOI, Kyu Hah
Mr. CHIN, Pil Shik
Mr. OHM, Young Dal
Mr. LIMB, Do Kyong
Mr. ROH, Jae Won

Japanese side: Mr. Kazuo AWASAWA
Mr. Tokichi TAKANO
Mr. Masanobu YABE
Mr. Toshiro YOSHIDA
Mr. Go HANDA

Mr. Taizo ICHINOSE

Mr. Kiyoshi SUGANUMA

Mr. Mizuo KURODA

Mr. Minao TSUCHIYA

Mr. Chihiro KATSUTA

3. Gist of Talks

MR. AWASAWA: I would like to open the second meeting of the Sub-Committee on Vessels of the Committee on Korean Claims. First of all, I would like to express the opinion of Japanese side in connection with the adoption of agenda items. Though the Japanese side has no objection to discussing the following two items as proposed by the Korean side: 1) Return of vessels of Korean registry: 2) Return to Korea of vessels located in Korean waters on or since August 9. 1945, the Japanese side entertains opinion that the agenda of this Sub-committee should cover four items which were decided upon at the previous conferences, taking into a good consideration the Agreed Minutes of December 31, 1957, which sets forth that the agenda of the overall talks would be the same five items that were discussed at the first, second, and third Korea-Japan Conferences. Consequently, the problems concerning "five vessels" located to Korea and other "fishing vessels" be respectively adopted as agreed items for this Sub-committee.

MR. LEE: Korean side, for its part, understands that the Agreed Minutes simply outlines general agreements reached between our two countries and does not define the agenda items of the Sub-committee. What is more, the discussions regarding "items (c) and (d)" were well exhausted at the previous talks. Therefore, other problems than those which the Korean side overtured to place on the agenda at the first meeting need not be discussed any more. I wonder whether any notable outcome would be expected from the problems raised by the Japanese side.

0269 MR. AWASAWA: The Japanese side can hardly agree with you in this regard.

MR. LEE: The reasons stem from the fact that the vessels under "item (c)", be absorbed in "item(a)" and the eight fishing vessels under "item (d)" are those which were captured by the United Nations Forces.

Now, I presume that the Japanese proposed item (c) in connection with the so-called "five vessels" and proposed item (d), with respect to the so-called "eight vessels" captured by the United Nations Forces. Is it right?

MR. AWASAWA: Well, in a sense, yes. However, at present, the Japanese side has not decided yet whether it may, or may not, touch on the problems other than that of "eight vessel". The Japanese side may introduce, if it deems necessary, other problem under item (d).

MR. LEE: As I have already pointed out, the Korean side holds a view that both of the two sides should not overstep the scope which were set up by the Agreed Minutes, in view of the nature at this Sub-committee.

MR. AWASAWA: In accordance with the Agreed Minutes, the Japanese side maintains its points of view that we can decide agenda items without clarifying the scope of their contents.

MR. LEE: That does not stand to reason. I am afraid your viewpoint is out of keeping with the Agreed Minutes. Moreover, we are here to discuss the adoption of agenda. So, to adopt agenda items without deciding on their scopes will, in all probability, give place to an unnecessary confusion at our later discussion.

MR. AWASAWA: Then, do you mean to reject our proposed agenda items?

MR. LEE: I am now expressing my opinion that inasmuch as item (c) concerns with "five vessels" and item (d) with "eight vessels" it would hardly be constructive for us to repeat the same old story. If your side entertains some other ideas in connection with the scope of the "item (d)", I declare we are against any other issues than the eight vessels in question regarding the scope of the "item (d)".

MR. AWASAWA: We here no definite intention now of pulling out other problems on the agenda "item (d)" but it might be possible to take up some other things than the "eight" fishing vessels.

0270 MR. LEE: Your explanation on the proposed "item (d)" is very ambiguous. Would you kindly bring to light the content of the "item (d)" more in detail?

MR. AWASAWA: We would like to see that the problem concerning the return of "149 vessels" including "sight vessels" which have been detained in Korea be placed on the agenda item.

MR. LEE: As far as I understand, the problem on the vessels of Korean registry and vessels located in Korean waters on or since August 9, 1945 can effectively be the subject of our discussions. If we take note of the nature of this Sub-committee, there is no room for taking up other problems than those two items referred to in the above. Moreover if the Japanese side gives thought to discussing the problem of 149 vessels under the proposed "item (d)", it diametrically runs counter to our way of thinking. To discuss the problem of "149" vessels is to add a new thing to our agreed understanding that the discussion would be confined to the matters which had been discussed at the previous Conferences.

MR. AWASAWA: As to the problem of 149 vessels, the Japanese side would like to include it in the proposed "item (d)".

MR. LEE: Even if the Japanese side propose to limit the scope of discussions strictly to the content of the same agenda items agreed upon at the previous Conferences, the Korean side may find it difficult to agree to it at once. If the Japanese side has an itch for adding the new thing to the proposed "item (d)", this may become a cause of hampering the smooth proceeding of this Sub-committee. Your side is making this meeting more complicated by pulling out an entirely separate matter, instead of simplifying the issue.

MR. AWASAWA: (Silence)

MR. LEE: I would like to make sure once more of your stand in connection with the proposed item (d). Do you mean to continue the discussion of "1951" in accordance with the understandings of the Agreed Minutes or to include to the item such a new problem of 149 vessels which has never been dealt with in November, 1951?

MR. AWASAWA: Generally speaking, I mean the latter one.

MR. LEE: If it is the intention of the Japanese side, we cannot accept it, in view of the nature of this Sub-committee which is a part of the Committee on Korean Claims. Furthermore, your proposal clearly conflicts with the Agreed Minutes of December 31, 1957.

0271 MR. AWASAWA: (Silence)

MR. LEE: As for as the problem of 149 vessels is concerned, we take the view that the problem could not be discussed at this Sub-committee.

MR. AWASAWA: Why?

MR. LEE: Now that the Agreed Minutes of December 31, 1957 sets forth that the same matters that had been discussed at the previous talks be taken up for their further discussion and settlement, the problem of 149 vessels which is a new proposal being distinct from the nature of the eight vessels cannot be referred to our present Sub-committee. As I repeatedly spelled out to you, even though you propose to confine your discussion to the former problems of "item (c)" and "item (d)", we may find it is not so easy to accept. Therefore, if the Japanese side, in ignorance of this fact, tries to add the problem of the so-called "149 vessels" to "item (d)", it would eventually diminish the possibility of reaching amicable settlement of the problems at issue which we are here for.

MR. AWASAWA: By the way, suppose the Japanese would withdraw the problem of 149 vessels, would the Korean side agree to place "items (c) and (d)" on the agenda?

MR. LEE: If the Japanese side would show its clear-cut attitude toward this problem, we may be able to express our view in this regard. Otherwise, it is impossible for us to clarify our stand even though we want to. In this connection, I would like to add that the problem of the 149 vessels is in a sense the problem of vessels; however, it must be reckoned with that the nature of the problem is different from that of the vessels that were discussed at the previous Korea-Japan Conferences. Accordingly, the problem on the so-called "149 vessels" has no relevancy at all to the matters to be taken up at this Sub-committee, or this Sub-committee has no competence to deal with the problem on such vessels.

MR. AWASAWA: The Japanese side would like to propose to adopt same agenda items adopted at the previous Talks, leaving the bone of contention up in the air for the time being.

MR. LEE: We oppose to the very ambiguous attitude of yours. Korea, for its part, takes the view that the, agenda item as well as their scopes should be simultaneously decided upon at a time. Otherwise, no one knows what new problem might be introduced all of a sudden by the Japanese side during our discussion on the problems concerned, as it was done by your side at today's meeting.

MR. AWASAWA: We will study this problem later. And let me propose to terminate today's discussion of ours. we need a cooling-off period.

0272 MR. LEE: In closing our discussion, I would like to repeat my proposal in this regard that the problems concerning the return of vessels of Korean registry and of vessels located in Korean waters on or since August 9, 1945 be respectively discussed and settled in their orders. And I hope that your side will drop the new proposition on the so-called 141 fishing vessels.

MR. AWASAWA: We will study it, too.

MR. LEE: By the way, what date do you suggest for the next meeting?

MR. AWASAWA: Wednesday, next week?

MR. LEE: How about holding our meeting on Saturday this week?

MR. AWASAWA: As we want to have a word with the Maritime Agency, I propose, then, next Tuesday(June 17).

MR. LEE: Inasmuch as you said that you wanted to have more time, I would raise no objection. And time and place?

MR. AWASAWA: 10:30 and at Room 411.

MR. LEE: No objection. Don't you think we need to make joint minutes of today's discussion?

MR. AWASAWA: I see no necessity of making it.

MR. LEE: As regards press release, let me propose that our two sides name their respective representatives to see to the press release.

MR. AWASAWA: No objection.

MR. LEE: Then, the Korean side will designate Mr. Chin.

MR. AWASAWA: The Japanese side nases Mr. Suganuma.

-The end-

번역

1958년 6월 11일

한국청구권위원회 선박소위원회 2차 회의 요록

1. 일시 및 장소

1958년 6월 11일(수요일), 오후 3시~4시 45분, 일본 외무성 411호

2. 참석자

한국 측: 이호, 최규하, 진필식, 엄영달, 임도경, 노재원

일본 측: 아와사와 가즈오, 다카노 도키치, 야베 마사노부, 요시다 도시로, 한다 고, 이치노세 다이조, 스가누마 기요시, 구로다 미즈오, 쓰치야 미나오, 가쓰타 지히로

3. 회의록

아와사와: 한국청구권위원회의 선박소위원회 2차 회의를 시작한다. 먼저 의제 채택에 대한 일본 측 의견을 표명하겠다. 일본 측은 한국 측이 제안한 대로 1) 한국 국적 선박 반환, 2) 1945년 8월 9일 또는 그 후에 한국 영해에 위치한 선박의 한국 반환을 논의하는 것에는 이의가 없으나, 1, 2, 3차 한일회담에서 논의한 것과 동일한 5가지 사안이 이번 전면회담의 의제가 된다고 명시한 1957년 12월 31일 자 합의의사록을 고려하여 기존 회담에서 결정했던 4개 항목을 본 소위원회의 의제에 포함시켜야 하며, 따라서 한국에 대여한 '선박 5척'과 기타 '어선'의 문제를 각각 본 소위원회에서 합의한 안건으로 채택해야 한다는 의견을 제시한다.

이: 한국 측은 합의의사록은 단순히 양국이 도출해야 할 전반적인 합의사항에 대한 개요를 제시한 것이고, 소위원회의 의제를 정의하지는 않는다. 또한 '(c) 및 (d)'에 대한 논의는 이미 기존 회담에서 충분히 이루어졌다. 따라서 한국 측이 첫 번째 회의에서 의제에 포함시키자고 제안한 사안 외의 문제는 더 이상 논의할 필요가 없다. 일본 측이 제시한 문제에서 더 이상 유의미한 결과가 나올 부분이 있는지 모르겠다.

아와사와: 일본 측은 그 부분에는 동의하기 어렵다.

이: '의제 (c)'에서 다루는 선박들은 '의제 (a)'에 포함되어 있고, '의제 (d)'의 어선 8척은 유엔군이 나포한 어선들이다. 일본이 의제 (c)를 제안한 것은 '선박 5척' 때문이고, (d)는 유엔군이 나포한 '어선 8척'에 대한 것이라고 생각하는데, 맞는가?

아와사와: 어떻게 보면 맞다. 하지만 현재 일본 측은 '어선 8척' 외의 문제를 논의할 것인지 아직 결정하지 않았다. 필요하다고 판단되면 (d) 의제에 포함시켜 다른 문제를 논의할 수도 있다.

이: 이미 언급했듯이 한국은 양측이 본 소위원회의 성격을 고려하여 합의의사록에

서 명시한 범위를 넘어서지 않아야 한다는 입장이다.

아와사와: 합의의사록에 따라 일본은 내용의 범위를 명확히 하지 않고 의제를 결정할 수 있다는 입장을 견지한다.

이: 합리적이지 않은 주장이다. 일본의 입장은 합의의사록에 부합하지 않는다. 또한 오늘 이 회의는 의제를 채택하기 위한 자리다. 따라서 범위를 결정하지 않고 의제 안건을 채택하면 추후 논의 과정에서 불필요한 혼란이 야기될 것이다.

아와사와: 우리가 제안한 의제를 거부한다는 의미인가?

이: '선박 5척'에 대한 (c)와 '어선 8척'에 대한 (d)는 이미 과거에 논의한 것과 같은 내용을 반복하게 되므로 건설적이지 않다는 의견을 표명하고 있는 것이다. 일본이 '의제 (d)'의 범위에 대한 다른 의견을 제시한다면 '의제 (d)'에 어선 8척 외의 다른 문제를 포함시키는 것에 반대한다.

아와사와: '의제 (d)'에서 다른 문제들을 배제하는 것이 현재 확실하지는 않지만 '어선 8척' 외에 다른 문제들을 거론할 수도 있다.

이: '의제 (d)'에 대한 설명이 매우 모호하다. '의제 (d)'의 내용을 보다 구체적으로 설명해 주기 바란다.

아와사와: 한국에 억류 중인 '8척'을 포함하여 '선박 149척'의 반환 문제를 안건에 포함시키고 싶다.

이: 1945년 8월 9일과 그 이후로 한국에 적을 둔 선박과 한국 영해에 위치한 선박의 문제가 우리 논의의 주제가 될 수 있는 것으로 안다. 본 소위원회의 성격을 고려하면 위에서 언급한 두 가지 외에 다른 문제를 거론할 여유가 없다. 또한 일본이 제안한 '의제 (d)'에서 선박 149척 문제를 논의할 생각이라면 우리 측 생각과는 정반대다. 선박 '149척' 문제를 논의하는 것은 기존 회담에서 논의했던 문제로 논의를 제한한다고 상호 이해했던 내용에 새로운 주제를 추가하는 일이다.

아와사와: 일본 측은 선박 149척 문제를 제안한 '의제 (d)'에 포함시키고 싶다.

이: 일본이 논의의 주제를 기존 회담에서 합의한 것과 동일한 의제로 엄격히 제한하자고 제안한다고 하더라도 한국 측의 입장에서는 바로 합의하기가 어렵다. 일본이 꼭 '의제 (d)'에 새로운 문제를 추가해야겠다면 본 소위원회의 원활한 진행을 가로막는 원인이 될 수 있다. 문제를 단순화하는 것이 아니라 완전히 별개의 문제를 거론함으로

써 이 회의를 더욱 복잡하게 만들고 있다.

아와사와: (침묵)

이: '의제 (d)'에 대한 일본의 입장을 다시 한 번 확인하고 싶다. 합의의사록에서 약속한 바에 따라 '1951년'의 논의를 이어가겠다는 의미인가, 아니면 1951년 11월에 전혀 다루지 않은 선박 149척이라는 새로운 문제를 안건에 포함시키겠다는 의미인가?

아와사와: 총괄해서 말하자면 후자다.

이: 그것이 일본의 의향이라면 한국청구권위원회의 일부인 본 소위원회의 성격을 고려하여 수용할 수 없다. 또한 일본이 제안한 사항은 1957년 12월 31일 자 합의의사록과 명백하게 상충한다.

아와사와: (침묵)

이: 선박 149척 문제는 본 소위원회에서 논의할 수 없다는 것이 우리의 입장이다.

아와사와: 이유가 무엇인가?

이: 1957년 12월 31일 자 합의의사록에서 기존 회담에서 논의했던 것과 동일한 문제를 이번 한일회담에서 논의한다고 명시했으므로, 어선 8척과 거리가 먼 문제인데 논의하자고 새로 제안하고 있는 선박 149척의 문제는 현재 우리가 진행 중인 소위원회에서는 거론할 수 없다. 여러 차례 말했듯이 논의 내용을 '의제 (c)' 및 '의제 (d)'의 기존 문제로 제한하자고 제안하더라도 수용하기 어렵다고 생각했을 수 있다. 따라서 일본이 이러한 사실을 무시하고 소위 '선박 149척' 문제를 '의제 (d)'에 추가하려 한다면 결과적으로 우리가 모인 이유인 문제를 원만하게 해결할 가능성이 낮아질 것이다.

아와사와: 일본이 선박 149척 문제를 포기하면 한국은 의제에 '(c)' 및 '(d)'를 포함시키는 것에 동의할 것인가?

이: 일본이 이 문제에 대한 명확한 태도를 보인다면 우리의 입장을 표명할 수도 있겠다. 그렇지 않다면 하고 싶어도 우리의 입장을 명확히 밝히기가 불가능하다. 따라서 선박 149척 문제는 어떻게 보면 선박 문제 중 하나이지만, 문제의 성격이 기존 한일회담에서 논의한 선박 문제와는 다르다는 사실을 고려해야 한다. 따라서 소위 '선박 149척' 문제는 본 소위원회에서 논의할 주제와 전혀 관련이 없고, 다르게 말하면 본 소위원회는 이러한 선박의 문제를 다룰 만한 권한을 가지고 있지 않다.

아와사와: 일본은 기존 회담에서 채택했던 것과 동일한 의제를 채택하여 당분간 논

란의 요인을 유보할 것을 제안한다.

이: 그렇게 모호한 태도를 취하는 것에 반대한다. 한국은 의제와 그 범위를 모두 한 번에 결정해야 한다는 입장이다. 그렇게 하지 않으면 오늘 그랬듯이 우리가 논의하는 과정에서 일본 측이 언제 갑자기 새로운 문제를 거론할지 아무도 모른다.

아와사와: 추후 이 문제를 검토하겠다. 오늘 회의는 종료하는 것을 제안하고 싶다. 감정을 가라앉힐 시간이 필요하다.

이: 회의를 마무리하며 한국적 선박의 반환과 1945년 8월 9일과 그 이후 한국 영해에 위치한 선박의 반환에 대한 문제를 순서대로 각각 논의 및 해결하자는 제안을 다시 반복하고 싶다. 그리고 일본 측이 소위 선박 141척에 대해 새로 제안한 사항을 철회하기를 희망한다.

아와사와: 우리도 검토하겠다.

이: 다음 회의는 언제가 좋겠는가?

아와사와: 다음 주 수요일 어떤가?

이: 이번 주 토요일은 어떤가?

아와사와: 해양청과 논의해 보고 싶은데 다음 주 화요일(6월 17일)은 어떤가?

이: 시간이 더 필요하다고 하니 이의를 제기하지 않겠다. 시간과 장소는?

아와사와: 오전 10시 30분에 411호에서 모이자.

이: 이의 없다. 오늘 회의에 대한 공동 회의록을 작성해야 한다고 생각하지 않는가?

아와사와: 필요 없다고 생각한다.

이: 보도 자료에 대해서는 양측이 담당자를 지정하여 작성하는 방안을 제안한다.

아와사와: 이의 없다.

이: 한국 측은 진 서기관을 담당자로 지정하겠다.

아와사와: 일본 측에서는 스가누마가 담당한다.

끝

6. 제4차 한일회담 청구권위원회 선박소위원회 제3차 회의 요록

0276 June 17, 1958

GIST OF TALKS
THIRD SESSION
SUB-COMMITTEE ON VESSELS, COMMITTEE ON KOREAN CLAIMS

1. Time and Places:

June 17, 1958 (Tuesday) 10:50 a.m.-11:45 a.m. at Room 411, Ministry of Foreign Affairs, Japanese Government.

2. Conferees:

Korean side:	Mr. LEE, Ho
	Mr. CHOI, Kyu Hah
	Mr. CHIN, Pil Shik
	Mr. OHM, Young Del
	Mr. LIMB, Do Kyong
	Mr. ROH, Jae Won
	Mr. LEE, Won Ho
Japanese side:	Mr. Kazuo AWASAWA
	Mr. Tokichi TAKANO
	Mr. Masanobu YABE
	Mr. Toshiro YOSIDA

Mr. Go HANDA

Mr. Taizo ICHINOSE

Mr. Kiyoshi SUGANUMA

Mr. Mizuo KURODA

Mr. Minao TSUCHIYA

Mr. Chihiro KATSUTA

3. Gist of Talks:

MR. AWASAWA: First of all, I would like to say a word about the problem of "141 fishing vessels," which we discussed at second passion. The Japanese side finds it difficult to rule out the problem of "141 fishing vessels" from the proposed agenda item of the Sub-committee. Now that the problem of the "141 fishing vessels" is the problem of fishing vessels detained in Korea, the Japanese side thinks the issue ought to be taken up at this Sub-committee.

MR. LEE: As I have repeatedly expressed our position in this connection at the previous sessions, we do not have any competency of taking up this problem at this Sub-committee, and, at the same time, we find no necessity of doing so. The so-called the "141 fishing vessels" lies beyond the scope of the competence of this Sub-Committee's activities.

0277 MR. AWASAWA: I wonder if the Korean side meant, then, the problem would not be taken up at this Sub-committee in any circumstances.

MR. LEE: In view of the nature of this Sub-committee, as I have already mentioned, it goes without saying that we are not authorized to deal with the problem here.

MR. AWASAWA: Taking into consideration their nature as fishing vessels, I think both side respectively adhere to two conflicting interpretations of the problems. The Japanese side, for its part, maintains the position that the problem can and must be discussed here.

MR. LEE: In conformity with the relevant stipulations of the Agreed Minutes of December 31, 1957 and with the nature of a previous talks on vessels throughout first, second, and third Korea-Japan Conferences, we take the views that the question of the so-called "141 fishing vessels does not form a subject of discussions at this Sub-committee, from the very beginning."

MR. AWASAWA: It seems to me that we would not be able to reach an agreement on the treatment of this problems at the Sub-committee. Therefore, I would like to propose that the problem be referred either to the plenary session or to the higher levels of the both delegations for the solution thereon.

MR. LEE: To make recommendation either to the plenary session or to the higher levels of both sides for their decision as to whether or not the Sub-committee will deal with this problems is a funny thing to do. Because the problem itself does not come within the competence of the Sub-committee in any way. Accordingly, let us make if clear now at this meeting that the problems will not be taken up at the Sub-committee on Vessels.

MR. AWASAWA: Should the high level of the both sides come to an agreement that the problem be taken up at this Sub-committee, we would have to deal with it here. In consequence, to decide now that we will not talk about "141 fishing vessels' problem" any more is by no means logical. Thus, the Japanese side desires to bring about an understanding with the Korean side
0278 that the problem of "one hundred and forty-one fishing vessels" may not be taken up in the course of our discussions pending the solution between the high levels of both delegations on the issue.

MR. LEE: We can not agree to proceeding this Sub-committee under such a precarious presumption that the high levels might decide on the problem of the so-called "141 fishing vessels."

MR. AWASAWA: We don't mean to suspend our activities, but to leave the problem to the high levels for their decisions, and to proceed with pending issues under the agenda as agreed upon on December 31, 1957.

MR. LEE: Do you imply then that our discussions under agenda "item (a)" would be confined to the problem of the so-called "eight vessels" in accordance with the Agreed Minutes of December 31, 1957?

MR. AWASAWA: What I actually meant was that we take up the problem of the "eight vessels", detained in Korea as of November 6, 1951, until such time as certain understanding or decision between the high levels is made with reference to the "141 fishing vessels."

MR. LEE: The Korean side is unable to agree to the overture. Both of us have already submitted reports to the higher levels of ours, and, therefore, if there is any new instruction in connection with the so-called "141 fishing vessels," we shall, of course, have to follow it. However, the Korean side at the present moment can not agree to the idea of the Japanese side to put the forth voluntarily a recommendation either to the preliminary session or to the higher levels.

MR. AWASAWA: Then, what would you like to suggest in this regard?

MR. LEE: As I have repeated now and then, we might as well initiate our discussions on substantial matters with the understanding that the problem of the so-called "141 fishing vessels," which is not linked with proper matter of the Sub-committee, will not be brought in during our further discussions.

MR. AWASAWA: Your interpretation of the problem runs counter to that of ours.

0279 MR. LEE: Frankly speaking, such an unexpected and illegitimate proposal on the part of the Japanese side made us all sit up. If the proceeding of this Sub-committee is to be delayed due to the persistent adherence by the Japanese side to the said illegitimate proposal, all the responsibility for any delay in the proceeding of this Sub-committee must be attributed to the Japanese side. In this connection, I would like to invite your attention to the fact that the Korea-

Japan Overall Talks was resumed after a long duration of rapture and we are here to materialize our effort and desire to settle pending issues with rapidity under a friendly atmosphere.

MR. AWASAWA: I myself fully agree with your views. The Japanese side is all the more anxious for an amicable settlement of the pending problems between the two countries. Nevertheless, we have to introduce, those problems which we deem essential for the solution of the pending problem and to seek for a necessary understanding thereon.

MR. LEE: I would like to emphasize here once more that it is incumbent upon us to initiate the discussions of the substantial problems without delaying the proceeding of our meeting any longer.

MR. AWASAWA: I understand the position at the Korean side. I have an itch for taking up substantial matter as soon as possible, too. However, we, too, have our own problem to negotiate with the Korean side, that is the problem of placing the question of "141 fishing vessels" on the agenda of this Sub-committee. This being the reality, I would like to propose to discuss this matter after we report and receive new instructions thereon form higher authorities.

MR. LEE: It you so desire, I will not raise any objection, and I suggest coming Saturday on a date for our next meeting.

MR. AWASAWA: I would like to counter-propose Monday next week.

MR. LEE: As we have wasted to much time, let us hold the next meeting earlier. How about Friday afternoon of this week if Saturday is inconvenient to your side.

MR. AWASAWA: Saturday will be all right, then.

MR. LEE: And how about 10:30?

0280 MR. AWASAWA: That will be all right with us, then.

MR. LEE: Anything in mind on press release?

MR. AWASAWA: Not particular. Let us name our respective representatives to see to it as we had then do so at previous sessions.

MR. LEE: No objection. I will designate Mr. Chin.

MR. AWASAWA: We will name Mr. Suganuma to be his counterpart.

-The end-

번역

1958년 6월 17일

한국청구권위원회 선박소위원회 3차 회의 요록

1. 일시 및 장소

1958년 6월 21일(토요일), 오전 10시 45분~11시 50분, 일본 외무성 411호

2. 참석자

한국 측: 이호, 최규하, 진필식, 엄영달, 임도경, 노재원, 이원호

일본 측: 아와사와 가즈오, 다카노 도키치, 야베 마사노부, 한다 고, 이치노세 다이조, 스가누마 기요시, 구로다 미즈오, 쓰치야 미나오, 가쓰타 지히로

3. 회의록

아와사와: 우선 지난 2차 회의에서 논의했던 '어선 141척' 문제에 대해 한 말씀 드리고 싶다. 일본 측은 소위원회의 의제 제안에서 '141척 어선' 문제를 배제하기 어렵다고 생각하고 있다. '141척 어선' 문제는 한국에 억류된 어선의 문제이기 때문에 이번 소위원회에서 이 문제가 다뤄져야 한다는 것이 일본 측의 생각이다.

이: 이전 회의에서도 이와 관련한 우리 측 입장을 누차 표명했듯이, 우리는 이번 소위원회에서 이 문제를 다룰 권한이 없으며, 동시에 그렇게 할 필요성도 느끼지 못하고 있다. 소위 '141척 어선'은 이 소위원회의 활동 권한 범위를 벗어난 것이다.

아와사와: 그러면 한국 측이 어떤 경우에도 이 문제는 이 소위원회에서 다루지 않겠다는 뜻인지 궁금하다.

이: 이 소위원회의 성격에 비추어 볼 때, 이미 얘기한 바와 같이 여기서 이 문제를 다룰 권한이 없다는 것은 두말할 나위가 없다.

아와사와: 어선이라는 특성을 고려할 때, 양측이 각각 두 가지 상반된 해석을 고수하고 있다고 생각한다. 일본 측은 이 문제를 여기서 논의할 수 있고 논의해야 한다는 입장을 견지하고 있다.

이: 1957년 12월 31일 합의의사록의 관련 규정과 제1, 2, 3차 한일회담에서의 선박에 관한 토의의 성격에 비추어 볼 때, 소위 '141척 어선' 문제는 처음부터 이번 소위원회에서 논의의 대상이 될 수 없다는 견해를 갖고 있다.

아와사와: 소위원회에서 이 문제의 처리에 대한 합의에 도달할 수 없을 것 같다. 따라서 이 문제를 본회의에 회부하거나 양측 대표단의 상위 레벨에 회부하여 해결책을 모색할 것을 제안하고 싶다.

이: 소위원회에서 이 문제를 다룰지 말지를 본회의나 양측 대표단의 상위 레벨에 건의해서 결정하도록 하는 것은 웃기는 일이다. 왜냐하면 이 문제 자체는 어떤 식으로든 소위원회의 권한에 속하지 않기 때문이다. 따라서 이 문제는 선박소위원회에서 다루지 않을 것임을 분명히 하겠다.

아와사와: 양측 고위급이 이번 소위원회에서 이 문제를 다루기로 합의한다면 여기서 다뤄야 할 것이다. 따라서 '141척 어선 문제'를 더 이상 거론하지 않겠다고 지금 결정한다는 것은 결코 논리적이지 않다. 일본 측은 이 문제에 대한 양국 대표단 고위급 간 해법이 나올 때까지는 '141척 어선' 문제를 논의 과정에서 다루지 않을 수 있다는 점을 한국 측에 이해시키고자 한다.

이: 소위 '141척 어선' 문제에 대해 고위급이 결정할 수 있다는 불안정한 전제하에 이 소위원회를 진행하는 것에 동의할 수 없다.

아와사와: 우리의 활동을 중단하자는 것이 아니라 이 문제는 고위급이 결정하도록 맡기고 1957년 12월 31일에 합의한 대로 의제에 따라 현안 문제를 진행하자는 것이다.

이: 그러면 '의제 a'에 관한 우리의 논의는 1957년 12월 31일 합의된 회의록에 따라 소위 '8척'의 선박 문제에 국한된다는 뜻인가?

아와사와: 내가 실제로 말한 것은 1951년 11월 6일 현재 한국에 억류되어 있는 '8척'의 문제를 '141척 어선'과 관련하여 고위급 간에 일정한 이해나 결정이 이루어질 때까지 다루자는 것이었다.

이: 한국 측은 이 제안에 동의할 수 없다. 우리 측도 이미 상부에 보고를 했기 때문에 소위 '141척 어선'과 관련한 새로운 지시가 있으면 당연히 따라야 할 것이나, 현재 본회의나 상부에 자발적으로 권고안을 제시하는 것에 대해서는 동의할 수 없다.

아와사와: 그러면 이 부분에 대해서 어떤 제안을 하고 싶은가?

이: 누차 얘기한 것처럼, 소위 '141척 어선' 문제는 소위원회의 고유한 문제와 관련이 없기 때문에 앞으로 논의할 때 거론하지 않는다는 양해하에 실질적인 문제에 대한 논의를 시작하면 좋겠다.

아와사와: 이 문제에 대한 귀하의 해석은 우리 측의 해석과 상반된다.

이: 솔직히 말하면, 일본 측의 예상치 못한 부당한 제안에 우리 모두 깜짝 놀랐다. 일본 측의 제안은 우리 모두를 기럽하게 만들었다. 만약 일본 측이 위와 같은 부당한 제안을 계속 고수함으로써 본 소위원회의 진행이 지연된다면, 그 모든 책임은 일본 측에 귀속될 수밖에 없다. 이와 관련하여 나는 한일전면회담이 오랜만에 재개되어 우호적인 분위기 속에서 현안 문제들을 조속히 해결하려는 우리의 노력과 의지를 구체화하기 위해 이 자리에 모였다는 점에 주목하고 싶다.

아와사와: 나도 대표님의 견해에 전적으로 동의한다. 일본 측은 양국 간 현안 문제의 원만한 해결을 더욱 간절히 바라고 있다. 그럼에도 현안 문제 해결을 위해 필수적이라고 판단되는 문제들을 소개하고 이에 대한 이해를 구할 필요가 있다고 생각한다.

이: 더 이상 회담 진행을 지연시키지 말고 실질적 문제에 대한 논의를 시작해야 한다는 점을 다시 한 번 강조하고 싶다.

아와사와: 한국 측의 입장을 이해한다. 나도 하루라도 빨리 실질적인 문제를 다루고 싶은 마음이다. 그러나 우리도 한국 측과 협의해야 할 문제가 있는데, 그것은 '141척'의 어선 문제를 이번 소위원회의 의제로 삼는 문제다. 현실이 이렇기 때문에 상부로부터 새로운 지침을 보고받은 후에 이 문제를 논의하자고 제안하고 싶다.

이: 이의를 제기하지 않겠으며 다음 회의 날짜는 토요일로 제안한다.

아와사와: 다음 주 월요일을 제의하고 싶다.

이: 시간을 너무 많이 허비했으니 다음 회의는 좀 더 일찍 갖도록 하자. 토요일이 불편하면 이번 금요일 오후는 어떤가?

아와사와: 그렇다면 토요일도 괜찮을 것 같다.

이: 그러면 10시 반은 어떤가?

아와사와: 우리도 괜찮을 것 같다.

이: 보도 자료에 대해 염두에 둔 것이 있는가?

아와사와: 특별한 것은 없다. 이전 회의에서 그랬던 것처럼 각자의 대표를 지명해서 발표하도록 하자.

이: 이의 없다. 진 서기관을 지명한다.

아와사와: 스가누마 과장을 상대방으로 지명한다.

끝

9. 제4차 한일회담 청구권위원회 선박소위원회에 대한 외무부 훈령 문서

0285 외무부 June 18, 1958

Dictation(Minister's instructions)

You are advised to tell the sub-committee in the following way: do not make our position definitely by such announcement, "this sub-committee has no competence to deal with ……" as used at the negotiation on June 17, 1958, but make it clear to the Japanese side that Japanese ships captured for violation of the Peace Line became our property through due course of our law, etc.

Minutes가 접수된 후 기안하기로 말씀드리고 approval 받음. 6/18

번역 외무부 1958년 6월 18일

서취(장관 지시사항)

소위원회에서는 다음과 같이 말하기 바랍니다. 1958년 6월 17일 협상에서 그랬듯이 '본 소위원회는 …를 다룰 권한을 가지고 있지 않다'는 식으로만 우리 입장을 밝히지 말고, 평화선을 위반하여 나포된 일본 선박들은 적법한 절차에 따라 한국의 재산이 되었음을 일본 측에 확실히 전달하기 바랍니다.

회의록이 접수된 후 기안하기로 말씀드리고 승인받음. 6/18

10. 제4차 한일회담 청구권위원회 선박소위원회에서 한국 측이 취할 태도에 관한 훈령 전문

0286

DATE. June 18, 1958

SENT TO. AMBASSADOR BEN C LIMB KORDIPSION

RE YOUR CABLE MT-077 CMA GOVERNMENT POSITION IS REITERATED AS FOLLOWS COLON

ITEM ONE IT GOES WITHOUT SAYING THAT THE SUBCOMMITTEE ON VESSEL HAS NO COMPETENCE TO DEAL WITH THE JAPANESE VESSELS WHICH HAVE BEEN CONFISCATED BY THE LAW FOR CONSERVATION OF FISHERIES RESOURCES PD THIS IS LOGICAL CONCLUSION FROM THE TERMS AGREED ON IN THE AGREED MINUTES OF DECEMBER THIRTYFIRST CMA FIFTY EIGHT CMA BECAUSE THE PRESENT CONFERENCE SHOULD NOT TAKE UP SUCH MATTERS AS WERE NOT ADOPTED AS AGENDA IN THE PREVIOUS CONFERENCES PD

ITEM TWO HOWEVER CMA DELEGATION IS ADVISED THAT OUR POSITION AS STATED ABOVE DOES NEVER LEAVE ROOM FOR KOREA AND JAPAN TO DISCUSS ON THE JAPANESE VESSELS CAPTURED WITHIN THE PEACE LINE BY MEANS OTHER THAN THE SUBCOMMITTEE ON VESSEL PD IT IS EMPHASIZED THAT THERE IS NOTHING LIKE A QUESTION OF ONE FOUR ONE JAPANESE FISHING BOATS PD

0287 ITEM THREE A QUESTION IS NOT TO ADOPT AGENDA CONCERNING THE SO CALLED ONE FOUR ONE JAPANESE VESSELS BUT TO CONFIRM WHETHER THERE IS SUCH QUESTION OR NOT PD THEREFORE THERE CANNOT BE SUCH QUESTION AS QUOTE SHELVING UNQUOTE PD JAPANESE ARGUMENT OF THIS KIND MUST BE PUT DOWN ONCE FOR ALL PD OF COURSE THIS SHOULD NOT BE A PROBLEM TO BE DEALT WITH EVEN BETWEEN ROUTINE DIPLOMATIC CHANNELS OF THE TWO GOVERNMENTS PD

FOREIGN MINISTER

번역

일자: 1958년 6월 18일

수신인: 임 대사

전보 MT-077와 관련한 정부의 입장은 다음과 같습니다.

1. 말할 필요도 없이 선박소위원회는 해양 자원 보존을 위한 법에 따라 몰수된 일본 선박 문제를 다룰 권한을 보유하고 있지 않습니다. 현재 진행 중인 회담에서 기존 회담의 의제로 채택되지 않았던 문제를 다루지 않아야 하므로 1957년 12월 31일에 채택한 합의의사록에서 합의한 조건을 바탕으로 하는 것이 논리적인 결론입니다.

2. 그러나 위에서 말한 한국 측 입장이 선박소위원회 이외의 다른 수단을 통해 평화선을 위반하여 나포된 일본 선박에 대해 한국과 일본이 논의할 수 있다는 여지를 절대로 남기지 않을 것을 대표단에 지시합니다. 일본 어선 141척에 대해서는 의문의 여지가 전혀 없음을 강조합니다.

3. 소위 일본 선박 141척 문제를 의제로 채택하지 않는 것이 문제가 아니라, 이러한 문제의 존재 여부 자체를 확정하는 것이 중요합니다. 따라서 이러한 일본의 주장을 '보류'한다는 말은 성립될 수 없습니다. 일본이 이러한 주장을 완전히 내려놓게 해야 합니다. 물론 이것은 양국 정부의 통상적인 외교 채널로 다루기에도 문제가 없는 사안입니다.

외무부 장관

12. 한일회담 청구권위원회 선박소위원회 제4차 회의 요록

0290 June 21, 1958

GIST OF TALKS
FOURTH SESSION
SUB-COMMITTEE ON VESSELS, COMMITTEE ON KOREAN CLAIMS

1. Time and Place:

June 21, 1958 (Saturday) 10:45 a.m.-11:50 a.m. at Room 411, Ministry of Foreign Affairs, Japanese Government

2. Conferees:

Korean side: Mr. LEE, Ho
Mr. CHOI, Kyu Hah
Mr. CHIN, Pil Shik
Mr. OHM, Young Dal
Mr. LIMB, Do Kyong
Mr. ROH, Jae Won
Mr. LEE, Won Ho

Japanese side: Mr. Kazuo AWASAWA
Mr. Tokichi TAKANO
Mr. Masanobu YABE
Mr. Go HANDA

Mr. Taizo ICHINOSE

Mr. Kiyoshi SUGANUMA

Mr. Mizuo KURODA

Mr. Minao TSUCHIYA

Mr. Chihiro KATSUTA

3. Gist of Talks:

Mr. Awasawa: In the first place, I would like to refer to the view of the Japanese side with respect to the problem of the "141 fishing vessels." The Japanese side reached a conclusion that this Sub-committee proceeds with the agenda item as agreed upon between the both countries at the previous Korea-Japan Conference in 1951 with the understanding that, pending the higher levels decision on the matter, the Japanese side will not bring up the matter of "141 fishing vessels" at this Sub-committee.

Mr. Lee: In retrospect, difficulties were brought about when the former contended to place proposed items (c) and (d) on the agenda of this Sub-committee. Since then, the Korean side has tried to prevail upon the Japanese side to withdraw the item it proposed, reasoning that even if the proposed items were taken up at this Sub-committee, no notable result would be expected to be attained, in view of the nature of the Sub-committee. At that, the Japanese side moved one stop backward and made our talks more complicated and difficult by pulling out a new question that the proposed agenda item (d) should include the problem of the so-called "141 fishing
0291 vessels," which has nothing to do with the present Sub-committee. This being the case, the only way to expediting our procrastinated talks is to dispose of the problem on how to handle the "141 fishing vessels", and, then, to proceed with the issue as to whether or not we would adopt the proposed items (c) and (d) as the agenda items of the Sub-committee on Vessels.

Mr. Awasawa: The Japanese side, for its part, thinks that a reasonable way to the disposition of the problem of the "141 fishing vessels," is to shelve it to high levels and let them decide on it. And, then, we will proceed with the same agenda items as adopted in 1951 without taking up the matter on "141 fishing vessels" at this Sub-committee, pending the high level's decision.

Mr. Lee: What do you specifically mean by referring the problem of the so-called "141 fishing vessels" to "the high levels?"

Mr. Awasawa: I meant that the problem be submitted either to the Chief Delegates or to the delegations as a whole.

Mr. Lee: I don't know how we can agree on the problem which is out of our competence and scope of our discussion.

Mr. Awasawa: I did not mean it would necessarily require a concurrence of the Korean side.

Mr. Lee: If so, may I take it that your position is that the Japanese side will unilaterally shelve the problem to its higher authorities for the decision of the matter in question?

Mr. Awasawa: Of course, the high level of the Japanese side will have to consult or negotiate with that of the Korean side to make decision on the problems. In that sense, the both sides need an understanding at the high levels. However, the question of submitting this problem to higher levels from this Sub-committee will not necessarily require an agreement by Korean side.

Mr. Lee: Will the problem of the so-called "141 fishing vessels" not be the subject of our further discussion at this Sub-committee, then?

0292 Mr. Awasawa: I am afraid that you got me wrong. What I wanted to say was that the Japanese side would shelve the problem of "141 fishing vessels" pending the decision by the high level. Suppose the high level instruct us to take up the matter at this Sub-committee, we would have to bring back the problem to our talks.

Mr. Lee: We have to make it clear at least at this moment that the Sub-committee on Vessels would no longer take up the problem.

Mr. Awasawa: I can't see here that we will not take up the problem of the "141 fishing vessels" at this Sub-committee forever, because we, the members of this Sub-committee, do not have any way to know of what kind of decision the high level will make in this regard. What I can say now is that the Japanese side will not bring out the matter at this Sub-committee, pending the decision on the matter by the high level.

Mr. Lee: I would like reserve, until next meeting, the view of the Korean side regarding the Japanese proposal.

Mr. Awasawa: (Silence)

Mr. Lee: Let me propose to bring to a close the meeting of today.

Mr. Awasawa: I wish to say a word that the Japanese side is pretty anxious to get down to substantial matters as soon as possible.

Mr. Lee: I fully share with your desire. I, too, have several times expressed by desire of initiating the discussions of the substantial matters. Had the Japanese side not brought forward the problem of the so-called "141 fishing vessels," we would have been dealing with the substantial problems long before.

Mr. Awasawa: I suggest next Thursday(June 26) as the date for our next meeting.

Mr. Lee: The date is inconvenient to us. How about 10:30 next Friday (June 27)?

Mr. Awasawa: No objection.

0293 Mr. Lee: Any suggestion for press release?

Mr. Awasawa: Let us do just the same way as we did at previous meetings.

Mr. Lee: No objection.

(Thus Mr. Chin was named by the Korean side as its representative and Mr.

Suganuma, by the Japanese side.)

-The end-

번역

1958년 6월 21일

한국청구권위원회 선박소위원회 4차 회의 요록

1. 일시 및 장소

1958년 6월 21일(토요일), 오전 10시 45분~11시 50분, 일본 외무성 411호

2. 참석자

한국 측: 이호, 최규하, 진필식, 엄영달, 임도경, 노재원, 이원호

일본 측: 아와사와 가즈오, 다카노 도키치, 야베 마사노부, 한다 고, 이치노세 다이조, 스가누마 기요시, 구로다 미즈오, 쓰치야 미나오, 가쓰타 지히로

3. 회의록

아와사와: 먼저 '어선 141척' 문제에 대한 일본 측의 입장을 언급하고 싶다. 일본 측은 본 소위원회는 양국이 1951년 한일회담에서 합의한 의제 안건에 따라 논의를 진행하고, 어선 문제에 대해 고위급이 결정을 내릴 때까지 일본대표단은 본 소위원회에서 '어선 141척' 문제를 거론하지 않을 것이다.

이: 돌이켜보면 본 소위원회 의제에 안건 (c)와 (d)를 포함시키자고 제안하면서 어려움이 발생했다. 그 후 한국 측은 이 안건을 본 소위원회에서 논의하면 위원회의 성격을 고려했을 때 의미 있는 결과를 도출할 수 없다는 논지로 일본 측이 제안한 안건을 철회하도록 설득시키기 위해 노력해 왔다. 일본은 일보 후퇴하여 (d) 안건에 본 소위원회와 무관한 '어선 141척' 문제를 포함시키자는 새로운 제안을 꺼내들며 우리의

대화를 더욱 복잡하고 어렵게 만들었다. 지연되어 온 우리의 논의를 가속화하기 위한 유일한 방법은 '어선 141척' 문제를 어떻게 다룰 것인가에 대한 것은 내려놓고 제안된 안건 (c)와 (d)를 선박소위원회의 의제로 채택할 것인가의 여부를 논의하는 것이다.

아와사와: 일본은 '어선 141척' 문제를 처리하기 위한 합리적인 방법은 고위급이 결정하도록 유보하는 것이라고 생각한다. 그 후에는 고위급의 결정을 기다리며 본 소위원회에서는 '어선 141척' 문제를 거론하지 않고 1951년에 채택한 것과 동일한 의제에 따라 진행할 계획이다.

이: 소위 '어선 141척' 문제를 '고위급'에 유보한다는 말이 정확히 어떠한 의미인가?

아와사와: 이 문제를 수석대표 또는 전체 대표단에 제출한다는 의미다.

이: 우리가 가진 권한과 논의의 범위를 넘어서는 문제에 대해 우리가 어떻게 동의할 수 있는지 모르겠다.

아와사와: 한국 측이 꼭 동의해야 한다는 의미는 아니었다.

이: 그렇다면 일본은 일방적으로 해당 문제에 대한 결정을 고위급에 넘겨 유보하겠다는 입장인 것으로 이해해도 되겠는가?

아와사와: 물론 일본 측 고위급 대표단이 이 문제에 대한 결정을 내리기 위해 한국 측 고위급 대표들과 협의하거나 협상해야 할 것이다. 이러한 측면에서는 양측 모두 고위급에서의 이해를 도출해야 한다. 하지만 본 소위원회가 이 문제를 고위급에 제기하기 위해 한국 측의 동의가 반드시 필요하지는 않다.

이: '어선 141척' 문제가 본 소위원회에서 앞으로 우리가 논의할 주제가 되지 않는 것이 맞나?

아와사와: 잘못 이해한 것 같다. 일본대표단은 '어선 141척' 문제는 고위급에서 결정하도록 유보할 것이라는 말을 하고 싶었다. 고위급이 이 문제를 본 소위원회에서 논의하라고 지시하면 이 문제를 우리의 논의 주제로 삼게 될 것이다.

이: 최소한 지금 시점에서는 선박소위원회에서 더 이상 해당 문제를 거론하지 않을 것임을 확실히 짚고 넘어가야 한다.

아와사와: 앞으로도 영원히 본 소위원회에서 '어선 141척' 문제를 거론하지 않을 것이라고 보장할 수는 없다. 본 소위원회의 구성원인 우리가 고위급이 어떠한 결정을 내릴지 알 수 있는 방법이 없기 때문이다. 지금으로서는 고위급에서 이 문제에 대해 결

정을 내릴 때까지 본 소위원회에서 거론하지 않을 것이라는 말만 할 수 있다.

이: 일본이 제안한 바에 대한 한국 측의 입장은 다음 회의가 열릴 때까지 유보하겠다.

아와사와: (침묵)

이: 오늘 회의는 여기에서 마무리할 것을 제안한다.

아와사와: 일본대표단은 구체적인 문제에 대한 논의에 빨리 착수하기를 희망한다고 말하고 싶다.

이: 우리도 전적으로 동감한다. 여러 차례 구체적인 문제에 대한 논의를 시작하고 싶다는 바람을 표현한 바 있다. 일본이 '어선 141척' 문제를 거론하지 않았다면 이미 한참 전부터 구체적인 문제를 다루기 시작했을 것이다.

아와사와: 다음 회의는 다음 주 목요일(6월 26일)에 갖는 것을 제안한다.

이: 일정이 어렵다. 다음 주 금요일(6월 27일) 오전 10시 30분은 어떤가?

아와사와: 이의 없다.

이: 보도 자료에 대해 제안하는 의견 있는가?

아와사와: 기존 회의와 동일하게 작성하자.

이: 이의 없다.

(진 서기관이 한국 측 보도 자료 담당자로, 스가누마는 일본 측 담당자로 지정되었다.)

끝

13. 제4차 한일회담 청구권위원회 선박소위원회 협상 지침 전문

0294 NO. FT-029

DATE. 06271550

JUNE 27, 1958

SENT TO. AMBASSADOR BEN C LIMB KORDIPSION

RECABLE MT-079 DATED JUNE TWENTY FIRST CMA ONE NINE FIVE EIGHT PD NEEDLESS TO SAY CMA GOVERNMENT CANNOT ALLOW SUCH QUESTION ON ONE FOUR ONE JAPANESE FISHING VESSELS PD BUT IT IS NOT ADVISABLE AT THIS STAGE FOR US TO PRESS THE JAPANESE SIDE FOR CONFIRMING THIS FACT PD THEREFORE CMA DELEGATION IS INSTRUCTED TO MERELY TAKE NOTE OF THE JAPANESE PROPOSAL HANDLY THAT QUOTE UNLESS OTHERWISE DECIDED BY THE HIGH LEVELS OF BOTH SIDES CMA IT WILL NOT TAKE UP THE MATTER AT THIS SUBCOMMITTEE UNQUOTE CMA SO THAT THE SUBCOMMITTEE MAY PROCEED TO DISCUSS FIRST AGENDA ITEM A PD

FOREIGN MINISTER

번역 번호: FT-029

일자: 06271550

1958년 6월 27일

수신인: 한국대표부 임병직 대사

1958년 6월 21일 자 전문 관련. 말할 필요도 없이 정부는 일본 어선 141척에 관한 문제를 수락할 수 없음. 그러나 현 단계에서 일본 측이 이러한 사실을 확인하도록 압박하는 것은 바람직하지 않음. 그러므로 대표단은 "양측 고위급에서 달리 결정하지 않는 한 이 문제를 소위원회에서 다루지 않을 것"이며 소위원회는 의제 A에 관해 토론을 진행해도 좋다는 일본 측 제안을 그냥 간단히 알겠다고만 답하기 바람.

외무부 장관

15. 제4차 한일회담 청구권위원회 선박소위원회 제5차 회의 요록

0299

1 July 1958

GIST OF TALKS
FIFTH SESSION
SUB-COMMITTEE ON VESSELS, COMMITTEE ON KOREAN CLAIMS

1. Time and Place:

27 June 1958, 10:30 a.m.-11:50 a.m. at Room 411, Ministry of Foreign Affairs, Government at Japan

2. Conferees:

Korean side: Minister Yiu Tai Ha
Mr. CHOI, kyu Hah
Mr. CHIN, Pil Shik
Mr. OHM, Young Dal
Mr. LIMB, Do Kyong
Mr. ROH, Jae Won
Mr. LEE, Won Ho

Japanese side: Mr. Kazuo AWASAWA
Mr. Tokichi TAKANO
Mr. Masanobu YABE
Mr. Go HANDA

Mr. Taizo ICHINOSE

Mr. Kiyoshi SUGANUMA

Mr. Minao TSUCHIYA

2. Gist of Talks:

Minister Yiu: As Mr. LEE, Ho, Chief Member of the Korean Delegation at the Sub-committee on Vessels, has gone to Korea, I will attend this Sub-committee on his behalf until he comes back from home country.

In the first place, I would like to say a word about the view of the Korean side which was reserved by Mr. LEE at the last meeting in connection with the remarks made by the Japanese side at the previous session that "it would report on the problem of '141 fishing vessels' to the high level of the Japanese Delegation and, unless otherwise decided and instructed by the high levels of the both sides, it would not bring out the problem at this Sub-committee on Vessels"

It was quite a surprise to me that the Japanese side had come out with the so-called problem of "141 fishing vessels, thus, having made both sides spend much time. Now, the Korean side would interpose no objection to entering into discussions on the adoption of agenda items.

As to this problem, the other day, I met Mr. Sawada, Chief Delegate of the Japanese side, when I returned from home country and exchanged views with him on measures on how to dispose of the matter in question. There, I asked him whether or not be refers the problem to the high levels of the both Delegations on the measures for dispersal thereof. To this, he said, "Is that right?"

0300 Mr. Awasawa: May I understand, then, that the Korean side has no objection to the proposition by the Japanese side that the problem of the "141 fishing vessels" be reported to the high levels of the Japanese side and would not be brought out at this Sub-committee pending instructions thereon by the high levels of both sides?

Mr. Takano: Did you, Minister Yiu, discussed with Mr. Sawada as to which Committee would take up this problem?

Minister Yiu: I asked Mr. Sawada if he thought it desirable to shelve the question of the so called "141 fishing vessels" to the high levels.

Mr. Awasawa: Then, was on understanding reached between you and Mr. Sawada that the problem would be taken up at the plenary session?

Minister Yiu: No, we did not mention anything about plenary session. Touching on the matter of the so-called "141 fishing vessels," we just exchanged our views that the problem on how to handle the matter on "141" vessels be taken up at the talks between Ambassador Sawada and Ambassador Limb.

Mr. Awasawa: Will the question I just mentioned be included? (* Mr. Awasawa meant the holding of plenary session for the decision of the problem of the so-called "141 fishing vessels").

Minister Yiu: We did not talk about the problem of holding plenary session. We merely discussed that the problem on how to handle the matter on the "141 fishing vessels" might as well be decided between the Chief Delegates of the both sides.

Mr. Awasawa: If so, do you propound here to start our discussions on the adoption of agenda items, shelving out this problem in the meantime?

Minister Yiu: I think I have to make it clear now that the problem of the so-called "141 fishing vessels" has been brought out by the Japanese side, and not by the Korean side, in the course of our discussions on the adoption of agenda items at this Sub-committee.

Mr. Awasawa: Please voice the view of the Korean side, if any, with reference to the adoption of agenda items.

0301 Minister Yiu: Let us discuss and settle the two proposed agenda items one by one in their orders, which the Korean side introduced at previous meetings.

Mr. Awasawa: As I have already brought before this Sub-committee at previous meetings, I would like to ask here again that we discuss at this Sub-committee the same problems under the same agenda items as were adopted at previous Korea-Japan Conferences, in conformity with the Agreed Minutes of December 31, 1957.

Minister Yiu: I would like to renew my proposal that we discuss and settle at Sub-committee those problems coming under the two proposed agenda items (a) and (b) in accordance with their orders, and that other problems within the scope of the proposed agenda items (c) and (d) may be discussed through the negotiations between the Korean Mission and the Ministry of Foreign Affairs of the Japanese Government.

Mr. Awasawa: Do you mean that the problems falling under agenda "items (c) and (d)" shall be taken up neither at this Sub-committee nor at the plenary session, except by means of diplomatic channel?

Minister Yiu: I believe that that is the best way for the amicable settlement of the problem under agenda "items (c) and (d)."

Mr. Takano: The problems linked with the agenda "items (c) and (d)" had been the continuous subject of discussions between the both sides throughout the first, second, and third Korea-Japan Conferences. Therefore, it is more than natural that the problems be dealt with at this Sub-committee unless there is a particular reason to rule out precedents.

Minister Yiu: Your remarks made me embarrassed, for I am of the opinion that we had better not take up the problems falling within the category of agenda items (c) and (d) in view of the nature of this Sub-committee. Moreover I am afraid that, even though the problems be taken up here, no notable result would be obtained.

Mr. Awasawa: My expectation in this regard runs counter to your view. I was under an impression that the proposed agenda items (c) and (d) would be adopted should the issue of the "141 fishing vessels" be settled.

Minister Yiu: In view of the nature of this Sub-committee, our discussions at
0302 this Sub-committee may as well confine themselves to those problems coming under the scope of the proposed agenda items (a) and (b), and other problems related with proposed agenda items (c) and (d) be logically taken up at some other place than hare. However, as the Japanese side desires to take up the matters under the proposed agenda items (c) and (d) at this Sub-committee, I will refrain from raising objection thereto, provided that the problems under the agenda items (a) and (b) would be discussed and settled first in their orders and that the proviso be attached to the proposed agenda item (d) to the effect that or discussions under the item would be confined to fishing vessels detained in Korea as of November 6, 1951.

Mr. Awasawa: Though you contend that it is not appropriate for this Sub-committee to take up the questions of agenda "items (c) and (d)" taking into consideration the nature of the Committee on Korean Claims, I would like to invite your attention to the understanding reached at the conclusion of the preliminary talks on December 31, 1957 to the effect that the same matters that were discussed at previous Conferences would be taken up at the present conference, irrespective of the name of the Committee on Korean Claims.

Minister Yiu: It is true that the understanding of December 31, 1957 sets forth that the same items discussed at the previous Korean-Japan Talks will be discussed. Nevertheless, it does not go so far as to specifically stipulate that certain problems be discussed at certain Committee. Although the Japanese side brings out the "understanding" of December 31, 1957, whenever it does convenient, the problem of the so-called "141 fishing vessels" has to be excluded from the discussion at this Sub-committee, according to the very terms of the "understanding," because the problem had never been the subject of discussions between the both sides.

Mr. Awasawa: Minister Yiu, would you, please, explain once more the proviso which you overtured to add to the proposed agenda item (d)?

Minister Yiu: I proposed that a phrase be added to the proposed agenda item (d) to the effect that the discussions would be confined to the problem on fishing vessels detained in Korea as of November 6, 1951.

Mr. Awasawa: Agenda item (d) reads: "Return to Japan of fishing vessels detained in Korea."

Minister Yiu: You omitted the phrase inserted in bracket at the and of the agenda item (d).

Mr. Awasawa: It says, "reserved pending Korean investigation."

0303 Minister Yiu: I propose to attach at the end of the item (d) the wordings "as of November 6, 1951."

Mr. Awasawa: It seems to me that we don't have to specifically provide that the discussions on the agenda item (d) will be confined to the problem of the fishing vessels detained is Korea as of November 6, 1951, since the both sides came to term that the matter in question would be shelved, referring it to the high levels, and would not be presented before the Sub-committee pending the decision thereon by the high levels of the both sides.

Minister Yiu: On the contrary, I hold the opinion that we should insert the proviso lest we should come across possible misunderstanding in respect of the agenda item (d).

Mr. Awasawa: Without the proviso, the Korean side may be apprehensive that the Japanese side might bring out the problem of the "141 fishing vessels" again, when it deems necessary. On the other hand, the proviso would bring about an apprehension on the part of the Japanese side in certain circumstances. Therefore, let me have time to bone up on the matter once more.

Minister Yiu: There is no denying that the proceeding of our meetings is unnecessarily delaying. So, I hope that the Japanese side demonstrates 'sincerity' in the course of our discussions for the settlement of pending issues at this Sub-committee.

Mr. Awasawa: (Silence)

Minister Yiu: I suggest to hold next meeting tomorrow.

Mr. Awasawa: I have another meeting on Saturday.

Minister Yiu: Then. 04:00 p.m on Monday?

Mr. Awasawa: I am afraid Monday is inconvenient to me, because I have been called upon to attend the Diet for its interpellations. However, we may set the date and time tentatively for 04:00 p.m. on Monday.

0304 Minister Yiu: No objection. And any suggestion on press release?

Mr. Awasawa: Let us state that the both sides exchanged views regarding the adoption of agenda items.

Minister Yiu: No objection.

-The end-

번역

1958년 7월 1일

한국청구권위원회 선박소위원회 5차 회의 요록

1. 일시 및 장소

1958년 6월 27일, 오전 10시 30분~11시 50분, 일본 외무성 411호

2. 참석자

한국 측: 유태하 공사, 최규하, 진필식, 엄영달, 임도경, 노재원, 이원호

일본 측: 아와사와 가즈오, 다카노 도키치, 야베 마사노부, 한다 고, 이치노세 다이조, 스가누마 기요시, 쓰치야 미나오

3. 회의록

유 공사: 선박소위원회의 이호 한국 수석위원이 한국을 방문 중이므로 이 수석위원이 복귀할 때까지 내가 대신하여 본 소위원회에 출석하겠다.

먼저, 이 수석위원이 지난 회의에서 "어선 141척 문제를 고위급 일본대표단에게 보고하고, 고위급이 다르게 결정하여 지시하지 않는다면 선박소위원회에서 해당 문제를 거론하지 않을 것이다"라는 일본 측 발언에 대해 유보했던 한국 측 의견에 대해 몇 마디 하겠다.

일본이 소위 '어선 141척' 문제를 제기하여 양측이 이렇게 많은 시간을 소비하게 만든 데 대해 상당히 놀랐다. 한국은 의제 안건을 채택하기 위한 논의에 착수하자는 데 대해 이의를 제기하지 않겠다.

이 문제에 대해 한국에서 복귀한 후 사와다 일본 수석대표를 만나 해당 문제를 어떻게 처리할 것인가에 대해 의견을 나누었다. 이 자리에서 사와다에게 이 문제의 처리 방식에 대해 양측 고위급 대표들에게 보고할 것인지 묻자, 사와다 대표는 '그렇게 해도 괜찮느냐'고 물었다.

아와사와: 한국 측이 '어선 141척' 문제를 일본 고위급 대표단에게 보고하고 양국 고위급의 지시가 있을 때까지 본 소위원회에서는 거론하지 않겠다는 일본 측 제안에 이의가 없다는 의미로 이해해도 되는가?

다카노: 유 공사는 해당 문제를 어떠한 위원회에서 다루어야 하느냐는 주제로 사와다 수석대표와 논의한 것인가?

유 공사: 사와다에게 소위 '어선 141척' 문제를 고위급에 넘기는 것이 바람직하다고 생각하는지 물었다.

아와사와: 그렇다면 본회의에 이 문제를 제기하는 것에 대해 사와다와 이해에 도달했는가?

유 공사: 아니다. 본회의에 대해서는 전혀 언급하지 않았다. '어선 141척' 문제는 사와다 대사와 임 대사가 회담에서 논의해야 한다는 의견을 서로 교환했을 뿐이다.

아와사와: 내가 방금 언급한 문제도 포함되는가? (*아와사와는 '어선 141척' 문제에 대한 결정을 내리기 위해 본회의 개최를 원한다.)

유 공사: 본회의 개최 문제에 대해서는 언급하지 않았고, '어선 141척' 문제에 대한 결정을 양측 수석대표가 내릴 수도 있겠다고 논의했을 뿐이다.

아와사와: 그렇다면 이 문제는 유보해 두고 의제 안건 채택에 대한 논의를 시작할 것을 제안하는가?

유 공사: 본 소위원회의 의제 안건을 채택하기 위해 논의하는 과정에서 한국이 아니라 일본 측이 소위 '어선 141척' 문제를 제기했음을 확실히 짚고 넘어가야 할 것 같다.

아와사와: 의제 안건 채택에 대해 한국 측의 의견이 있다면 제시해 주기 바란다.

유 공사: 지난 회의에서 한국이 제안한 두 가지 의제 안건을 순서대로 하나씩 논의 및 해석하자.

아와사와: 지난 회의에서도 언급했듯이 1957년 12월 31일 자 합의의사록에 따라 지난 한일회담에서 채택한 것과 동일한 의제하에서 동일한 문제를 본 소위원회에서 논의하는 것임을 다시 언급하고 싶다.

유 공사: 제안한 두 개의 안건 (a) 및 (b)를 순서대로 논의 및 해결하고, 제안된 안건 (c) 및 (d)의 범위에 포함되는 다른 문제들은 주일 한국대표부와 일본 외무성의 협상을 통해 논의될 수 있도록 하자는 제안을 다시 언급하고 싶다.

아와사와: '안건 (c) 및 (d)'의 범위에 포함되는 문제들은 외교적 채널을 통해서만 논의하고 본 소위원회나 본회의에서는 거론하지 않는다는 의미인가?

유 공사: 그것이 '안건 (c) 및 (d)'에 속하는 문제를 원만하게 해결하기 위한 최선의 방법이라고 생각한다.

다카노: '안건 (c) 및 (d)'와 관련 있는 문제들은 1, 2, 3차 한일회담 전체에 걸쳐 양국이 계속해서 논의했던 주제다. 따라서 선례를 배제할 특별한 이유가 없다면 본 소위원회에서 다루는 것이 자연스럽다.

유 공사: 본 소위원회의 성격을 고려하여 '안건 (c) 및 (d)'에 속하는 문제는 거론하지 않는 것이 좋다는 의견을 표명한 내 발언을 곤란하게 만드는 말이다. 여기에서 그

문제를 다룬다고 해도 의미 있는 결과가 도출되지 않을 것이다.

아와사와: 내 생각은 반대다. '어선 141척' 문제를 해결하려면 안건 (c) 및 (d)를 의제로 채택해야 한다고 생각한다.

유 공사: 본 소위원회의 성격을 고려하면 우리의 논의는 제안된 안건 (a)와 (b)의 범위에 속하는 문제로 제한되어야 하고, 제안된 안건 (c) 및 (d)와 관련이 있는 다른 문제들은 이 자리가 아닌 다른 곳에서 다루는 것이 합당하다. 그러나 일본이 본 소위원회에서 안건 (c) 및 (d)에 속하는 문제를 논의하고 싶다면, 안건 (a)와 (b)의 문제들을 먼저 순서대로 논의 및 해결하고, 안건 (d)에는 이 안건에 대한 논의는 1951년 11월 6일 기준으로 한국에 억류되어 있던 어선으로 제한한다는 조건하에 논의하는 것 자체에는 이의를 제기하는 것을 삼가겠다.

아와사와: 한국청구권위원회의 성격을 고려했을 때 본 소위원회에서 '안건 (c) 및 (d)'에 속하는 문제를 논의하는 것이 적절하지 않다고 주장하지만, 1957년 12월 31일 예비교섭이 타결되었을 때 한국청구권위원회의 명칭과는 무관하게 기존 한일회담에서 논의한 것과 동일한 문제를 이번 회담에서도 논의하는 데 대한 이해에 도달했다는 사실에 주의를 환기시키고 싶다.

유 공사: 1957년 12월 31일에 기존 한일회담과 동일한 안건을 논의하겠다고 합의한 것은 사실이다. 그러나 특정 위원회에서 특정 문제를 논의한다고 구체적으로 명시한 것이 아니다. 일본은 필요할 때마다 1957년 12월 31일의 '이해'를 언급하는데, '이해'라는 단어로 인해 본 소위원회에서 '어선 141척' 문제는 배제해야 한다. 이 문제가 양측 간 논의의 주제가 된 적이 없기 때문이다.

아와사와: 안건 (d)에 덧붙이겠다고 제안한 문구에 대해 다시 한 번 설명해 주겠는가?

유 공사: 논의의 대상을 1951년 11월 6일 기준으로 한국에 억류되어 있던 어선으로 제한한다는 문구를 안건 (d)에 덧붙이자고 제안했다.

아와사와: 의제 안건 (d)가 '한국에 억류 중인 일본 어선 반환'이 되는 것인가?

유 공사: 의제 안건 (d)의 끝부분의 괄호 안에 삽입된 문구가 빠졌다.

아와사와: '한국 측 조사를 위해 억류'라고 되어있다.

유 공사: 안건 (d)의 끝부분에 '1951년 11월 6일 기준'을 덧붙이는 것을 제안한다.

아와사와: 안건 (d)의 논의를 1951년 11월 6일 기준으로 한국에 억류되어 있는 어

선으로 제한할 필요는 없을 것 같다. 양측이 이 문제는 고위급에 넘겨 유보하고, 양측 고위급 대표단이 결정을 내릴 때까지 소위원회에서 거론하지 않기로 했기 때문이다.

유 공사: 반대로 안건 (d)에 대해 오해가 생길 수 있기 때문에 해당 문구를 삽입해야 한다는 입장이다.

아와사와: 그 문구가 없으면 한국 측은 일본이 필요하다고 판단하면 다시 '어선 141척' 문제를 거론할 수 있다고 우려하게 될 수 있다. 반대로 이 문구는 특정한 상황이 되면 일본 측에 걱정을 야기할 수 있다. 따라서 이 문제는 다시 한 번 검토할 시간을 달라.

유 공사: 우리 회의의 진행이 불필요하게 지연되고 있다는 사실을 부정할 수 없다. 일본 측이 본 소위원회의 현안을 해결하기 위한 논의에 '성의'를 보여주기 바란다.

아와사와: (침묵)

유 공사: 다음 회의는 내일 개최하는 것을 제안한다.

아와사와: 토요일에는 다른 회의가 있다.

유 공사: 월요일 오후 4시는 어떤가?

아와사와: 국회에 출석해야 해서 월요일은 어려울 것 같다. 잠정적으로 월요일 오후 4시로 정해두는 것은 괜찮을 것 같다.

유 공사: 이의 없다. 보도 자료에 대한 의견 있는가?

아와사와: 양측이 의제 안건 채택에 대해 의견을 교환했다고 하자.

유 공사: 이의 없다.

끝

16. 제4차 한일회담 청구권위원회 선박소위원회 제6차 회의 요록

0306

July 3, 1958

GIST OF TALKS

SIXTH SESSION

SUB-COMMITTEE ON VESSELS, COMMITTEE ON KOREAN CLAIMS

1. Time and Place:

Jane 30, 1957, 04:00 p.m.-05:50, at Room 411, Ministry of Foreign Affairs, Japanese Government

2. Conferees:

Korean side: Minister YIU, Tai Ha
Mr. CHOI, Kyu Hah
Mr. CHIN, Pil Shik
Mr. OHM, Young Dal
Mr. LIMB, Do Kyong
Mr. ROH, Jae Won
Mr. LEE, Won Ho

Japanese side: Mr. Kazuo AWASAWA
Mr. Tokichi TAKANO
Mr. Masanobu YABE
Mr. Go HANDA

Mr. Taizo ICHINOSE

Mr. Kiyoshi SUGANUMA

Mr. Minao TSUCHIYA

Mr. Chihiro KATSUTA

3. Girt of Talks:

Minister Yiu: If the Japanese side has come to any conclusion on the proposal I made at previous meeting, I would like to hear it.

Mr. Awasawa: The Japanese side has reached a conclusion after painful studies on the proposal from every possible angle that the same agenda items that were discussed at the previous Korea-Japan Conferences would be taken up as the agenda items of this Sub-committee, without attaching any word thereto.

Minister Yiu: Please tell me if there was any particular reason with which the Japanese side would be difficult to accept my proposal regarding the proposed agenda item (d).

Mr. Awasawa: The Japanese side is of the view that, unless there exists a basic reason to change the said agenda items, it is quite natural to take
0307 up the same problem under the same agenda items that were discussed at the previous Conferences in conformity with the understanding reached on December 31 1957.

Minister Yiu: As I would like to see to it that the proviso reading "as of November 6, 1951" be attached to the agenda "item (d)", I want to urge you once more to reconsider the proposal.

Mr. Awasawa: Would you, please, tell me the definite wordings you like to attach to the end of the agenda "item (d)?"

Minister Yiu: I proposed that the phrase, as of November 6, 1951, be added to the agenda "item (d)" to read: "… the fishing vessels detained in Korea as of

November 6, 1951."

Mr. Awasawa: Does the date "November 6, 1951" has any particular implication?

Minister Yiu: November 6, 1951 is the date when the agenda items of the Committee on Vessels, the First Korea-Japan Conferences, were adopted.

Mr. Awasawa: As we have agreed upon reporting the problem of the "141 fishing vessels" to the high levels of the both sides for the decision on the measures on how to handle the problem, I do not see any necessity of adding the aforesaid proviso to the agenda "item (d)."

Minister Yiu: My proposal does not cover any new matter. It is simply purported to clarify the fact as it is. Therefore, I can hardly understand why the Japanese side can not accept it.

Mr. Awasawa: There are two facts we have to recognize. One is the fact originated from the problem of "141 fishing vessels," and the other is the fact concerning the fishing vessels detained in Korea as of November 6, 1951. Suppose we attach the proviso, which you have proposed, to the agenda "item (d)", it will result in stipulating latter fact only, and, consequently, the former fact will automatically be erased out.

Minister Yiu: I don't think that way. The problem of the so-called "141 fishing vessels" has nothing to do with the agenda item (d), as the matter was
0308 to be reported by the Japanese side to its high level for the decision by the high levels of the both sides regarding how to handle the problem.

Mr. Awasawa: I am afraid that the proviso reading "as of November 6, 1951" may imply that the problem of "141 fishing vessels" will never be taken up at this Sub-committee forever.

Minister Yiu: Your side stated that the problem of the so-called "141 fishing vessels" would be reported to your high level and, also, that the Sub-committee on Vessels would not take up the issue unless otherwise decided and instructed by the high levels of the both sides.

Mr. Awasawa: It is hard for me to understand your intention of adding a new proviso to the agenda "item (d)" that had continuously been adopted, without any change in its wordings, as one of the agenda items of the Committee on Vessels throughout the first, second, and third Korea-Japan Overall Talks.

Minister Yiu: Since the discussions at the Overall Talks on vessels lasted without touching on substantial matters on vessels in question at the second and third Conferences, and, besides, as the Japanese side did not come out with such a problem as the so-called "141 fishing vessels," the Korean side just did not see any particular necessity of altering the wordings of the agenda "item (d)" at the second and third Korea-Japan conferences.

Mr. Awasawa: As I have repeatedly told you, the Japanese side will report to its high level on the problem of "141 fishing vessels. Accordingly, we need not to amend the agenda items any more.

Minister Yiu: Now that the Japanese side finds it very difficult to consent to my proposal to add a proviso to the end of the agenda "item (d)," I will amend it. I introduce here an alternative that the phrase, as of November 6, 1951, be inserted within a bracket at the end of the agenda "item (d)," to read: "……the fishing vessels detained in Korea(as of November 6, 1951)."

Mr. Awasawa: I am afraid that the Japanese side is unable to accept that either.

(silence)

Mr. Takano: What do you specifically imply by wording, "as of?"

0309 Do you mean that the vessels which were not detained on the very day of November 6, 1951 shall be excluded from the discussions under agenda item (d)?

Minister Yiu: The phrase, the fishing vessels detained in Korea as of November 6, 1951, does not mean to expand our discussions under the agenda item (d) to the vessels detained after the very date. As the wording, detained in Korea, speaks for itself, the phrase means that the vessels which had been under detention in Korea, and not by Korea, on or before November 6, 1951 will fall within the scope of the agenda item (d). However, if the Japanese side sees certain complicated apprehensions in regard to the phrase, as of November 6, 1951, I don't mind substituting a phrase, at the time of the first Korea-Japan Conference, for the phrase, as of November 6, 1951.

Mr. Choi: Let me advise you to accept the proposal by Minister Yiu, taking into consideration the suggestion he made in connection with a proviso.

(Silence for approximately 10 minutes)

Mr. Awasawa: I still find it difficult to accept the proposal due to delicate domestic situation. Besides, now that the Diet is in full session, and tries to find fault with the Administrative, I have to be all the more cautions in negotiating with you on the issues pending.

Minister Yiu: Your remarks make me entertain an impression that the Diet does not want to see a satisfactory conclusion of the Korea-Japan Overall Talks.

Mr. Awasawa: No, not at all. The Diet is anxious to see an earlier settlement of the pending issues between the two countries under a friendly atmosphere. However, it is, at the same time, very anxious to see that legitimate assertion on the part of the Japanese side are well filed.

Minister Yiu: My proposal is aimed at endorsing the fact as it is. It by no means infringes upon any "legitimate" interest of the Japanese side.

(Silence for nearly 10 minutes)

Mr. Awasawa: As the discussions under the agenda item (d) at this Sub-committee would be limited to these vessels detained in Korea as of November 6, 1951 pending the decision by the high levels, I think it is not necessary to add a condition to agenda items adopted at the previous Conferences.

(Silence)

0310 Minister Yiu: Let us not spare our effort in reaching a conclusion regarding this matter at today's meeting.

Mr. Awasawa: I have boned upon it from the every possible angle, but always come across the answer that the Japanese side can hardly accept the proviso, no matter whether it will be inserted in the bracket or not.

Minister Yiu: I want to remind you that my suggestion with the proviso enclosed in the bracket was devised out after a long deliberation.

(Silence for approximately twenty minutes)

Minister Yiu: It seems to me that we may not arrive at any conclusion on the matter at this Sub-committee today. Therefore, I hope you reconsider the matter later. And, I propose to put an end to our meeting of today. Concerning the data for next meeting, let us decide through phone.

Mr. Awasawa: No objection.

Minister Yiu: I suggest to state in press release that the both sides failed in reaching an agreement in respect of the problem of adopting agenda items.

Mr. Awasawa: I think we had better state that the both sides exchanged views on the proceeding of the meetings of Sub-committee.

Minister Yiu: No objection.

-The end-

번역

1958년 7월 3일

한국청구권위원회 선박소위원회 6차 회의 요록

1. 일시 및 장소

1958년 6월 30일, 오후 4시~5시 50분, 일본 외무성 411호

2. 참석자

한국 측: 유태하 공사, 최규하, 진필식, 엄영달, 임도경, 노재원, 이원호

일본 측: 아와사와 가즈오, 다카노 도키치, 야베 마사노부, 한다 고, 이치노세 다이조, 스가누마 기요시, 쓰치야 미나오, 가쓰타 지히로

3. 회의록

유 공사: 지난 회의에서 제안한 내용에 대해 결론을 내렸다면 들어보고 싶다.

아와사와: 일본은 가능한 모든 각도에서 신중하게 검토한 끝에 지난 한일회담에서 논의한 것과 동일한 안건을 어떠한 문구도 덧붙이지 않고 본 소위원회의 의제에 포함시켜 논의한다는 결론에 도달했다.

유 공사: 안건 (d)에 대해 내가 제안한 내용을 일본이 수용하기가 어려운 특별한 이유가 있었는지 말해주기 바란다.

아와사와: 해당 안건을 변경할 기본적인 이유가 존재하지 않는 한 1957년 12월 31일에 이해한 바에 따라 기존 회담에서 논의한 것과 동일한 안건에서 동일한 문제를 논의하는 것이 상당히 자연스럽다는 것이 일본 측의 의견이다.

유 공사: '1951년 11월 6일 기준'을 '안건 (d)'에 덧붙이고 싶기 때문에 다시 한 번 우리 측 제안을 재고해 줄 것을 촉구한다.

아와사와: '안건 (d)'의 끝에 붙이고 싶은 정확한 문구를 말해줄 수 있는가?

유 공사: '안건 (d)'의 끝에 '1951년 11월 6일 기준'이라는 문구를 붙여 '1951년 11월 6일 기준 한국에 억류 중인 어선'으로 하자고 제안했다.

아와사와: '1951년 11월 6일'에 특별한 의미가 있는가?

유 공사: '1951년 11월 6일 기준'은 1차 한일회담 선박위원회의 의제 안건이 채택된 날짜다.

아와사와: '어선 141척' 문제를 다룰 방식에 대해 양측 고위급이 결정하도록 보고하는 데 합의했으므로 위의 문구를 '안건 (d)'에 덧붙일 필요가 없다고 생각한다.

유 공사: 지금 다룰 문제에 대한 제안이 아니었고, 단순히 사실 그대로를 명확히 하고자 제안한 사항이었다. 따라서 일본이 왜 수용할 수 없다고 하는지 이해하기 어렵다.

아와사와: 두 가지 사실을 인정해야 한다. 첫 번째는 '어선 141척' 문제에서 유래하는 사실이고, 두 번째는 1951년 11월 6일 기준 한국에 억류 중인 어선에 대한 사실이다. '안건 (d)'에 한국이 제안한 문구를 덧붙이면 두 번째 사실만을 명시하는 결과로 이어져 첫 번째 사실은 자동적으로 삭제될 것이다.

유 공사: 그렇게 생각하지 않는다. '어선 141척' 문제는 처리 방식에 대해 양측 고위급이 결정하도록 일본 측이 보고하겠다고 했으니 안건 (d)와 무관하다.

아와사와: '1951년 11월 6일'을 덧붙이면 본 소위원회에서 '어선 141척' 문제를 영원히 거론하지 않을 것이라고 암시하게 될 수 있다.

유 공사: '어선 141척' 문제를 고위급에 보고하고 양측 고위급에서 다르게 결정하여 지시하지 않는 한 선박소위원회에서는 논의하지 않겠다고 말하지 않았나.

아와사와: 1, 2, 3차 한일회담의 안건으로 문구 수정 없이 계속 채택되었던 '안건 (d)'에 새로운 문구를 추가하려는 의도를 이해하기 힘들다.

유 공사: 2차 및 3차 한일회담에서 선박에 대한 전면회담에서의 논의는 선박에 대한 구체적인 문제를 다루지 못했었고, 일본 측이 '어선 141척'과 같은 문제를 제기하지 않았었기 때문에 2차 및 3차 한일회담 당시에는 '안건 (d)'의 제목을 수정할 필요성을 느끼지 않았던 것뿐이다.

아와사와: 여러 차례 말했듯이 일본은 '어선 141척' 문제를 고위급에 보고할 예정이다. 따라서 더 이상 안건을 수정할 필요가 없다.

유 공사: 일본 측이 '안건 (d)'에 문구를 덧붙이자는 내 제안에 동의하는 것이 매우 어렵다고 하니 수정하겠다. 한 가지 대안을 제시하겠다. '1951년 11월 6일 기준'을 괄호 안에 넣어 '안건 (d)'의 끝부분에 삽입하여 '한국에 억류 중인 어선(1951년 11월 6일 기준)'으로 하는 것이다.

아와사와: 그것 또한 일본 측이 수용하기 어렵다.

(침묵)

다카노: '기준'이라는 말이 구체적으로 의미하는 바가 무엇인가? 1951년 11월 6일 그날 억류된 상태가 아니었던 선박은 안건 (d)의 논의에서 배제한다는 의미인가?

유 공사: 1951년 11월 6일 기준 한국에 억류 중이던 어선이라는 문구는 안건 (d)에 대한 우리의 논의를 해당 날짜 이후에 억류된 선박으로 확대하자는 의미가 아니다. '한국에 억류 중인'이라는 문구 자체가 보여주듯이 1951년 11월 6일 또는 그 전에 한국에 억류되어 있던 선박은 안건 (d)의 범위에 포함된다는 것을 의미한다. 그러나 일본 측이 '1951년 11월 6일'이라는 문구에 대해 어떠한 복잡한 불안감을 느낀다면 '1951년 11월 6일' 대신 '1차 한일회담 당시'를 삽입해도 상관없다.

최 참사관: 문구에 대해 제안한 사항을 고려하여 유 공사의 제안을 수용하기 바란다.

(약 10분간 침묵)

아와사와: 민감한 국내의 상황으로 인해 제안한 내용을 수용하기 어렵다고 생각한다. 게다가 국회가 완전히 재개되어 행정상의 과오를 찾고 있어서 현안에 대해 협상할 때 더욱 주의해야 하는 상황이다.

유 공사: 그 말을 들으니 일본 국회가 한일회담의 만족스러운 결과를 원하지 않는다는 생각이 든다.

아와사와: 전혀 그렇지 않다. 국회는 양국 사이의 현안들이 우호적인 분위기에서 조기에 해결되기를 간절히 바라지만, 동시에 일본 측의 합당한 주장이 잘 반영되기를 원하는 것이다.

유 공사: 내 제안은 사실을 있는 그대로 나타내기 위한 것이었고, 어떠한 방식으로도 일본 측의 '합당한' 이익을 침해하지 않는다.

(거의 10분간 침묵)

아와사와: 고위급에서 결정을 내릴 때까지 본 소위원회에서 안건 (d)에 대한 논의는 1951년 11월 6일 기준 한국에 억류 중이던 선박으로 제한될 것이므로 기존 회담에서 채택했던 안건에 조건을 추가할 필요가 없다고 생각한다.

(침묵)

유 공사: 오늘 회의에서 이 문제에 대한 결론을 도출할 수 있도록 최선을 다하자.

아와사와: 모든 각도에서 검토해 봤으나 매번 일본은 괄호 안에 넣든 아니든 해당 문구를 수용하기 어렵다는 결론에 도달하게 된다.

유 공사: 괄호 안에 문구를 넣자는 제안은 오랜 숙고 끝에 고안한 대안임을 상기키시고 싶다.

(20분간 침묵)

유 공사: 오늘 본 소위원회 회의에서 이 문제에 대해 어떠한 결론에도 도달하지 못할 수도 있다는 생각이 든다. 따라서 추후 이 문제를 재고해 주기를 희망한다. 그리고 오늘 회의는 여기에서 마무리하는 것을 제안한다. 다음 회의 일정은 전화로 결정하자.

아와사와: 이의 없다.

유 공사: 보도 자료에는 양측이 의제 안건 채택에 대한 합의에 도달하지 못했다고 밝히는 것을 제안한다.

아와사와: 양측이 소위원회 회의 진행 방식에 대한 의견을 교환했다고 하는 것이 좋을 것 같다.

유 공사: 이의 없다.

끝

17. 제4차 한일회담 청구권위원회 선박소위원회 제7차 회의 요록

0312 Tokyo, July 7, 1958

GIST OF TALKS

SEVENTH SESSION

SUB-COMMITTEE ON VESSELS, COMMITTEE ON KOREAN CLAIMS

1. Time and Place:

July 7, 1958, 03:30 p.m.-05:15 p.m. at Room, 411, Ministry of Foreign Affairs, Japanese Government

2. Conferees:

The Korean side: Mr. LEE, Ho
Mr. CHOI, Kyu Hah
Mr. CHIN, Pil Shik
Mr. OHM, Young Dal
Mr. LIMB, To Kyoung
Mr. ROH, Jai Won
Mr. LEE, Won Ho

The Japanese side: Mr. Kazuo AWASAWA
Mr. Tokichi TAKANO
Mr. Masanobu YABE
Mr. Go HANDA

Mr. Minao TSUCHIYA

Mr. Chihiro KATSUTA

3. Gist of talks:

MR. LEE: To begin, I would like to hear the view of the Japanese side toward the proposal made by the Korean side at the last session to attach a phrase, as of November 6, 1951, to the end of the agenda 'item (d).'

MR. AWASAWA: Though I have boned upon it ever since, I still find it difficult to accept the proviso.

MR. LEE: Then, do you have any other idea to suggest in this regard?

MR. AWASAWA: My suggestion in that connection is that the agenda items that were adopted at previous Korea-Japan Conference be adopted at this Sub-Committee as well without adding any wording whatsoever thereto.

MR. LEE: The proposal made by the Korean side does not carry any new implication. It is simply purported to clarify the fact as it is. Consequently, it is pretty hard for me to understand why the Japanese side cannot accept the proposal.

MR. AWASAWA: I, too, can hardly understand why the Korean side persistently maintain to put the proviso to the agenda 'item (d)'.

0313 MR. LEE: As the Japanese side brought out the problem of the so-called '141 fishing vessels' which had nothing to do with the Sub-committee on Vessels and delayed the proceeding of our discussions for quite a while, the Korean side has found it necessary to attach the proviso, as of November 6, 1951, to the agenda 'item (d)'.

MR. AWASAWA: It is agreed upon that the Japanese side would report the matter of '141 fishing vessels' to the high level of the Japanese side for its decision thereon, and that the question might be taken up at this Sub-committee should the high level of the both sides decide and instruct us to do so. Notwithstanding, it a proviso be ever added to the end of the agenda 'item (d)' with the wording you have brought forth, it will result in an automatic exclusion of the problem of '141 fishing vessels' from the agenda item (d).

MR. LEE: The Japanese side had come out, all of a sudden, with the problem of the so-called '141 fishing vessels' and balked at the proceeding of our discussions. To this, the Korean side pointed out that the problem was not related to this Sub-committee in any way end, therefore, that the matter could not be dealt with at this Sub-committee. Then, as a result of spending quite a few sessions. the Japanese side stated that it would report the matter to the high level of its side and, also. that the Japanese side would not take up the issue at this Sub-committee unless otherwise decided and instructed by the high levels of the both sides. In view of the above. I would like to reiterate that the wording, as of November 6, 1951, be attached at this moment to the agenda 'item (d)' as a proviso in the sense that the same problems that were discussed at previous conferences be made the subject of our discussions at this Sub-Committee under agenda item (d).

MR. AWASAWA: I don't think that the discussions we have so far made on the problem of '141 fishing vessels' have been futile. The Japanese side, for its own part, presented the issue before the Sub-committee as it believed that the problem falls under the scope of the proposed agenda item (d) of this Sub-committee. However, being confronted with the uncompromising opposition by the Korean side, it proposed to report the problem to the high level of its side end to shelve the issue until such time as the high levels of the both sides decide and instruct us thereon. Therefore, before any thing is done by the high levels of the both sides. I cannot acquiesce in ruling out the problem by accepting the proviso.

MR. LEE: I would like to give my word that the proviso will never cover any new fact whatsoever in connection with agenda 'item (d).'

(Silence)

MR. LEE: Let's turn back to the point at issue regarding the problem of attaching the proviso to the end of the agenda 'item (d)'.

0314 MR. AWASAWA: I have taken pains at the question. However, I still find it impossible for the Japanese side to accept the proviso.

MR. LEE: I would like to remind you that the Korean side brought forward after a discrete deliberation the proposal to add the proviso. I hope, therefore, that the Japanese side make effort to make out with the problem more constructively and reasonably.

MR. AWASAWA: I also desire that the both sides pull together to bring about a smooth proceeding of our discussion. A key to the smooth operation of this Sub-committee, I believe, is to take up the agenda items that were adopted at previous Conference, and to let them go at that without adding any proviso whatsoever, until when the high levels of the both side decide and instruct us on the problem of '141 fishing vessels'.

MR. LEE: In the beginning of our talks, the Korean side stated that those problems falling within the scope of the agenda 'item (c) and (d)' should not be included in the agenda of this Sub-committee, in view of the possibility that no notable result would be attained even if we were to deal with them. Despite this view of the Korean side, the Japanese side moved one step backward and unexpectedly came out with the problem of the so-called '141 fishing vessels'. thus causing an unnecessary delay of the proceeding of our meetings, and creating a confusion in our talks. Finally, when it found a difficulty of getting a consent from the Korean side to the proposal, the Japanese side stated that it would report the matter to the high level of its side. Thence, the Korean side made concession in the course of discussing, with a view to expediting the proceeding of this Sub-committee. And, later, in the course of the discussions on the adoption of agenda, the Korean side laid a proposal before the Sub-committee to attach a proviso to the agenda item (d) in order to clarify the fact as it is and, in consequence, to forestall any mis-leading that might possibly come out of the agenda item (d). However, the illogical opposition on the part of the Japanese side in this regard makes me embarrassed. I must tell you frankly that I am at loss on how to pressed our discussions at this sub-committee.

(Silence for approximately ten minutes)

MR. AWASAWA: I am afraid that the proviso might result in erasing off the problem of '141 fishing vessels' forever.

MR. LEE: Do you find any unsatisfactory point in the wording, 'as of November 6, 1951.'?

MR. AWASAWA: We may be hit upon better wording if we study it more.

0315 MR. LEE: If there is any wording in your mind in this regard, please spell it out.

MR. AWASAWA: As far as the Japanese side is concerned, the best way is to attach no phrase to the agenda, item (d).

MR. LEE: Thus far, the Korean side has compromised on many points in the course of our discussions at this Sub-committee. On the other hand, the Japanese side goes so far as to turn down ever the reasonable idea suggested by the Korean side. I do not know how to proceed our further discussions at this Sub-committee. Would you, please, sound off your suggestion, if any, in this regard?

MR. AWASAWA: I have an alternative in mind, that is "the agenda of the Sub-committee on vessels are the following four items which were adopted on November 6, 1951: ……"

MR. LEE: I am against the alternative. It will as the matter of course bring the proceeding of our discussions back to the very beginning and make thing from bad to worse and more complicated. So, why not think up more constructive and simplified wording, if any, for the agenda item (d), on the basis of the proposal made by the Korean side?

MR. AWASAWA: Please do not press forward with one sided view.

MR. LEE: Though you call it 'one sided,' I take it for granted that the proviso which I overtured previously is a natural outcome of our discussion in the course of previous sessions.

MR. CHOI: The Korean side has not so much favoured, from the very beginning, the adoption of agenda items (c) and (d), considering that, even though the problems which were discussed at previous Conferences under agenda 'item (c) and (d)' be taken up as the agenda items of this Sub-committee, no notable result will come out therefrom. However, the Korean side went so far as to suggest that it'll not oppose to adopt agenda items (c) and (d) if the Japanese side agrees to attach in the proviso, as of November 6, 1951, to the end of the agenda item (d).

MR. AWASAWA: I thought that the problem on the adoption of agenda items (c) and (d) was already solved, and that we were discussing on the wording of the agenda item (d). However, your remarks gave me an impression that the question of adopting agenda items (c) and (d) is still undecided and it will have to be ruled out if the proviso cannot be acceptable by the Japanese side.

0316 MR. CHOI: That is what the Korean acting chief member implied at last meeting.

MR. TAKANO: Under the Agreed Minutes of December 31, 1957, it was agreed upon that the same matters that were discussed at previous talks would be discussed at the Korea-Japan Overall Talks, if resumed.

MR. CHOI: As I have repeatedly told you, the Korean side did not intend, from the inception of our meeting, to add the proviso. However, the reason why the Korean side has been obliged to propose the proviso was that the Japanese side unexpectedly brought out the problem of the so-called '141 fishing vessels'. Anyhow, we have taken pains to be well up with the problem of adopting agenda item (d). Let us not turn back to the starting point and not do our discussions all over again. I am of the opinion that there is an ample room for the ironing out difference of pinions only if we appeal to our good senses.

MR. CHIN: When we made it repeatedly clear to the Japanese side that the matter regarding the so-called '141 fishing vessels' had no relevancy at all to the problems to be discussed at this Sub-committee and, consequently, that the Sub-committee had no competence to deal with the matter, the Japanese side stated that the problem of the so-called '141 fishing vessels' be reported to its high level and that the matter would not be taken up at this Sub-committee unless otherwise decided and instructed by the high levels of both sides. Therefore, it is the demand of reason that such a proviso should be added to the proposed agenda item (d) to clarify the fact as it is.

MR. TAKANO: I oppose to the proviso. Let us not make any alteration pending the decision on the matter by the high levels.

MR. LEE: Would you like to continue the meeting of today?

MR. AWASAWA: I hope both sides study the other's proposal with more sincerity.

MR. LEE: When do you suggest for the date of next meeting? Will Friday be all right with you?

MR. AWASAWA: Can the Korean side be ready to present a better proposal by that date?

MR. LEE: I hope the Japanese side will work out a reasonable one in line with the Korean proposal.

0317 MR. LEE: Time?

MR. AWASAWA: 03:00 p.m.

MR. LEE: That will be all right. Any thing to suggest regarding press release?

MR. AWASAWA: Let us do the same way as we did before. I will name Mr. Tsuchiya to take care of the press release as the representative of the Japanese side.

MR. LEE: I will designate Mr. Chin as his counterpart.

-The end-

번역

1958년 7월 7일, 도쿄

한국청구권위원회 선박소위원회 7차 회의 요록

1. 일시 및 장소

1958년 7월 7일, 오후 3시 30분~5시 15분, 일본 외무성 411호

2. 참석자

한국 측: 이호, 최규하, 진필식, 엄영달, 임도경, 노재원, 이원호

일본 측: 아와사와 가즈오, 다카노 도키치, 야베 마사노부, 한다 고, 쓰치야 미나오, 가쓰타 지히로

3. 회의록

이: 일단 지난 회의에서 '안건 (d)' 끝부분에 '1951년 11월 6일 기준'이라는 문구를 덧붙이자고 했던 한국 측의 제안에 대한 일본의 의견을 듣고 싶다.

아와사와: 계속 검토했으나 여전히 수용하기 어렵다는 입장이다.

이: 그렇다면 제안할 만한 다른 아이디어가 있는가?

아와사와: 기존 한일회담에서 채택했던 안건을 어떠한 문구도 추가하지 않고 그대로 채택하자고 제안하고 싶다.

이: 한국 측의 제안은 새로운 의미를 결부시키지 않는다. 단지 사실 그대로 확실히

표기하기 위한 제안일 뿐이다. 일본이 수용하지 못하는 이유를 이해하기 힘들다.

아와사와: 나 또한 한국이 '안건 (d)'에 해당 문구를 붙일 것을 고집하는 이유를 이해하기 힘들다.

이: 일본이 선박소위원회와 관련이 없는 '어선 141척' 문제를 거론하여 상당한 시간 동안 논의의 진행을 지연시켰기 때문에 한국 측은 '안건 (d)'에 '1951년 11월 6일 기준'이라는 문구를 덧붙일 필요가 있다고 판단했다.

아와사와: 일본이 '어선 141척' 문제를 고위급이 결정하도록 넘길 것이고, 양측 고위급 대표들이 결정하여 지시한다면 본 소위원회에서 해당 문제를 논의할 수도 있다는 데 합의했다. 그럼에도 한국이 제시한 문구를 '안건 (d)'에 추가한다면 안건 (d)에서 '어선 141척' 문제를 자동으로 배제하는 결과로 이어질 것이다.

이: 일본은 갑자기 '어선 141척' 문제를 거론하여 논의의 진행을 지연시켰다. 이에 한국은 이 문제가 어떠한 방식으로도 본 소위원회와 관계가 없고, 따라서 본 소위원회에서 다룰 수 없는 문제라고 지적했다. 몇 번의 회의에서 상당한 시간을 소요한 끝에 일본은 이 문제를 일본 측 고위급에 보고할 것이고, 양측 고위급이 다르게 결정 및 지시하지 않는 한 본 소위원회에서 거론하지 않겠다고 밝혔다. 이에 지난 회담에서 논의한 것과 동일한 사안을 본 소위원회의 안건 (d)로 삼는다는 맥락에서 '1951년 11월 6일 기준'이라는 문구를 '안건 (d)'에 덧붙여야 한다고 다시 반복한다.

아와사와: '어선 141척'에 대해 지금까지 했던 논의가 의미 없는 것이라고 생각하지 않는다. 일본은 본 소위원회에 제안된 안건 (d)의 범위에 포함된다고 판단해서 해당 문제를 제기했다. 그러나 한국 측이 강경히 반대하고 타협하지 않았기 때문에 이 문제를 고위급에 보고하고 양측 고위급이 결정하고 지시를 내릴 때까지 보류하겠다고 제안한 것이다. 따라서 양측 고위급 대표들이 조치를 취할 때까지는 해당 문구를 수락함으로써 이 문제에 대한 논의를 배제할 수 없다.

이: 해당 문구는 '안건 (d)'와 관련하여 어떠한 사실도 포괄하지 않을 것임을 약속한다.

(침묵)

이: '안건 (d)' 끝에 문구를 덧붙이는 문제로 돌아가 보자.

아와사와: 이 문제로 골머리를 앓았다. 하지만 여전히 일본은 받아들일 수 없다는

입장이다.

이: 신중히 숙고한 끝에 문구를 추가하자고 제안한 것임을 상기시키고 싶다. 따라서 일본 측이 보다 건설적이고 합리적으로 이 문제를 해결하기 위해 노력해 주기 바란다.

아와사와: 나 또한 양측이 논의를 원활하게 진행할 수 있기를 바란다. 본 소위원회가 원활하게 진행되기 위해서 가장 중요한 부분은 양측 고위급이 '어선 141척' 문제에 대해 결정하고 지시할 때까지 기존 회담에서 채택되었던 안건을 그대로 이어받아 논의하는 것이라고 생각한다.

이: 회담을 시작했을 때 한국 측은 '안건 (c) 및 (d)'의 범위에 포함되는 문제들은 다룬다고 하더라도 의미 있는 결과를 달성하지 못할 가능성이 높다는 것을 고려하여 본 소위원회의 의제에 포함시키지 않아야 한다고 주장했다. 한국의 이러한 의견에도 불구하고 일본 측은 한 걸음 물러나 예상치 못한 '어선 141척'이라는 문제를 제기하여 회의를 불필요하게 지연시키고 혼돈을 초래했다. 한국이 일본의 제안에 동의하지 않자 일본은 이 문제를 고위급에 보고하겠다고 말했다. 그때 한국이 소위원회의 진행 속도를 높이고자 타협했고, 추후 안건 채택을 논의하는 과정에서 있는 그대로의 사실을 명확하게 표현하여 안건 (d)에서 발생할 수 있는 일체의 오해를 미연에 방지하기 위해 안건 (d)에 문구를 추가하자고 소위원회에 제안했다. 그러나 일본 측의 비논리적인 반대로 곤란한 상황이 됐다. 솔직히 말하면 이제는 이 소위원회에서 논의를 어떻게 진행해야 할지조차 잘 모르겠다.

(약 10분간 침묵)

아와사와: 그 문구가 '어선 141척' 문제를 영원히 배제하는 결과를 낳을까 봐 우려된다.

이: '1951년 11월 6일 기준'이라는 표현에 만족스럽지 않은 부분이 있는가?

아와사와: 추가로 검토해 보면 더 나은 표현을 찾게 될 수도 있다.

이: 떠오르는 문구가 있으면 말해달라.

아와사와: 일본 입장에서는 안건 (d)에 어떠한 문구도 붙이지 않는 것이 최선이다.

이: 본 소위원회의 논의 과정에서 한국은 여러 가지 부분에서 타협해 왔다. 반면 일본은 한국 측이 제안한 합리적인 아이디어들을 거부하기만 했다. 본 소위원회에서 더 이상 논의를 어떻게 진행해야 할지 모르겠다. 제안할 내용이 있으면 하기 바란다.

아와사와: 한 가지 대안이 떠오르는데, 바로 '선박소위원회의 의제는 1951년 11월 6일에 채택한 다음과 같은 네 가지 안건이다. ……'이다.

이: 그 대안에 반대한다. 우리의 논의를 시작 단계로 되돌려 놓고 상황을 더욱 악화시키고 복잡하게 만들 것이다. 한국이 제안한 내용을 바탕으로 안건 (d)에 대한 보다 건설적이고 간결한 표현을 생각해 보는 게 어떤가?

아와사와: 일방적인 시각을 밀어붙이지 말아달라.

이: '일방적'이라고 하지만 내가 제안한 문구는 지난 회의의 논의 과정에서 나온 자연스러운 결과이고 당연하다고 생각한다.

최: 한국은 기존 회담에서 '안건 (c) 및 (d)'에서 논의한 문제를 본 소위원회의 안건으로 채택된다 한들 의미 있는 결과가 도출되지 않을 것을 고려하여 한국 측은 처음부터 안건 (c) 및 (d)의 채택을 그다지 찬성하지 않았다. 그러나 한국 측은 일본이 안건 (d)의 끝부분에 '1951년 11월 6일 기준'이라는 문구를 덧붙이는 데 동의하면 안건 (c) 및 (d)를 채택하는 것을 반대하지 않겠다고 제안하기에 이르렀다.

아와사와: 안건 (c) 및 (d)를 채택하는 문제는 이미 해결되었고, 이제는 안건 (d)의 표현에 대해 논의하고 있다고 생각했다. 하지만 방금 한 말을 들으니 안건 (c) 및 (d)의 채택 문제가 아직 해소되지 않았고 우리 측이 한국이 제안한 문구를 수용할 수 없다면 안건 채택 문제부터 처리해야 한다는 생각이 든다.

최: 지난 회의에서 한국 수석위원 대행이 의미한 바가 그것이다.

다카노: 1957년의 합의의사록에 따라 한일전면회담이 재개되면 기존 회담에서 논의한 것과 동일한 문제를 논의하기로 합의했다.

최: 여러 차례 말했듯이 한국은 논의를 시작했을 때부터 이 문구를 추가하려던 의도가 아니었다. 그러나 문구를 제안할 수밖에 없었던 이유는 일본 측이 예기치 못하게 '어선 141척' 문제를 제기했기 때문이다. 어쨌든 안건 (d) 채택을 받아들이기 위해 골머리를 앓았다. 다시 시작점으로 돌아가서 처음부터 논의를 시작하는 상황은 만들지 말자. 이성적으로 생각하면 의견 차이를 좁힐 수 있는 여지가 충분하다고 생각한다.

진: '어선 141척' 문제는 본 소위원회에서 논의할 문제와 전혀 관련이 없고 선박소위원회는 해당 문제를 다룰 권한이 없다고 여러 차례 일본 측에 명확히 설명했을 때, 일본은 '어선 141척' 문제를 고위급에 보고하여 양측 고위급이 다르게 결정하여 지시

하지 않는 한 본 소위원회에서 거론하지 않겠다고 말했다. 따라서 있는 그대로의 사실을 명확하게 표기하기 위해 제안된 안건 (d)에 위의 문구를 추가하자는 제안은 합리적인 요구다.

다카노: 그 문구에 반대한다. 고위급에서 결정을 내리기 전까지는 어떠한 부분도 수정하지 말자.

이: 오늘 회의를 계속하고 싶은가?

아와사와: 양측이 상대방의 제안을 보다 성의 있게 검토해 봤으면 좋겠다.

이: 다음 회의는 언제가 좋겠는가? 금요일 괜찮은가?

아와사와: 그때까지 한국 측이 보다 나은 제안을 준비할 수 있는가?

이: 일본이 한국의 제안에 부합하는 합리적인 방안을 마련하기를 바란다.

이: 시간은?

아와사와: 오후 3시.

이: 좋다. 보도 자료에 대해 제안할 내용 있는가?

아와사와: 전과 동일하게 작성하자. 일본 측 보도 자료 담당자로 쓰치야를 지정하겠다.

이: 우리 측 담당자는 진 서기관이다.

끝

19. 제4차 한일회담 청구권위원회 선박소위원회 제8차 회의 요록

0320

Tokyo, July 14, 1958

GIST OF TALKS
EIGHTH SESSION
SUB-COMMITTEE ON VESSELS, COMMITTEE ON KOREAN CLAIMS

1. Time and Place:

July 11, 1958, 03:30 p.m.-04:45 p.m. at Room 411, Ministry at Foreign Affairs, Japanese Government

2. Conferees:

Korean side:	Mr. LEE, Ho
	Mr. CHOI. Kyu Hah
	Mr. CHIN, Pil Shik
	Mr. OHM, Young Dal
	Mr. LIMB, Do Kyong
	Mr. ROH, Jae Won
	Mr. LEE, Won Ho
Japanese side:	Mr. Kazuo AWASAWA
	Mr. Tokichi TAKANO
	Mr. Masanobu YABE
	Mr. Go HANDA

Mr. Kiyoshi SUGANUMA

Mr. Minao TSUCHIYA

Mr. Chihiro KATSUTA

3. Gist of Talks:

Mr. Lee: At the seventh session of the Sub-committee on Vessels, we continued our discussions on the proposal submitted by the Korean side at previous sessions to attach the proviso reading "as of November 6, 1951" to the proposed agenda item (d). However, we would not come to term on the proposal. The Japanese side, then, suggested that it would further study on the proposal. Now, therefore, if the Japanese side has reached any conclusion is this regard, please let us have it here.

Mr. Awasawa: Though the Japanese side examined the proposal from every possible angle, it would not reach any other conclusion than what had been expressed at previous meetings. The proposal on the part of the Korean side to add the wording, as of November 6, 1951, to the proposed agenda item (d) may result in burying in oblivion the fact that the problem of "141 fishing vessels" has been reported to the high level of the Japanese side for its decision thereon in consultation with that of the Korean side and, consequently, that the problem is now still pending. This being the case, the Japanese side maintains the view that the beat way for a smooth operation of this Sub-committee is either not to add to the proposed agenda item (d) such a wording "as of November 6, 1951," or to employ the wording, "adopted on November 6,
0321 1951," for all the four agenda items. My understanding is a that we are at one with each other in substance regarding agenda item (d), except the question of placing the wording, as of November 6, 1951.

Mr. Lee: I am afraid that you got the Korean position wrong. To clarify the difference of views and stands between the two sides in connection with the problem linked with agenda item (d), I would like to sum up our talks and proceeding of the meetings at this Sub-committee.

As you know, during the early stage of our discussions at this Sub-committee, the Korean side proposed agenda items (a) and (b), and these were adopted without many arguments. However, with reference to the proposed agenda item (c) and (d) submitted by the Japanese side, objection was raised by the Korean side, from the very beginning of the proposal, and a series of discussions have taken place in order to iron out difference of opinions. Meanwhile, when we were talking about the proposed agenda item (d), the Japanese side all of a sudden brought out the problem of the so-called "141 fishing vessels", which had nothing to do with this Sub-committee. This was naturally confronted with a determined refutation on the part of the Korean side. Later, the Japanese side proposed to refer the problem of the so-called "141 fishing vessels" to the high levels of the both sides only to be flatly rejected by the Korean side. Then, the Japanese side stated that it would report the problem to its high level and would not bring out the issue unless otherwise decided and instructed by the high levels of the both sides. In this regard, the Korean side kept silence as to the statement and just took note of it. Under these circumstances, the Korean side promoted a proposal to add the proviso, as of November 6, 1951, to the end of the proposed agenda item (d) to nip in the bud possible misunderstandings which might come out of the proposed item. It is the natural and reasonable outcome of the discussions in this regard to add the wording, as of November 6, 1951, to the end of the proposed agenda item (d).

In this connection, the Japanese alternative gives me an impression that it tries to seek for the bringing back our discussions to the very starting point. Up to agenda items (a) and (b) which have already been adopted. Therefore, I would like to ask the Japanese side not to refer to the agenda items (a) and (b) any more, because they have already been adopted. Let us talk about on the question of adopting the proposed agenda items (c) and (d) with the proviso, as of November 6, 1951, attached to the end of the agenda item (d).

Mr. Awasawa: (Silence)

Mr. Lee: The proviso aims at clarifying the fact as it is and does not carry any new fact.

Mr. Awasawa: For all your explanations, I am not convinced that the proviso does not envisage any other fact. Moreover, the proviso which you proposed does not cover all the facts; it merely deals with one sided fact which has so far been maintained by the Korean side.

0322 Mr. Lee: On the contrary, I am of the opinion that, by inserting the proviso, as of November 6, 1951, in the proposed agenda item (d), we will be able to cover all the problems we have so far discussed here in connection with the adoption of agenda item (d).

Mr. Awasawa: I would like to reiterate that we adopt as the agenda items of this Subcommittee the same four agenda items that were adopted at the previous Korea-Japan Conference in 1951, and go right on with substantial discussions regarding agenda item (a). And, concerning the problem of "141 fishing vessels," we will act upon the decision taken by the high levels of the both sides.

Mr. Lee: As I have repeatedly made it clear that the proviso to the proposed agenda item (d) does not cover any other new fact, let's dispose of the problem on the proposed agenda item (d) with the proviso attached thereto and enter into the discussions of substantial matters of agenda item (a).

Mr. Awasawa: The Japanese side cannot acquiesce in your proposal as long as the proviso defines just one fact which the Korean side has upheld, erasing out the other fact maintained by the Japanese side.

Mr. Lee: Inasmuch as the Japanese side stated that it would report the problem of the so-called "141 fishing vessels" to its high level and it would not bring out the matter unless otherwise decided and instructed by the high levels of the both sides, and since the Korean side did not say anything in this regard, we will be able to make clear the proposed agenda item (d) by adding the proviso thereto.

Mr. Takano: Though the Korean side said that it "did not say anything in this regard," as far as I saw and understand, the Korean side had not always kept silence from the beginning of our discussions on the problem of "141 fishing vessels." Moreover, to my understanding, Minister Yiu said that be exchanged his views with Mr. Sawada on the problem, too

Mr. Choi: My understanding is that Minister Yiu only exchanged his views with Mr. Sawada on the problem and had never agreed to Japanese views; they did not touch on substantial point of the problem. What is more, Minister Yiu made it clear at that meeting that the problem of the so-called "141 fishing vessels" had been brought out by the Japanese side, and not by the Korean side.

0323 Mr. Awasawa: (Silence)

Mr. Lee: I ask you to consider the Korean proposal with sincerity and constructive idea.

Mr. Awasawa: Of course, the Japanese side is quite ready to reconsider the proposal with sincerity; however…

Mr. Takano: If the proviso, as of November 6, 1951, does not carry any new fact, and if the content of the problem is left untouched, it seems to me that it is all the more unnecessary to add the proviso to the proposed agenda item (d).

As the both sides agreed to refer the problem of "141 fishing vessels" to the high levels of the both sides, and as the problem is consequently pending, we might as well drop the proviso from the proposed agenda item (d).

Mr. Lee: I think I have to make it clear here once more that the Korean side only took note of the Japanese side's remarks when the Japanese side stated that it would report the problem of the so-called "141 fishing vessels" to its high level and would not bring out the issue unless otherwise decided and instructed by the high levels. But the Korean side has never given agreement to the Japanese side to refer the problem of the so-called "141 fishing vessels" to the high levels of the both sides.

Mr. Awasawa: (Silence)

Mr. Lee: When shall we have next meeting?

Mr. Awasawa: I suggest next Thursday.

Mr. Lee: How about next Friday (18th July)?

Mr. Awasawa: No objection. And time?

Mr. Lee: 10:30 a.m.?

0324 Mr. Awasawa: That will do. And regarding press release, let us do the same way as we did before.

Mr. Lee: No objection.

-The end-

번역

1958년 7월 14일, 도쿄

한국청구권위원회 선박소위원회 8차 회의 요록

1. 일시 및 장소

1958년 7월 11일, 오후 3시 30분~4시 45분, 일본 외무성 411호

2. 참석자

한국 측: 이호, 최규하, 진필식, 엄영달, 임도경, 노재원, 이원호

일본 측: 아와사와 가즈오, 다카노 도키치, 야베 마사노부, 한다 고,
스가누마 기요시, 쓰치야 미나오, 가쓰타 지히로

3. 회의록

이: 선박소위원회 7차 회의에서 안건 (d)에 '1951년 11월 6일 기준'이라는 문구를 덧붙이자는 한국 측 제안에 대한 논의를 이어갔으나 합의에 도달하지 못했다. 일본 측은 이 제안을 추가로 검토해 보겠다고 제안했다. 일본이 어떠한 결론에도 도달하지 못했다면 이 자리에서 결론을 내리자.

아와사와: 일본은 가능한 모든 각도에서 한국의 제안을 검토했으나 지난 회의에서 제시한 결론 외에 다른 결론에 도달하지 못했다. 안건 (d)에 '1951년 11월 6일 기준'이라는 문구를 덧붙이자는 한국 측 제안은 한국 측 고위급 대표와 협의하여 '어선 141척'에 대한 결정을 내리기 위해 일본 측 고위급에 보고했고 아직 결정되지 않은 문제라는 사실을 잊히게 만들 수 있다. 따라서 일본은 본 소위원회를 원만하게 진행하기 위한 최선의 방법은 안건 (d)에 '1951년 11월 6일 기준'이라는 문구를 덧붙이는 것도, 네 가지 안건 모두에 '1951년 11월 6일 채택된'이라는 표현을 적용하는 것도 아니라고 생각한다. '1951년 11월 6일 기준'이라는 문구를 삽입하는 것을 제외하면 안건 (d)에 대한 우리의 의견은 본질적으로 같다고 생각한다.

이: 우리의 입장을 오해한 것 같다. 안건 (d)에 대한 양측의 견해 및 입장 차이를 명확하게 밝히기 위해 본 소위원회의 진행 경과와 우리나 나눈 대화를 요약하고 싶다.

알다시피 본 소위원회 논의 초기에 한국 측은 안건 (a)와 (b)를 제안했고, 이 두 가지는 논쟁 없이 채택되었다. 그러나 일본이 제기한 (c)와 (d)에 대해서는 처음 제안되었을 때부터 한국 측이 이의를 제기했고, 의견 차이를 좁히기 위해 일련의 논의가 이어졌다. 안건 (d)에 대해 논의하는 동안 일본은 갑자기 본 소위원회와 전혀 관련이 없는 '선박 141척' 문제를 제기했고 한국 측은 당연히 강력히 논박하며 반대했다. 후에 일본 측이 '선박 141척' 문제를 양측 고위급에 회부하겠다고 제안했고, 한국 측은 바로 거부했다. 일본은 고위급에 이 문제를 보고하고 양측 고위급이 다르게 결정하여 지시하지 않는 한 거론하지 않겠다고 말했다. 한국은 이 제안에 대해서는 침묵했고 인지만 한 상태였다. 이러한 상황에서 한국은 안건 (d)에서 발생할 수 있는 오해를 방지하

고자 안건 (d)의 끝에 '1951년 11월 6일 기준'이라는 문구를 추가하자고 제안하게 되었다. 안건 (d)의 끝에 '1951년 11월 6일 기준'이라는 문구를 추가하자는 것은 자연스럽고 합리적인 논의의 결과다.

일본이 제시한 대안은 우리의 논의를 이미 채택된 안건 (a)와 (b)까지 시작점으로 되돌리려는 의도로 보인다. 따라서 안건 (a)와 (b)은 이미 채택되었으니 더 이상 언급하지 않을 것을 요청하고 싶다. (d)의 끝부분에 '1951년 11월 6일 기준'을 덧붙이는 문제와 함께 안건 (c)와 (d)의 채택 문제에 대해 논의하자.

아와사와: (침묵)

이: 해당 문구는 있는 그대로의 사실을 명확히 나타내기 위한 것이며 어떠한 새로운 사실도 내포하지 않는다.

아와사와: 그 모든 설명을 듣고도 해당 문구가 다른 어떠한 사실도 내포하지 않는다는 확신이 들지 않는다. 게다가 한국이 제안한 문구는 모든 사실을 포괄하는 것이 아니고, 한국 측이 고집하고 있는 일방적인 사실만을 포함한다.

이: 나는 반대로 생각한다. (d)의 끝부분에 '1951년 11월 6일 기준'을 삽입함으로써 안건 (d)의 채택과 관련하여 우리가 이제까지 논의해 온 모든 문제를 포괄할 수 있다고 생각한다.

아와사와: 본 소위원회는 1951년 한일회담에서 채택했던 것과 동일한 4가지 안건을 채택하고, 의제에 대한 구체적인 논의에 바로 착수해야 한다고 거듭 강조하고 싶다. 그리고 '어선 141척' 문제에 대해서는 양측 고위급이 결정한 바에 따라 진행할 것이다.

이: 여러 차례 말했듯이 안건 (d)에 문구를 삽입하는 것은 어떠한 새로운 사실도 내포하지 않기 때문에 우리가 제안한 문구를 추가하여 안건 (d)를 채택하고 안건 (a)에 대한 구체적인 논의에 착수하자.

아와사와: 한국 측이 옹호하는 한 가지 사실만을 명시하며 일본이 지지하는 다른 사실은 지워버리는 문구인 한 한국의 제안을 받아들일 수 없다.

이: 일본이 '어선 141척' 문제를 고위급에 보고할 것이라고 했고 양측 고위급이 다르게 결정하고 지시하지 않는 한 거론하지 않겠다고 말했다. 한국 측이 이에 대해 어떠한 말도 하지 않았으니 우리가 제안한 문구를 추가함으로써 안건 (d)를 명확하게

정리할 수 있을 것이다.

다카노: 한국이 '이에 대해 어떠한 말도 하지 않았다'고 했는데 내가 보고 이해한 바로는 한국 측이 '어선 141척' 문제에 대한 일본의 논의가 시작될 때부터 계속 침묵을 유지하지는 않았다. 더구나 유 공사도 이 문제에 대해 사와다와 의견을 나눴다고 말했다.

최: 유 공사는 이 문제에 대해 사와다와 의견을 교환했을 뿐이고 일본의 의견에 동의한 적이 없고 문제의 구체적인 부분을 논의하지는 않았다. 또한 유 공사는 그 회의에서 '어선 141척' 문제는 한국이 아닌 일본 측이 제기했음을 확실히 밝혔다.

아와사와: (침묵)

이: 한국의 제안을 성의 있게 건설적으로 검토해 줄 것을 요청한다.

아와사와: 물론 성의 있게 검토할 준비는 충분히 되어 있다. 하지만….

다카노: '1951년 11월 6일 기준'이라는 문구가 어떠한 새로운 사실도 수반하지 않고, 이 문제의 내용에 영향을 미치지 않는다면 더욱이 안건 (d)에 문구를 추가할 필요가 없어 보인다.

양측이 '어선 141척' 문제를 고위급에 회부하는 데 합의했고, 이 문제는 미결 상태이므로 안건 (d)에 문구를 추가하자는 제안은 철회할 수 있을 것이다.

이: 다시 한 번 한국 측은 일본이 '어선 141척' 문제를 고위급에 회부하고 고위급이 다르게 결정하고 지시하지 않는 한 거론하지 않겠다는 일본의 발언을 인지하기만 했음을 확실히 하고 싶다. 한국 측은 '어선 141척' 문제를 양측 고위급에 넘기자는 일본 측에 동의한 적이 없다.

아와사와: (침묵)

이: 다음 회의는 언제가 좋겠는가?

아와사와: 다음 주 목요일 어떤가?

이: 다음 주 금요일(7월 18일)은 어떤가?

아와사와: 이의 없다. 시간은?

이: 오전 10시 30분?

아와사와: 좋다. 보도 자료는 전과 같이 작성하자.

이: 이의 없다.

끝

22. 제4차 한일회담 청구권위원회 선박소위원회 제9차 회의 요록

0328

Tokyo, July 21, 1958

GIST OF TALKS
NINTH SESSION
SUB-COMMITTEE ON VESSELS, COMMITTEE KOREAN CLAIMS

1. Time and Place:

July 18, 1958, 10:30 a.m.- 11:40 a.m. at Room 411, Ministry of foreign Affairs, Japanese Government

2. Conferees:

Korean side: Mr. LEE, Ho
Mr. CHOI, Kyu Hah
Mr. CHIN, Pil Shik
Mr. OHM, Young Dal
Mr. LIMB, Do Kyong
Mr. ROH, Jae Won
Mr. LEE, Won Ho

Japanese side: Mr. Kazuo AWASAWA
Mr. Tokichi TAKANO
Mr. Masanobu YABE

Mr. Go HANDA

Mr. Kiyoshi SUGANUMA

Mr. Minao TSUCHIYA

Mr. Chihiro KATSUTA

3. Gist of Talks:

Mr. Awasawa: I had a word with those who were from the authorities concerned in connection with the Korean proposal to attach the proviso reading "as of November 6, 1951" to the proposed agenda item (d). At a meeting, that were against the proposal under an apprehension that it would result in obliterating the problem of "141 fishing vessels" forever from this Subcommittee. However, they were of the opinion that it would be all right with the Japanese side if the wording "as adopted on November 6, 1951" be employed for all the four agenda items.

Mr. Lee: The Korean side finds it natural and necessary to add to the proposed agenda item (d) the wording, as of November 6, 1951, in view of the proceeding of our meeting up to this session. To employ, moreover, the wording, adopted in November 6, 1951, for all the four agenda items is to bring back our discussion to the very inception and to report our talks on the adoption of agenda items (a) and (b), which have already been adopted.
0329 Furthermore, this will doubtless make the proceeding of this Subcommittee more complicated.

Mr. Awasawa: (Silence)

Mr. Lee: In order to forestall possible confusion and to secure smooth operation of our meeting, I would like to ask the Japanese side once again to reconsider the proposal with sincerity and to accept it under a more constructive and farsighted idea.

Mr. Awasawa: There is no denying that the Japanese side has discussed the problem with sincerity. Now, what I really want to ask the Korean side is that the both side make compromise with respect to the proviso, as of November 6, 1951, and proceed with substantial natters as soon as possible.

Mr. Lee: Let us not repeat the same story any more. The key to an amicable settlement of the issue is, above all, the sincerity on the part of the Japanese side.

Mr. Awasawa: The Japanese side has so far shown its utmost sincerity in the course of our discussions at this Subcommittee. A solution to this problem, I think, may be found by referring it to the high levels of the both sides. Of course, this does not mean that we go into recession and do nothing until such time as the problem be settled between the high levels. What I mean is that, pending its decision by the high levels of the both sides, we will rather get down to substantial matters at this Sub-committee. I do not think it is wise for the one side to press forward the other side to make an one-sided concession.

Mr. Lee: Though you say that the Japanese side made concessions, it was, on the contrary, the Korean side which made a good deal of compromise. For example, though the Korean side raised objection when the Japanese side had brought out the problem of the so-called "141 fishing vessels" which had had nothing to do with the subjects of discussions at this Subcommittee and, furthermore, had run counter to the Agreed Minutes of December 31, 1957, the former kept silence, just taking note of it, when the latter stated at last to the effect that it would refer to its high level the problem of the so-called "141 fishing vessels."

I can show you another examples that the Korean side made concessions in the course of our discussions. None-the-less, I think we may as well not talk about which side made more compromise to the other side, because that will be little conducive to the solution to the outstanding issues. Therefore I am of the opinion that we had better settle this matter once and for all by agreeing to attach the proviso, as of November 6, 1951, to the proposed agenda item (d).

0330 Mr. Awasawa: (Silence)

Mr. Lee: If you have any constructive idea for working out the problem, please tell it to me.

Mr. Awasawa: Let me propose that this matter be informally negotiated between Mr. Choi and Mr. Takano before we hold next meeting.

Mr. Lee: How about an informal meeting between the chief members of the both sides? As far as I am concerned, either way will do.

Mr. Awasawa: So is my opinion.

Mr. Lee: Then, let Mr. Takano and Mr. Choi negotiate on this matter, first, and we will meet later, if it does necessary.

Mr. Awasawa: No objection.

Mr. Lee: What date do you suggest for the next meeting?

Mr. Awasawa: Let us decide if after Mr. Takano, and Mr. Choi have talked over the issue.

Mr. Lee: I think we had better set the date, anyway. Now, how about next Friday?

Mr. Awasawa: That will do. And what time?

Mr. Lee: 10:30 a.m.

0331 Mr. Awasawa: No objection.

Mr. Lee: Concerning press release, let us do the same way as we did at previous meetings.

Mr. Awasawa: No objection.

-The end-

번역 1958년 7월 21일, 도쿄

한국청구권위원회 선박소위원회 9차 회의 요록

1. 일시 및 장소

1958년 7월 18일, 오전 10시 30분~11시 40분, 일본 외무성 411호

2. 참석자

한국 측: 이호, 최규하, 진필식, 엄영달, 임도경, 노재원, 이원호

일본 측: 아와사와 가즈오, 다카노 도키치, 야베 마사노부, 한다 고, 스가누마 기요시, 쓰치야 미나오, 가쓰타 지히로

3. 회의록

아와사와: 안건 (d)에 '1951년 11월 6일 기준'이라는 문구를 덧붙이자는 한국의 제안에 대해 관련 당국 관계자들과 대화를 나눴고, 관련 당국은 해당 문구를 추가하면 '어선 141척' 문제를 본 소위원회에서 영원히 지워버리는 결과로 이어질 것을 우려하며 한국 측 제안에 반대했다. 그러나 4개 안건 모두에 '1951년 11월 6일에 채택된 바와 같이'라는 문구를 적용하면 괜찮을 것이라는 의견을 제시했다.

이: 한국 측은 현재까지의 소위원회 회의 진행 경과를 고려했을 때 '1951년 11월 6일 기준'이라는 문구를 안건 (d)에 삽입하는 것이 자연스럽고 필요한 작업이라고 판단한다. 또한 4개 안건 모두에 '1951년 11월 6일에 채택된 바와 같이'라는 문구를 적용하는 것은 우리의 논의를 시작점으로 되돌리는 일이며, 이미 채택한 안건 (a)와 (b)의 채택을 다시 논의하자는 의미가 된다. 더구나 해당 안은 본 소위원회의 진행을 더욱 복잡하게 만들 것이 분명하다.

아와사와: (침묵)

이: 혼돈을 미연에 방지하고 회의를 원활하게 진행하기 위해 우리의 제안을 성의 있게 재고하고 보다 건설적이고 넓은 시각을 가지고 수용해 줄 것을 다시 한 번 일본 측에 요청하고 싶다.

아와사와: 일본이 성의 있게 이 문제를 논의했다는 것은 확실하다. 이제 한국 측에 정말 부탁하고 싶은 것은 '1951년 11월 6일 기준'이라는 문구에 대해 양측이 타협하고 최대한 빨리 구체적인 문제로 넘어가자는 것이다.

이: 같은 이야기를 더 이상 반복하지 말자. 문제를 우호적으로 해결하기 위해서는 무엇보다도 일본이 진정성을 보이는 것이 중요하다.

아와사와: 일본은 본 소위원회의 논의 과정에서 최대한의 성의를 보였다. 양측 고위급에 넘김으로써 이 문제의 해결책을 도출할 수 있다고 생각한다. 물론 회의를 중단하거나 고위급에서 문제를 해결할 때까지 손 놓고 있자는 의미는 아니다. 양측 고위급의 결정이 내려질 때까지 구체적인 문제를 논의하자는 의미다. 상대방에게 일방적인 양보를 강요하는 것은 현명하지 않은 행동이라고 생각한다.

이: 일본이 양보했다고 말하는데 한국 측이야말로 많은 부분 타협했다. 예를 들어 일본이 본 소위원회의 주제와 무관하고 1957년 12월 31일의 합의의사록에 상충하는 '어선 141척' 문제를 제기했을 때 한국이 이의를 제기하기는 했지만, 일본이 '어선 141척'을 고위급에 회부하겠다고 했을 때 이에 대해 인지하기만 하고 침묵을 지켰다.

한국이 논의 과정에서 타협한 다른 예시들도 제시할 수 있다. 하지만 현안의 해결에 도움이 되지 않으므로 어느 쪽이 더 많이 타협했는지 언급하지 않아야 한다고 생각한다. 따라서 안건 (d)에 '1951년 11월 6일 기준'이라는 문구를 덧붙이는 데 합의함으로써 이 문제를 완전히 해소하는 것이 낫다는 의견이다.

아와사와: (침묵)

이: 이 문제를 해결하기 위한 건설적인 아이디어가 있으면 말해달라.

아와사와: 다음 회의 전에 최 참사관과 다카노가 비공식적으로 협상하는 방안을 제안한다.

이: 양측 수석위원들이 비공식적으로 논의하는 것은 어떤가? 어느 쪽이든 괜찮다고 생각한다.

아와사와: 동의한다.

이: 그렇다면 일단 다카노와 최 참사관이 이 문제에 대해 협상하고, 우리는 필요하면 그 후에 만나 대화하는 것으로 하자.

아와사와: 이의 없다.

이: 다음 회의 날짜는 언제가 좋은가?

아와사와: 다카노와 최 참사관이 이 문제에 대해 논의한 후에 결정하자.

이: 일정은 정해두는 것이 좋을 것 같다. 다음 주 금요일 어떤가?

아와사와: 괜찮다. 시간은?

이: 오전 10시 30분으로 하자.

아와사와: 이의 없다.

이: 보도 자료는 지난 회의와 동일하게 작성하자.

아와사와: 이의 없다.

끝

24. 제4차 한일회담 청구권위원회 선박소위원회 제10차 회의 요록

0335

Tokyo, July 27, 1958

GIST OF TALKS
TENTH SESSION
SUB-COMMITTEE ON VESSELS, COMMITTEE ON KOREAN CLAIMS

1. Time and Place:

25th July 1958, 10:30 a.m.-10:50 a.m. at Room 411, Ministry of Foreign Affairs, Japanese Government

2. Conferees:

Korean side: Mr. LEE, Ho
Mr. CHOI, Kyu Hah
Mr. CHIN, Pil Shik
Mr. OHM, Young Dal
Mr. LIMB, Do kyong
Mr. ROH, Jae Won
Mr. LEE, Won Ho

Japanese side: Mr. Tokichi TAKANO
Mr. Masanobu YABE
Mr. Go HANDA
Mr. Kiyoshi SUGANUMA

Mr. Minao TSUCHIYA

Mr. Chihiro KATSUTA

3. Gist of Talks:

Mr. Takano: I received a telephone call from Mr. Awasawa that he was so sick that he would not to able to attend today a meeting of this Subcommittee. So, if the Korean side has any particular opinion on the proceeding of today's session, I would be glad to hear it.

Mr. Lee: I wonder if you have any idea as to the proceeding of today's meeting.

Mr. Takano: The Japanese side does not entertain any idea other than that expressed at previous sessions. So, if the Korean side has any, I would rather like to hear it.

Mr. Lee: At the last meeting, we repeated our discussions in connection with the proposal made by the Korean side that the proviso reading "as of November 6, 1951" be attached to the proposed agenda item (d). However, having failed to reach any agreement on it at the meeting, both sides decided that the matter be taken up at an informal meeting between Mr. Choi and Mr.
0336 Takano. After he had conferred with Mr. Takano, Mr. Choi reported to me that they could not reach any notable conclusion at the said meeting. Now, I would like to hear if the Japanese side mapped out any way of solution to the matter thereafter.

Mr. Takano: I intended to make a report at this Subcommittee on the outcome of the meeting between Mr. Choi and myself. However. I had been unable to make a report on the discussions to Mr. Awasawa because of his absence.

Mr. Lee: Did you study the problem thereafter?

Mr. Takano: No, not particularly.

Mr. Lee: You have told me that you more unable to report the outcome of the discussions, between Mr. Choi and yourself, to Mr. Awasawa because of his illness. Does it mean that you did not say anything to Mr. Awasawa about the meeting?

Mr. Takano: I just talked to him about our discussions through telephone without touching on them in detail.

Mr. Lee: Do you have any ides on the proceeding of today's meeting?

Mr. Takano: As Mr. Awasawa is absent, today, I don't think we can get down to the discussions of substantial matters. Therefore, I want to suggest that we postpone our meeting until such time as Mr. Awasawa would be able to show up at this Subcommittee.

Mr. Lee: No objection.

Mr. Takano: I propose that our next meeting be held on 29th July.

Mr. Lee: No objection. And Time?

0337 Mr. Takano: 10:30 in the morning?

Mr. Lee: No objection. And any suggestion as to press release?

Mr. Takano: Let us follow the same method we employed at previous meeting.

Mr. Lee: That will do.

-The end-

 1958년 7월 27일, 도쿄

한국청구권위원회 선박소위원회 10차 회의 요록

1. 일시 및 장소

1958년 7월 25일, 오전 10시 30분~10시 50분, 일본 외무성 411호

2. 참석자

한국 측: 이호, 최규하, 진필식, 엄영달, 임도경, 노재원, 이원호

일본 측: 다카노 도키치, 야베 마사노부, 한다 고, 스가누마 기요시, 쓰치야 미나오, 가쓰타 지히로

3. 회의록

다카노: 아와사와로부터 심하게 아파 오늘 소위원회 회의에 참석할 수 없다는 전화를 받았다. 한국 측이 오늘 회의의 진행에 대한 의견이 있다면 들어보고 싶다.

이: 오늘 회의의 진행에 대해 아이디어가 있는지 궁금하다.

다카노: 지난 회의에서 표명한 것 외에 다른 아이디어는 없다. 한국 측이 제시할 수 있는 의견이 있다면 들어보고 싶다.

이: 지난 회의에서 안건 (d)에 '1951년 11월 6일 기준'이라는 문구를 덧붙이자는 한국 측의 제안에 대한 논의를 반복했다. 그러나 당시 어떠한 합의에도 도달하지 못했고, 양측은 최 참사관과 다카노가 이 문제를 비공식적으로 논의하는 데 합의했다. 다카노와 협의한 후 최 참사관은 유의미한 결론에 도달하지 못했다고 보고했다. 이제 일본이 그 후에 고안한 해결책이 있는지 들어보고 싶다.

다카노: 최 참사관과 했던 회의 결과를 본 소위원회에서 보고하고 싶었다. 그러나 아와사와가 부재중이라 아와사와에게 보고하지 못한 상황이다.

이: 그 후에 해당 문제를 검토했는가?

다카노: 특별히 검토하지는 않았다.

이: 최 참사관과 논의한 결과를 아와사와가 병중이라 아와사와에게 보고할 수 없었

다고 했는데, 최 참사관과 진행한 회의에 대해 아와사와에게 아무 말도 하지 않았다는 의미인가?

다카노: 자세히 설명하지는 않고 전화로 최 참사관과의 논의에 대해 말하기만 했다.

이: 오늘 회의 진행에 대한 아이디어 있는가?

다카노: 아와사와가 오늘 참석하지 못했기 때문에 구체적인 문제를 논의할 수는 없을 것 같다. 아와사와가 본 소위원회에 참석할 수 있을 때까지 회의를 연기하는 것을 제안한다.

이: 이의 없다.

다카노: 다음 회의는 7월 29일에 개최하는 것을 제안하고 싶다.

이: 이의 없다. 시간은?

다카노: 오전 10시 30분 어떤가?

이: 이의 없다. 보도 자료에 대해 제안할 내용 있는가?

다카노: 지난 회의와 같은 방식으로 하자.

이: 좋다.

끝

26. 제4차 한일회담 청구권위원회 선박소위원회 제11차 회의 요록

0341 Tokyo, July 31, 1958

GIST OF TALKS
ELEVENTH SESSION
SUB-COMMITTEE ON VESSELS, COMMITTEE ON KOREAN CLAIMS

1. Time and Place:

July 29, 1958, 10:30 a.m.-10:50 a.m. at Room 411, Ministry of Foreign Affairs, Japanese Government

2. Conferees:

Korean side: Mr. LEE, Ho
Mr. CHOI, Kyu Hah
Mr. CHIN, Pil Shik
Mr. OHM, Young Dal
Mr. ROH, Jae Won
Mr. LIMB, Do Kyong
Mr. LEE, Won Ho

Japanese side: Mr. Kazuo AWASAWA
Mr. Tokichi TAKANO
Mr. Go HANDA
Mr. Kiyoshi SUGANUMA

Mr. Minao TSUCHIYA

Mr. Chihiro KATSUTA

3. Gist of Talks:

Mr. Awasawa: Mr. Takano told me that he had an informal meeting with Mr. Choi in accordance with the decision reached at the last session in connection with the problem of attaching the proviso, as of November 6, 1951, to the proposed agenda item (d), and, further, that no significant result was attained therefrom.

I am of the opinion that we might as well ask them to continue their informal talks on the issue.

Mr. Lee: I have no objection if the Japanese side so desires.

Mr. Awasawa: If the Korean side wants to make any other suggestion in this regard, I would be glad to hear it.

Mr. Lee: The Korean side, for its part, hopes that the Japanese side will reconsider the Korean proposal with more sincerity.

Mr. Awasawa: The Japanese side has also introduced its idea in connection
0342 with the proposed agenda item (d). Therefore, the best way for ironing out differences of positions is to make mutual concessions in this regard.

Mr. Lee: The Korean side has over and again studied the Japanese proposal, but it still maintains the view that the most reasonable thing to do at this Subcommittee is to go along with the Korean proposal.

Mr. Awasawa: I believe that Mr. Takano and Mr. Choi will take pains at seeking for an amicable settlement of this issue. And, shall we put an end to today's meeting?

Mr. Lee: No objection. When shall we hold next meeting?

Mr. Awasawa: I wonder if the 5th of August is inconvenient to the Korean side.

Mr. Lee: That will be all right with the Korean side. And time?

Mr. Awasawa: I suggest 10:30 in the morning.

Mr. Lee: No objection. And, regarding press release, let us follow the same way as we did at previous sessions.

Mr. Awasawa: No objection.

-The end-

번역

1958년 7월 31일, 도쿄

한국청구권위원회 선박소위원회 11차 회의 요록

1. 일시 및 장소

1958년 7월 29일, 오전 10시 30분~10시 50분, 일본 외무성 411호

2. 참석자

한국 측: 이호, 최규하, 진필식, 엄영달, 노재원, 임도경, 이원호

일본 측: 아와사와 가즈오, 다카노 도키치, 한다 고, 스가누마 기요시, 쓰치야 미나오, 가쓰타 지히로

3. 회의록

아와사와: 다카노가 안건 (d)에 '1951년 11월 6일 기준'이라는 문구를 덧붙이는 문제와 관련하여 지난 회의에서 결정한 내용에 따라 최 참사관과 비공식적인 회의를 가졌고 의미 있는 결과를 얻지 못했다고 말했다.

이 문제에 대한 비공식적 대화를 이어갈 것을 요청하자는 의견이다.

이: 일본 측이 원한다면 이의 없다.

아와사와: 한국 측이 다른 의견을 제안하고 싶다면 들어보고 싶다.

이: 한국 측은 일본이 한국의 제안을 보다 성의 있게 재검토해 주기를 바란다.

아와사와: 일본도 안건 (d)에 대한 아이디어를 제시한 바 있다. 따라서 양측 모두 양보하는 것이 입장 차이를 좁히기 위한 최선의 방법이다.

이: 한국 측은 일본의 제안을 여러 차례 검토했으나, 여전히 본 소위원회의 가장 합리적인 선택은 우리 측 제안에 따르는 것이라고 생각한다.

아와사와: 다카노와 최 참사관이 이 문제를 우호적으로 해결하기 위해 심혈을 기울일 것이라고 믿는다. 오늘 회의는 이것으로 마무리하는 것이 어떤가?

이: 이의 없다. 다음 회의는 언제 할 것인가?

아와사와: 8월 5일이 한국 측에 괜찮은지 궁금하다.

이: 괜찮을 것 같다. 시간은?

아와사와: 오전 10시 30분 어떤가?

이: 이의 없다. 보도 자료는 지난 회의와 동일한 방식으로 작성하자.

아와사와: 이의 없다.

끝

29. 제4차 한일회담 청구권위원회 선박소위원회 제12차 회의 요록

0347 Tokyo, August 5, 1958

GIST OF TALKS
TWELFTH SESSION
SUB-COMMITTEE ON VESSELS, COMMITTEE ON KOREAN CLAIMS

1. Time and Place:

August 5, 1958, 10:30 a.m.-11:15 a.m., at Room 411, Ministry of Foreign Affairs, Japanese Government

2. Conferees:

Korean side: Mr. LEE, Ho
Mr. CHOI, Kyu Hah
Mr. CHIN, Pil Shik
Mr. LIMB, Do Kyong
Mr. ROH, Jae Won
Mr. LEE, Won Ho

Japanese side: Mr. Kazuo AWASAWA
Mr. Tokichi TAKANO
Mr. Go HANDA
Mr. Kiyoshi SUGANUMA

Mr. Minao TSUCHIYA

Mr. Chihiro KATSUTA

3. Gist of Talks:

Mr. Awasawa: Mr. Takano gave me a briefing on the informal talks between Counselor Choi and himself that no particular progress was made on the problem in question. Here, at this Subcommittee meeting, I would like to ask the Korean side to state briefly on the report made by Mr. Choi with respect to the talks.

Mr. Lee: I received a same sort of report from Mr. Choi concerning the informal talks held at 3:30 p.m. on August 4.

Mr. Awasawa: If there is anything you would like to suggest in connection with the proceeding of this Subcommittee, please let me know.

Mr. Lee: That is just what I wanted to ask you to make.

0348 Mr. Awasawa: How about asking the two Counselors to continue their informal talks?

Mr. Lee: If the Japanese side so desires, the Korean side will not raise any objection.

Mr. Awasawa: I looked forward that there might come out a certain compromising point from the informal meetings of the two Counselors; however, I learned that no progress was made at their meeting.

Therefore, we might ask Mr. Choi and Mr. Takano to continue their talks if we can hope that the talks would be able to bring forth such an outcome as we seek to obtain.

Mr. Lee: The Korean side would raise no objection if the Japanese side proposes to continue the talks between Mr. Choi and Mr. Takano, in its hope that the talks might be conducive to the production of such a result.

Mr. Awasawa: (Silence for about five minutes)

I wonder if the Korean side has any alternative suggestion in this regard.

Mr. Lee: I rather wanted to ask you the very question. At any rate, I wish that the Japanese side shows more sincerity in the course of the discussions on the problem at issue. I believe that the Japanese side, by accepting the proposal made by the Korean side, can make the proceeding of our meetings much more smooth and effective.

Mr. Awasawa: The Japanese side cannot accept the Korean proposal because the attachment of the proviso, as of November 6, 1951, to the proposed agenda item (d) may result in obliterating forever the problem of "141 fishing vessels" from the discussions of ours at this Subcommittee.

Mr. Lee: Do you mean, then, that it is impossible for the Japanese side to accept the proposal by the Korean side and that there is no room for further study by the Japanese side on the issue?

Mr. Awasawa: I am afraid that the Japanese side may not acquiesce in the proposal as such. A change in the expression of the proviso is desirous.

0349 Mr. Lee: Is there any particular phrase in your mind?

Mr. Awasawa: No, I don't have a definite wording in mind. But 1 think we might as well ask Mr. Choi and Mr. Takano to take pains at finding out the proper expression, too.

Mr. Lee: Then, do you propose that the two Counselors continue their informal talks?

Mr. Awasawa: If we, both sides, would think that the informal negotiations between the two Counselors could produce an expected result, let us ask them to continue their meetings.

Mr. Lee: I am under an impression that the attitude of the Japanese side has gradually been getting stiffened. Nevertheless, I am of the opinion that the Korean proposal is the most reasonable one for the prompt conclusion of our discussions regarding the adoption of agenda items. However, would the

Japanese side propose that the informal meetings between Mr. Choi and Mr. Takano be continued, the Korean side would not oppose to it.

Mr. Awasawa: The Japanese side, too, received the same impression from the Korean side of an unyielding attitude as you got from the Japanese side, if there was any. Though we have held several sessions since the introduction of the Korean proposal that the proviso reading "as of November 6, 1951" be placed at the end of the proposed agenda item (d), we have been unable to come to term on the matter. This being the reality, I think we had better make mutual concessions for the earliest conclusion of our talks regarding the adoption of the agenda items.

Mr. Lee: Though you say that the Korean side has recently stiffened its attitude towards the Japanese side, there has never been any of such attitudes on the part of the Korean side.

Mr. Awasawa: That was the impression which the Japanese side received from the Korean side.

Mr. Lee: Argument as to the impression for the argument's sake will not help anything for the settlement of the problem at issue. So, let us proceed with
0350 more constructive ideas for the effective operation of this Subcommittee.

Mr. Awasawa: (Silence)

Mr. Lee: The Korean side has demonstrated its sincerity throughout the meetings at this Subcommittee. And now, I would not oppose to the continuation of the informal meetings between the two Counselors if the Japanese side seeks for working out the problem with sincerity.

Mr. Awasawa: Without mutual concessions, there will be no good result even though they are to continue their talks.

Mr. Lee: Of course, mutual concessions would be the key to the prompt and amicable settlement of any problem. The Korean side, therefore, has made enough concessions in the course of discussions at this Subcommittee.

Furthermore, the Korean side, I assure you, will hereafter never spare its effort and sincerity for the settlement of problems in the course of discussions.

Mr. Awasawa: So will the Japanese side.

Mr. Lee: Any suggestion you would like to make in connection with the proceeding of our meeting, today?

Mr. Awasawa: As there is no other workable alternative at present, I think we may as well ask Mr. Takano and Mr. Choi to continue their talks.

Mr. Lee: What date do you suggest for the neat meeting of this Sub-committee?

Mr. Awasawa: Will next Thursday be all right with the Korean side?

Mr. Lee: Thursday is inconvenient to the Korean side. How about next Wednesday?

0351 Mr. Awasawa: I would rather like to suggest next Friday, then.

Mr. Lee: Next Friday is our national holiday.

Mr. Awasawa: Will Wednesday afternoon be convenient to the Korean side?

Mr. Lee: That day will be all right with the Korean side. And concerning press release, let me propose to follow our practice.

Mr. Awasawa: No objection.

-The end-

번역 1958년 8월 5일, 도쿄

한국청구권위원회 선박소위원회 12차 회의 요록

1. 일시 및 장소

1958년 8월 5일, 오전 10시 30분~11시 15분, 일본 외무성 411호

2. 참석자

한국 측: 이호, 최규하, 진필식, 임도경, 노재원, 이원호

일본 측: 아와사와 가즈오, 다카노 도키치, 한다 고, 스가누마 기요시, 쓰치야 미나오, 가쓰타 지히로

3. 회의록

아와사와: 다카노가 최 참사관과 가진 비공식적 대화에 대해 브리핑했고 특별한 진전이 없었다고 보고했다. 본 소위원회 회의에서는 이 대화에 대해 최 참사관이 보고한 내용을 한국 측이 간략히 설명해 줄 것을 요청하고 싶다.

이: 8월 4일 오후 3시 30분에 있었던 비공식적 논의에 대해 최 참사관으로부터 같은 종류의 보고를 받았다.

아와사와: 본 소위원회 진행 방식에 대해 제안하고 싶은 사항이 있으면 알려달라.

이: 일본 측에 요청하려고 했던 내용이다.

아와사와: 두 참사관이 비공식적인 대화를 이어갈 것을 요청하는 것은 어떤가?

이: 일본 측이 원한다면 한국 측은 이의를 제기하지 않겠다.

아와사와: 두 참사관의 비공식적 논의에서 타협점이 도출될 것을 기대한다. 그러나 진전이 없었다고 들었다. 따라서 우리가 목표로 하는 결과를 기대할 수 있다면 최 참사관과 다카노가 대화를 이어갈 것을 요청할 수 있겠다.

이: 바람직한 결과로 이어지기를 기대하며 최 참사관과 다카노가 논의를 이어갈 것을 일본 측이 제안한다면 한국은 이의를 제기하지 않겠다.

아와사와: (약 5분간 침묵) 한국이 제안하고 싶은 대안이 있는지 궁금하다.

이: 그 질문은 일본에 던지고 싶다. 이 문제를 논의하는 과정에서 일본이 더 성의를 보였으면 좋겠다. 한국이 제안한 방법을 일본 측이 수용하면 회의를 보다 원활하고 효과적으로 진행할 수 있다.

아와사와: 안건 (d)에 '1951년 11월 6일 기준'이라는 문구를 덧붙이면 '어선 141척' 문제가 본 소위원회의 논의 대상에서 영원히 배제될 수 있기 때문에 한국의 제안을 수용할 수 없다.

이: 한국의 제안을 일본 측이 수용할 수 없고, 이 문제에 대해 일본이 추가로 검토할 여지도 없다는 의미인가?

아와사와: 일본은 그러한 제안을 용인할 수 없다. 문구의 표현을 바꾸기를 원한다.

이: 특별히 생각하고 있는 문구가 있는가?

아와사와: 없다. 떠오르는 정확한 표현은 없다. 적절한 표현을 고심해 볼 것을 최 참사관과 다카노에게 요청해 볼 수 있을 것이다.

이: 두 참사관이 비공식적인 대화를 이어갈 것을 제안하는 건가?

아와사와: 양측이 두 참사관 사이의 비공식적 협상을 통해 원하는 결과를 도출할 수 있다고 생각한다면 회의를 계속할 것을 요청하자.

이: 일본 측의 태도가 점차 경직되고 있다는 느낌을 받는다. 그러나 의제 안건 채택을 신속히 결정하기 위해 가장 합리적인 방법은 한국의 제안을 받아들이는 것이라고 생각한다. 그러나 일본 측이 최 참사관과 다카노의 비공식 회의를 이어가자고 제안한다면 한국 측은 반대하지 않겠다.

아와사와: 일본 또한 마찬가지로 한국 측의 태도가 강경하다는 인상을 받았다. 한국이 안건 (d)에 '1951년 11월 6일 기준'이라는 문구를 덧붙이자고 처음 제안한 후 여러 차례 회의를 개최했지만 합의에 이르지 못했다. 이게 현실이니 의제 안건 채택에 대한 논의를 조속히 마무리하기 위해서는 상호 타협해야 한다고 생각한다.

이: 일본에 대한 한국의 태도가 최근에 강경하다고 말하는데, 한국 측은 이러한 태도를 보인 적이 없다.

아와사와: 일본이 한국 측으로부터 받은 인상이 그렇다.

이: 이러한 인상에 대해 논쟁을 위한 논쟁을 벌이는 것은 현안을 해결하는 데 전혀 도움이 되지 않는다. 또한 소위원회를 효과적으로 운영하기 위해서는 더욱 건설적인

아이디어를 가지고 논의를 진행해야 한다.

아와사와: (침묵)

이: 한국 측은 본 소위원회 회의 전반에 걸쳐 성의를 보였다. 일본이 이 문제를 성의 있게 해결하고자 한다면 두 참사관이 비공식적인 회의를 이어가는 것에 반대하지 않겠다.

아와사와: 상호적 양보 없이는 두 사람이 계속 논의한다 해도 좋은 결과를 얻을 수 없을 것이다.

이: 물론 어떠한 문제든 신속하고 우호적으로 해결하려면 상호적 양보가 핵심적이다. 따라서 한국 측은 본 소위원회의 논의 과정에서 충분히 양보했다. 논의 과정에서 문제를 해결하기 위해 노력과 성의를 아끼지 않겠다고 확언한다.

아와사와: 일본 측도 마찬가지다.

이: 오늘 회의 진행에 대해 제안할 내용 있는가?

아와사와: 현재로서는 실행 가능한 다른 대안이 없기 때문에 나 또한 다카노와 최 참사관이 논의를 이어가는 것을 요청한다.

이: 다음 회의는 언제가 좋겠는가?

아와사와: 다음 주 목요일 괜찮은가?

이: 목요일은 어렵다. 수요일은 어떤가?

아와사와: 그렇다면 다음 주 금요일을 제안한다.

이: 다음 주 금요일은 우리 국경일이다.

아와사와: 수요일 오후는 괜찮은가?

이: 그날은 괜찮을 것이다. 보도 자료는 관행을 따르는 방안을 제안한다.

아와사와: 이의 없다.

끝

32. 제4차 한일회담 청구권위원회 선박소위원회 제13차 회의 요록

0356 Tokyo, 14th August 1958

GIST OF TALKS
THIRTEENTH SESSION
SUBCOMMITTEE ON VESSELS, COMMITTEE OF KOREAN CLAIMS

1. Time and Place:

August 15, 1958, 03:00 p.m.-05:50 p.m., at Room 411, Ministry of Foreign Affairs, Japanese Government

2. Conferees:

Korean side: Mr. LEE, Ho
Mr. CHIN, Pil Shik
Mr. OHM, Young Dal
Mr. LIMB, Do Kyong
Mr. ROH, Jae Won
Mr. LEE,Won Ho

Japanese side: Mr. Tokichi TAKANO
Mr. Go HANDA
Mr. Kiyoshi SUGANAMA
Mr. Chihiro KATSUTA
Mr. Minao TSUCHIYA

3. Gist of Talks:

Mr. Takano: As the chief member of the Japanese side, Mr. Awasawa is absent from today's meeting on account of a certain important official business, I will represent the Japanese side at this session.

In accordance with the decision reached at previous session, Mr. Choi and myself were to have a talks on the matter in question; however, due to Mr. Choi's sudden visit to Korea, our schedule was changed, and, consequently, Mr. Chin and Mr. Suganuma were to take over our job, instead. But no particular progress was made between them, I understand.

After a continuous study on the problem at issue, the Japanese side has come to a conclusion that the best way for a smooth operation of this Subcommittee is either to enter into substantial discussions form agenda item (a) leaving the question of the wording of the proposed agenda item (d) for later solution or to employ the wordings, "adopted on November 6, 1951," for all the four agenda items.

Mr. Lee: The Korean side has also studied the problem and reached the conclusion that, in view of the proceeding of this Subcommittee meetings with respect to the adoption of agenda items, the most reasonable way for us was to add the proviso, as of November 6, 1951, to the end of the proposed agenda item (d). Therefore, I would like to ask Japanese side once again to think it over again with more sincerity.

0357 Mr. Takano: The Japanese side, for its part, thinks the most reasonable way is to employ the wording, "adopted on November 5, 1951," for all the agenda items.

In this connection, the Japanese side would like to report this problem to its high level and to receive instructions therefore.

Mr. Lee: As to the Japanese side's desire to report the problem to its high level and receive instructions thereon, I will not say anything. Now, both sides stick to its own proposal as a reasonable one. However, to the Korean side, the proposal made by the Korean side is the most reasonable one for a prompt conclusion of our talks on the adoption of agenda items, in view of the proceeding of the meeting at this Subcommittee. Hence, I hope that the Japanese side consider it with more sincerity so that this question be settled in line with the Korean proposal.

Mr. Takano: The Japanese side, too. thinks that its own proposal is a reasonable one, and wishes, therefore, that the Korean side reconsider the proposal.

Mr. Lee: If there is any suggestion you would like to make as to the proceeding of today's session, I would be glad to hear it.

Mr. Takano: Does the Korean side have any particular idea in mind in this regard?

Mr. Lee: No, not particularly.

Mr. Takano: The Japanese side does not have any particular idea, as well.

Mr. Lee: If so, let us put a close to today's meeting and set the date for next meeting.

Mr. Takano: Now that the chief number of the Japanese side, Mr. Awasawa is absent and, also as the Japanese side is going to make report on the problem to its high level, I am unable to set the date for next meeting, now. This being the circumstances, I would contact with you later for the setting of the date of next meeting when the Japanese side is ready.

Mr. Lee: That might be an idea in connection with the prearrangement of the date for next meeting. However, I, for my part, think that we should decide the date here as we have so far been doing.

0358 Mr. Takano: I will have Mr. Suganuma call Mr. Chin later for the setting of the date.

Mr. Lee: I rather want to set the date, now. How about next Wednesday?

Mr. Takano: Since some of the high level persons of the Japanese Government are absent from posts, I am unable to decide the date here.

Mr. Lee: Though the Korean side wishes to hold next meeting on next Wednesday, no other way can be found but to leave the matter undecided as the Japanese side consistently says it can not set the date here.

Mr. Takano: Concerning press release let us ask Mr. Suganuma and Mr. Chin to take care of it.

Mr. Lee: I am of the opinion that we had better tell reporters what we have discussed here today.

Mr. Chin: I entertain an idea that the press release be made to the effort that the Korean side proposed next Wednesday(20 August) for the next session of this Subcommittee, while the Japanese side counter-proposed that the date for the next meeting decided later, thus, the meeting being closed without as reaching any agreement on the date of the next meeting.

Mr. Takano: Let us make the press release simpler. Moreover, on 20 August (Wednesday), I remember, the Committee on Fisheries and "Peace Line" is scheduled to be held.

Mr. Lee: Then, the Korean side does not mind holding session on Tuesday(19 August).

Mr. Takano: As I have already made it clear, I am not in a position to decide the date for the Japanese side here. My suggestion is that the press release be made in the following content of phrases. The Korean side proposed to hold next meeting some day during next week, but the Japanese side, on account of several reasons, asked the Korean side to decide it later.

0359 Mr. Lee: That phrasing is not true to what we have actually discussed here today. It might, I am afraid, give a false impression that as though the Korean side agreed to the Japanese overture that the date for the next meeting of this Subcommittee will be set later.

Mr. Takano: I would like to ask the Korean side to delete the wording, "wording reaching any agreement," from the press release which Mr. Chin has previously suggested.

Mr. Lee: The press release must carry what has actually be discussed and come out of today's session.

Mr. Takano: I would like to request the Korean side of reconsidering the deletion of the phrasing, "without reaching any agreement."

Mr. Lee: If you so desire, I think we may delete the expression. However, I ask you to show the expression you would like to put?

Mr. Takano: My suggestion is that the press release be phrased to the effect that the Korean side overtured that the next session be held some day during next week, while the Japanese side counter-proposed that the date be decided later on.

-The end-

번역

1958년 8월 14일, 도쿄

한국청구권위원회 선박소위원회 13차 회의 요록

1. 일시 및 장소

1958년 8월 5일, 오전 10시 30분~11시 15분, 일본 외무성 411호

2. 참석자

한국 측: 이호, 진필식, 엄영달, 임도경, 노재원, 이원호

일본 측: 다카노 도키치, 한다 고, 스가누마 기요시, 가쓰타 지히로, 쓰치야 미나오

3. 회의록

다카노: 일본 측 수석대표인 아와사와가 중요한 공무로 오늘 회의에 불참하게 되어서 제가 일본 측을 대표해서 이 회의에 참석하게 되었다.

지난번 회의에서 결정된 바에 따라 저와 최 참사관이 현안에 관해 협의하기로 했으나, 최 참사관의 갑작스러운 방한으로 인해 최 참사관이 불참하게 되었다. 최 참사관의 갑작스러운 방한으로 인해 일정이 변경되었고, 그 결과 진 서기관과 스가누마 과장이 대신 업무를 맡게 되었다. 하지만 두 사람 사이에 특별한 진전은 없었던 것으로 알고 있다.

일본 측은 이 문제에 대해 계속 검토한 결과, 의제 (d)항의 문구 문제는 추후 해결하도록 남겨두고 의제 (a)항부터 실질적인 논의에 들어가거나 4개 의제 모두에 '1951년 11월 6일 채택'이라는 문구를 사용하는 것이 이 소위원회의 원활한 운영을 위한 최선의 방법이라는 결론에 도달했다.

이: 우리 측도 이 문제를 검토한 결과, 의제 채택과 관련한 이번 소위원회 회의 진행 상황을 고려할 때 제안된 의제 (d)항의 마지막에 '1951년 11월 6일 기준'이라는 단서를 추가하는 것이 가장 합리적인 방법이라는 결론에 도달했다. 따라서 일본 측이 좀 더 성의를 가지고 다시 한 번 생각해 줄 것을 다시 한 번 부탁한다.

다카노: 일본 측에서는 다음과 같은 문구를 사용하는 것이 가장 합리적인 방법이라고 생각한다. 모든 의제에 대해 '1951년 11월 5일 채택'이라는 문구를 사용하는 것이 가장 합리적이라고 생각한다. 이와 관련해서 일본 측은 이 문제를 고위급에 보고하고 그에 따른 지시를 받고자 한다.

이: 일본 측이 이 문제를 고위급에 보고하고 그에 따른 지시를 받고 싶다는 것에 대해서는 더 이상 이야기하지 않겠다. 지금 양측 모두 자국의 제안이 합리적이라는 입장을 고수하고 있다. 그러나 우리 측으로서는 이번 소위원회의 회의 진행 상황을 고려할 때 의제 채택 협의를 조속히 타결하기 위해서는 우리 측의 제안이 가장 합리적인 안이라고 생각한다. 따라서 이 문제가 한국 측 제안에 따라 해결될 수 있도록 일본 측이 보다 성의 있게 검토해 주기를 바란다.

다카노: 일본 측도 자국의 제안이 합리적이라고 생각하며, 따라서 한국 측이 제안을 재고해 주기를 바란다.

이: 오늘 회의 진행과 관련해서 제안하고 싶은 것이 있으면 말해주기 바란다.

다카노: 이와 관련하여 한국 측에서 특별히 염두에 두고 있는 아이디어가 있는가?

이: 특별히 없다.

다카노: 일본 측도 특별한 생각은 없다.

이: 그렇다면 오늘 회의는 이것으로 마무리하고 다음 회의 날짜를 정하도록 하자.

다카노: 지금 일본 측 수석대표인 아와사와가 부재중이고, 또 일본 측에서 고위급에 이 문제를 보고할 예정이기 때문에 다음 회의 날짜를 지금 정할 수 없는 상황이다. 이런 상황이기 때문에 일본 측이 준비되는 대로 다음 회의 날짜는 추후에 다시 연락을 주도록 하겠다.

이: 다음 회담 날짜 사전 조율과 관련해서 그런 것도 하나의 아이디어가 될 수 있을 것 같다. 그러나 우리 입장에서는 지금까지 해왔던 대로 여기서 날짜를 정하는 것이 좋다고 생각한다.

다카노: 스가누마에게 나중에 진 서기관에게 전화해서 날짜를 정하도록 하겠다.

이: 나는 지금 날짜를 정하고 싶다. 다음 주 수요일은 어떤가?

다카노: 일본대표단의 고위급 인사들이 참석하지 않아 지금 날짜를 정할 수 없다.

이: 우리 측은 다음 회의를 다음 주 수요일에 개최하고 싶지만, 일본 측이 이 자리에서 날짜를 정할 수 없다는 입장으로 일관하고 있기 때문에 미정인 상태로 둘 수밖에 없는 것 같다.

다카노: 보도 자료에 관해서는 스가누마와 진 서기관에게 부탁해서 처리하도록 하겠다.

이: 오늘 논의한 내용을 기자분들께 말씀드리는 것이 좋다고 생각한다.

진: 저는 한국 측이 다음 분과회의 개최일을 다음 주 수요일(8월 20일)로 제안한 것에 대해 일본 측은 다음 회의 날짜를 추후 결정하자고 반박해서 다음 회의 날짜에 대한 합의에 이르지 못한 채 회의가 폐회되었다는 내용을 언론에 발표하는 것이 좋겠다는 생각을 갖고 있다.

다카노: 보도 자료를 좀 더 간단하게 작성하자. 그리고 8월 20일(수)에는 내가 기억하기로는 어업과 '평화선'에 관한 위원회가 열릴 예정인 것으로 기억한다.

이: 그러면 한국 측은 화요일(8월 19일)에 회의를 개최해도 괜찮다.

다카노: 이미 분명히 말한 것처럼 내가 여기서 일본 측의 날짜를 결정할 수 있는 입장이 아니다. 내가 제안하는 것은 다음과 같은 내용의 문구로 보도 자료를 내는 것이다. 한국 측은 다음 회담을 다음 주 중 어느 날 개최하자고 제안했지만, 일본 측은 여러 가지 이유를 들어 한국 측에 나중에 결정하자고 요청했다.

이: 그 표현은 오늘 우리가 실제로 논의한 내용과 맞지 않는다. 마치 한국 측이 일본 측의 제안에 동의하여 이 소위원회의 다음 회의 날짜를 추후에 정하기로 한 것처럼 잘못된 인상을 줄 수 있다고 생각한다.

다카노: 진 서기관이 앞서 제안한 보도 자료에서 "어떤 합의에 도달하는 문구"라는 문구를 삭제해 줄 것을 한국 측에 요청한다.

이: 보도 자료에는 오늘 회의에서 실제로 논의되고 나온 내용을 담아야 한다.

다카노: "합의에 이르지 못한 채"라는 문구를 삭제하는 것을 한국 측이 재고해 줄 것을 요청한다.

이: 원한다면 그 표현을 삭제할 수 있다고 생각한다. 다만 어떤 표현을 넣으면 좋을지 제시해 주겠는가?

다카노: 한국 측이 다음 회담을 다음 주 중 어느 날 개최하자고 제의했고, 일본 측이 날짜를 추후 결정하자고 맞제안했다는 취지의 표현을 보도 자료에 넣었으면 좋겠다는 제안을 한다.

끝

34. 제4차 한일회담 청구권위원회 선박소위원회 제14차 회의 요록

0363 Tokyo, October 13, 1958

GIST OF TALKS
FOURTEENTH SESSION
SUBCOMMITTEE ON VESSELS, COMMITTEE ON KOREAN TALKS

1. Time and Place:

October 7, 1958, 03:00 p.m.－04:05 p.m. at Room 411 of the Japanese Foreign Ministry

2. Conferees:

Korean side: Mr. LEE, HO
Mr. CHEE, CHOUL KEUN
Mr. CHIN, PIL SHIK
Mr. MOON, CHUL SOON
Mr. OHM, YOUNG DAL
Mr. LEE, WON HO

Japanese side: Mr. TAKANO, TOKICHI
Mr. HANDA, GO
Mr. SUGANUMA, KIYOSHI
Mr. KATSUTA, CHIHIRO
Mr. TSUCHIYA, MINAO

3. Gist of Talks:

Mr. Takano: As Mr. Awasana, Chief Member of the Japanese side, is not here on account of his presence at the Diet, I will represent the Japanese side at this session.

Mr. Lee: Before entering into conference, I would like to introduce Mr. Choul Keun Chee, new Korean Member of this Subcommittee, who is the Director of Fisheries Bureau of Office of Marine Affairs. Also I would like to present Mr. Moon, Asia Section Chief of the Foreign Ministry, who is here not as Member of this Subcommittee but as observer.

Mr. Takano: Is the Chief of the Asia Section going to attend the Subcommittee meeting as observer continuously from now on?

Mr. Lee: Though he is a Member of both Committee on Fishery and "Peace Line" and Legal Status of Korean Resident in Japan, he may be attending the Subcommittee meeting as observer from time to time.

0364 Mr. Takano: At the last meeting of this subcommittee, the opinion of both sides differed on the last agenda item among the four items of the agenda. The Japanese side proposed to adopt one of the following three alternatives in this regard: 1) The phrase, "adopted on November 6, 1951," shall be applied to all four items equally. 2) The question on the wording of agenda item D will be left for a later decision at the Subcommittee. 3) A group shall be composed to study the problem of the wording of agenda Item D. And the Japanese side decide to ask for instruction on the matter from the higher level. However, the Korean side, for its part, proposed to fix the phrase only to the fourth item of the agenda. At present, as the Japanese side has not yet received any instruction from the higher authorities on this matter, I wonder if the Korean side has obtained may new instruction on this question.

Mr. Lee: Now you have mentioned about the records of the past meetings at this Subcommittee. As I understand, at the last meeting of the Subcommittee, while the Korean side proposed to add the phrase, "as of November 6, 1951," to the fourth item of the proposed to add the phrase agenda, the Japanese side, for its part, proposed to apply the phrase, "adopted on November 6, 1951," to the all items of the agenda. The last meeting of the Subcommittee ended at that stage. The Korean side has not heard at past meetings of this Subcommittee about the other two Japanese alternatives: 1) entering into discussions on substantial matters from agenda item A leaving the problems of the fixing the wording of agenda item D for later solution, and 2) setting up a group to tackle the problem of the wording thereof in this regard. So, it might have been at some informal meetings that the Japanese side mentioned about the above the alternatives. At any rate, since the matter has bean brought up here, do you wish to propose those two alternatives officially now?

Mr. Takano: With regard to the problem concerning our alternative proposals, I have to refer to the records of the past meeting for accurate
0365 information. However, we would like to propose that the both sides proceed discussion on substantial matters from the agenda item A leaving the problem of the phrase of agenda item D for later discussion and solution.

Mr. Lee: Then, is it correct to say this? That is while the Korean side proposes that phrase, "as of November 6, 1951," shall be added only to the fourth items of the agenda, the Japanese side propose three alternatives: 1) The phrase, "adopted on November 6, 1951," shall be applied to the all items of the agenda; 2) The Subcommittee proceed the discussions on substantial matters from agenda item A without deciding now the problem concerning the wording of agenda item D: and 3) The problem of the wording of item D shall be entrusted to another committee to be composed to tackle the problem.

Mr. Takano: That is right. But, to call it a committee may not be appropriate. To call it a group may be more appropriate.

Mr. Lee: Cannot the Japanese side reconsider and accept the Korean proposal of adding the phrase, "as of November 6, 1951," to the fourth item of the agenda?

Mr. Takano: It is very difficult for us to do so.

Mr. Lee: In view of the course of our discussions on the matter, the Korean side considers the Korean proposal most appropriate and fitting. Isn't there any room for the Japanese side to reconsider this proposal?

Mr. Takano: In view of time course of discussions in the past, while the Korean side thinks the Korean proposal is most appropriate, the Japanese side, for its part, is still of the opinion that the phrase, "adopted on November 6, 1951," should be applied to all items of the agenda.

Mr. Lee: As I have mentioned a while ago, the Korean side still thinks that the Korean proposal with regard to the agenda items is most appropriate and becoming.

0366 However, according to circumstances, the Korean side thinks it feasible to enter into discussion on substantial matters from agenda item A without deciding now the question of agenda adoption regarding the items, C and D.

Mr. Takano: Does want you have said imply that we discuss only the items, A and b, omitting the items, C and D?

Mr. Lee: As the processing of this Subcommittee have been bogged down for a long time with the both sides of the conferees opposing to each other's opinion, owing to the problem of the agenda item D, and inasmuch as the Talks, which have been suspended for long, are resumed as a result of considerable efforts, we propose to proceed with discussions on substantial matters from agenda A shelving, at the first stage, the question the agenda items C and D.

Mr. Takano: We have been talking about only the problem of the wording of the agenda item D. As the items C and D were already adopted, to shelve the problem is just as if the Korean side were to turn the hands of clock backward.

Mr. Lee: Repeatedly speaking, as our talks have been resumed after a long suspension, it would not be wise for both sides to struggle on the wording of the item D of the agenda. And, in regard to the item, C, of the proposed agenda, the Korean side stated before that we could expect little out of our discussions of the matter. In this regard, I am afraid that it may only cause our headache. Therefore, the Korean side thinks it most appropriate, at present, to proceed with discussions on substantial matters from item A leaving out the items, C and D.

Mr. Takano: If there is anything causing our headache, don't we have to eliminate the cause of our headache? I wonder if it isn't a way to proceed our Subcommittee works without being disturbed any more with the problem of
0367 the wording of a agenda item D.

Mr. Lee: How do you think about our proposal of entering into substantial discussions leaving out the items, C and D, at the moment? By leaving out the Item, C and D, we don't mean we will not discuss the matters, ever, but we will shelve the matters of items, C and D, for later discussion. I think, we have to obtain a certain substantial result of our talk anyway.

Mr. Takano: Our trouble is only due to the wording of item D of the agenda, for item C of the agenda is already decided.

Mr. Lee: The opinion of the Korean side differs from that of the Japanese side on that point. The Korean side thinks that the items, C and D, of the agenda are not decided yet, to say things correctly to the fact.

Mr. Takano: I am afraid there is some misunderstanding in this regard. As our understanding stands, the decision is already reached that discussions and solutions being made of the four items of the agenda. Our trouble was caused by the problem of the wording of the item D of the agenda. If we are not to discuss the items, C and D of the agenda, because they cause our headache; it becomes inconsistent since the agenda have been already decided.

Mr. Lee: Our view remains that it is most appropriate and natural to have the D of the agenda added with the phrase in question; in case it could not be accepted by the Japanese side, we propose to proceed with discussions on substantial matters from items A deciding the problem of item C and D later.

Mr. Takano: The item C of him agenda has become odd because of the wording of the item D of the agenda.

Mr. Lee: It seems that the Japanese side thinks the item C of the agenda has been already set. However, the Korean side has, in the past stated that we had
0368 better not discuss the item C, as nothing good will result from the discussions on the item C and D of the agenda as yet. Therefore, it is not inconsistent at all to propose that discussions on the items, C and D, be left behind to be brought up at later stage.

Mr. Takano: As I have repeatedly said, the decision is made about the four items of the agenda. The Japanese side admit that is there is the problem of the wording with regard to the item D of the agenda. However, it is unreasonable to omit item C only because, as the Korean side proposes, it is expected that there will be no substantial result after all. We cannot tell anything before we have done anything about it.

Mr. Lee: The Korea side would like to remain once again that no decision is so far made on the items C of the agenda. And the Korean side would like to propose once again that this Subcommittee meeting proceed with discussions on substantial matters leaving the question of item C and D behind—it does not mean that we will never discuss the items, C and D.

Mr. Takano: The Japanese side finds difficulty is understanding what the Korean side has said. It is also hardly acceptable, for the Japanese side, that we have to retrogress on our Sub-committee proceeding because of the wording of the item D of the agenda, when the four items of the agenda have been decided to be discussed. The Japanese side can also hardly understand the

Korean interpretation that the decision is not made on the problem of agenda.

Mr. Chin: (Explaining) While we have been talking about on what would be the contents of the item C of the proposed agenda and what is of the item D thereof, we have become stuck to the question the wording of item D. Therefore, it cannot to taken that the proposed item C and D have already been adopted by the Sub-committee.

0369 Mr. Takano: However, that is not very clear to us.

Mr. Lee: Although the Japanese side said that the Korean proposal constitutes a retrogression on the Sub-committee proceedings, the Korean side doesn't think it a retrogression. It is a Korean proposal in answer to the Japanese proposal.

Mr. Takano: The Japanese side thinks it a retrogression because it sounds worse than the other.

Mr. Lee: The Korean side does not think that way. The Korean side thinks that the best is to add the phrase in question to the item D of the agenda. If not, the remaining alternative is to proceed discussions on substantial matters leaving the problem of the items, C and D.

Mr. Takano: It not only makes our heads ache but also our our stomach ache.

(In a form of joke)

Mr. Lee: Now, if the Japanese side thinks it more difficult to shelve the items C and D of the agenda, why don't you accept proposal that phrase in question be added to the item D of the agenda?

Mr. Takano: As I have said, the Japanese side cannot do so. How is it that the phrase in question be applied to all the items of the agenda?

Mr. Lee: I don't like to make long explanation, but don't you think it most appropriate to add the phrase in question only to the item D of the agenda?

0370 Mr. Takano: The Japanese side, for its part, thinks that the phrase in question should either be applied to the all items of the agenda, or should be completely omitted.

We wonder if there isn't a good method.

Mr. Lee: As the Talks was resumed in friendly terms, the Korean side thought that the Japanese side would accept the Korean proposal.

Mr. Takano: The Japanese side felt just the same way.

Do you have any good idea on how to proceed?

Mr. Lee: Nothing particularly. What about your side?

Mr. Takano: No. If there is not any good idea, how about meeting again at next meeting. When shall we hold next meeting?

Mr. Lee: When, the Japanese side thinks, is most agreeable?

Mr. Takano: How about next Tuesday, at 3:00 p.m.?

Mr. Lee: No objection.

-The end-

번역

1958년 10월 13일, 도쿄

한국청구권위원회 선박소위원회 14차 회의 요록

1. 일시 및 장소

1958년 10월 7일, 오후 3시~오후 4시 5분, 일본 외무성 411호

2. 참석자

한국 측: 이호, 지철근, 진필식, 문철순, 엄영달, 이원호

일본 측: 다카노 도키치, 한다 고, 스가누마 기요시, 가쓰타 지히로, 쓰치야 미나오

3. 회의록

다카노: 일본 측 수석대표인 아와사와가 국회 일정으로 참석하지 못했기 때문에 제가 일본 측을 대표해서 이번 회의에 참석하겠다.

이: 회의에 들어가기에 앞서서 이번 분과위원회의 새로운 한국 측 위원인 지철근 수산청 수산국장을 소개하겠다. 그리고 이 분과위원회 위원이 아닌 옵서버 자격으로 이 자리에 참석한 외교부 아시아과장을 소개한다.

다카노: 아시아과장은 앞으로도 계속 옵서버 자격으로 소위원회 회의에 참석할 예정인가?

이: 어업과 '평화선', 재일한인의 법적 지위에 관한 소위원회 위원으로 활동하고 있지만, 수시로 옵서버 자격으로 이 소위원회 회의에 참석할 수 있다.

다카노: 이 분과위원회 마지막 회의에서는 4가지 의제 중 마지막 의제에 대해 양측의 의견이 달랐다. 일본 측은 이와 관련하여 다음 세 가지 대안 중 하나를 채택할 것을 제안했다. 1) '1951년 11월 6일 채택'이라는 문구를 4개 항목 모두에 동일하게 적용한다. 2) 의제 D항목의 문구에 대한 질문은 추후 소위원회에서 결정하도록 남겨둔다. 3) 의제 D항의 문구 문제를 연구하기 위한 그룹을 구성하고, 일본 측은 상급 기관에 이 문제에 대한 지침을 요청하기로 한다. 그러나 한국 측은 의제 D항목에 대해서만 문구를 수정할 것을 제안하였다. 현재 일본 측은 이 문제에 대해 아직 고위 레벨로부터 어떠한 지침도 받지 못한 상태인데 한국 측이 이 문제에 대해 새로운 지침을 받았는지 궁금하다.

이: 귀하는 지난 소위원회 회의 기록에 대해서 언급했다. 내가 알기로는 지난번 소위원회 회의에서 한국 측은 의제 D항목에 '1951년 11월 6일 현재'라는 문구를 추가하자고 제안한 반면, 일본 측은 의제 전 항목에 '1951년 11월 6일 채택'이라는 문구를 넣자고 제안한 것으로 알고 있다. 소위원회의 마지막 회의는 이 단계에서 종료되었다. 한국 측은 지난 소위원회 회의에서 일본의 다른 두 가지 대안에 대해 들은 바가 없다. 1) 의제 A의 실질적 사안에 대한 논의에 들어가되, 의제 D의 문구 수정 문제는 추후 해결을 위해 남겨두고, 2) 이와 관련하여 문구 수정 문제를 다룰 그룹을 구성하는 제안 말이다. 따라서 비공식 회의에서 일본 측이 위의 대안에 대해 언급했을 수도 있다. 어쨌든 이 문제가 이 자리에서 거론된 이상, 지금 공식적으로 두 가지 대안을 제안하

고 싶은가?

다카노: 대안 제안 관련 문제에 대한 정확한 정보는 지난 회의 기록을 참고해야 할 것 같다. 그러나 일본 측은, 의제 D의 문구 문제는 추후 논의와 해결을 위해 남겨두고, 의제 A의 실질적인 사안에 대해 양측이 논의를 진행할 것을 제안하고 싶다.

이: 그러면 이렇게 말하는 게 맞는가? 즉, 우리 측은 의제 4번째 항목에만 '1951년 11월 6일 현재'라는 문구를 추가하자고 제안한 반면, 일본 측은 세 가지 대안을 제시했다. 1) '1951년 11월 6일 채택'이라는 문구를 의제의 모든 항목에 적용한다. 2) 의제 D항의 문구 문제는 지금 결정하지 않고 의제 A항의 실질적 사항에 대한 논의를 소위원회에서 진행한다. 3) 의제 D항의 문구 문제는 앞으로 구성될 다른 위원회에 맡겨서 다루도록 한다.

다카노: 맞다. 그러나 위원회라고 부르는 것은 적절하지 않을 수 있다. 그룹이라고 하는 것이 더 적절할 것 같다.

이: 일본 측이 의제 D항목에 '1951년 11월 6일 현재'라는 문구를 추가하자는 한국 측 제안을 재고해서 받아들일 수는 없는가?

다카노: 그렇게 하는 것은 매우 어렵다.

이: 이 문제에 대한 논의 경과를 고려할 때 한국 측은 한국 측 제안이 가장 적절하고 적합하다고 생각한다. 일본 측이 이 제안을 재고할 수 있는 여지는 없는가?

다카노: 과거 논의 경과를 고려할 때, 한국 측은 한국 안이 가장 적절하다고 생각하지만, 일본 측은 '1951년 11월 6일 채택'이라는 문구를 의제의 모든 항목에 적용해야 한다는 입장이다.

이: 조금 전에 말씀드린 것처럼 한국 측은 여전히 의제 항목과 관련해서는 한국 측 제안이 가장 적절하고 어울린다고 생각하고 있다. 다만 한국 측은 상황에 따라서는 의제 채택 문제를 지금 결정하지 않고 의제 A부터 실질적 사안에 대한 논의에 들어가는 것이 가능하다고 생각하고 있다.

다카노: A와 B항목만 논의하고 C와 D항목은 생략하자는 뜻인가?

이: 본 소위원회의 처리가 의제 D의 문제로 인해 양측이 서로의 의견을 대립하면서 오랫동안 교착 상태에 빠져있었고, 오랜 노력의 결과로 장기간 중단되었던 회담이 재개된 만큼, 의제 C와 D를 뒤로 미루고 우선 의제 A에 관해 실질적인 문제에 대한 논

의를 진행할 것을 제안한다.

다카노: 우리는 의제 D의 문구 문제를 이야기해 왔는데, 이미 의제 C와 D가 채택된 상황에서 이 문제를 보류하는 것은 한국 측이 시곗바늘을 거꾸로 돌리는 것과 같다.

이: 다시 말하지만, 오랜 중단 끝에 회담이 재개된 만큼 의제 D항목의 문구를 놓고 양측이 다투는 것은 현명하지 못하다. 그리고 의제 C항목과 관련해서는 한국 측이 앞서 이 문제에 대한 논의에서 기대할 수 있는 것이 거의 없다는 입장을 밝힌 바 있다. 이런 점에서 우리의 골칫거리만 야기할 수 있지 않을까 우려된다. 따라서 한국 측은 현재로서는 항목 C, D를 제외한 항목 A에 관한 실질적 사안에 대한 논의를 진행하는 것이 가장 적절하다고 생각한다.

다카노: 두통의 원인이 있다면 두통의 원인을 제거해야 하는 것 아닌가? 안건 D의 문구 문제로 더 이상 방해받지 않고 분과위원회 업무를 진행할 수 있는 것은 아닌 것 같다.

이: 현재로서는 안건 C와 D를 빼고 실질적인 논의에 들어가자는 제안에 대해서는 어떻게 생각하나? 안건 C와 D를 빼자는 것은 해당 사안을 아예 논의하지 않겠다는 것이 아니라, 안건 C와 D의 사안을 추후 논의를 위해 보류하자는 뜻이다. 어차피 어떤 식으로든 실질적인 논의 결과를 얻어야 한다고 생각한다.

다카노: 우리의 문제는 의제 D의 문구이며, 의제 C는 이미 결정된 사안이다.

이: 그 점에 대해서는 한국 측의 의견과 일본 측의 의견이 다르다. 한국 측은 의제의 C, D항목이 아직 결정되지 않았다고 하는 것이 사실 관계를 정확하게 표현하는 것이라고 생각한다.

다카노: 이 점에 대해 오해가 있는 것 같다. 우리가 파악한 바로는 의제의 4가지 항목에 대한 논의와 해결책은 이미 결정된 상태다. 우리의 문제는 의제 D항목의 문구 문제로 인해 발생했다. 안건의 C, D항목이 골치 아프다는 이유로 논의하지 않는다면 이미 결정된 안건이기 때문에 일관성이 없어진다.

이: 우리 입장은 의제 D에 문제의 문구를 추가하는 것이 가장 적절하고 자연스럽다고 생각하며, 일본 측이 수용하지 못할 경우를 대비해 의제 A에서 실질적인 사안에 대한 논의를 진행하면서 의제 C, D의 문제를 추후 결정하자고 제안하는 것이다.

다카노: 의제 D의 문구 때문에 의제 C가 이상해졌다.

이: 일본 측은 의제 C항은 이미 정해졌다고 생각하는 것 같다. 그러나 우리 측은 과거에도 의제 C에 대해 논의해도 좋은 결과가 나오지 않을 것이기 때문에 논의하지 않는 것이 좋겠다는 입장을 밝힌 바 있다. 따라서 C, D항목에 대한 논의를 뒤로 미루고 추후에 논의하자고 제안하는 것은 전혀 모순이 아니다.

다카노: 거듭 말한 바와 같이 의제 4가지 항목에 대한 결정이 내려진 것이다. 일본 측도 의제 D항목과 관련해서는 문구에 문제가 있다는 것을 인정하고 있다. 그러나 우리 측의 제안대로 결국 실질적인 성과가 없을 것으로 예상되기 때문에 C항만 생략하는 것은 불합리하다. 아직 어떤 조치도 취해보기 전에는 어떤 것도 말할 수 없다.

이: 한국 측은 의제 C항목에 대해서는 아직까지 결정된 바가 없다는 점을 다시 한 번 말하고 싶다. 그리고 한국 측은 이번 소위원회 회의에서는 의제 C, D의 문제를 뒤로 하고 실질적인 사안에 대한 논의를 진행할 것을 다시 한 번 제안하고 싶다. 의제 C, D를 논의하지 않겠다는 것은 아니다.

다카노: 일본 측은 한국 측의 말을 이해하기 어렵다는 입장이다. 또 의제 4개를 논의하기로 한 상황에서 의제 D항목의 문구 때문에 소위원회 진행을 후퇴시켜야 한다는 것도 일본 측으로서는 받아들이기 어려운 부분이다. 일본 측은 또한 의제 문제에 대한 결정이 내려지지 않았다는 한국 측의 해석을 이해하기도 어렵다.

진: (설명) 제안된 의제 C항과 D항이 어떤 내용인지에 대해 논의하던 중 D항의 문구에 대한 의문을 갖게 되었으며, 따라서 제안된 의제 C항과 D항이 이미 소위원회에서 채택된 것으로 간주할 수 없다.

다카노: 그러나 그것은 우리에게는 명확하지 않다.

이: 일본 측에서는 한국 측 제안이 소위원회 절차에 대한 후퇴라고 했지만, 한국 측은 후퇴라고 생각하지 않는다. 일본 측 제안에 대한 한국 측의 대응 제안이다.

다카노: 일본 측에서는 다른 것보다 더 나쁘게 들리기 때문에 후퇴라고 생각하는 것이다.

이: 한국 측은 그렇게 생각하지 않는다. 한국 측은 의제 D항에 문제의 문구를 추가하는 것이 최선이라고 생각한다. 그렇지 않다면 남은 대안은 의제 C와 D의 문제를 남겨두고 실질적 사안에 대한 논의를 진행하는 것이다.

다카노: 머리도 아플 뿐만 아니라 배도 아프다(농담조).

이: 그러면 일본 측에서 의제 C와 D를 보류하는 것이 더 어렵다고 생각한다면 의제 D에 문제의 문구를 추가하는 제안을 받아들이는 것은 어떤가?

다카노: 말한 바와 같이 일본 측은 그렇게 할 수 없다. 문제의 문구를 의제의 모든 항목에 적용하는 것은 가능한가?

이: 장황하게 설명하기는 싫지만, 문제의 문구를 의제 D항목에만 추가하는 것이 가장 적절하지 않겠는가?

다카노: 일본 측에서는 문제의 문구를 의제의 모든 항목에 적용하거나 완전히 생략해야 한다고 생각하고 있다.

좋은 방법이 없는지 궁금하다.

이: 우호적인 분위기에서 회담이 재개된 만큼 한국 측은 일본 측이 한국 측의 제안을 받아들일 것으로 생각했다.

다카노: 일본 측도 같은 생각이었다. 어떻게 진행하면 좋을지 좋은 생각이 있는가?

이: 특별히 없다. 일본 측은 어떤가?

다카노: 좋은 아이디어가 없으면 다음 회의에서 다시 만나면 어떨까? 다음 회의는 언제 할까?

이: 일본 측에서는 언제가 가장 좋다고 생각하나?

다카노: 다음 주 화요일 오후 3시는 어떤가?

이: 이의 없다.

끝

35. 제4차 한일회담 청구권위원회 선박소위원회에 관한 훈령 전문

0372 NO. FTB-004

SENT TO. AMBASSADOR LIMB KORDIPSION

RE PROCEEDING AT SUBCOMMITTEE ON VESSELS CMA DELEGATION IS INSTRUCTED TO START IMMEDIATELY DISCUSSION ON AGENDA ITEM A BY ADOPTING THE SAME AGENDA ITEMS AS ADOPTED ON NOVEMBER SIX CMA ONE NINE FIVE ONE PD

FOREIGN MINISTER

번역 번호: FTB-004

[1958. 10. 13]

수신인: 임 대사

선박소위원회 진행과 관련하여 한국대표단은 1951년 11월 6일에 채택한 것과 동일한 의제 안건을 채택하고 즉시 안건 (A)에 대한 논의를 시작하기 바랍니다.

외무부 장관

37. 제4차 한일회담 청구권위원회 선박소위원회 제15차 회의 요록

0374

Tokyo, October 15, 1958

THE GIST OF TALKS
FIFTEENTH SESSION
THE SUB-COMMITTEE ON VESSELS, COMMITTEE ON KOREAN CLAIMS

1. Time and Place:

03:00 p.m.-04:20 p.m., on October 14, 1958, at Room 411 of the Ministry of Foreign Affairs, the Japanese Goverment

2. Conferees:

Korean side: Mr. CHOI, Kyu Hah
Mr. CHEE, Chul Keun
Mr. CHIN. Pil Shik
Mr. MOON, Chul Soon
Mr. OHM, Young Dal
Mr. LEE, Won Ho

Japanese side: Mr. Kazuo AWASAWA
Mr. Tokichi TAKANO
Mr. Handa Go
Mr. Kiyoshi SUGANUMA

Mr. Chihiro KATSUTA

Mr. Minao TSUCHIYA

3. The Gist of Talks:

Mr. Choi: Let us open today's meeting now. Chief member of the Korean delegation to this Sub-committee Mr. LEE is now back in Korea. So, at this session, I will represent the Korean side as an alternate chief member.

Mr. Awasawa: When will Mr. Lee come back?

Mr. Choi: I think he will come back in a week or so. I was absent from the last meeting of this Sub-committee. I had a chance to look into the record on the proceeding of the last meeting. I wonder if the Japanese side has any good idea for settling the problem of adopting agenda items and starting our discussions on substantial matter at the earliest possible date.

Mr. Awasawa: I was absent, too, as I was summoned by the Diet. I heard that the Japanese side made a proposal concerning the adoption of agenda items. So, I would like to hear the view of the Korean side here.

0375 Mr. Choi: With a view to expediting discussions and to clarify the contents of the Japanese proposal which was put forward at the last meeting to which Mr. Awasawa referred just now, I hope that the Japanese side will repeat the proposal.

Mr. Takano: The Japanese proposal in question is as follows: First, as there has been a disagreement on the wording of agenda item D, this Sub-committee enters into substantial discussions without deciding now upon the wording of the said agenda item; or, secondly, the wording, adopted on November 6, 1951, be applied to all the four agenda items; or, thirdly, (it may be taken as a variation of the first idea,) the wording of the agenda item D be decided at a drafting group.

Mr. Choi: In order to clarify my understanding on the Japanese proposal,

I will repeat the ideas you have just mentioned. According to Mr. Takano, regarding the wording of agenda item D, the idea of the Japanese proposal is that as there continued some controversies on the adoption of agenda items, this Sub-committee enters into substantial discussions without deciding the wording now. Idea II of the proposal is that the wording, adopted on November 6, 1951, be applied to all the four agenda items and starts discussions from agenda item A. Lastly, Idea III of the proposal is that, as the matter on the wording of agenda item D has not been decided yet, the problem of the wording be referred to a drafting committee. I wonder if my hearing in connection with the Japanese proposal is correct.

Mr. Takano: Generally speaking, your understanding on the proposal is almost same as the ideas which the Japanese side envisaged. However, let me say a word in connection with your understanding in this regard. As to idea I, I have nothing to say about. As to idea II, I just stated that the wording, adopted on November 6, 1951, be applied to all four items, but I did not say that we would start discussions from agenda item A. And concerning idea III, the words, a drafting committee, may sound a little bit big. We may replace them with "drafting group" or the like, instead of "committee".

Mr. Choi: As far as the general ideas are concerned, I think, the contents of Mr. Takano's explanation are identical with the contents of my repetition of your remarks. Am I wrong?

Mr. Awasawa: I think you are right.

0376 Mr. Choi: If my memory is correct, there have been various causes of delay in the proceeding of this Sub-committee since the resumption of the Overall Talks and of the talks here. However, the difference of opinions and difficulties were mainly aroused from the arguments in connection with the agenda item D. Therefore, I think, when we settle the problem on the agenda items, there will be no objection on both sides to entering into substantial discussions at an earliest possible date. To supplement my remarks which I made just now, I would like to recollect that, at the fourth session which was held on June 21, 1958, Mr. Awasawa stated that the Japanese side would report to its high level on the problem of the so-called "141 fishing vessels" and that, unless otherwise decided by the high levels of both sides, it will not take up the matter at this Sub-committee. I further recall that, at the fifth session of this Sub-committee which was held on June 27 1958, the Korean side stated that it took note of the above Japanese remarks on the problem of the so-called "141 fishing vessels". As I have recollected my memory in connection with the problem of the so-called "141 fishing vessels", I think that the Japanese position in this regard remains unchanged.

Mr. Awasawa: The position of the Japanese side has not changed in that regard.

Mr. Choi: Let us put your remarks on record.

Now, I believe that, if both sides reach an understanding on the question on the agenda, it will be taken for granted that both sides will enter into substantial discussions from agenda item A, isn't it?

Mr. Awasawa: Generally speaking, your belief is right. However, in the Japanese proposal, the Japanese side did not say anything about the order of discussions.

Mr. Choi: My delegation has expressed sincere desire to settle the outstanding problems on vessels with its counterpart, namely, the Japanese side. The Korean delegation believes that substantial progress at this Sub-committee will contribute much to the smooth proceeding of other Committees. I am sure that the Japanese delegation shares the views of the Korean delegation. From that stand point, the Korean delegation will not raise objection if the Japanese side has no objection to such a way that this Sub-committee will proceed with the same agenda items as adopted on November 6, 1951, and that the Sub-committee will start substantial discussions from agenda item A.

0377 Mr. Awasawa: As the members of my delegation seem to have opinions in connection with your remarks, will you allow the Japanese side to withdrew from this room for about ten minutes to have a meeting among members of the Japanese delegation?

Mr. Choi: Yes.

Mr. Awasawa: Thank you. (Members of the Japanese delegation withdrew from the conference room and thus, the meeting went into recession for about ten minutes).

Mr. Awasawa: (After members of the Japanese delegation entered the Conference Room) The Japanese side does not have any objection to the way that this Sub-committee will proceed with the same agenda items as adopted on November 6, 1951, and will start substantial discussions from agenda item A.

Mr. Choi: If so, I would like to make a brief remark.

Mr. Awasawa: I think we may as well adjourn today's meeting at this point, inasmuch as we made a progress at today's meeting.

Mr. Choi: Well, I will make some remarks before adjourning today's meeting. (Thus, Mr. Choi made his remarks as follows:)

Inasmuch as it has been agreed that this Sub-committee will proceed with the same agenda items as adopted on November 6, 1951 and will start substantial discussions from agenda item A, the Korean side would like to enter into the discussions from agenda item A, in other words, the matter concerning the return to Korea of the vessels of Korean registry. In this regard I request the Japanese side to submit to this Sub-committee a full list of the vessels which come under Agenda item A, namely the list of the vessels of Korean registry, so as to enable this Sub-committee to effectively enter into substantial discussions on the problem related with agenda item A.

Mr. Awasawa: You mean that the Japanese side makes the list of vessels of

Korean registry? Doesn't it sound funny?

Mr. Choi: I think your delegation knows very well about the vessels coming under this category.

Mr. Awasawa: Well, then, my delegation will study on your request, and will answer later, and I hope today's meeting is adjourned now.

0378 Mr. Choi: Then, when do you suggest for the next meeting?

Mr. Awasawa: At 3:00 p.m. next Tuesday, October 21, 1958.

Mr. Choi: Will it be difficult for the Japanese side to hold next meeting sometime earlier than next Tuesday?

Mr. Awasawa: I think next Tuesday is still better.

Mr. Choi: Then, I will accept next Tuesday for our next meeting. Do you have any idea on press release?

Mr. Awasawa: Let us leave it to Mr. Chin and Mr. Suganuma as we did before.

Mr. Choi: That will be all right.

(Joint press release: As a result of the exchange of general views on vessels problem, both sides have agreed to enter into substantial discussions.)

-The end-

번역

1958년 10월 15일, 도쿄

한국청구권위원회 선박소위원회 15차 회의 요록

1. 일시 및 장소

1958년 10월 14일, 오후 3시~4시 20분, 일본 외무성 411호

2. 참석자

한국 측: 최규하, 지철근, 진필식, 문철순, 엄영달, 이원호

일본 측: 아와사와 가즈오, 다카노 도키치, 한다 고, 스가누마 기요시, 가쓰타 지히로, 쓰치야 미나오

3. 회의록

최: 회의를 시작하자. 이호 한국 수석위원이 지금 한국을 방문 중이다. 그래서 이번 회의에서는 내가 한국 측 수석위원을 대행하겠다.

아와사와: 이 수석위원은 언제 복귀하는가?

최: 약 1주일 정도 내에 돌아올 것 같다. 나는 지난 회의에 참석하지 못했는데, 지난 회의의 진행 경과에 대한 기록을 살펴봤다. 안건 채택 문제와 최대한 조속히 구체적인 문제를 논의하기 위한 좋은 의견이 있는지 궁금하다.

아와사와: 나도 국회에 소환되어 지난 회의에 참석하지 못했다. 일본 측이 의제 안건 채택에 대해 제안했다고 들었다. 따라서 한국 측의 의견을 들어보고 싶다.

최: 방금 귀하가 언급한, 지난 회의에서 일본이 제안한 내용을 명확히 이해하고 논의의 속도를 높이기 위해 일본 측이 한 번 더 반복해 주면 좋겠다.

다카노: 일본이 제안한 내용은 이렇다. 첫째, 안건 (d)의 표현에 대한 의견이 상충했으므로 본 소위원회는 해당 안건의 문구에 대해 결정하지 않고 구체적인 논의에 착수한다. 또는 둘째, '1951년 11월 6일에 채택한'이라는 문구를 4개 안건 모두에 적용한다. 또는 셋째(첫 번째 대안을 변형한 형태라고 할 수 있음), 안건 (d)의 표현을 문안작성진이 결정하게 한다.

최: 확실히 이해하기 위해 방금 언급한 내용을 반복해 보겠다. 다카노에 따르면 일본이 제안하는 대안은 안건 (d)의 문구에 대해 안건 채택에 대한 논쟁이 이어지고 있으니 지금 문구를 결정하지 않고 소위원회에서 구체적인 논의에 착수하는 것이다. 두 번째 대안은 '1951년 11월 6일에 채택한'이라는 문구를 4개 안건 모두에 적용하고 안건 (a)부터 논의를 시작하는 것이고, 마지막으로 세 번째 대안은 안건 (d)의 문구 문제에 대한 결론이 내려지지 않았으므로 문구 문제는 문안작성위원회에 맡기자는 것이다. 내가 이해한 내용이 맞는지 궁금하다.

다카노: 전반적으로 일본이 구상한 대안과 거의 동일하게 이해하고 있다. 하지만 이해한 내용에 대해 몇 마디 하자면, 첫 번째 대안에 대해서는 할 말이 없다. 두 번째 대안에 대해서는 '1951년에 채택한'이라는 문구를 4개 안건 모두에 적용하자고만 했지 안건 (a)부터 논의를 시작하자고 말한 적이 없다. 세 번째 대안의 경우 '문안작성위원회'라는 말은 조금 거창하게 들릴 수 있다. '위원회' 대신 '문안작성진'으로 대체할 수 있겠다.

최: 전체적인 개념을 생각하면 다카노가 설명한 내용이 내가 다카노의 발언을 반복한 것과 동일하다고 생각하는데, 맞나?

아와사와: 그런 것 같다.

최: 내 기억이 맞는다면 전면회담이 재개된 후에, 그리고 본 소위원회의 논의가 시작된 후에 진행하는 과정에 있어서 여러 가지 요인으로 인한 지연이 발생했다. 그러나 의견 차이와 그에 따른 어려움은 안건 (d)에 대한 논쟁에서 주로 발생했다. 따라서 의제 안건에 대한 문제를 해결할 때 최대한 빠른 일자에 구체적인 논의에 착수하자는 데에는 양측 모두 이의가 없을 것이라고 생각한다. 방금 한 발언을 보완하자면 1958년 6월 21일에 있었던 4차 회의에서 아와사와가 일본 측이 소위 '어선 141척' 문제를 고위급에 보고하고, 양측 고위급에서 다르게 결정하지 않는 한 본 소위원회에서 거론하지 않겠다고 말했던 기억이 있다. 또한 1958년 6월 27일에 열린 5차 회의에서 한국 측은 '어선 141척' 문제에 대한 일본의 위와 같은 발언을 주지하고 있다고 말했다. '어선 141척' 문제에 대한 기억을 더듬어 보면 이 부분에 있어서 일본의 입장은 변화하지 않았다고 생각한다.

아와사와: 그 부분에 있어서 일본 측 입장에는 변화가 없다.

최: 그 발언을 기록해 두겠다.

이제 의제 문제에 대해 양측이 이해에 도달했으니 안건 (a)부터 시작하여 구체적인 논의를 시작하는 것이 당연할 것 같다. 그렇지 않은가?

아와사와: 일반적으로는 그렇다. 하지만 일본 측이 제안한 내용에 논의의 순서에 대한 언급은 없었다.

최: 우리 대표단은 우리의 교섭 대상 즉, 일본대표단과 함께 선박 문제를 해결하고 싶다는 진정성 있는 바람을 표명해 왔다. 한국대표단은 본 소위원회에서 구체적인 진전이 이루어지면 다른 위원회의 원활한 진행에 큰 도움이 될 것이라고 믿는다. 일본대표단도 같은 생각이라고 확신한다. 그러한 관점에서 1951년 11월 6일에 채택된 것과 동일한 안건들로 본 소위원회를 진행하고 본 소위원회의 구체적인 논의를 안건 (a)부터 시작하는 것에 대해 일본 측이 반대하지 않으면 한국대표단은 이의를 제기하지 않을 것이다.

아와사와: 그 발언에 대해 우리 측 대표들이 전달하고 싶은 의견이 있는 것 같으니 약 10분간 회의장을 떠나 일본대표단 내부적으로 논의할 시간을 줄 수 있는가?

최: 가능하다.

아와사와: 고맙다. (일본대표단이 회의장에서 나가 약 10분간 회의가 중단되었다.)

아와사와: (일본대표단이 회의장에 입장한 후) 일본대표단은 1951년 11월 6일에 채택된 것과 동일한 안건들로 본 소위원회를 진행하고 본 소위원회의 구체적인 논의를 안건 (a)부터 시작하는 것에 이의가 없다.

최: 그렇다면 간단히 발언하고 싶다.

아와사와: 오늘 회의에서 진전이 있었던 만큼 이 자리는 여기에서 마무리해도 될 것 같다.

최: 오늘 회의를 종료하기 전에 몇 마디 하고 싶다.

(최 참사관이 다음과 같이 발언했다.)

1951년 11월 6일에 채택된 것과 동일한 안건들로 본 소위원회를 진행하고 본 소위원회의 구체적인 논의를 안건 (a)부터 시작하기로 합의했으므로 한국 측은 안건 (a)부터, 다시 말해 한국 국적 선박의 한국 반환에 대한 문제부터 논의를 시작하고자 한다. 이와 관련하여 안건 (a)와 관련한 문제에 대한 구체적인 논의를 효과적으로 진행할 수 있도록 안건 (a)에 해당하는 모든 선박의 목록, 즉 한국 국적 선박 목록을 소위원회에 제출할 것을 일본 측에 요청한다.

아와사와: 일본 측이 한국 국적 선박 목록을 작성하라는 뜻인가? 좀 웃기지 않은가?

최: 이 항목에 해당하는 선박에 대해서는 일본대표단이 아주 잘 알고 있을 것이라고 생각한다.

아와사와: 요청사항에 대해서는 검토해 보고 추후 답변하겠다. 그리고 오늘 회의는 여기에서 마무리했으면 한다.

최: 다음 회의는 언제가 좋겠는가?

아와사와: 1958년 10월 21일, 다음 주 화요일 오후 3시로 하자.

최: 다음 주 화요일보다 빨리 만나는 것은 어려운가?

아와사와: 다음 주 화요일이 좋을 것 같다.

최: 그렇다면 다음 주 화요일에 모이는 것으로 하겠다. 보도 자료에 대한 의견 있는가?

아와사와: 전과 같이 진 서기관과 스가누마에게 맡기자.

최: 좋다.

(공동 보도 자료: 선박 문제에 대한 전반적인 견해를 교환한 결과, 양측이 구체적인 논의에 착수하기로 합의했다.)

끝

39. 제4차 한일회담 청구권위원회 선박소위원회 제16차 회의 요록

0382

Tokyo, October 27, 1958

THE GIST OF TALKS
SIXTEENTH SESSION
THE SUB-COMMITTEE ON VESSELS, COMMITTEE ON KOREAN CLAIMS

1. Time and Place:

03:00 p.m.-04:20 p.m., on October 21, 1958(Tuesday), Rm.411, Ministry of Foreign Affairs, Japanese Government

2. Conferees:

Korean side: Mr. LEE, Ho
Mr. CHEE, Chul Keun
Mr. MOON, Chul Soon
Mr. ROH, Jae Won
Mr. OHM, Yung Dal

Japanese side: Mr. TAKANO, Tokichi
Mr. YABE, Masanobu
Mr. HANDA, Go
Mr. ICHINOSE, Taizo
Mr. TSUCHIYA, Minao

3. Gist of Talks:

Mr. TAKANO: Before entering into the session, I would like to ask for an excuse for Mr. AWASAWA's absence from the session today. He is unable to attend this meeting due to an urgent business.

Mr. LEE: That would be all right. For myself, since I had to visit Seoul, I was unable to attend the previous meetings. But, I heard from Mr. CHOI who had taken my place temporarily during my absence that the Sub-committee on Vessels has entered into discussions on Agenda item "A" from the previous meeting with much progress.

I also understand that, at the previous meeting, our side requested your side to submit a list of vessels to be returned to Korea under the Agenda item "A".

Mr. TAKANO: Since agenda items were adopted and discussions commenced on Agenda item "A" at the previous meeting, we have been able to enter into substantial discussions as you said, Mr. CHOI requested our side at the previous session to present to the Korean side a list of vessels in question, and Mr. AWASAWA said at that time that he would consider the matter. But, before we submit it, I would like to hear about the basis upon which the Korean claims under Agenda item A is placed, since a considerable time has elapsed and situations changed during the years.

Mr. LEE: As regards the basis for our claims, we have thoroughly discussed it at the first and second Korea-Japan Talks as well as at the Vessels Conference. Therefore, I believe the Japanese side would fully know about the matter. Besides, the discussions on such matter have been already ended.

0383 Mr. LEE (Cont'): Since we have entered into substantial discussions on the vessel's affairs after a lengthy stalemate, I don't feel there is any necessity to spend more time for such matter under the situation where we should expedite the proceeding to reach an early conclusion.

Mr. TAKANO: It is true that discussions had been made at the previous

Korea-Japan Conferences, but, since a long time has passed and situations changed since then, and, as there were certain discrepancies of opinions between both sides in connection with the matter, I would like to hear once again about the position of the Korean side as regards the legal basis for the claims.

Mr. LEE: If the Japanese side wishes to hear about the legal basis for our claims for vessels under the Agenda item "A", as it had already been made clear on many occasions in the past, our claims is based on SCAPIN No. 2168 and Ordinance No. 33 of USMGIK(United States Military Government in Korea).

Mr. TAKANO: Do you mean that SCAPIN and the Ordinance had been the basis for your claims concerned also at the previous talks?

Mr. LEE: It is clear that they are closely related as legal basis of our claims under Agenda item "A".

Mr. TAKANO: As I understand, we were to discuss about the return of vessels between Japan and Korea at this Committee but not the enforcement of SCAPIN itself. Besides, the Japanese side had a certain questions in regard to SCAPIN, since a long time has passed after the Peace Treaty.

I would like to ask you for my reference, whether the Ordinance No. 33 is still valid as law in your country.

Mr. LEE: First of all, I did not expect to enter with your side into discussion on a matter which has nothing to do with the proceeding now at this Sub-committee. But, if you still wish to know about it, it is effective under Article 100 of the Constitutional Law of the Republic of Korea.

Mr. TAKANO: As regards SCAPIN 2168, its effect existed only between the SCAP and then the Japanese Government. Therefore, I like to know on how the effect of the SCAPIN 2168 could be legal basis of the Korean Claims in this regard.

0384 Mr. LEE: As the Japanese Government was obligated to return the vessels in question under the SCAPIN and Ordinance and did not hitherto fulfill its obligation, the obligation to return the vessels is standing as to be carried out.

Mr. TAKANO: Do you, then, mean that the SCAPIN is still effective?

Mr. LEE: I am not discussing on whether it is legally effective or not. As long as our side is concerned, there has been an obligation on the Japanese side, and it has not been fulfilled. Therefore, we claim that the implementation of its obligation be made.

Since the legal basis for our claims had been already made clear, I don't see there is any more necessity to waste time for such argument. Further, there is no changes in the position of Korean side in regard to our claims for return of vessels.

Mr. TAKANO: Although you say that your view in connection with this matter has not changed, don't you think that time has passed and situations changed?

Mr. LEE: We, too, know that time has passed, but there has been no change in the situation, in this regard.

Mr. TAKANO: After September 1951 when SCAPIN No. 2168 was issued, the Japanese Government has become independent by Peace Treaty from the control of the SCAP. Don't you, therefore, recognize that there was a change in the situation?

Mr. LEE: I know the fact that the SCAPIN No. 2168 was issued during the time of Allied Occupation, and I also know the fact that Japan has become independent after that, but there has been no change in the Japanese obligation to return the vessels under reference.

Mr. TAKANO: Would you please let me know on whether your claim that there has been no change in the obligation on the Japanese sides is based on the premise that the subject SCAPIN is still effective or you do not matter the question on the effectiveness of the SCAPIN in this connection.

0385 Mr. LEE: Since Japan has not fulfilled its obligation caused by Ordinance

No. 33 and SCAPIN No. 2168, its obligation still remains to be fulfilled. At any rate, I don't see the reason why you repeat the same question when the matter had already been made clear.

Mr. TAKANO: I now understand your position. And, as to your request for submittance of the list of vessels, we have already presented to your side a list at previous talks. What, then, would be the relations between it and the one you are now asking for?

Mr. LEE: Since the previous list was proved to be too short of our satisfaction in terms of number, we requested a new list be submitted with more sincere consideration on the matter.

I should add that the failures of the previous talks were partly caused by such unsatisfactory list. Therefore, I request you to submit a constructive list in order to lead the present talks to a success.

Mr. TAKANO: We will present our view at the next meeting.

Mr. LEE: Shall we hold the next meeting on October 24?

Mr. TAKANO: Let us meet again at 3:00 p.m. on October 28 (Tuesday).

Mr. LEE: No objection.

REMARKS: (Before the meeting was adjorned, the Sub-committee had agreed to a Joint Press Release which reads: "The Sub-committee on Vessels entered into substantial discussions on vessels, and it was decided that the next meeting would be held at 3:00 p.m. on October 28, 1958".)

-The end-

번역 1958년 10월 27일, 도쿄

한국청구권위원회 선박소위원회 16차 회의 요록

1. 일시 및 장소

1958년 10월 21일(화요일), 오후 3시~4시 20분, 일본 외무성

2. 참석자

한국 측: 이호, 지철근, 문철순, 노재원, 엄영달

일본 측: 다카노 도키치, 야베 마사노부, 한다 고, 이치노세 다이조, 쓰치야 미나오

3. 회의록

다카노: 회의를 시작하기 전에 아와사와가 오늘 회의에 참석하지 못한 데 대한 양해를 구하고 싶다. 급한 업무가 있어서 불참하게 되었다.

이: 괜찮다. 나는 서울에 가느라 지난 회의에 불참했다. 하지만 부재중에 나를 대행한 최 참사관으로부터 선박소위원회가 지난 회의부터 안건 (a)에 대한 논의에 착수했고 상당한 진전이 있었다고 들었다.

또한 지난 회의에서 우리 측이 일본에 안건 (a)에 해당하는 한국에 반환할 선박의 목록을 제출할 것을 요청했다고 알고 있다.

다카노: 지난 회의에서 의제 안건을 채택했고 안건 (a)에 대한 논의를 시작했기 때문에 방금 말했듯 구체적인 논의에 착수할 수 있었다. 최 참사관이 지난 회의에서 선박 목록을 한국 측에 제시할 것을 요청했고, 아와사와는 검토해 보겠다고 답변했다. 그러나 목록을 제출하기 전에 몇 년간 상당한 시간이 흘렀고 상황이 변했으니 안건 (a)에 대한 한국의 반환 청구가 지닌 근거에 대해 들어보고 싶다.

이: 우리 측 청구권의 근거에 대해서는 1차 및 2차 한일회담과 선박회의에서도 구체적으로 논의한 바 있다. 일본 측은 이 문제에 대해 완벽히 파악하고 싶은 것 같다. 하지만 근거에 대한 논의는 이미 마무리되었다.

이(계속): 교착 상태가 오랜 기간 이어진 후 선박 문제에 대한 구체적인 논의에 착수

한 것이기 때문에 조기 타결을 위해 진행 속도를 높여야 하는 상황에서 법적 근거와 같은 문제에 더 이상 시간을 소요할 필요는 전혀 없다고 생각한다.

다카노: 지난 한일회담에서 논의가 되었던 것은 사실이나, 그 후로 오랜 시간이 지났고 상황도 변했다. 그리고 이 문제에 대해 양측이 의견 차이를 보이고 있기 때문에 다시 한 번 선박에 대한 한국 측 청구권의 법적 근거가 무엇인지 들어보고 싶다.

이: 일본이 안건 (a)하의 선박에 대한 청구권의 법적 근거에 대해 듣고 싶다면, 이미 과거에 여러 차례 명확하게 설명한 바와 같이, 우리 측 청구권은 연합국최고사령부 지령(SCAPIN) 제2168호와 주한 미군정 법령(USAMGIK) 제33호를 바탕으로 한다.

다카노: 기존 회담에서도 SCAPIN과 미군정 법령이 한국 측 청구권의 근거였다는 말인가?

이: 안건 (a)에 해당하는 우리 측 청구권의 법적 근거와 긴밀히 연관되어 있다는 것은 명확한 사실이다.

다카노: 본 소위원회는 일본과 한국 간 선박 반환에 대해 논의하는 자리이지 SCAPIN 자체의 이행을 논의하는 자리는 아닌 것으로 알고 있다. 게다가 강화조약 이후 긴 시간이 흘렀기 때문에 일본 측은 SCAPIN에 대해 의문을 가지고 있다. 법령 제33호가 한국 법에서 여전히 유효한지 알고 싶다.

이: 일단 본 소위원회의 진행과 전혀 관련 없는 문제에 대한 논의를 시작할 것이라고는 예상하지 못했다. 그래도 알고 싶다면 대한민국 헌법 제100조에 따라 유효하다.

다카노: SCAPIN 제2168호는 연합군최고사령부(SCAP)와 일본 정부 사이에서만 유효했다. 따라서 SCAPIN 제2168호의 효력이 어떻게 한국 측 청구권의 법적 근거가 되는지 알고 싶다.

이: 일본 정부는 SCAPIN과 법령에 따라 선박을 반환할 의무가 있고, 그러한 의무를 현재까지 이행하지 않았기 때문에 선박을 반환할 의무가 여전히 유효하다.

다카노: SCAPIN 제2168호가 여전히 유효하다는 의미인가?

이: 법적으로 유효한가의 여부를 논하는 것이 아니다. 한국의 입장에서는 선박 반환이 일본의 의무였고 이행되지 않았다. 따라서 의무를 이행할 것을 요청하는 것이다.

우리 측 청구권의 법적 근거는 이미 명확하게 밝혀졌기 때문에 이러한 논쟁에 시간을 소비할 필요가 없다고 생각한다. 또한 선박 반환 청구에 대한 우리의 입장에는 변화가 없다.

다카노: 이 문제에 대한 입장이 변하지 않았다고 말하지만 시간이 흘렀고 상황도 변했다고 생각하지 않나?

이: 시간이 흐른 것은 우리도 안다. 하지만 이 부분에 있어서 상황은 변한 게 없다.

다카노: SCAPIN 제2168호가 내려진 1951년 9월 이후 일본 정부는 강화조약을 통해 SCAP의 통제로부터 벗어나 독립했다. 따라서 상황이 변했다고 인정해야 하지 않나?

이: 연합국이 지배하는 동안 SCAPIN 제2168호가 공표되었다는 사실은 알고 있고, 그 후에 일본이 독립했다는 것도 알지만 선박 반환에 대한 일본의 의무는 변화하지 않았다.

다카노: 일본의 의무가 변하지 않았다는 주장이 SCAPIN 제2168호가 여전히 유효함을 전제로 하는 것인지, 아니면 이 부분에 있어서 SCAPIN 제2168호의 효력이 문제가 되지 않는다고 생각하는 것인지 궁금하다.

이: 일본이 주한 미군정 법령 제33호와 SCAPIN 제2168호에 따른 의무를 이행하지 않았기 때문에 여전히 이행해야 하는 유효한 의무사항이다. 이미 확실해진 문제인데 왜 자꾸 같은 질문을 반복하는지 모르겠다.

다카노: 이제 어떠한 입장인지 이해했다. 선박 목록 제출 요청에 대해서는 이미 기존 회담에서 목록을 제출했는데, 과거에 제출한 목록과 지금 요청하는 목록에는 어떠한 관련이 있는가?

이: 과거에 제출한 목록은 우리가 기대한 바에 비해 수적으로 너무 부족했기 때문에 이 문제를 보다 성의 있게 검토하여 새로운 목록을 제출할 것을 요청한 것이다.

그리고 불만족스러운 선박 목록이 기존 회담이 결렬된 이유 중 일부였다는 말도 덧붙이겠다. 따라서 이번 논의를 성공적으로 이끌기 위해 건설적인 목록을 제출해 줄 것을 요청한다.

다카노: 다음 회의에서 의견을 제시하겠다.

이: 10월 24일에 다음 회의를 소집하는 것이 어떤가?

다카노: 10월 28일(화요일) 오후 3시에 모이자.

이: 이의 없다.

비고: (회의가 종료되기 전에 소위원회는 "선박소위원회는 선박에 관한 구체적인 논의에 착수했으며 1958년 10월 28일 오후 3시에 다음 회의를 개최하기로 결정했다"라는 내용의 공동 보도 자료에 합의했다.)

끝

43. 제4차 한일회담 청구권위원회 선박소위원회 제17차 회의 요록

0395

Tokyo, October 30, 1958

GIST OF TALKS
SEVENTEENTH SESSION
SUB-COMMITTEE ON VESSELS, COMMITTEE ON KOREAN CLAIMS

1. Time and Place:

3:00 p.m.-5:10 p.m. October 28, Room 411, Ministry of Foreign Affairs, Japanese Government

2. Conferees:

Korean side: Mr. LEE, Ho
Mr. CHOI, Kyu Hah
Mr. CHIN, Pil Shik
Mr. CHEE, Chul Keun
Mr. MOON, Chul Soon
Mr. ROH, Jae Won

Japanese side: Mr. AWASAWAS, Kazuo
Mr. TAKANO, Tokichi
Mr. YABE, Masanobu
Mr. HANDA, Go
Mr. TSUCHIYA, Minao

3. Gist of Talks:

Mr. AWASAWA: During the previous meetings of this Sub-committee, we have exchanged views on the legal basis for the Korean claims for return of vessels under Agenda item "A". As for the Japanese side, we wished to make clear the positions of both sides. It is the view of the Japanese side that the fact that a long time has passed and situations changed during the years should be put into consideration in the settlement of this problem.

As for the Korean stand in this regard, may I understand that the Korean claims for the return of vessels is based on the SCAPIN No. 2168 and Ordinance No. 33 of USAMGIK?

Mr. LEE: That is right. We discussed at the previous meeting on this matter, and also enough discussions had been made at the first and second Korea-Japan Talks on the legal basis concerned. Therefore, I do not see any more necessity to repeat the same argument. What we must do here and now is to proceed with the substantial discussions for the return of vessels.

Mr. AWASAWA: As has been repeatedly made clear, the position of the Japanese Government is that SCAPIN was effective between SCAP and the Japanese Government, and Korea has no place therein. Besides, since SCAPIN was issued during the time of Allied Occupation, it holds no more legal power after the coming into force of the Peace Treaty. Therefore, I would like to be informed of any concrete legal basis on the part of the Korean side for its claims under Agenda "A".

Mr. LEE: As regards your insistence that SCAPIN has nothing to do with us on the assumption that it stood only between SCAP and the Japanese Government, I can not agree with you, because SCAPIN No. 2168 was issued on the basis of USAMGIK Ordinance No. 33 and the Japanese Government recognized the
0396 disposition of the property concerned by the U.S Military Government, under Article 4, (b) of the San Francisco Peace Treaty, and, under Article 21, Republic

of Korea is entitled to the benefit of the said article. As to your view that SCAPIN has a lost its validity after the Peace Treaty, I like to point out that the Japanese Government assumed obligation to return the vessels to the Republic of Korea by the SCAPIN under reference. It did not fulfill its obligation despite the fact that the Korean Government had repeatedly demanded for the return of the vessels. Therefore, as long as the Japanese Government has not carried out its obligation, there exist the obligation for Japan and the right for Korea regarding the vessels under reference.

Mr. TAKANO: According to Article 4, (b), such Ordinance was applied only to the properties in Korea, and, therefore, such ordinance has no direct relations with SCAP or Japanese Government.

Mr. LEE: The issuance of SCAPIN No.2168 had legal bearings on Ordinance No.33, and their effects were equally recognized by the Japanese Government under Articles 4, (b) and 21 of the San Francisco Peace Treaty. Furthermore, the legal location of a vessel is its registration.

As to the basis for our claims, under SCAPIN No.2168, we can point out two grounds: SCAPIN No.2168 has legal bearings on Ordinance No.33, and dispositions under Ordinance No.33 were recognized by Japan under articles 4(b) and 21 of the Peace Treaty. As to the SCAPIN No.2168 itself, the Japanese Government assumed obligations to return the vessels under reference by the issuance of the SCAPIN and there has been no change in the status of the obligation.

Mr. TAKANO: I should like to make it clear that, under Article 4(b), the Japanese Government only recognized the validity of the dispositions of properties made by the military governments concerned, and Japanese Government recognized nothing more or less than what was stipulated in the said article.

Mr. CHOI: Both sides exhausted arguments on this matter, and we have exchanged enough views now as well as in the past. Further, past records contain enough of what was said and others on this matter. We must, therefore, as Mr. LEE said, adhere to the committee's works of proceeding with substantial discussions on the agenda "A". I would like to add that, at the second session of the Vessels Conference held in 1951, both sides exchanged copies of relevant notes of SCAP memoranda. Our delegation at that time, showed to the Japanese side a copy of note which SCAP sent to the Korean Government, in which SCAP clearly stated that SCAPIN 2168 had legal bearings on USAMGIK Ordinance No.33.

Further, if the Japanese Government had fulfilled its obligations by returning those vessels to Korea, there would not have been any necessity to repeat the legal argument regarding the matter. In this connection, we have never ceased to claim the return of the vessels under reference. In order to finalize the problem, we must enter into substantial discussions on agenda A.

Mr. TAKANO: It is regrettable that the Japanese stand on this matter is not received by the Korean side. But I would like to state that SCAPIN No, 2168 holds no legal validity now, and the recognition of the validity of the dispositions of the property made under Ordinance No.33 has its limits as is prescribed in the Article 4(b) of the Peace Treaty.

0397 Mr. LEE: It is also very regrettable that the Japanese side is not inclined to agree to it that the obligations once imposed on the Japanese Government should be fulfilled.

As regards the interpretation of Article 4(b) of the Peace Treaty, it is the position of the Korean side that the Ordinance No.33 itself is the disposition of property, and thus the Japanese Government had recognized the validity of such disposition under the said article of the Peace Treaty.

Mr. TAKANO: We hold the view that the Ordinance itself cannot be the disposition of property in view of the wording of Article 4(b) of the Peace

Treaty.

Mr. CHOI: As regards Ordinance No.33, our view is that those vessels which were registered in Korea rightfully fell within the scope of Ordinance No.33, and were thereby included into those assets transferred from the United States Government to the Korean Government by terms of the Agreement on Initial Financial and Property Settlement Between the Government. of the United States of America and the Republic of Korea of September 20, 1948. Therefore, the ownership of vessels in question had been duly transferred to the Korean Government. What Japan should do now is to execute the return of vessels to their rightful owners, and Japan had recognized the effect of the disposition of the U.S. Military Government under Article 4(b) of the Peace Treaty.

Mr. LEE: Now, we are doing just the repetition of the legal argument of which we have already made clear the basis of our claims. We should enter into the substantial discussions for the implementation of Agenda item A, for which I hope the Japanese side will cooperate with us. I also would like to add that more than 6 months have passed since we started the committee works but we were not able to achieve any substantial result during the period.

Mr. TAKANO: We, too, well know that we should carry out the committee works more quickly, but I must say that the discussions on the legality of the claims are also a part of the substantial discussions concerned.

Mr. LEE: As the legal basis on this matter is quite clear, it is my belief that there would be no more necessity for any further discussions. But, for your better grasp of the points thereof, I would like to reiterate (1) that USAMGIK Ordinance No.33 itself is the disposition of the property concerned, and, by virtue of Articles 4(b) and 21 of the San Francisco Peace Treaty, the Japanese Government had recognized the validity of the disposition thereof and that the Japanese Government had assumed obligations under SCAPIN No.2168 to return the vessels under reference to the Republic of Korea, and, as the

Japanese Government has not fulfilled its obligations, no change of situation whatsoever has been brought about in connection with this obligation on the part of the Japanese Government.

Now, as to the date for the next meeting, let us meet again on October 31, coming Friday.

Mr. AWASAWA: Due to other business especially in connection with the Diet, we cannot but propose to hold the next meeting on November 4, next Tuesday.

Mr. LEE: If so, no objection.

(Before the meeting was adjourned, the Sub-committee had agreed to the joint press release which reads: "The Sub-Committee on vessels continued substantial discussions on vessels, and it was decided that the next meeting would be held at 3:00 p.m. on November 4, 1958.")

-The end-

번역

1958년 10월 30일, 도쿄

한국청구권위원회 선박소위원회 17차 회의 요록

1. 일시 및 장소

1958년 10월 28일, 오후 3시~5시 10분, 일본 외무성 411호

2. 참석자

한국 측: 이호, 최규하, 진필식, 지철근, 문철순, 노재원

일본 측: 아와사와 가즈오, 다카노 도키치, 야베 마사노부, 한다 고, 쓰치야 미나오

3. 회의록

아와사와: 본 소위원회의 지난 회의에서 안건 (a)에 따른 한국의 선박 반환 청구의 법적 근거에 대한 의견을 교환했다. 일본대표단은 양측의 입장을 명확하게 밝히고 싶었다. 이 문제를 해결하는 과정에서 지난 몇 년간 긴 시간이 흐르고 상황이 변했다는 사실을 고려해야 한다는 것이 일본대표단의 견해다.

선박 반환에 대한 한국의 청구권이 SCAPIN 제2168호와 USAMGIK 군정령 제33호를 바탕으로 한다고 이해해도 되는가?

이: 그렇다. 지난 회의에서 이 문제에 대해 논의했고 1차 및 2차 한일회담에 대해서도 선박 반환에 대한 법적 근거에 대해서는 충분히 논의한 바 있다. 따라서 같은 논쟁을 반복할 필요가 없다고 생각한다. 지금 이 자리에서 해야 할 일은 선박 반환을 위한 구체적인 논의를 진행하는 것이다.

아와사와: 여러 차례 밝혔듯이 SCAPIN은 SCAP과 일본 정부 사이에서 유효했던 지령이고 한국은 관계가 없었다는 것이 일본 정부의 입장이다. 게다가 SCAPIN은 연합국 지배 기간 동안 선포되었기 때문에 강화조약 발효 이후에는 더 이상 법적 효력을 지니지 못한다. 따라서 안건 (a)에 대한 한국 측 청구권이 지니는 구체적인 법적 근거를 설명해 주기를 바란다.

이: SCAPIN이 SCAP과 일본 정부 간에만 유효했다고 가정하며 한국과는 관계가 없다는 주장에 동의할 수 없다. SCAPIN 제2168호는 USAMGIK 군정령 제33호를 바탕으로 내려졌고 일본 정부는 샌프란시스코 강화조약 제4조 (b)항에 따라 미군정의 재산 처분을 인정했으며 강화조약 제21조에 따라 대한민국은 해당 조항의 혜택을 볼 자격이 있기 때문이다. SCAPIN이 강화조약 이후 효력을 잃었다는 주장에 대해서는, SCAPIN에 따라 일본 정부가 대한민국에 선박을 반환할 의무를 지니게 되었음을 지적하고 싶다. 한국 정부가 반복적으로 선박 반환을 요구했음에도 일본 정부는 의무를 이행하지 않았다. 따라서 일본 정부가 의무를 이행하지 않았으니 지금 논의하고 있는 선박에 대해 일본은 의무를, 한국은 권리를 보유한다.

다카노: 제4조 (b)항에 따라 위에서 말한 법령은 한국 내 재산에만 적용되며, 따라서 해당 법령은 SCAP이나 일본 정부와 직접적으로 연관되지 않는다.

이: SCAPIN 제2168호의 선포가 군정령 제33호에 대한 법적 효력을 지니며, 이 두

가지 지령과 법령의 효력을 샌프란시스코 강화조약 제4조 (b)항 및 제21조에서 일본 정부가 동등하게 인정했다. 또한 선박의 법적 위치는 등록지를 기준으로 한다.

우리 측 청구권의 근거인 SCAPIN 제2168호에 대해서는 두 가지 근거를 지적할 수 있다. SCAPIN 제2168호가 군정령 제33호에 대한 법적 효력을 지니고, 샌프란시스코 강화조약 제4조 (b)항 및 제21조에 따라 일본 정부가 군정령 제33호에 따른 재산 처분을 인정했다는 것이다. SCAPIN 제2168호 자체에 있어서도 해당 SCAPIN이 선포되면서 일본 정부는 선박을 반환할 의무를 지니게 되었고 이러한 의무의 상태에는 변화가 없었다.

다카노: 제4조 (b)항에서 일본 정부는 미군정의 재산 처분이 지니는 유효성만 인정했을 뿐이며, 일본 정부는 해당 조항에 명시된 내용 그 이상도 이하도 인정한 바 없음을 확실히 밝히고 싶다.

최: 양측 모두 이 문제에 대해 충분히 논쟁을 했고 과거에도 지금도 의견을 충분히 교환했다. 또한 과거의 기록에 이 문제에 대해 발언한 내용 등이 충분히 남아있다. 따라서 이 대표가 말했듯이 안건 (a)에 대한 구체적인 논의를 진행한다는 과업에 집중해야 한다. 덧붙여 1951년에 열린 선박회담 2차 회의에서 양측은 SCAP 각서의 관련 부분의 사본을 교환했다는 것을 말하고 싶다. 당시 한국대표단은 SCAP이 한국 정부에 발송한 문서의 사본을 일본에 보여줬고, 이 문서에서 SCAP은 SCAPIN 제2168호가 USAMGIK 군정령 제33호에 대한 법적 효력을 지닌다고 명확히 명시한다.

일본 정부가 선박을 한국에 반환함으로써 의무사항을 이행했다면 이 문제에 대한 법적 논쟁을 반복할 하등의 이유가 없었을 것이다. 한국은 계속해서 선박 반환을 청구해왔다. 문제를 마무리하기 위해서는 안건 (a)에 대한 구체적인 논의를 시작해야 한다.

다카노: 이 문제에 대한 일본의 입장을 한국에서 수용하지 않아 유감스럽다. 하지만 SCAPIN 제2168호는 현재 법적 효력을 가지지 않으며, 법령 제33호에 따라 재산 처분을 인정한 범위는 강화조약 제4조 (b)항에 명시된 바와 같이 제한적이다.

이: 일본 정부에 부과된 의무사항을 이행하지 않았다는 데 일본 측이 동의하려는 의향이 없어서 우리도 매우 유감이다. 강화조약 제4조 (b)항의 해석에 대해서는, 법령 제33호 자체가 재산 처분에 해당하기 때문에 일본 정부가 강화조약의 해당 조항에서 그러한 처분의 효력을 인정했다는 것이 우리 입장이다.

다카노: 강화조약 제4조 (b)항의 내용을 고려하면 해당 법령 자체가 재산 처분의 효력을 가질 수 없다는 것이 일본 측의 견해다.

최: 군정령 제33호에 대해서는, 한국에 등록된 선박들은 법령 제33호의 범위에 속하는 것이 타당하고, 따라서 미국 정부와 대한민국 정부가 1948년 9월 20일에 체결한 재정 및 재산에 관한 최초 협정에 따라 미군정이 한국 정부에 양도한 재산에 포함된다는 것이 한국의 견해다. 따라서 이러한 선박들에 대한 소유권은 적절한 절차에 따라 한국 정부로 이관되었다. 지금 일본이 해야 할 일은 선박을 정당한 소유자들에게 반환하는 것이며, 일본은 강화조약 제4조 (b)항에서 미군정에 의한 재산 처분의 효력을 인정했다.

이: 한국 청구권의 근거에 대해 이미 명확히 밝혔음에도 법적 논쟁을 반복하고 있다. 안건 (a)에 대한 구체적인 논의를 시작해야 하고, 일본이 협조해 주기를 바란다. 또한 본 소위원회가 열린 지 6개월이 지났는데 우리는 여전히 어떠한 실질적인 결과도 달성하지 못한 상황이다.

다카노: 우리도 소위원회의 논의를 보다 신속하게 진행해야 한다는 걸 알고 있다. 하지만 청구권의 합법성에 대한 논의도 구체적인 논의의 일부다.

이: 이 문제의 법적 근거는 상당히 명확하기 때문에 더 이상 논의할 필요가 없다고 생각한다. 하지만 이해를 돕기 위해 다시 반복하겠다. (1) USAMGIK 군정령 제33호 자체가 재산 처분의 효력을 지니며, 샌프란시스코 강화조약 제4조 (b)항 및 제21조에 따라 일본 정부는 이러한 재산 처분의 효력을 인정했고, 일본 정부는 SCAPIN 제2168호에 따라 해당 선박들을 대한민국에 반환할 의무를 지니게 되었다. 그리고 일본 정부는 이러한 의무를 이행하지 않았기 때문에 의무사항을 둘러싼 상황은 조금도 변하지 않았다.

다음 회의는 돌아오는 금요일인 10월 31일이 어떤가?

아와사와: 국회와 관련한 다른 일정이 있어서 다음 주 화요일(11월 4일)로 미뤄야 한다.

이: 이의 없다.

(회의가 종료되기 전에 소위원회는 "선박소위원회는 선박에 관한 구체적인 논의를 이어갔

으며 11월 4일 화요일 오후 3시에 다음 회의를 개최하기로 결정했다"라는 내용의 공동 보도 자료에 합의했다.)

끝

46. 제4차 한일회담 청구권위원회 선박소위원회 제18차 회의 요록

0406

Tokyo, November 6, 1958

GIST OF TALKS
EIGHTEENTH SESSION
SUB-COMMITTEE ON VESSEL, COMMITTEE ON KOREAN CLAIMS

1. Time and Place:

November 4, 1958 (Tuesday) 03:00-04:15 p.m., at Room 411, Ministry of Foreign Affairs, Japanese Government

2. Conferees:

Korean side: Mr. LEE Ho
Mr. CHOI Kyu Hah
Mr. CHEE Choul Keun
Mr. CHIN Pil Shik
Mr. MOON Chul Soon
Mr. OHM, Young Dal
Mr. ROH Jae Won

Japanese side: Mr. AWASAWA Kazuo
Mr. TAKANO Tokichi
Mr. YABE Masanobu
Mr. YOSHIDA Toshiro

Mr. HANDA Go

Mr. SUGANUMA Kiyoshi

3. Gist of Talks:

Mr. Lee: Shall we open today's meeting? At the sixteenth session, the Korean side requested the Japanese side to present the list of vessels falling under the scope of Agenda A, with the reason that the list of the vessels which was submitted by the Japanese side at the First Korea-Japan Conference under Agenda 1 was not satisfactory and realistic. However, as the request made by the Korean side has not been met by the Japanese side, namely the Japanese side has not presented an additional list of the vessels to be returned to Korea, I would like to put forth a first list of vessels, in order to expedite the proceeding of our meeting, which are falling under the scope of Agenda A and, at the same time, which can easily be returned by Japan, in view of the course of the discussions made at previous Conferences.

(Thus, Mr. Lee handed the list to Chief member of the Japanese delegation Mr. Awasawa. The copy of the list is attached hereto.)

Mr. Awasawa: As discrepancies of views exist between both sides in connection with legal interpretation of the basis of claims by the Korean side under Agenda A, the Japanese side is not able to give an answer whether or not it will turn over to the Korean side the vessels enumerated in the said list. However, the Japanese side will study it, later. You have just told me that the list now you have handed to me was containing a part of the vessels which the Korean side claims against the Japanese side under Agenda A. I wonder if you can tell me the total number of the vessels to he claimed by the Korean side.

Mr. Lee: At the present time, it is difficult for the Korean side to tell the total number; nevertheless, the Korean side will bring it to the light in proportion to the progress of our works at this Subcommittee.

0407 Mr. Awasawa: Then, do you know the total number of the vessels under reference?

Mr. Lee: The Korean side knows the total number of the vessels witch it is going to claim against Japan; however, the number will be brought to light as our meeting proceeds on.

Mr. Awasawa: What did you mean by that the vessels contained in the list were those vessels on which there would be no difficulties for the Japanese side to return to the Korean side?

Mr. Lee: The Japanese side recognized at previous Conferences that the vessels now you referred to were the vessels of Korean registry and were in Japan. This being the case, there will be no trouble at all in delivering them to the Korean side.

Mr. Awasawa: Let me put one more question in this regard. Are all the vessels appearing on the list the vessels which the Japanese side recognized as were registered in Korea and remained in Japan?

Mr. Lee: Not all of the vessels enumerated in the aforesaid list are the vessels which the Japanese side recognized as those of Korean registry and of existing in Japan at the first, second, and third Conferences.

Mr. Awasawa: The question on the turning over to the Korean side of the vessels of Korean registry under Agenda A were discussed at the previous Conferences and both sides were not able to reach the stage of final conclusion of the issue. And, also, both delegation to the Subcommittee on Vessels exchanged view on this question at present Talks, but the basic problem has not been solved yet between them. Therefore, my delegation feels that the if the ground of turning over the vessels of Korean registry to the Korean side under Agenda A is not clarified, neither Diet nor people of Japan may acquiesce in the turning over the vessels in question by Japan to Korea.

Mr. Lee: I can hardly understand your view in this regard. This question was fully discussed at previous Conferences between both sides concerning the legal basis of the Korean claims under Agenda A. Furthermore, it has also been discussed at the meeting of this Subcommittee. So, there exists no difficulty in returning those vessels coming under Agenda A to the Korean side. It is much regretted that the Japanese side, nevertheless, attempts to raise another questions on the matter which had been out of question. This being the Japanese intention, I cannot help being skeptical whether the Japanese side has any sincerity of turning vessels over to Korea.

Mr. Lee: Would you please tell me frankly whether or not your side has any intention of turning over the vessels under reference to the Korean side?

0408 Mr. Awasawa: To be frank, the Japanese side does not think that both sides have reached the stage of conclusion in regard to the legal basis of Korean claims to the Korean registry vessels. For instance, the Japanese side is unable to understand how the Military ordinance No.33 has any relation whatsoever with SCAPIN 2168. The Japanese side feels it difficult regardless of its sincerity, to turn the vessels over to the Korean side under Agenda A, unless question of the legal basis are cleared.

Mr. Lee: Do you like to repeat the discussions on the relationship between the SCAPIN 2168 and Military Ordinance No.33 all over again?

Mr. Awasawa: I would like to know how SCAPIN 2168 has any relation with Military Ordinance No.33.

Mr. Lee: I may answer to your question; however, I cannot but feel that your side tries to procrastinate the proceeding of our meetings by repeating such a question as has already bean settled.

Mr. Lee: The interpretation that SCAPIN 2168 finds its origin in the Military Ordinance No.33 is not unilaterally made by the Korean side. The authorities which issued the said SCAPIN interpreted it in the same way as the Korean side does. When SCAP issued the said instruction No.2168 to the Japanese

Government, it sent a note to the Korean Government, informing the latter of its decision on the vessels problem. In the afore-said note, the military authorities clearly interpreted that SCAPIN 2168 has legal bearings on the Military Ordinance No. 33. Furthermore, aside from Military Ordinance No. 33, the Japanese Government has an obligation to turn over the vessels of Korean registry by virtue of SCAPIN 2168 itself. And, as the Japanese side has not fulfilled its liabilities, the obligation of Japan to turn over the vessels under reference remains unchanged.

Mr. Takano: The Korean side presented today a list of vessels falling under the scope of Agenda A and it said that the list covered a part of the vessels to be turned over to the Korean side. Therefore, it is expected that the Korean side may submit another lists containing a part of the vessels coming under the scope of Agenda A, and, later, another part of the list of the vessels under Agenda B, and so on. Under such circumstances, It is very difficult for the Japanese side to decide upon its attitude on this issue. Therefore, it is hoped that the Korean side will put forth a complete list of the vessels concerned.

Mr. Lee: As the Japanese side desires that the Korean side present a complete list of the vessels concerned, my delegation will take the desire into consideration. However, should the Japanese side have sincerity in this regard, there would be no reason why the Japanese side is hesitating to give a clear-out answer to the Korean side concerning the return of the vessels of Korean registry. And as for the legal basis for the Korean claim to the Korean registry vessels, I would like to add a word. The Korean registry vessels had been vested in and owned by the Military Government of the United States in Korea in accordance with the said Military Ordinance No. 33, and, later, the vessels were duly transferred to the Republic of Korea Government under an agreement between the US and Korea. The validity of such dispositions were
0409 recognized thereafter by Japan in accordance with paragraph b, Article 4 of the

Peace Treaty between the Allied Powers and Japan.

Mr. Takano: The validity of the disposition which Japan recognized under the Article under reference applied only to those dispositions which had already been executed by the time of coming into force of the Peace Treaty. Therefore, the disposition which had not yet been made at the time of the coming into effect of the said Treaty should be excluded from the recognition by Japan of the validity of the disposition made by or pursuant to the directives of the United States Military Government.

Mr. Lee: The disposition does not mean the physical transfer only, but includes the transfer of the ownership of certain properties.

Mr. Awasawa: I hope the Korean side will submit a complete list of all the vessels coming under the scope of Agenda A.

Mr. Choi: The Korean side is going to present additional lists to the Japanese side, in due course of time; however, this delegation can hardly understand the Japanese stand that it can not give an answer to the Korean side on the return of the vessels contained in the first list presented by the Korean side at today's meeting, unless a complete list of the vessels concerned is submitted by the Korean side.

Mr. Takano: The Japanese side, for its part feels it difficult to make up its own attitude in connection with the list which is said to be covering just a part of the vessels falling within the scope of Agenda A.

Mr. Choi: In that case, your side may say to the Korean side which vessels are all right and which ones are not all right.

Mr. Lee: I would like to ask the Japanese delegation to give my delegation a clear answer on the list at the next meeting, as the Korean side has presented today a list of the vessels falling within the scope of Agenda A.

Mr. Takano: Since there exists discrepancies of views between both sides on the legal basis of Korean claims on vessels, it cannot receive the list formally, but just for its own reference.

Mr. Takano: The list in question was received for reference.

Mr. Lee: When shall we hold next meeting?

Mr. Awasawa: How about next Tuesday?

Mr. Lee: Can't we meet earlier than that?

0410 Mr. Awasawa: The Japanese side has full schedule until that date.

Mr. Lee: Well, then, time?

Mr. Awasawa: I suggest 03:00 p.m.

Mr. Lee: That will do.

Mr. Lee: Any suggestion on press release?

Mr. Awasawa: I would like to suggest that we state that both sides continued substantial discussions on the vessels under Agenda A, and it was decided that the nineteenth session of the Subcommittee on Vessels would be held on the eleventh of November, 1958 (Tuesday) at p.m.

Mr. Lee: That will be all right.

(TEXT OF JOINT PRESS RELEASE READS: The Subcommittee continued substantial discussions on Agenda A and it was decided that the next meeting would be held at three p.m. on November 11, 1958(Tuesday).)

-The end-

번역

1958년 11월 6일, 도쿄

한국청구권위원회 선박소위원회 18차 회의 요록

1. 일시 및 장소

1958년 11월 4일(화요일), 오후 3시~4시 15분, 일본 외무성 411호

2. 참석자

한국 측: 이호, 최규하, 지철근, 진필식, 문철순, 엄영달, 노재원

일본 측: 아와사와 가즈오, 다카노 도키치, 야베 마사노부, 요시다 도시로, 한다 고, 스가누마 기요시

3. 회의록

이: 시작할 준비 되었나? 1차 한일회담에서 안건 1에 속하는 선박의 목록을 일본이 제출했으나 만족스럽거나 현실적이지 않은 목록이었기 때문에 16차 회의에서 한국 측은 안건 A의 범위에 포함되는 선박의 목록을 제시할 것을 일본 측에 요청했다. 그러나 한국의 요구사항을 일본이 충족하지 않았다. 즉, 일본은 한국에 반환할 선박의 추가 목록을 제출하지 않았다. 따라서 회의의 진행 속도를 높이기 위해 안건 A에 속하며 동시에 기존 회담에서의 논의사항을 고려했을 때 일본이 쉽게 반환할 수 있는 선박의 1차 목록을 제공하고자 한다.

(이 대표가 일본의 아와사와 수석대표에게 목록을 전달했다. 목록 사본 첨부.)

아와사와: 안건 A에 해당하는 한국 측 청구권의 근거에 대한 법적 해석에 있어서 양측 간 의견 차이가 존재하기 때문에 일본은 해당 목록에 나열되어 있는 선박들을 한국에 반환할 것인가의 여부를 답변할 수 없다. 그러나 추후 검토해 볼 것이다. 방금 전달한 목록에 안건 A에 따라 한국이 일본에 반환을 청구하는 선박의 일부가 포함되어 있다고 했는데, 한국이 반환을 청구하는 전체 선박 수를 알려줄 수 있는지 궁금하다.

이: 현재 총 선박 수를 말하기는 어렵다. 그러나 본 소위원회의 진행 경과에 비례하게 공개하겠다.

아와사와: 총 선박 수를 알고 있는 건가?

이: 일본에 반환을 청구할 총 선박 수를 알고 있으나 우리 회의가 진행됨에 따라 공개할 것이다.

아와사와: 목록에 포함되어 있는 선박이 일본이 한국에 반환하는 데 어려움이 없을 선박이라는 말이 무슨 의미인가?

이: 일본은 기존 회담에서 지금 우리가 논의 중인 선박은 한국에 등록되어 있고 일본에 소재했던 선박이라고 인정했다. 따라서 해당 선박들을 한국에 인도하는 데에는 문제가 없을 것이다.

아와사와: 한 가지 더 질문하겠다. 목록에 포함된 선박이 모두 한국에 등록되어 있고 일본에 남아있다고 일본이 인정한 선박들이라는 의미인가?

이: 위 목록에서 나열한 선박 전부가 1차, 2차, 3차 한일회담에서 일본이 한국에 등록되어 있고 일본에 소재한다고 인정한 선박은 아니다.

아와사와: 안건 A에 따라 한국적 선박을 한국에 인도하는 문제를 기존 회담에서 논의했었고 양측은 최종적인 결론에 도달하지 못했다. 그리고 이번 회담의 선박소위원회에서 양국 대표단은 의견을 교환했으나 법적 근거와 관련한 문제를 아직 해소하지 못한 상황이다. 따라서 일본대표단은 안건 A에 따라 한국 국적 선박을 한국에 인도하는 것에 대한 근거가 명확하지 않다고 생각하며, 일본 의회나 국민 모두 이러한 선박들을 일본이 한국에 반환하는 것을 용인하지 않을 것이다.

이: 일본의 입장을 이해하기 어렵다. 안건 A에 따른 한국 청구권의 법적 근거에 대해서는 기존 회담에서 양측이 충분히 논의했다. 또한 본 소위원회 회의에서도 논의한 바 있다. 따라서 안건 A의 선박을 한국에 반환하는 것에 문제가 없다. 그럼에도 일본대표단이 문제가 되지 않는 주제에 대한 또 다른 의문을 제기하는 것이 매우 유감이다. 이것이 일본의 의도라면 일본 측이 한국에 선박을 반환하는 데 대해 조금의 진정성이라도 가지고 있는가에 대해 회의적인 시각을 가질 수밖에 없다.

이: 일본이 한국에 위 선박들을 반환할 의향이 있는지 솔직하게 말해주겠는가?

아와사와: 솔직히 말하면 양측이 한국 국적 선박에 대한 한국 청구권의 법적 근거에 대한 결론을 내릴 단계에 도달했다고 생각하지 않는다. 예컨대 일본은 군정령 제33호가 어떻게 SCAPIN 제2168호와 어떤 연관성이 있다는 것인지 이해할 수 없다. 우리는

진정성과 무관하게 법적 근거가 명확하지 않다면 한국에 선박을 반환하기 어렵다고 생각한다.

이: SCAPIN 제2168호와 군정령 제33호의 관계를 처음부터 다시 설명해 주기를 바라나?

아와사와: SCAPIN 제2168호가 군정령 제33호와 어떻게 관계가 있다는 것인지 알고 싶다.

이: 그 질문에 답하자면, 일본이 이미 해결된 질문을 반복함으로써 회의의 진행을 늦추려 한다는 느낌을 버릴 수가 없다.

이: SCAPIN 제2168호가 군정령 제33호를 근간으로 한다는 것은 한국이 일방적으로 해석한 내용이 아니다. 해당 SCAPIN을 발행한 당국이 한국과 동일하게 해석했다. SCAP이 지령 제2168호를 일본 정부에 선포하면서 한국 정부에 문서를 보내 선박 문제에 대한 결정을 통보했다. 이 문서에서 군 당국은 SCAPIN 제2168호가 군정령 제33호에 대한 법적 효력을 가진다고 명확하게 해석했으며, 군정령 제33호와 별개로 일본 정부는 SCAPIN 제2168호 자체로도 한국적 선박을 반환할 의무를 지닌다. 그리고 일본은 의무를 이행하지 않았고, 선박 반환에 대한 일본의 의무사항은 변하지 않고 남아있다.

다카노: 오늘 한국대표단은 안건 A에 속하는 선박의 목록을 제시하고 이 목록에 한국에 반환할 선박의 일부가 포함되어 있다고 말했다. 따라서 한국이 안건 A의 범위에 포함되는 다른 선박들의 목록도 제출할 것이라고 예상되고, 추후에는 안건 B에 해당하는 선박의 목록 등을 제시할 것이라고 예상된다. 이러한 상황에서 이 문제에 대한 입장을 결정하기가 매우 어렵다. 따라서 한국 측이 해당 선박 전체를 포함시킨 완전한 목록을 제시해 주었으면 한다.

이: 일본이 해당 선박 전체를 포함시킨 완전한 목록을 원하니 검토해 보겠다. 그러나 일본이 진정성을 갖고 있다면 한국 국적 선박 반환에 대해 우리에게 명확하게 답변하기를 주저할 이유가 없을 것이다. 그리고 한국 국적 선박에 대한 한국의 청구권이 지니는 법적 근거에 대해서는 한마디 하고 싶다. 한국 국적 선박은 군정령 제33호에 따라 주한 미군정에 귀속 및 소유되었다가 후에 미국과 한국이 체결한 협정에 의거하여 정당한 절차를 거쳐 대한민국 정부에 양도되었다. 그리고 연합국과 일본이 체결한

강화조약 제4조 b항에 의거하여 일본은 이러한 재산 처분의 효력을 인정했다.

다카노: 해당 조항에서 일본이 인정한 재산 처분의 효력은 강화조약이 발효된 시점에 이미 시행된 상태인 재산 처분에만 적용된다. 따라서 강화조약 발효 당시 아직 시행되지 않은 재산 처분은 미군정의 지침에 의거한, 또는 미군정이 시행한 재산 처분의 효력에 대한 일본의 인정 범위에서 배제시켜야 한다.

이: 해당 재산 처분은 물리적 인계만을 의미하는 것이 아니라 특정 재산의 소유권 양도까지 포함한다.

아와사와: 한국 측이 안건 A에 해당하는 선박 전체를 포함시킨 완전한 목록을 제출하길 바란다.

최: 시간이 지나면 적절한 때에 일본에 추가 목록을 제시할 것이다. 그러나 우리가 전체 선박 목록을 제출하지 않으면 오늘 회의에서 우리가 제시한 1차 목록에 포함된 선박의 반환에 대해 답변할 수 없다는 일본의 입장을 이해하기 어렵다.

다카노: 안건 A에 해당하는 선박의 일부만을 포함한다는 목록에 대한 입장을 정하기가 어렵다고 느낀다.

최: 그럼 어떠한 선박의 반환이 가능하고 어떠한 선박의 반환이 어려운지 한국 측에 알려달라.

이: 오늘 우리 대표단이 안건 A에 해당하는 선박의 목록을 제공했으니 일본대표단이 다음 회의에서 목록에 대해 명확하게 답변할 것을 요청한다.

다카노: 선박에 대한 한국 청구권의 법적 근거와 관련하여 양측 간에 견해 차이가 존재하므로 목록을 공식적으로 받을 수는 없고 참고용으로만 받겠다.

다카노: 해당 목록은 참고를 위해 받았다.

이: 다음 회의는 언제가 좋겠는가?

아와사와: 화요일 어떤가?

이: 그것보다 일찍 모일 수 없는가?

아와사와: 그 날짜까지는 일정에 여유가 전혀 없다.

이: 그러면 시간은?

아와사와: 오후 3시 어떤가?

이: 괜찮다.

이: 보도 자료에 대한 의견 있는가?

아와사와: '안건 A의 선박에 관한 구체적인 논의를 이어갔으며 1958년 11월 11일 화요일 오후 3시에 다음 회의를 개최하기로 결정했다'라고 작성하는 것을 제안한다.

이: 좋다.

(공동 보도 자료: 안건 A에 따라 선박에 관한 구체적인 논의를 이어갔으며 1958년 11월 11일 화요일 오후 3시에 다음 회의를 개최하기로 결정했다.)

끝

첨부

46-1. 한국 측이 제시한 선박의 목록

0411

	S/No	Name of Vessel	G/T	Type	Former Owner	Port of Registry
	1	No. 11 Asahi	47	Wooden boat	Okuda Kentaro	Kunsan
	2	No. 12 Asahi	47	Wooden boat	Okuda Kentaro	Kunsan
	3	No. 16 Chitori	15.1	Fish carrier	Nishidaiyo Gyogyo	Bangochin
	4	Junsen	155	Wooden tanker	Chosen Yusosen KK	Incheon
	5	Hakusen	158	〃	〃	〃
	6	No. 56 Hayabusa	17.81	Fish carrier	Nishidaiyo Gyogyo	Pusan
	7	No. 1 Taisei	56	Wooden fishing boat	Chida Kentaro	〃
	8	No. 2 Taisei	〃	〃	〃	〃
	9	No. 20 Yoshitomo	146	Wooden tanker	Chosen Yusosen KK	Incheon
	10	No. 32 Yoshitomo	532	Tanker	〃	〃
	11	Kainei	931	Semi-cargo	Chosen Yusesen KK	〃
	12	No. 2 Keijin	434	Cargo	Keijin Shosen KK	〃
	13	No. 5 〃	〃	〃	〃	〃
	14	No. 1 Keijin	435	〃	〃	〃
	15	Kinjo	345	Semi-Cargo	Nishinihon Kisen KK	Pusan
	16	Taisei	233	〃	〃	〃
0412	17	No. 3 Tesei	372	Tanker	Chosen Yusosen KK	Incheon
	18	Taihei	196	Semi-cargo	Nishinihon Kisen KK	Pusan
	19	No. 1 Yoshitomo	275	Tanker	Chosen Yusosen KK	Incheon

20	No. 12 Keijin	419	Cargo	Keijin Shosen KK	Incheon
21	Ryutosen	339	〃	Nishinihon Kisen KK	Pusan
22	No. 87 Hayakusa	19.69	Fish carrier	Nishidaiyo Gyogyo	〃
23	No. 5 Asahi	48.66	Fishing boat	Yamada Hanji	Kunsan
24	No. 41 Banshu	50.98	〃	Nishidaiyo Gyogyo	Pusan
25	Chitori	4	〃	Danaka Doyohiko	Chang-won
26	No. 8 Joyo	86.62	Fish carrier	Amano Kunji	Inchen
27	No. 11 Asamisu	79.82	Cargo	Chosen Suisan Kaihatsu KK	〃
28	No. 3 Chitori	16.04	Small catcher	Nishidaiyo Gyogyo	Bangochin
29	No. 2 Chitori	15.78	Fishing boat	〃	〃
30	No. 89 Hayabusa	19.69	〃	〃	〃
31	No. 3 Buri	1,629.00	Cargo	Amano Kunji	Inchen

50. 제4차 한일회담 청구권위원회 선박소위원회 제19차 회의 요록

0420

Tokyo, November 11, 1958

GIST OF TALKS
NINETEENTH SESSION
SUBCOMMITTEE ON VESSEL, COMMITTEE ON KOREAN CLAIMS

1. Time and Place:

November 11, 1958(Tuesday), at 03:00 p.m.-14:20 p.m., at Room 411, Ministry of Foreign Affairs, Japanese Government

2. Conferees:

Korean side: Mr. LEE Ho
Mr. CHEE Choul Keun
Mr. CHIN Pil Shik
Mr. MOON Chul Soon
Mr. OHM Young Dal
Mr. ROH Jae Won

Japanese side: Mr. TAKANO Tokichi
Mr. YABE Masanobu
Mr. SUGANUMA Kiyoshi
Mr. TSUCHIYA Minao

3. Gist of Talks:

Mr. Takano: Now, let us open today's session. Before we enter into discussions, I would like to say a word. Mr. Awasawa is absent from today's meeting because of unavoiable circumstances.

At the last session(Eighteenth session), the Korean side presented the first list of vessels falling under the scope of Agenda A. And the Japanese side received the list just for its reference as it was difficult for Japan to accept the list formally when the discrepancies of opinions still exist between two delegation.

Mr. Lee: Though the Japanese side says the list was received just for reference, the Korean side, for its part, submitted the list formally, requesting the delivery of the vessels therein.

Mr. Takano: As far as the Japanese delegation is concerned, the list was received for its reference.

Mr. Lee: The problem of the vessels to be returned to Korea under Agenda A had been fully discussed at the previous first, second, and third Korea-Japan Conferences, and detailed explanations were given to the Japanese side by my delegation at the present Talks. Therefore, it is with regret that your delegation reiterates the so-called discrepancies of views. My delegation is expecting from your side a clear-cut answer to the list which was submitted to you at the last session and which covers a part at vessels which the Japanese side recognized at previous conferences as the vessels of Korean registry located in Japan.

0421 Mr. Takano: Now that we have conflicting views each other concerning the problem of the vessels coming under the scope of Agenda A, I suggest that we enter into discussions of Agenda B. However, before we take up the problem concerning Agenda B, my delegation would like to put several questions, for the purpose of simple reference, in connection with the list which the Japanese side received for its reference at the previous session.

Mr. Lee: I can hardly understand your suggestion that we take up the problems in Agenda B only because both sides entertain different views each other on the problem of the vessels under Agenda A. It is unthinkable that both delegations enter into discussions of the questions of Agenda B before the Japanese side gives an answer to the Korean side with reference to the list submitted by my delegation at the previous meeting. We should proceed to Agenda B only after the settlement of the Agenda A.

Mr. Takano: My delegation would like to ask two or three questions on the list

Mr. Lee: If the questions are simple ones, you may put them now; otherwise please do them with written form.

Mr. Takano: They are simple ones. Now, Mr. Yabe will put them to you.

Mr. Yabe: Today, I would like to ask two or three simple questions on a part of vessels listed on the first list the Korean side presented at the last session. There are several vessels which the Japanese side cannot identify or understand by means of the data and records now in the hand of the Japanese side. They are 22.(S/No.) No.87 Hayafusa; 25.(S/No.) Chitori; 26.(S/No.) No.8 Joyo; 27.(S/No.) No.11 Azamizu; 29. (S/No.) No.2 Chitori; 31.(S/No.) No.3 Buri.

First, I was unable to find No.87 Hayafusa from the record which the Japanese Government keeps. Secondly, the Japanese side is unable to identify "Chang-won", the port of registry of Chitori. Thirdly, I wonder if No.8 Joyo is same as No.8 Choyo. Fourthly, concerning No.11 Azamizu, if this vessel is correspond to No.11 Chosui, the vessel was returned to Korean side already. Fifthly, I think Japan returned No.2 Chitori to Korea. Sixthly, as to No.3 Buri, the Japanese side is not able to find this vessel from any document or record. So, I think it might be a mistake.

Mr. Lee: I will explain on them briefly, and another member may supplement my explanation, if necessary. As to No.87 Hayafuse, the Japanese side recognized at the First Korea-Japan Conference that it was the vessel of Korean

registry and was in Japan, too. Secondly, concerning the port of registry of "Chitori", Changwon is written 昌原 in Chinese letters. This is one of counties of Kyongsang Nam-Do. Thirdly, my delegation will check it later on 26.(S/No.) No.8 Joyo and will give you an answer thereon. Fourthly, I think the vessel "No.11 Azamizu" is different from "Chosui," which you have referred to. Fifthly, as to 29.(S/No.) No.2 Chitori, I am in the belief that the vessel was in Japan and never returned to Korea. And, lastly, concerning 31.(S/No) No.3 Buri, as far as
0422 I know, there is no mistakes in connection with the name, gross tonnage, and other description on the vessel and further that the vessel was registered in Korea and existed in Japan, according to our records.

Mr. Chin: Though the pronunciations of "Joyo" and "Choyo" are quite similar each other, it is not sure whether the name of "Choyo" is identical to "Joyo," for the romanizations of Chinese letters are not uniform and not always same. Accordingly, I request you to furnish the Korean side with the detailed description concerning "No.8 Choyo," so that we may be able to make a comparative check whether "No.8 Joyo" is identical to "No.8 Choyo." Furthermore, under the same reason I told you now, the Korean side asks the Japanese side to present a full description on "No.11 Chosui."

Mr. Yabe: As to No.87 Hayafusa, I will check it later; however, the Japanese records do not carry it.

In additional list submitted by the Korean side at the First Korea Japan Conference, there was a vessel with the name, "No.8 Choyo," which is same as "No.8 Joyo" in its gross tonnage, former owner and port of registry. As to "No.11 Asamizu," it is same with "No.11 Chosui," which was returned to Korea, in its gross tonnage, former owner, and port of registry.

Mr. Lee: Since you say that No.8 "Joyo" and No.8 "Choyo" are akin to each other, my delegation will check them later; nevertheless, if there is any difference between the two vessels in their description, I am sure the former vessel will be different one from the latter. And, concerning "No. 11 Chosui", in its description, Mr. Yabe said that this vessel was very much akin to "No. 11 Asamizu. Though I will check it later, of course, I would like to ask your side how, when, where, and to whom the vessel, "No. 11 Chosui" was returned?

Mr. Yabe: No. 11 Chosui" was returned to Korea through Mr. D.E. Killpe on June 4, 1947 at Pusan, according to the record kept by the Japanese side.

Mr. Lee: The name, Killpe, does not seem to be the name of a Korean.

Mr. Yabe: According to the record, the vessel was returned to Korea through Mr. Killpe, anyway. And, concerning "No. 2 Chitori," it was returned to Korea, according to the record, on June 23, 1950 through Mr. Lee, a third secretary of the Korean Government, at Shimonoseki. The gross tonnage, former owner, and port of registry of this vessel is name with that of "No. 2 Chitori," which appears in the first list presented by the Korean delegation at the last meeting.

Mr. Lee: There are hundreds of thousand Mr. Lees in Korea. So, the Korean side is unable to find who the Mr. Lee concerned was. The record is too vague. "No. 2 Chitori" was included, anyhow, in the list under reference in accordance with the evidences found in the record which the Korean side kept.
0423 Furthermore, is the year of 1950, there was no coming and going between two countries. I wonder, then, how end in what way the vessel was returned to Korea in that year.

Mr. Yabe: Is "Chang-Won" the name of port where "Chitori" was registered?

Mr. Lee: No, "Chang-won" is not the name of the port; it is the name of a county in Kyongsang Nam-Do. In Korea, vessels are registered with a county office, especially in case there are many small fishing villages in the county concerned.

Mr. Lee: It seems to me that the Japanese side conducted a thorough study and investigation on the list which my delegation presented at the last session. I hope that the Japanese side gives my delegation here a clear-cut answer that it will return to Korea the vessels appearing in the first list now under reference.

Mr. Takano: My delegation studied the list and put several questions on it for a simple reference.

Mr. Lee: When Korea was under the administration of the Japanese Government, there were a great number of Korean registry vessels. After the end of Second World War, most of them were taken away by the Japanese from Korea. So, delegation, believing that the Japanese side was in better position to know the Korean registry vessels in Japan, requested the latter to present the list at the vessels coming under the scope of Agenda A. However, as it had not complied with the request, my delegation put forth the first list at the last session, with a view to expediting the works of this Subcommittee. The Korean side is reserving to present additional lists of the vessels under Agenda A as the Japanese side does not give a clear-cut answer that it would return them to Korea.

Mr. Takano: My delegation thinks that we might as well proceed with Agenda B as the discrepancies of views have not bean solved in connection with the legal basis of the Korean claims against Japan to Korean registry vessels under Agenda A.

Mr. Lee: It is a principle that we should enter into the discussions on the problem related to Agenda B after we settle the questions of the vessels coming under the scope of Agenda A. I can hardly understand your suggestion that we proceed with Agenda B without reaching any agreement whatsoever on the problem falling within the scope of Agenda A.

Mr. Takano: Previously, we once took up the problem of Agenda B before reaching an agreement on Agenda A. Therefore, I think we might as well follow the past experience in this occasion. It may be an idea, of course, that we enter into the discussions of the problem connected with Agenda B after

0424 we settle the problem related to Agenda A; however, as conflicting views are not settled in connection with the problem of Agenda A, and, also, for the purpose of expediting our talks, we might as also well take up the questions of Agenda B now, and discuss on the problem of Agenda C and D subsequently for an overall discussion of the problem of vessels as a whole.

Mr. Lee: You repeatedly say that there exists discrepancies of views between two delegations in connection with the legal basis of the Korean claims against Japan to the vessels under Agenda A, while my delegation thinks otherwise. Such being the case, if the Japanese side adheres to the above stand, I suggest that the Japanese side puts forward its view in this regard in a written form so that we can study it. My delegation will receive it as reference.

Mr. Takano: I don't think the idea would be very good in the course of free discussions; however, if the Korean side wants the Japanese view to be presented in a written form, my delegation will do so, when the Korean side submits its stand in a written from, too.

Mr. Lee: The Korean side does not see the necessity of putting forth its stand in a written form as it thinks that the issues connected with Agenda A have already been clarified fully. I can hardly understand why the Japanese side develops its opinion under the premises that the discrepancies of views between two delegations on the problem relating to Agenda A will not be ironed out. Should the Japanese side show its sincerity, this problem would be easily settled.

(Silence)

Mr. Lee: When shall we hold next meeting?

Mr. Takano: How about next Wednesday and 3:00 p.m.?

Mr. Lee: Can't we meet earlier than that?

Mr. Takano: My delegation has a full schedule until that date.

Mr. Lee: If yon say so, I will not oppose to the date.

Mr. Takano: Let me suggest that we follow the previous method for press release.

Mr. Lee: No objection.

-The end-

번역

1958년 11월 11일, 도쿄

한국청구권위원회 선박소위원회 19차 회의 요록

1. 일시 및 장소

1958년 11월 11일(화요일), 오후 3시~4시 20분, 일본 외무성 411호

2. 참석자

한국 측: 이호, 지철근, 진필식, 문철순, 엄영달, 노재원

일본 측: 다카노 도키치, 야베 마사노부, 스가누마 기요시, 쓰치야 미나오

3. 회의록

다카노: 회의를 시작하자. 논의를 시작하기 전에 한마디 하고 싶다. 아와사와가 불가피한 상황으로 오늘 회의에 참석할 수 없었다. 지난 (18차) 회의에서 한국 측이 안건 A에 해당하는 선박의 1차 목록을 제시했고, 일본 측은 양측의 의견 차이가 존재하는 상황에서 공식적으로 목록을 수령하기 어렵기 때문에 참고용으로만 목록을 받았다.

이: 일본은 참고용으로만 목록을 받았다고 말하지만 한국은 선박의 반환을 요청하며 공식적으로 목록을 제출한 것이다.

다카노: 일본대표단의 입장에서는 참고를 위해 목록을 받은 것이다.

이: 안건 A에 따라 한국으로 반환할 선반 문제는 1차, 2차, 3차 한일회담에서 이미 완전히 논의된 사안이며, 이번 회담에서도 우리 대표단이 일본 측에 구체적으로 설명

한 내용이다. 따라서 일본 측이 소위 의견 차이를 계속 언급하는 것이 유감이다. 한국 대표단은 지난 회의에서 제출한, 일본이 지난 회담을 통해 일본에 위치한 한국적 선박임을 인정한 선박들 중 일부가 포함된 목록에 대한 명확한 답변을 원한다.

다카노: 안건 A의 범위에 해당하는 선박 문제에 대해 서로의 의견이 상충하므로 안건 B에 대한 논의로 넘어갈 것을 제안한다. 그러나 B 안건을 논의하기 전에 지난 회의에서 참고를 위해 받은 목록에 대한 단순한 이해를 위해 몇 가지 질문을 던지고 싶다.

이: 안건 A의 선박 문제에 대한 서로의 의견이 다르다는 이유만으로 안건 B로 넘어가자는 제안을 이해하기 어렵다. 지난 회의에서 우리 측이 제출한 목록에 대해 일본이 답변하기 전에 양측이 안건 B를 논의하는 것은 생각할 수 없는 일이다. 반드시 안건 A를 해결한 후에 안건 B로 넘어가야 한다.

다카노: 목록에 대해 2~3가지 질문을 하고 싶다.

이: 간단한 질문이면 이 자리에서 하고, 아니라면 서면으로 질문하기 바란다.

다카노: 간단한 질문이다. 야베가 질문하겠다.

야베: 이 자리에서 지난 회의에서 한국 측이 제시한 1차 목록에 포함된 일부 선박에 대한 2~3가지 간단한 질문을 하고 싶다. 일본 측이 현재 가지고 있는 데이터와 기록으로 식별하거나 파악할 수 없는 선박들이 있는데, 22(S/No.) No.87 하야후사(Hayafusa), 25(S/No.) 치토리(Chitori), 26(S/No.) No.8 조요(Joyo), 27(S/No.) No.11 아자미주(Azamizu), 29.9(S/No.) No.2 치토리, 31(S/No.) No.3 부리(Buri)가 여기에 해당한다.

첫째, 일본 정부의 기록에서 No.87 하야후사를 찾을 수 없었다. 둘째, 치토리의 등록항인 '창원'을 식별할 수 없다. 셋째, No.8 조요가 No.8 초요(Choyo)와 동일한 것인지 궁금하다. 넷째, No.11 아자미주의 경우 이 선박이 No.11 초수이(Chosui)가 아닌지 궁금하다. 이 선박은 이미 한국에 반환되었다. 다섯째, No.2 치토리는 이미 한국으로 반환된 것 같다. 여섯째, No.3 부리의 경우 어떠한 문서나 기록에서도 찾아볼 수 없어서 목록의 오류인 것 같다.

이: 내가 간략하게 설명하고, 필요하면 다른 한국 측 관계자가 설명을 보완하겠다. No.87 하야후사는 일본이 1차 한일회담에서 한국 국적 선박이고 일본에 있다고 인정했다. 둘째, '치토리'의 등록항인 창원은 한자로 '昌原'이며, 경상남도 지방의 지명이

다. 셋째, 26(S/No.) No.8 조요에 대해서는 우리 대표단이 확인해 보고 답변하겠다. 넷째, 'No.11 아자미주'는 질문하며 언급한 '초수이'와 다른 선박이라고 생각한다. 다섯째, No.2 치토리는 일본에 있었고 한국에 반환되지 않은 것으로 안다. 마지막으로 No.3 부리는 우리 측 기록에 따르면 선명, 용적 톤수 및 선박에 대한 기타 설명에 오류가 없으며 한국에 등록된 선박이고 일본에 소재했다.

진: '조요'와 '초요'의 발음이 상당히 비슷해 보이긴 하지만 '초요'라는 선명이 '조요'와 동일한 것인지는 확실하지 않다. 한자를 로마자로 표기하는 방식이 균일하지 않고 다른 경우가 있기 때문이다. 'No.8 조요'가 'No.8 초요'와 동일한 것인지 비교하여 확인할 수 있도록 'No.8 초요'에 대한 상세한 정보를 제공할 것을 요청한다. 또한 같은 이유로 'No.11 초수이'에 대한 모든 정보를 제공해 줄 것을 일본 측에 요청한다.

야베: No.87 하야후사는 추후 확인해 보겠다. 그러나 일본 기록에는 포함되어 있지 않다. 1차 한일회담에서 한국 측이 제출한 추가 목록에 'No.8 조요'와 총 용적 톤수, 전 소유자 및 등록항이 동일한 'No.8 초요'라는 이름의 선박이 있었다. 'No.11 아자미주'는 한국에 반환한 'No.11 초수이'와 총 용적 톤수, 전 소유자 및 등록항이 동일하다.

이: 'No.8 조요'와 'No.8 초요'가 유사하다고 하니 확인해 보겠다. 그러나 선박 정보에 어떠한 차이라도 존재한다면 두 개가 다른 선박일 것이라고 확신한다. 그리고 야베가 'No.11 초수이'의 선박 정보가 'No.11 아자미주'와 매우 유사하다고 했는데, 물론 확인해 보겠지만 'No.11 초수이'가 언제, 어디서, 어떻게, 누구에 의해 반환되었는지 묻고 싶다.

야베: 일본이 보관하고 있는 기록에 따르면 'No.11 초수이'는 1947년 6월 4일 D. E. 킬페를 통해 부산에서 한국에 반환되었다.

이: 킬페라는 이름이 한국인의 이름 같지는 않다.

야베: 기록에 따르면 이 선박은 어쨌든 킬페를 통해 한국에 반환되었다. 그리고 'No.2 치토리'는 1950년 6월 23일 한국 정부의 3등서기관인 이 씨를 통해 시모노세키에서 한국으로 반환되었다고 기록되어 있다. 이 선박의 총 용적 톤수, 전 소유자 및 등록항은 지난 회의에서 한국대표단이 제출한 1차 목록에 포함되어 있는 'No.2 치토리'와 동일하다.

이: 한국에는 이씨가 수십만 명이다. 따라서 일본 측이 말하는 '이 씨'가 누구인지 확인할 수 없다. 기록이 너무 모호하다. 한국 측이 보관 중인 기록에 따르면 목록에 어쨌든 'No. 2 치토리'가 포함되어 있었다. 그리고 1950년에는 양국 사이에 교류가 없었다. 그때 어떻게 한국으로 선박을 반환했다는 것인지 궁금하다.

야베: '창원'이 '치토리'가 등록되어 있는 항구의 이름인가?

이: 아니다. '창원'은 항구의 이름이 아니며, 경상남도의 한 군의 지명이다. 한국, 특히 지방의 여러 소규모 어촌에서는 선박을 군청에 등록한다.

이: 지난 회의에서 우리 대표단이 제출한 목록을 일본이 철저히 검토 및 조사한 것으로 보인다. 이 자리에서 일본대표단이 해당 1차 목록에 포함된 선박들을 한국에 반환하겠다는 명확한 답변을 해주기를 바란다.

다카노: 우리 대표단은 단순히 참고를 위해 목록을 검토하고 몇 가지 질문을 달아놓았을 뿐이다.

이: 한국이 일본 정부의 행정적 지배를 받았을 때 한국에 등록되어 있는 선박이 매우 많았다. 제2차세계대전 종전 후 이러한 선박의 대부분을 일본이 한국으로부터 반출해 갔다. 따라서 일본대표단이 일본 소재의 한국 국적 선박을 더 잘 파악할 수 있는 입장이라고 생각하며 안건 A의 범위에 속하는 선박의 목록을 제공할 것을 일본 측에 요청했다. 그러나 이러한 요청을 들어주지 않아 한국대표단이 소위원회의 진행 속도를 높이고자 지난 회의에서 1차 목록을 제출하게 된 것이다. 일본이 한국에 반환할 것이라는 명확한 답변을 하지 않고 있으므로 안건 A에 속하는 선박의 추가 목록을 아직 제출하지 않고 유보 중이다.

다카노: 우리 대표단은 안건 A에 속하는 한국 국적 선박에 대한 한국의 청구권의 법적 근거에 대한 양측의 의견 차이를 해소하지 못했기 때문에 안건 B로 넘어가는 것이 맞는다고 생각한다.

이: 안건 A의 범위에 속하는 선박의 문제를 해결한 후에 안건 B와 관련한 문제를 논의하는 것이 원칙이다. 안건 A에 해당하는 문제에 대한 어떠한 합의도 도출하지 않은 채 안건 B로 넘어가자는 일본 측의 제안을 이해하기 어렵다.

다카노: 전에 안건 A에 대한 합의에 도달하기 전에 안건 B 관련 문제를 논의한 바 있었다. 따라서 이번에도 과거의 선례를 따를 수 있다고 생각한다. 물론 안건 A의 문

제를 해결한 후에 안건 B를 논의하는 것도 한 가지 방법이지만, 안건 A에 대한 의견 차이가 해소되지 않고 있으니 논의의 속도를 높이기 위해 먼저 안건 B로 넘어가고 그 뒤에는 안건 C와 D를 논의하여 선박 문제 전체를 논의할 수도 있는 것이다.

이: 안건 A에 속하는 선박에 대한 한국의 대일 청구권이 지니는 법적 근거에 대해 두 대표단의 견해 차이가 존재한다고 반복적으로 말하지만, 우리 대표단은 다르게 생각한다. 일본 측이 위의 입장을 견지한다면 한국대표단이 검토할 수 있도록 이 부분에 대한 일본 측의 입장을 서면으로 작성해 줄 것을 제안한다. 참고를 위해 받겠다.

다카노: 자유로운 논의를 위해 좋은 생각은 아닌 것 같다. 그러나 한국 측이 일본의 의견을 서면으로 받아 보고 싶다면, 한국 측의 입장도 서면으로 작성해 준다면 우리도 그렇게 하겠다.

이: 한국 측은 안건 A와 관련한 문제가 이미 완전히 명확해졌다고 생각하므로 입장을 서면으로 작성할 필요가 없다고 생각한다. 안건 A의 문제에 대한 두 대표단의 견해 차이가 해소되지 않을 것을 전제로 의견을 개진하는 이유를 이해하기 어렵다. 일본이 성의를 보인다면 쉽게 해결될 문제다.

(침묵)

이: 다음 회의는 언제가 좋겠는가?

다카노: 다음 주 수요일 오후 3시 어떤가?

이: 그 전에 만날 수는 없나?

다카노: 그때까지는 일정에 여유가 전혀 없다.

이: 그렇다면 앞서 말한 날짜에 반대하지 않겠다.

다카노: 보도 자료는 기존과 같이 작성하는 것을 제안하고 싶다.

이: 이의 없다.

끝

52. 제4차 한일회담 청구권위원회 선박소위원회 제20차 회의 요록

0428 Tokyo, November 20, 1958

GIST OF TALKS
TWENTIETH SESSION
SUB-COMMITTEE ON VESSELS, COMMITTEE ON KOREAN CLAIMS

1. Time and Place:

November 19, 1958 (Wednesday)
3:00p.m.-4:15p.m. at Rm.411,
Japanese Ministry of Foreign Affairs.

2. Conferees:

Korean Side: Mr. LEE Ho
Mr. CHEE Choul Keun
Mr. CHIN Pil Shik
Mr. MOON Chul Soon
Mr. OHM Young Dal
Mr. ROH Jae Won

Japanese Side: Mr. AWASAWA Kazuo
Mr. TAKANO Tokichi
Mr. YABE Masanobu
Mr. HANDA Go

Mr. SUGANUMA Kiyoshi

Mr. TSUCHIYA Minao

Mr. YOSHIDA

3. Gist of Talks:

Mr. Awasawa: Now, let us open today's meeting. Though we have so far exhausted exchange of views on the legal basis of Korean claim to the vessels falling within the scope of Agenda A, both sides are of conflicting opinions on this problem. As this Sub-committee has to take up the problems of Agenda Items B, C, and D, any way I am of the opinion that we might as well proceed now to the problem of Agenda Item B, and then Items C and D subsequently so that we can enter into discussions on the overall problems of vessels.

Mr. Lee: We have wasted too much time at this Sub-committee in reaching an agreement on the adoption of agenda items. And we were able to take up the problems now under discussion on vessels coming under the scope of Agenda A only after considerable degrees of concessions were made by the Korean delegation. Concerning the problem related to Agenda A, my delegation has fully explained the basis of Korean claim to the vessels coming under the scope of the said agenda item. Moreover, this question was fully discussed at previous Conferences between both sides. Therefore, it is with regret that the Japanese side repeat, the existence of conflicting views between two delegations.

My delegation requested the Japanese side to present the list of vessels to be returned to Korea under Agenda Item A because it thought that the Japanese side was in a better position to know the vessels falling under the
0429 scope of Agenda A. However, the request had not been met by the Japanese side, namely, the Japanese delegation had not presented the list of the vessels to be returned to Korean under Agenda A. Under these circumstances, in

order to expedite the proceeding of our meetings, my delegation put forth a first list of 31 vessels which were falling under the scope of Agenda A, and, at the same time, which could easily be returned by Japan in view of the course of discussions made at the previous first, second, and third Korea-Japan Conferences. Of course, my delegation will submit in due course of time additional lists of the vessels to be returned by Japan under Agenda A. In view of the above, I would like to request the Japanese delegation to give a reply to the Korean side on the said list. And, as to the method of proceeding this Sub-committee, I can hardly understand your suggestion that we proceed with Agenda B without reaching an agreement on the problem of Agenda A as there exist discrepancies of opinions thereon between two delegations. Your suggestion runs counter to the principle of proceeding meetings.

Mr. Awasawa: As I have repeatedly made clear, my delegation received and studied the list just for its own reference. The Japanese side thinks that the SCAPIN 2168 has no validity after the coming into force of San Francisco Peace Treaty. Moreover, as to SCAPIN 2168 itself, the Japanese side is of the opinion that the effect of the SCAPIN did not extend to Korea even before the coming into force of the San Francisco Peace Treaty as it was only effective between Japan and the United States.

Mr. Lee: I don't like to repeat the legal basis of Korean claims to the vessels falling under the scope of Agenda A. Nevertheless, as you bring it out again, I will say some words in this regard. Japan was obligated by the said SCAPIN to return the vessels of Korean registry to the Korean side. And Japanese side has not carried out its obligation yet. So, there is no denying that the obligation on the part of Japan still remains. Concerning the legal basis of the SCAPIN, I would like to tell you once more that it has a legal bearing in USAMGIK Ordinance No. 33 and Articles 4(b) and 21 of the San Francisco Peace Treaty.

Mr. Awasawa: It is the opinion of the Japanese side, as Mr. Takano has already told you, that the Japanese Government is not obliged legally to turn over such vessels. And with respect to Article 4, (b) which reads: "Japan recognizes the validity of dispositions of property of Japan and Japanese nationals made by or pursuant to directives of the United States Military Government…", the Japanese side recognized the dispositions of properties, which had actually or physically been made before the coming into force of the Peace Treaty. Therefore, it is not incumbent on Japan to return to Korea the vessels of Korean registry under Agenda A.

Mr. Lee: According to USAMGIK Ordinance No.33 on which SCAPIN 2168 has legal bearings, the properties including vessels located in the area under the jurisdiction of the United States Military Government in Korea had been vested in and owned by the said Military Government, and, later, were duly transferred to the Republic of Korea under an agreement between Korea and the United States.

0430 Mr. Lee(Cont'): Those dispositions were recognized by Japan as lawful and effective ones under Article 4, (b) and Article 21 of the San Francisco Peace Treaty, thereafter. This being the just and equitable interpretation of the relevant provisions of the Treaty and other related laws and regulations, it will result in denying by Japan the effectiveness of Article 4,(b) and Article 21 of the Peace Treaty themselves if the Japanese side should uphold such an interpretation on the dispositions of properties.

Mr. Awasawa: The Japanese side views that only the properties which had actually been disposed of and transferred to Korea by the Military Government of the United States in Korea fall under Article 4, (b) and Article 21 of the said Treaty; therefore, those vessels which fall under the scope of Agenda A and which had not been disposed of actually by the US Military Government in Korea before the coming into force of the afore-said Treaty shall not be recognized as falling within the scope of the said Articles of the Peace Treaty.

Therefore, my delegation cannot acquiesce in the insistence by the Korean delegation.

Mr. Lee: Such an interpretation as was made by the Japanese delegation can hardly be understood under the legal theories of a civilized community.

Mr. Awasawa: Rather, my delegation can hardly understand why the Korean side is not able to understand Japanese view.

Mr. Takano: My delegation holds the view that we might as well proceed with Agenda B and Agenda items C and D, subsequently, as the discrepancies of views have not been solved in connection with the legal basis of the Korean claims against Japan to Korean registry vessels under Agenda A, so that we can discuss overall problems of vessels. On the other hand, your delegation maintains that we should enter into the discussions on the problem under Agenda B only after we settle the questions of the vessels coming under the scope of Agenda A. Thus the discrepancies of opinions have come into being between both delegations regarding the method of proceeding this Sub-committee. Well, do you have any effective and constructive suggestion in your mind in this connection?

Mr. Lee: We have so far wasted a considerable period of time since we entered into discussions of the problems of vessels, and of agenda items. Therefore, I think we had better make efforts to proceed our meetings more effectively and promptly, hereafter, than before. Furthermore, in the light of the principle of proceeding meetings, it is not reasonable for us to enter into discussions of the problem related to Agenda B without settling any of the problems falling under the scope of Agenda A.

0431 Such being the position of the Korean side, I urge you once more that we take up the problems of Agenda items B,C, and D subsequently only after we settle the question of Agenda A.

Mr. Awasawa: My delegation entertains an opinion that to take up the problems of other Agenda items, as there exist discrepancies of opinions on the question of Agenda A between both delegation, is the one of the methods of proceeding our meetings. The views thus exchanged between both delegations would certainly help us settle the issue connected with Agenda A on which we could not reach an agreement now.

Mr. Lee: I don't agree to your opinion of proceeding our meetings. The best way of proceeding this Sub-committee meeting, in the opinion of my delegation, is to proceed with next problem after the settlement of the problem of Agenda A one after another.

Mr. Awasawa: We had an experience of following the method I just suggested. So, I hope we might as well go after this method once more.

Mr. Lee: It is not clear to me whether both delegations of Korea and Japan followed such a method in the past; however, if it was the case, I think, that was why they were not able to attain any of noticeable results at the previous Conferences. Therefore, for the purpose of reaching satisfactory settlement of pending issues of vessels, it is believed that we should not go after the previous method but go along with the method which I have repeatedly maintained.

Mr. Awasawa: We have to take up the problems of Agenda items B, C, and D anyway, don't we?

Mr. Lee: Of course, we will take up the questions of Agenda items B, C, and D in due course of time. Nonetheless, question is the order of discussions. I firmly ask your delegation to solve the problem of Agenda A before we enter into next problem.

Mr. Lee: I am of the opinion that this problem can easily be settled should the Japanese side have sincerity. Please show sincerity in settling this problem coming within the scope of Agenda A.

Mr. Awasawa: My delegation is showing full sincerity.

-Silence for 15 minutes-

0432 Mr. Lee: When shall we hold next meeting?

Mr. Awasawa: How about next Tuesday (November 25th)?

Mr. Lee: Can't we meet earlier than that?

Mr. Awasawa: The schedule of my delegation is quite tied up until the date.

Mr. Lee: Well, then, next Tuesday will do, And what time?

Mr. Awasawa: 3 p.m.

Mr. Lee: No objection. And as to press release, how about releasing some details of talks?

Mr. Awasawa: We like to release the same as was released at the previous meeting.

Mr. Lee: No objection.

(Remark) Press release agreement between both delegations was same as the previous one.

-The end-

번역

1958년 11월 20일, 도쿄

한국청구권위원회 선박소위원회 20차 회의 요록

1. 일시 및 장소

1958년 11월 19일(수요일), 오후 3시~4시 15분, 일본 외무성 411호

2. 참석자

한국 측: 이호, 지철근, 진필식, 문철순, 엄영달, 노재원

일본 측: 아와사와 가즈오, 다카노 도키치, 야베 마사노부, 한다 고,

스가누마 기요시, 쓰치야 미나오, 요시다[요시다 도시로]

3. 회의록

아와사와: 회의를 시작하자. 안건 A에 해당하는 선박에 대한 한국의 청구권이 지닌 법적 근거에 대한 의견을 충분히 교환했으나 양측의 의견이 상충하고 있다. 본 소위원회는 어떻게든 안건 B, C, D의 문제를 논의해야 하므로 선박 문제 전체에 대한 논의에 착수할 수 있도록 이제는 안건 B로 넘어가고, 다음으로는 C와 D를 논의하자는 의견이다.

이: 의제 안건 채택에 합의하는 과정에서 너무 많은 시간을 소비했고, 한국 측이 상당한 수준의 타협을 한 후에야 안건 A에 해당하는 선박과 관련한 논의를 시작할 수 있었다. 안건 A에 속하는 선박에 대한 한국 청구권의 근거를 충분히 설명했고, 이 문제는 지난 한일회담에서 양측이 충분히 논의한 사안이다. 따라서 일본 측이 두 대표단의 의견이 상충하고 있음을 자꾸 언급하는 것이 유감이다.

우리 대표단은 안건 A에 속하는 선박들에 대해 일본이 더 잘 파악할 수 있는 입장이라고 생각하여 안건 A에 따라 한국에 반환할 선박의 목록을 제시할 것을 일본 측에 요청했다. 그러나 일본대표단은 이 요청에 응하지 않았다. 다시 말해, 일본대표단은 안건 A에 따라 한국에 반환할 선박의 목록을 제시하지 않았다. 이러한 상황에서 회의의 진행 속도를 높이고자 한국대표단은 지난 1차, 2차, 3차 한일회담에서 논의한 바를 고려하여 일본이 쉽게 반환할 수 있을 것이며 안건 A에 속하는 선박 31척의 1차 목록을 제시했다. 물론 한국대표단은 적절한 시기에 안건 A에 따라 일본이 반환할 선박의 추가 목록을 제출할 예정이다. 이 목록에 대해 한국 측에 답변할 것을 일본대표단에 요청하고 싶다. 그리고 본 소위원회의 진행 방식과 관련하여 두 대표단 간에 의견 차이가 존재하기 때문에 안건 A에 대한 합의를 도출하지 않은 채 안건 B로 넘어가자는 제안을 이해하기 어렵다. 일본의 제안은 회의 진행의 원칙에 위배된다.

아와사와: 여러 차례 명확히 밝혔듯이 일본대표단은 해당 목록을 참고하기 위한 목적에서 받고 검토했을 뿐이다. 일본 측은 샌프란시스코 강화조약 발효 이후 SCAPIN 제2168호는 효력을 상실했다고 생각한다. 또한 SCAPIN 제2168호 자체도 일본과 미국 사이에서만 유효한 지령이었기 때문에 일본 측은 샌프란시스코 강화조약 발효 이

전에도 SCAPIN 제2168호의 효력이 한국까지 포괄하지 않았다고 생각한다.

이: 안건 A에 속하는 선박에 대한 한국 청구권의 법적 근거를 반복하고 싶지는 않다. 하지만 일본에서 언급했으니 몇 마디 하겠다. SCAPIN 제2168호로 인해 일본이 한국에 한국 국적 선박을 반환할 의무가 발생했고, 일본은 이 의무를 아직 이행하지 않았다. 따라서 일본이 이행해야 하는 의무가 여전히 남아있다는 사실을 부인할 수 없다. SCAPIN 제2168호의 법적 근거에 대해서는 SCAPIN 제2168호가 USAMGIK 법령 제33호와 샌프란시스코 강화조약 제4(b)조에 대한 법적 효력을 지닌다는 것을 다시 한 번 말하고 싶다.

아와사와: 다카노가 말했듯이 법적으로 일본 정부는 이러한 선박들을 반환할 의무를 지니지 않는다는 것이 일본의 의견이다. 그리고 "일본은 미군정이 단행한, 또는 미군정의 지침에 따른 일본 및 일본 국민의 재산 처분의 유효성을 인정한다"라는 내용의 강화조약 제4조 (b)항과 관련하여 일본대표단은 강화조약 발효 전에 실질적으로 또는 물리적으로 이행된 재산 처분을 인정한 것이다. 따라서 안건 A에 속하는 한국 국적 선박을 한국에 반환할 의무를 일본에 부여하지 않는다.

이: SCAPIN 제2168호가 법적 효력을 지니는 USAMGIK 법령 제33호에 따라 주한 미군정의 관할권하에 위치한 선박 등의 재산은 미군정이 취득 및 소유했고, 후에 한국과 미국이 체결한 협정에 따라 적법한 절차를 통해 대한민국에 이전되었다.

이(계속): 샌프란시스코 강화조약 제4조 (b)항과 제21조에 따라 일본은 조약 발효 후의 재산 처분을 합법적이고 유효하다고 인정했다. 이것이 조약과 기타 관련 법 및 규제에 대한 타당하고 공정한 해석이다. 따라서 일본 측이 재산 처분에 대해 앞서 말한 것과 같은 해석을 견지한다면 강화조약 제4조 (b)항과 제21조 자체의 효력을 일본이 부인하는 결과가 될 것이다.

아와사와: 일본 측은 주한 미군정이 실제로 처분하여 한국에 양도한 재산만이 해당 조약의 제4조 (b)항과 제21조에 해당하며, 안건 A에 속하며 앞서 말한 강화조약이 발효되기 전에 주한 미군정이 실제로 처분하지 않은 선박에는 강화조약의 해당 조약들이 적용된다고 인정하지 않는다. 따라서 우리 대표단은 한국 측의 주장을 용인할 수 없다.

이: 문명사회의 법 이론에서 일본대표단의 해석은 이해하기 힘들다.

아와사와: 우리 측은 한국대표단이 일본의 의견을 왜 이해하지 못하는지 이해하기가 어렵다.

다카노: 우리 대표단은 안건 A에 따른 한국 국적 선박에 대한 한국의 대일 청구권이 지니는 법적 근거에 대한 양측의 의견 차이가 해소되지 않았으므로 선박 문제 전체에 대한 논의에 착수할 수 있도록 이제는 안건 B로 넘어가고, 다음으로는 C와 D를 논의하자는 의견을 견지한다. 반면 한국대표단은 반드시 안건 A의 범위에 속하는 선박의 문제를 해결한 후에 안건 B 문제를 논의해야 한다는 입장을 고수하고 있다. 소위원회 진행 방식에 대해 양측의 의견이 상충하는 것이다. 이 부분에 대해 제안할 수 있는 효과적이고 건설적인 방안이 있는가?

이: 선박 문제와 의제 안건에 대한 논의를 시작한 후에 상당한 시간을 소모했다. 따라서 보다 효과적이고 신속하게 회의를 진행하기 위해 노력해야 한다고 생각한다. 또한 회의 진행의 원칙을 고려하면 안건 A의 범위에 속하는 어떠한 문제도 해결하지 않은 상태로 안건 B와 관련한 문제를 논의하는 것은 타당하지 않다.

한국의 입장이 이렇게 때문에 안건 A를 해결한 후에 안건 B, C, D의 문제를 논의할 것을 다시 한 번 촉구한다.

아와사와: 안건 A에 대해 양측이 의견 차이를 보이고 있으므로 다른 안건을 논의하자는 입장이다. 양측이 교환한 의견이 지금 합의를 도출하지 못한 안건 A와 관련한 문제를 해결하는 데 분명히 도움이 될 것이다.

이: 회의 진행 방식에 대한 일본 측 의견에 동의하지 않는다. 본 소위원회 회의를 진행하기 위한 최선의 방법은 안건 A를 해결한 후에 하나씩 논의하여 해결하는 것이다.

아와사와: 방금 제안한 방식으로 진행했던 경험이 있다. 따라서 이 방법을 한 번 더 시도해 봤으면 한다.

이: 과거에 한국과 일본대표단 모두 그러한 방식으로 회의를 진행했던 것인지 확실하지 않지만, 그랬다면 기존 회담에서 뚜렷한 결과를 얻지 못했던 이유가 바로 그 진행 방식 때문이었던 것 같다. 선박 관련 현안을 만족스럽게 해결하기 위해서는 일본이 제시한 방법이 아닌 내가 계속해서 고수해 온 방법에 따라 진행해야 한다고 생각한다.

아와사와: 어떻게 하든 안건 B, C, D의 문제는 논의해야 한다. 그렇지 않은가?

이: 물론이다. 때가 되면 안건 B, C, D를 논의할 것이다. 여기에서 문제는 논의하는

순서다. 다음 문제로 넘어가기 전에 안건 A를 먼저 해결할 것을 강경히 요청한다.

이: 일본 측이 성의 있게 임하면 쉽게 해결할 수 있는 문제라고 생각한다. 안건 A에 해당하는 문제를 해결하기 위한 성의를 보여주기 바란다.

아와사와: 우리 대표단은 최대한의 성의를 보이고 있다.

(15분간 침묵)

이: 다음 회의는 언제가 좋은가?

아와사와: 다음 주 화요일(11월 25일) 어떤가?

이: 그것보다 빨리 모일 수는 없나?

아와사와: 그 날짜까지는 우리 대표단의 일정이 상당히 바쁘다.

이: 그러면 다음 주 화요일로 하자. 시간은?

아와사와: 오후 3시.

이: 이의 없다. 공동 보도 자료를 통해 회의의 일부 세부사항을 공개하는 것은 어떤가?

아와사와: 보도 자료는 지난 회의와 동일하게 작성했으면 좋겠다.

이: 이의 없다.

(비고) 양 대표단이 합의한 보도 자료는 지난 회의와 동일했다.

끝

54. 제4차 한일회담 청구권위원회 선박소위원회 제21차 회의 요록

0435 Tokyo, November 27, 1958

GIST OF TALKS
TWENTY–FIRST SESSION
SUBCOMMITTEE ON VESSELS, COMMITTEE ON KOREAN CLAIMS

1. Time and Place:

November 25, 1958, 03:00 p.m. – 04:10 p.m., at Room 411, Ministry of Foreign Affairs, Japanese Government

2. Conferees:

Korean side: Mr. LEE Ho
Mr. CHEE Choul Keun
Mr. CHIN Pil Shik
Mr. MOON Chul Soon
Mr. OHM Young Dal
Mr. ROH Jae Won

Japanese side: Mr. TAKANO Tokichi
Mr. YOSHIKAWA Shigekura(Observer)
Mr. YABE Masanobu
Mr. HANDA Go
Mr. YOSHIDA Toshiro

Mr. SUGANUMA Kiyoshi

Mr. TSUCHIYA Minao

1. Gist of Talks:

Mr. Takano: Before opening today's meeting, I would like to tell you that Mr. Awasawa is not able to attend here because of unavoidable circumstances. So, I will head my delegation today on his behalf. And, Mr. Yoshikawa, a counsellor of the Bureau of Asian Affairs, will attend this meeting today as an observer.

At the last meeting, my delegation proposed that we might as well proceed to next agenda item as the conflicting views had not been solved between both sides on the problem falling under the scope of Agenda A. It is still the opinion of my delegation that such a method is the best way of proceeding our meetings. I wonder if your delegation has any good idea in this regard.

Mr. Lee: I have repeatedly made clear that in the light of the standing rules of proceeding of meetings, to take up the problem of Agenda B only after we settle the problem coming within the scope of Agenda A is the best way of proceeding our meetings at this Subcommittee. Therefore, I would like to reiterate here that the Korean side expects a clear-cut answer to the first list of 31 vessels submitted by my delegation at the eighteenth session.

0436 Mr. Takano: The Japanese side has maintained that, as the opinions of both sides on the problem of Agenda A run counter to each other, this Subcommittee should proceed with the questions of Agenda B and, later, take up the problems of Agenda items C and D subsequently, so that the both sides can exchange mutual views on overall problems of vessels and clarify the stand and claims of each side in this regard. This stand of the Japanese side remains unchanged,

Mr. Lee: Though you say there exist discrepancies of views as to the legal basis of Korean claims to Korean registry vessels in Japan, I believe this question can be settled easily should the Japanese side show sincerity.

Mr. Takano: My delegation has showed its sincerity to the fullest extent; however, unfortunately, we have not been able to iron out difference of opinions.

At the previous first, second, and third Korea-Japan Conferences, both sides had experiences of discussing overall problems of vessels. It is the belief of the Japanese side that to follow such a method of proceeding will be much helpful to the smooth operation of this Subcommittee.

Mr. Lee: It is hardly understandable why the Japanese side persistently holds the view that there exist conflicting views in connection with the question of Agenda A, because we have fully explained on the legal basis of Korean claims.

Mr. Takano: According to your opinion, there is no problem at all on the question of Agenda A. Nonetheless, my delegation holds that the conflicting views on this problem have not been ironed out. This being the opinions of both side, there exist the discrepancies of views on that very point.

Mr. Lee: Suppose that there are discrepancies of opinions with respect to the problem falling under the scope of Agenda A, it is quite natural for the Korean side to expect an answer to the first list of 31 vessels which covers a part of the vessels coming within the scope of Agenda A. My delegation would present subsequent lists of the rest of the vessels concerned after a reply has been given to my delegation by the Japanese sides on the afore-said first list of the 31 vessels. In view of the above, I cannot agree to your suggestion that the Subcommittee proceed to the next agenda item leaving the problem of Agenda A unsettled.

Mr. Takano: As long as there exist the discrepancies of opinions on the
0437 problem of Agenda A, my delegation is unable to give a clear-cut reply to the list of the vessels, submitted by the Korean side at the 18th session, covering

only a part of the part of the vessels to which the Korean side claims against Japan.

(Silence for about ten minutes)

Mr. Lee: My delegation is of the opinion that, as the four agenda items of this Subcommittee are not all in one but are of independent nature, the problem under an item should be settled before we enter into discussions of other question coming within the scope or next agenda item.

Moreover, although your delegation takes a view that the difference of opinions have not been ironed out, the legal basis of Korean claims under Agenda A has fully been discussed and we, therefore, reached almost the final state of settlement of the problem. And further discussions on substance of Agenda A have yet to be made at this Subcommittee since full discussions were made on the legal basis of the Korean claims.

Mr. Takano: If you say that the four agenda items of this Subcommittee are not all in one but are of independent ones from one another, then, it is all the more justified for us to proceed to next agenda item in case both side are unable to clear out the difference of opinions on the problem coming under the scope of certain agenda item.

Mr. Lee: It seems to me that the Japanese side proposes that the problem of the vessels be settled as a whole after discussing through Agenda A, B, C, and D. I would like to hear the Japanese idea more in detail in this regard.

Mr. Takano: Japanese idea is that, as there still exist discrepancies of opinions concerning the problem of Agenda A, we may as well proceed with the problems of Agenda B, C, and D, subsequently, in order to exchange views of both sides and to clarify each other's stands and claims thereon.

Mr. Lee: Then, do you mean that we simply exchange views and clarify positions of both sides with respect to the problems of other agenda items as well as Agenda A and that, thereafter, we settle the problems of vessels as a whole?

Mr. Takano: I meant that we exchange views and clarify the positions of both sides on the problems of Agenda B, C, and D, respectively, as there are existing conflicting views on the problem of Agenda A. And, later, we could return to the problem of Agenda A for the detailed discussions thereon when
0438 we proceed with conclusive talks on overall problems of vessels.

Mr. Lee: I would like to ask you more in detail on your suggestion. Do you mean that we proceed with the problem of Agenda B and, thereafter, proceed to Agenda C, after simply exchanging views of both delegations and clarifying mutual positions in connection with the respective Agenda items, leaving the settlement thereof to the latest stage, or that when the both delegations fail to reach an agreement in opinions on the particular agenda item, then, we pass into the next agenda item, thus settling, at the latest stage, the remaining problems on which the both sides were unable to reach an agreement?

Mr. Takano: What do you mean by "settling"?

Mr. Lee: I mean by "settling" that both sides are in accord with each other on a certain problem falling under a certain agenda item.

Mr. Takano: It is not likely that there should be one hundred per cent agreement of opinions between both delegation on a certain agenda at this Sub-committee. However, even though there are some discrepancies of opinions as to certain problem, both sides may be able to come to an agreement on the said certain problem. In that case, we may say that we settled the problem.

Mr. Lee: I don't clearly understand whether your proposal means that we take up only those problems at the later stags of which both sides were unable to reach an agreement or that, after simply exchanging views of both sides and clarifying the position of each side on all of the problem of four agenda items, we discuss, in more detailed for, all over again on the overall matters under the four agenda items.

Mr. Takano: Of course, if there is one hundred per cent agreement on certain problem, it may not be necessary for us to take up the problem again. Nevertheless, as far as both sides could not be able to reach a full agreement on certain problem, we shall have to proceed with it again.

Mr. Lee: Your suggestion gives me an impression that you would not settle the problem one by one in accordance with the order of agenda items, leaving every problem unsettled by simply exchanging views of both sides and clarifying the positions of both sides on it, and, later, we start discussing them all over again.

0439 Mr. Takano: (Silence)

Mr. Lee: In the light of the rules of proceedings, I believe the method which my delegation has repeatedly put forward at this Subcommittee is the most proper one for the smooth proceeding of our meetings here. Therefore, I would like to ask the Japanese side to consider its position again.

Mr. Takano: The Japanese side, for its part, believes that the way of proceeding our meetings which my delegation suggested was the best one for the effective proceeding of meetings of this Subcommittee.

Mr. Lee: (Silence)

Mr. Takano: Let us study on mutual positions later and put an end to today's session.

Mr. Lee: When shall we hold next session?

Mr. Takano: How about next Tuesday and at the same time?

Mr. Lee: Can't we meet earlier than the date?

Mr. Takano: The schedule on the part of the Japanese side is full tied up until the date.

Mr. Lee: Well, then, that date will do.

Mr. Takano: As to press release, shall we follow the precedents?

Mr. Lee: That will be all right.

-The end-

번역

1958년 11월 27일, 도쿄

한국청구권위원회 선박소위원회 21차 회의 요록

1. 일시 및 장소

1958년 11월 25일, 오후 3시~4시 10분, 일본 외무성 411호

2. 참석자

한국 측: 이호, 지철근, 진필식, 문철순, 엄영달, 노재원

일본 측: 다카노 도키치, 요시카와(옵서버)[다카노 참사관의 후임], 야베 마사노부, 한다 고, 요시다 도시로, 스가누마 기요시, 쓰치야 미나오

3. 회의록

다카노: 회의를 시작하기 전에 불가피한 상황으로 아와사와가 불참하여 양해를 구한다. 따라서 오늘은 내가 아와사와를 대신하여 수석위원을 맡을 예정이고, 아시아국 요시카와 참사관이 오늘 회의에 옵서버로 참석한다.

지난 회의에서 우리 대표단은 안건 A의 문제에 대해 양측의 견해 차이가 해소되지 않아 다음 안건으로 넘어가자고 제안했다. 일본대표단은 여전히 이 방법이 회의를 진행하기 위한 최선의 방법이라고 생각한다. 한국 측에 좋은 생각이 있는지 궁금하다.

이: 여러 차례 말했듯이 반드시 안건 A의 범위에 속하는 문제를 해결한 후에 안건 B의 문제를 논의하는 것이 회의 진행 규칙이다. 따라서 한국은 18차 회의에서 제출한 선박 31척이 포함된 1차 목록에 대한 명확한 답변을 듣고 싶다.

다카노: 일본은 안건 A에 대한 양측의 의견이 상충하기 때문에 선박 문제 전체에

대한 의견을 상호 교환하고 각 측의 입장과 주장을 명확하게 밝힐 수 있도록 안건 B를 논의하고 그 후에는 안건 C와 D를 논의하자는 의견을 고수했다. 일본 측의 입장에는 변화가 없다 .

이: 일본 소재 한국 국적 선박에 대한 한국 청구권의 법적 근거에 대해 의견 차이가 존재한다고 말하지만 이 문제는 일본이 성의를 보이면 쉽게 해결할 수 있는 사안이다.

다카노: 일본대표단은 최대한의 성의를 보였다. 그러나 안타깝게도 의견 차이를 해소하지는 못했다.

지난 1차, 2차, 3차 한일회담에서 양측은 전체적인 선박 문제를 논의한 경험이 있다. 일본대표단은 이러한 진행 방식을 따르면 본 소위원회를 원만하게 진행하는 데 큰 도움이 된다고 생각한다.

이: 한국 청구권의 법적 근거에 대해 충분히 설명했는데 안건 A에 대한 의견이 상충한다는 의견을 계속 고수하는 이유를 모르겠다.

다카노: 한국의 의견에 따르면 안건 A에는 어떠한 문제도 없다. 하지만 일본대표단은 이 문제에 대한 의견 차이가 해소되지 않았다고 생각한다. 이것이 두 대표단의 의견이며, 견해 차이가 발생하는 지점도 바로 이곳이다.

이: 안건 A의 문제에 대한 의견 차이가 있다면 안건 A에 속하는 선박의 일부인 선박 31척의 1차 목록에 대한 답변을 기대하는 것이 한국의 입장에서는 상당히 자연스럽다. 우리 대표단은 위에서 말한 31척 목록에 대해 일본이 우리에게 답변한 후에 나머지 목록을 제시할 계획이다. 따라서 본 소위원회가 해결되지 않은 안건 A 문제를 방치하고 다음 안건을 진행해야 한다는 일본의 제안에 동의할 수 없다.

다카노: 안건 A에 대한 의견 차이가 존재하는 한 우리 대표단은 18차 회의에서 한국이 제출했으며 일본에 대해 반환을 청구하는 선박의 일부만을 포함하는 목록에 대해 명확히 답변할 수 없다.

(약 10분간 침묵)

이: 본 소위원회의 4가지 안건은 한 덩어리가 아닌, 각각 독립적인 성격을 지닌 문제들이기 때문에 하나의 안건에 해당하는 문제를 먼저 해결하고 다음 안건의 범위에 속하는 문제로 넘어가야 한다고 생각한다.

또한 일본대표단은 의견 차이가 해소되지 않았다는 입장이지만 안건 A에 대한 한국

청구권의 법적 근거는 이미 완전히 논의된 내용이고 따라서 문제 해결의 거의 마지막 단계에 와있다. 한국 청구권의 법적 근거에 대해 완전한 논의가 이루어졌는데 본 소위원회에서 아직 안건 A의 본질적인 부분에 대한 더 이상의 논의를 하지 못하고 있는 상황인 것이다.

다카노: 본 소위원회의 4가지 안건이 한 덩어리가 아닌, 각각 독립적인 성격을 지닌 문제들이라고 말한다면, 특정 안건의 범위에 해당하는 문제를 두고 의견 차이를 좁힐 수 없는 경우라면 다음 안건으로 넘어가는 것이 타당하다고 생각한다.

이: 일본 측은 안건 A, B, C, D를 모두 논의한 후에 선박 문제들을 하나의 전체로서 해결하는 방안을 제안하는 것으로 보이는데, 이 부분에 있어서 일본 측의 생각을 보다 자세히 들어보고 싶다.

다카노: 안건 A에 대한 의견 차이가 존재하니 양측의 의견을 교환하고 서로의 입장과 그에 대한 주장을 명확하게 밝히기 위해 B, C, D를 논의해도 된다는 것이 우리 생각이다.

이: 그러면 안건 A와 기타 안건들에 대한 의견을 교환하고 서로의 입장을 명확히 한 후에 선박 문제를 하나의 전체로서 해결하자는 의미인가?

다카노: 안건 A에 대해서는 의견이 상충하니 안건 B, C, D 각각에 대한 의견을 교환하고 서로의 입장을 명확히 밝히자는 의미다. 그 다음에 선박 문제 전체에 대한 결정적인 논의를 진행할 때 안건 A로 돌아가 구체적으로 논의할 수 있을 것이다.

이: 더 자세히 묻고 싶다. 문제 해결은 마지막 단계로 유보하고 각 안건에 대한 의견을 교환하고 서로의 입장을 명확히 밝힌 후에 안건 B로, 그 다음에는 안건 C 등으로 넘어가자는 의미인가, 아니면 특정 안건에 대한 합의에 도달하는 데 실패하면 다음 안건으로 넘어가고 양측이 합의하지 못한 남아있는 문제들은 마지막 단계에서 해결하자는 의미인가?

다카노: '해결'이 무엇을 의미하는가?

이: 특정 안건에 해당하는 특정 문제에 대해 서로 의견이 일치한 상태라는 의미에서의 '해결'을 말했다.

다카노: 본 소위원회에서 특정 안건에 대해 양측의 의견이 100퍼센트 일치하게 될 가능성은 높지 않다. 그러나 특정 문제에 대해 어느 정도의 의견 차이가 있다고 해도

양측은 해당 문제에 대한 합의에 도달할 수 있다. 이 경우 문제를 해결했다고 말할 수 있다.

이: 합의하지 못한 문제들만 마지막 단계로 유보하자는 의미인지, 아니면 4개 안건 모두에 대해 단순히 의견을 교환하고 서로의 입장을 명확히 밝힌 후에 처음부터 4개 안건에 해당하는 문제들 전체에 대해 보다 구체적으로 논의하자는 것인지 확실히 이해가 되지 않는다.

다카노: 물론 어떠한 문제에 대해 100퍼센트 합의가 이루어졌다면 다시 그 문제를 논할 필요가 없을 것이다. 그러나 양측이 특정 문제에 대한 완전한 합의를 이룰 수 없었다면 다시 논의해야 할 것이다.

이: 일본의 의견은 안건의 순서에 따라 하나씩 문제를 해결하는 것이 아니라, 단순히 의견을 교환하고 서로의 입장을 명확히 밝힌 후에 다시 처음부터 전체를 논의하자는 의미로 이해된다.

다카노: (침묵)

이: 진행의 규칙을 고려하여 우리 대표단이 본 소위원회에서 계속해서 주장해 온 진행 방식이 가장 적절한 방법이라고 생각한다. 따라서 일본 측의 재고를 요청하고 싶다.

다카노: 일본대표단이 제안한 진행 방식이 본 소위원회의 효과적인 회의 진행을 위한 최선의 방법이라고 생각한다.

이: (침묵)

다카노: 서로의 의견을 검토해 보는 것으로 하고 오늘 회의는 이것으로 마무리하자.

이: 다음 회의는 언제가 좋겠는가?

다카노: 다음 주 화요일 같은 시간 어떤가?

이: 더 빨리 모일 수는 없나?

다카노: 그 날짜까지는 우리 측 일정이 여의치 않다.

이: 그러면 앞에서 말한 일정으로 하겠다.

다카노: 공동 보도 자료는 전과 같이 하겠는가?

이: 좋다.

끝

56. 제4차 한일회담 청구권위원회 선박소위원회 제22차 회의 요록

0444 Tokyo, December 4, 1958

GIST OF TALKS

TWENTY-SECOND SESSION

SUBCOMMITTEE ON VESSELS, COMMITTEE ON KOREAN CLAIMS

1. Time and Place:

3 p.m.-4:15 p.m., December 2, 1958, at Room 411, Ministry of Foreign Affairs, Japanese Government

2. Conferees:

Korean side: Mr. LEE Ho
Mr. CHOI Kyu Hah
Mr. CHEE Choul Keun
Mr. CHIN Pil Shik
Mr. MOON Chul Soon
Mr. OHM Young Dal
Mr. ROH Jae Won

Japanese side: Mr. TAKANO Tokichi
Mr. YOSHIKAWA
Mr. YABE Masanobu
Mr. HANDA Go

Mr. YOSHIDA

Mr. SUGANUMA Kiyoshi

Mr. TSUCHIYA Minao

3. Gist of Talks:

Mr. Takano: Mr. Awasawa, Chief member of the Japanese delegation to this Subcommittee, is absent from today's session because of unavoidable circumstances. And Mr. Yoshikawa, Counsellor of the Bureau of Asian Affairs, will attend here as an observer.

So far as my knowledge goes, both delegation agreed at the previous session to study further the method of proceeding in connection with the divergence of opinions concerning the problem under Agenda A. My delegation, for its part, studied upon it thereafter; however, it still found Japanese suggestion to proceed to the next agenda item is the best one to be followed by us in connection with proceeding of our meetings.

Mr. Lee: My delegation also studied it from every possible angle; my delegation however, came to the same conclusion that we should settle first the problem under Agenda A and proceed to next agenda item. It is with regret that the Japanese side cannot agree to the Korean idea.

While we were discussing the problem of Agenda A, the Japanese side irrelevantly brought out all of a sudden the problem of the proceeding of our
0445 meeting at this Subcommittee. Therefore, I would like to urge the Japanese delegation to return to the original problem, namely, the questions coming under the scope of Agenda A.

Mr. Takano: Since there exist divergences of opinions in connection with the legal basis of Korean claims to Korean registry vessels in Japan, my delegation proposed, with a view to expediting the proceeding of our meetings, that we proceed to the problem of Agenda B, and, then, to agenda items C and D subsequently so that we could discuss the overall problems of vessels.

Mr. Lee: The Korean side wishes to return to the problem of Agenda A, and asks the Japanese side to give my delegation a clear-cut reply to the first list of the 31 vessels submitted at the eighteenth session by the Korean side.

Mr. Takano: My delegation still thinks that we take up the problem of Agenda B as there exist the conflicting opinions on the legal basis of Korean claims under Agenda A.

Mr. Lee: My delegation has repeatedly explained the legal basis of the Korean claims to the Korean registry vessels under Agenda A. Under the circumstances, it is of the opinion of my delegation that this problem has fully been clarified. Nevertheless, the Japanese side reiterates that there are conflicting views on the problem in question. I wonder if the Japanese side has no intention at all to return the vessels under reference to the Korean side.

Mr. Takano: Though you said that the Korean side had fully explained the legal basis of the Korean claims to Korean registry vessels, the Japanese delegation, far its part, thought there was no agreement in opinions on the said problem. Meanwhile, the Korean delegation presented the first list of the 31 vessels which covers a part of the part of the vessels which the Korean side claims against Japan. Thus, the Japanese side hold the stand that the list was received just for its own reference.

Mr. Lee: What do you mean by that the Japanese side received the list "for its one reference?"

Mr. Takano: My delegation received the list only for reference as it does not consider that Japan is legally obligated to return the vessels under Agenda A.
0446 Therefore, the receipt of the list had nothing to do with the question of returning those vessels now at issue.

Mr. Lee: Though you stated that the Japanese side received the list of the 31 Vessels in question only for its reference, your side put several questions on six vessels appearing on the said list, and you did not raise any question concerning the rest of the vessels on the list concerned. Did it mean that the Japanese side was considering the return of those vessels to the Korean side?

Mr. Takano: Your interpretation in that connection is too far off the point. My delegation put few questions on some vessels in the list under reference only for reference, which had nothing to do with the question of returning such vessels.

Mr. Lee: If the Japanese side persistently maintains that there is no legal basis of returning the vessels of Korean registry to the Korean side under Agenda A, I would like to request your delegation to present its point of view in writing.

Mr. Takano: Though I do not think it realistic and effective way for the settlement of the problem and, also, for the proceeding of talks, if the Korean side presents the legal basis of its claims in a written form, then, my side would consider a reply thereto in writing.

Mr. Lee: I believe that the Japanese side has well understood the legal basis of Korean claims, since my delegation has so far explained them fully and satisfactorily. Accordingly, I requested the Japanese side to present its arguments in writing in this connection, if any. This being the case, if you submit your view in writing, first, then, the Korean side would consider a reply thereto in writing,

Mr. Takano: (Silence) If you put forward your view in writing on this problem, first, then, my delegation would consider the expression of its view in writing.

Mr. Lee: I am impressed that the Japanese side concentrates all of its efforts in the problem of fisheries and closely links all pending problems with the
0447 development of talks of fisheries problem. What I want to request here to the Japanese side is that it should make efforts for an early liquidation of the old problems connected with the past relationship between two countries because

the liquidation of the old problems is no less important than the settlement of fisheries problem.

Mr. Takano: I won't say this and that regarding your impression, because that is the personal impression of yours. However, as a member of the Japanese delegation to the Subcommittee on Vessels, I wish to make it clear that I have tried to settle pending issues at this subcommittee with all sincerity.

Mr. Lee: When shall we meet again?

Mr. Takano: How about 3 p.m. December 9th?

Mr. Lee: No objection. And as to press release, let us follow the precedents.

Mr. Takano: That will be all right.

-The end-

번역

1958년 12월 4일, 도쿄

한국청구권위원회 선박소위원회 22차 회의 요록

1. 일시 및 장소

1958년 12월 2일, 오후 3시~4시 15분, 일본 외무성 411호

2. 참석자

한국 측: 이호, 최규하, 지철근, 진필식, 문철순, 엄영달, 노재원

일본 측: 다카노 도키치, 요시카와[요시카와 시게쿠라], 야베 마사노부, 한다 고, 요시다[요시다 도시로], 스가누마 기요시, 쓰치야 미나오

3. 회의록

다카노: 아와사와 일본 수석대표가 불가피한 상황으로 오늘 회의에 참석할 수 없었

고, 아시아국 요시카와 참사관이 옵서버로 참석하고 있다.

내가 알기로 양쪽 대표단이 지난 회의에서 안건 A에 대한 의견 차이와 관련하여 회의 진행 방식을 추가로 검토해 보기로 합의했다. 우리 측은 진행 방식을 검토해 봤으나 여전히 다음 안건으로 넘어가자는 일본의 제안이 가장 좋은 방법이라고 생각한다.

이: 우리 또한 가능한 모든 각도에서 검토해 보았으나 안건 A를 먼저 해결하고 다음 안건으로 넘어가야 한다는 동일한 결론에 도달했다. 일본 측이 동의할 수 없다니 유감이다.

안건 A를 논의하는 과정에서 일본 측이 갑자기 본 소위원회 진행 방식을 거론했다. 따라서 본래의 주제, 즉 안건 A의 범위에 해당하는 문제로 돌아갈 것을 촉구한다.

다카노: 일본 소재 한국 국적 선박에 대한 한국의 청구권이 지닌 법적 근거에 대해 의견 차이가 존재하기 때문에 회의 진행 속도를 높이기 위해 안건 B로 넘어가고 그 후에는 안건 C, D를 논의하여 선박 문제 전체를 논의하자고 제안한 것이다.

이: 안건 A 문제로 돌아가고 싶다. 그리고 18차 회의에서 우리가 제출한 선박 31척 1차 목록에 대해 일본 측이 명확히 답변할 것을 요청한다.

다카노: 우리 대표단은 여전히 안건 A에 따른 한국 청구권의 법적 근거에 대한 의견이 상충하므로 안건 B를 논의해야 한다고 생각한다.

이: 한국대표단은 안건 A에 속하는 한국 국적 선박에 대한 청구권의 법적 근거를 여러 차례 반복하여 설명했다. 따라서 이 문제에 대한 한국대표단의 의견은 충분히 명확하게 밝혀졌다고 생각한다. 그럼에도 일본 측은 이 문제에 대한 의견이 상충하고 있다는 말만 되풀이하고 있다. 일본 측이 우리가 말하고 있는 선박들을 한국에 반환할 의향이 없는 것인지 궁금하다.

다카노: 한국적 선박에 대한 청구권의 법적 근거를 충분히 설명했다고 말하지만 일본대표단은 이 문제에 대한 의견이 합의되지 않았다고 생각한다. 그리고 한국이 제시한 31척의 1차 목록은 한국이 일본에 반환을 요청하는 선박 일부만을 포함한다. 따라서 일본 측은 해당 목록을 참고를 위해서만 받았다는 입장이다.

이: 일본이 참고를 위해서만 목록을 받았다는 말이 무슨 의미인가?

다카노: 일본이 안건 A의 선박들을 반환할 법적 의무를 지니지 않는다고 생각하기 때문에 참고용으로만 목록을 받았다는 의미다. 따라서 해당 목록을 받은 것은 지금 문

제가 되고 있는 선박을 반환하는 것과는 무관하다.

이: 선박 31척의 목록을 참고용으로만 받았다고 말하지만, 그 목록에 포함된 선박 6척에 대해 몇 가지 질문을 했고 나머지 선박에 대해서는 의문을 제기하지 않았다. 이것이 일본 측이 선박의 한국 반환을 고려하고 있었다는 의미인가?

다카노: 요점을 지나치게 벗어나는 해석이다. 우리 대표단은 오로지 참고를 위해 목록에 포함된 일부 선박에 대해 질문한 것이고, 그러한 선박의 반환 문제와는 무관한 일이었다.

이: 일본이 계속해서 안건 A에 따라 한국 국적 선박을 한국에 반환할 법적 근거가 존재하지 않는다는 의견을 고수한다면 이 같은 일본의 관점을 서면으로 제시할 것을 요청한다.

다카노: 문제를 해결하기 위한 현실적이고 효과적인 방법이라고 생각하지는 않지만 대화를 진행하기 위해 한국 측이 청구권의 법적 근거를 서면으로 제시한다면 우리 측도 서면으로 답변하는 방안을 고려하겠다.

이: 우리 대표단이 이제까지 법적 근거를 완벽하고 만족스럽게 설명했기 때문에 일본 측은 한국 청구권의 법적 근거를 잘 이해하고 있다고 생각했고, 그래서 일본 측이 이에 대한 주장을 서면으로 제시하기를 요청한 것이다. 따라서 일본의 견해를 서면으로 먼저 제시하면 그 후에 한국 측이 서면으로 답변하는 것을 고려하겠다.

다카노: (침묵) 이 문제에 대한 관점을 한국이 서면으로 먼저 제시하면 우리 대표단의 견해를 서면으로 제시하는 것을 고려하겠다.

이: 어업 문제에 모든 노력을 집중하고 어업 문제에 대한 논의의 전개에 다른 모든 현안을 긴밀히 연결시키는 일본의 모습이 인상적이다. 오래된 문제의 청산도 어업 문제의 해결만큼이나 중요하니 과거 양국의 관계와 연결되어 있는 묵은 문제들을 조기에 청산하기 위해 노력할 것을 일본 측에 요청하고 싶다.

다카노: 방금 한 말은 개인적인 생각이니 이렇다 저렇다 말하지 않겠다. 그러나 선박소위원회 일본대표단의 일원으로서 성의를 다해 본 소위원회의 현안을 해결하려고 노력했음을 명확히 하고 싶다.

이: 다음 회의는 언제가 좋겠는가?

다카노: 12월 9일 오후 3시 어떤가?

이: 이의 없다. 공동 보도 자료는 전과 동일하게 작성하자.

다카노: 좋다.

끝

58. 제4차 한일회담 청구권위원회 선박소위원회 제23차 회의 요록

0450

Tokyo, December 11, 1958

GIST OF TALKS
TWENTY THIRD SESSION
SUB-COMMITTEE ON VESSELS, COMMITTEE ON KOREA CLAIMS

1. Time and Place:
December 9, 1958, 03:00 p.m.-03:15 p.m.,
at Room 411, Ministry of Foreign Affairs, Japanese Government

2. Conferees:

Korean side:	Mr. LEE Ho
	Mr. CHEE Choul Keun
	Mr. CHIN Pil Shik
	Mr. OHM Young Dal
	Mr. ROH Jae Won
Jaspanese side:	Mr. AWASAWA Kazuo
	Mr. ASADA Sizuo
	Mr. TAKANO Tokichi
	Mr. YOSHIKAWA
	Mr. YABE Masanobu
	Mr. SUGANUMA Kiyoshi

Mr. TSUCHIYA Minao

3. Gist of Talks:

Mr. Awasawa: (Mr. Awasawa told the Korean side that he had been transferred to the post of Vice-Minister of Transportation and that Mr. Asada Sizuo, Director, Bureau of Maritime Transportation, Ministry of Transportation, would take his place as Chief member or the Japanese delegation to the Subcommittee on Vessels. And he introduced Mr. Asada to the members of the Korean delegation.)

Mr. Asada: (In his expression of a few words, he said that he would carry out his duty with sincerity and try to make effort for the amicable settlement of the pending problems at this Subcommittee.)

Mr. Awasawa: I also would like to tell yon that Mr. Takano Tokichi had been transferred to a new post in the Ministry of Foreign Affairs, and that Mr. Yoshikawa, Counsellor of the Ministry of Foreign Affairs, is going to replace him as Deputy chief member of the Japanese delegation at this Subcommittee.

Mr. Takano: (Bidding his farewell to the members of the Korean delegation, Mr.
0451 Takano said that it was with regret that he had to leave this Subcommittee without being able to contribute much to the successful settlement of the problems which he had been tackling with.)

Mr. Yoshikawa: (Following Mr. Takano's words of farewell greeting, Mr. Yoshikawa said he would discharge his duty with all sincerity.)

Mr. Lee: (He hoped those outgoing members of the Japanese delegation would make direct and indirect efforts for the smooth proceeding of meetings at the Subcommittee on Vessels, and, thereafter, he spoke the words of welcome to newly appointed members of the Japanese side.)

Mr. Asada: Since I was appointed as Chief member of the Japanese delegation just few days ago, I have not been able to study on the problems concerned. Circumstances being as such, I, for my part, do not have anything particular to say today; however, if the Korean side has anything to say, I would be glad to hear it. Otherwise, I propose that we adjourn today's session.

Mr. Lee: I cannot raise objection to your proposal that we put an end to today's meeting because you had to study on the relevant problem for some time to come. However, I would like to express my hope that the Japanese side would give a favourable answer to the request made by my delegation at previous meetings on the vessels of Korean registry under Agenda A as soon as possible and that the Subcommittee could make progress towards an early settlement of the vessels problem.

Mr. Lee: When do you suggest for the next session?

Mr. Asada: How about next Tuesday (December 16)?

Mr. Lee: No objection. And time?

Mr. Asada: Will 03:00 p.m. be convenient to your side?

Mr. Lee: That will be all right. As to press release, I would like to propose
0452 that we state in press that at today's meeting, the Korean side exchanged greetings with newly appointed and outgoing members of the Japanese delegation to this Subcommittee and that both sides discussed the method of proceeding of Subcommittee meetings.

Mr. Asada: No objection.

-The end-

번역

1958년 12월 11일, 도쿄

한국청구권위원회 선박소위원회 23차 회의 요록

1. 일시 및 장소

1958년 12월 9일, 오후 3시~3시 15분, 일본 외무성 411호

2. 참석자

한국 측: 이호, 지철근, 진필식, 엄영달, 노재원

일본 측: 아와사와 가즈오, 아사다 시즈오, 다카노 도키치, 요시카와[요시카와 시게쿠라], 야베 마사노부, 스가누마 기요시, 쓰치야 미나오

3. 회의록

아와사와: (아와사와는 교통차관직을 맡게 되어 자신을 대신해 교통성 아사다 시즈오 해양교통국장이 선박소위원회에서 일본 수석위원을 맡을 것이라고 한국 측에 말하고 한국대표단에게 아사다를 소개했다.)

아사다: (인사말을 통해 성의 있게 맡은 바 임무를 수행하고 본 소위원회의 현안을 우호적으로 해결하기 위해 노력하겠다고 말했다.)

아와사와: 다카노 도키치 또한 외무성에서 새로운 자리를 맡게 되어 외무성의 요시카와 참사관이 본 소위원회 일본대표단의 차석위원 자리를 대신하게 되었다.

다카노: (한국대표단에게 작별을 고하며 다카노는 성공적인 문제 해결에 기여하지 못하고 떠나게 되어 아쉽다고 말했다.)

요시카와: (다카노의 고별사에 이어 요시카와가 성의를 다해 임무를 수행하겠다고 말했다.)

이: (떠나는 일본 대표들에게 선박소위원회의 원만한 진행을 위해 직간접적으로 노력해 줄 것을 부탁하고 새로 임명된 수석위원들을 환영했다.)

아사다: 수석위원으로 임명된 지 며칠 되지 않아 문제를 검토하지 못했다. 따라서 오늘 특별히 전할 말은 없다. 하지만 한국 측이 말하고 싶은 내용이 있다면 들어보고

싶다. 한국대표단이 전할 말이 없다면 오늘 회의는 여기에서 마무리하고 싶다.

이: 문제에 대해 검토할 시간이 어느 정도 필요할 테니 오늘 회의는 여기에서 마무리하자는 제안에 이의를 제기하지 않는다. 그러나 일본 측이 안건 A에 속하는 한국적 선박에 대해 지난 회의에서 우리 대표단이 요청한 내용에 대해 최대한 조속히 긍정적인 답변을 줄 것을 요청하고, 선박 문제를 조기에 타결하기 위해 소위원회에서 진전이 이뤄지기를 바란다고 말하고 싶다.

이: 다음 회의는 언제가 좋겠는가?

아사다: 다음 주 화요일(12월 16일) 어떤가?

이: 이의 없다. 시간은?

아사다: 오후 3시 괜찮은가?

이: 좋다. 보도 자료는 오늘 회의에서 한국 측이 본 소위원회에 새로 임명된, 그리고 자리를 떠나는 대표들과 인사를 나누었고 양측이 소위원회 진행 방식에 대해 논의했다고 작성하자고 제안하고 싶다.

아사다: 이의 없다.

끝

60. 제4차 한일회담 청구권위원회 선박소위원회 제24차 회의 요록

0456

December 18, 1958

GIST OF TALKS
TWENTY FOURTH SESSION
SUBCOMMITTEE ON VESSELS, COMMITTEE ON KOREAN CLAIMS

1. Time and Place:

At 03:00 p.m.-04:00 p.m. December 16, 1958, at Room 411, Ministry of Foreign Affairs, Japanese Government

2. Conferees:

Korean side: Mr. LEE Ho
Mr. CHOI Kyu Hah
Mr. CHEE Choul Keun
Mr. CHIN Pil Shik
Mr. OHM Young Dal
Mr. ROH Jae Won

Japanese side: Mr. ASADA Sizuo
Mr. YOSHIKAWA Shigekura
Mr. YABE Masanobu
Mr. HANDA Go
Mr. SUGANUMA Kiyoshi

Mr. TSUCHIYA Minao

Mr. IKEBE Ken

3. Gist of Talks:

Mr. Lee: Shall we open today's session? To briefly state the proceeding of this Subcommittee up to the last session, we started discussing substantial problem under Agenda A after spending a considerable length of time in discussing the problem of the adoption of agenda items at this Subcommittee. And my delegation gave a full account to the Japanese side on the legal of Korean claims to the vessels of Korean registry. Thereafter, my side presented to your side the first list of 31 vessels which covers a part of those vessels which the Japanese side recognized at previous Conferences as the vessels of Korean registry located in Japan. However, the Japanese side has not given my delegation a clear answer thereto. So I would like to make a request to you again tor a reply to the list, today.

Mr. Asada: As I told you at the previous session when I expressed few words of greeting, I have been studying on the problem of Agenda A since I took the place of Mr. Awasawa. Such being the circumstances, I am not well acquainted with the problem in question, as yet. However, as far as my knowledge goes, though both sides exchanged views on the said problem, the conflicting views between us on the legal basis of Korean claims under reference have not been solved. Accordingly, it is difficult for the Japanese side to give you a definite answer to the problem of Agenda A at the present stage. Rather, I would like to remind you that it is incumbent upon us to settle all of the problems of vessels at this Subcommittee. Therefore, I think it will be a better way of proceeding
0457 our meetings if we proceed to Agenda B and, subsequently, to Agenda C and D as there still exists difference of opinions in connection with the legal basis of the Korean claims under Agenda A.

Mr. Lee: As I have repeated I told the Japanese delegation, the Korean claims under Agenda A is based on SCAPIN 2168, and the SCAPIN itself have legal bearings on Ordinance No.33 of the Military Government of the United States in Korea and, further, on Article 4 (b) of San Francisco Peace Treaty. I believe the Japanese side well understand them. Nevertheless, your delegation has been developing a legal theory which cannot be understood with the sense of justice and equity. It is with regret that the Japanese delegation does not show any of constructive opinions for the settlement of this problem. Under the standing rules of proceeding a conference, I firmly state that we take up the problem of Agenda B only after we settle the question of the vessels of Korean registry in Japan.

Mr. Asada: My side is proposing the method of proceeding which I mentioned previously for the smooth operation of this Subcommittee.

Mr. Lee: To enter into the discussions of Agenda B, leaving the problem of Korean registry vessels under Agenda A unsettled is contrary to the principle of the proceedings. Therefore, I would like to emphasize once more that we settle the issue of Agenda A prior to taking up the problem of next agenda item.

Mr. Asada: The Japanese delegation received the first list in question just for its reference because the difference of opinions between us was not ironed out. In consequence, I am not in a position to give a reply to the list whatsoever.

Mr. Lee: I hope the Japanese side, seeing off the twisted Interpretation of the legal basis on the problem of Agenda A, show more sincerity and proceed the talks with constructive idea for the prompt settlement of this issue.

Mr. Asada: The above Japanese method stems from the idea of proceeding our meetings more effectively, because it would contribute greatly to the smooth proceeding of this Subcommittee if we take up the problems of Agenda B, C, and, D according to their orders and, at later stags, we renew discussions on the unsettled problems and settle them in a whole. Would you please reconsider the Japanese proposal?

Mr. Lee: I rather ask you to accept the principle of standing rules of proceeding of meetings. I think it would be of little use to continue our talks in this way, today. I want the Japanese side to reconsider the matter under discussions and to give an early reply to the Korean request.

0458 When shall we meet next?

Mr. Yoshikawa: I heard that the Korean side proposed that we eater into recess from the 20th of December, at a meeting held between Dr. Sawada and Ambassador Limb. So, why don't we decide the date in accordance with the decision which might be made between them?

Mr. Lee: I don't have knowledge of it, and my delegation hasn't received instructions in this regard. So, we might as wall decide the date tentatively.

Mr. Asada: No objection.

Mr. Lee: Any suggestion for press release?

Mr. Asada: Let us state in press that we continued substantial discussions and decide the date of next session tentatively.

Mr. Lee: No objection.

-The end-

번역

1958년 12월 18일

한국청구권 선박소위원회 24차 회의 요록

1. 일시 및 장소

1958년 12월 16일 오후 3시~4시, 일본 외무성 411호

2. 참석자

한국 측: 이호, 최규하, 지철근, 진필식, 엄영달, 노재원

일본 측: 아사다 시즈오, 요시카와 시게쿠라, 야베 마사노부, 한다 고, 스가누마 기요시, 쓰치야 미나오, 이케베 겐

3. 회의록

이: 회의를 시작하자. 지난 회의까지 진행된 사항을 간략히 정리하자면, 의제 안건 채택을 논의하는 과정에서 상당한 시간을 소비한 후 안건 A에 해당하는 구체적인 문제에 대한 논의를 시작했고, 한국대표단은 한국 국적 선박에 대한 한국의 청구권이 지니는 법적 근거에 대해 충분히 설명했다. 그 후에 우리 측은 기존 한일회담에서 한국에 등록되어 있으며 일본에 소재한다고 일본 측이 인정했던 선박 중 일부인 선박 31척이 포함된 1차 목록을 일본 측에 제시했으나 일본 측이 확실한 답변을 하지 않은 상태다. 따라서 해당 목록에 대해 오늘 답변할 것을 다시 한 번 요청한다.

아사다: 지난 회의에서 인사말을 하며 말했듯이 아와사와 대신 수석대표를 맡은 후 안건 A의 문제를 검토해 왔다. 따라서 아직 이 문제에 대해 잘 알지는 못하는 상황이다. 그러나 양측이 해당 문제에 대해 의견을 교환했으나 한국 청구권의 법적 근거에 대한 두 대표단의 견해 차이가 해소되지 않은 상태인 것으로 안다. 따라서 일본대표단은 현재로서는 안건 A의 문제에 대해 확실한 답변을 하기가 어렵다. 본 소위원회에서 모든 선박 문제를 해결하는 것이 우리의 의무임을 상기시키고 싶다. 따라서 안건 A에 대한 한국의 청구권이 지닌 법적 근거에 대한 의견 차이가 존재하니 안건 B로 넘어가고, 다음으로는 C와 D를 논의하는 것이 회의를 진행하기 위한 더 나은 방법이라고 생

각한다.

이: 일본대표단에 여러 차례 반복하여 설명했듯이 안건 A에 따른 한국 측 청구권은 SCAPIN 제2168호를 바탕으로 하며, SCAPIN 제2168호 자체가 주한 미군정 법령 제33호에 대한, 그리고 샌프란시스코 강화조약 제4(b)조에 대한 법적 효력을 지닌다. 일본 측이 잘 이해하고 있으리라 생각한다. 그럼에도 일본대표단은 정의와 형평에 입각하여 이해할 수 없는 법 이론을 내세우고 있다. 일본대표단이 문제를 해결하기 위한 어떠한 건설적인 의견도 제시하지 않아 유감이다. 일본 소재 한국 국적 선박 문제를 해결한 후에 안건 B로 넘어가야 한다는 우리의 입장은 확고하다.

아사다: 우리 측은 본 소위원회의 원활한 진행을 위해 기존에 언급했던 진행 방식을 채택할 것을 제안한다.

이: 안건 A에 속하는 한국 국적 선박 문제는 해결하지 않은 채 방치해 두고 안건 B에 대한 논의를 시작하는 것은 진행의 원칙에 어긋난다. 따라서 다음 안건을 논의하기 전에 안건 A의 문제를 먼저 해결해야 한다는 점을 거듭 강조하고 싶다.

아사다: 의견 차이가 해소되지 않았기 때문에 참고를 위해 한국의 1차 목록을 받았다. 따라서 해당 목록에 대해 어떠한 답변도 할 수 없는 입장이다.

이: 일본 측이 안건 A의 법적 근거에 대한 왜곡된 해석을 포기하고 문제를 조속히 해결하기 위해 보다 성의를 보이고 건설적인 생각을 가지고 논의를 진행하기 바란다.

아사다: 일본이 제안한 방식은 우리 회의를 보다 효과적으로 진행하자는 생각에 기인한 것이다. 안건 B, C, D를 순서대로 논의하고 후에 미해결 문제들에 대해 새로 논의하고 전체 문제를 해결한다면 소위원회의 원활한 진행에 크게 기여할 것이기 때문이다. 일본의 제안을 재고해 주기 바란다.

이: 회의 진행 규칙의 원칙을 수용해 줄 것을 요청하고 싶다. 오늘 이렇게 이야기를 이어가는 것은 의미가 별로 없다고 생각한다. 일본 측이 이 문제를 다시 검토하고 한국의 요청에 조속히 답변해 주었으면 한다. 다음 회의는 언제가 좋은가?

요시카와: 사와다와 임 대사의 회의에서 한국 측이 12월 20일부터 휴회하는 것을 제안했다고 들었다. 사와다와 임 대사가 결정하는 바에 따라 다음 회의 일정을 정하는 건 어떤가?

이: 몰랐던 사실이고 관련하여 지시를 받은 바가 없으니 잠정적으로 날짜를 정하면

좋겠다.

아사다: 이의 없다.

이: 보도 자료에 대한 의견 있나?

아사다: 구체적인 논의를 이어갔고 다음 회의 일자를 잠정 결정했다고 하자.

이: 이의 없다.

끝

62. 제4차 한일회담 청구권위원회 선박소위원회 협상과 관련한 외무부 입장(훈령)

0462 DRAFT

Document No. ______ Date. November 24, 1958

Re: Return of Korean Vessels

(Refer: MTB-047, HID No.2363 and Ambassador Limb's report No.32)

1. The Delegation is right in stating to the Japanese side that the Sub-Committee should proceed to Agenda item B only after the settlement of the problem of Agenda item A pursuant to government instructions OJ No.1851, and this position still remains unchanged;

2. After perusal of gist of talks of the 19th session of the Sub-Committee, we wish to know whether the Japanese side has no question on the vessels other than 6 concerning which it raised up questions at the above session of the meeting;

3. There is no reason why the Delegation should not present the second list covering next group of vessels. But we still doubt how the presentation of an overall list of vessels within the scope of Agenda item A could expedite the proceeding. In this connection, instructions OJ No.4099 still remains standing.

4. Please question what the Japanese side means when it said "received the

list for reference".

5. We should avoid discussion on legal interpretation of the documents concerned at the meeting; but please request the Japanese side to present its legal point of view in writing if it has any; if the Japanese side is ready to raise up an issue in writing, we are ready to counter its argument in writing.

6. The Delegation is advised that what is important at this stage of negotiation is to sound out as soon as possible what the Japanese side is really intending to do on this issue.

(이하 여백)

번역 초안

문서번호: ______ 일자: 1958년 11월 24일

한국 선박 반환 관련

(참조: MTB-047, HID 제2363호 및 임 대사 보고서 제32호)

1. 정부 훈령 외정 제1851호에 따라 안건 A 문제를 해결한 후에 안건 B로 넘어가야 한다고 일본 측에 주장한 것은 적절한 대응이며, 정부의 위와 같은 입장에는 변화가 없습니다.

2. 소위원회 19차 회의 요록을 검토했으며 회의에서 질문을 던진 6척 외의 선박에 대해서는 일본 측이 문의할 내용이 없는지 알고 싶습니다.

3. 2차 선박 목록을 제시하면 안 될 이유는 없습니다. 그러나 안건 A의 범위에 속하

는 전체 선박 목록을 제시하는 것이 논의의 진행 속도를 어떻게 높일 수 있는가에 대해서는 여전히 의구심이 듭니다. 이 부분에 대해서는 외정 제4099호를 통해 전달한 지시사항이 여전히 유효합니다.

4. 일본 측이 "참고용으로 목록을 받았다"라고 말한 의미가 무엇인지 문의하기 바랍니다.

5. 회의에서 관련 문헌의 법적 해석에 대한 논의는 피해야 합니다. 그러나 해당하는 부분이 있다면 일본 측에 서면으로 법적 견해를 제시할 것을 요청하기 바랍니다. 일본이 서면으로 문제를 제기할 준비가 되어있다면 우리도 서면으로 논박할 준비가 되어 있습니다.

6. 협상의 현시점에서 중요한 것은 선박 문제에 대해 일본이 진정으로 의도하는 바가 무엇인지 최대한 파악하는 것입니다.

(이하 여백)

66. 일본 측 조사에 대한 한국 측 주장(의제 A)[18] 문서

0507 별첨 三

日本側調査に対する韓國側主張(議題A)

(No. 1) 第一三 福丸

(No. 2) 第一五 福丸

日本側は一九四五年八月九日以前に下関に移籍したとの調査なるか韓國籍には除籍されてをらず又第一五福丸は釜山密行の事實尚一九四五年八月九日以后韓國水域にあり一事實有吉京吉覺書にも明確にして議題A及議題B双方に該當す

(No. 3) 南照丸 一九四五年八月九日以后韓國水域に所在したる事は有吉京吉賛書に依り明瞭にして南方又は韓國　水域にて行方不明とは認められず

(No. 15) 第一六 大生丸

0508 (No. 16) 第一七 大生丸

本会議開始以后一九五一年十二月十五日廃船したるは不當措置にして船齢等より考慮するとき廃船認められず

(No. 17) 第七 徳丸　登録に疑問あり(日本側再調査約す)

(No. 32) 大洋丸

(No. 33) 魚勝丸

(No. 34) 金剛丸

(No. 35) 善積丸

(No. 36) 第一 喜之丸

(No. 37) 第八 旭丸

---

18 주일 한국대표부 작성.

(No.38) 開平丸

(No.39) 第十一号 日の出丸

0509 (No.40) 第八号 朝洋丸

(No.41) 第三号 開洋丸

以上一〇隻不在理由判明せず再調を要あり

(No.42) 吉粧丸

九州海運局の証明事項に疑義あり再調を要す

(No.43) 第十一号明榮丸

本船韓國より持来せる事實確實(証人有)にして韓國籍には除籍されておらず議題A及B双方に該當す

(No.44) 第二青漁丸

韓國にて廃船したる事實なく現れ運行中との事なり

(No.48) 國星丸

売買事實及買受人を提示されたい

0510 (No.49) 第五 亀島丸

一九五一年に売却したる事實立証すべし

(No.50)第一号 東讃丸

本船韓國籍には除籍されて居らず一九四五年八月九日以后韓國水域に所在せし事實立証す(立証人あり)

(No.54) 大和丸

置籍せずと´雖も韓國所有確實なるとして未拂金及使用料等を勘案し解決せんとす

◎ 議題B

(No.6) 千島丸

(No.7) 照南丸

日本側より再調を要す

번역 별첨 3

일본 측 조사에 대한 한국 측 주장(의제 A)

(No. 1) 제13 후쿠호

(No. 2) 제15 후쿠호

일본 측은 1945년 8월 9일 이전에 시모노세키에 이적한 것으로 조사됐지만 한국 국적에는 제적되어 있지 않으며, 또한 제15 후쿠호는 부산 밀행의 사실이 있고, 1945년 8월 9일 이후 한국 수역에 있으며, 사실 유키치교키치 각서에도 명시되어 있어 의제 A와 의제 B 양쪽에 해당한다.

(No. 3) 남조호가 1945년 8월 9일 이후 한국 수역에 소재한 것은 유키치교키치 각서에 의하여 명백히 되어있어 남방 또는 한국 수역에서 행방불명이라고는 인정할 수 없다.

(No. 15) 제16 다이쇼호

0508 (No. 16) 제17 다이쇼호

본회의 개시 이후 1951년 12월 15일 폐선한 것은 부당한 조치로, 선령 등을 고려할 때 폐선으로 인정할 수 없음.

(No. 17) 제7 덕호 등록에 의문(일본 측 재조사 약속)

(No. 32) 다이요호

(No. 33) 우오가쓰호

(No. 34) 금강호

(No. 35) 선적호

(No. 36) 제1 기노호

(No. 37) 제8 아사히호

(No. 38) 아키히라호

(No. 39) 제11 히노데호

(No. 40) 제8 조양호

(No. 41) 제3 가이요호

이상 10척의 부재 이유 밝혀지지 않아 재조정이 필요함.

(No. 42) 기장호

규슈해운국의 증명사항에 의문이 있어 재조사가 필요함.

(No. 43) 제11호 명영호

본선 한국으로부터 가져온 사실 확실하며(증인 있음) 한국 국적에 제적되어 있지 않아 의제 A, B 모두에 해당됨.

(No. 44) 제2 청어호

한국에서 폐선되었다는 사실이 없으며 현재 운행 중.

(No. 48) 국성호

매매 사실 및 매수인을 제시해 주기 바람.

(No. 49) 제5 가메시마호

1951년에 매각한 사실을 입증해야 함.

(No. 50) 제1호 동찬호

본선 한국 국적에 제적되어 있지 않고 1945년 8월 9일 이후 한국 수역에 소재한 사실 입증(증인 있음).

(No. 54) 야마토호

등록을 하지 않으면 한국 소유가 확실하므로 미수금 및 사용료 등을 고려하여 해결하고자 함.

◎ **의제 B**

(No. 6) 치시마호

(No. 7) 조남호

일본 측에서 재조정이 필요함.

67. 의제D에 대한 한국 측의 설명 문서

0511 議題Dに対する韓國側の説明

一表について

1. 幸漁丸　米軍政庁水産責任者 H. W. GOODRICH氏が一九四七年五月十日金四一七,九五四円四十錢にて水産局に拂下げ同年七月一日に農林部軍政顧問MATOR C. H. TATUM氏と農林部長李勲朮氏の間にごれをさらに確認しその署名をした現在はその拂下の条件に基き釜山水産大学で使用中である

2. 第七共和丸 米軍政當時の事をその事實につき全然分からない

3. 第二天洋丸　一九五二年一月五日同船はUN軍に三十八度線付近で捕獲されて現在抑留中であるとの事であるが後の事實は一切知らない

4. 久美丸 米軍政當時の事でその事實については全然わからない

0512 5. 第一 平和丸

6. 第二平和丸　東京千代田区神田仲町一丁目一番地金正勲が終戰后の財産搬入の方法として福岡市浜西町一丁目十九番地平和水産株式会社長鹿野喜次郎に一九四八年八月二十六日に此の船を担保として金二00万円を貸付けて更に同年八月二十八日金一00万円の契約金を渡して売買契約を締結としている. 売買契約書′借用証書′領収書′印鑑証明其他據書類をもち金正勲が自分の船であると主張している從ってごの船が日本人所有である事が争はれている. 現在韓國海軍が所持している

7. 第一早島丸　UN軍に依り掌捕されUN軍の命に依り現在を韓國海軍が保管中であるがその外の事實は一切知らない

0513 8. 第十五金比羅丸　一九五一年三月十八日韓國の領海を侵かったので韓國海軍に捕獲され一九五一年七月七日釜山の地方法院で裁判に附せられて罰金五万円に科せられ船と漁具は沒收に附された.

二表について

1. 松久丸　一九五〇年二月三日統營港に入り密輸入のごとで釜山地方検索庁馬山支庁に告訴されている. 韓國人の郭珍福ら三名が日本人網本清平ら二名と共に来航したもので郭は日本人を恐迫した事實はないと主張する. 郭は五月三日に釈放されたが同船を買ったと主張するが買船の証據は確實でないので日本外務省にその事實を照會で回答を待ち處理する予定である.

0514 2. 美島丸　一九五〇年十二月八日北緯三十六度三十分東経十二九度五0分において漁業中韓國海軍浦項警備府によって拿捕したが十二月二十六日午前十時に釈放帰還せしめた. その他の事實は知らない二表に就ては他の十九隻は全く不明であり目下韓國の状況ではこれ以上の取調べは困難である.

三表について

1. 第十一 日進丸　米海軍は一九四八年三月での沈没船を廃棄したものと金凰椿がその當時拂下げを受け金一, 八00万円を投資して引揚げ修理の上目下使用中である

2. 第一 地洋丸　金福滿が時日未詳引揚げたが第二天洋丸と組みで操業中に三十八
0515 度附近でUN軍に似り船主と共に撃沈された.

右以外の博丸, 第八徳廣丸, 第十三会金比羅丸は引揚げ不可能であるその後の事實は知らない

以上

번역 의제 D에 대한 한국 측 설명

표1에 대하여

1. 시와우오호: 미군정청 수산책임자 H. W. GOODRICH 씨가 1947년 5월 10일

금 417,954엔 40전으로 수산국에 양도하고 동년 7월 1일 농림부 군정 고문 MATOR C. H. TATUM 씨와 농림부장 이운주 씨 사이에 이것을 추가 확인하여 서명을 하였으며 현재는 그 양도 조건에 따라 부산 수산대학에서 사용 중이다.

2. 제7교와호: 미군정 당시의 일은 그 실체를 전혀 알 수 없다.

3. 제2텐요호: 1952년 1월 5일 동 선박은 유엔군에게 38도선 부근에서 나포되어 현재 억류 중이라는 말만 들었지 그 이후의 사실은 전혀 모른다.

4. 구미호: 미군정 당시의 일로 그 사실에 대해서는 전혀 알지 못한다.

5. 제1헤와호

6. 제2헤와호: 도쿄 지요다구 간다나카마치 1-1번지 김정훈이 종전 후 재산 반입의 방법으로 후쿠오카시 하마니시마치 1초메 19번지 평화수산주식회사 시카노 기지로(鹿野喜次郎) 사장에게 1948년 8월 26일 이 배를 담보로 200만 엔을 빌려주었으며 동년 8월 28일 계약금 100만 엔을 건네고 매매 계약을 체결하였다고 한다. 매매계약서, 차용증서, 영수증, 인감증명 기타 근거 서류를 가지고 김정훈이 자신의 배라고 주장하고 있어 이 배가 일본인 소유라는 것이 논란이 되고 있다. 현재 한국 해군이 소유하고 있다.

7. 제1하야시마호: UN군이 장악한 후 UN군의 명령에 따라 현재 한국 해군이 보관 중이나 그 외의 사실은 전혀 알지 못한다.

8. 제15금비라호: 1951년 3월 18일 한국 영해를 침범, 한국 해군에 나포되었으며 1951년 7월 7일 부산지방법원에서 재판에 회부되어 벌금 5만 엔을 부과받고 배와 어구는 몰수되었다.

표2에 대하여

1. 마쓰히사호: 1950년 2월 3일 통영항에 입항하여 밀수입 혐의로 부산검찰청 마산지청에 고발되었다. 한국인 곽진복 등 3명이 일본인 아미모토 기요히라(網本清平) 등 2명과 함께 내항한 것으로, 곽은 일본인을 협박한 사실이 없다고 주장한다. 곽 씨는 5월 3일 석방되었으며 동 선박을 구입했다고 주장하고 있으나 구입 증거가 확실하지

않아 일본 외무성에 그 사실을 조회하여 답변을 기다리며 처리할 예정이다.

2. 미시마호: 1954년 12월 8일 북위 36도 30분 동경 129도 50분에서 어업 중 한국 해군 포항경비부에 의해 나포되었으나 12월 26일 오전 10시에 석방되어 귀환했다. 그 외의 사실 관계는 알 수 없으며, 다른 19척에 대해서는 전혀 알 수 없고 현재 한국 상황에서는 더 이상의 조사가 어렵다.

표3에 대하여

1. 제11일진호: 미 해군은 1948년 3월에 침몰한 배를 폐기한 것으로 김봉춘이 당시 1,800만 엔을 투자하여 인양 수리하여 현재 사용 중이다.

2. 제1지양호: 김복만이 시일미상에 인양하였으나 제2 천양호와 함께 조업 중 38도 부근에서 유엔군에 의해 선주와 함께 격침되었다.

이외에 박호, 제8덕광호, 제13회 금비라호는 인양 불가능하며 그 후의 사실은 알 수 없다.

이상

68. 한일 선박 문제의 연원 등에 관한 내용이 담긴 문서

[1은 없음.]

0516 2. 일본 항복 당시의 한일 간 선박 실정

일본이 전쟁 말기에 연합군의 폭격과 잠수정으로 말미암아 중국 대륙과 일본과의 해상 수송이 전연 두절되자 수송 화물 전부를 한국 철도에 의하여 부산으로 내려 부산, 시모노세키(下關) 간은 수송선에 군함을 호위시켜 철재, 식량, 기타 전쟁 물자를 수송하였다. 연이나 1945년 7월 말부터는 부산, 시모노세키 간 해상도 막히게 되어 부산항에서 일본 가는 화물을 적재할 대형 기선이 30여 척 대기하고 있었다. 그러다가 8월 15일 일본이 항복하여 전쟁이 중지되자 일본 육군이 부산항을 봉쇄하여 과거
0517 하역에 종사하던 한국인 노동자는 전부 내쫓고 군인으로서 식량, 기타 중요 물자를 적선하여 연합군의 공중 감시를 피하여 매일 야간에 일본 각지를 탈출하였다.

500톤 미만의 소형 어선은 일본 관리 및 각 어선회사의 지배권을 가지고 있는 일본인이 각기 재산을 적재하여 남한 해안에서 야간에 일본으로 탈주하였다.

이상 결과로 8월 15일부터 미군이 진주한 9월 초까지에 한국에 있던 대형 소형의 선박 대부분이 일본으로 탈주하였다.

3. 한국 주둔 미군정청 관재법규(管財法規)

0518 미 육군성의 지시에 의하여 행정한 조선 미군정청 관재령 제10호에 의거하면 조선에서 설립되어 조선에 본사를 둔 법인은 조선의 법인으로서 기 재산은 조선에 귀속되는 재산이 되고 단지 그 법인에 일본인이 소유한 주권만이 적산으로 규정되어 차 주식은 미군정청 소유로 되어있다.

고로 이 법령에 의하여 조선우선회사(朝鮮郵船會社)는 그 주식 174,453주로(58%) 과거 일본인 및 일본 법인의 소유였으므로 이것이 미군정청 소유로 되어있고 조선우선회사 소유 재산이나 어선은 조선의 개인이 소유하고 있는 것과 같은 법률상의 효력

을 가지고 있다.

4. 미 육군성 지시에 대한 견해

0519 1947년 11월, 1948년 2월, 1948년 5월, 3차에 걸친 육군성의 지시와 조선군정청의 의견은 합리적이므로 이를 시인한다.

1948년 7월 및 1948년 10월 육군성의 지시한 내용 중 일부의 불가한 점을 지적한다. 이 지시에는

(1) 조선에 있는 회사로서 일본인 주식이 1할 이상 유한회사를 일본인으로[일본인 소유로] 취급하였는데 이는 미군정 관재령에 위반되는 일이다.

예컨대 그 자본의 8할이 조선인 소유이고 2할이 일본인 소유의, 조선에 있는 선박회사의 선박이 일본의 침략 전쟁에 약탈당하여 일본 수역에 있었다면 종전 후 이것을 일본의 소유로 인정하여 조선인이 손실을 당하여 가할 것인가.

0520 (2) 1945년 8월 9일 내지 8월 15일에 선박의 소재 수역을 가지고 소유를 결정하는 것은 불가한 것이다. 선박의 소유권은 등록항에 있고 선박은 항상 운항하여 이동하는 것이다. 고로 선박은 항만에 정박하는 시간보다 해상을 항해하는 시간이 많은 것이다. 8월 15일 24시간 중에 조선 수역에 있다가 일본 수역으로 이동할 수 있었다.

조선 수역과 일본 수역은 불과 40리밖에 되지 않으나 4시간이면 내왕할 수 있다. 또 선박이 그때 공해에 있었다면 소속 불명하게 되는 것이다.

고로 선박의 등록지가 조선에 있는 것은 조선 선박, 일본에 있는 것은 일본 선박으
0521 로 판정함이 정당하며 조선에 본사를 두고 조선에서 조직된 회사의 선박은 조선 선박으로 취급하고 그 회사에 일본인이 소유한 부분의 주식만으로 일본인 소유로 인정함이 정당하다.

(3) 침략 전쟁으로 패망한 일본을 해방된 조선보다 우대하여 선박을 일본에 귀속하게 하는 근본 정신이 불가하다.

0522 5. 한국에 반환된 5척 선박 문제

선박 반환에 관하여는 해방 이후 선박이 극도로 부족하였던 사정에 의하여 군정 시부터 관계자가 군정 당국에 한국 치적선의 반환을 요구하여 온 결과로 1946년 초에

구 조선우선주식회사 소속선 5척을 한국에 회송하여 한국인이 운영하도록 하였던바 그 당시 한국 측에서는 이를 구 한국 치적선의 반환의 일부로 규정하였으나 SCAP 측에서는 주한 미군정청의 요청에 의한 일시 대여라는 견해를 취하여 군정 말기에 이르러 대여 선박의 반환을 요구하여 온 바 있음.

	반환 선박명	반환 연월일	비고
0523			
	금천호	1945년 12월	대한해운공사 운영 중
	천광호	1946년 2월	대한해운공사 운영 중
	안성호	위와 동일	대한해운공사 운영 중
	평안호		대한해운공사 운영 중
	앵도호		이북 탈취
	함경호	1945년 12월	부산항 내 침몰

이리하여 SCAP 측의 요구에 대하여 한국 정부는 위의 선박의 반환을 거부하는 동시에 한국 치적선의 전부 반환의 요구를 하였던바 그 후 SCAP 측에서는 위의 선박의
0524 반환 조건으로 1945년 8월 9일 이후 한국 수역에 소재한 선박은 그 입증이 될 때에는 이를 한국 선박으로 규정하고 한국에 반환하겠다는 제안을 하여 왔음. 이에 의하여 한일 간 선박 반환 문제를 해결하고자 1949년 5월에 도쿄에서 SCAP 측과 한국 정부 간에 선박 반환에 관한 회담(의사록 별첨)이 개최되었던바 SCAP 측에서는 워싱턴 지시에 의거, 소재 수역에 의한 선박 반환을 주장하는 동시에 위의 6척 중 5척(1척은 그 후에 반환된 것으로, 당시는 5척)의 반려를 고집하고 한국 정부는 군정 법령(관계 조문 별첨 참조)에 의거하여 한국 치적선은 당연히 한국 정부에 인도되어야 한다는 주장을 하였으나 결국 성과를 보지 못하고 합의를 못 본 채 중단되었음.

0525 생각건대 전쟁 중 조선우선회사 선박은 전부 일본 육, 해 등에 징용당하여 전쟁 중 한국, 일본국 또는 기타 지역에 화물 수송을 하고 있었다.

0526 그중 해방 당시 잔재한 것이 11척이 있었는데, 그중 인천과 원산에 각 1척이 있은
0527 외에는 전부 일본으로 탈출하였다. 그중 영강호(榮江丸)는 8월 17일 부산항에서 양곡을 적재하고 일본으로 가다가 일본 해역에서 촉뢰 침몰하였다.

우리는 종전 후 1945년 9월 조선 선박을 반환하여 달라는 별지와 같은 요청서를 조선군정청과 일본에 있는 맥아더 사령부에 제출하였던 결과 1945년 11월 27일부터 1946년 4월 12일 사이에 5척의 선박을 반환받았다.

이 선박은 모두 조선우선회사로서 인천항에 등록되어 있는 조선 선박이며 8월 9일 이후 조선과 일본을 왕래하던 선박으로, 금일에 있어 일본 수역이나 조선 수역을 조사 구별할 수 없는 처지이다.

0528 이 5척 선박의 일본 재탈거의 부당성을 열거하면

(1) 일본인 및 일본 법인의 주식이 일부분에 불과한 조선 회사의 소유 선박이며 기 소유등록권이 조선 인천항에 유한 것.

(2) 미군정청 관재령 제10호에 의하여 조선 재산인 것.

(3) '조선우선회사'와 일본 정부 간의 계약에 의하여 대여한 선박인 것.

(4) 일본 도쿄에 있는 지점은 선박 소유권이나 영업에 대하여는 전연 무관계하고 일본 정부와 화선 관계의 연락 기관에 불과하였던 것.

(5) 1945년 8월 9일 현재 선박 소재의 일본 수역과 조선 수역 공해의 구별 조사가 불능한 것.

0529 당시 조선, 일본 간 물자 수송에 종사하고 있었으나 선박 동정은 일체 군비에 부쳐 조선인이 절대 부지한 것.

(6) 스캅[SCAP]과 조선 미군정청이 조선 선박이라고 인정하고 이미 반환하여 4년이 지나간 금일에 다시 일본으로 재탈거한다면 조선의 스캅[SCAP]에 대한 감정의 악화와 일본에 대한 과도한 동정이 표시되는 것.

(7) 5척 선박은 현재 행정권 이양으로 대한민국 선박으로 등록되어 있으므로 일본에 반환이 실지 불가능한 것.

(8) 5척 어선은 '조선우선회사'가 가진 재'조선 선박'의 전부이므로 만약 이를 상실한다면 조선의 주주가 전연 손해를 당하는 것.

0530 (9) 조선우선회사는 1912년 정부의 명령으로 창립되었고 정부 명령 항로를 경영하고 매년 막대한 보조금(창립기부터 전쟁 직전까지 정부 보조금은 총액 1,900만 엔)을 받아 조선 해운을 전담한 정부 대행 기관인 것.

(10) 1945년 11월 6일 당시의 '조선우선회사' 일본인 대표자(법적 대표자)로부터 조선 미군정청에 인계한 선박 목록 중에 이 5척과 아직 일본에 잔존하고 있는 평안호(平安丸), 회령호(會寧丸), 부여호(扶餘丸)가 포함되어 있는 것.

(11) 선박은 법률상 육상에 있는 공장과 동일한 것이다. 일본인의 주주가 시킨 조선회사의 공장을 일본으로 이거(移去)하지 못하는 것과 동일한 것이다.

(12) 아직 일본에 있는 회령호, 평안호의 반환을 요구하였더니 1947년 2월 스캅
0531 [SCAP]으로부터 일본의 복원 수송으로 금후 6개월만 더 일본에 사용을 허가하였으니 1947년 8월 말에는 반환하여 주겠다고 통지가 있었다.

이상 설명한 바와 같이 재일본 조선 선박 문제가 최초 1945년 11월 금천호(金泉丸)를 조선으로 반환함에서 시작하여 그 후 1947년 11월, 1948년 2월, 1948년 3월, 1948년 5월의 육군성 및 스캅[SCAP] 조선군정청 간에 정당한 협의가 계속되어 이 문제가 해결되게 되었는데 1948년 7월 및 1948년 10월에 스캅[SCAP]의 요청으로 추가 결정한 5척 선박의 일본 반환 문제는 이제까지의 이론과 관재령에 정반대되는 불합리한 결정이다.

0532 이는 1945년 11월 6일에 조선우선주식회사 전 재산(도쿄 지점 포함)을 미군정청에 정식 인도하고 일본으로 귀환한 조선우선주식회사 전 사장 히로세(廣瀨) 이하 중역들이 불법하게도 폐쇄 동결된 도쿄 지점의 명칭을 이용하여 차 선박의 일본 탈거를 획책하고 스캅[SCAP]에 교섭한 결과라고 볼 수 있다. 이 결정대로 하면 실지에 있어서 조선에 있는 전 선박은 일본인의 모략으로 일본에 탈거하게 되어 독립 조선의 국민은 일본에 대한 감정이 극도로 악화할 것이며 미 육군성과 스캅[SCAP]의 부정당한 처사에 대하여 심한 불평과 비난을 하게 될 것이다. 이뿐 아니라 미국이 대한의 경제 건설과 민생을 위하여 ECA 원조를 하고 있는데 차 선박을 일본으로 반환하면 조선의 해상 수
0533 송은 중지되어 미국의 대한 경제 원조 계획에 중대한 악영향 내지 파탄을 일으킬 것이다. 일본은 다수한 선박을 보유하고 있고 신조도 할 수 있으나 대한은 신조도 불가능하고 보유 선박의 전체를 상실하게 되니 조선 경제를 원조하는 정치적 견지에서라도 이 선박의 반환은 불가한 것이다. 결론으로서 주장할 것은 조선에 선적을 둔 선박으로서 전쟁 중 일본 정부가 징용하였던 선박 또는 화물 수송차가 일본에 기항하였다. 종

전을 만나 귀래치 못한 선박 및 1945년 8월 9일 이후 일본으로 불법 도거한 선박은 전부 조선에 반환하여 이 문제를 해결하고 조선 내 선박회사에 일본인이 소지하였던 주식은 관재령 제10호에 의하여 처리함이 정당함을 강조하는 바이다.

0534 6. 선박 반환 문제에 관한 SCAP의 정책 변경

대일강화조약을 전후하여 SCAP에서는 본국 정부로부터 새로운 지시를 받은바 (사본을 입수 시까지에는 종전에 주장하던 소재수역주의를 주장하지 않고 한국 치적선
0535 의 반환을 SCAP 제2168호로써 일본 정부에 지시하는 한편, 수역에 의한 선박의 반환은 이를 한일 양 정부 간 교섭에 일임한다는 통고를 하는 한편, SCAP은 1951년 9월 14일부 서한 속에서

(1) 재일 한적선은 한국에 반환키로 결정되었으므로 동일 일자로부터 60일 이내에
0536 일본 외무성과 접수를 위한 교섭을 재개할 것

(2) 1945년 8월 9일 또는 그 이후에 한국 영역에 소재하였던 일본 및 일본인의 선박에 대한 청구는 적당한 시일에 일본 정부에 직접 제기할 것을 대한민국 정부에 통보하여 왔다.

0537 전기 한일 간 선박 반환에 관한 6월 10일 자 SCAP 서한 중 한국선□적선박의 정의가 그 범위는 여좌하다.

(1) 한국에 등록된 구 조선총독부 소유 선박.

(2) 한국에 등록된 구 조선총독부 각도 소유 선박.

(3) 한국에 등록된 구 조선총독부 관공서 소유 선박.

(4) 한국에 등록된 한인 운영 단체 소유 선박. 단 1945년 8월 9일 현재 일본인 이익이 없는 것.

0538 (5) 전기 등록된 4항목 이외에 한국의 상선회사 소유 선박. 단 □회사에는 1945년 8월 9일 현재 일본인 이익이 없음.

(6) 한국에 등록된 한인 개인 소유 선박.

(7) 한국에 본사를 두고 지사를 일본에 둔 회사 소유 선박(일본인 이권의 정도).

(8) 한국인 운영 단체 직접 소유 선박(일본인 이권 정도).

(9) 8항목 이외의 한국인 상선회사 직접 소유 선박(일본인 이권의 정도).

(10) 일본에 본사를 두고 한국에 지사를 둔 회사 소유 선박.

0539 단 그 회사의 한인 이권(8월 9일 현재)이 다소를 불문하고 존재함.

(11) 한국에 등록된 1945년 8월 9일 또는 이후 한국 수역에 운행되었다고 입증할 수 있는 선박.

이로 미루어 한국 정부로서는 선박 반환을 2개의 항목으로 구분하되 제1항에 속하
0540 는 선박에 의한 반환은 종전의 주장과 SCAP의 신지시에 기하여 이를 추진하는 동시에 제2항에 속하는 소재 수역에 의한 반환을 SCAP을 상대로 적극 추진함이 긴요함.

0541 7. 신지시를 접수한 이후의 일본 정부의 동향과 제 공작

전술한 바 있는 SCAP의 신지시는 종전에 SCAP이 일본을 옹호하여 오던 제 방침을 근본적으로 변경한 조치로, 일본 정부를 크게 당황케 하였을 뿐만 아니라 일본 해운업자로 하여금 크게 실망케 하였으며 또한 본 조치가 평화조약 후에 대두되는 일본의 배상에 대한 일종의 이형적인 선례가 된다는 견해와 동시에 SCAP 측의 명령적 의무로 간주하고 이에 대한 대책에 부심하였으나 결국 SCAP의 정책에는 아무런 변(變)이 없었음.

0542 일본 정부로서는 종전에 SCAP과의 회의 내지 공동 보조로써 일본 정부의 허가 없이 자의로 일본에 회항한 것은 선박 소유자의 불법 처사인 고로 일본 정부로서는 동 소유자에 대하여 보상의 의무 없이 동 선박의 반환을 명할 수 있다는 교묘한 방법을 취할 수 있는 고로 일본으로서는 한국 정부와 선박의 소재 수역에 기준한 반환을 절충할 의향인 것같이 보였음.

예언(例言)하면 일본 정부에서는 패전 후 극소하였던 잔여 선박 중에서도 가장 우수하였던 '스미레호(スミレ丸)'라는 약 7,000톤급의 우수 화객선을 1945년 8월 9일 이후에 우연히 '보르네오' 수역에 소재하였다는 이유로 일본 정부는 선주인 관서기선회사
0543 에 명하여 보상 없이 이를 '보르네오'에 반환하도록 한 예도 있는바 일본 정부로서는 한국에 선박 반환이 부득이할 경우에는 상기와 여한 각도에서 급속히 처결함이 좋다는 견해가 대두되었던 것으로 생각됨.

재일한인의 법적지위위원회 회의록 1~22차, 1958.5.19~1959.11.2

분류번호 : 723.1JA 법 1958-59 1~24차
등록번호 : 107
생산과 : 아주과
생산연도 : 1959
필름번호 : C1-0003
프레임번호 : 0846~1110

1958년 5월 19일~1959년 11월 2일, 총 22차에 걸쳐 진행된 제4차 한일회담 재일한인 법적지위위원회 회의 기록, 관련 훈령 등이 담겨있다. 청구권 문제(문화재 반환, 선박 문제 등 포함)에 관한 토의와 달리 일본 측은 이 회의에 적극적으로 임하는 모습을 보였다. 제2차 회의에서 일본 측 대표는 법적 지위 문제를 풀어갈 세 가지 원칙을 제기한다(국내 문제 불개입, 사법권 존중, 재일한인의 역사적 배경 고려 등). 이에 대해 한국 측은 준비한 답변과 함께 1957년 12월 31일 합의에 기초해 작성한 어젠다를 제시한다(1. 한국 주민들의 지위와 처우 2. 추방자 인정에 대한 협의). 4차 회의부터 재일한인 강제퇴거(추방) 문제에서 양측 간 이견이 발생했으며, 이는 이후 논의의 초점이 되었다. 6차 회의에서 재일한인의 북한 송환 문제가 대두되며, 7차 회의는 석 달 만에 개최되었다. 9차 회의에서 한국 측은 재일한인 문제와 관련한 협정문 제안서를 일 측에 제시하였다. 15차 회의에서 일 측은 이에 대한 입장을 제시한다. 16~22차 회의에서는 한국 측이 제시한 협정문 초안에 대한 양측 협의가 이루어졌다. 22차 회의 종료 후 양측은 차기 일정을 잡지 못했으며, 이후 이승만 정권 붕괴로 회의는 중단되었다.

2. 제4차 한일회담 법적지위위원회 제1차 회의 요록

0853

Tokyo, May 19, 1958

THE GIST OF TALKS
1ST SESSION
THE MEETING OF THE COMMITTEE ON LEGAL STATUS OF KOREAN RESIDENTS IN JAPAN

1. Time and place:

From 3:30 p.m. to 5:40 p.m. on May 19, 1958 at Room 411, Ministry of Foreign Affairs, Japanese Government

2. Conferees:

The Korean side: Mr. LEE, Ho
Mr. CHOI, Kyu Hah
Mr. EA, Chai Hang
Mr. PARK, Young
Mr. CHIN, Pil Shik
Mr. OHM, Young Dal
Mr. LIMB, To Kyong
Mr. LEE, Won Ho
Mr. ROH, Jai Won

The Japanese side: Mr. Yasusuke Katsuno
Mr. Kenta HIRAGA
Mr. Shinzo HASEGAWA

Mr. Minoru IMAI

Mr. Kyoichi MIYAGI

Mr. Toshimichl KAJIKI

Mr. Kiyoshi SUGANUMA

Mr. Minao TSUCHIYA

Mr. Toshijiro NAKAJIMA

Mr. Ken IKEBE

MR. KATSUNO: It came to my attention that Minister Yiu, Chief member of the Korean side of this committee, is not present here today.

MR. CHOI: Minister Yiu, Chief Member of the Korean side of this Committee, visited Seoul on official business. During his absence, I have the honour to serve as acting chief member of the Korean side of this committee. I would like to notify you to this effect. Do you have any idea as to how to proceed this committee meeting?

MR. KATSUNO: I am afraid not. May I introduce the members of the Japanese Delegation of this committee to the Korean side? I replace Mr. Iseki, the former head of Japanese Delegation of this committee. As I took over this business only a few days ago, I am studying the issues now.

(Here, Mr. Katsuno introduced the members of the Japanese Delegation to the Korean side. And, Mr. Choi introduced the members of the Korean Delegation to the Japanese side.)

MR. KATSUNO: Do you have any suggestion as to how to proceed this
0854 committee meeting? When does Minister Yiu come back from Seoul?

MR. CHOI: I think he will return to Tokyo within a few days.

MR. KATSUNO: Will Minister Yiu attend this meeting when he returns to Japan?

MR. CHOI: Yes, he will.

MR. CHOI: Do you have any particular thing to say about how to proceed this committee meeting?

MR. KATSUNO: I don't think I have.

MR. CHOI: I think that the Japanese side is very busy as the 3rd Asian Games are drawing near, and coming Thursday (May 22) is a Japanese holiday because of election. Since your Delegation has nothing particular to say this afternoon, how about setting the date for next meeting? We have already exchange the lists of members of delegations of both sides, and introduced members of both sides. I would like to propose that the second meeting of this committee would be. held an May 26 (Monday), 1958.

MR. KATSUNO: I wonder if Minister Yiu comes back by that time.

MR. CHOI: Yes, I think so.

MR. KATSUNO: How about holding the second meeting in the morning of May 26, 1958?

MR. CHOI: How about setting the time at 10:30 a.m. tentatively on May 26, 1958? As soon as our side fixes the time a definitely, we will inform you.

MR. KATSUNO: No objection.

MR. KATSUNO: I think we have nothing to release to the press concerning the today's meeting.

0855 MR. CHOI: Do you have any idea about the press release?

MR. KATSUNO: How about releasing to the press that both sides introduced the members of their delegations and that the second meeting will be held on May 26, 1958?

MR. CHOI: No objection.

Here, the meeting was adjourned at 3:40 p.m. on May 19, 1958.

－The end－

번역

1958년 5월 19일, 도쿄

재일한인 법적지위위원회 1차 회의 요록

1. 일시 및 장소

1958년 5월 19일, 오후 3시 30분~5시 40분, 일본 외무성 411호

2. 참석자

한국 측: 이호, 최규하, 이재항, 박영, 진필식, 엄영달, 임도경, 이원호, 노재원

일본 측: 가쓰노 야스스케, 히라가 겐타, 하세가와 신조, 이마이 미노루, 미야기 교이치, 가지키 도시미치, 스가누마 기요시, 쓰치야 미나오, 나카지마 도시지로, 이케베 겐

가쓰노: 한국 측 수석위원인 유 공사가 오늘 회의에 참석하지 않은 것 같다.

최: 본 위원회의 한국 측 수석위원인 유 공사가 공무로 서울에 갔다. 유 공사가 복귀할 때까지 내가 본 위원회에서 한국 측 수석위원 대행을 맡게 되었다. 진행 방식에 대한 의견 있는가?

가쓰노: 없다. 일본대표단을 한국 측에 소개하고 싶다. 본 위원회의 전 일본 수석위원이었던 이세키의 자리를 내가 대신하게 되었다. 임명된 지 며칠 지나지 않았고 지금 위원회의 주제를 검토 중이다(가쓰노는 일본대표단을 한국 측에 소개했고, 최 참사관이 한국대표단을 일본 측에 소개했다).

가쓰노: 본 위원회 회의 진행 방식에 대한 의견 있나? 그리고 유 공사는 서울에서 언제 돌아오나?

최: 며칠 내에 도쿄에 복귀할 것 같다.

가쓰노: 유 공사가 일본에 돌아오면 이 회의에 참석할 예정인가?

최: 그렇다.

최: 회의 진행 방식에 대한 의견 있나?

가쓰노: 없는 것 같다.

최: 제3회 아시안게임이 가까워지고 선거로 인해 돌아오는 목요일(5월 22일)이 공휴일이라 일본 측이 매우 바쁠 것이라고 생각한다. 오늘 회의에서 일본 측이 특별히 발언하고 싶은 내용이 없다면 다음 회의 일정을 정하는 게 어떤가? 이미 양측 위원 명단은 교환했고 소개도 마쳤다. 2차 회의는 1958년 5월 26일(월요일)에 개최하자고 제안하고 싶다.

가쓰노: 그 전에 유 공사가 복귀하는지 궁금하다.

최: 그럴 것 같다.

가쓰노: 1958년 5월 26일 오전 괜찮은가?

최: 1958년 5월 26일 오전 10시 30분으로 잠정적으로 정해놓고, 확실히 시간이 정해지면 바로 통보하겠다.

가쓰노: 이의 없다.

가쓰노: 오늘 회의에 대해서는 언론에 전달할 내용이 없는 것 같다.

최: 보도 자료에 대한 의견 있는가?

가쓰노: 양측이 대표단을 소개하고 2차 회의를 1958년 5월 26일에 개최하기로 결정했다고 하는 것이 어떤가?

최: 이의 없다.

1958년 5월 19일 오후 3시 40분에 회의가 종료되었다.

끝

4. 제4차 한일회담 법적지위위원회 의제 관련 본부 지시 전문

0858 NO. FT-66

DATE 05311100

May 30, 1958

SENT TO. AMBASSADOR BEN C LIMB

COPY TO. MINISTER YIU

RE YOUR REPORT NUMBER EIGHT CONCERNING THE PROCEEDING OF COMMITTEE ON LEGAL STATUS OF KOREAN RESIDENTS IN JAPAN PD

ITEM ONE ACCORDING TO YOUR REPORT CMA DELEGATION PROPOSED TO CONFIRM THAT TWO SUB-AGENDA ITEMS BE DISCUSSED AND SETTLED CMA AND THE FIRST ITEM INCLUDED SUBITEMS A CMA B CMA AND C PD YOUR QUESTION IS WHICH ITEMS OR SUBITEMS ARE TO BE GIVEN PRIORITY IN ACTUAL DISCUSSION PD HOWEVER CMA YOU ARE ADVISED THAT QUOTE ARRANGEMENTS FOR THE ACCEPTANCE OF DEPORTEES UNQUOTE IS NOT A SEPARATE AGENDA ITEM INDEPENDENT OF ONES STIPULATED IN ARTICLE THREE OF THE AGREED MINUTES CMA BUT IT IS LOGICALLY INCLUDED INTO ITEM ONE PARAGRAPH A CMA NAMELY QUOTE STATUS OF KOREAN RESIDENTS IN JAPAN UNQUOTE PD FURTHERMORE CMA QUOTE PROBLEM OF DEPORTATION OF ILLEGAL ENTRANTS UNQUOTE IS NOT DIRECTLY RELATED TO QUOTE
0859 ARRANGEMENTS FOR THE ACCEPTANCE OF DEPORTEES UNQUOTE PD
FOR THIS REASON CMA THEORETICALLY SPEAKING CMA SUBAGENDA

ITEMS TO BE DEALT WITH AT THIS COMMITTEE ARE THOSE WHICH ARE PROVIDED FOR IN ARTICLE THREE AND TWO OF THE AGREED MINUTES PD SINCE YOU HAVE BEEN INSTRUCTED TO DISCUSS FIRST QUOTE ARRANGEMENTS FOR DOT DOT DOT UNQUOTE CMA THERE IS NO IS QUESTION OF AGENDA PRIORITY AT THIS TINE PD AS FOR ARTICLE TWO OF THE AGREED MINUTES CMA IT IS NOT CONSIDERED APPROPRIATE FOR DELEGATION TO TAKE UP THE QUESTION AT THIS STAGE PD

ITEM TWO YOU REPORTED THAT QUOTE JUDGING FROM THE JAPANESE REMARKS CMA DOT DOT DOT IN ITS FAVOR UNQUOTE PD GOVERNMENT WISHES TO KNOW IN THE FIRST PLACE WHICH PART OF THE JOINT DRAFT OF FIFTY TWO IS NOT IN ITS FAVOR PD IMMEDIATELY SOUND OUT JAPANESE INTENTIONS IN THIS REGARD AND REPORT WITHOUT DELAY FOR GOVERNMENT CONSIDERATION PD

FOREIGN MINISTER

번역 번호: FT-66

일자: 05311100[1958. 5. 31]

1958년 5월 30일

수신인: 임병직 대사
사본: 유 공사

재일한인의 법적지위위원회 진행에 관한 8번 보고서에 대한 내용입니다.

1. 보고서에 따르면 논의 및 해결할 두 가지 안건을 확정하자고 제안했고, 첫 번째

안건에 하위 안건 a, b, c가 포함되어 있다고 했습니다. 이중 실제 논의 과정에서 어떠한 안건이나 하위 안건에 우선순위를 두느냐고 질문했는데, '추방자 수락을 위한 협의'는 합의의사록 제3조에 명시되어 있는 별도의 독립적인 안건 중 하나가 아니고 1(a) '재일한인의 지위'에 논리상 포함되어 있는 사안입니다. 또한 '불법 입국자 추방 문제'는 '추방자 수락을 위한 협의'와 직접적인 관련이 없습니다. 따라서 이론적으로 말하면 법적지위위원회에서 다룰 하위 안건은 합의의사록 제2조와 제3조에 명시되어 있는 사안들입니다. 먼저 '…를 위한 협의'에 대해 논의하라고 지시받았으니 현재로서는 의제의 우선순위가 확실합니다. 합의의사록 제2조의 경우 대표단이 지금 단계에서 거론하기에 적합한 주제가 아니라고 사료됩니다.

2. "일본의 발언을 바탕으로 판단하건대… 자신들에게 유리하지 않다"라고 했는데 정부는 일단 1952년 공동 협정 초안의 어떠한 부분이 일본에 유리하지 않은지 알고 싶습니다. 이 부분에 대한 일본의 의도를 즉시 파악하고 정부가 검토할 수 있도록 지체 없이 보고하기 바랍니다.

외무부 장관

5. 본부 훈령을 보완하는 내용의 전문

0860 NO. FT-072

DATE. 06111130

June 11, 1958

SENT TO. AMBASSADOR BEN C LIMB KORDIPSION

COPIES TO. AMB KIM AND MIN YIU

BY CABLE FT-66 DATED MAY THIRTIETH FIFTYEIGHT CMA THE DELEGATION WAS INSTRUCTED TO SOUND OUT JAPANESE INTENTIONS AS TO WHICH PART OF THE SO CALLED JOINT DRAFT OF FIFTYTWO CONCERNING LEGAL STATUS OF KOREAN RESIDENTS IN JAPAN IS NOT IN JAPANS FAVOR PD THE MINISTRY STILL EXPECTS DELEGATIONS REPORT IN THIS REGARD PD IF YOU DID NOT YET DO SO CMA IMMEDIATELY APPROACH THE JAPANESE SIDE FORMALLY OR INFORMALLY PD THIS IS VERY IMPORTANT FOR US TO CONDUCT FUTURE NEGOTIATION ON THIS ISSUE PD

FOREIGN MINISTER

번역 번호: FT-072

일자: 06111130[1958. 6. 11]

수신자: 임병직 대사
사본: 김 대사, 유 공사

1958년 5월 30일 자 전보 FT-66를 통해 1952년의 소위 협정 초안의 어떠한 부분이 재일한인의 법적 지위와 관련하여 일본에 유리하지 않다는 것인지에 대해 일본의 의도를 파악하라고 지시했습니다. 외무부는 아직 이 부분에 대한 대표단의 보고를 기다리고 있으며, 아직 실행에 옮기지 않았다면 즉시 일본 측에 공식적으로 또는 비공식적으로 접촉하십시오. 재일한인 문제에 대한 앞으로의 협상에 매우 중요한 지점입니다.

외무부 장관

7. 제4차 한일회담 법적지위위원회 제2차 회의 요록

0863 Tokyo, May 28, 1958

THE GIST OF TALKS
2ND SESSION
THE MEETING OF THE COMMITTEE ON LEGAL STATUS OF KOREAN RESIDENTS IN JAPAN

1. Time and Place:

From 3:30 p.m. to 4:15 p.m. on Monday, May 26, 1958 in Room 411 of the Japanese Foreign Ministry

2. Conferees:

Korean side: Mr. Tai Ha Yiu (Chief Member)
Mr. Ho Lee
Mr. Kyu Hah Choi
Mr. Chai Hang Ea
Mr. Pil Shik Chin
Mr. Young Park
Mr. Ki Bong Han
Mr. To Kyong Limb
Mr. Won Ho Lee
Mr. Young Dal Ohm
Mr. Jai Won Roh

Japanese side: Mr. Yasusuke Katsuno
Mr. Kenta Hiraga
Mr. Shinzo Hasegawa
Mr. Minoru Imai
Mr. Kyoichi Miyagi
Mr. Toshimichi Kajiki
Mr. Kiyoshi Suganuma
Mr. Minao Tsuchiya
Mr. Tashijiro Nakajima
Mr. Ken Ikebe

MR. KATSUNO: What language shall we speak?

MR. YIU: Each side will use its mother tongue.

MR. KATSUNO: All right. Then, may I greet you by saying some words? I am not so well versed in this matter as Director Iseki, and so far as I am concerned, it is the first experience. Further the Minister for Justice has failed in the general election, and a new Minister for Justice may be appointed. Therefore, pending the decision on this appointment, there may arise some matters on which we may not be able to obtain instant decision of the Japanese Government.

0864 For my own part, I earnestly wish to bring the problem to a settlement, and I believe the Korean side is also of the same opinion. There have already been numerous discussions on this problem, I hear. In regard to discussion on this matter, the Japanese side would like to set forth the following three principles: Firstly, since we are both independent countries, both sides will not interfere with the other country's internal affairs in accordance with well-established international practice.

Secondly, each country should respect the other country's jurisdiction.

Thirdly, we will take into consideration the historical background of the

Koreans in Japan. In other words, we have to consider the fact that Korean residents in Japan are conducting important roles in Japan.

We have to discuss the matter closely taking these things into our consideration, I think.

MR. YIU: Though it is true that the Korean residents in Japan are aliens to Japan, I hope that we will settle the problem smoothly and satisfactorily, taking into our deep consideration the special background of the Korean residents in Japan.

Do you have in your mind anything to propose?

MR. KATSUNO: I understand that this problem has been discussed considerably in the past. With reference to the draft agreement on this problem prepared in the previous conference in 1952, there has not been a concrete agreement, and on some difficult questions the opinions were very ambiguous.
0865 Therefore, at this time, I think we had better to tackle the problem item by item putting each item on our agenda, thus giving a concrete solution to the each item. how do you think about this?

The definition of the Korean residents would be the Koreans who have been living in Japan since prior to the end of the World war II. Koreans in Japan are mostly coming under this category, I understand. So, we will discuss first the problems concerning these Koreans and next other minor matters relevant to this problem. What do you think about it?

MR. YIU: I understood you very well, But yet, wouldn't it be better that we start to work on our business after we decide concrete agenda? I would like to propose as follows: We think it the most effective way of proceeding to discuss and settle the problems, item by item, which were adopted to be taken up at this Committee in accordance with the terms agreed upon at the conclusion of Korea-Japan Preliminary Talks on December 31, 1957. We hope the Japanese side will agree to our opinion.

"The items are:

1. Status and treatment of the Korean residents

a) Status of the Korean residents in Japan

b) Property rights acquired by Korean residents

c) Property to be taken by the repatriating Koreans

2. Agreements(Arrangements) for the acceptance deportees. And the problem on the deportation of illegal entrants will be also included."

MR. KATSUNO: Thank you for your concrete proposal. As regards your proposal, please let our side study and make an answer at the next meeting.

0866 MR. YIU: The proposal is made in accordance with the agreement reached on December 31 last year, and the contents of the proposal is nothing new since it is based on the agreed minutes and other documents signed on December 31 last year.

MR. KATSUNO: I don't think we have the minute at hand. (To a member of his side) Do we have? Was it last year?

MR. YIU: Do you have any objection with regard to the earlier decision to discuss these matters?

MR. KATSUNO: No, but how would it be to discuss the matter at next meeting?

MR. YIU: Though my proposal was only to confirm the agenda items as agreed at the conclusion of the Preliminary talks on December 31, 1957, as it seems that it is not long since you assumed the study on the matter, I would have no objection to discussing this matter at next meeting.

MR. KATSUNO: As regards the next meeting, when shall we hold next meeting?

MR. YIU: How about Monday, June 2?

MR. KATSUNO: All right.

MR. YIU: How about the time?

MR. KATSUNO: At your side's convenience.

0867 MR. YIU: Now about 10:30 a.m.?

MR. KATSUNO: All right.

MR. KATSUNO: What shall we do about the press release?

MR. YIU: If you like to make a detailed report, you may as well…

MR. KATSUNO: Shall we make an abstract one?

MR. YIU: We don't have any particular objection to it.

MR. KATSUNO: How about reporting to the effect that we discussed on how to proceed the meeting?

MR. YIU: No objection.

MR. KATSUNO: Only about how to proceed the meeting. Is that right?

MR. YIU: We will do the same way.

MR. KATSUNO: Shall we add that we decided to open the next meeting on June 2?

MR. YIU: All right.

-THE END-

번역

1958년 5월 28일, 도쿄

재일한인 법적지위위원회 2차 회의 요록

1. 일시 및 장소

1958년 5월 26일 월요일, 오후 3시 30분~4시 15분, 일본 외무성 411호

2. 참석자

한국 측: 유태하(수석위원), 이호, 최규하, 이재항, 진필식, 박영, 한기봉, 임도경,

이원호, 엄영달, 노재원

일본 측: 가쓰노 야스스케, 히라가 겐타, 하세가와 신조, 이마이 미노루, 미야기 교이치, 가지키 도시미치, 스가누마 기요시, 쓰치야 미나오, 나카지마 도시지로, 이케베 겐

가쓰노: 어떠한 언어로 진행할 것인가?

유: 각 측 모국어로 발언할 것이다.

가쓰노: 좋다. 인사말 몇 마디 하겠다. 나는 이세키 국장만큼 이 문제에 정통하지는 않으며 이렇게 담당하는 것이 이번이 처음이다. 또한 법무상이 총선에서 낙선하여 신임 법무상이 임명될 예정이고 임명될 때까지 일부 문제에 대해서는 일본 정부가 즉각적으로 결정을 내리기가 불가능할 수도 있다.

진심으로 문제가 해결되기를 바라고 한국도 같은 입장이라고 생각한다. 이 문제에 대해 수많은 논의가 있었다고 들었다. 이 문제를 논의함에 있어서 일본 측은 다음과 같은 세 가지 원칙을 제시하고 싶다.

첫째, 양국 모두 독립적인 국가이므로 양측은 국제 관행에 따라 상대 국가의 내정에 간섭하지 않는다.

둘째, 상대 국가의 관할권을 존중한다.

셋째, 재일한인의 역사적 배경을 고려한다. 다시 말해, 재일한인이 일본에서 중요한 역할을 하고 있음을 고려한다.

이러한 내용을 고려하여 철저히 논의해야 한다고 생각한다.

유: 재일한인들이 일본에서 외국인인 것은 사실이지만 재일한인의 특수한 배경을 심도 있게 고려하여 원만하고 만족스럽게 문제를 해결할 수 있기를 바란다.

제안하고 싶은 사항 있는가?

가쓰노: 과거에도 이 문제에 대해 상당히 많이 논의한 것으로 안다. 1952년 한일회담에서 작성한 재일한인 문제에 대한 협정 초안과 관련하여, 구체적인 합의가 이루어지지 않았고 일부 까다로운 문제에 있어서 의견이 매우 모호했다. 따라서 이번에는 각 사안을 의제에 포함시켜 사안별로 해결함으로써 각각의 문제에 구체적인 해결책을 도출해야 한다고 생각한다. 어떻게 생각하나?

재일한인은 제2차세계대전 종전 이전부터 일본에 거주해 온 한인으로 정의해야 하고, 현재 일본에 거주하는 한인들은 대부분이 이러한 정의에 해당하는 것으로 알고 있다. 따라서 먼저 이러한 한인들과 관련한 문제를 논의하고 이 문제와 관련 있는 다른 작은 문제들을 논의하는 게 어떤가?

유: 아주 잘 이해했다. 하지만 구체적인 의제를 결정하고 논의를 시작하는 것이 낫지 않겠는가? 이렇게 제안하고 싶다.

"재일한인 문제를 논의하고 해결하는 가장 효과적인 방법은 1957년 12월 31일 한일 예비교섭이 타결되면서 합의한 조건에 따라 본 위원회에서 논의하기로 채택한 각 안건을 하나씩 다루는 것이다. 일본 측이 우리 의견에 동의해 주기를 바란다."

"1. 재일한인의 지위와 처우

a) 재일한인의 지위

b) 재일한인이 취득한 재산권

c) 송환 대상 한인이 반출할 재산

2. 추방자 수락을 위한 협의. 그리고 불법 입국자 추방 문제도 포함될 것이다."

가쓰노: 구체적으로 제안해 주어 고맙다. 제안한 내용에 대해 검토해 보고 다음 회의에서 답변하고 싶다.

유: 작년 12월 31일에 도출한 합의에 따라 제안했고, 작년 12월 31일에 서명한 합의의사록과 기타 문서를 바탕으로 하므로 새로운 내용은 전혀 없다.

가쓰노: 합의의사록을 지금 가지고 있지 않은 것 같은데, (옆 위원에게) 가지고 있는가? 작년 것인가?

유: 이 문제들을 논의하는 데 있어서 기존에 결정한 사항에 이의가 있는가?

가쓰노: 아니다. 하지만 다음 회의에서 논의하는 게 어떤가?

유: 내 제안은 1957년 12월 31일에 예비교섭을 타결하며 합의한 의제 안건을 확인하는 것뿐이었는데, (일본 수석위원이) 이 문제에 대해 검토한 지 얼마 되지 않았으니 다음 회의에서 논의하자는 의견에 이의를 제기하지 않겠다.

가쓰노: 다음 회의는 언제 개최하면 좋겠는가?

유: 6월 2일 월요일 어떤가?

가쓰노: 좋다.

유: 시간은?

가쓰노: 한국 측이 편한 시간에 하자.

유: 오전 10시 30분 어떤가?

가쓰노: 좋다.

가쓰노: 보도 자료는 어떻게 하면 좋겠나?

유: 상세히 작성하고 싶다면, 그렇게 해도….

가쓰노: 개략적으로 작성해도 되나?

유: 특별히 이의는 없다.

가쓰노: 회의 진행 방식에 대해 논의했다고 하는 것이 어떤가?

유: 이의 없다.

가쓰노: '회의 진행 방식에 대해서만'이라고 하면 되겠나?

유: 우리도 동일하게 작성하겠다.

가쓰노: 다음 회의를 6월 2일에 개최하기로 결정했다고 덧붙여도 되나?

유: 좋다.

끝

8. 제4차 한일회담 법적지위위원회 제3차 회의 요록

0869 Tokyo, June 4, 1958

THE GIST OF TALKS
3RD SESSION
THE MEETING OF THE COMMITTEE ON LEGAL STATUS OF KOREAN RESIDENT IN JAPAN

1. Time and Place:

From 10:35 a.m. to 11:10 a.m. on Monday, June 2, 1958 in Room 411 of the Japanese Foreign Ministry

2. Conferees:

Korean side: Mr. Tai Ha Yiu (Chief Member)
Mr. Ho Lee
Mr. Kyu Hah Choi
Mr. Chai Hang Ea
Mr. Pil Shik Chin
Mr. Young Park
Mr. Ki Bong Han
Mr. To Kyong Limb
Mr. Won Ho Lee
Mr. Young Dal Ohm
Mr. Jai Won Roh

Japanese side: Mr. Yasusuke Katsuno (Chief Member)
Mr. Kenta Hiraga (Chief Member)
Mr. Shinzo Hasegawa
Mr. Toyokichi Nakagawa
Mr. Minoru Imai
Mr. Kiyoshi Suganuma
Mr. Minao Tsuchiya
Mr. Ken Ikebe

MR. KATSUNO: At the preceding session we talked about matters on agenda and you asked us for our opinion on taking up at this Committee matters on the status, property rights and so forth of Korean residents in Japan, While we agree to your proposal, we would like to take up the matter on the status of Korean residents first as authorities concerned of the Ministry of Finance are not at present ready to take up matters on property right, etc.

MR. YIU: We agree to your proposition in principle. However, I propose that
0870 in the discussion on the status of Korean residents, the problem regarding the "arrangements for the acceptance of deportees" will be taken up first.

MR. KATSUNO: No objection.

MR. KATSUNO: Though they may be referred to and discussed in detail in the course of negotiations at this committee, we, the Japanese side would like to set forth three basic principles. May I present these three principles to you now?

MR. YIU: For our part we would like to discuss first of all, the matter on the arrangements on deportees.

MR. KATSUNO: Does it imply that you wish primarily to take up the matter on arrangement on deportees, exclusive of overall matters on the status of Korean residents?

MR. YIU: What I meant was that we would take up the problem of deportees first. That is to say that we would like to have this problem solved first among other things.

MR. KATSUNO: No objection to it. In this connection, we think it will be helpful to Japanese side in considering this problem if your side suggests us of your general idea for solving this problem.

MR. YIU: In this regard, we wonder if the Japanese side has any particular opinion in connection with the relevant clause of the Annexed Understanding of December 31, 1957.

MR. KATSUNO: Amidst many difficulties, both us are striving to solve our
0871 problems by opening Japan-Korea Overall Talks. In view of the above, I believe that we will be able to reach an agreement on this problem if there are many complicated difficulties. Japan, in accordance with International practice and domestic laws concerned, governs aliens within her territory, and in case she deports aliens in accordance with her laws and regulations, deportees should be accepted by their native countries in principle. However, it was regretted that it was not the case with certain aliens.

MR. YIU: In that regard, I will not go further than listening to what you have said. As you may be aware and may have taken into your consideration, we see numerous special and complex conditions under which the Korean residents in Japan have been placed. I wish you to take note of the special background of those Korean residents in Japan.

MR. KATSUNO: I don't think all Koreans in Japan are to be subject for discussion at this Committee. Both peoples will be treated equally under a trade and navigation treaty. The Korean residents in Japan we are referring to, are therefore limited to those who have been residing in Japan since before World War II.

MR. YIU: No objection, in principle.

MR. KATSUNO: The Japanese Government has jurisdiction over aliens in accordance with the provisions of the Japanese Immigration Law and other related regulations. On the other hand, we have to take into consideration the fact that the Koreans in Japan are situated under special circumstances. Under these conditions, Japan is in a position, on the one hand, to execute
0872 the Japanese laws in accordance with her sovereignty, and, on the other, to take into her consideration the special status of these Koreans. In this context, we think that the difficulties could be managed only through a means of some administrative measures. The Japanese side wishes, therefore, to be suggested by the Korean side of what extent of administrative measures the latter may request in connection with the concerned laws of Japan. This suggestion may be welcomed either at the meeting or at some other place.

MR. YIU: Though you have just referred to the Immigration Law and other related regulations, as I said to you a short while ago, I believe you would not treat the Koreans in Japan just like other aliens in Japan now that the Korean residents in Japan are placed under a special situation.

MR. YIU: Though we don't know well about your Immigration Law and other relevant regulations, wouldn't it be the task of this Committee to settle the problem on Korean residents along the line of their special status in Japan, regardless of Japan's domestic laws for other ordinary aliens?

MR. KATSUNO: We recognize the special status of those Koreans who have been residing in Japan since before 1945, and will remember it. As the nature of the special status is, however, not very clear, we would like to propose that at the following meeting, we take up the matter in a more detailed and concrete way.

MR. YIU: We understood it. We will study on our part in connection with your proposal. If you have a general idea as to what extent the Korean residents in Japan be given a special treatment, please let us know. It will be helpful to our study on this matter.

0873 MR. KATSUNO: We don't have it at present. Though I have not long engaged in this work, I heard that the Korean residents in Japan have been treated specially within the Immigration Law and other regulations. And we always will remember the special conditions under which the Korean residents in Japan are located.

MR. YIU: We are not aware very well on what degree the special treatments have been given to these Koreans, for we do not know your Immigration Law and other regulations. At any rate, your side as well as our side, will review and discuss this problem by exchanging views via more detailed way.

MR. KATSUNO: We will make a review and make a discussion about it at the next meeting. We will also tell you at that time about the special treatment given to the Korean residents in Japan in the past.

MR. YIU: This problem has been discussed at previous Talks, and you may know what are issues thereof. It will be of great assistance if you take them into your consideration when you make proposals at the next meeting.

MR. KATSUNO: We will make a careful study.

MR. YIU: I would like to know, for our reference, of the "Basic three principles" which you mentioned previously.

MR. KATSUNO: I have wished to tell them to you. They are 1) that the Korean residents we refer to shall be limited to those who have been residing in Japan since prior to 1945; 2) that a consideration should be given to special
0874 conditions under which these Koreans are placed; and 3) that under the premise that the problem of deportation be settled smoothly, measures will be considered to enable Korean residents to enjoy stabilized life in Japan for a considerable length of time.

MR. YIU: With reference to the "stability" you have just mentioned, what does it mean?

MR. KATSUNO: We would like to give a concrete definition regarding the three principles as we proceed on our talks. It is hard to define concretely at this moment. If I can be a little abstract, it can be said that unlike other aliens the Korean residents in Japan may be given permits for some long-term sojourn in Japan with a view to giving them stability on their life.

MR. YIU: We questioned it for our reference, and we will have it serve for our reference.

MR. KATSUNO: It seems that our talks today ended in all abstract results. We believe that we will still have plenty of time to make further studies on these matters.

MR. YIU: There is one thing we would like to propose here. If a necessity arises, would it not be a method that we would confine our talks to a limited number of members of the both sides?

MR. KATSUNO: Do you mean such method as to forming a Subcommittee?

MR. YIU: I mean that when necessity arises, we may confine our talks to a small number of members of each side (for instance limiting to top-ranking Members to keep the secrecy).

0875 MR. KATSUNO: If the necessity of doing so arises, we should obtain a success of our talks through every available means.

MR. YIU: All right. We will certainly do so.

MR. KATSUNO: When shall we hold next meeting?

MR. YIU: How about on June 9.

MR. KATSUNO: It is Monday, Isn't it? How about Tuesday?

MR. YIU: We may have another Committee meeting on Tuesday. So, how about sometime Monday afternoon? If you agree what time?

MR. KATSUNO: How about 3 p.m. in the same room?

MR. YIU: All right.

MR. KATSUNO: What shall we do about the press release?

MR. YIU: As is the fact, how about reporting that the Committee discussed the status of Korean residents in Japan?

MR. KATSUNO: No objection.

-THE END-

번역

1958년 6월 4일, 도쿄

재일한인 법적지위위원회 3차 회의 요록

1. 일시 및 장소

1958년 6월 2일 월요일, 오전 10시 35분~11시 10분, 일본 외무성 411호

2. 참석자

한국 측: 유태하(수석위원), 이호, 최규하, 이재항, 진필식, 박영, 한기봉, 임도경, 이원호, 엄영달, 노재원

일본 측: 가쓰노 야스스케(수석위원), 히라가 겐타(수석위원), 하세가와 신조, 나카가와 도요키치, 이마이 미노루, 스가누마 기요시, 쓰치야 미나오, 이케베 겐

가쓰노: 지난 회의에서 의제에 대해 논의했고 재일한인의 지위, 재산권 등의 문제를 본 위원회에서 다루자는 제안에 대한 우리 측 의견을 물었다. 제안에 동의하지만 관련 부처인 재무성이 현재 재산권 문제를 다룰 수 없는 상태이므로 재일한인의 지위에 대해 먼저 논의했으면 좋겠다.

유: 제안한 바에 기본적으로 동의하나, 재일한인의 지위에 대해 논의할 때 '추방자 수락을 위한 협의'에 대한 문제부터 다룰 것을 제안한다.

가쓰노: 이의 없다.

가쓰노: 본 위원회의 협상 과정에서 구체적으로 언급하고 논의할 수 있겠지만 일본 측은 세 가지 기본 원칙을 제시하고 싶다. 제시해도 되는가?

유: 우리는 무엇보다도 추방자에 대한 협의 문제부터 논의하고 싶다.

가쓰노: 재일한인의 지위에 대한 전체적인 문제를 모두 배제하고 추방자에 대한 협의 문제를 먼저 논의하고 싶다는 의미인가?

유: 내 말은 추방자 문제를 먼저 논의하자는 의미였다. 즉, 다른 것보다 추방자 문제를 먼저 해결하고 싶다는 의미다.

가쓰노: 이의 없다. 한국 측이 이 문제의 해결에 대한 생각을 제시해 주면 일본 측의 검토에 도움이 될 것 같다.

유: 일본 측이 1957년 12월 31일 자 부속 양해서의 해당 조항에 대해 특별한 의견을 가지고 있는지 궁금하다.

가쓰노: 여러 가지 어려움 속에서도 한일전면회담을 열어 현안들을 해결하고자 양국이 노력하고 있으니 여러 가지 복잡한 문제가 있더라도 합의에 도달할 수 있을 것이라고 생각한다. 일본 측은 국제 관행과 국내법에 따라 일본 영토 내의 외국인을 관리한다. 그리고 일본 법과 규제에 따라 외국인을 추방하는 경우 추방자는 본국이 수용하는 것이 원칙이다. 그러나 유감스럽게도 특정 외국인들에게는 이러한 원칙이 적용되지 않았다.

유: 그 부분에 대해서는 듣기만 하겠다. 알 수도 있고 이미 고려했을 수도 있겠지만 재일한인에게 수많은 특수하고 복잡한 조건이 부과되는 모습을 봤다. 재일한인의 특수한 배경을 고려해 주기를 바란다.

가쓰노: 일본에 거주하는 모든 한국인이 본 위원회의 논의 대상이라고 생각하지는 않는다. 무역 및 항행조약에 따라 사람들은 동등한 취급을 받을 것이다. 따라서 이 자리에서 언급하는 재일한인이란 제2차세계대전 이전부터 일본에 거주해 온 이들로 대상을 제한해야 한다.

유: 기본적으로는 이의 없다.

가쓰노: 일본 정부는 일본 출입국관리법과 기타 관련 규제에 따라 외국인에 대한 관할권을 보유한다. 한편 재일한인들은 특수한 상황에 있음을 고려해야 한다. 이러한 조건에서 일본은 한편으로는 자주권에 따라 일본 법을 시행해야 하고, 다른 한편으로는

재일한인들의 특수한 지위를 고려해야 하는 입장에 있다. 이러한 맥락에서 행정적 조치를 통해서만 문제를 관리할 수 있다고 생각한다. 따라서 일본의 관련 법에 있어서 어느 정도의 범위로 행정적 조치를 요구할 것인지 한국 측이 제안해 주면 좋겠다. 본 위원회 회의에서도 좋고 다른 곳에서 제안해 줘도 좋다.

유: 출입국관리법과 기타 관련 규제에 대해 언급했지만 방금 전에도 말했듯이 재일한인들은 현재 특수한 상황에 놓여있으므로 일본의 다른 외국인들과 같이 취급하지 않을 것이라고 생각한다.

유: 일본의 출입국관리법과 기타 관련 규제에 대해 잘 모르지만, 다른 일반적인 외국인에게 적용되는 일본의 국내법과 관계없이 재일한인이 일본에서 갖는 특수한 지위에 대하여 이 문제를 해결하는 것이 본 위원회의 과업 아니겠는가?

가쓰노: 1945년 이전부터 일본에 거주해 온 한인들의 특수한 지위는 인정하고 기억할 것이다. 그러나 이 특수한 지위의 성격이 매우 명확하지 않기 때문에 다음 회의에서 보다 상세하고 구체적인 방식으로 논의하자고 제안하고 싶다.

유: 이해했다. 우리도 일본 측 제안을 검토해 보겠다. 재일한인에게 어떠한 범위로 특수한 처우를 제공해야 하는지에 대한 개괄적인 의견이 있다면 알려주기 바란다. 이 문제에 대한 검토에 도움이 될 것이다.

가쓰노: 지금은 없다. 내가 이 문제에 발을 담근 지 얼마 되지 않았기 때문에 재일한인들은 출입국관리법과 기타 규제에서 특수한 취급을 받는다고 들었다. 그리고 재일한인들이 처한 특수한 환경에 대해 잊지 않을 것이다.

유: 우리는 일본의 출입국관리법과 기타 규제에 대해 모르기 때문에 재일한인들이 어느 정도로 특수한 취급을 받았는지는 잘 모른다. 양측 모두 보다 구체적인 방식으로 의견을 교환하여 이 문제를 검토하고 논의하자.

가쓰노: 검토하고 다음 회의에서 논의하겠다. 그리고 과거 재일한인들이 받았던 특별한 처우에 대해서도 다음 회의에서 언급하겠다.

유: 이전 한일회담에서는 이 문제를 논의하지 않았고, 일본 측은 어떠한 문제가 있는지 알 수 있을 것이다. 다음 회의에서 의견을 제시할 때 이러한 상황을 고려해 주면 큰 도움이 될 것이다.

가쓰노: 신중히 검토하겠다.

유: 참고를 위해 전에 언급한 '세 가지 기본 원칙'이 무엇인지 알고 싶다.

가쓰노: 내가 말하려고 했던 세 가지 원칙은 이렇다. 1) 우리가 말하는 재일한인은 1945년 이전부터 일본에 거주해 온 한국인들로 제한한다, 2) 이러한 재일한인들이 처한 특수한 조건을 고려해야 한다, 3) 추방 문제를 원만하게 해결한다는 전제하에 재일한인들이 상당 기간 동안 일본에서 안정적으로 생활할 수 있도록 하기 위한 조치를 고려할 것이다.

유: 방금 말한 '안정적'이라는 것의 의미가 무엇인가?

가쓰노: 대화를 진행해 가면서 세 가지 원칙에 대한 구체적인 정의를 내리고 싶다. 지금으로서는 구체적으로 정의하기가 어렵다. 조금 추상적으로 말해도 된다면 다른 외국인들과 다르게 재일한인들에게는 안정적인 생활을 위해 장기 체류를 허가하는 것을 의미한다.

유: 참고하려고 질문했고, 참고하겠다.

가쓰노: 오늘 회의에서 얻은 결과는 다 추상적인 것 같다. 이 문제들에 대해 추가로 검토할 시간은 충분할 것이라고 생각한다.

유: 한 가지 제안하고 싶다. 필요한 상황이 되면 양측의 참여 인원을 제한해서 논의를 진행하는 것도 한 가지 방법 아니겠는가?

가쓰노: 소위원회를 구성하자는 의미인가?

유: 필요한 상황이 되면 각 측에서 지금보다 적은 인원으로 논의를 진행할 수도 있지 않느냐는 의미였다(예를 들면 기밀 유지를 위해 고위급 위원들로만 제한하여 진행).

가쓰노: 그렇게 할 필요성이 발생하면 가능한 모든 수단을 동원해서라도 논의를 성공으로 이끌어야 할 것이다.

유: 좋다. 반드시 그렇게 하겠다.

가쓰노: 다음 회의는 언제가 좋겠는가?

유: 6월 9일 어떤가?

가쓰노: 월요일 맞나? 화요일은 어떤가?

유: 화요일에는 다른 위원회 회의가 있을 수도 있다. 괜찮다면 월요일 오후에 하는 것이 어떤가? 시간은?

가쓰노: 같은 회의실에서 오후 3시 어떤가?

유: 좋다.

가쓰노: 보도 자료는 어떻게 해야 하나?

유: 사실대로 재일한인의 지위에 대해 논의했다고 하는 것이 어떤가?

가쓰노: 이의 없다.

끝

10. 제4차 한일회담 법적지위위원회 제4차 회의 요록

0878 Tokyo, June 12, 1958

THE GIST OF TALKS
4TH SESSION
THE MEETING OF THE COMMITTEE ON LEGAL STATUS OF KOREAN RESIDENTS IN JAPAN

1. Time and Place:

From 3:00 p.m. to 4:05 p.m. on Monday, June 9, 1958 in Room 411 of the Japanese Foreign Ministry

2. Conferees:

Korean side: Mr. Tai Ha Yiu(Chief Member)
Mr. Ho Lee
Mr. Kyu Hah Choi
Mr. Chai Hang Ea
Mr. Pil Shik Chin
Mr. Young Park
Mr. Ki Bong Han
Mr. To Kyong Limb
Mr. Won Ho Lee
Mr. Jai Won Roh

Japanese side: Mr. Yasusuke Katsuno(Chief Member)
Mr. Shinzo Hasegawa
Mr. Toyokichi Nakagawa
Mr. Kiyoshi Suganuma
Mr. Minao Tsuchiya
Mr. Ken Ikebe

MR. KATSUNO: As we promised at the preceding session, I would like to explain to you of the special treatment which has been given to the Koreans in Japan.

Firstly; according to the Japanese Immigration Control Ordinance, those who have lost Japanese nationality should leave Japan within 60 days from the date of their losing of Japanese nationality. However a special consideration was given to the Koreans by allowing them to live in Japan temporarily.

Secondly; the Koreans in Japan lost Japanese nationality upon the coming into force of the San Francisco Peace Treaty. However, those Koreans who were born in Japan after the end of World War II have been granted permit for residence in Japan for three years.

Thirdly; a special consideration was given to the poor, lepers and lunatics of Koreans in Japan. According to the Immigration Control Ordinance, they are subject to deportation.

MR. YIU: I wish to raise a couple of questions regarding what you have just mentioned. First, you have just said that the Koreans in Japan, unlike other aliens in general, are allowed to live in Japan temporarily. Does "temporarily" mean the duration of this Talks?

Second, on what ground was it decided that those Korean children who are born in Japan after the end of World War II are allowed to live in Japan for a period of 3 years?

MR. KATSUNO: Both are by the Japanese law. Immigration Control Ordinance is also a law. They may be measures taken temporarily perhaps
0879 until there will be a particular agreement between the two countries.

MR. YIU: You have mentioned that the Koreans in Japan lost the Japanese nationality upon the effectuation of the an Francisco Peace Treaty. On this point, our opinion is quite different from yours.

MR. KATSUNO: Now that both sides have different opinions on this point, I think we both had better not touch on this now. I was just referring to relevant provisions of the Japanese laws concerned. Incidentally, one thing I would like to propose is that both sides shall exchange views in the first stage more freely until the later stage when both sides would be ready for the conclusion of the works of the Committee.

MR. YIU: That is why the Korean side suggested that both sides reduce the number of conferees, if necessity arises, so that both sides will be able to feel more private and free from being too formal. At this full Committee meeting, both sides cannot but be formal, I am afraid.

MR. KATSUNO: For the Japanese side, I would like to have a chance to talk with Minister Yiu in person.

MR. YIU: I have some questions to set forth. These questions are in connection with the "three principles" which the Japanese side stated at the Third Committee meeting on June 2. With respect to the definition of the Korean residents in Japan, we have read Japanese newspapers reporting that those Koreans who are born in Japan after the end of World War II are excluded from the category of "Korean residents in Japan" as defined by the Japanese side at the preceding Committee session. Though you have slightly touched on this matter a short while ago, I would like to have more detailed explanation on this matter.

Secondly, the Japanese side mentioned that Japan will take into her consideration the special circumstances under which these Koreans came to live in Japan; as for the problem of the arrangements on deportation, the settlement thereof will be made through an international agreement between the two nations beyond he existing internal laws concerned. In this connection, we do not know of the Japanese internal laws. It is, therefore, hardly understandable that the Japanese side has repeatedly stressed sovereignty, jurisdiction and internal law with regard to this problem. We want to know how the Japanese side thinks about it.

Thirdly, I remember the Japanese side said that once the problem of the arrangements for deportation is well settled, Japan is ready to study ways for the Korean residents in Japan to lead stabilized life in Japan for a considerable length of time. We wish the Japanese side will give us further explanations in this connection.

MR. KATSUNO: On the first question, the Japanese side is of the view that the status of those Koreans who are born after the end of the World War II is different from that of those Koreans who had been Japanese nationals until the end of the World War II. By saying this, the Japanese side does not mean that Japan is going to deport those Korean children, but means that these Korean children are different in their status from that of the Korean residents in Japan in general who had been living in Japan as Japanese nationals until the end of the World War II.

On the second, Japan is no doubt giving a special consideration to the Korean residents in Japan. With regard to the problem of arrangements for deportation, for our part, we like to follow our internal laws, while the
0880 Korean side insists that the Japanese internal law shall be superseded by an international agreement for its settlement. Here, both sides' opinion differs. I am afraid that if we try to settle the problem by legislative measures, the Diet may do things quite contrarily to our expectations. I think, therefore,

this problem will be most adequately handled through some administrative measures within the framework of Japan's internal laws concerned.

On the third, the Japanese thought is that except the case of considerably heavy crimes, good Korean residents in Japan shall enjoy their stabilized life in Japan for a considerably long period of time.

MR. YIU: Can we take the phrase "considerably long period of time" as permanent residence?

MR. KATSUNO: In certain cases, it will become permanent residence. For Japan, we may allow good Korean nationals to live permanently in Japan with a view to promoting trade and cultural relations of the two countries. However, it is not fair, if Japan should be unilaterally responsible for felonious Korean nationals in Japan.

MR. YIU: I found quite a distance of opinion between your side and our side today. On these points, we will give further study of our views after yours.

MR. KATSUNO: For the Japanese side, we have nothing to say about Korean nationals of good nature. We, however, would like to tell you that Japan is spending about ¥2,000,000,000 for the poor, and wishes to have cooperation from Korea. I would like to ask your opinion of what we shall do about it.

MR. YIU: We see no alternative but helping the poor people's livelihood from your side.

MR. KATSUNO: How shall we proceed on our Committee works in the future?

MR. YIU: We proceed on this Committee works in the same way as we are doing now, except when we both agree to do in some different way.

MR. KATSUNO: When are you going to your home country?

MR. YIU: I am leaving on Wednesday, and going to stay there for a week or so.

MR. KATSUNO: When you came back here from Seoul, may I have chance to meet you privately?

MR. YIU: I would see you.

MR. KATSUNO: Shall we hold next Committee meeting after you came back from Korea?

MR. YIU: I will inform you after I came back to Tokyo. By the way, I regret to see that there are differences in the Japanese positions on certain points between what Japanese side set forth at this meeting and those at the previous conferences in 1952.

0881 MR. KATSUNO: I don't think there are any substantial differences. It may be from difference of records. Please tell us what are different.

MR. LEE: You have now said that those Korean children who are born after the end of the World War II are different in their status from those Koreans who have been residing in Japan since the time prior to the end of the War. But in the past conferences, your side committed to treat both of them equally.

One more thing we would like to add is that in dealing with the problem of giving a special consideration to Koreans in deportation, you said that same administrative measures are only considerable. We think your side may still need to take same legislative measures for the settlement of the problem. And lastly, we see some difference in the Japanese viewpoint with regard to the period of the Korean nationals' residence in Japan. The above are only a few enumerations of examples.

We hope the Japanese side will give a close study on the above points.

MR. KATSUNO: Though you are referring to the past First, Second, and Third Overall Talks, they are not concluded after all. At any rate, we will give further studies on those points.

MR. YIU: I really hope the Japanese side will do so. Incidentally, I would like to tell you that the past Talks were broken off not because of the works of the Committee on the Legal Status of Korean Residents in Japan.

MR. KATSUNO: But….

(All members of both sides laugh)

What shall we do about press release?

MR. YIU: How about reporting the fact that we continued to discuss matters on the status of the Korean residents in Japan?

MR. KATSUNO: No objection.

-THE END-

번역

1958년 6월 12일, 도쿄

재일한인 법적지위위원회 4차 회의 요록

1. 일시 및 장소

1958년 6월 9일 월요일, 오후 3시~4시 5분, 일본 외무성 411호

2. 참석자

한국 측: 유태하(수석위원), 이호, 최규하, 이재항, 진필식, 박영, 한기봉, 임도경, 이원호, 노재원

일본 측: 가쓰노 야스스케(수석위원), 하세가와 신조, 나카가와 도요키치, 스가누마 기요시, 쓰치야 미나오, 이케베 겐

가쓰노: 지난 회의에서 약속했듯이 재일한인에게 제공해 온 특별한 처우에 대해 설명하고 싶다.

첫째, 일본 출입국관리령에 따르면 일본 국적을 상실한 자는 일본 국적을 상실한 날로부터 60일 이내에 일본을 떠나야 하지만, 한국인에게는 특별히 일시적으로 일본에 거주하는 것을 허용했다.

둘째, 재일한인들은 샌프란시스코 강화조약이 발효되면서 일본 국적을 상실했다. 그러나 제2차세계대전 종전 이후 일본에서 태어난 한국인들에게는 3년간 일본에 거주할 수 있도록 허가했다.

셋째, 빈민, 나병 환자 및 정신 이상자 재일한인을 특별히 고려해 주었다. 출입국관리령에 따르면 빈민, 나병 환자 및 정신 이상자는 추방 대상이다.

유: 방금 말한 내용에 대해 몇 가지 질문을 하고 싶다. 첫째, 다른 외국인과 달리 재일한인은 일시적으로 일본에 거주하는 것을 허용했다고 말했는데, '일시적'의 의미가 이번 회담 기간을 의미하는 건가?

둘째, 제2차세계대전 이후 일본에서 태어난 한국인 아동들이 3년간 따로 떨어져 일본에 살 수 있도록 허용하는 것은 어떠한 근거로 결정한 방침인가?

가쓰노: 둘 다 일본 법을 적용한 결과다. 출입국관리령도 법의 일종이다. 양국이 특정한 합의에 이를 때까지 일시적으로 취해진 조치일 수도 있다.

유: 샌프란시스코 강화조약이 발효되면서 재일한인들이 일본 국적을 상실했다고 언급했는데, 우리 측 의견은 다르다.

가쓰노: 이 부분에 있어서 양측의 의견이 다르기 때문에 바로 논의하지 않는 게 좋을 것 같다. 일본 법의 관련 조항에 대해 언급했을 뿐이다. 본 위원회의 결론을 내릴 준비가 될 때까지는 일단 양측이 보다 자유롭게 의견을 교환하자고 제안하고 싶다.

유: 그래서 필요해지면 양측이 지나치게 격식을 차리는 형태에서 벗어나 사적인 분위기에서 대화할 수 있도록 참석자 수를 줄이자고 제안했던 것이다. 이렇게 본격적인 위원회 회의에서는 양쪽 모두 공식에 따라 접근할 수밖에 없다.

가쓰노: 유 공사와 개인적으로 대화할 기회를 갖고 싶다.

유: 몇 가지 질문이 있다. 6월 2일 3차 회의에서 일본 측이 제시한 '세 가지 원칙'에 대한 질문이다. 재일한인의 정의에 대해 제2차세계대전 종전 후에 일본에서 태어난 한인들은 지난 회의에서 일본 측이 정의한 '재일한인'에 포함되지 않는다는 내용의 일본 신문 기사를 읽었다. 방금 이 문제에 대해 잠깐 언급했지만 보다 자세한 설명을 듣고 싶다.

둘째, 재일한인이 일본으로 오게 된 특수한 상황을 고려할 것이라고 언급했는데, 추방을 위한 협의 문제에서 말하는 협의는 기존 국내법을 초월하여 양국이 체결할 국제 협정을 통해 이루어질 것이다. 이와 관련한 일본 국내법에 대해 우리는 모른다. 따라서 일본 측이 이 문제에 대해 말할 때 자주권, 관할권 및 국내법을 반복하여 강조하는 이유를 이해하기 어렵다. 일본 측의 생각을 알고 싶다.

셋째, 일본 측이 추방을 위한 협의 문제만 해결되면 일본은 재일한인들이 일본에서 상당 기간 동안 안정적인 생활을 할 수 있도록 이끌기 위한 방법을 검토할 준비가 되어 있다고 말했다. 이 부분에 대해 더 자세히 설명해 주면 좋겠다.

가쓰노: 첫 번째 질문에 대해, 일본 측은 제2차세계대전 이후 태어난 재일한인의 지위는 제2차세계대전 종전 시까지 일본 국적을 소유했던 한국인들의 지위와 다르다고 생각한다. 일본이 이러한 한국인 아동들을 추방할 것이라는 의미가 아니라 이 아이들의 지위가 제2차세계대전 종전 시까지 일본 국민으로 일본에 거주했던 일반적인 재일한인의 지위와는 다르다는 의미다.

두 번째 질문에 대해, 의심의 여지없이 일본은 재일한인을 특별히 고려하고 있다. 추방을 위한 협의 문제에 대해서는 일본 측은 국내법을 따르고 싶다는 입장이고, 한국 측은 이 문제의 해결에 있어서는 국제 협정이 일본 국내법을 대신해야 한다는 입장이니 여기에서 양측의 의견이 상이하다. 입법 조치로 문제를 해결하려 한다면 의회는 우리가 기대하는 바와 상당히 반대되는 방향으로 움직일 수 있다. 따라서 이 문제는 일본 국내법의 기틀 안에서 일부 행정적 조치를 통해 처리하는 것이 가장 적절하다고 생각한다.

세 번째 질문에 대해, 일본은 중범죄자를 제외한 선량한 재일한인들은 상당히 오랜 기간 동안 일본에서 안정적인 삶을 누려야 한다고 생각한다.

유: '상당히 오랜 기간'이라는 말을 영주권으로 생각해도 되는가?

가쓰노: 일정한 경우에 해당하면 영주권이 주어질 것이다. 일본은 한일 양국의 무역과 문화적 관계를 증진하기 위해 선량한 한인들은 일본에 영구적으로 거주하는 것을 허용할 수 있다. 그러나 일본이 재일 중죄인 한인을 일방적으로 책임져야 한다면 공정하지 않은 상황일 것이다.

유: 오늘 양측의 의견에 상당히 차이가 있는 것 같다. 이 부분에 대해서는 추가로 검토해 보겠다.

가쓰노: 선량한 한인들에 대해서는 말할 것이 없다. 하지만 일본은 빈민을 위해

2,000,000,000엔을 지출하고 있고 한국이 협조해 주기를 희망한다. 어떻게 하면 좋겠는지 의견을 제시해 달라고 요청하고 싶다.

유: 일본 측이 빈민들의 생계를 돕는 것 외의 대안이 없는 것 같다.

가쓰노: 앞으로 우리 위원회를 어떻게 진행하면 좋겠는가?

유: 다른 방식으로 진행하기로 합의하는 상황을 제외하고 지금처럼 진행하자.

가쓰노: 본국에는 언제 가는가?

유: 수요일에 떠나서 1주일 정도 머물 계획이다.

가쓰노: 서울에서 복귀하면 개인적으로 만날 수 있는지 궁금하다.

유: 만나자.

가쓰노: 다음 회의는 유 공사가 한국에서 복귀한 후에 개최하면 되나?

유: 도쿄로 복귀한 후 통보하겠다. 일본 측이 이 위원회에서 언급한 내용과 1952년 회담에서 언급한 내용 사이에 일정 부분 차이가 있어서 유감이다.

가쓰노: 큰 차이는 없다고 생각한다. 기록이 다를 수는 있겠다. 어떠한 차이가 있는지 말해주기 바란다.

유: 방금 제2차세계대전 종전 이후 태어난 한인 아동들의 지위가 종전 전부터 일본에 거주한 한인들의 지위와 다르다고 말했지만, 이전 회담에서 일본 측은 둘을 동등하게 취급하기로 약속했었다.

또 한 가지는 추방 대상 한인들을 특별히 고려해 주는 문제를 다루는 과정에서 동일한 행정적인 조치만을 고려할 수 있다고 말했는데, 일본 측이 입법적 조치를 취해야 할 수도 있다는 생각이 든다. 마지막으로, 한인들의 일본 거주 기간에 대한 관점에 차이가 있었다. 몇 가지만 예로 들어봤다.

위 사항들에 대해 일본이 면밀히 검토해 보기를 바란다.

가쓰노: 1차, 2차, 3차 한일회담에 대해 언급하는데, 결국 타결되지 못한 회담이었다. 언급한 사항에 대해 추가로 검토해 보겠다.

유: 그렇게 해주기를 진심으로 바란다. 그리고 이전 회담들이 재일한인의 법적 지위에 관한 위원회 때문에 결렬된 것은 아니라고 말하고 싶다.

가쓰노: 그래도….

(양측의 모든 참석자가 웃었다.)

보도 자료는 어떻게 하면 좋겠나?

유: 재일한인의 지위에 대한 논의를 이어갔다고 사실대로 보도하는 것이 어떤가?

가쓰노: 이의 없다.

끝

11. 제4차 한일회담 법적지위위원회 제5차 회의 요록

0883

Tokyo, July 1, 1958

THE GIST OF TALKS
5TH SESSION
THE MEETING OF THE COMMITTEE ON LEGAL STATUS OF KOREAN RESIDENTS IN JAPAN

1. Time and place:

From 10:30 a.m. to 11:35 a.m. on July 1, 1958, in Room 411 of the Japanese Foreign Office

2. Conferees:

The Korean side: Mr. YIU, Tai Ha
Mr. CHOI, Kyu Hah
Mr. CHIN, Pil Shik
Mr. EA, Chai Hang
Mr. PARK, Young
Mr. HAN, Ki Bong
Mr. LIMB, To Kyong
Mr. OHM, Young Dal
Mr. LEE, Won Ho
Mr. ROH, Jai Won

The Japanese side: Mr. Yasusuke Katsuno
Mr. Kenta Hiraga

Mr. Shinzo Hasegawa

Mr. Toyokichl Nakagawa

Mr. Minoru Imai

Mr. Kiyoshi Suganuma

Mr. Minao Tsuchiya

Mr. Ken Ikebe

Mr. Uchio

3. The gist of talks:

MR. YIU: Shall we open the meeting?

MR. KATSUNO: The Japanese side wants to hear the idea of the Korean side in proceeding with this committee meeting.

MR. YIU: I came here with expectation that the Japanese side would present to us its idea in this regard. Now I found that the Japanese side turned the tables. If the Japanese side presents to us its draft idea concerning the 'arrangements on deportation,' the Korean side will study it.

MR. KATSUNO: Generally speaking, we have the immigration law in Japan governing the status, deportation, entry etc. of Japan, All aliens residing in Japan are subject to the provisions of this law. In view of the fact that Korean residents in Japan of pre-war category are placed under special circumstances,
0884 if the Korean side makes any proposal regarding the deportation of Korean residents, the Japanese side will take it into good consideration in applying the said Japanese Immigration Law. The Japanese side requests the Korean side to express its view on the Japanese Immigration Law so that the Japanese side may take into consideration. Since complicated domestic problems are involved in this connection, the Japanese side would like to be informed of the desire of the Korean side so that necessary adjustment of views may be made among Ministries concerned.

MR. YIU: Soon after the fourth session or this committee was adjourned, I returned to my home country for consultations with my Government, and I exchanged views with officials concerned of my home Government on this matter. As the Japanese side knows well, in view of the special circumstances under which Korean residents in Japan are placed, the Korean side requests the Japanese side to present to us any specific idea or view about the problems regarding deportation of Korean residents in Japan. If the Japanese side does the Korean side will present its own views after thorough study of it.

MR. KATSUNO: Your remarks are very ambiguous. It would be appreciated if the Korean side expressed its idea or desires more specifically. For instance, as to the deportation of Korean residents in Japan, the Japanese side requests the Korean side to specify categorically what sort of Korean residents would be acceptable by the Korean side in case of deportation.

MR. YIU: Our understanding is that the problem of deportation of Korean residents in Japan of prewar category should be decided upon consultation of both sides. That is the stand of the Korean sides.

MR. KATSUNO: What do you mean by saying 'consultation' in your remarks? Does it mean that consultation should be made for each case when deportation cases arise?

MR. YIU: What the Korean side really means by saying 'consultation' is that the Korean side is strongly opposed to any unilateral deportation of Korean residents in Japan of pre-war category, and that arrangements should be made by both sides before such deportation. of Korean residents in Japan is made.

MR. KATSUNO: I have some questions. In order to make it clear, I would like to point out that these Koreans of post-war category is out of the question at this committee. They should be handled in accordance with the Japanese Law. The only object to be dealt with at this committee is those Koreans of prewar category. Is it correct?

0885 MR. YIU: The Koreans who smuggled into Japan after the end of World War II are not the object for discussion now.

MR. KATSUNO: You just mentioned that consultation should be made by both sides when the problem of deportation of Korean residents in Japan arises. Do you mean by saying 'consultation' that deportation problems of Korean residents in Japan should be taken up for consultation case by case?

MR. YIU: The points you just raised should be discussed at this committee, isn't it?

MR. KATSUNO: I know that the Korean side has its own problems. So does the Japanese side. I request the Korean side to present to us 'criteria' of accepting deportation of Korean residents in Japan so that the Japanese side may study this problem based on the Korean proposal. As tor the Japanese side, it is the considered opinion that the application of the Japanese Immigration Law in this connection is most proper.

MR. YIU: Frankly speaking, I think it is ideal if we work out such measures as to allow all Korean residents in Japan to enjoy the peaceful and stabilized life in Japan as long as they like. I desire that the Japanese side should present to us any programme or draft plan specifying the treatment to be accorded to Korean residents in Japan. The Korean side will study such programme if the Japanese side presents.

MR. KATSUNO: As I pointed out, you mentioned 'consultation' just before. Do you mean that consultation should be made of criteria for the deportation of Korean residents in Japan?

MR. YIU: What I meant by saying 'consultation' is that discussion should be made of the overall problems regarding deportation of Korean residents in Japan.

MR. KATSUNO: For instance, do you mean that, in the application of the Japanese Immigration Law, every case of deportation of Korean residents in

Japan is subject to consultation with the Korean side one by one, whenever it arises?

MR. YIU: If the Japanese Immigration Law is to be applied regarding the deportation of Korean residents in Japan, there is no need of holding this committee here. We are now on the threshold of discussing a sort of
0886 arrangements with regard to 'deportation' of Korean residents in Japan of pre-war category. Therefore, we would like to discuss about the arrangements at this committee.

MR. KATSUNO: Though your side referred to 'arrangements' just now, the Japanese side calls it 'criteria' instead. Under the international law and its practices, any sovereign nation has the right to deport any alien who commits crime in accordance with its own law concerned. As to the Korean residents in Japan, the important thing is whether the Korean Government may accept the deportation of such criminal Koreans or not. Therefore, we would like to set criteria in accordance with the Japanese Immigration Law.

MR. YIU: If the Japanese side insists on enforcing the Japanese Immigration Law with regard to the deportation of Korean residents in Japan, I think it does not make any sense at all to hold this inter-governmental meeting here.

MR. KATSUNO: The Japanese side cannot but help enforcing the Japanese Immigration Law in this regard. However, it is considered that the operation and application of the Immigration Law can be flexible to some extent in connection with the Korean residents in Japan.

MR. HIRAGA: We have the Immigration Law governing deportation of aliens in Japan. I believe that any provision of the said law is not contrary to the international law and its practices. Therefore, any problem regarding deportation of Korean residents in Japan should be dealt with on the basis of the Japanese Immigration Law. The Korean side mentioned 'consultation' in deporting Korean residents in Japan. I wonder if the Korean side meant either that deportation of any Korean resident in Japan should be consulted by both sides case by ease whenever such problem arises, or that it desired more flexibility in applying the Japanese Immigration Law in connection with the deportation of Korean residents in Japan, by taking into consideration that they are placed under special circumstances in Japan.

MR. YIU: I think that the Japanese Immigration Law is enacted in order to govern the overall problems of aliens in general, but with the least consideration that Korean residents in Japan are placed under special circumstances. Therefore, it is not proper if the Japanese Immigration Law is applied to the Korean residents in Japan unilaterally without taking into consideration their special circumstances. We are now here to discuss the overall problems of Korean residents in Japan. Therefore, I request the Japanese side to present to us its draft idea about the matter. Then, after study over it, the Korean side will present to the Japanese side its view.

0887 MR. HIRAGA: I don't catch the real meaning of 'consultation'. Since Korean residents in Japan are aliens, it is natural that they are subject to the Japanese Immigration Law. Therefore, I want the Korean side to express what it really wants us to do in applying the said law in connection with the deportation of Korean residents in Japan, or to express its idea specifically in this connection. If there are any illogical or severe regulations in the Japanese Immigration Law in connection with the problem regarding deportation of the Korean residents in Japan, I want the Korean side to point them out, expressing its desire about what should be done if such case arises.

MR. KATSUNO: I know that in your country, there is also immigration law. As to the deportation of aliens in Japan, the article 24 of the Japanese Immigration Law stipulates subject for deportation of aliens in Japan. I want the Korean side to point out what conditions enumerated in article 24 of the said law are illogical or unreasonable in connection with deportation of Korean residents in Japan.

MR. YIU: As you know, no aliens of such category as Korean residents in Japan are residing in our country. Therefore, we don't have any similar problem in our country. It is the sincere desire of the Korean side that the special circumstances under which they have to live in Japan should be taken into consideration so as to enable them to live peaceful and stabilized life as long as they like. The Korean side would like to be informed of the draft idea of the Japanese side in this connection.

MR. HIRAGA: As to the deportation of aliens, the Japanese Immigration Law is not inhumane, but is consistent with the international law and its practices. As I told you before, I want the Korean side to point out what part or provisions of the Japanese Immigration Law are illogical or unreasonable in connection with the deportation of Korean residents in Japan.

MR. YIU: The Japanese side mentioned the Immigration Law and international law in connection with the deportation of Korean residents in Japan. I don't think that it is constructive opinion for satisfactory settlement of this problem. As I told you before, our desire is to see all Korean residents in Japan lead the peaceful and stabilized life in Japan. I repeat my request again that the Japanese side presents its draft idea first for our consideration and study.

MR. KATSUNO: I think that the Korean side has its idea in this regard. The Japanese side will not deport any peacefully living good Koreans in Japan. Only malign criminals are subject to deportation. I think the purpose of this committee is to draw a criteria in the application of the Japanese Immigration Law for the purpose of deportation of Korean residents in Japan. We want to decide 'criteria' for deportation of Korean residents in Japan at this committee.

0888 MR. HIRAGA: Since we have immigration law, there can be no other criteria for the deportation of aliens. If the Korean side raises questions regarding the

Japanese Immigration Law in connection with deportation of Korean residents in Japan, the Japanese side will study for its consideration.

MR. YIU: When I returned to Seoul for consultation, I found that my Government has deep concern over this problem. Taking into consideration the reality we are now facing and the special circumstances under which the Korean residents in Japan are placed, the Korean side wants to make 'arrangements' for the deportation of Korean residents in Japan at this committee. That is why the Korean side requested the Japanese side to present to us its draft idea first. Of course, my home Government is now studying this problem with utmost concern since it is of vital problem to my fellow countrymen. I request the Japanese side to present to us its draft idea for the study of the Korean side.

MR. KATSUNO: I would like to ask the opinion of the Korean side on each article of the Japanese Immigration Law. For instance, we cannot bargain unless we know on how much you are going to pay for a good. The Immigration Bureau is now under fire because of its too soft policy in connection with the deportation of aliens.

MR. KATSUNO: It seems that there are some misunderstanding on the part of the Korean side that the Japanese Immigration Law is not reasonable and proper.

MR. CHOI: Suppose you want to apply your Immigration Law unilaterally, there won't be any necessity of having this sort of international conference.

MR. HIRAGA: I would like to obtain a copy of the Korean Immigration Law, if available. Through comparative study of both laws, I think I may get some necessary information or reference.

MR. YIU: In our country, we don't have any special case like Korean residents in Japan.

MR. HIRAGA: I would like to study the Korean immigration Law, particularly concerning the deportation of aliens in general.

MR. CHOI: I think you had already obtained copies of Korean Laws through informal route, such as newspapers, magazines, etc.

0889 MR. KATSUNO: I think you are well versed in article 24 of the Japanese Immigration Law. What do you think of proceeding this committee on the basis of article 24 of the said Law? We will bring 'criteria' of deportation of aliens based on the said law.

MR. YIU: Don't refer to your own law at this meeting. Your law is nothing but your law. How about presenting to us the draft idea of the Japanese side?

MR. KATSUNO: The Japanese Immigration Law is the sole grounds in dealing with problems regarding deportation of aliens. We cannot act outside the scope of this law at any case.

MR. HIRAGA: What do you think of presenting the view of the Korean side on each article of the Japanese Immigration Law governing the deportation of aliens?

MR. YIU: According to the agreement signed on December 31, 1957, both sides will discuss arrangements for the deportation of Korean residents prior to deportation.

MR. SUGANUMA: The Annexed Understanding only referred to the basis of Japanese refraining of detaining pre-war Koreans.

MR. CHOI: My understanding is that overall problems including arrangements for the acceptance of deportees will be discussed and settled at this committee.

MR. YIU: Referring to the Japanese draft which was submitted by the Japanese side at the First and Second conferences, I request the Japanese side to present to us its draft idea if any, which should be, I hope, of course, more constructive than the previous one.

MR. YIU: For speedy settlement of this problem, I repeat my request again that the Japanese side presents to us its draft idea.

MR. KATSUNO: The Japanese side will present to the Korean side its draft idea. Don't be surprised if it is contrary to your expectation. I do believe that the Korean side has its draft idea in this connection.

MR. YIU: Of course, I consulted with my home Government on this problem when I was in Seoul. As those Korean residents were forcibly brought by the Japanese side during the war-time, it is illogical and unreasonable that the Japanese side would like to deport them even if they are no more needed. If
0890 the Japanese side presents to us its draft idea we will study it.

MR. KATSUNO: The Japanese side will present to the Korean side a categorically listed conditions for deportation of aliens.

MR. YIU: When shall we hold next meeting?

MR. KATSUNO: How about holding the next meeting at 10:30 a.m. on July 8 1958(Tuesday)?

MR. YIU: No objection.

MR. KATSUNO: How about the press release?

MR. YIU: How about releasing to the press that both sides continued to exchange views in general on the proceeding of this committee?

MR. KATSUNO: No objection.

(The meeting was adjourned at 11:35 a.m. on July 1, 1958.)

-The end-

번역 1958년 7월 1일, 도쿄

재일한인 법적지위위원회 5차 회의 요록

1. 일시 및 장소

1958년 7월 1일, 오전 10시 30분~11시 35분, 일본 외무성 411호

2. 참석자

한국 측: 유태하, 최규하, 진필식, 이재항, 박영, 한기봉, 임도경, 엄영달, 이원호, 노재원

일본 측: 가쓰노 야스스케, 히라가 겐타, 하세가와 신조, 나카가와 도요키치, 이마이 미노루, 스가누마 기요시, 쓰치야 미나오, 이케베 겐, 우치오

3. 회의록

유: 회의를 시작하자.

가쓰노: 본 위원회 회의에 대한 한국 측의 아이디어를 들어보고 싶다.

유: 일본 측이 아이디어를 제시할 것을 기대하며 회의장에 왔는데 공이 우리에게 넘어온 것 같다. 일본 측이 '추방에 대한 협의'와 관련한 의견을 제시하면 검토하겠다.

가쓰노: 일본 출입국관리법이 일본의 추방, 지위, 입국 등을 관장한다. 일본에 거주하는 모든 외국인에게 출입국관리법이 적용된다. 종전 전부터 일본에 거주한 재일한인들은 특수한 상황에 놓여있다는 사실을 고려하여, 한국 측이 재일한인 추방에 관한 제안을 하면 일본 측이 앞서 말한 출입국관리법을 적용할 때 적절히 고려하겠다. 이렇게 고려할 수 있도록 일본 출입국관리법에 대한 견해를 한국 측이 표명해 줄 것을 요청한다. 이 문제에는 복잡한 국내의 문제가 결부되어 있기 때문에 관련 부처 사이에서 필요에 따라 의견을 조율할 수 있도록 한국 측이 원하는 바를 제시해 주면 좋겠다.

유: 본 위원회 4차 회의가 종료되고 얼마 후 본국 정부와 협의하기 위해 귀국했고, 이 문제에 대해 본국 정부 관계자들과 의견을 교환했다. 일본 측도 알다시피 재일한인들의 특수한 상황을 고려하여 재일한인의 추방에 대해 일본 측이 아이디어나 견해

를 제시해 줄 것을 요청한다. 일본의 입장을 검토하고 한국 측의 관점을 제시하겠다.

가쓰노: 매우 모호한 발언이다. 보다 구체적으로 원하는 바나 생각을 표현해 주면 고맙겠다. 예컨대 재일한인 추방에 대해 일본 측은 추방하는 경우 어떠한 유형의 재일한인을 한국에서 수용할 것인지 한국 측이 구체적으로 알려줄 것을 요청한다.

유: 종전 전부터 거주한 재일한인의 추방은 양측이 협의하여 결정할 문제라고 생각한다. 이것이 우리 측 입장이다.

가쓰노: '협의'가 무엇을 의미하는가? 추방을 할 때마다 각 케이스에 대해 협의해야 한다는 의미인가?

유: '협의'라고 말한 것은 종전 전부터 거주한 재일한인에 대한 일체의 일방적 추방에 한국은 강경히 반대하는 입장임을 의미하고, 이러한 재일한인을 추방하기 전에 양측이 협의해야 한다는 의미다.

가쓰노: 질문이 있다. 명확한 이해를 위해 종전 후 카테고리에 속하는 재일한인은 본 위원회의 논의 대상에서 벗어난다는 점을 지적하고 싶다. 이들에게는 일본 법을 적용해야 한다. 본 위원회에서 논의하는 대상은 종전 전 카테고리에 속하는 재일한인들이다. 그렇지 않은가?

유: 제2차세계대전 종전 이후 일본에 밀입국한 한국인들은 현재 논의의 대상이 아니다.

가쓰노: 방금 재일한인 추방 문제가 발생하면 양측이 협의해야 한다고 말했다. '협의'라는 말이 재일한인 추방 문제는 각 케이스별로 협의하여 처리해야 한다는 의미인가?

유: 방금 언급한 사안들은 이 위원회의 논의 대상이다. 그렇지 않은가?

가쓰노: 한국도 문제를 겪고 있는 것을 알고 있다. 일본도 마찬가지다. 한국의 제안을 바탕으로 이 문제를 검토할 수 있도록 재일한인 추방에 대한 수용 '기준'을 제시해 줄 것을 요청한다. 우리는 일본 출입국관리법을 적용하는 것이 가장 적절하다는 입장이다.

유: 솔직히 말하면 모든 재일한인이 원하는 기간만큼 일본에서 평화롭고 안정적인 삶을 누릴 수 있는 대책을 고안하는 것이 이상적이라고 생각한다. 일본 측이 재일한인에게 제공할 처우를 구체적으로 보여주는 프로그램이나 계획안을 제시해 주면 좋겠다. 그렇게 하면 우리 측이 검토해 보겠다.

가쓰노: 아까 '협의'를 언급한 점을 지적했었다. 재일한인의 추방 기준에 대한 협의가 필요하다는 의미인가?

유: '협의'라고 한 것은 재일한인의 추방에 대한 전체적인 문제에 대한 논의가 필요하다는 의미였다.

가쓰노: 예를 들어, 일본 출입국관리법을 적용한다면 재일한인의 각 추방 케이스가 발생할 때마다 하나씩 한국 측과 협의해야 한다는 의미인가?

유: 재일한인 추방에 일본 출입국관리법을 적용할 것이라면 이 위원회를 개최할 필요가 없다. 우리는 지금 종전 전부터 거주한 재일한인의 '추방'에 대해 일종의 합의를 달성하기 위한 논의에 접어들고 있다.

따라서 이 위원회에서 추방에 대한 합의를 논의하고 싶다.

가쓰노: 방금 '합의'를 언급했지만 일본은 이것을 '기준'이라고 부르고 있다. 국제법과 국제 관행에 따라 모든 주권국은 해당 국가의 법에 의거하여 범죄를 자행한 일체의 외국인을 추방할 권리를 보유한다. 재일한인의 경우 한국 정부가 이러한 범죄자 한인들의 추방을 수용할 것인가의 여부가 중요한 문제다. 따라서 일본 출입국관리법에 따라 기준을 정하고 싶다.

유: 재일한인 추방에 일본 출입국관리법을 적용하는 것을 고집한다면, 이 자리에서 이렇게 정부 간 회의를 개최할 이유가 전혀 없다고 생각한다.

가쓰노: 일본 측은 이 문제에 일본 출입국관리법을 적용할 수밖에 없다. 하지만 재일한인에 대해서는 출입국관리법을 운영하고 적용할 때 어느 정도의 유연성을 발휘할 수 있다고 생각한다.

히라가: 일본에서는 출입국관리법이 외국인 추방을 관장한다. 출입국관리법의 어떠한 조항도 국제법과 관행에 위배되지 않는다. 따라서 재일한인의 추방에 관한 모든 문제는 일본 출입국관리법을 바탕으로 다루어야 한다. 한국 측은 재일한인 추방 과정에서의 '협의'를 언급했다. 한국 측이 일체의 재일한인의 추방이 발생할 때마다 각 케이스별로 양측이 협의해야 한다는 의미인지, 아니면 재일한인이 처한 특수한 상황을 고려하여 재일한인의 추방에 대해 일본 출입국관리법을 적용할 때 유연성을 발휘하기를 원한다는 의미인지 궁금하다.

유: 일본 출입국관리법은 재일한인이 처한 특수한 상황은 고려하지 않고 일반적인

외국인 문제 전반을 관장하기 위해 제정된 법이라고 생각한다. 따라서 이들의 특수한 상황을 고려하지 않은 채 일본 출입국관리법을 일방적으로 재일한인들에게 적용하는 것은 적절하지 않다. 우리는 재일한인과 관련한 전반적인 문제를 논의하기 위해 모였다. 따라서 일본 측이 이 문제에 대한 아이디어를 제시해 줄 것을 요청한다. 검토한 후 일본 측에 의견을 제시하겠다.

히라가: '협의'의 진짜 의미를 모르겠다. 재일한인은 외국인이기 때문에 일본 출입국관리법의 적용 대상인 것은 당연하다. 따라서 한국 측이 재일한인의 추방과 관련하여 출입국관리법을 적용하는 과정에서 일본 측으로부터 진정으로 원하는 바가 무엇인지 밝혀주거나, 구체적인 아이디어를 제시해 주기를 바란다. 재일한인의 추방과 관련한 문제에 있어서 일본 출입국관리법에 비논리적이거나 과도한 규정이 존재한다면 한국 측이 지적해 주기를 바라고, 관련 상황이 발생하면 어떻게 대응하기를 바라는지 알려주기 바란다.

가쓰노: 한국에도 출입국관리법이 있다고 알고 있다. 일본에서는 외국인 추방과 관련하여 일본 출입국관리법 제24조에 추방 대상 재일외국인이 명시되어 있다. 해당 법의 제24조에 나열된 조건 중 어떠한 부분이 재일한인의 추방과 관련하여 비논리적이거나 타당하지 않은지 한국 측이 지적해 주면 좋겠다.

유: 알다시피 재일한인과 같은 유형의 외국인이 한국에는 없다. 따라서 우리나라에는 비슷한 문제가 없다. 한국 측은 이들이 일본에 살게 된 특수한 상황을 고려하여 원하는 기간만큼 평화롭고 안정적으로 살아갈 수 있기를 진심으로 바란다. 이에 대해 일본 측의 계획 초안을 제시해 주면 좋겠다.

히라가: 외국인 추방과 관련하여 일본 출입국관리법은 비인도적이지 않고 국제법 및 국제 관행에 부합하는 내용을 담고 있다. 전에도 말했듯이 한국 측이 일본 출입국관리법의 어떠한 부분이나 조항이 재일한인의 추방과 관련하여 비논리적이고 타당하지 않은지 지적해 주기를 바란다.

유: 일본 측은 재일한인 추방과 관련하여 출입국관리법과 국제법을 언급했는데, 이 문제를 만족스럽게 해결하는 데 있어서 건설적인 의견이라고 생각하지는 않는다. 이미 말했듯이 한국 측은 재일한인들이 평화롭고 안정적으로 살아가는 모습을 보고 싶다. 한국 측이 검토하고 분석할 수 있도록 일본의 계획 초안을 제시할 것을 거듭

요청한다.

가쓰노: 한국 측의 의견이 있을 것이라고 생각한다. 일본은 일본에서 평화롭게 살고 있는 선량한 한인들 중 누구도 추방하지 않을 것이다. 오로지 악질 범죄자들만이 추방 대상이다. 본 위원회는 재일한인의 추방에 일본 출입국관리법을 적용하기 위한 기준을 정하는 것을 목적으로 한다. 본 위원회를 통해 재일한인 추방 '기준'을 결정하고 싶다.

히라가: 출입국관리법이 있기 때문에 외국인 추방에 대한 다른 기준은 존재할 수 없다. 한국 측이 재일한인 추방과 관련하여 일본 출입국관리법에 의문을 제기한다면 검토하겠다.

유: 협의를 위해 본국에 귀국했을 때 우리 정부가 이 문제에 대해 크게 우려하고 있음을 알게 되었다. 우리가 지금 당면하고 있는 현실과 재일한인이 놓인 특수한 상황을 고려하여 한국 측은 본 위원회에서 재일한인의 추방에 대한 '협의'를 이끌어 내고 싶다. 이 때문에 일본 측에 먼저 의견을 제시해 줄 것을 요청했다. 이 문제가 국민들에 대한 중대한 문제이기 때문에 한국 정부가 매우 큰 우려를 갖고 현재 이 문제를 분석하고 있다. 우리가 검토할 수 있도록 일본 측이 계획 초안을 제시해 줄 것을 요청한다.

가쓰노: 일본 출입국관리법의 각 조항에 대한 한국 측의 의견을 묻고 싶다. 예를 들어 물건을 살 때에도 어느 정도 금액까지 지불할 의향이 있는지 모르면 흥정을 할 수 없지 않은가? 지금 일본 이민국은 외국인 추방에 대한 정책이 너무 무르다는 이유로 비난을 받고 있다.

가쓰노: 한국 측은 일본 출입국관리법이 타당하고 적절하지 않다는 오해를 하고 있는 것 같다.

최: 일방적으로 일본 출입국관리법을 적용하기를 원한다면 이렇게 국제 회담을 개최할 필요가 전혀 없다.

히라가: 가능하다면 한국 출입국관리법 사본을 받고 싶다. 양국 법을 비교 분석하여 필요한 정보를 얻거나 참고할 수 있을 것 같다.

유: 우리나라에는 재일한인과 같은 특수한 사례가 전혀 없다.

히라가: 특히 일반적인 외국인 추방과 관련하여 한국 출입국관리법을 분석하고 싶다.

최: 이미 신문, 잡지 등 비공식적인 경로로 한국 법의 사본을 확보했으리라 생각한다.

가쓰노: 일본 출입국관리법 제24조에 대해 잘 알고 있을 것으로 생각한다. 이 조항

을 바탕으로 본 위원회를 진행하는 방안에 대해 어떻게 생각하나? 이 조항을 바탕으로 외국인 추방 '기준'을 도출하는 것이다.

유: 이 회의에서 일본 자국법을 언급하지 말라. 일본의 법은 일본의 법일 뿐이다. 일본 측의 계획 초안을 제시하는 게 어떤가?

가쓰노: 일본 출입국관리법은 외국인 추방 관련 문제를 다룰 수 있는 유일한 근거다. 어떠한 상황에서도 해당 법의 범위를 벗어나는 조치를 취할 수는 없다.

히라가: 외국인 추방을 관장하는 일본 출입국관리법의 각 조항에 대한 한국의 의견을 제시하는 것은 어떤가?

유: 1957년 12월 31일에 합의한 바에 따라 양측은 추방 전에 재일한인의 추방에 대해 협의해야 한다.

스가누마: 부속 양해서는 일본이 종전 전에 입국한 한국인들을 억류하는 것을 삼갈 것이라고만 언급한다.

최: 추방자 수용을 위한 협의 등 전반적인 문제들을 본 위원회에서 논의 및 해결할 것이라고 이해했다.

유: 1차 및 2차 한일회담에서 일본 측이 제출한 초안과 같이 일본 측이 먼저 우리에게 계획 초안을 제시해 주기를 바란다. 물론 과거에 제출한 내용보다 건설적인 의견이기를 바란다.

유: 이 문제를 신속히 해결하기 위해 계획 초안을 제시해 줄 것을 일본 측에 거듭 요청한다.

가쓰노: 한국 측에 계획 초안을 제시하겠다. 기대한 것과 다른 내용이어도 놀라지 않기를 바란다. 한국 측도 이 문제에 대한 계획 초안을 가지고 있으리라 생각한다.

유: 물론 서울에 머무는 동안 이 문제에 대해 본국 정부와 논의했다. 재일한인들은 전쟁 중에 일본인들에 의해 강제로 일본에 이주한 사람들이기 때문에 더 이상 필요하지 않다고 이들을 추방하려는 것은 비논리적이고 타당하지 않다. 일본 측이 계획 초안을 제시하면 검토하겠다.

가쓰노: 카테고리별로 나열한 외국인 추방 조건을 한국 측에 전달하겠다.

유: 다음 회의는 언제가 좋겠는가?

가쓰노: 1958년 7월 8일(화요일) 오전 10시 30분 어떤가?

유: 이의 없다.

가쓰노: 보도 자료는?

유: 양측이 본 위원회의 진행 방식에 대해 전반적으로 의견을 교환했다고 작성하는 게 어떤가?

가쓰노: 이의 없다.

(1958년 7월 1일 오전 11시 35분에 회의가 종료되었다.)

끝

12. 제4차 한일회담 법적지위위원회 제6차 회의 요록

0893 Tokyo, July 10, 1958

THE GIST OF TALKS
6TH SESSION
THE MEETING OF THE COMMITTEE ON LEGAL STATUS OF KOREAN RESIDENTS IN JAPAN

1. Time and place:

From 10:30 a.m. to 11:00 a.m. on July 8, 1958 in Room 411 of the Japanese Foreign Ministry

2. Conferees:

The Korean side: MR. YIU, Tai Ha
MR. LEE, Ho
MR. CHOI, Kyu Hah
MR. EA, Chai Hang
MR. CHIN, Pil Shik
MR. PARK, Young
MR. HAN, Ki Bong
MR. LIMB, To Kyong
MR. LEE, Won Ho
MR. ROH, Jai Won

The Japanese side: MR. YASUSUKE KATSUNO
MR. KENTA HIRAGA

MR. SHINZO HASEGAWA

MR. TOYOKICHI NAKAGAWA

MR. MINORU IMAI

MR. KIYOSHI SUGANUMA

MR. MINAO TSUCHIYA

MR. KEN IKEBE

3. The gist of talks:

MR. KATSUNO: As we promised at the preceding meeting of this Committee, we present to you now categorically listed criteria for deportation of aliens. However, they are presented not as a proposal but as same grounds on which discussions may be made.

As we repeatedly said, deportation decisions are not made at random. Decisions for deportation are made categorically in accordance with justifiable ground in connection with interests of Japan. The first category of aliens for deportation is those who are contacted as guilty at courts. According to what I have heard on this category, Korea agreed to the deportation of those Koreans who are coming under this category. What is your opinion regarding this?

MR. YIU: I hope you will refrain from raising questions one by one. I think at the preceding Committee meeting, your side said that it would present a draft idea regarding the deportation of Koreans to us in a written form. I wonder if your side is ready to do so.

MR. KATSUNO: Our side is not ready to do so at this meeting.

0894 MR. YIU: Unless your draft idea be presented in a written form, our side will not be able to make a careful over-all study on it.

MR. KATSUNO: Do you mean that you are not able to give us your opinion on it today, if we present our draft plan verbally?

MR. YIU: As the matters which we are taking up are of great importance to us, our side will be able to give our opinion only after our side has made a careful study on your draft plan to be presented to this meeting in a written form.

MR. KATSUNO: Our side will enumerate categorically listed criteria now, and our side will expect your side to express opinion not today but some other time.

MR. YIU: Anyway, our side would like to have it in a written, or printed form.

MR. KATSUNO: Now our side will enumerate criteria so that your side may give us a notion whether your side thinks them acceptable or not, though we expect your side will express your detailed opinion later. They are: 1) Those who have been convicted guilty at a judicial court

2) Those who have engaged in some sort of unclean earnings such as prostitution etc., though not convicted guilty

3) Those who have assisted illegal entries

4) Lepers and persons of psychosis

5) "Illegal sojourn", that is, those who failed to observe immigration regulations

6) Those who intend to subvert the constitution or Government of Japan or intend to harm national interests of Japan.

We think these aliens should not be allowed to stay in Japan and their deportation is natural. In this regard, our side is desirous of deciding categorically criteria on the acceptance of the deportees.

MR. YIU: Is what you have just enumerated a rearrangement of provisions of the so-called Japanese Immigration Control Ordinance, or a result of studies made by your side taking into your consideration the special backgrounds of the Koreans in Japan?

MR. KATSUNO: It is to a great degree similar to the provision concerned of the Immigration Control Ordinance. Our side hoped that these will be basis of our future discussions.

0895 MR. YIU: It is not very clear to our minds, if we are merely told orally. It your side present them to us in paper, we will make a study on them.

MR. KATSUNO: We will give you them in writing later.

MR. YIU: Do you have anything else to say?

MR. KATSUNO: Nothing particular.

MR. YIU: Our side will give studies on them, if your side give us them in a written form. Our side, however, would like to say that what you have mentioned are very far from our expection[expectation]. We wish you to be more sincere on the matter.

MR. KATSUNO: We will give them to your side in a written form. However, they will be just the same as what our side said just now. Since the problem will be the same, why wouldn't you give us your opinion today with a view to expediting the progress of the Committee works.

MR. YIU: Despite the Japanese side has repeatedly said that the Japanese side will take into its consideration the special backgrounds of the Koreans in Japan it does not seem that your side has done so, viewing what you have said today. Anyhow, give us what you have said now in a written form.

MR. KATSUNO: It is natural that Japan should like to adhere to her Immigration Control Ordinance, and that Japan is authorized to deport 'undesirable' aliens. As your side will have a similar law in your country and in view of the fact that your side has insisted on the special backgrounds of the Koreans in Japan, it will be convenient for the proceeding of the Committee meeting if your side will present your proposal in this regard. Then we will be able to consult with ministries concerned over your proposal.

MR. YIU: As I said to you just ago, we will make studies on your idea if you present it to us in letters. At any rate, isn't it correct to say that since your side recognized the special background of the Koreans, your side ought to take them into your consideration?

MR. HIRAGA: What do you mean by the special backgrounds of the Koreans in Japan?

0896 MR. YIU: We understand that you know them very well. It will take quite a time and give displeasure to your side, if we should explain here them all. Since the special backgrounds of the Koreans in Japan have been repeatedly referred to so far, we don't think it necessary to explain them all over again here.

MR. KATSUNO: We hope your side will give us your opinion categorically at next meeting.

MR. YIU: We will not be able to do so unless your side gives us your idea written on paper.

MR. KATSUNO: May we send them to you within two or three days?

MR. YIU: Then, send them to me.

MR. KATSUNO: When shall we hold next meeting?

MR. YIU: As our side has not received written materials of your side and our side must make studies on them when presented to us, our side will contact you after that.

MR. KATSUNO: No objection.

MR. YIU: How about press release?

MR. KATSUNO: How about releasing that at the Committee meeting, both sides exchanged general views on the treatment of the Koreans in Japan?

MR. YIU: No objection.

-CLOSE-

번역 1958년 7월 10일, 도쿄

재일한인 법적지위위원회 6차 회의 요록

1. 일시 및 장소

1958년 7월 8일, 오전 10시 30분~11시, 일본 외무성 411호

2. 참석자

한국 측: 유태하, 이호, 최규하, 이재항, 진필식, 박영, 한기봉, 임도경, 이원호, 노재원

일본 측: 가쓰노 야스스케, 히라가 겐타, 하세가와 신조, 나카가와 도요키치, 이마이 미노루, 스가누마 기요시, 쓰치야 미나오, 이케베 겐

3. 회의록

가쓰노: 지난 회의에서 약속했듯이 카테고리별로 나열한 외국인 추방 기준을 제시한다. 그러나 제안서가 아닌 논의를 위한 근거로 제시한다.

여러 차례 말했듯이 추방 결정은 임의로 내리지 않는다. 일본의 이익에 대한 타당한 근거에 의거하여 유형별로 추방을 결정한다. 추방 대상 외국인의 첫 번째 유형은 법원에서 유죄 판결을 받은 경우다. 이 유형에 속하는 한인의 추방에 대해서는 한국이 동의했다고 들었다. 어떻게 생각하는가?

유: 하나씩 질문하는 것은 자제하는 것이 좋겠다. 지난 회의에서 일본 측은 서면으로 한인 추방에 대한 계획의 초안을 제시하겠다고 말했다. 제출할 준비가 되었는지 궁금하다.

가쓰노: 이번 회의에서 제출할 준비는 안 된 상태다.

유: 서면으로 작성한 계획 초안을 제시하지 않으면 우리 측이 신중하게 전체적으로 검토할 수 없을 것이다.

가쓰노: 구두로 계획안을 제시하면 오늘 한국 측이 의견을 제시할 수 없다는 의미인가?

유: 지금 논의하는 문제는 우리에게 아주 중요한 사안이기 때문에 일본 측이 서면으로

계획 초안을 제시하여 우리 측이 신중하게 검토한 후에만 의견을 제시할 수 있을 것이다.

가쓰노: 지금 유형별 기준을 열거하고 오늘은 아니더라도 한국 측이 의견을 표명할 것으로 기대하겠다.

유: 어쨌든 우리 측은 서면으로 작성하거나 인쇄한 형태로 받고 싶다.

가쓰노: 한국 측이 수용 가능하다고 생각하는지 아닌지 우리에게 알려줄 수 있도록 지금 기준을 열거해 보겠다. 추후 구체적인 의견을 표명해 줄 거라고 기대하겠다.

1) 법정에서 유죄 판결을 받은 자

2) 유죄 판결을 받지는 않았으나 성매매 등 부정한 유형의 소득 창출 행위에 몸담은 자

3) 불법 입국을 도운 자

4) 나병 환자 및 정신 질환자

5) '불법 체류자' 즉, 이민 규정을 준수하지 않은 자

6) 일본 헌법 또는 정부의 전복을 기도하는 자 또는 일본의 국익을 해하려는 의도를 가진 자

이러한 외국인들은 일본에 체류하는 것을 허용하지 않아야 하고 추방하는 것이 당연하다고 생각한다. 이에 우리 측은 추방자 수용에 대한 유형별 기준을 정하고 싶다.

유: 방금 나열한 것이 소위 일본 출입국관리령의 조항을 단순히 정리한 내용인가, 아니면 재일한인의 특수한 배경을 고려하여 일본 측이 검토한 결과인가?

가쓰노: 상당 부분 출입국관리령의 관련 조항과 유사하다. 앞으로 있을 논의의 바탕으로 삼고자 한다.

유: 말로 들어서는 아주 명확하게 이해되지는 않는다. 서면으로 제출해 주면 검토하겠다.

가쓰노: 추후 서면으로 전달하겠다.

유: 더 할 말 있는가?

가쓰노: 특별히 없다.

유: 열거한 사항을 서면으로 전달해 주면 검토하겠다. 그러나 방금 언급한 내용이 우리가 기대한 바와는 거리가 아주 멀다는 점을 언급하고 싶다. 보다 성의를 보여주기를 바란다.

가쓰노: 서면으로 전달하겠다. 하지만 방금 말한 내용과 동일할 것이다. 문제는 같을 것이니 위원회의 진행 속도를 높이기 위해 오늘 의견을 제시해 주면 안 되겠나?

유: 일본 측이 재일한인의 특수한 배경을 고려하겠다고 여러 차례 말했지만 오늘 말한 내용을 보면 실제로는 고려하지 않은 것 같다. 어쨌든 오늘 말한 내용을 서면으로 전달해 달라.

가쓰노: 일본이 출입국관리령을 고수하고 싶어 하는 것은 당연하며, 일본은 '바람직하지 않은' 외국인들을 추방할 권한이 있다. 한국도 유사한 법을 가지고 있을 것이고 한국 측이 재일한인의 특수한 배경을 강조했다는 사실을 고려하여 한국 측이 의견을 제시해 주면 회의를 진행하는 데 도움이 될 것이다. 그렇게 하면 한국 측의 제안사항에 대해 관련 부처와 협의할 수 있을 것이다.

유: 방금 말했듯이 서면으로 계획을 전달해 주면 우리가 검토할 것이다. 어쨌든 일본 측이 재일한인의 특수한 배경을 인정했으니 고려하는 것이 맞지 않은가?

히라가: 재일한인의 특수한 배경이 의미하는 바가 무엇인가?

유: 일본 측이 아주 잘 알 거라고 생각한다. 여기에서 그 특수한 배경을 모두 설명하면 상당한 시간이 걸릴 것이고 일본 측이 불편해질 것이라고 생각한다. 재일한인의 특수한 배경은 이제까지 여러 차례 언급했으니 이 자리에서 다시 모든 내용을 설명할 필요가 없다고 생각한다.

가쓰노: 다음 회의에서 한국 측의 의견을 유형별로 제시해 주기를 바란다.

유: 일본 측이 서면으로 계획을 제시하지 않으면 그렇게 할 수 없다.

가쓰노: 2~3일 내로 보내주면 되겠나?

유: 나에게 보내달라.

가쓰노: 다음 회의는 언제가 좋겠는가?

유: 일본 측의 의견을 서면으로 받지 못한 상태로 전달받으면 검토해야 하니 검토 후에 연락하겠다.

가쓰노: 이의 없다.

유: 보도 자료는?

가쓰노: 재일한인의 처우에 대해 전체적인 의견을 교환했다고 하는 것이 어떤가?

유: 이의 없다.

끝

13. 제4차 한일회담 법적지위위원회 제7차 회의 요록

0898 Tokyo, October 7, 1958

THE GIST OF TALKS
THE SEVENTH MEETING
THE MEETING OF THE COMMITTEE ON LEGAL STATUS OF KOREAN RESIDENTS IN JAPAN

1. Time and Place:

From 3 p.m. to 3:35 p.m. on October 6, 1958 at Room 411 of the Japanese Foreign Ministry

2. Conferees:

Korean side: Mr. CHOI, Kyu Hah
Mr. CHIN, Pil Shik
Mr. HAN, Ki Bong
Mr. OHM, Young Dal

Japanese side: Mr. Yasusuke Katsuno
Mr. Kenta HIRAGA
Mr. Shinzo HASEGAWA
Mr. Toyokichi NAKAGAWA
Mr. SHIMISU [SHIMIZU]
Mr. Kiyoshi SUGANUMA
Mr. Ken IKEBE
Mr. Minao TSUCHIYA

3. Gist of Talks:

Mr. Katsuno: Have you changed the members of your delegation to this Committee?

Mr. Choi: Yes, we have changed our members. The Korean delegation to this Committee consists of five members including myself.

(Then, Mr. Choi introduced to the Japanese side the members of the Korean delegation: Mr. EA, Jai Hang, Consul-General, who was absent today because of his illness; Mr. CHIN, Pil Shik, First Secretary of the Korean Mission; Mr. MOON, Chul Soon, Chief of Asia Section, Ministry of Foreign Affairs, who did not arrive in Japan yet; Mr. HAN, Ki Bong, Second Secretary of the Korean Mission; and Mr. OHM, Young Dal, Third Secretary of the Korean Mission, who is a secretary.)

Mr. Katsuno: I would like to hear the Korean view on the suggestion by the Japanese side regarding deportation criteria in connection with the Korean residents in Japan, which was presented to Minister Yiu at the sixth meeting of the Committee on Legal Status of Korean Residents in Japan.

Mr. Choi: Before answering you, I would like to make some remarks. As you know, the meetings of this Committee was suspended for a considerable length of time due to quite an unexpected problem. But, now, the talks having been resumed, my delegation is desirous of proceeding our meeting expeditiously here. The Korean side is thinking of making a proposal in near future on
0899 various problems which are related to the discussions this Committee, so that
matters on the status of the Korean residents can be settled as soon as possible. In the light of the above, my delegation wishes to reserve direct comments on the suggestion submitted by the Japanese side to the Korean side the other day.

Mr. Katsuno: Is the Korean side studying on related problems to make proposal?

Mr. Choi: The Korean side considers making proposal, but not today, though.

Mr. Katsuno: On this occasion, I would like to know official attitude of your Government in regard to the Korean illegal entrants. Does your Government intend to accept those illegal entrants in question?

Mr. Choi: Which illegal entrants do you specifically mean?

Mr. Katsuno: I meant those illegal entrants now in Omura Camp.

Mr. Choi: The Korean side considers that the problem concerning the deportation of illegal entrants should be discussed here according to Article 2 of the Agreed Minutes signed on December 31, 1957.

Mr. Katsuno: Which problem do you mean by that? Principles of deportation or actual arrangements for the deportation?

Mr. Choi: According to Article 2 of the Agreed Minutes of December 31, 1957, the problem regarding illegal entrants is also a subject of discussions at this Committee.

Mr. Katsuno: As far as I remember, the problem on the actual arrangements for the deportation of Korean illegal entrants now in Omura Camp had already been discussed at the Working Committee, and also the problem of the principle of the deportation.

Mr. Choi: I am referring to general principle. The problem of the deportation of illegal entrants should, I think, be the subject of our discussions at this Committee according to Article 2 of the Agreed Minutes signed on December 31, 1957.

0900 Mr. Katsuno: Did you get the Note Verbals sent by the Japanese side the other day?

(The Note Verbals was regarding acceptance of deportation of illegal entrants now in Omura.)

Mr. CHOI: Yes.

Mr. Katsuno: The Japanese side has in Omura eight hundred and fifty(850)

Korean illegal entrants, who can be deported without any hinderance or obstacles.

Mr. Choi: Are there many parolees?

Mr. Katsuno: Thirty seven(37) persons on parole as of today.

Mr. Choi: From when?

Mr. Katsuno: After the end of last December, namely, after the Japanese side sent the list of deportees to the Korean side. The afore-said 37 persons are paroled in addition to the parolees of which the list was handed to the Korean side at the Working Committee.

Mr. Choi: I understand that the question on this parolees should be discussed somewhere at this Committee in due course of time.

Mr. Katsuno: The Japanese side doesn't want to touch on the question, now.

Mr. Choi: I meant that the problem should be taken up here in due course of time.

Mr. Kateuno: That is very difficult problem. Now, how shall we do regarding those 850 illegal entrants now in Omura Camp?

Mr. Choi: Frankly speaking, I did not want to talk about this problem here now, but, since the Japanese side mentioned this problem and the Note Verbals, I would like to make it clear that, as far as the problem of
0901 implementation of the deportation in accordance with the detainee agreement of December 31, 1957 is concerned, Minister Yiu and Director Itagaki, both of them being the heads of their respective representatives at the Working Committee, will handle it.

Mr. Katsuno: (Silence)

Mr. Choi: What date do you suggest for our next meeting? How about next Monday(October 13)?

Mr. Katsuno: That will be all right?

Mr. Choi: All right. And at 3 p.m.?

Mr. Katsuno: No objection.

Mr. Choi: Do you have any particular idea an press release?

Mr. Katsuno: No, not particularly.

Mr. Choi: Shall we leave it to Mr. Chin and Mr. Suganuma as before?

Mr. Katsuno: No objection.

-The end-

번역

1958년 10월 7일, 도쿄

재일한인 법적지위위원회 7차 회의 요록

1. 일시 및 장소

1958년 10월 6일, 오후 3시~3시 35분, 일본 외무성 411호

2. 참석자

한국 측: 최규하, 진필식, 한기봉, 엄영달

일본 측: 가쓰노 야스스케, 히라가 겐타, 하세가와 신조, 나카가와 도요키치, 시미스[시미즈], 스가누마 기요시, 이케베 겐, 쓰치야 미나오

3. 회의록

가쓰노: 본 위원회 한국대표단의 위원이 변경되었나?

최: 그렇다. 본 위원회의 한국대표단은 나를 포함하여 5명으로 구성된다.

(최 참사관이 일본 측에 한국 위원들을 소개했다. 이재항 총영사는 병중이라 오늘 회의에 불참했고, 주일 대표부 진필식 1등서기관, 문철순 외무부 아시아과장은 아직 일본에 도착하지 않았다. 주일 대표부 한기봉 2등서기관, 서기를 맡은 주일 대표부 엄영달 3등서기관이 참석했다.)

가쓰노: 일본이 재일한인 법적지위위원회 6차 회의에서 재일한인 추방 기준에 대해 제시한 내용에 관한 한국의 의견을 듣고 싶다.

최: 답변하기 전에 몇 마디 하고 싶다. 알다시피 본 위원회의 회의가 예상치 못한 문제로 인해 상당 기간 중단되었다. 하지만 이제 회담이 재개되었으니 우리 대표단은 회의를 신속하게 진행하고 싶다. 한국 측은 재일한인의 지위 문제를 최대한 빨리 해결하고자 곧 본 위원회의 논의 주제와 관련된 여러 가지 문제에 대한 제안을 하려고 생각 중이다. 이에 기존에 일본이 한국 측에 제시한 의견에 대한 직접적인 의견은 유보하고 싶다.

가쓰노: 한국 측이 의견을 제안하기 위해 관련 문제들을 검토 중인가?

최: 제안하려고 검토 중이나 오늘 하지는 않을 것이다.

가쓰노: 그렇다면 불법 입국 한국인에 대한 한국 정부의 공식적인 입장이 무엇인지 알고 싶다. 한국 정부가 불법 입국자를 수용할 예정인가?

최: 구체적으로 어떠한 불법 입국자를 말하는 것인가?

가쓰노: 현재 오무라(大村)수용소에 억류되어 있는 불법 입국자를 의미한다.

최: 불법 입국자 추방 문제는 1957년 12월 31일에 서명한 합의의사록 제2조에 의거하여 논의해야 한다고 생각한다.

가쓰노: 어떤 문제를 말하는 것인가? 추방의 원칙을 말하는 것인가, 아니면 추방에 대한 실질적인 협의를 의미하나?

최: 1957년 12월 31일 자 합의의사록 제2조에 따라 불법 입국자 문제도 본 위원회의 논의 대상이다.

가쓰노: 현재 오무라수용소에 억류 중인 한국인 불법 입국자의 추방에 대한 실질적인 협의 문제와 추방의 원칙에 대해서는 이미 실무위원회에서 논의한 것으로 기억한다.

최: 일반적인 원칙을 말하는 것이다. 불법 입국자의 추방 문제는 1957년 12월 31일에 서명한 합의의사록 제2조에 따라 본 위원회가 논의할 주제다.

가쓰노: 지난번에 일본 측이 송부한 구상서를 받았나?

(구상서는 오무라에 억류 중인 불법 입국자 추방 시 수용에 대한 내용이다.)

최: 받았다.

가쓰노: 오무라수용소에 어떠한 간섭이나 장애물 없이 추방할 수 있는 한국인 불법

입국자 팔백오십(850) 명이 억류되어 있다.

최: 가석방된 인원이 많은가?

가쓰노: 오늘 기준으로 서른일곱(37) 명이 가석방되었다.

최: 언제부터 집계한 숫자인가?

가쓰노: 지난 12월 말부터, 즉 한국 측에 추방자 명단을 전달한 후부터 집계한 인원이다. 위에서 말한 37명은 실무위원회에서 한국 측에 전달한 명단에 포함된 가석방 대상에 더해 추가로 가석방된 인원이다.

최: 가석방자는 본 위원회에서 언젠가 논의할 주제라고 생각한다.

가쓰노: 지금 가석방자에 대해 논의하고 싶지는 않다.

최: 나중에 언젠가 논의할 주제라는 의미였다.

가쓰노: 매우 어려운 문제다. 현재 오무라수용소에 있는 불법 입국자 850명에 대해 논의하는 게 어떤가?

최: 솔직히 말해 그 문제를 지금 여기서 논의하고 싶지 않았다. 하지만 일본 측이 오무라 불법 입국자 문제와 구상서를 언급했으니, 1957년 12월 31일에 억류자에 대해 합의한 내용에 따른 추방 이행 문제는 실무위원회에서 각 측을 대표했던 유 공사와 이타가키 국장이 다루게 될 것이다.

가쓰노: (침묵)

최: 다음 회의는 언제가 좋겠는가? 다음 주 월요일(10월 13일) 어떤가?

가쓰노: 좋다.

최: 좋다. 오후 3시?

가쓰노: 이의 없다.

최: 보도 자료에 대해 특별한 의견이 있나?

가쓰노: 없다.

최: 그럼 전과 같이 작성하도록 진 서기관과 스가누마에게 맞기는 게 어떤가?

가쓰노: 이의 없다.

끝

15. 제4차 한일회담 법적지위위원회 제8차 회의 요록

0904

Tokyo, October 15, 1958

THE GIST OF TALKS

THE EIGHTH SESSION

THE MEETING OF THE COMMITTEE ON LEGAL STATUS OF KOREAN RESIDENTS IN JAPAN

1. Time and Place:

From 3 p.m. to 3:50 p.m. on October 13, 1958, at Room 411 of the Japanese Foreign Ministry

2. Conferees:

Korean side: Mr. CHOI, Kyu Hah
Mr. CHIN, Pil Shik
Mr. HAN, Ki Bong
Mr. MOON, Chul Soon
Mr. OHM, Young Dal

Japanese side: Mr. Yasusuke Katsuno
Mr. Shinzo HASEGAWA
Mr. Toyokishi NAKAGAWA
Mr. SHIMISU[SHIMIZU]
Mr. Kiyoshi SUGANUMA
Mr. Minao TSUCHIYA
Mr. Ken IKEBE

3. The Gist of Talks:

Mr. Choi: Shall we open today's meeting now?

Mr. Katsuno: Yes, let us open it.

Mr. Choi: At the last meeting, I stated that the Korean side would present a proposal on various problems related to the Korean residents in Japan. However, my office is now awaiting instructions thereon from the Government. I believe that the instructions will reach my delegation very soon.

Mr. Katsuno: My delegation expected that the proposal would be brought in today by the Korean side at this meeting. But, as you say that you are unable to present it today, I think we may as well resume our talks at the next meeting.

Mr. Choi: Today, I would like to ask several questions in connection with thirty-seven(37) parolees who, if my memory is correct, have been released from Omura Camp, according to your remarks at the previous meeting, I heard some time ago that the Ministry of Justice released twenty-five(25) detainees
0905 on parole out of one thousand two hundred and fifty nine(1,259) Korean illegal entrants whose list was handed to the Korean side at the Working Committee in accordance with the agreement of December 31, 1957. And you told me at the previous meeting that there were thirty-seven(37) parolees. I wonder if the figure twenty-five(25) is included in the thirty-seven(37).

Mr. Katsuno: As you told me at the last meeting that such problems should be discussed at the Working Committee, I have not brought all the documents concerning the problem under reference.

Mr. Choi: What I actually meant at the last session concerning the problem in question was that the problem on deportation of the Korean illegal entrants was the subject of discussions at this Committee in accordance with Article 2 of the Agreed Minutes signed on December 31, 1957.

Mr. Katsuno: Has the Korean side made any decision on the eight hundred and fifty (850) illegal entrants who want to go back to Korea?

Mr. Choi: As I have already mentioned, the principle of deportation shall have to be the subject of discussions at this Committee in due course of time, according to Article 2 of the Agreed Minutes of December 31, 1957.

Mr. Katsuno: May I ask if the Korean Government will accept those Korean illegal entrants whom the Japanese Government has decided to deport to Korea? I think that, under international practices, the Korean Government should accept them.

Mr. Choi: The Korean side holds a different view on it from that of the Japanese Government. Anyhow, I don't have any intention whatsoever now to take up the principle of deportation or international practices with respect to the deportation of aliens by a State here. The reason why I am referring to this problem at this meeting today was that you mentioned about the thirty seven parolees at the last meeting. I just wanted to know if those thirty-seven(37) persons are included in the list of one thousand two hundred and fifty nine(1,259) which was handed to the Korean side at the Working Committee. As for the remainder from 1259, their deportation will be arranged at the Working Committee.

0906 Mr. Katsuno: Yes, they are included in the list which was handed to the Korean side. One thing, however, I would like to make it clear in this connection is that the afore-said list was the list of Korean illegal entrants and was not that of those who were to be deported by the Japanese side.

Mr. Choi: Our view differs from yours in that connection. If the thirty seven (37) persons are included in the list of one thousand two hundred and fifty nine (1,259) persons in question, I wonder if the two persons under the member of three hundred and forty six (346) and three hundred and seventy four (374) in the list of 1,259 under reference have been released and been included in the 37, or not?

Mr. Katsuno: I will check it and a reply thereto will be made at next meeting.

What date is in your mind for the next meeting?

Mr. Choi: One week later, that is next Monday, October 20.

Mr. Katsuno: How about deciding the date through telephone, later?

Mr. Choi: Then, shall we tentatively decide next Monday for the next meeting?

Mr. Katsuno: If you so desire, then, I have no objection.

Mr. Choi: Any particular idea on press release?

Mr. Katsuno: Let us state that both sides exchanged general opinions on the problems concerning Korean residents in Japan.

Mr. Choi: That will be all right.

-The end-

번역

1958년 10월 15일, 도쿄

재일한인 법적지위위원회 8차 회의 요록

1. 일시 및 장소

1958년 10월 13일, 오후 3시~3시 50분, 일본 외무성 411호

2. 참석자

한국 측: 최규하, 진필식, 한기봉, 문철순, 엄영달

일본 측: 가쓰노 야스스케, 하세가와 신조, 나카가와 도요키시, 시미스[시미즈], 스가누마 기요시, 쓰치야 미나오, 이케베 겐

3. 회의록

최: 회의를 시작하자.

가쓰노: 좋다.

최: 지난 회의에서 한국 측이 재일한인과 관련한 여러 문제에 대한 제안서를 제출하겠다고 말했는데, 아직 정부로부터 지시를 기다리고 있는 상태다. 곧 정부의 지시가 내려질 것이라고 생각한다.

가쓰노: 오늘 회의에서 한국 측이 제안서를 제시할 것으로 기대했지만 아직 제출할 수 없다고 말하니 다음 회의에서 논의를 재개하면 될 것 같다.

최: 지난 회의에서 일본 측이 오무라수용소에서 서른일곱(37) 명이 가석방되었다고 말한 것으로 기억한다. 이 부분에 대해 몇 가지 질문하고 싶다. 1957년 12월 31일 합의에 따라 실무위원회에서 한국 측에 전달된 한국인 불법 입국자 천이백오십구(1,259) 명 중에 법무성이 스물다섯(25) 명을 가석방했다고 들었다. 그리고 지난 회의에서 가석방자 인원이 서른일곱(37) 명이라고 말했다. 앞서 말한 스물다섯(25) 명이 이 서른일곱(37) 명에 포함된 것인지 궁금하다.

가쓰노: 지난 회의에서 나에게 말했듯이 이 문제는 실무위원회에서 논의되었고, 관련 자료를 모두 가져오지는 않았다.

최: 지난 회의에서 내가 말했던 것은 1957년 12월 31일에 서명한 합의의사록 제2조에 따라 한국인 불법 입국자의 추방 문제가 본 위원회의 논의 주제라는 의미였다.

가쓰노: 한국으로 귀환하기를 원하는 불법 입국자 팔백오십(850) 명에 대해서는 결정이 내려졌나?

최: 이미 말했듯이 추방의 원칙은 1957년 12월 31일에 서명한 합의의사록 제2조에 따라 적절한 시기에 본 위원회에서 논의하게 될 것이다.

가쓰노: 일본 정부가 한국으로 추방하기로 결정한 한국인 불법 입국자들을 한국 정부가 수용할 계획인지 묻고 싶다. 국제 관행에 따라 한국 정부가 수용해야 한다고 생각한다.

최: 한국 측은 일본 정부와 다른 견해를 갖고 있다. 어쨌든 이 자리에서 추방의 원칙이나 한 국가의 외국인 추방에 관한 국제 관행을 논할 의향은 없다. 내가 오늘 이 문제를 언급하는 이유는 지난 회의에서 일본 측이 가석방자 37명을 언급했기 때문이다. 이 서른일곱(37) 명이 실무위원회에서 한국에 전달한 명단의 천이백오십구(1,259) 명에 포함되어 있었는지 알고 싶었을 뿐이다. 1,259명 중 나머지 인원의 추방에 대해서

는 실무위원회에서 협의할 예정이다.

가쓰노: 그렇다. 한국 측에 전달한 명단에 포함되어 있었다. 하지만 앞서 말한 명단은 한국인 불법 입국자 명단이었고 일본 측이 추방하려는 대상의 명단이 아니었음을 확실히 짚고 넘어가고 싶다.

최: 그 부분에 대해서 우리 측은 의견이 다르다. 서른일곱(37) 명이 천이백오십구(1,259) 명 명단에 포함되어 있었다면, 이 명단의 삼백사십육(346) 명과 삼백칠십사(374) 명 중에 2명이 석방되었고 앞서 말한 서른일곱(37) 명에 포함되어 집계했다는 의미인가?

가쓰노: 확인 후에 다음 회의에서 답변하겠다. 다음 회의는 언제가 좋겠나?

최: 일주일 후인 다음 주 10월 20일(월요일)이 좋겠다.

가쓰노: 나중에 전화로 일정을 정하는 게 어떤가?

최: 그러면 일단 잠정적으로 다음 주 월요일로 정해놓는 것은 어떤가?

가쓰노: 그렇게 하기를 원한다면 이의 없다.

최: 보도 자료에 대한 의견 있는가?

가쓰노: 양측이 재일한인 문제에 대한 전반적인 의견을 교환했다고 하자.

최: 좋다.

끝

16. 본부의 제안서 내용에 대해 주일 참사관이 정무국장에게 보낸 질의 전문(사신)

0908 수신인: 정무국장

10월 13일 외정 제3810호 공문으로 보내주신 재일교포 법적 지위에 관한 아 측 제안은 오는 20일 오후 2시(월요일)에 개최되는 법적지위위원회에서 제출하여 이를 추진하고자 하는바, 다음 사항에 관하여 조속히 분명히 될 수 있는 조치를 취해주시면 고맙겠습니다.

1. 즉 각 조문에 급하여 아 측의 해석을 가지고 있어야 되겠음. 각 조문에 급하여 용어상의 해석을 내리도록 하심에 있어서 특히 하기 점을 분명히 해주실 것.

A. 제1조에 있어서 THE DATE OF TERMINATION OF 운운의 일자를 아 측으로서는 여한 것인가, 또

B. 동 조문의 DESCENDANTS의 범위 여하.

C. 제7조 3항의 소급 적용한다는 것과 제4조, 5조에 있어서의 관련에 있어서 그 의미가 여하히 되는 것인지를 분명히 하여 주실 것.

2. 3조 2항의 COMPULSORY DEPORTATION이 COMPULSORY는 불필요한 것인데 어찌하면 좋을 것인가.

0909 3. 또 동조 2항의 MAY HAVE BEEN GRANTED는 사실상 무엇을 의미하는 것인지 분명치 않은 듯함.

4. 이상 제3에서 지적한 것은 우선 의문되는 것만 적어본 건이오니 그리 아시고 가급적 속히 각 조문의 해석에 있어서 아 측의 일치한 UNDERSTANDING을 가질 수 있도록 선처하여 주시면 고맙겠습니다.

주일 참사관

17. 불법 입국자 명단과 관련한 주일 대표부의 보고 전문

0910 NO. MTB-16

DATE. 10171200

TO. OFFICE OF THE PRESIDENT, FOREIGN MINISTER

ACKNOWLEDGMENT IS MADE OF THE RECEIPT OF YOUR CABLE NUMBER ZERO ZERO SEVEN OF OCTOBER SIXTEEN REGARDING THE LEGAL STATUS COMMITTEE PD THIS DELEGATION UNDERSTANDS FULLY THE GOVERNMENT VIEWS AND INSTRUCTIONS SET FORTH IN ITEM ONE REGARDING THE PROBLEM OF ILLEGAL ENTRANTS AND CONCERNING OUR POSITION IN THE DRAFT AGREEMENT RECENTLY SENT TO THIS DELEGATION BY THE GOVERNMENT PD WITH RESPECT TO THE EIGHT HUNDRED AND FIFTY KOREANS IN QUESTION CMA THEY ARE CMA ACCORDING TO THE JAPANESE SIDE CMA THE REMAINDERS OUT OF ONE THOUSAND TWO HUNDRED FIFTYNINE ILLEGAL ENTRANTS NAMED IN THE JAPANESE LIST HANDED TO US AT THE WORKING COMMITTEE PLUS MORE ILLEGAL ENTRANTS WHO WERE DETAINED ON AND AFTER JANUARY FIRST CMA NINETEEN FIFTYEIGHT PD THOSE WHO ARE ALLEGEDLY DESIROUS OF GOING TO NORTH KOREA ARE NOT INCLUDED IN THE LIST OF EIGHT HUNDRED FIFTY KOREANS IN QUESTION PD BY SUCH WORDS QUOTE WITHOUT HINDRANCE OR OBSTACLE UNQUOTE JAPANESE CHIEF MEMBER KATSUNO WANTED TO MEAN MAINLY THAT THERE WERE
0911 NO SPECIAL PROBLEM REGARDING THE DEPORTATION OF THE EIGHT HUNDRED FIFTY KOREANS AS TO THEIR DESTINATION PD REGARDING

ITEM FOUR THIRTY SEVEN PAROLEES IN QUESTION CMA KATSUNO SAID THEY ARE NAMED IN THE LIST OF ONE THOUSAND TWO HUNDRED FIFTY NINE HANDED TO OUR SIDE AT THE WORKING COMMITTEE PD TWENTY FIVE AMONG THE THIRTY SEVEN KOREANS ARE THOSE WHO ARE DESIROUS OF GOING TO NORTH KOREA PD REGARDING THE REMAINING TWELVE PAROLEES CMA WE ASKED THE JAPANESE SIDE TO GIVE A CLASSIFICATION ON THEREOF PD

AMBASSADOR LIMB

번역 번호: MTB-16

일자: 10171200[1958. 10. 17]

수신인: 대통령실, 외무부 장관

법적지위위원회에 관한 10월 16일 자 전보 제007호를 잘 받아 보았습니다. 정부가 최근 대표단에 발송한 협정 초안에 담긴 우리의 입장 및 불법 입국자 문제에 관하여 1번 항목에 제시되어 있는 정부의 입장과 지시사항을 충분히 이해했습니다. 일본 측에 따르면 문제의 한국인 850명은 실무위원회에서 우리 측에 전달한 명단에 포함되어 있던 1,259명의 불법 입국자 중 남아있는 인원에 1958년 1월 1일 이후에 억류된 추가적 불법 입국자 인원을 더한 숫자입니다. 북송을 원하는 것으로 알려진 자들은 문제의 850명에 포함되어 있지 않습니다. "간섭이나 장애물 없이"라는 표현을 통해 일본 측 가쓰노 수석위원은 한국인 850명의 경우 행선지와 관련하여 특별한 문제가 없었음을 전달하고자 했습니다. 가쓰노는 4번 항목인 가석방자 37명은 실무위원회에서 우리 측에 전달한 1,259명의 명단에 포함되어 있었다고 말했습니다. 한국인 37명 중 25명이 북송을 원하는 이들입니다. 나머지 가석방자 12명이 어떠한 유형에 속하는지 알려줄 것을 일본에 요청했습니다.

임 대사

18. 주일 참사관의 질의에 대한 정무국장의 답신 전문(사신)

0912 수신인: 주일 참사관

재일한인에 관한 우리 초안[협정문]에 대한 비공식 문의에 관하여 상세히 검토하여 보았습니다. 그 일부에 관하여서는 오늘 동시에 나가는 FTF-9 훈령으로 회답되었다고 생각하나 기타에 관하여 개인적인 견해를 추가하면, 첫째, DATE OF TERMINATION는 지금부터 어느 일자라고 고정할 긴급성은 없으나 작정할 경우에는 청구권 기타 문제에 있어서와 보조를 맞출 수밖에 없다고 생각합니다. 둘째, DESCENDANTS의 범위에 관한 의의가 국적에 관련하여 제기된 것인지 의문의 요지를 다시 알리어 주시기 바라며, 셋째, 귀견과 같이 COMPULSORY라는 말은 반드시 필요한 말이 아닌데 여기에 넣게 된 이유는 가급적 1952년 초안과 어구 표현을 같게 하기 위하여 그대로 둔 것입니다.

정무국장

19. 재일한인에 대한 제안서 관련 훈령 전문

0913 NO. FTB-009

DATE. 10201040

SENT TO. AMBASSDOR LIMB

COPY TO. MINISTER YIU PD

RE OUR PROPOSAL OF OIJUNG NUMBER THREE EIGHT ONE ZERO REGARDING KOREAN RESIDENTS PD WHEN PRESENTING THE DRAFT TO THE JAP SIDE CMA PUT INTO RECORD THE FOLLOWING RESERVATIONS COLON

ITEM ONE THIS DRAFT DOES NOT CONTAIN KOREAN POSITION ON THE MATTER REFERRED TO IN ARTICLE TWO OF THE AGREED MINUTES OF ONE NINE FIVE SEVEN CMA WHICH WILL BE TAKEN UP IN DUE COURSE OF PROCEEDING OF THIS COMMITTEE SEMICOLON

ITEM TWO NOTHING CONTAINED IN THIS DRAFT SHOULD BE CONTRUED AS ALTERING IN ANY WAY KOREAN POSITION WHICH HAS BEEN EXPRESSED ON FREQUENT OCCASIONS WITH REGARD TO FINAL DESTINATION OF KOREAN DEPORTEES OR KOREAN QUOTE VOLUNTARY REPATRIATES UNQUOTE SEMICOLON

ITEM THREE KOREAN SIDE PROPOSES ARTICLES FOUR AND FIVE ON THE ASSUMPTION THAT KOREAN RESIDENTS COULD ENJOY PROPERTY RIGHTS

AND OCCUPATIONS WHICH ALIENS IN GENERAL ARE NOT ENTITLED TO ENJOY THOUGH THERE IS A PARAGRAPH OF QUOTE AT THE TIME OF THE COMING INTO FORCE OF THE PRESENT AGREEMENT DOT DOT DOT PD

FOREIGN MINISTER

번역 번호: FTB-009

일자: 10201040[1958. 10. 20]

수신인: 임 대사
사본: 유 공사

재일한인에 관한 제안서 외정 제3810호와 관련하여 이 초안을 일본 측에 전달할 때 다음과 같은 단서를 다십시오.

1. 본 초안은 1957년 합의의사록 제2조가 언급하는 문제에 대한 한국의 입장을 포함하지 않는다. 이 문제는 본 위원회를 진행하며 적절한 시점에 논의할 것이다.

2. 본 초안에 담긴 어떠한 내용도 한국인 추방자들의 최종 행선지 또는 '자발적 송환자'에 해당하는 한인에 대해 여러 차례 표명한 바 있는 한국의 입장을 어떠한 방식으로도 변경하는 것으로 해석하지 않아야 한다.

3. "현 합의가 발효되는 시점에…"라는 문단이 포함되어 있지만 한국 측은 재일한인들이 일반적인 외국인들이 누리지 못하는 재산권과 직업을 가질 수 있다는 가정하에 제4조와 제5조를 제안한다.

외무부 장관

22. 제4차 한일회담 법적지위위원회 제9차 회의 요록

0917

Tokyo, October 22, 1958

GIST OF TALKS
NINTH SESSION
COMMITTEE ON LEGAL STATUS OF KOREAN RESIDENTS IN JAPAN

1. Time and place:

3:00-4:00 p.m., October 20,1958 (Monday), Rm.411 Ministry of Foreign Affairs, Japanese Government

2. Conferees:

Korean side:	Mr. CHOI, Kyu Hah
	Mr. CHEE, Chul Keun
	Mr. MOON, Chul Soon
	Mr. ROH, Jae Won
	Mr. OHM, Young Dal
Japanese side:	Mr. Katsuno, Yasusuke
	Mr. HIRAGA, Kenta
	Mr. HASEGAWA, Shinzo
	Mr. HAKAGAWA, Toyokichi
	Mr. HIRAZUKA,
	Mr. SHIMIZU,
	Mr. TSUCHIYA, Minao

3. Gist of Talks:

Mr. CHOI: I remember that I stated at the previous meeting of this committee that the Korean side would present to your side at today's meeting the Korean proposal regarding legal status and treatment of Korean residents in Japan. (Mr. CHOI handed Mr. Katsuno two copies of the text of Korean proposal)

In the meantime, I would like put into record several reservations in connection with the Korean proposal; they are: First: This draft does not contain Korean position on the matter referred to in Article 2 of the Agreed Minutes of 1957, which will be taken up in due course of proceeding of this committee session.

Second: Nothing contained in this draft proposal should be construed as altering in any way Korean position which has been expressed on frequent occasions with regard to final destination of Korean deportees or Korean "voluntary repatriates".

Third: Korean side proposes Articles 4 and 5 on the assumption that Korean residents could enjoy property rights and occupations which aliens in general are not entitled to enjoy though there is paragraph of "at the time of the coming into force of the present agreement……".

Fourth: Grammatical or typographical mistakes, if any, will be subject to correction, in regard to the present proposal.

0918 Mr. CHOI(Cont'): I desire that this committee would enter into substantial discussions, and I wish your side would favourably consider this proposal as soon as possible.

Mr. KATSUNO: I would reserve the comment of our side on this proposal until after we finish the study thereon. I hope I will express my view at the next meeting.

Mr. CHOI: Now, regarding 37 parolees from Omura Detention Camp whom you mentioned at the previous meeting of this committee, we would like to have the list of those parolees and your remarks on reasons for the parole.

Mr. KATSUNO: As to those two persons under numbers of 346 and 374 in the List of 1,259, they have been released on parole.

Now, there are 850 detainees who would be repatriated to the Republic of Korea at any time. As to the 37 parolees, we would furnish you with the data concerned. But, with no progress being made in connection with deportation, we can not but hesitate to submit such materials tor which we should spend energy with no result.

Mr. CHOI: After all, it is your side that first referred to the question of 37 parolees at this committee; that is to say, at the eighth session of the legal status committee.

It, therefore, is natural for our side to request you to furnish the list of 37 parolees including reasons for the paroles at this committee where, at the previous session, you first mentioned them, because they are nationals of the Republic of Korea. As to the implementation of terms agreed upon at the conclusion of the Preliminary Talks, the Korea-Japan Working Committee will handle it.

Mr. KATSUNO: When shall we meet next time?

Mr. CHOI: Let us meet at 300 p.m. on October 27 (Monday).

Mr. KATSUNO: Let us set that date and time tentatively, since we must first of all study your proposal.

Mr. CHOI: No objection.

(Before the meeting was adjourned, both sides agreed to the text of the joint press release which reads: "It was decided that the committee would start substantial discussions on the problem of Korean Residents in Japan; and it was farther decided that the next meeting of the committee would be held tentatively at 3:00 p.m. on October 27, Monday.")

번역

1958년 10월 22일, 도쿄

재일한인 법적지위위원회 9차 회의 요록

1. 일시 및 장소

1958년 10월 20일(월요일), 오후 3시~4시, 일본 외무성 411호

2. 참석자

한국 측: 최규하, 지철근, 문철순, 노재원, 엄영달

일본 측: 가쓰노 야스스케, 히라가 겐타, 하세가와 신조, 하카가와 도요키치, 히라쓰카, 시미즈, 쓰치야 미나오

3. 회의록

최: 지난 회의에서 오늘 우리 측이 재일한인의 법적 지위와 처우에 대한 제안서를 제시할 것이라고 말했다. (최 참사관이 한국 제안서 2부를 가쓰노에게 전달했다.)

먼저 한국 측 제안서에 대해 다음과 같은 몇 가지 단서를 기록으로 남기고 싶다.

1. 본 초안은 1957년 합의의사록 제2조가 언급하는 문제에 대한 한국의 입장을 포함하지 않는다. 이 문제는 본 위원회를 진행하며 적절한 시점에 논의할 것이다.

2. 본 초안에 담긴 어떠한 내용도 한국 추방자들의 최종 행선지 또는 '자발적 송환자'에 해당하는 한국인에 대해 여러 차례 표명한 바 있는 한국의 입장을 어떠한 방식으로도 변경하는 것으로 해석하지 않아야 한다.

3. "현 합의가 발효되는 시점에…"라는 문단이 포함되어 있지만 한국 측은 재일한인들이 일반적인 외국인들에게 주어지지 않는 재산권과 직업을 가질 수 있다는 가정하에 제4조와 제5조를 제안한다. 따라서 실상이 이와 다르다면 한국 측은 또 다른 초안을 제시할 권리를 보유한다.

4. 문법적 오류나 오타가 있는 경우 현 제안서를 수정할 것이다.

최: 본 위원회가 구체적인 논의에 돌입하기를 바라며, 일본 측이 최대한 조속히 우리 제안서를 긍정적으로 검토해 주기를 바란다.

가쓰노: 제안서에 대한 검토를 마칠 때까지는 우리 측의 의견을 유보하겠다. 다음 회의에서 의견을 제시할 수 있을 것이다.

최: 지난 회의에서 언급한, 오무라수용소로부터 가석방된 37명의 명단을 받고 싶고, 가석방 이유를 듣고 싶다.

가쓰노: 1,259명 명단의 346명과 374명에 포함되어 있는 2명의 경우, 가석방되었다.

이제 언제든 대한민국으로 송환될 억류자가 850명이 있다. 가석방자 37명에 대해서는 자료를 전달하겠다. 하지만 추방 문제에 있어서 진척된 바가 없는 상황에서 아무런 결과도 얻지 못하고 에너지를 쓰게 되니 이러한 자료를 제공하는 것을 주저할 수밖에 없다.

최: 본 위원회 8차 회의에서 가석방자 37명을 먼저 언급한 것은 일본 측이다.

따라서 일본이 먼저 본 위원회의 지난 회의에서 언급한 가석방자 37명의 명단을 가석방 이유와 함께 요청하는 것은 이들이 대한민국 국민들이기 때문에 우리로서는 당연한 일이다. 예비교섭 타결 시 합의한 조건의 이행에 대해서는 한일실무위원회에서 논의할 것이다.

가쓰노: 다음 회의는 언제가 좋겠는가?

최: 10월 27일(월요일) 오후 3시에 만나자.

가쓰노: 먼저 제안서를 모두 검토해야 하니 날짜와 시간은 잠정적으로만 정해두자.

최: 이의 없다.

(회의를 종료하기 전에 양측은 다음과 같은 공동 보도 자료에 합의했다. "위원회는 재일한인 문제에 대한 구체적인 논의를 시작하기로 결정하고 다음 회의를 10월 27일 월요일 오후 3시에 개최하기로 잠정 합의했다.")

24. 제4차 한일회담 법적지위위원회 제10차 회의 요록

0930 Tokyo, October 28, 1958

GIST OF TALKS
TENTH SESSION
COMMITTEE ON LEGAL STATUS OF KOREAN RESIDENTS IN JAPAN

1. Time and place:

3:00-4:15 p.m., October 27, 1958 (Monday), Rm.411, Ministry of Foreign Affairs, Japanese Government

2. Conferees:

Korean side: Mr. CHOI, Kyu Hah
Mr. CHIN, Pil Shik
Mr. MOON, Chul Soon
Mr. ROH, Jae Won
Mr. OHM, Young Dal

Japanese side: Mr. Katsuno, Yasusuke
Mr. HIRAGA, Kenta
Mr. NAKAGAWA, Toyokichi
Mr. HASEGAWA, Shinzo
Mr. HIRAZUKA,
Mr. SHIMIZU, Shiro
Mr. SUGANUMA, Kiyoshi

Mr. TSUCHIYA, Minao

3. Gist of Talks

Mr. KATSUNO: We have studied the Korean proposal presented at the previous session of this committee. So we would like to ask a few questions in connection with the said proposal.

Mr. CHOI: Before listening to your "questions", I would like to restate the point three of reservations which I presented at the previous session of this committee together with the Korean proposal on the legal status of Korean residents in Japan. This I would like to do in order to make it sure that it is correctly received by you. Now, the point 3 of reservations reads "The Korean side proposes Article 4 and 5 on the assumption that Korean residents could enjoy property rights and occupations which aliens in general are not entitled to enjoy though there is a paragraph of 'at the time of the coming into force of the present agreement ….'"

Mr. KATSUNO: Would you mind clarifying for us what would be the exact meaning of the said reservation?

Mr. CHOI: Since you said that you would present to us questions on our proposal, will you include the question as a part of your side's overall questions in connections with our proposal?

0931 Mr. KATSUNO: Then, since we have not had enough time to consult with the other Ministries concerned such as the Ministry of Finance which is concerned with the property rights, I would like to confine my questions for today to the points which are relative to the Ministry of Justice. Of course, we are trying to finish the consultations with the other Ministries on this matter so that we could present to your side the whole picture of our view regarding the Korean proposal as early as possible.

To make a general comment on the Korean proposal, we are frankly disappointed at the proposal, since the main body of the proposal, which is more or less like the joint draft worked out at the first Korea-Japan Conference in 1952, excluded the points that Japan wanted to cover in it at that time.

I should like to add that I will raise questions today on major points.

Mr. CHOI: When can you present to us the whole views of your side on our proposal, including those points which are "relative" to other Ministries.

Mr. KATSUNO: I think we may be able to present the whole views in the course of the committee's study of the proposal point by point. By doing so, I wish we could discuss the matters one by one, exchanging the opinions of both sides on each point.

Mr. CHOI: It might be a method of proceeding of the discussions but since our side presented to your aide a proposal of ours covering the whole matters concerned, I wish to have your overall views covering the whole of your view. Anyway, for today, we are ready to listen to your questions.

Mr. KATSUNO: First, with regard to the wording "… the necessity to affirm the nationality of Koreans residing continuously in Japan. …" in the Preamble, we believe there is no necessity of including such phrase in an international agreement. Since by the coming into force of the San Francisco Peace Treaty, "Koreans residing in Japan" lost their Japanese nationality, it is the position of the Japanese Government that it has nothing to agree to regarding the matter on the nationality of those Koreans.

Second, with regard to the wording "…including decedents of the said Korean." in Article 1, it is the position of the Japanese Government to consider in this agreement the legal status of only those Koreans who have resided in Japan since prior to the end of World War II. Therefore, the above mentioned phrase concerning the decedents of those Koreans should be deleted from Article 1.

0932 Mr. KATSUNO(Cont'): Third, Paragraph 1 of Article 2, should be deleted from the article with the same reason as stated in connection with the Preamble. Also, with regard to Paragraph 2, Article 2, we do not consider it necessary to have the stipulation in the agreement, as such is taken for granted in the light of the International Private Law.

Fourth, with regard to Paragraph 1, Article 3 in which a stipulation is set forth for individual submittance of applications for permanent residence, we consider that there will be difficulties in following the measure as is prescribed in the said paragraph; firstly, it will require a budgetary expense of around ¥60 million for administrative procedural works. Secondly, if we require the applicants to submit together with the applications concerned the registration certificates issued by the Government of the Republic of Korea, there might be a number of Koreans who refuse to apply for such registration certificate. In this case, there will be a difficulty in regard to the status of those concerned as a matter of reality, I wonder what would be the view of the Korean side in this connection.

Fifth, with regard to paragraph 2, Article 3, I should like to know the ground for requiring the consultation between the two sides on the compulsory deportation of a Korean resident in Japan, case by case. As for Japan, we would like to apply the provisions of Immigration Control Low along the line of the Japanese proposal on the deportation which was presented to the Korean side. The proposal was presented to the Korean side in order to consult with your side. But, our point is that there might be occasions where consultations on the deportation would not be successful and bring about no result at all. Therefore, I wish the Korean side would present a concrete view which is more practical, after considering our proposal concerned. Besides, there are about 80,000 Koreans in poverty, and, for them, the Japanese Government annually subsidizes around ¥1.8 billion for their livelihood assistance. I would like to know what measures the Korean side is considering to help them.

The above are about all for today, and I wish to have the answers of the Korean side, if possible, by next meeting.

Mr. CHOI: I would like to ask you a question in connection with your remarks. Are they questions, observations, or counter proposals, since some of your statements were made in a form of "wish" which I would like to make clear.

Mr. KATSUNO: I wanted to know the Korean position clear, and, since the Korean proposal is an obsolete one, I wanted to have a more concrete proposal which would not allow controversy afterward, enabling easier implementation thereof. However, they are "questions".

0933 Mr. CHOI: Though you say it is "obsolete", our proposal was based on reality and it was presented to this committee in the belief that the proposal is most suited to meet the situation. Therefore, we are surprised to hear from you that it is "obsolete", and I regret your remarks which could be construed as "not constructive"

Though we would, of course, answer your questions after your complete questionnaire including those on property rights and occupations was presented to us with a view to giving our overall views thereon, I would like to make comments on your view in connection with the wordings of "necessity to affirm the nationality of Koreans residing …" in the preamble. We have come through a thorough discussions on the matter during the previous Talks, and no objection was raised from your side concerning the matter. Therefore, I can not but be surprised to hear such comment from you. I wonder whether your side has changed its mind or not.

Mr. KATSUNO: Since we consider that more importance should be placed on such matter as the legal status and treatment of those Koreans who have resided in Japan since prior to the end of the World War II, and that the agreement should be more logical one, we simply took the position that such formal matter as the affirmation of the nationality should be deleted from the structure of the agreement.

Mr. CHOI: Though I do not intend to make any argument here today as I reserved my right to make detailed comment on your remarks later, I have to state that the affirmation of the nationality as expressed in the preamble of the draft agreement is not to decide a new thing, but to affirm or confirm a fact as it is and it is considered to be practical to insert the wording under reference in the preamble of an agreement. I can hardly understand why you are opposed to the matter.

Mr. KATSUNO: What is more important to us in the agreement is to set forth a stipulation regarding the deportation with more detailed and practicable descriptions, since deportation is as closely related to the extent of the status and treatment of Korean residents in Japan. Relations between them are something like two sides of a coin.

Mr. CHOI: It should be understood that the prime importance of the pending affair lies in the necessity of giving the Korean residents status and treatment with which they can live in peace in Japan, which is essential in adjusting Korea-Japan relations.

0934 Mr. CHOI(Cont'): If we succeed in fixing the status and treatment of Koreans in Japan, there will be a considerable decrease in the number of the so-called troubles. I hope you will understand that the fixing of residence right of Koreans, etc is a fundamental thing. I do not think it is reasonable for you to be so enthusiastic about the "deportation" problem only. It is also my desire that you will realize which is the fundamental thing to be settled first of all.

Besides, if we could arrive at an agreement in this regard, I think that the matters concerning the deportation would easily be worked out. I would like to add that the matters concerning the property rights and occupations are as well important as other matters. Therefore I would like to have your views on those points as soon as possible.

Mr. KATSUNO: We will try to give our views on those points at the next meeting.

Mr. CHOI: Now, as to the next meeting, how about to meet on November 3 (Monday)?

I wish to remind you that I reserved my right to make comment on your remarks point by point after listening to your view on the whole of our proposal.

Mr. KATSUNO: Since November 3 is a Japanese national holiday, I propose to meet at 3 p.m. on November 5 (Wednesday) on a temporary basis.

Mr. CHOI: No objection.

(Before the meeting was adjorned, the Committee agreed to the joint press release which reads: "The Committee continued substantial discussions on the legal status and treatment of Korean residents in Japan, and it was tentatively decided that next meeting would be held at 3:00 p.m. on November 5, 1958.")

-The end-

번역

1958년 10월 28일, 도쿄

재일한인 법적지위위원회 10차 회의 요록

1. 일시 및 장소

1958년 10월 27일(월요일), 오후 3시~4시 15분, 일본 외무성 411호

2. 참석자

한국 측: 최규하, 진필식, 문철순, 노재원, 엄영달

일본 측: 가쓰노 야스스케, 히라가 겐타, 나카가와 도요키치, 하세가와 신조, 히라쓰카, 시미즈 시로, 스가누마 기요시, 쓰치야 미나오

3. 회의록

가쓰노: 지난 회의에서 한국 측이 제출한 제안서를 검토했고, 몇 가지 질문을 하고 싶다.

최: '질문'을 듣기 전에 재일한인의 법적 지위에 관한 한국 측 제안서와 함께 지난 회의에서 제시한 단서 중 세 번째 항목을 다시 고쳐 말하고 싶다. 일본 측이 정확하게 받아들이게 하기 위해 수정했다. 단서의 세 번째 항목은 "'현 합의가 발효되는 시점에…'라는 문단이 포함되어 있지만 한국 측은 재일한인들이 일반적인 외국인들에게 주어지지 않는 재산권과 직업을 가질 수 있다는 가정하에 제4조와 제5조를 제안한다"이다.

가쓰노: 이 단서의 정확한 의미가 무엇인지 설명해 줄 수 있나?

최: 우리 제안서에 대한 질문을 하겠다고 했으니 방금 한 질문도 제안서에 대한 전체적인 질문에 포함시켜 줄 수 있나?

가쓰노: 재산권을 담당하는 재무성 등의 관련 부처와 협의할 시간이 충분하지 않았기 때문에 오늘은 법무성과 관련이 있는 문제로 질문을 제한하겠다. 물론 최대한 조속히 한국 제안서에 대한 일본 측 견해의 전체적인 그림을 제시하기 위해 기타 관련 부처와의 협의를 마무리할 것이다.

한국 제안서에 대한 전반적인 의견을 제시하자면 솔직히 실망했다. 1952년 1차 한일회담에서 작성한 공동 초안과 거의 비슷한 이 제안서의 본문에 일본이 당시 포함시키고자 했었던 항목들이 제외되어 있었기 때문이다.

중요한 항목에 대해서는 오늘 질문을 하고 싶다.

최: 다른 부처와 '관련이 있는' 사안을 포함하여 우리 제안서에 대한 일본의 전체적인 견해를 언제 제시할 수 있는가?

가쓰노: 항목별로 검토하는 과정에서 전체적인 견해를 제시할 수 있을 것이다. 각

항목에 대해 양측이 의견을 교환하며 하나씩 논의하면 좋겠다.

최: 우리 측이 모든 문제를 포괄한 제안서를 제출했으니 우리 측 의견에 대한 일본 측이 전체적인 의견을 들어보고 싶다. 어쨌든 오늘은 일본 측의 질문을 들을 준비가 되어있다.

가쓰노: 첫째, 서문 중 "… 일본에서 계속 거주하고 있는 한인들의 국적을 확정할 필요성…"이라는 문구를 국제 협약에 포함시킬 필요가 없다. 샌프란시스코 강화조약이 발효되면서 '재일한인'은 일본 국적을 상실했으므로 이러한 한인들의 국적 문제에 대해서는 합의할 부분이 없다는 것이 일본 정부의 입장이다.

둘째, 제1조의 "… 해당 한인들의 자손을 포함하여"라는 문구와 관련하여 본 협약은 제2차세계대전 종전 전부터 일본에 거주해 온 한인의 법적 지위만 고려한다. 따라서 한인의 자손에 대한 위의 문구는 제1조에서 삭제해야 한다.

가쓰노(계속): 셋째, 제2조 1항은 서문과 관련하여 언급한 것과 같은 이유로 삭제해야 한다. 또한 제2조 2항의 경우 국제 사법에서 당연하게 여겨지는 문제이므로 협약에 포함시킬 필요가 없다고 생각한다.

넷째, 개인별 영주권 신청에 대해 명시한 제3조 1항의 경우 여기에서 설명한 방법을 따르는 데 어려움이 있을 것이라고 생각한다. 첫째, 행정적 절차에 약 6,000만 엔의 예산이 소요될 것이다. 둘째, 신청자들이 대한민국 정부가 발행한 등록증과 함께 신청서를 제출할 것을 요구하면 일부 한인들은 한국 측 등록증을 신청하기를 거부할 수 있다. 이 경우 현실적으로 이러한 이들의 지위에 문제가 생길 것이고 여기에 대한 한국 측의 입장을 알고 싶다.

다섯째, 제3조 2항에서 재일한인의 강제 추방에 대해 케이스별로 양측의 협의를 요구한 근거가 무엇인지 알고 싶다. 한국 측에 제시한 추방에 대한 일본 측 제안서에 따라 출입국관리법의 조항을 적용하고 싶다. 한국과 협의하고자 제출한 제안서지만 추방에 대한 협의가 성공적으로 진행되지 않고 아무런 결과도 도출하지 못하는 경우가 있을 것이다. 따라서 한국 측이 일본의 제안서를 검토한 후 보다 현실적이며 구체적인 의견을 제시해 주면 좋겠다. 또한 빈곤층에 속하는 한인이 약 8만 명인데, 이들의 생계를 지원하기 위해 일본 정부가 매년 약 18억 엔을 지출하고 있다. 한국 측에서는 이들을 돕기 위해 어떠한 대책을 고려하고 있는지 알고 싶다.

오늘 할 말은 이게 전부다. 가능하면 다음 회의에서 한국 측이 답변해 주면 좋겠다.

최: 발언한 내용에 대해 질문하고 싶은데, 일부는 '바란다'는 말로 끝났기 때문에 질문인지, 의견인지 아니면 역제안인지 궁금하다.

가쓰노: 한국의 입장을 명확히 알고 싶었다. 한국 제안서가 진부한 내용을 담고 있었기 때문에 보다 이행하기 쉽도록 앞으로 논쟁이 발생하지 않을 보다 구체적인 제안서를 받고 싶었다. 하지만 결론적으로는 '질문'이었다.

최: '진부한 내용'이라고 하지만 우리 제안서는 현실을 바탕으로 했고 상황에 가장 부합하다고 생각해서 본 위원회에 제출한 것이다. 따라서 '진부하다'고 해서 놀랐고 '건설적이지 않다'고 해석할 수 있는 일본 측의 발언이 유감스럽다.

물론 전체적인 견해를 제시하기 위해 재산권 및 직업에 대한 질의까지 전달받은 후에 완성된 질의사항에 대해 답변할 수도 있지만 서문의 "한인들의 국적을 확정할 필요성…"이라는 문구에 대해 의견을 전달하고 싶다. 지난 회의에서 이 문제에 대해 철저히 논의했었고 당시 일본 측은 이의를 제기하지 않았다. 따라서 일본 측의 발언에 놀랄 수밖에 없었다. 일본 측이 생각을 바꾼 것인지 궁금하다.

가쓰노: 제2차세계대전 종전 전부터 일본에 거주해 온 한인들의 법적 지위와 처우에 보다 중점을 둬야 하고, 보다 타당한 합의를 도출해야 한다고 생각하기 때문에 국적 확정과 같은 공식적인 문제는 협약의 구조에서 삭제해야 한다는 입장을 취했을 뿐이다.

최: 오늘 이 자리에서 논쟁을 하고 싶지는 않지만 나중에 구체적인 의견을 제시하기 위해 권리를 유보하겠다. 협약 초안의 서문에 명시된 국적 확정은 새로운 것을 결정하는 것이 아니라 사실 그대로를 확정 또는 확인하자는 것이고, 해당 문구를 서문에 삽입하는 것이 타당하다고 사료한다. 왜 반대하는지 이해하기 어렵다.

가쓰노: 추방은 재일한인의 지위 및 처우의 범위와 긴밀한 관계를 지니기 때문에 협약에서 보다 중요한 것은 구체적이고 실질적인 설명과 함께 추방에 대해 명시하는 것이다. 이 관계는 동전의 양면과도 같다.

최: 한일 관계를 조정하기 위한 필수 요소인, 재일한인들이 일본에서 평화롭게 살아갈 수 있도록 지위와 처우를 보장해 줄 필요성이 이 문제에서 가장 중요한 부분이다.

최(계속): 재일한인의 지위와 처우를 정하는 데 성공한다면 문제가 상당히 감소할 것이다. 한인의 주거권 등을 결정하는 것이 매우 기본적인 사항임을 이해하기를 바란다. '추방' 문제에 대해서만 지나치게 열을 올리는 것은 합리적이지 않다고 생각한다. 그리고 무엇보다 먼저 해결해야 할 기본적인 문제가 무엇인지 인식하기를 바란다.

이 부분에 대해 합의를 도출할 수 있다면 추방과 관련한 문제는 쉽게 해결할 수 있다고 생각한다. 재산권 및 직업과 관련한 문제도 다른 사안들만큼 중요하기 때문에 이 부분에 대해서도 일본 측의 견해를 최대한 조속히 파악하고 싶다.

가쓰노: 다음 회의에서 의견을 제시하기 위해 노력하겠다.

최: 다음 회의 일자는 11월 3일(월요일)이 어떤가?

우리가 제시한 제안서 전체에 대한 일본의 의견을 들은 후에 항목별로 일본 측 발언에 대해 코멘트하기로 했음을 다시 언급하고 싶다.

가쓰노: 11월 3일은 일본의 국경일이다. 일단 11월 5일(수요일) 오후 3시에 만나자고 제안하고 싶다.

최: 이의 없다.

(회의를 종료하기 전에 "위원회는 재일한인의 지위와 처우에 대한 구체적인 논의를 이어갔고 1958년 11월 5일 오후 3시에 다음 회의를 개최하기로 잠정 결정했다"라는 내용의 공동 보도 자료에 합의했다.)

끝

27. 제4차 한일회담 법적지위위원회 제11차 회의 요록

0945

Tokyo, November 12, 1958

GIST OF TALKS
ELEVENTH SESSION
COMMITTEE ON LEGAL STATUS OF KOREAN RESIDENTS IN JAPAN

1. Time mad places:

10:30 a.m.-11:30 a.m.: on November 10, Rm. 411, Ministry of Foreign Affairs, Japanese Government

2. Conferees:

Korean Side: Mr. CHOI, Kyu Hah
Mr. EA, Chai Hang
Mr. CHIN, Pil Shik
Mr. MOON, Chul Soon
Mr. ROH, Jae Won
Mr. OHM, Young Dal

Japanese Side: Mr. Katsuno, Yasusuke
Mr. HIRAGA, Kenta
Mr. HIRAZUKA
Mr. SHIMIZU, Shiro
Mr. HASEGAWA, Shinzo
Mr. NAKAGAWA, Toyokichi

Mr. NAGAHASHI, Hisa

Mr. SUGANUMA, Kiyoshi

Mr. TSUCHIYA, Minao

Mr. IKEBE, Ken

3. Gist of Talks:

Mr. KATSUNO: At the previous session when we presented questionnaire regarding the Korean proposal, we reserved questions on property rights and occupations till today's session. Accordingly, I would like to submit, today, questions concerning them in connection with the Korean proposal.

1. Under Article 4 of the Korean proposal, it is stipulated that "a Korean resident in Japan shall be entitled to the rights on property enjoyed by him in Japan at the time of the coming into force of the present Agreement…" Also, under Article 5, which reads it part: "a Korean resident in Japan shall be entitled to engage in the occupation followed by him at the time of the coming into force of the present Agreement…". Concerning the application of the above two stipulations, there is a special stipulation in paragraph 3 of Article 7. The Korean side also presented at the previous session the reservation item No.3 which is related thereto. Now I would like to know what will be the exact meaning of Articles 4 and 5 in their relations with paragraph 3, Article 7. and the reservation item No.3. Would you give explanations in detail according to special cases supposed?

2. With regard to paragraph 1 of Article 6, in which it was stipulated that "…… neither customs duties nor any other charges shall be imposed upon him in relation to any movables…", the Japanese delegation takes a position that such immunity from duties will only be considered for a certain limited period, and not for an indefinite period.

0946 3. Regarding paragraph 2 of the same article, may we understand that the question on the "amount of money to be remitted" is included in the matters to be "negotiated separately"?

4. As regards "the types and quantity of movables to be taken away……", in Article 6 (1) I would like to have the detailed ideas on the part of the Korean side, if it has them in mind, and I would like to suggest that a special working party be set up to conduct study thereon and on the matters to be "negotiated separately" in the paragraph 2 of Article 6.

Mr. HIRAGA will follow me with questions regarding Articles 1, 2, and 3 mainly in connection with the technical matters concerning the three articles.

Mr. CHOI: Our side is ready to express our views in reply to the questions your side submitted at the previous meeting since the Japanese side finished its overall questions. Therefore, how do you think it that Mr. HIRAGA would present questions after I finish my answers?

Mr. KATSUNO: That will be all right.

Mr. CHOI: I would like to remind you that my answers will be put forward in the order as the Japanese questions were made.

(Question 1): The Japanese side commented that the Korean proposal was "obsolete", and it gave the Japanese side a disappointment, especially in the fact that the items which the Japanese strongly requested to include in the draft agreement in the previous conferences are totally missing from the proposal.

(Reply): For the Korean side, it presented the proposal to the committee because it believed that the proposal was a most realistic one which could meet any new situation in this regard. The Korean side can not but regret the Japanese description of our proposal as "disappointing". I wonder if the Japanese side said so with any counter proposal in its mind?

(Question 2): The Japanese side opined that the phrase which reads "…the necessity to affirm the nationality of Koreans…" be deleted from the preamble of the proposal, with the reasons that, for Japan, the Koreans residing in Japan had become aliens after the coming into force of the San Francisco Peace Treaty and that the problem of the nationality is a domestic affair.

(Reply): The Korean side would not spend time to explain the obvious logics, as it believes the Japanese side knows very well the fact that there exists a special background regarding the Koreans residing in Japan since before the and of the World War II, which is different from that of other aliens. Since it is necessary to have an agreement on the legal status, including the problem of the nationality, of those Koreans in enabling them to live in Japan continuously and without any anxiety, it is a matter of course and absolute necessity that both countries affirm the nationality of these Koreans. It is quite difficult to govern the status of Koreans residing in Japan merely by the so-called general principle that the problem of the nationality belongs to a domestic affair under international law.

0947 Therefore, it is rather natural and necessary for both countries to affirm their nationality, not to speak of the existence of the international precedent. The setting forth of a concrete stipulation in an international agreement regarding the problem would be necessary in order to prevent possible disputes and troubles between the both parties. Especially in view of the past practices that decision or affirmation of the nationality had been made between the countries concerned in connection with the nationality problem of the minority races after World Wars I and II, it is not to be considered as "unnecessary" to provide, in an agreement between Korea and Japanese article affirming the nationality of the Korean residents in Japan. Also, though the Japanese side says that the Korean residents in Japan lost "the Japanese nationality" upon the first coming into force of the San Francisco Peace Treaty, the Korean side does not take it that way, and, therefore, it becomes more necessary to have such a stipulation as confirmation of nationality of Korean residents in the proposed agreement.

(Question 3): The Japanese side questioned about the Korean position in regard to Article 1 of the proposal, that the descendants of the Korean residents in Japan shall be included in the "Korean Residents."

(Reply): There might be a number of Koreans who were born in Japan after the end of World War II, and that, among them, quite a number of them might be holders of particular rights on properties. It is also natural that the descendants should be entitled to manage their livings at the places where their parents were settled down. Accordingly, the Korean side strongly takes the position that the stipulation concerned should be included in the proposed agreement.

(Question 4): The Japanese side opined that, on the same ground as in connection with the preamble of the Korean proposal, Paragraph 1 of Article 2 be deleted from the proposal.

(Reply): The view of the Korean side, as was explained thereon in item 2 above, will answer the Japanese question on the point. I would like to make it clear again that this paragraph is absolutely necessary in the proposed draft agreement.

(Question 5): With regard to Paragraph 2 of Article 2, the Japanese side took the position that, since such is clear in the light of the international law, the same paragraph is not necessary in the proposed agreement.

(Reply): It may be true that there have been discrepancies of opinions between the two countries regarding the "personal status" of Koreans and Japanese in relation to each other under the circumstances that no agreement has hitherto existed between the Republic of Korea and Japan regarding the legal status of the Koreans concerned. Therefore, the Korean side thought that, by inserting the stipulation in the proposed agreement, it would help preventing any future dispute regarding their personal legal status, because such stipulation would bring about the legal effect to the existing situation in relation to personal status of Koreans and Japanese with each other. In the meantime, I would like to know if the Japanese view is based on a premise that such is unnecessary in the light of the international private law, or that such stipulation would bring about positive harms of any kind?

0948 (Question 6): The Japanese side held it that about ¥ 60 million would be required from the budget of the Japanese Government to implement the Paragraph 1 of Article 3.

(Reply): It is advisable that a most economic, effective and time-saving measure be considered after the consultation between both sides. However, in this connection was there any alternate plan on the Japanese side, when it pointed out such "difficulty" in connection with the budgetary measure of the Japanese Government?

(Question 7): The Japanese side anticipated that there might be some Koreans who would not take procedures under the stipulations of Paragraph 1 of Article 3, and in this connection, asked for the opinions of the Korean side on the measures to be employed to those Koreans whose "status is not clear."

(Reply): The main purpose for the conclusion of the subject agreement is to furnish the Koreans concerned with legal guarantee and circumstances in which they can manage peaceful livings in Japan under a firm legal status of the Koreans residing in Japan. If such guarantee is made legally, there would be few Koreans who refuse to take such privilege. Therefore, the Japanese postulation in this regard can not be considered as justifiable. I would like to know why the Japanese side raised such question?

With regard to the problem of "deportation", the Japanese side seems to be considering this problem with unrealistic assumption as was mentioned above (item 7). The Korean side takes the strong view that, if a guarantee is set up for those Korean residents in Japan to lead lives in peace in Japan, there won't occur such unhappy incident as "deportation" at least go often as the Japanese side thinks. I would like to invite the attention of the Japanese side to the fact that the main purpose with which we meet at this committee is to find ways and means for the Koreans residing in Japan to allow them to live a stabilized life. If the problem of "deportation" is to be discussed, it should go after discussion of fundamental problems. Therefore, it is very difficult for the Korean side to comprehend the real intention of the Japanese side when it asserts that the problem of "deportation" is a most important problem, putting things upside-down. If "deportation" is to be made by an unilateral action, permanent residence granted to the Koreans concerned under due agreement would in fact result in a meaningless thing. Therefore, the prime task for us to work on is to create an atmosphere in which such an unhappy situation as "deportation" would not take place, and to do so, we believe, is a constructive way. In case deportation of a Korean resident is necessitated, it must not be made without due consultation with the Korean Government, and consultation is a necessary and proper measure in the light of the permanent residence right. As to the view of the Korean side in regard to the "criteria" of the deportation which was presented by your side, we made it clear at the 7th session held on October 6th that Korean side reserved the expression of its view for the time being.

(Question 8): The Japanese side raised a question referring to the matter that the Japanese Government is subsidizing annually about 1.8 billion to around 80 thousand Koreans residing in Japan who are in extreme poverty.

(Reply): It is the view of the Korean side that the fact that there are many
0949 Koreans in Japan who are in extreme poverty should be attributed to the uncertainty of their legal status and treatment in Japan. Therefore, if such necessary conditions are successfully provided for their peaceful living in Japan by solving such pending problems as their legal status and treatment, the number of those Koreans in poverty would be much decreased. Further, in view of the fact that the majority of those in poverty were forcibly taken to

Japan during and before the World War II as drafted workers, the Japanese Government should assume the whole responsibility for their present difficult situations. Therefore, we cannot but hold it that even the amount of ¥1.8 billion is not sufficient to aid such people. But, if the Japanese side is ready to settle the problem with sincerity, feeling its responsibility for their present difficulties, we would be as well ready to study the problem of their repatriation to Korea.

The above are about all. Since the questions the Japanese side has presented at the previous session concerned mostly principles, our answers have been made generally, I hope the future discussions on the basis of my answers above would bring about a fruitful result to the works we are dealing with at this committee.

Regarding the question the Japanese side submitted today on Articles 4, 5, 6, and 7(3), we would present our answer at a future session, after study thereon. Believer, for reference, as it would help us in making our answer to the Japanese questions, I would like to ask you if the Korean residents in Japan are receiving different treatments from the other aliens in general in connection with their property rights and occupations or if they are in receipt of 'national treatment' in this regard.

Mr. KATSUNO: Mr. HIRAGA's questionnaire will be presented at the next session, since it is rather late today. We would study your answers presented today. The most important impression I got from them is that there were discrepancies in the views of the two sides, and we would try to understand your view point after studying thereon.

Regarding Articles 4 and 5, we have merely asked about the interpretation thereof your side, and we did not refer to actual treatment of Korean residents in Japan. As to the actual treatment concerned, I cannot say anything before we actually check it thoroughly.

Mr. CHOI: As regards to the treatment on the property rights and occupations which Korean residents in Japan presently enjoy, I want to know what kind of treatment is given to the Koreans now.

Now, when shall we meet again? I hope we meet again as soon as possible.

Mr. KATSUNO: I would like to propose that we meet at 3 p.m. on November 17, 1958 (Monday), since our schedule is tied up untill that date.

Mr. CHOI: If so, no objection.

0950 Remarks:

Before the meeting was adjourned, the committee agreed to the Joint Press Release which reads: "The committee continued discussions on the legal status and treatment of Korean residents in Japan, and it was decided that the next meeting would be held at 3:00 p.m. on November 17, 1958."

-The end-

번역

1958년 11월 12일, 도쿄

재일한인 법적지위위원회 11차 회의 요록

1. 일시 및 장소

11월 10일 오전 10시 30분~11시 30분, 일본 외무성 411호

2. 참석자

한국 측: 최규하, 이재항, 진필식, 문철순, 노재원, 엄영달

일본 측: 가쓰노 야스스케, 히라가 겐타, 히라쓰카, 시미즈 시로, 하세가와 신조, 나카가와 도요키치, 나가하시 히사, 스가누마 기요시, 쓰치야 미나오, 이케베 겐

3. 회의록

가쓰노: 지난 회의에서 한국의 제안서에 대한 질문을 던졌고, 재산권과 직업에 대한 질문은 오늘 회의까지 유보한 바 있다. 따라서 오늘 한국의 제안사항에 대한 질문을 제출하고 싶다.

1. 한국 측 제안서 제4조에 "본 협약이 발효된 시점에 재일한인은 일본에서 축적한 재산에 대한 권리를 가져야 한다"라고 명시되어 있고, 제5조에는 "재일한인은 본 협약이 발효된 시점에 자신이 갖고 있던 직업에 종사할 권리를 보유해야 한다"라고 되어있다. 이러한 두 가지 조건의 적용과 관련하여 제7조 3항에 특별 조항이 포함되어 있고 한국 측은 지난 회의에서 이와 관련한 3번 유보 항목을 제시하기도 했다. 제7조 3항 및 3번 유보 항목과 관련하여 제4조 및 제5조의 정확한 의미를 알고 싶다. 특수한 사례를 가정하여 구체적으로 설명해 줄 수 있나?

2. "일체의 동산과 관련하여 관세 또는 기타 일체의 요금이 부과되지 않아야 한다"라고 명시되어 있는 제6조 1항과 관련하여 이러한 의무 면제는 무기한이 아닌 제한된 특정 기간에 대해서만 고려한다는 것이 일본 측의 입장이다.

3. 제6조 2항과 관련하여 "송금할 금액"에 대한 의문이 "별도의 협상"할 문제에 포함되어 있다고 이해하면 되나?

4. 제6조 1항의 "반출할 동산의 유형 및 양"과 관련하여 한국 측의 구체적인 계획이 있다면 들어보고 싶고, 이 문제와 제6조 2항의 "별도의 협상"할 문제에 대한 검토를 위해 특별실무그룹을 구성하는 방안을 제안하고 싶다.

다음으로는 히라가가 주로 제1, 2, 3조의 기술적 문제에 대한 질문을 제기하겠다.

최: 일본 측이 전체적인 질문을 모두 제기했기 때문에 지난 회의에서 제기한 질문에 대한 답변으로서 우리 측 의견을 표명할 준비가 되어있다. 내가 답변을 마친 후에 히라가가 질문하는 것은 어떤가?

가쓰노: 좋다.

최: 일본이 질문한 순서대로 답변하겠다.

(질문 1): 일본 측은 특히 과거 한일회담에서 협약 초안에 포함시킬 것을 일본이 강력히 요청했던 항목들이 완전히 배제되어 있어서 한국의 제안이 '진부'하고 실망스럽다고 말했다.

(답변): 한국 측은 가장 현실적이고 새로운 상황에도 부합할 수 있을 만한 제안서를 제시한 것이다. 우리가 제출한 제안서가 '실망스럽다'는 일본의 표현은 유감일 뿐이다. 일본 측이 어떠한 역제안을 생각하고 이렇게 발언한 것인지 궁금하다.

(질문 2): 일본 측은 샌프란시스코 강화조약 발효 후 재일한인들이 외국인이 되었고 국적 문제는 국가의 내부적인 사안이므로 "한인들의 국적을 확정할 필요성…"이라는 문구를 제안서의 서문에서 삭제해야 한다고 주장했다.

(답변): 제2차세계대전 종전 전부터 일본에 거주해 온 한인들은 다른 외국인과는 다른 특수한 배경을 가지고 있다는 사실은 일본이 아주 잘 알고 있다고 생각하기 때문에 한국 측은 당연한 논리를 설명하는 데 시간을 소비하지 않겠다. 국적 문제를 포함하여 한인들이 계속해서 걱정하지 않고 일본에서 살 수 있게 하기 위해 재일한인의 법적 지위에 대한 협약이 필요하므로 양국이 이러한 한인들의 국적을 확정하는 것은 물론 하나의 문제이자 절대적으로 필요한 일이다. 국제법에 따라 국적 문제는 국가의 내부적인 사안이라는 일반적인 원칙만으로 재일한인의 지위를 관장하기는 상당히 어렵다.

따라서 국제적 선례의 존재에 대해서는 말할 필요도 없이 양국이 이들의 국적을 확정하는 것이 자연스럽고 필요한 일이다. 양측 간의 잠재적 분쟁과 마찰을 예방하기 위해 이 문제에 대해 국제 협약에서 구체적으로 명시하는 것이 필요하다. 특히 제1차 및 제2차세계대전 이후 소수 민족의 국적 문제와 관련하여 국적을 결정하거나 확정한 과거의 관행을 고려하여 한일 간 협약에 재일한인의 국적을 확정하는 조항을 포함시키는 것을 '불필요'하다고 간주하지 않아야 한다. 또한 일본 측은 샌프란시스코 강화조약이 발효되면서 재일한인들이 '일본 국적'을 상실했다고 말하지만, 한국 측은 그렇게 생각하지 않기 때문에 제안된 협약에서 재일한인들의 국적 확정에 대해 명시하는 것이 더욱 필요하다.

(질문 3): 일본 측은 재일한인의 자손들이 '재일한인'에 포함된다는 제안서 제1조에 대한 한국의 입장에 대해 질문했다.

(답변): 제2차세계대전 종전 후에 태어난 한인들도 있을 것이고, 이들 중 상당수는 재산에 대한 특정한 권리를 소유하고 있을 수도 있다. 또한 자손들은 부모가 정착한 곳에서 생활을 이어갈 권리를 가질 수 있어야 하는 것도 당연하다. 따라서 한국 측은 해당 조건을 제안한 협약에 포함시킬 것을 강력하게 주장하는 입장이다.

(질문 4): 일본 측은 한국 측 제안서 서문에 대한 것과 같은 근거로 제2조 1항을 삭제할 것을 주장했다.

(답변): 위 2번째 항목에서 설명한 바와 같이 한국 측의 관점이 일본의 질문에 대한 답변이 될 것이다. 다시 한 번 본 항을 제안한 협정 초안에 반드시 삽입해야 한다고 강조하고 싶다.

(질문 5): 일본 측은 제2조 2항은 국제법에 따라 명확한 내용이기 때문에 제안한 협정에서는 해당 항을 삽입할 필요가 없다고 했다.

(답변): 재일한인의 법적 지위와 관련하여 대한민국과 일본 사이에 협약이 존재하지 않는 상황에서 한인과 일본인의 '개인적 지위'에 대해 양국 간에 의견 차이가 존재했던 것이 사실이다. 따라서 한국 측은 제안한 협약에 해당 조건을 삽입하면 한인과 일본인이 서로에 대해 갖는 개인적 지위와 관련한 기존 상황에 대한 법적 효력을 불러올 수 있기 때문에 개인의 법적 지위와 관련한 분쟁을 방지하는 데 도움이 된다고 생각했다. 이러한 조건이 불필요하다는 일본 측의 의견이 국제 사법에서 불필요한 조건임을 전제로 하는 것인지, 아니면 이러한 조건이 일체의 긍정적인 피해를 낳을 것임을 전제로 하는 것인지 궁금하다.

(질문 6): 일본 측은 제3조 1항을 시행하기 위해서 일본 정부의 예산에서 약 6,000만 엔을 지출해야 한다고 말했다.

(답변): 양측이 협의한 후 가장 경제적, 효과적이며 시간 효율적인 방법을 고려하는 것이 바람직하다. 그러나 일본 정부의 예산 대책과 관련하여 이러한 '어려움'을 지적할 때 일본 측은 다른 계획을 가지고 있었나?

(질문 7): 일본 측은 제3조 1항의 조건에 따라 절차를 밟지 않을 한인들이 일부 있을 수 있다고 예상했고, '지위가 명확하지 않은' 한인들에게 적용할 대책에 대한 한국 측의 의견을 물었다.

(답변): 협약을 체결하는 주된 목적은 한국인들이 재일한인이라는 확실한 법적 지위를 가지고 일본에서 평화롭게 살 수 있는 법적 보장과 상황을 제시하는 것이다. 이러한 보장을 법적으로 하면 그러한 특권을 거부하는 한인들은 거의 없을 것이다. 따라서 일본이 이 부분에 대해 제시한 선결 조건은 타당하지 않다고 간주한다. 일본 측이 왜 이러한 질문을 했는지 알고 싶다.

‘추방’ 문제와 관련하여 일본 측은 위에서 언급한 것(항목 7)과 같이 비현실적인 내용을 가정하고 이러한 문제를 검토하고 있는 것 같았다. 재일한인들이 일본에서 평화롭게 살 수 있다고 보장하면 적어도 일본이 생각하는 것만큼 자주 ‘추방’이라는 안타까운 사건은 발생하지 않을 것이라는 게 한국 측의 강경한 입장이다. 본 위원회에서 회의를 소집하는 주된 목적이 재일한인이 안정적인 삶을 영위할 수 있기 위한 방법과 수단을 찾는 것이라는 데에 일본 측의 주의를 환기시키고 싶다. 기본적인 문제를 논의한 후에 ‘추방’ 문제를 논의해야 한다. 따라서 ‘추방’이 가장 중요한 문제라면서 위아래를 뒤집어 놓으면 일본 측의 진의를 파악하기가 매우 어렵다. 일방적인 조치로서 ‘추방’을 시행하려면 적절한 협약에 따라 한인에게 부여된 영주권은 의미가 없어질 것이다. 따라서 우리의 가장 중요한 과업은 ‘추방’과 같이 안타까운 상황이 발생하지 않는 분위기를 조성하기 위해 노력하는 것이며, 그렇게 하는 것이 건설적인 방식이라고 생각한다. 재일한인의 추방이 반드시 필요해지면 한국 정부와의 적절한 협의 없이는 추방하지 않아야 하고, 영주권에 대한 협의와 적절한 조치가 필요하다. 일본이 제시한 추방 ‘기준’에 대한 한국의 견해에 대해 10월 6일 7차 회의에서 한국 측은 당분간 의견을 유보하겠다고 확실히 표명했다.

(질문 8): 일본 측은 일본 정부가 극빈곤층 재일한인 약 8만 명에게 매년 18억 엔을 보조금으로 지급해 주고 있다는 문제에 대해 질문을 제기했다.

(답변): 다수의 재일한인이 극빈곤층인 이유가 일본에서의 법적 지위와 처우가 불확실하기 때문이라는 것이 한국 측의 입장이다. 따라서 법적 지위 및 처우와 같은 현안들을 해결함으로써 이들이 일본에서 평화롭게 살기 위해 필요한 조건을 제공하는 데 성공한다면 빈곤층 한인의 숫자가 크게 감소할 것이다. 또한 빈곤층의 대다수는 제2차세계대전 발발 전과 전쟁 기간에 징집 노동자로서 강제로 일본에 이주한 이들이라는 사실을 고려하여 일본 정부는 이들이 처한 어려운 상황에 대해 전적으로 책임져야 하며, 이러한 사람들을 돕기 위해서라면 18억 엔이라는 금액도 충분하지 않다고 생각할 수밖에 없다. 그러나 일본 측이 이들이 현재 처한 어려움에 대한 책임을 느끼고 진정성을 갖고 문제를 해결할 준비가 되어있다면 한국 측 또한 빈곤층 재일한인들의 한국 송환 문제를 검토할 준비가 되어 있다.

지난 회의에서 일본이 제기한 질문은 대부분 원칙에 대한 것이었기 때문에 전체적인 답변을 했다. 위의 답변을 바탕으로 이루어질 앞으로의 논의가 현재 본 위원회에서 하고 있는 작업의 의미 있는 결실로 이어지기를 바란다.

일본 측이 오늘 제4, 5, 6, 7(3)조와 관련하여 제기한 질문은 검토 후 추후 회의에서 답변할 계획이다. 재산권 및 직업과 관련하여 재일한인들이 기타 외국인들과 다른 대우를 받고 있는지, 아니면 '내국민 대우'를 받고 있는지 묻고 싶다. 일본 측 질문에 대한 답변을 준비할 때 도움이 될 것이다.

가쓰노: 오늘은 시간이 늦었으니 히라가의 질문은 다음 회의에서 제기하겠다. 오늘 한국 측이 답변한 내용을 검토할 것이다. 양측의 관점에 차이가 있었다는 것이 오늘 느낀 가장 중요한 부분이고, 답변을 검토한 후에 한국의 입장을 이해하려고 노력하겠다.

제4조와 제5조는 해석에 대해 질문했을 뿐이고, 재일한인의 실제 처우에 대해서는 언급하지 않았다. 실제 처우에 대해서는 철저히 확인해 보기 전에는 아무 말도 할 수 없다.

최: 현재 재일 한국인이 재산권 및 직업에 있어서 어떠한 대우를 받고 있는지 궁금하다. 다음 회의는 언제가 좋겠는가? 최대한 빨리 모였으면 한다.

가쓰노: 1958년 11월 17일 오후 3시(월요일)에 모이자고 제안하고 싶다. 그 날짜까지는 우리 측 일정이 여의치 않다.

최: 이의 없다.

비고: 회의가 종료되기 전에 위원회는 다음과 같은 내용의 공동 보도 자료에 합의했다. "위원회는 재일한인의 법적 지위와 처우에 대한 구체적인 논의를 이어갔고, 다음 회의는 1958년 11월 17일 오후 3시에 개최하기로 결정했다."

끝

29. 제4차 한일회담 법적지위위원회 제12차 회의 요록

0963 Tokyo, November 19, 1958

GIST OF TALKS

TWELFTH SESSION

COMMITTEE ON LEGAL STATUS OF KOREAN RESIDENTS IN JAPAN

1. Time and place:

3:00 - 5:00 p.m., November 17, 1958, Rm. 411, Ministry of Foreign Affairs, Japanese Government.

2. Conferees:

Korean side: Mr. CHOI, Kyu Hah
Mr. EA, Chai Hang
Mr. CHIN, Pil Shik
Mr. MOON, Chul Soon
Mr. ROH, Jae Won
Mr. OHM, Young Dal

Japanese side: Mr. KATSUNO, Yasusuke
Mr. HIRAGA, Kenta
Mr. HIRAZUKA
Mr. SHIMIZU, Shiro
Mr. HAKAGAWA, Toyokichi
Mr. NAGAHASHI, Hisa

Mr. SUGANUMA, Kiyoshi

Mr. TSUCHIYA, Minao

Mr. IKEBE, Ken

3. Gist of Talks:

Mr. KATSUNO: At the last session I said that Mr. HIRAGA would ask a few questions at today's session regarding the Korean proposal. But, if you can give us answer to the questions we made at the previous session in connection with Articles 4 and 5, Paragraph 3 of Article 7 and Korean reservation Item No. 3, we would like to hear it first.

Mr. CHOI: If Mr. HIRAGA has anything to say in connection with the draft agreement, we would listen to him.

Mr. HIRAGA: My questions will touch rather upon the technical points of the Korean draft agreement. Therefore, whether, to my questions, you will give me answers item by item now or you leave them for the later occasions, will be up to you.

Mr. CHOI: Anyhow, I will listen to your questions, now.

Mr. HIRAGA: 1. In Article 1 of the Korean draft agreement regarding the phrase "… the date of the termination of hostilities of the Pacific War or since…", the Japanese side understands the date as September 2, 1945, and wishes to know the view thereon of the Korean side.

0964 2. In Article 1 of the same draft agreement regarding the word "descendants", the Japanese side wishes to be clarified of the extent to which the word applys in this proposal. We understand that the word ordinarily will mean lineal descendants, but we wish to know where that word falls into among the following three possible classifications: (1) Those descendants whose (both) parents are Korean residents in Japan, (2) Those of Korean father, and (3) Those of Korean mother and particularly, of father of a third nationality. There would be those descendants living outside of Japan whose parent, however, are Korean residents in Japan. I also would like to know whether the word will cover the descendants of Korean residents to be born in future without limit of time.

3. Also in regard to "descendants" in the same Article 1, I would like to know the reasons why they were included in the category of Korean residents in Japan in the draft agreement. It is the view of the Japanese side that the reason for considering a special status and treatment for the Korean residents in Japan is from the necessity of a relief measure for those who had to change their nationality under special circumstances, as a result of the termination of World War II. We don't see any particular reasons existing with the descendants thereof in granting the same status and treatment. What will be the view of the Korean side in this regard?

4. We would like to be clarified of the intent of the word "confirm" as set forth in Paragraph 1 of Article 2, whether the stipulation in that particular draft agreement mans a decision of the nationality which was already made. If the later is the case, I would like to learn what was the cause of the change of nationality, as we view that, by coming into force of the San Francisco Peace Treaty, Korean residents in Japan lost their Japanese nationality.

5. Also, in connection with the above, I would like to know the relations or distinction between the words "confirm" in Article 2 and "affirm" in the preamble.

6. As regards Paragraph 2 of Article 2, the stipulation seems to be for the purpose of justifying the effect of domestic laws concerned. Though there exists International Private Law in each country, the effect of the International Private Law of a country is not always to be recognized by the other country. But, according to the above mentioned stipulation in the Korean proposal, it sets forth the unconditional recognition of the effect of the application of laws

with respect to the personal status of Koreans and Japanese in relation to each other. Therefore, we feel it quite necessary to know the details of the Korean laws concerned.

7. As regards Paragraph 1 of Article 3, I would like to know, (1) the meaning of "permanent residence" and (2) the view of the Korean side on "permission thereof". I wish to know whether the word "permanent residence" means the same under the Japanese Immigration Control Law and whether the word "permission" means the same under the Japanese law.

0965 8. Also in regard to Paragraph 1 of Article 3, concerning the application of the phrase "within two years…" to the descendants of Korean residents in Japan, the Japanese side wishes to know the view of the Korean side on the application of the same stipulation to those descendants who will be born after two years since the coming into force of this contemplated agreement.

9. Referring to the same paragraph, concerning those Koreans who would not take the prescribed procedures for the permanent residence, I would like to know the Korean view as to their status and treatment, though their nationality still seems to be Korean in the light of Article 2.

10. As to the deportation in connection with Paragraph 1 of Article 3, the Japanese side wishes to learn the Korean view on the measure to be taken in case the deportation of a Korean is necessitated before the end of the two years' period.

11. With regard to Paragraph 2 of Article 3, the Japanese side wishes to learn the meaning of the word "consult" used in the same paragraph, whether it implies that deportation cannot be carried out without consent of the other party, and what could be done regarding a case when such consent could not be obtained. We would like to know whether the Japanese Government has to consult with the Korean Government on each case of deportation case by case, and what exactly will be the extent of the words "such matters as are required

for the enforcement thereof".

12. Also in regard to the above mentioned paragraph, I would like to know whether the Japanese Government could unilaterally deport those Koreans who may not obtain due permanent residence under Paragraph 1 of Article 3.

13. In regard to Article 4 and its relation with Paragraph 3 of Article 7, I would like to be informed of the effect and result of the application of Article 4 retroactively on the date as set forth in Paragraph 3 of Article 7. I also wish to know how the provision of Article 4 is to be applied to the descendants, especially those who will be born in distant future.

14. In regard to Article 5, we hold the same question as the above on Article 4.

15. As regards Article 6, I would like to know whether the Korean residents in Japan in this article include their descendants, including those who might be born in distant future.

They are about all for me to ask.

Mr. CHOI: Mr. HIRAGA's questions dealt with many detailed points in the draft agreement. I remember I made answers at the previous session to a series of questions Mr. KATSUNO raised at the tenth meeting, and I think that, comparing the questions Mr. HIRAGA has made now with those of Mr. KATSUNO, my answers made at the previous session have covered mast of Mr. HIRAGA's questions. To the other questions, I will study thereon and will give answers on later occasions.

0966 Mr. KATSUNO: Since the points of Mr. HIRAGA's questions are different from those of mine, I hope you would answer to Mr. HIRAGA's questions one by one.

Mr. CHOI: Concerning the principles of the draft agreement, I have already answered thereon. Also, regarding the procedures to obtain the permanent residence,(Paragraph 1 of Article 3), I told the Japanese side at the previous session that it would be worth considering to work out procedure to be more effective, as well as more economic and time saving. As to Paragraph 2 of Article 3, sufficient explanations have been made at the previous session. Regarding the same paragraph, referring to item 11 of Mr. HIRAGA's questionnaire, I have already made the explanation at the preceding session on the meaning of the word "consult", and, as to the extent of the words "such matters as are required for the enforcement thereof," I will make answers on the later occasion.

Besides, I do not find any justification for discussing such technical matters at this stage. The Japanese side can ask any such questions when we entered into article-by-article-debate of the proposal. As I think that such exchanges of questions and answers at the stage would only waste the valuable time of this committee, I would like to suggest that this committee enter into article-by-article discussion on the draft agreement as soon as possible. Further, I would like to invite the attention of the Japanese side that it has failed to give answers to the questions I presented at the previous session along my answers to Mr. Katsuno's questions.

Mr. KATSUNO: We are still studying your questions. We asked questions in order to have a better grasp of the meanings of the Korean draft agreement, which I hope you will understand.

Mr. CHOI: Since a sufficient explanation was made regarding the fundamental structures of the Korean draft agreement, I believe the Japanese side has fully understood principles thereof. Therefore I wish the Japanese side would sincerely try to find a constructive and time-saving way for an early settlement of the works of this committee. I would like to suggest again that the committee enter into article-by-article discussion on the draft agreement, in the course of which both sides can enjoy ample time to exchange questions and answer on detailed matters concerning relevant articles.

The Japanese side must be well aware of the fact that the matters covered by this draft agreement have been the problems for a long time to be settled between the two governments. Both sides have had enough experiences to feel that there should be a fundamental settlement thereof. It is also true that we know the background of the problems more than any other problems. However, as the Japanese side is lingering with so-called "general questions", including those which are too clear to be questioned, we cannot but think that the Japanese side is purposely wasting valuable time of the committee and delaying the solution of the pending problem. Now I like to know when will the Japanese side present its official views on our proposal.

0967 Mr. KATSUNO: Since Mr. HIRAGA has finished with his questions, we will be ready for our views as soon as the answers to Mr. HIRKAGA's questions are given by the Korean side.

Mr. CHOI: As regards items 13 and 14 of Mr. HIRKAGA's questionnaire, I would like to explain on Articles 4 and 5 and their relations with Paragraph 3 of Article 7, respectively, of the draft agreement. According to the Japanese view that Korean residents in Japan lost so-called "Japanese" nationality on April 28, 1952 when San Francisco Peace Treaty entered into effect, though the Korean side does not recognize the Japanese view, those Korean residents should have enjoyed up to that date the same treatment as "national treatment". And in view of the fact that the acquired rights of those Koreans should naturally be respected, Articles 4 and 5 were proposed on the basis of the natural logics that those Koreans should be able to enjoy the same treatment up to this date 2nd will be entitled to do so up to the date of the coming into effect of this draft agreement. We made reservation item 3 when the Korean draft proposal was presented to the committee, because we have to be sure of what treatment the Japanese Government has granted to the Koreans concerned after the end of World War II. What kind of treatment are they now enjoying? We have to know it first. Therefore, the conclusive answer thereon can be given according to the Japanese answer to our question mentioned above, and Articles 4 and 5 should be re-considered accordingly, if the Japanese answer is different from our expection[expectation].

Mr. KATSUNO: As to the details of the treatments being rendered to the Korean residents in Japan, we will present them to the committee as soon as the whole picture is in hand.

Mr. CHOI: It seems to be almost at the end of discussion for today. But, before closing the session, I would like to reiterate my wish that the Japanese side would cooperate with us in finding ways to expedite the works of the committee. Now, when shall we meet again?

Mr. KATSUNO: Let us meet at 3:00 p.m., November 24, 1958

Mr. CHOI: No objection.

REMARKS: Before the meeting was adjourned, the committee agreed to the Joint Press Release which reads: "The committee continued substantial discussions on the legal status and treatment of Korean residents in Japan, and it was decided that the next meeting would be held at 3:00 p.m., November 24, 1958.

-The end-

번역

1958년 11월 19일, 도쿄

재일한인 법적지위위원회 12차 회의 요록

1. 일시 및 장소

1958년 11월 17일, 오후 3시~5시, 일본 외무성 411호

2. 참석자

한국 측: 최규하, 이재항, 진필식, 문철순, 노재원, 엄영달

일본 측: 가쓰노 야스스케, 히라가 겐타, 히라쓰카, 시미즈 시로, 하카가와 도요키치, 나가하시 히사, 스가누마 기요시, 쓰치야 미나오, 이케베 겐

3. 회의록

가쓰노: 지난 회의에서 히라가가 오늘 한국 측 제안서에 대해 몇 가지 질문을 던질 것이라고 언급했다. 하지만 지난 회의에서 제4조, 제5조, 제7조 3항 및 한국 측 유보 항목 3번에 대하여 제기한 질문에 답변을 해줄 수 있다면 답변을 먼저 들어보고 싶다.

최: 히라가가 협약 초안에 대해 할 말이 있다면 들어보겠다.

히라가: 내 질문은 한국 측 협약 초안의 기술적인 부분에 대한 것이다. 따라서 내 질문에 대해 지금 항목별로 답변을 해도 좋고, 추후 답변해도 좋다.

최: 질문을 해주기 바란다.

히라가: 1. 제1조의 "… 태평양전쟁의 적대 행위가 종식된 날짜 또는 …부터"를 일본 측은 1945년 9월 2일이라고 사료하며, 이에 대한 한국 측의 입장을 알고 싶다.

2. 제1조의 "자손"에 대해 일본 측은 본 제안서에서 이 단어가 포괄하는 범위를 명확히 하고 싶다. 일반적으로 자손이라는 단어는 직계비속을 의미하지만 한국 측 제안서에 언급되어 있는 "자손"이 아래의 분류 중 어디에 해당하는지 파악하고 싶다.

1) (양친) 부모가 재일한인인 자, 2) 부친이 한인인 자, 3) 모친이 한인이고 부친은 제3의 국적인 자

부모가 재일한인이지만 일본에 거주하지 않는 자손들이 있을 것이다. "자손"이라는 단어가 기간의 제한 없이 앞으로 태어날 재일한인의 자손들까지 포함하는지 알고 싶다.

3. 제1조의 "자손"에 대하여 일본 측은 협정 초안에서 이 '자손들'이 재일한인에 포함된 이유를 알고 싶다. 재일한인에 대한 특별한 지위와 처우를 고려하는 유일한 이유는 이것이 제2차세계대전 종전으로 인해 특수한 상황에서 법적 지위를 변경해야 했던 사람들을 위한 구제 대책이었기 때문이다. 자손들에게는 동일한 지위와 처우를 제공할 특별한 이유가 전혀 없다고 생각한다. 한국 측의 의견은 어떠한가?

4. 제2조 1항의 "확정"이라는 단어의 의도가 국적의 결정을 의미하는지, 아니면 이미 결정된 국적의 확정을 의미하는지 명확히 파악하고 싶다. 샌프란시스코 강화조약이 발효되면서 재일한인은 일본 국적을 상실했으므로 후자에 해당하는 경우 국적을 변경한 이유를 파악하고 싶다.

5. 위와 관련하여 일본 측은 제2조의 "확정(confirm)"과 서문의 "확인(affirm)"의 차이 또는 관계를 알고 싶다.

6. 제2조 2항은 관련 국내법의 효력을 정당화하기 위한 조항으로 보인다. 각국에 국제 사법이 존재하지만 한 국가의 국제 사법이 지닌 효과를 다른 국가가 항상 인정하지는 않는다. 그러나 한국 제안서에 담긴 이 조항에 따르면 한국인과 일본인의 서로에 대한 개인적 지위와 관련한 법 적용의 효과가 무조건적으로 인정된다. 따라서 일본 측은 여기에 관련된 한국 법의 세부사항을 파악할 필요가 있다고 느낀다.

7. 제3조 1항과 관련하여, 일본 측은 (1) "영주권"의 의미와, (2) "그에 대한 허가"에 대한 한국 측의 입장을 알고 싶다. 일본 측은 이 "영주권"의 의미가 일본 출입국관리법에서의 영주권과 같은 의미를 지니는지, 그리고 "허가"가 일본 출입국관리법에서의 허가와 같은 의미를 지니는지 알고 싶다.

8. 제3조 1항에서 "… 2년 이내에"라는 문구를 재일한인의 자손들에게 적용하는 것과 관련하여, 일본 측은 본 협정이 발효되고 2년 후에 태어날 자손들에게 동일한 조건을 적용하는 것에 대한 한국 측의 입장을 알고 싶다.

9. 동일한 항에서 영주권을 위해 정해진 절차를 밟지 않을 한인과 관련하여 제2조에 따르면 이들의 국적은 여전히 한국인인 것으로 보이지만 이들의 지위와 처우에 대한 한국 측의 의견을 알고 싶다.

10. 제3조 1항과 관련한 추방에 대해 일본 측은 2년의 기간이 종료되기 전에 한인을 추방해야 하는 경우 취할 조치에 대한 한국 측의 의견을 알고 싶다.

11. 제3조 2항과 관련하여 "협의"라는 단어의 의미를 알고 싶다. 협의가 상대방의 동의 없이 추방할 수 없음을 의미하는지 궁금하고, 동의를 받지 못하는 경우 어떠한 조치를 취할 수 있는지 알고 싶다. 또한 (1) 일본 정부가 각 추방 건에 대해 한국 정부와 협의해야 하는지, 그리고 (2) "이행에 필요한 범위만큼 이러한 문제를…"이라는 문구의 정확한 범위를 알고 싶다.

12. 위에서 말한 문단에 대해 일본 측은 제3조 1항에서 언급한 적절한 영주권을 취득하지 않는 한인을 일방적으로 추방할 수 있는지 알고 싶다.

13. 제4조 및 제7조 3항과의 관계에 대하여 제7조 3항에서 명시한 날짜에 대해 소급적으로 제4조를 적용하는 것의 효과와 결과를 알고 싶다. 그리고 제4조의 해당 조항이 재일한인의 자손들, 특히 가까운 미래에 태어날 자손들에게 어떻게 적용되는 것인지 알고 싶다.

14. 제5조와 관련하여 위에서 말한 제4조와 같은 의문을 가지고 있다.

15. 제6조와 관련하여 본 조항에서 말하는 재일한인에 가까운 미래에 태어날 이들의 자손이 포함되어 있는지 알고 싶다.

내 질문은 이게 전부다.

최: 히라가의 질의사항은 협정 초안의 여러 가지 구체적인 사항들에 대한 것이다. 지난 회의에서 가쓰노가 10차 회의 때 던진 질문에 답변을 했던 기억이 나며, 히라가와 가쓰노의 질의사항을 비교하면 지난 회의에서 내가 답변했던 내용이 히라가가 던진 대부분의 질문에 대한 답변이 되었다고 생각한다. 나머지 질문에 대해 검토하고 나중에 답변하겠다.

가쓰노: 히라가가 질문을 제기한 항목들이 내 질문과는 다르기 때문에 하나씩 답변해 주기를 바란다.

최: 협정 초안의 원칙에 대해서는 이미 답변을 했고, 영주권 취득 절차(제3조 1항)에 대해서도 지난 회의에서 보다 효과적이고 경제적이며 시간까지 절약할 수 있는 절차를 고안할 가치가 있다고 말했다. 제3조 2항에 대해서는 지난 회의에서 충분한 설명을 했다. 히라가의 11번째 질문의 경우 "협의"라는 단어의 의미를 지난 회의에서 이미 설명했고, "이행에 필요한 범위만큼 이러한 문제를…"이라는 문구가 나타내는 범위에 대해서는 추후 답변하겠다.

그리고 지금 단계에서 이렇게 기술적인 문제를 논의하는 것이 합리적인지 모르겠다. 제안서에 대한 조항별 논의를 시작한 후에 제기할 수 있는 질문들이다. 현시점에서 질문과 답변을 주고받는 것은 본 위원회의 소중한 시간을 낭비하는 결과만 불러올 것이다. 최대한 빠른 시일 내에 조항별 논의에 착수할 것을 제안하고 싶다. 또한 지난 회의에서 가쓰노가 던진 질문에 대한 답변과 함께 내가 제기했던 질문에 대해 일본 측이 답변하지 않았다는 사실을 환기시키고 싶다.

가쓰노: 아직 질의사항을 검토 중이다. 한국 측 협정 초안의 의미를 보다 잘 파악하고자 질문을 한 것이니 이해해 주기를 바란다.

최: 한국 측 협정 초안의 기본적인 구조에 대해서는 충분히 설명했기 때문에 일본 측이 제안서의 원칙에 대해 완전히 파악하기 위해 성의 있게 노력하기를 바라며 양측이 질문을 교환하고 구체적인 문제에 답변하기에 충분한 시간을 가질 수 있도록 항목별로 논의하자고 제안했다. 이 자리에서 다시 한 번 본 위원회가 협정 초안에 대해 조항별로 논의하고 그 과정에서 질문과 답변을 교환하기 위한 충분한 시간을 가질 수 있기를 바란다고 말하고 싶다.

또한 일본 측은 본 협정 초안에 담긴 문제들은 양국 정부 사이에서 오랜 시간 이어져 온 사안들임에 유념해야 한다. 양측은 근본적인 해결이 필요하다고 느끼기에 충분한 경험을 했다. 하지만 이 문제의 배경을 다른 어떠한 문제보다도 잘 아는 것도 사실이다. 그러나 일본 측이 '개괄적인 질문'으로 계속 시간을 끈다면 위원회의 소중한 시간을 의도적으로 소비하고 현안의 해결을 지연시키고 있다고 생각할 수밖에 없다. 일본 측이 우리 측 제안서에 대한 공식적인 입장을 언제 제시할 계획인지 알고 싶다.

가쓰노: 히라가가 질문을 마쳤으니 한국 측이 히라가의 질의에 답변하면 바로 우리 측 입장을 제시할 수 있다.

최: 히라가의 13번째 및 14번째 질문에 대해 제4조 및 제5조와 제7조 3항과의 관계를 각각 설명하겠다. 재일한인이 샌프란시스코 강화조약이 발효된 1952년 4월 28일 '일본' 국적을 상실했다는 것이 일본의 의견이지만 한국 측은 이러한 의견을 인정하지 않는다. 재일한인들은 그 일자까지 '내국인 대우'와 같은 동등한 대우를 받았어야 했다. 그리고 이러한 재일한인의 기득권을 존중하는 것이 자연스럽다는 관점에서 재일한인들이 오늘날까지 동일한 처우를 받았어야 하며 본 협정이 발효되는 일자까지 그렇게 할 권리를 보유할 것이라는 자연스러운 논리를 바탕으로 제4조와 제5조를 제안했다. 본 위원회에 우리 측 제안서를 제시하면서 유보 항목 3번을 만들었다. 일본 정부가 제2차세계대전 종전 후에 재일한인들에게 제공한 처우에 대해 확실히 파악해야 하기 때문이다. 현재 재일한인들이 받는 대우는 어떠한 것인가? 이것을 먼저 알아야 한다. 따라서 위에서 언급한 우리 측 질문에 대한 일본의 답변에 따라 이 질문에 대해

확실히 답변할 수 있으며, 일본의 답변이 우리가 기대한 것과 다른 경우 제4조 및 제5조를 재고해야 할 것이다.

가쓰노: 재일한인이 받고 있는 처우의 세부사항에 대해서는 전체적인 그림이 파악되는 대로 위원회에서 답변하겠다.

최: 오늘 논의할 내용은 거의 마무리되어 가는 것 같다. 하지만 끝내기 전에 일본 측이 본 위원회의 진행 속도를 높이기 위한 방법을 찾는 과정에 있어서 우리에게 협조해 주기를 바라는 마음을 다시 한 번 언급하고 싶다. 다음 회의는 언제가 좋은가?

가쓰노: 1958년 11월 24일 오후 3시에 만나자.

최: 이의 없다.

비고: 회의가 종료되기 전에 "위원회는 재일한인의 법적 지위와 처우에 관한 구체적인 논의를 이어갔고, 다음 회의는 1958년 11월 24일 오후 3시에 개최하기로 결정했다"라는 내용의 공동 보도 자료에 합의했다.

끝

31. 제4차 한일회담 법적지위위원회 제13차 회의 요록

0971 Tokyo, November 28, 1958

THIRTEENTH SESSION
COMMITTEE ON LEGAL STATUS OF KOREAN RESIDENTS IN JAPAN

1. Time and place:

10:30-12:25 a.m, November 24, 1958, Rm. 411, Ministry of Foreign Affairs, Japanese Government

2. Conferees:

Korean side: Mr. CHOI, Kyu Hah
Mr. EA, Chai Hang
Mr. CHIN, Pil Shik
Mr. MOON, Chul Soon
Mr. ROH, Jae Won
Mr. OHM, Young Dal

Japanese side: Mr. KATSUNO, Yasusuke
Mr. HIRAGA, Kenta
Mr. HIRAZUKA
Mr. SHIMIZU, Shiro
Mr. HASEGAWA, Shinzo
Mr. NAKAGAWA, Toyokichi
Mr. NAGAHASHI, Hisa

Mr. SUGANUMA, Kiyoshi

Mr. TSUCHIYA, Minao

Mr. IKEBE, Ken

3. Gist of Talks:

Mr. KATSUNO: With regard to the Korean counter-question in connection with Articles 4 and 5 of the Korean proposal, we are still conducting researches in order to collect the whole data as to the treatments which the Korean residents in Japan are now enjoying actually in connection with the said articles. Since the matter is related with other Ministries concerned, we require a certain time before we finish the complete collection of the data concerned.

Mr. CHOI: Have you any other thing to say?

Mr. KATSUNO: No, for today. I want to listen to your comment on the questions raised by Mr. Hiraga at the previous session.

Mr. CHOI: If so, I would like to give my comment in connection with some of questions submitted by Mr. KATSUNO at the eleventh session and also by Mr. HIRAGA at the twelfth session.

First of all, concerning Mr. Katsuno's questions regarding Article 6 (1) of the draft agreement, the ground on which the said proposal was made was
0972 that Korean residents in Japan could return to the Republic of Korea without limitation of time. Therefore, Mr. Katsuno's "position" that there should be a certain limited period during which neither customs duties nor any other charges may be imposed on those movables which repatriating Korean residents will take with them to the Republic of Korea, is not justified, not only in the light of the principle that their property right should constantly be respected, but also in view of the fact that their freedom to return to the Republic of Korea with their properties will not be substantially restricted by limitation of the period.

Secondly, with regard to Mr. Katsuno's "understanding" that, concerning Article 6 (2) of the draft agreement, the amount of the fund to be remitted to the Republic of Korea by repatriating Korean residents will also be subject to "separate negotiations", I have to make it clear that there should be no restriction placed upon the amount of the fund which the repatriating Korean wishes to remit to the Republic of Korea. It may frequently happen that repatriating Koreans want to remit not only the cash in hand, but also proceeds from their movables or immovables which they may dispose of in Japan, when they want to repatriate to the Republic of Korea. In such case, it is quite natural that the funds mentioned above should be remitted to the Republic of Korea by the repatriating Koreans without any restriction placed on the amount of money to be remitted to the Republic of Korea. If there were to be any restriction placed upon the amount of funds to be remitted by repatriating Koreans, it would be tantamount to restriction on their property right itself, and, further, could not but be an indirect way of forcing them to give up their due property rights in the long run.

Also, I must make it clear that there should be no arbitrary measures employed by the Japanese Government authorities concerned in their remitting of funds to the Republic of Korea. In this connection, I would like to remind the Japanese side that it would also be arbitrary measures that the repatriating Koreans are forced to purchase so-called national bond, to pay various charges, or to make the so-called fixed deposit, etc. in their remitting of money to the Republic of Korea. Therefore, it should be understood that the amount of the funds to be remitted is beyond the scope of "separate negotiations" under Article 6 (2) of the draft agreement.

Thirdly, with regard to Mr. Katsuno's suggestion on the composition of ad hoc working party to handle the matter concerning "separate negotiations" under Article 6, I think that, before composing such an organ, a considerable progress had better be made of the fundamental points of our negotiations, though Mr. Katsuno's suggestion is now under study.

Now, I am going to give my view to some of questions raised by Mr. Hiraga at the 12th session.

(1) As to "the date of the termination of Pacific War…", the matter will come out later and, therefore, I would reserve my answer thereon.

(2) In connection with the problem of the inclusion of "descendants" in "the Korean residents in Japan", Mr. Hiraga stated that the reason for considering a special status and treatment for Korean residents in Japan is from the necessity
0973 of a "relief measure" for those Who had to change their "nationality" under special circumstances, etc. But it would be a big mistake, if Mr. Hiraga thinks that a special status and treatment is to be given to Korean residents in Japan as "a relief measure". As we all know, almost all of Korean residents in Japan had been compulsorily brought over to Japan as drafted labourers or heavy workers, or conscripted "military" workers for Japan's purposes.

It needs a serious determination of mind, when a Korean leaves his native town for good for other country which is thousands of miles away. No Koreans have, in fact, migrated into Japan of their own free will.

The then imperialistic Japan had utilized labouring power of the Koreans who had been forcibly taken to Japan, even to such extent that many of them lost their lives in the course of their hard labour.

Under the circumstances, Japan should be solely responsible for the present predicament and hardships of Korean residents in Japan. No man of conscience would allow Japan to treat human beings as cast-off shoes. It is quite natural that descendants of Korean residents in Japan should live in the places where their parents live. These descendants should be entitled to the same treatment as to be rendered to their parents, because they will succeed to the status of their parents in Japan who have in Japan their basis of living.

(3) Mr. Hiraga raised a question on wordings of the draft agreement at this stage which seems to be rather premature. But, inasmuch as he questioned about the difference of the meaning of the word "affirm" in the preamble from that of the word "confirm" in Article 2 (1) of the draft agreement, I wish to give my comment thereon.

The word "affirm" means "make firm". As we are fully aware, it is a customary practice in an international agreement that the purpose or spirit of the agreement is described in general terms in the preamble. So, we used such terms as "affirm" in the preamble.

On the other hand, in a specific article of an international agreement, it is also customary to use a word which has a legal bearing or meaning. The word "confirm" which means "make firm by the formal authoritative assent", has been used as a word which describes the way how to "affirm" or "make firm the nationality of Koreans residing …". Thus, it is obvious that the word "confirm" has bean used in Article 2 (1) to show a formal action which the Republic of Korea and Japan take, that is to say, "to make something which already exists, by formal authoritative assent".

(4) Mr. Hiraga took the view that the Korean residents in Japan lost their "Japanese" nationality upon the first coming into force of San Francisco Peace Treaty. In this connection, I take a different view from Mr. Hiraga's. I do not think it right that the Japanese side connects the nationality problem of Korean residents with the coming into force of the San Francisco Peace Treaty. I want to avoid any long argument on this matter, but one thing that I have to make it clear at this stage is that the Government of the Republic of Korea
0974 was inaugurated on August 15, 1948, and the Government was recognized as "the only lawful Government" of Korea by the United Nations and many of the countries of the world.

On what legal ground did Mr. Hiraga frequently say that Korean residents in

Japan lost "Japanese" nationality, etc.?

Mr. HIRAGA: The legal ground is on the "Japan-Korea Annexation Treaty" in 1910.

Mr. CHOI: Mr. Hiraga touched upon a very serious problem. As the so-called "annexation treaty" had been compulsorily imposed (by force and duress), it is null and void.

(5) Now, as to Article 2 (2), Mr. Hiraga wanted to know the details of the Korean laws related to the international private law, I think that the information on the international private laws of Korea and Japan should be mutually supplied later when necessary. Therefore, I will not refer to the details of Korean laws concerned at this stage.

(6) As regards Mr. Hiraga's question regarding whether the word "permanent residence" or "permission thereof" in Article 3 (1) would mean the same thing under the Japanese Immigration Control Law. I cannot but doubt the real intention of the Japanese side in its discussion with the Korean side on the problem of Korean residents in Japan.

The Japanese laws and regulations are only domestic laws and regulations of Japan and not International law.

It cannot be justified that Japan always tries to adher[adhere] to her own "domestic" laws when she is negotiating on an "international" agreement with the Republic of Korea. The expression "permanent residence" or "permission thereof" shall be defined only in accordance with the present agreement, and not with the so-called Japanese laws concerned, and I think the "permanent residence" here means "permanent residence" in the literal sense of the word appearing in the present draft agreement.

(7) Concerning Mr. Hiraga's question as to the procedure for application for permanent residence, it is recalled that Mr. Katsuno once stated that, if the Japanese Government should follow the procedures as stipulated in Article 3

(1), it would create a problem on its budget, amounting to quite a "large" sum of money. At the 11th session, I stated, in reply, that, as to the procedures for granting permanent residence to Korean residents in Japan, it would be a problem worth studying to map out an idea by which permanent residence could be granted to Korean residents in Japan in a most economic, effective and time-saving manner, and that I asked the Japanese side if it had any good idea in its mind.

Now, I want to listen to the Japanese view in this regard if the Japanese side has prepared itself for making any remarks thereon.

0975 (8) With respect to Mr. Hiraga's question concerning the relations between "deportation" and "consultation", I remember that the Korean side has already expressed its view, and therefore I do not feel it necessary to repeat my remarks thereon. But I wish to add that the 'permanent residence' subject to arbitrary deportation cannot be "permanent residence" in the true sense of the word, and that the case-by-case consultation is a logical conclusion from the "permanent residence" status to which Korean residents in Japan are entitled.

Mr. HIRAGA: Do you mean that deportation of Korean residents cannot be carried out without the consent of the other party?

Mr. CHOI: Unilateral or arbitrary deportation cannot be called the deportation which is to be carried out upon "consultation".

Mr. HIRAGA: When deportation is carried out by the Japanese Government, it is carried out within the scope of the criteria specified in the Japanese laws concerned and not in any arbitrary manner. Thus, I don't know what kind of consultation Korean side wishes to have in the deportation, when you referred to "case-by-case" consultation.

Mr. CHOI: You are always referring to so-called the Japanese laws, etc. It is quite unreasonable for you to try to adhere to your own domestic laws when both sides are negotiating on an international agreement.

Now, as to the subjects of the consultations as is stated in Article 3 (2), they are also relating to "such matters as are required for the enforcement thereof …" which will come to light later as the present negotiations are making progress.

(9) With regard to Mr. Hiraga's question Nos. 13 and 14 in regard to Articles 4 and 5, and their relations with Article 7 (3), etc., I have already raised some questions at the 12th session, and therefore I do not want to repeat it. But it is recalled that I have already put forward a question regarding what kind of special" treatment is now actually rendered to Korean residents in Japan. In the beginning of today's session, Mr. Katsuno stated that he needs a little more time in giving his answer to my question. I, therefore, would like to urge once again the Japanese side to give its answer to my question mentioned above.

These are the almost all I want to say at the today'a session. I hope that the Japanese side will make constructive efforts to bring about a satisfactory settlement of the problems being handled at this committee.

Mr. HIRAGA: As to the unanswered part of my questions, I hope the Korean side will give its answers at the next meeting.

0976 Mr. CHOI: I don't think that this is the stage where questions and answers are exchanged on a "minor and technical" points. I hope the Japanese side will give the Korean side answers on questions raised by the latter at today's session and previous sessions as well. Detailed matters will eventually be dealt with when the Committee enter into article-by-article deliberations.

Mr. HIRAGA: It is very hard for the Japanese side to say "yes" or "no" on the Korean proposal before it grasps in detail the Korean view embodied in the draft agreement. My view is that, before entering into article-by-article discussions on the draft agreement, the Japanese side has to know the exact meanings of the various articles of the Korean draft agreement, and, therefore, I wish to have the Korean answers on the unanswered part of my questions.

Mr. CHOI: The Korean side has already given the overall explanations on the purpose and spirit of the draft agreement, and also expressed its views on several points which were referred to by the Japanese side. Our draft proposal was made not in verbal form but in writing. Therefore, you can fully understand what the Korean proposal means, if you read the draft agreement. I urge that the Japanese side express its view on my questions already raised and on the draft agreement itself. I also think that our efforts have to be concentrated to arrive at the target of this committee as soon as possible. In so doing, we can expedite the smooth and effective proceeding of this committee. Beside these, we have many tasks to do: "separate negotiations" under Article 6, etc.

Mr. KATSUNO: As I listened to the Korean views expressed today, I felt that there existed discrepancies of views between both sides. The Japanese side will make comment on the answers made by the Korean side in regard to the Japanese questions. I hope that exchange of questions and answers will be made continuously.

Mr. CHOI: Mr. Katsuno, please understand that this is not a new problem; both sides exchanged their views at previous Korea-Japan conferences, and through routine diplomatic channels as well. If we continue to exchange questions and answers endlessly, I am afraid that this committee would go to some other places than it is expected to go to.

I think that the Japanese side has to be sincere enough to avoid any possible result of making this place the site of discussion for the sake of discussions only. I hope your side will enter into the crux of the problems and your doing so will be a due course of this committee arriving at its target. It is essential that the committee should proceed with the right course which it should follow.

0977 Mr. KATSUNO: You think as if the Japanese side were trying to make discussions for the sake of discussions only, but I believe that, in the course of exchanging questions and answers, the background of the Japanese way of thinking has also been known to the Korean side.

The exact meanings of various articles of Korean draft agreement are not clear to the Japanese side, and, therefore, I deem it necessary to continue to exchange questions and answers to the fullest extent so that an amicable settlement could be made of the legal status of Korean residents in Japan. It would be necessary to continue discussions by exchanging questions and answers, in order to forestall any future dispute on the problems concerning Korean residents in Japan. Therefore, present way of discussions will not always be a way leading merely to waste of time.

Mr. CHOI: I know of the necessity of forestalling any future dispute in regard to problems concerning Korean residents in Japan. We are, therefore, together here to settle the problems concerning Korean residents in Japan. What I really meant was that, since the Korean side has already presented a draft agreement in writing and also given explanations on the purpose and spirit of the draft agreement, it was the time for the Japanese side to make a concrete answer on various questions raised by the Korean side. I said that I was afraid that if the committee were to continue to exchange questions and answers endlessly, this committee might be changed into a site for discussions for the sake of discussions only, of which the aims might be easily lost sight of.

Mr. KATSUNO: I am afraid that you misunderstood me. I think our committee meetings made some progress.

Mr. CHOI: I say that the Japanese side should express its constructive views on the draft agreement and the questions raised by the Korean side. I presumed that the Japanese side is aware of the historical background of how the Korean residents in Japan have been brought to Japan. Therefore, the Japanese side should gave the Korean side clear answers without attempting to exchange mere questions and answers endlessly.

Mr. KATSUNO: I will show you how the exchange of questions and answers helped the Japanese side know what draft agreement really meant. For example, we did not know it untill we listened to your explanation that there should be no restrictions on the amount of the fund to be remitted by repatriating Korean residents to the Republic of Korea in connection with Article 6.

0978 Mr. CHOI: It is crystal clear that there is no single word which could be interpreted as meaning that restrictions could be placed on the amount of money to be remitted in Article 6 (2) of the draft agreement. That is why I stated that your side raised many unnecessary questions at the coat of our valuable time. So, I hope that you will express "constructive" views on the questions raised by the Korean side.

Mr. KATSUNO: I take note of your remarks as the desire of the Korean side. When shall we meet again? Would it be all right to you, if the next session be held at 10:30 a.m., on monday next, December 1?

Mr. CHOI: I think that the earlier, the better. But I would not raise objection to your proposal on the holding of the next session. As to the press release, shall we follow the past precedent?

Mr. KATSUNO: That will be all right.

REMARKS: The Joint Press Release both sides agreed reads; "The committee continued substantial discussions on legal status and treatment of Korean residents in Japan and it was decided that the next meeting would be held at 10:30 a.m., December 1, 1958."

-The end-

번역

1958년 11월 28일, 도쿄

재일한인 법적지위위원회 13차 회의

1. 일시 및 장소

1958년 11월 24일, 오전 10시 30분~12시 25분, 일본 외무성

2. 참석자

한국 측: 최규하, 이재항, 진필식, 문철순, 노재원, 엄영달

일본 측: 가쓰노 야스스케, 히라가 겐타, 히라쓰카, 시미즈 시로, 하세가와 신조, 나카가와 도요키치, 나가하시 히사, 스가누마 기요시, 쓰치야 미나오, 이케베 겐

3. 회의록

가쓰노: 한국 제안서 제4조 및 제5조에 대한 한국의 역질문과 관련하여 재일한인이 현재 실제로 받고 있는 처우에 대한 전체적인 데이터를 수집하기 위해 계속 연구하고 있다. 이 문제는 기타 관련 부처와 관련되어 있기 때문에 데이터 수집을 완료하려면 일정한 시간이 소요된다.

최: 다른 할 말 있는가?

가쓰노: 오늘은 없다. 지난 회의에서 히라가가 한 질문에 대한 답변을 듣고 싶다.

최: 그렇다면 11차 회의에서 가쓰노가 한 질문과 12차 회의에서 히라가가 던진 질문 중 일부에 대한 의견을 제시하겠다.

먼저 제6(1)조에 대한 가쓰노에 질문에 대해, 이 내용을 작성한 근거는 재일한인이 기간의 제한 없이 대한민국에 돌아갈 수 있었다는 사실이다. 따라서 송환 대상 재일한인들이 대한민국으로 가져갈 동산에 어떠한 관세나 기타 요금이 부과되지 않는 기간을 일정하게 제한해야 한다는 가쓰노의 '입장'은 이들의 재산권을 계속해서 존중해야 한다는 점에서도, 그리고 이들이 재산을 가지고 대한민국에 귀국할 수 있을 자유를 기간에 제한을 두어 제약하지 않을 것이라는 사실을 고려했을 때에도 타당하지 않다.

둘째, 제6(2)조와 관련하여, 송환 대상 재일한인들이 대한민국으로 송금할 금액 또한 "별도의 협상" 대상이라는 가쓰노의 '이해'에 대해서는 송환될 한인들이 대한민국으로 송금하고자 하는 금액에 대해 어떠한 제약도 없어야 함을 확실히 짚고 넘어가고 싶다. 송환되는 한인들이 소지하고 있는 현금뿐만이 아니라 일본에서 처분할 수 있는 동산 또는 부동산에서 발생한 수익까지 송금하려는 상황이 빈번하게 발생할 수 있다. 이러한 경우 송환되는 한인들이 송금할 금액에 대한 어떠한 제약도 없이 위에서 말한 자금을 대한민국으로 송금할 수 있어야 하는 것이 자연스럽다. 송환되는 한국인들이 송금할 수 있는 금액을 제한한다면 재산권 자체를 제한하는 것과 마찬가지이며, 장기적으로는 간접적으로 적법한 재산권을 포기하도록 강요하는 것과 같은 행위다.

또한 일본 정부는 대한민국으로의 자금 송금에 대해 어떠한 독단적인 조치도 취하지 않아야 함을 명확히 하고 싶다. 송환되는 한인들이 대한민국에 송금할 때 소위 정기예금에 가입하거나 각종 요금을 지불하기 위해 소위 국채를 매수하도록 강제하는 행위 또한 독단적 조치가 될 것임을 일본 측에 상기시키고 싶다. 따라서 송금하는 금액은 협정 초안 제6(2)조에 따른 "별도의 협상" 범위에 포함되지 않는다는 사실을 인지해야 한다.

셋째, 제6조에 따른 "별도의 협상"에 관한 문제를 다루기 위한 상시 실무그룹을 구성하자는 가쓰노의 제안에 대해서는 이러한 기구를 설치하기 전에 먼저 우리가 진행 중인 교섭의 기본적인 요소들을 많이 진행시키는 것이 좋다고 생각한다. 하지만 가쓰노의 제안사항은 현재 검토 중이다.

지금부터는 12차 회의에서 히라가가 제기한 질문 중 일부에 대한 의견을 제시하겠다.

(1) "태평양전쟁이 종료된 일자…"의 문제는 추후 거론될 것이기 때문에 답변을 유보하겠다.

(2) '재일한인'에 '자손들'을 포함시키는 문제와 관련하여 히라가는 재일한인에 대한 특별한 지위와 처우를 고려하는 이유가 특수한 상황에서 '국적'을 변경해야 했던 이들을 위한 '구제 대책'이 필요했기 때문이라고 말했다. 그러나 재일한인에게 '구제 대책'으로서 특별한 지위와 처우를 제공해야 한다고 생각한다면 큰 실수다. 우리 모두가 알듯이 거의 대부분의 재일한인은 일본의 목적을 위해 강제 징용자 또는 중노동자, 혹은 징집된 '군' 인력으로서 일본에 강제로 이주했다.

한국인들이 고향을 버리고 수천 마일 떨어진 타국으로 영원히 떠날 때에는 진지한 결심이 필요하다. 사실상 자신들의 자유의지로 일본에 이주한 한국인은 없다.

당시 제국주의 일본은 강제로 일본에 이주한 한인들이 일하는 과정에서 목숨을 잃을 정도로 이들의 노동력을 착취했다.

이러한 상황에서 일본은 현재 재일한인들이 당면하고 있는 고충과 고난을 전적으로 책임져야 한다. 양심 있는 사람이라면 누구도 일본이 인간을 낡은 신발처럼 취급하는 것을 허용하지 않을 것이다. 재일한인의 자손들이 부모가 사는 곳에서 사는 것은 상당히 자연스러운 일이다. 자손들이 일본에 생활 터전을 가진 부모의 지위를 물려받을 것이므로 자손들에게도 부모와 같은 처우를 제공해야 한다.

(3) 히라가는 현시점에서 시기상조로 보이는 문구에 대한 질문을 제기했다. 하지만 서문에서 언급한 "확인(affirm)"과 제2(1)조의 "확정(confirm)"이라는 단어의 차이에 대해 질문했으니 여기에 대한 의견을 제시하겠다.

"확인하다"는 '공고히 하다'라는 의미다. 우리 모두 잘 알다시피 국제 협정의 서문에서 해당 협정의 목적이나 정신을 개괄적인 용어로 기술하는 것이 관행이다. 따라서 서문에서 "확인하다"라는 단어를 사용했다.

한편 국제 협정의 각 조항에서는 법적인 효력이나 의미를 지닌 단어를 사용하는 것이 관례다. '…한인의 국적을 공고히 하거나' 또는 '확인'하는 방식을 설명하는 단어로서 '정식으로 권위 있는 승인을 통해 공고히 하다'라는 의미의 "확정하다"를 사용했다. 따라서 대한민국과 일본이 취할 공식적 조치, 즉 '정식으로 권위 있는 승인을 통해 이미 존재하는 무언가를 공고히 하다'라는 의미에서 제2(1)조에 "확정하다"라는 단어를 사용한 것이다.

(4) 히라가는 재일한인들이 샌프란시스코 강화조약이 발효되면서 '일본' 국적을 상실했다는 입장을 취했다. 내 의견은 다르다. 일본이 재일한인의 국적 문제를 샌프란시스코 강화조약의 발효와 연결 짓는 것은 옳지 않다고 생각한다. 이 문제에 대해 길게 논쟁하지는 않겠지만 대한민국 정부가 1948년 8월 15일에 건립되었고 UN과 전 세계 많은 국가가 대한민국 정부를 한국의 '유일한 합법적 정부'로 인정했다는 사실을 명확히 짚고 넘어가고 싶다.

히라가는 어떠한 법적 근거에서 재일한인이 '일본' 국적을 상실했다고 자주 언급하는 것인가?

히라가: 1910년 '한일병합조약'이 법적 근거다.

최: 히라가는 매우 심각한 문제를 건드렸다. 소위 '병합조약'은 (무력과 협박을 통해) 강제적으로 부과된 것이며 무효다.

(5) 제2(2)조에 대해 히라가는 국제 사법과 관련한 한국 법의 세부사항을 파악하고 싶어 했는데, 한국과 일본의 국제 사법에 대한 정보는 추후 필요하면 서로 제공해야 할 정보라고 생각한다. 따라서 지금 단계에서 관련 한국 법의 세부사항을 언급하지 않겠다.

(6) 제3(1)조의 "영주권" 또는 "그에 대한 허가"라는 표현이 일본 출입국관리법에서 해당 용어들이 나타내는 바와 동일한 의미를 지니느냐는 히라가의 질문은 재일한인 문제를 한국과 논의하는 과정에서 일본 측이 가지고 있는 진의를 의심할 수밖에 없게 만든다.

일본의 법과 규제는 일본 국내의 법과 규제일 뿐이며 국제법이 아니다.

일본이 대한민국과 '국제' 협약을 협상하는 과정에서 항상 자국의 '국내법'을 고수하려는 행동은 정당화될 수 없다. "영주권" 또는 "그에 대한 허가"라는 표현은 일본의 관련 법이 아니라 현재 논의 중인 협약에 의거해서만 정의해야 한다. 그리고 여기에서의 "영주권"은 문자 그대로의 의미를 갖는다.

(7) 영주권 신청 절차에 대한 히라가의 질문에 대해서는, 가쓰노가 한 번 말한 기억이 있는데, 일본 정부가 제3(1)조에 언급되어 있는 절차를 따라야 한다면 상당히 '거액'에 해당하는 예산이 소요되는 문제가 발생한다. 11차 회의에서 재일한인에게 영주권을 부여하기 위한 절차에 대해 답변하면서 가장 경제적, 효과적이며 시간을 절약할 수 있는 방식으로 재일한인에게 영주권을 부여할 수 있는 계획을 고안할 필요가 있다고 말하며 일본 측에 좋은 생각이 있는지 물었다.

일본 측이 여기에 대해 준비한 내용이 있는지 들어보고 싶다.

(8) '추방'과 '협의'의 관계에 대한 히라가의 질문에 관하여, 한국 측은 이미 견해를 표명한 것으로 기억하므로 반복하여 답변할 필요는 없다고 생각한다. 하지만 독단적 추방이 가능한 '영주권'은 진정한 의미의 '영주권'일 수 없으며, 재일한인에게 부여된 '영주권' 지위를 고려하면 건별로 협의하는 것이 논리적인 결론이다.

히라가: 상대방의 동의 없이는 재일한인을 추방할 수 없다는 의미인가?

최: 일방적이거나 독단적인 추방을 '협의'에 따라 실시하는 추방이라고 부를 수는 없다.

히라가: 일본 정부의 추방은 관련 일본 법에 명시된 기준의 범위 안에서 시행되며, 독단적인 방식으로 이루어지지 않는다. 따라서 한국이 '건별' 협의라고 말할 때 추방에 대해 한국 측이 어떠한 종류의 협의를 원하는 것인지 모르겠다.

최: 항상 소위 일본 법을 언급하는데, 양측이 국제 협약에 대해 교섭하는 과정에서 국내법을 고수하려는 행동은 상당히 합리적이지 않다.

제3(2)조에 명시한 협의의 대상도 이번 교섭이 진행됨에 따라 논의하게 될 "시행에 필요한 만큼 그러한 문제를…"과 관련이 있다.

(9) 제4조 및 제5조와 관련한 히라가의 13번째, 14번째 질문과 제7(3)조와의 관계에 대해서는 이미 12차 회의에서 몇 가지 의문을 제기했기 때문에 다시 반복하지 않겠다. 하지만 내가 이미 현재 재일한인들에게 어떠한 종류의 특별한 처우가 제공되고 있는지 질문했다. 오늘 회의를 시작하면서 가쓰노는 내 질문에 답변하기 위해서는 시간이 조금 더 필요하다고 말했다. 따라서 위의 질문에 답변할 것을 다시 한 번 일본 측에 촉구하고 싶다.

오늘 회의에서 하고 싶은 말은 거의 다 했다. 일본 측이 본 위원회에서 다루고 있는 문제들을 만족스럽게 해결하기 위해 건설적인 노력을 기울이기를 바란다.

히라가: 답변을 듣지 못한 질문에 대해 다음 회의에서 답변해 주면 좋겠다.

최: '사소하고 기술적인' 부분에 대해 질의와 답변을 주고받을 단계는 아닌 것 같다. 일본 측이 오늘 회의와 지난 회의에서 우리가 제기한 질문에 답변해 주기를 바란다. 위원회가 조항별 논의를 시작하면 구체적인 문제를 다루게 될 것이다.

히라가: 협약 초안에 내재된 한국의 관점을 구체적으로 파악하기 전에는 제안서에 대해 우리가 '네' 또는 '아니오'로 답변하기가 매우 어렵다. 협약 초안에 대한 조항별 토의를 시작하기 전에 여러 조항의 정확한 의미를 알고 싶기 때문에 우리 질문 중 해소되지 않은 부분에 대해 한국 측이 답변해 주었으면 좋겠다.

최: 우리는 이미 협약 초안의 목적과 정신에 대해 전체적으로 설명했고, 일본 측이 질문을 제기한 여러 부분에 대한 입장도 표명했다. 제안서 초안은 구두로 전달한 것이

아니고 서면으로 전달했다. 따라서 읽어보면 한국 측이 제안하는 바가 무엇을 의미하는지 충분히 이해할 수 있을 것이다. 일본 측이 내가 이미 제기한 의문과 제안서에 대한 견해를 제시할 것을 촉구한다. 최대한 빠른 시일 내에 본 위원회의 목표를 달성할 수 있도록 노력을 집중해야 한다고 생각한다. 그렇게 해야 위원회를 원만하고 효과적으로 진행할 수 있다. 그 외에도 제6조의 '별도 교섭' 등 할 일이 많다.

가쓰노: 오늘 한국이 표명한 견해를 들으며 양측의 관점에 차이가 존재한다고 느꼈다. 우리가 제기한 질문에 대해 한국이 답변한 내용에 관한 의견을 제시하겠다. 지속적으로 질의와 응답을 주고받았으면 좋겠다.

최: 새로운 문제가 아님을 인지하기를 바란다. 양측이 지난 한일회담과 정규 외교 채널을 통해서도 의견을 교환했다. 끝없이 질의응답을 교환하면 본 위원회가 목표로 하는 방향이 아닌 다른 곳으로 흘러갈까 우려된다.

이 위원회를 논의만을 위한 논의의 장으로 만드는 결과를 불러올 만한 상황을 만들지 않기 위해 성의를 보이기를 바란다. 일본 측이 문제의 핵심을 논의하기를 바라고, 그렇게 해야 본 위원회가 목표를 달성할 수 있을 것이다. 위원회가 움직여야 하는 올바른 방향으로 논의를 진행하는 것이 매우 중요하다.

가쓰노: 우리 측이 논의만을 위한 논의를 하려고 한다고 생각하는데, 질의와 응답을 주고받는 과정에서 일본이 가진 생각의 배경을 한국 측도 알 수 있었다고 믿는다.

한국 측 협약 초안의 여러 가지 조항이 지닌 정확한 의미가 명확하지 않았기 때문에 재일한인의 법적 지위에 대해 우호적으로 합의할 수 있도록 최대한 질의와 답변을 지속적으로 교환해야 한다고 생각했다. 재일한인 관련 문제에서 발생할 수 있는 분쟁을 미연에 방지하기 위해서 질의와 답변을 지속적으로 주고받아야 할 것이다. 따라서 지금의 논의 방식이 반드시 시간 낭비는 아닐 것이다.

최: 재일한인 관련 문제에 대한 분쟁을 미연에 방지할 필요성은 나도 알고 있다. 그렇기 때문에 재일한인 문제를 해결하기 위해 한자리에 모인 것이다. 내가 하고 싶었던 말은 한국 측이 이미 서면으로 협약 초안을 제출했고 그 목적과 정신에 대해서도 설명했으니 이제는 일본 측이 한국이 제기한 여러 가지 의문에 대해 구체적으로 답변할 때라는 것이다. 위원회에서 끝없이 질문과 답변이 이어진다면 목표는 손쉽게 잊힌 채 논의만을 위한 논의의 장이 될까봐 우려된다고 말했다.

가쓰노: 내 말을 오해한 것 같다. 본 위원회가 어느 정도 진전을 이루었다고 생각한다.

최: 일본 측은 협약 초안과 한국의 질문에 대해 건설적인 견해를 표명해야 한다고 말했고, 일본 측이 재일한인이 일본으로 이주하게 된 역사적 배경을 알고 있다고 가정했다. 따라서 일본 측은 끝없이 질문과 답변을 교환하려 하지 말고 명확한 답변을 한국 측에 제시해야 한다.

가쓰노: 질문과 답변을 교환하면서 일본 측이 협약 초안이 정말 의미하는 바가 무엇인지 파악하게 되었음을 보여주겠다. 예를 들어 설명을 듣기 전까지는 제6조와 관련하여 송환되는 재일한인들이 대한민국으로 송금하는 자금의 금액에 제약이 없어야 한다는 점을 알지 못했다.

최: 협약 초안 제6(2)조에서 송금할 금액이 제한될 수 있다는 의미로 해석할 수 있는 다른 말이 존재하지 않는다는 것은 너무나 명백하다. 그렇기 때문에 일본 측이 수많은 불필요한 질문을 던지는 것이 소중한 시간을 소모하고 있다고 말한 것이다. 한국 측이 제기한 질문에 대해 '건설적인' 의견을 제시해 주기를 희망한다.

가쓰노: 한국 측이 바라는 바에 대해서는 유념하겠다. 다음 회의는 언제가 좋겠나? 괜찮다면 12월 1일(다음 주 월요일) 오전 10시 30분 어떤가?

최: 빠를수록 좋을 것 같지만 방금 제안한 일정에 이의를 제기하지는 않겠다. 보도자료는 기존 방식대로 작성하는 게 어떤가?

가쓰노: 좋다.

비고: 양측이 합의한 공동 보도 자료는 다음과 같다.

"위원회는 재일한인의 법적 지위와 처우에 관한 구체적인 논의를 이어갔고, 다음 회의는 1958년 12월 1일 오전 10시 30분에 개최하기로 결정했다."

끝

34. 제4차 한일회담 법적지위위원회 제14차 회의 요록

0987

Tokyo, December 10, 1958

FOURTEENTH SESSION
COMMITTEE ON LEGAL STATUS OF KOREAN RESIDENTS IN JAPAN

1. Time and place:

10:30-12:10, December 8, 1958, Room 411, Ministry of Foreign Affairs, Japanese Government

2. Conferees:

Korean side:	Mr. CHOI, Kyu Hah
	Mr. EA, Chai Hang
	Mr. CHIN, Pil Shik
	Mr. ROH, Jae Won
	Mr. OHM, Young Dal
Japanese side:	Mr. KATSUNO, Yasusuke
	Mr. HIRAGA, Kenta
	Mr. NAKAGAWA, Toyokichi
	Mr. HIRATSUKA, Nenoichi
	Mr. HASEGAWA, Shinzo
	Mr. SHIMIZU, Shiro
	Mr. SUGANUMA, Kiyoshi
	Mr. TSUCHIYA, Minao

Mr. IKEBE, Ken

3. Gist of Talks:

Mr. KATSUNO: I think that the Korean side wished to know what treatments on property rights the Korean residents in Japan had enjoyed at the time of the coming into force of the San Francisco Peace Treaty, in connection with Article 4 of the draft agreement, and also how the treatments have been changed hitherto.

Mr. CHOI: I would like to invite your attention to the fact that the Korean side requested you to inform the former of treatments presently as well as at the time of the coming into force of the Peace Treaty accorded to the Korean residents in Japan in connection with Articles 4 and 5 of the draft agreement.

Mr. KATSUNO: Our researches revealed that there is hardly any restriction on the property rights enjoyed by aliens, in comparison with those by Japanese nationals. The only exception is in mining right. Of course the Korean residents in Japan had enjoyed the said right before the Peace Treaty entered into force, but, since the Koreans lost their Japanese nationality upon the coming into force of the Peace Treaty, they became to be unable to enjoy such right and they were required to dispose of the said right or transfer the title thereof to the Japanese during the period of two years from April 28, 1952. Consequently, there is no Korean who holds such right presently.

Mr. CHOI: How about occupations in connection with Article 5?

0988 Mr. KATSUNO: Aliens can enjoy same occupations as the Japanese, except those in the government and public offices, under the Japanese laws concerned.

Mr. CHOI: I thought that Korean residents in Japan have enjoyed rather special property rights and occupations than ordinary aliens enjoy, but, since your remarks seem to be somewhat unclear in that connection, I would like to know what exactly the "special treatments" mean as rendered to Korean residents in Japan.

Mr. KATSUNO: Since there is hardly any discrimination, as mentioned a few minutes ago, in the treatments rendered to the aliens as compared with those granted to the Japanese, it can be said that there is no different treatments between Koreans and other aliens.

Mr. CHOI: You said that Korean residents in Japan who had had mining rights up to the date of the coming into force of the Peace Treaty were made to dispose of their respective mining rights or transferred to the Japanese the same rights during the two year period, but, I wonder whether your side was right in taking such unilateral measures.

Mr. KATSUNO: Even though you say that such measure was taken "unilaterally", our Government took the necessary measure by way of the due amendment of the laws concerned, since such matter is strictly within the jurisdiction of the Japanese Government.

Mr. CHOI: It has been well understood that the matters concerning the Koreans are to be arranged between the two governments of the Republic of Korea and Japan, especially in view of the particular and historical backgrounds of the matters concerned. Since such a measure was unilaterally taken, without due consultation and agreement with us, on the matter of vital importance, I cannot but say that your remarks were quite contrary to the expectation entertained by the Korean side in proposing Articles 4 and 5 of the draft agreement.

Mr. KATSUNO: Since the previous Japan-Korea Overall Talks which was broken down failed to bring about a settlement on this matter and also Korean residents in Japan have become aliens after April 28, 1952, they had to dispose of the mining rights as the aliens are not permitted to hold them in the light of the international practices concerned. Also, in view of the fact that the two year period was given for the necessary disposition or transfer of the said right, it could be said that the enough considerations were paid in the enforcement of the measures concerned.

Mr. CHOI: Though questions on the matter will be raised by the Korean side later on, I must make it clear that the Korean side cannot recognize the propriety of the measures taken by the Japanese Government unilaterally and through no due consultation with us. In this connection, it is reminded that the Japanese Government has openly stated that the matters concerning the legal
0989 status and treatments of Korean residents in Japan were to be settled through due negotiations between the governments of the Republic of Korea and Japan.

Mr. KATSUNO: That is a difference of views.

Mr. CHOI: This matter is too serious to be disposed of in a way of "difference of views." You cannot ignore their basic rights, and, further, from the view point that those Koreans have had a particular historical background in their emigration to Japan, you cannot settle, in a way as you did, such matters which have a very important effect on their property rights and status. The Korean side will reserve its right to take up the matter in due course of time.

Mr. KATSUNO: I would like to ask what could be the view of the Korean side in regard to our view that Korean residents in Japan lost their "Japanese" nationality after the Peace Treaty entered into force.

Mr. CHOI: Before answering to that question, I would like to ask the view of the Japanese side as to what nationality they acquired after the Peace Treaty entered into force, according to your allegation that they lost "Japanese" nationality by virtue of the said treaty.

Mr. KATSUNO: Since they lost their Japanese nationality by virtue of the coming into force of the San Francisco Peace Treaty, we have nothing to do with the nationality of the Koreans in question after they lost their Japanese nationality.

Mr. CHOI: I am more than surprised to hear you say that your side has "nothing" to do with the Koreans in Japan. The Japanese Government had taken Koreans to Japan for the sake of its war purpose, and now it says that it had nothing to do with those Koreans in the matter of their nationality as well as their status and treatment. How could it be possible for the Japanese Government even from the moral view point to turn its back to them like cast-shoes? Don't you remember that your Government, compulsorily brought those Koreans to Japan as labourers, heavy workers or military service men for its own purpose?

Mr. KATSUNO: We are making legal discussions on the point of the nationality of Korean residents in Japan. Legally speaking, what nationality had Korean residents in Japan held according to the Korean view?

Mr. CHOI: According to the Japanese view, Korean residents in Japan acquired the nationality of the Republic of Korea, after the coming into force of the San Francisco Peace Treaty. May I understand that your view is put in that way?

Mr. KATSUNO: It is a principle that the nationality of its people is to be decided by the nationality law of the respective country. Since they lost their Japanese nationality by virtue of the Peace Treaty, the Japanese Government has legally nothing to do with the problem of their nationality, because such matter is to be decided by the nationality law of the respective country.

0990 Of course, we do not mean that we have nothing to do with their treatments together with their nationality. Now, may I hear the view of the Korean side regarding the nationality of Koreans in Japan?

Mr. CHOI: As has been already made clear, they are nationals of the Republic of Korea. And you will recognize that fact, won't you?

Mr. HIRAGA: We would not raise objection to your contention that they are nationals of the Republic of Korea, but it is not the matter of consultation between the two governments.

Mr. CHOI: Though I cannot catch your true intention embodied in the expression "the Japanese side would not raise objection to, etc.", I don't see why you do not positively say that you recognize the clear fact.

Mr. HIRAGA: The matter is not of the nature of Japan's interference, since that is the matter which the Republic of Korea should decide.

Mr. CHOI: What difficulty would you have in recognizing the fact positively?

Mr. HIRAGA: In its nature, the Japanese Government is not able to do it. It would become an interference in other's domestic affairs.

Mr. CHOI: Then, why has your side insisted that Korean residents in Japan had been "Japanese" nationals untill April 28, 1952, despite that the Government of the Republic of Korea had been established on August 15, 1948?

Mr. KATSUNO: Until the time of the coming into force of the Peace Treaty, they had held "Japanese" nationality on the basis of the Annexation Treaty between Japan and Korea.

Mr. CHOI: Our side has already made it clear that the so-called "Annexation Treaty" is null and void ab initio, and, since there have been arguments between both sides in connection with nationality affairs, we have more reasons for insisting on the necessity of affirming the nationality of Korean residents in Japan.

Mr. HIRAGA: If the Annexation Treaty were to be null and void, what, then, had their nationality been prior to April 28, 1958.

Mr. CHOI: Whatever you might say, the so-called "Annexation Treaty" compulsorily imposed by Imperialistic Japan, is null and void. I don't see why the Japanese side is raising such argument which serves no purpose other than irritating the feeling of the Korean side. I would like to make it clear that the one-sided argument that the Korean residents lost their "Japanese" nationality

by the coming into force of the San Francisco Peace Treaty, quoting the so-
0991 called "Annexation Treaty", etc., would only hamper the smooth proceeding of the works of this committee.

In view of the above, and also in the light of the Japanese attitude as was taken in Mr. Katsuno's answer to the Korean question in regard to the mining right, etc. of that Korean residents in japan, I must say to the Japanese side that it is only trying to push through, at the negotiations table for an international agreement, the "unilateral" dispositions and the effects of its own "domestic" laws. I must point out that such Japanese attitude would not only hamper the smooth proceeding of this committee's works, but also lead the course of this committee to other unexpected direction.

Now, I would like to remind the Japanese side that we have several questions unanswered by the Japanese side in regard to the Korean draft proposal. For instance, our side asked the Japanese side of the latter's view on permanent residence to be granted to the Korean residents in Japan. Also, since the Japanese side made it clear that it would accord Korean residents "special status and treatments" different from those accorded to ordinary aliens, the Korean side wishes to be informed of the details of such special status and treatments.

Mr. KATSUNO: We will answer those questions later on,on the proper occasions. Shall we adjourn today's meeting?

Mr. CHOI: When shall we meet again?

Mr. KATSUNO: Let us meet again at 10:30 a.m. on December 15, 1958, coming Monday.

Mr. CHOI: No objection.

REMARKS: Before the meeting was adjourned, both sides agreed to the Joint Press Release which reads: "the committee continued substantial discussions on the legal status and treatments of the Korean residents in Japan, and it was decided that the next meeting would be held at 10:30 a.m. on December 15, 1958."

-The end-

번역 1958년 12월 10일, 도쿄

재일한인 법적지위위원회 14차 회의

1. 일시 및 장소

1958년 12월 8일, 오전 10시 30분~12시 10분, 일본 외무성

2. 참석자

한국 측: 최규하, 이재항, 진필식, 노재원, 엄영달

일본 측: 가쓰노 야스스케, 히라가 겐타, 나카가와 도요키치, 히라쓰카 네노이치, 하세가와 신조, 시미즈 시로, 스가누마 기요시, 쓰치야 미나오, 이케베 겐

3. 회의록

가쓰노: 협약 초안의 제4조와 관련하여 한국 측이 샌프란시스코 강화조약이 발효된 시점에 재일한인들이 재산권과 관련하여 어떠한 처우를 받고 있었는지, 그리고 강화조약 발효 후에는 어떻게 변했는지 알고 싶어 하는 것 같다.

최: 협약 초안의 제4조와 관련하여 샌프란시스코 강화조약이 발효된 시점에 한인에게 제공한 처우와 현재 제공되는 처우에 대해 설명해 달라고 요청했다.

가쓰노: 우리 측 조사에 따르면 일본 국민들의 재산권과 비교했을 때 외국인들의 재산권에 거의 제약이 없다. 물론 재일한인들은 샌프란시스코 강화조약 발효 전에 재산권을 보유했으나, 강화조약이 발효되면서 일본 국적을 상실했기 때문에 더 이상 재산권을 누릴 수 없었고 1952년 4월 28일부터 2년 내에 재산권을 처분하거나 일본인에

게 양도해야 했다. 결과적으로 현재 재산권을 보유한 재일한인은 없다.

최: 제5조와 관련하여 직업을 가질 권리에 대해서도 설명해 달라.

가쓰노: 일본 법에 따라 외국인들은 정부 및 공공 일자리를 제외하고 일본인과 동일하게 직업을 가질 수 있다.

최: 재일한인들이 일반적인 외국인보다 특별한 재산권과 직업을 가지고 있다고 생각했지만, 답변이 명확하지 않은 부분이 있어서 재일한인에 대한 '특별한 처우'가 정확히 무엇인지 알고 싶다.

가쓰노: 몇 분 전에 말했듯이 일본인에 대한 처우와 비교하여 외국인에 대한 처우에 일체의 차별도 존재하지 않기 때문에 한인과 기타 외국인에 대한 처우에 차이가 없다고 말할 수 있겠다.

최: 샌프란시스코 강화조약이 발효된 시점에 광업권을 보유했던 재일한인들이 2년의 기간 동안 광업권을 처분하거나 일본인에게 양도해야 했다고 말했는데, 그렇게 일방적인 조치를 취한 것이 옳았는지 모르겠다.

가쓰노: '일방적으로' 취한 조치라고 말하는데, 이러한 문제는 철저히 일본 정부의 소관이므로 우리 정부는 관련 법을 적법하게 개정함으로써 필요한 조치를 취했다.

최: 재일한인 문제는 특히 그에 따른 특수하고 역사적인 배경을 고려하여 대한민국 정부와 일본 정부가 협의할 대상임은 잘 알려진 사실이다. 매우 중요한 문제에 대해 한국과 적절히 협의 및 합의하지 않고 일방적으로 취한 조치이기 때문에 방금 답변한 내용은 우리 측이 협약 초안 제4조 및 제5조를 제안할 때 했던 기대와는 상당히 상반된다고 말할 수밖에 없다.

가쓰노: 결렬된 지난 한일회담에서 이 문제를 해결하지 못했고 재일한인들이 1952년 4월 28일 이후 외국인이 되었기 때문에 국제 관행에 따라 외국인이 소유할 수 없는 광업권을 처분해야 했던 것이다. 또한 광업권의 처분이나 양도를 위해 2년간의 기간을 부여했다는 사실을 고려하면 조치를 시행하는 데 있어서 충분히 고려했다고 할 수 있다.

최: 추후 우리 측에서 이 문제에 대해 질문을 하겠지만 한국 측은 일본 정부가 일방적으로 한국과의 협의 없이 취한 조치의 적절성을 인정할 수 없다. 이와 관련하여 일본 정부는 재일한인의 법적 지위와 처우에 대한 문제를 대한민국 정부 및 일본 정부

사이의 적절한 교섭에 따라 해결하겠다고 말한 바 있음을 상기시키고 싶다.

가쓰노: 관점의 차이다.

최: '관점 차이'로 치부하기에는 너무 심각한 문제다. 재일한인의 기본권을 무시할 수 없으며 이들이 일본으로 이주하게 된 특수한 역사적 배경을 고려하여 재산권과 지위에 매우 중대한 영향을 미치는 이와 같은 문제를 간과할 수 없다. 한국 측은 적절한 시점에 이 문제를 논의하기 위한 권리를 유보하겠다.

가쓰노: 샌프란시스코 강화조약이 발효된 후에 재일한인들이 '일본' 국적을 상실했다는 우리 측 견해에 대한 한국의 입장을 알고 싶다.

최: 그 질문에 답하기 전에 샌프란시스코 강화조약으로 인해 재일한인들이 '일본' 국적을 상실했다고 주장하는데, 강화조약이 발효된 후에 취득한 국적에 대한 일본 측의 입장이 무엇인지 먼저 묻고 싶다.

가쓰노: 샌프란시스코 강화조약을 통해 일본 국적을 상실했기 때문에 일본 국적 상실 후의 재일한인들의 국적과 일본은 무관하다.

최: 재일한인과 '무관'하다고 말하니 정말 놀랍다. 일본 정부는 자국의 전쟁을 위해 한인들을 일본으로 데려갔고 지금은 이들의 국적, 지위 및 처우와 일본이 무관하다고 말하고 있다. 도덕적인 관점에서 보더라도 어떻게 일본 정부가 신발 버리듯이 이들에게 등을 돌릴 수 있단 말인가? 일본 정부는 이들이 노동자, 중노동자 또는 군 인력으로 활용하고자 강제로 일본에 데려온 한인들이라는 것을 잊었단 말인가?

가쓰노: 우리는 지금 재일한인의 국적에 대한 법적인 논의를 하고 있다. 법적으로 봤을 때 한국 측이 생각하는 재일한인의 국적이 무엇인가?

최: 일본의 관점에 따르면 재일한인들은 샌프란시스코 강화조약 발효 이후 대한민국 국적을 취득했다. 일본의 관점이 이것이 맞는지 확인하고 싶다.

가쓰노: 국적은 각 국가의 국적법에 따라 결정하는 것이 원칙이다. 재일한인들은 샌프란시스코 강화조약으로 인해 일본 국적을 상실했으므로 일본 정부와 이들의 국적 문제는 무관하다. 해당 국가의 국적법을 통해 결정할 사안이기 때문이다.

물론 국적과 묶어 일본이 이들의 처우와도 무관하다는 말은 아니다. 이제 재일한인의 국적에 대한 한국 측의 입장을 들어보고 싶다.

최: 이미 명확히 밝혔듯이 대한민국 국민들이고, 이 사실은 인정할 것이라고 생각한

다. 그렇지 않나?

히라가: 이들이 대한민국 국민이라는 견해에는 일본 측은 이의를 제기하지 않겠으나 양국 정부가 협의할 사안이다.

최: "일본 측은 이의를 제기하지 않겠으나"라는 표현에 내포된 진의는 모르겠지만, 이렇게 명백한 사실을 인정한다고 말하지 않는 이유를 모르겠다.

히라가: 대한민국이 결정할 사안이기 때문에 일본이 개입할 성격의 문제가 아니다.

최: 위의 사실을 인정하는 것이 어려운 이유는 무엇인가?

히라가: 사안의 성격상 일본 정부가 인정한다고 말할 수 없다. 타국의 내정에 간섭하는 일이 되기 때문이다.

최: 그럼 대한민국 정부가 1948년 8월 15일에 수립되었음에도 1952년 4월 28일까지 재일한인이 '일본' 국적을 보유했다고 주장하는 이유는 무엇인가?

가쓰노: 강화조약 발효 시점까지 재일한인들을 한일병합조약을 바탕으로 '일본' 국적을 보유하고 있었다.

최: 소위 '병합조약'은 처음부터 무효였음을 이미 명확히 밝혔고, 양측이 국적 문제에 대해 논쟁을 벌였으니 우리 입장에서 재일한인의 국적을 확인해야 한다고 말할 이유가 충분하다.

히라가: 병합조약이 무효라면 1958년 4월 28일 이전에 재일한인의 국적은 무엇이었나?

최: 뭐라고 말하든 제국주의 일본이 강제로 체결한 소위 '병합조약'은 무효다. 한국 측의 감정을 자극할 뿐인 주장을 제기하는 이유가 무엇인지 모르겠다. 소위 '병합조약'을 언급하며 샌프란시스코 강화조약이 발효되면서 재일한인들이 '일본' 국적을 상실했다는 일방적인 주장을 펼치는 것은 본 위원회의 원만한 진행을 가로막을 뿐이다.

이러한 점을 고려하여, 그리고 재일한인의 광업권에 대한 질문에 가쓰노가 답변할 때 일본 측이 보인 태도를 고려하여 일본 측은 국제 협약을 논의하는 자리에서 자국 '국내법'의 일방적인 성격과 효과만을 밀어붙이려 하고 있다. 일본의 이러한 태도는 본 위원회의 원만한 진행을 방해할 뿐만 아니라 여기에서의 논의를 예상치 못한 방향으로 이끌 수도 있다.

제안서 초안과 관련하여 일본 측이 답변하지 않은 여러 가지 질문이 남아있음을 일본 측에 상기시키고 싶다. 예를 들면, 재일한인에게 영주권을 부여하는 문제에 대한 견해를 일본 측에 물었고, 일본 측이 재일한인에게 일반적인 외국인과는 다른 '특수한 지위와 처우'를 제공하겠다고 명확히 말했으니 한국 측은 이러한 특수한 지위와 처우의 구체적인 내용을 알고 싶다.

가쓰노: 추후 적절한 때에 답변하겠다. 오늘 회의는 여기에서 마무리하는 것이 어떤가?

최: 다음 회의는 언제가 좋겠는가?

가쓰노: 다음 주 월요일인 1958년 12월 15일 오전 10시 30분에 만나자.

최: 이의 없다.

비고: 회의를 종료하기 전에 양측은 다음과 같은 보도 자료에 합의했다.

"위원회는 재일한인의 법적 지위와 처우에 관한 구체적인 논의를 이어갔고, 1958년 12월 15일 오전 10시 30분에 다음 회의를 개최하기로 결정했다."

끝

36. 제4차 한일회담 법적지위위원회 제15차 회의 요록

0999 Tokyo, December 22, 1958

GIST OF TALKS
FIFTEENTH SESSION
COMMITTEE ON LEGAL STATUS OF KOREAN RESIDENTS IN JAPAN

1. Time and Place:

10:30-12:10, December 15, 1958, at Room 411, Ministry of Foreign Affairs, Japanese Government

2. Conferees:

Korean side:	Mr. CHOI Kyu Hah
	Mr. EA Chai Hang
	Mr. CHIN Pil Shik
	Mr. ROH Jae Won
	Mr. OHM Young Dal
Japanese side:	Mr. KATSUNO Yasusuke
	Mr. HIRAGA Kenta
	Mr. NAKAGAWA Toyokichi
	Mr. HASEGAWA Shinzo
	Mr. SHIMIZU Shiro
	Mr. SUGANUMA Kiyoshi
	Mr. IKEBE Ken

3. Gist of Talks:

Mr. Katsuno: I wonder if there is anything for your side to say at today's session. Our side has expressed some of our views in the course of putting forth questions regarding the Korean draft agreement throughout previous meetings of the committee. I think it is advisable to restart the committee's works in the new year in a better atmosphere rather than making hot discussion on the legal status problems of the Korean residents, at the year-end season.

Mr. Choi: As to the conducting of the committee's works in a better atmosphere, the Korean side would not raise any objection to your remarks as the Korean side desires to proceed smoothly with the committee's works. As to your remarks on a temporary recess of the committee meeting during the new-year season, I am not yet in receipt of any instructions from the higher level thereon. Therefore, I think we have to continue our works of this committee, unless otherwise instructed.

Mr. Katsuno: Then, I would like to present official views of the Japanese side on the Korean draft agreement. I am not ready to give them in writing at today's meeting. I also would like to make it clear in that connection that they will represent the basic views and outlines of principles that the Japanese side holds, and that any expressions of mine in this regard would be subject to correction when necessary.

In some points, the Japanese views might be considered as much different from these of the Korean side, but, I would like to hear the Korean opinion
1000 thereon in future sessions.

1) With regard to the preamble of the draft agreement, the Japanese side proposes the phrase "the necessity to affirm the nationality of Koreans …" to be deleted therefrom, as the Japanese side does consider it neither appropriate nor necessary to stipulate the matter in an international agreement.(Although it

would not raise objection to the Korean view that they are nationals of the Republic of Korea.)

2) As regards Article I, the Japanese side would not raise any Objection thereto, except that the phrase "including the descendants…" be deleted.

3) With regard to Article 2, first, the Paragraph 1 shall be wholly deleted under the same reason as stated regarding the preamble, and, secondly, the whole of Paragraph 2 is proposed to be deleted, as the same paragraph is not necessary as was already explained so by Mr. Hiraga.

4) With regard to Article 3, first, the conception of the wording "permanent residence" is the legal one according to tee scope of the Japanese laws concerned, but not physical one; secondly, instead of taking complicated measures, simpler procedures for granting "permanent residence" shall be sought; thirdly, as the problem of deportation and that of the permanent residence are two sides of a thing, the Japanese side proposes to deal with the problem of permanent residence together with that or deportation without leaving the latter problem for future consultations, with a consideration that deportation criteria to be applied to the Koreans in question will be less rigid one than that applicable to ordinary aliens.

Under the above conditions, all the Korean residents will be granted permanent residence.

In connection with the problem of deportation, the Japanese side wishes to have an early reply from the Korean side to its proposal regarding "deportation" criteria made on July 11, 1958 (see HANIIDAE No. 1293 of July 14, 1958).

5) As regards Articles 4 and 5, the Japanese side proposes that Reservation Item 3 and paragraph 3 of Article 7 be withdrawn. In that case, though the said Articles would not be of substantial meaning, the Japanese side would not object to the inclusion of the articles, if the Korean side insists on including the articles in the agreement for the caution's sake.

6) Concerning Article 6, the Japanese side takes the position that the immunity stipulated in paragraph 1 shall be accorded for a limited period, for example, of 3(three)years, and, regarding Paragraph 2, limitation shall be set on the amount to be remitted, and that the procedures for remitting money and the types, etc of movables referred to in the article under reference shall be arranged through a sub-committee before the signing of this agreement.

7) As was proposed above, Paragraph 3 of Article 7 shall be withdrawn.

8) As to the matter concerning the coming into force of this agreement in connection with Paragraph 2 of Article 7, this agreement would follow a relevant from to be decided upon in connection with other agreements to be concluded at the Korea-Japan Overall Talks.

9) With regard to deportation of illegal entrants, the Japanese side holds a position that the Korean side agree, by way of exchange of letters or others, to accept those illegal entrants whom the Japanese Government decides to deport to the Republic of Korea.

10) Having expressed its official views, the Japanese side proposes that the committee enter into article-by-article discussions on the Korean proposal from next session.

1001 Mr. Choi: At a glance of the Japanese views as expressed here in connection with the Korean draft agreement, I find that there are some proposals which run counter to some basic points of the said draft agreement. I wonder if the Japanese side would kindly submit to us in writing the main points of the statement it made today, so that we can grasp the exact meaning thereof without any misunderstanding.

Mr. Katsuno: We may submit the gist of the Japanese views in writing at next session.

Mr. Choi: I will refrain from making an detailed comment at this session on the statement made by the Japanese side. But, if I am allowed to make my brief remarks thereon, I would like to say a few words.

I think that, if the Japanese side should be well mindful of the historical background of those Koreans who have come to reside in Japan, the Japanese side could place no objection to providing the Korean residents with such conditions as would enable them to manage their peaceful living in Japan from the moral and humanitarian viewpoints as well as from the legal point of view.

Frankly speaking, it is with deep regret and disappointment that the Japanese side has come out with such proposals and views which are far from being reasonable. From the Japanese statement, I can easily observe that the Japanese side is far less interested in furnishing those Koreans with proper situations under which they could live in peace than in working out methods of deporting those Koreans concerned out of Japan. To take an instance, the Japanese side proposes to grant "permanent residence" within the scope of the Japanese domestic laws concerned, only in exchange for a certain stipulation on the deportation of Korean residents.

As regards Article 6, the Japanese side takes position that there should be a limitation of the period during which immunity from any duties on the movables to be taken out of Japan by the repatriates could be considered, and that a ceiling should be set on the amount of money to be remitted by the repatriates. How, then, could I think that the Japanese Government is sincerely considering measures to enable those Koreans to enjoy their property rights with the feeling of security and stability?

I will refrain from touching upon the matter regarding the deportation of illegal entrants in Japan at this moment. But, I can say at least that, if the Japanese side had the intention and sincerity to settle this matter regarding which an agreement was already made, the matter would easily be settled at this committee.

The Japanese side, in its views, wished to neglect all the important matters for the Korean side such as affirmation of the nationality of Korean residents and stipulations regarding descendants of those Koreans. Further, the problems of "permanent residence" to Korean residents is linked with the deportation problem, on the condition that the conception of the said permanent residence shall be according to the scope of the Japanese domestic laws concerned.

1002 Thus, the substance of the Korean positions in regard to the legal status and treatment of Korean residents in Japan has been lost sight of, according to the Japanese statement. I simply wonder how we could possibly reach an agreement regarding the subject matter on the basis of the Japanese views as sticking to its own domestic laws concerned.

With regard to the conception of "permanent residence," it would be much difficult for both sides to reach an agreement on that matter, if the Japanese side insists only on the application of its one-sided legal conception to a matter to be decided upon by an international agreement.

In connection with Articles 4 and 5, it is to be greatly regretted that the Japanese side has taken unilateral measures on the property rights, i.e. mining right, and occupations of Korean residents without any due consultations with the Korean side.

Now, I would like to state that the Korean side wishes to withdraw Reservation Item 3 and Paragraph of Article 7, on the condition that the phrases in both Articles 4 and 5 which read "the present Agreement" shall be changed to read "the Treaty of Peace with Japan signed at the city of San Francisco on September 8, 1951."

Mr. Katsuno: As regards the conception of "permanent residence," it is necessary to define the term in accordance with the Japanese domestic laws concerned. Of course, we would be ready to consider favorable conditions in granting permanent residence.

Mr. Choi: I must call your attention to the fact that we are here working for the conclusion of an international agreement. If anything is to be defined as a part of an international agreement, it should be done in full consultations between the parties concerned. Therefore, the conception of "permanent residence" is to be decided upon in accordance with the decision to be made at the conference table for such international agreement.

Besides, it should be a basic way of thinking that Korean residents in Japan are those aliens who are under a special situations different from ordinary aliens in general. It is, therefore, difficult for us to understand that the Japanese side is trying to place those Koreans under the same situation as applied to the ordinary aliens.

Mr. Katsuno: It is regretful that the Korean side thinks as if the Japanese side were aiming at only the deportation of those Koreans, with no intention to consider the peaceful livelihood in Japan of those people. Our request must also be considered as was yours.

1003 Mr. Choi: According to your view and proposals, our due demands were not favourably considered by the Japanese side. It is the impression that the emphasis was centered on the matter on deportation instead of that of permanent residence in connection with the legal status and treatment of Korean residents in Japan.

So much for today's session, leaving the detailed views on the Japanese statement for future sessions.

Mr. Katsuno: Let us tentatively decide the date of next meeting at 10:30 a.m. on December 22, 1958.

Mr. Choi: No objection.

Remarks: Before the meeting was adjourned, both sides agreed to the joint press release which reads "the Committee continued substantial discussions on the legal status and the treatment of Korean residents in Japan, and it was tentatively decided that the next meeting would be held at 10:30 a.m. on December 22, 1958."

-The end-

번역

1958년 12월 22일, 도쿄

재일한인 법적지위위원회 15차 회의 요록

1. 일시 및 장소

1958년 12월 15일, 오전 10시 30분~12시 10분, 일본 외무성 411호

2. 참석자

한국 측: 최규하, 이재항, 진필식, 노재원, 엄영달

일본 측: 가쓰노 야스스케, 히라가 겐타, 나카가와 도요키치, 하세가와 신조, 시미즈 시로, 스가누마 기요시, 이케베 겐

3. 회의록

가쓰노: 오늘 한국 측이 발언하고 싶은 내용이 있는지 궁금하다. 우리 측은 지난 회의에서 한국 측 협약 초안에 대한 질문을 제기하면서 견해를 일부 표명한 바 있다. 새해에는 재일한인의 지위 문제에 대한 설전을 벌이기보다는 보다 좋은 분위기에서 위원회의 논의를 다시 시작하면 좋겠다.

최: 한국 측은 원만하게 논의를 진행하고 싶기 때문에 더 좋은 분위기에서 위원회를 진행하자는 발언에 이의가 없다. 새해에 일시적으로 휴회하자는 발언에 대해서는 상부에서 지시받은 내용이 아직 없기 때문에 다르게 지시받지 않는 한 계속해서 위원회를 진행해야 할 것 같다.

가쓰노: 그럼 한국 측 초안에 대한 일본의 공식적인 견해를 제시하겠다. 오늘 회의

에서 서면으로 의견을 제출할 준비는 되지 않았다. 지금부터 표명할 의견은 일본 측이 가지고 있는 원칙의 개요와 기본적인 관점을 나타내며, 내가 전달하며 사용하는 표현은 필요하면 수정하겠다.

일부 사안에 대해서는 일본의 관점이 한국 측과 상당히 다르다고 사료될 수 있지만 앞으로 있을 회의에서 한국의 의견을 듣고 싶다.

1) 일본은 서문의 "국적을 확인할 필요성"이라는 문구가 국제 협약에 적절하거나 명시할 필요가 없다고 사료하기 때문에 삭제해야 한다고 생각한다. (그러나 재일한인들이 대한민국 국민이라는 한국 측의 관점에는 이의를 제기하지 않겠다.)

2) 제1조에 대해서는 "자손들을 포함하여"를 삭제하는 것을 제외하고는 내용에 이의를 제기하지 않겠다.

3) 제2조에서는 첫째로 1항 전체를 위 서문과 같은 이유로 삭제해야 하고, 둘째로 2항은 히라가가 이미 설명한 내용이어서 필요하지 않기 때문에 삭제할 것을 제안한다.

4) 제3조와 관련하여, 첫째 '영주권'이라는 단어의 개념은 일본 관련 법의 법주에서 법적인 용어이고 물리적인 용어가 아니다. 둘째, '영주권'을 부여하기 위해 복잡한 조치 대신 보다 간단한 절차를 고안해야 한다. 셋째, 추방과 영주권은 동전의 양면과도 같은 문제이며, 일본은 재일한인들에게 적용할 추방 기준은 일반 외국인에 대한 기준보다 덜 엄격할 것임을 고려하여 추방 문제를 추후 협의하기로 유보하지 않고 추방 문제와 함께 영주권 문제를 논의할 것을 제안한다.

위의 조건하에서 모든 재일한인들에게 영주권을 부여할 것이다.

일본은 1958년 7월 11일에 제안한 추방 기준(7월 14일 자 한일대 제1293호 참고)에 대해 한국 측의 의견을 조속히 듣고 싶다.

5) 제4조 및 제5조와 관련하여 유보 항목 3번과 제7조 3항을 철회해야 한다. 그렇게 할 경우 이 조항은 실질적인 의미를 지니지 않겠지만 한국 측이 만약의 경우를 위해 협약에 포함시킬 것을 고집한다면 일본 측은 이의를 제기하지 않겠다.

6) 제6조에 대해 일본 측은 1항에 명시된 면제권을 예를 들어 삼(3) 년과 같이 제한적인 기간 동안 부여해야 한다는 입장이며, 2항에서는 송금액에 제한을 두어야 하고, 협약을 체결하기 전에 소위원회를 통해 송금 절차와 해당 조항에서 말하는 동산의 유형에 대해 합의해야 한다고 생각한다.

7) 위에서 제안한 바와 같이 제7조 3항을 철회해야 한다.

8) 제7조 2항과 관련하여 본 협약은 한일전면회담에서 체결할 기타 협약과 연계하여 결정할 형식을 따라 발효될 것이다.

9) 불법 입국자 추방과 관련하여 서한 교환이나 다른 방법을 통해 한국 측이 일본 정부가 대한민국으로의 추방을 결정한 불법 입국자들을 수락하기로 합의한다는 입장이다.

10) 이렇게 공식적인 견해를 표명했으므로 다음 회의부터는 한국 측 제안서에 대한 조항별 논의를 시작할 것을 제안한다.

최: 한국의 협약 초안에 대해 방금 표명한 일본의 견해에는 협약 초안의 일부 기본적인 요소에 어긋나는 부분들이 있었다. 오해 없이 정확한 의미를 파악할 수 있도록 일본 측이 오늘 전달한 의견의 핵심을 서면으로 작성하여 제공해 줄 수 있는지 궁금하다.

가쓰노: 다음 회의에서 일본 측 의견의 요점을 서면으로 제출하겠다.

최: 이번 회의에서 일본 측 견해에 세부적인 코멘트를 하지는 않겠으나 간략하게 발언해도 된다면 몇 마디 하고 싶다.

일본 측이 일본에 거주하게 된 한인들의 역사적 배경을 잘 알고 있다면 윤리적 및 인도적 관점과 법적인 측면에서 재일한인들이 일본에서 평화롭게 살아갈 수 있도록 이러한 조건을 제공하는 데 대해 이의를 제기할 수 없다고 생각한다.

솔직히 말하면 일본 측이 타당한 것과는 거리가 먼 제안과 견해를 표명한 것이 매우 유감스럽고 실망스럽다. 일본 측이 재일 한국인들이 평화롭게 살 수 있는 적절한 환경을 제공하는 것보다는 이들을 일본에서 추방하기 위한 방법을 고안하는 데 훨씬 더 많은 관심을 가지고 있음을 쉽게 파악할 수 있었다. 예를 들면, 일본은 재일한인의 추방에 대한 조항을 조건으로 일본 국내 범위 안에서 '영주권'을 부여하겠다고 제안했다.

제6조에 대해서는 송환자들이 일본에서 반출할 동산에 대한 세금을 면제할 기간을 제한해야 하고, 송환자들이 송금할 금액에도 제한을 두어야 한다는 입장을 취했다. 그런데 내가 어떻게 일본 정부가 진정성을 가지고 재일 한인들이 안전하고 안정적으로 재산권을 누릴 수 있도록 하기 위한 대책을 고려하고 있다고 생각할 수 있겠는가?

이 자리에서 일본 내 불법 입국자의 추방 문제를 거론하는 것은 삼가겠다. 하지만 일본 측이 이미 합의가 이루어진 이 문제를 해결할 의지와 진정성을 가지고 있었다면 본 위원회에서 쉽게 해결되었을 사안이라는 말은 해야겠다.

일본 측은 견해를 제시하며 재일한인 국적 확인과 자손에 대한 조건과 같은 중요한 문제를 간과하려 했고, 영주권이 일본 법을 따른다는 조건을 걸고 재일한인의 '영주권' 문제를 추방 문제와 연결시켰다.

따라서 일본의 발언에 따르면 재일한인의 법적 지위와 처우에 관한 한국 측 입장의 본질은 잊혔다. 자국의 국내법만 고수하는 일본의 시각을 바탕으로 어떻게 합의에 도달할 수 있는지 궁금하다.

'영주권' 개념과 관련하여 일본 측이 국제 협약으로 결정할 문제에 자국의 일방적인 법적 개념을 적용하기만을 고집한다면 양측이 합의에 도달하기란 매우 어려울 것이다.

제4조 및 제5조와 관련하여, 일본 측이 한국 측과 적절한 협의 없이 재일한인의 재산권, 즉 광업권과 직업에 대해 일방적인 조치를 취한 것이 매우 유감이다.

그리고 제4조 및 제5조에서 "본 협약"을 "1951년 9월 8일 샌프란시스코에서 일본과 체결한 강화조약"으로 변경한다는 조건하에 제7조 3항과 유보 항목 3번을 철회하고자 한다.

가쓰노: '영주권' 개념과 관련하여 일본의 관련 국내법에 따라 영주권이라는 용어를 정의해야 한다. 물론 영주권을 부여할 때 유리한 조건을 적용하는 것을 고려할 의향이 있다.

최: 우리는 국제 협약을 체결하기 위해 이 자리에 모였다. 국제 협약의 일환으로서 무언가를 정의해야 한다면 관련 당사자 간의 전격적인 협의를 통해 정의해야 한다. 따라서 '영주권'의 개념은 이러한 국제 협약을 위한 회의 테이블에서 내리는 결정에 따라 정의해야 한다.

그리고 재일한인은 다른 일반적인 외국인과는 다른 특수한 상황에 놓인 외국인이라는 기본적인 사고방식을 가지고 있어야 한다. 따라서 한국의 입장에서는 일본 측이 재일한인에게 일반적인 외국인과 동일한 조건을 적용하려 하는 것을 이해하기 어렵다.

가쓰노: 한국 측이 마치 우리가 재일한인이 일본에서 평화롭게 살아가는 것은 고려할 의지 없이 오로지 추방을 목표로 하고 있는 듯이 생각하여 유감이다. 한국의 요구사항과 같이 우리 측 요구사항도 받아들여져야 한다.

최: 일본이 제시한 견해와 제안사항을 보면 우리의 적절한 요구가 긍정적으로 검토되지 않았다. 재일한인의 법적 지위 및 처우와 관련하여 영주권보다는 추방에 중점을 둔다는 인상을 받았다.

오늘 회의는 이만 마무리하고 일본의 발언에 대한 구체적인 의견은 추후 제시하겠다.

가쓰노: 다음 회의 일정은 잠정적으로 1958년 12월 22일 오전 10시 30분으로 하자.

최: 이의 없다.

비고: 회의를 종료하기 전에 양측은 다음과 같은 보도 자료에 합의했다.

"위원회는 재일한인의 법적 지위와 처우에 관한 구체적인 논의를 이어갔고, 1958년 12월 22일 오전 10시 30분에 다음 회의를 개최하기로 결정했다."

끝

39. 제4차 한일회담 법적지위위원회 제16차 회의 요록

1008 September 3, 1959

GIST OF TALKS

SIXTEENTH SESSION

COMMITTEE ON LEGAL STATUS OF KOREAN RESIDENTS IN JAPAN

1. Time and Place:

11:00 a.m.-11:30 a.m. August 31, 1959, at Room 211, Foreign Ministry, Japanese Government

2, Conferees:

Korean side: Dr. YU Chin-O
Mr. CHOI Kyu Hah
Mr. CHIN Pil Shik
Mr. HAN Kibong
Mr. ROH Jae Won
Mr. LEE Chang Soo
Mr. KWON Tae Woong

Japanese side: Mr. KATSUNO Yasusuke
Mr. HIRAGA Kenta
Mr. MIYAKE Kijiro
Mr. HASEGAWA Shinzo
Mr. MORI Junzo

Mr. HIRATSUKA Nenoichi

Mr. NAKAGAWA Toyokichi

Mr. NAKAJIMA Toshijiro

Mr. IKEBE Ken

3. Gist of Talks

Dr. Yu: (introduced the members of our delegation to this Committee.)

Mr. Katsuno: (introduced the members of the Japanese delegation to this Committee.)

Besides, Mr. Iseki, Director of Asian Affairs Bureau, Foreign Ministry, or Mr. Miyake, Councillor of Foreign Ministry, will attend this Committee as observer at any time.

Dr. Yu: For our side, Mr. Chang Kyung Keun and Mr. Lee Ho will attend this Committee as observer at any time.

If the Japanese side has anything to make mention of at today's meeting, I would listen to it first.

Mr. Katsuno: The Committee on Legal Status of Korean Residents in Japan has long been at recess since last December 15th.

1009 The fourth Japan-ROK talks has recently been reopened, and its plenary meeting decided that three problems concerning Korean residents in Japan be discussed at this Committee. Pursuant to the decision, we are having the sixteenth session—counted from last year—of this Committee. Last year, former delegates exchanged their views on legal status problems of Korean residents in Japan. I hope that discussions on legal status problems of Korean residents in Japan will be conducted in the spirit of mutual concession and understanding, and that our discussions be kept pace with works of the other committees dealing with various issues pending between the two countries

Dr. Yu: I am pleased by the fact that the Japanese side has agreed to the

Korean side's proposal that three problems on legal status of Korean residents in Japan be adopted as agenda items, and that this Committee has started its works today.

The current political tension between the Republic of Korea and Japan was caused by absence of a settlement an legal status of Korean residents in Japan. Therefore, the solution to this problem through discussions would set a favorable starting point towards the settlement of the other complicated issues pending between the two countries.

Your government's unilateral decision, in February of this year, to send part of Korean residents in Japan to the northern part of Korea made the situation far more complicated and intensified tension between the two countries. The Korean side proposed, with a view to seeking a settlement of the tense situation by reciprocal and peaceful means, to discuss the three problems for a solution at this Committee.

The Korean residents in Japan, whose number amounts to as many as 600,000 have indescribably suffered hardships, tangible or intangible, due to the unsettlement of their legal status in Japan. Prompt settlement of this problem would mean more than a settlement of one of the issues pending between the two countries. From the humanitarian point of view, it is also a matter of great urgency.

In discussing these problems, our contention will only be based on reasonable and humanitarian grounds. If any dispute continues to take place between the two countries, the communists alone would be benefited. I hope that the Japanese side comes into discussion on these problems with sincerity and broad point of view.

The Korean side also hopes that the settlement of the other over-all issues pending between the two countries would be made at these overall talks now under way.

Dr. Yu: I would like to fix the date of next meeting, if the Japanese side does not have anything to mention further. Substantial matters will be discussed at next meeting.

1010 Mr. Katsuno: It is desirable not to fix the date of next meeting now. I think, Mr. Sawada will meet Ambassador Yiu who recently returned from Seoul, and they may have talks over this problem. So it would be better to fix the date of next meeting after their talks.

Dr. Yu: I think it would be better to fix the date of next meeting tentatively on coming Wednesday or Tuesday[Thursday] in order to expedite our discussions at this Committee.

Mr. Katsuno: It is desirable, as I told, to fix the date of next meeting later on.

Dr. Yu: I hope that next meeting would be held as soon as possible.

Mr. Katsuno: I have no objection.

-The end-

번역

1959년 9월 3일

재일한인 법적지위위원회 16차 회의 요록

1. 일시 및 장소

1959년 8월 31일, 오전 11시~11시 30분, 일본 외무성 211호

2. 참석자

한국 측: 유진오 박사, 최규하, 진필식, 한기봉, 노재원, 이창수, 권태웅

일본 측: 가쓰노 야스스케, 히라가 겐타, 미야케 기지로, 하세가와 신조, 모리 준조, 히라쓰카 네노이치, 나카가와 도요키치, 나카지마 도시지로, 이케베 겐

3. 회의록

유 박사: (한국대표단을 소개했다.)

가쓰노: (일본대표단을 소개했다.) 외무성 이세키 아시아국장과 미야케 참사관이 언제든 옵서버로서 본 위원회에 참석할 수 있다.

유 박사: 우리 측에서는 장경근과 이호가 언제든 옵서버로 본 위원회에 참석할 예정이다.

일본 측이 오늘 회의에서 언급하고 싶은 사항이 있으면 먼저 듣고 싶다.

가쓰노: 작년 12월 15일 이후 재일한인 법적지위위원회가 오랜 시간 휴회되었다.

4차 한일회담이 최근 재개되었고, 본회의에서 재일국인 관련 세 가지 문제를 우리 위원회에서 논의하기로 결정했다. 이 결정에 따라 (작년부터 집계) 16차 회의를 개최하게 되었다. 작년에 전 위원들이 재일한인의 지위 문제에 대한 의견을 교환했다. 상호 타협과 이해의 정신에서 재일한인의 법적 지위에 대한 논의가 이루어지기를 바라며, 양국 사이의 여러 가지 현안을 논의하는 기타 위원회와 논의의 속도를 맞추어 진행할 수 있기를 희망한다.

유 박사: 재일한인에 대한 세 가지 문제를 안건으로 채택하자는 우리 측 제안에 일본 측이 동의했다는 사실과 본 위원회가 오늘 시작되었다는 사실을 기쁘게 생각한다.

현재 대한민국과 일본 사이에 존재하는 정치적 긴장은 재일한인의 지위 문제가 해소되지 않아서 발생한 것이다. 따라서 논의를 통해 이 문제를 해결하면 양국의 다른 복잡한 문제들을 해결하기 위한 좋은 출발점이 될 것이다.

올해 2월 일본 정부가 일부 재일한인을 북송하기로 일방적으로 결정하면서 상황이 훨씬 복잡해졌고 양국 간의 긴장이 강화되었다. 한국 측은 호혜적이며 평화로운 수단으로 긴장 상황을 해소하고자 본 위원회에서 세 가지 문제를 논의하자고 제안했다.

60만 명에 달하는 재일한인들은 일본에서의 법적 지위가 결정되지 않아 말하기 어려운 무형의 또는 유형의 고초를 겪었다. 이 문제를 신속히 해결하는 것은 양국 간에 남아있는 현안 중 하나를 해결하는 것 이상의 의미를 가질 것이다. 인도적인 관점에서도 매우 시급한 사안이다.

이 문제들을 논의하면서 우리는 오로지 합리적이며 인도주의적인 근거만을 바탕으로 한 주장을 펼칠 것이다. 양국 사이에 분쟁이 이어진다면 공산주의자들만 이득을 볼 것이다. 일본 측이 진정성과 넓은 시각을 가지고 논의에 임해주기를 바란다.

또한 현재 진행 중인 전면회담에서 양국 사이에 남아있는 다른 전체적인 문제들이 해결되기를 바란다.

유 박사: 일본 측에서 더 이상 언급할 사항이 없다면 다음 회의 일정을 정하고 싶다. 다음 회의에서는 구체적인 문제들에 대해 논의할 것이다.

가쓰노: 다음 회의 일정을 지금 결정하지 않는 게 좋을 것 같다. 사와다가 최근 서울에서 돌아온 유 대사를 만나 이 문제에 대해 논의할 것 같으니 이 둘이 만난 후에 다음 회의 일자를 결정하는 것이 좋을 거다.

유 박사: 논의의 속도를 높이기 위해 돌아오는 수요일이나 목요일로 잠정 결정하는 것이 좋을 것 같다.

가쓰노: 말했듯이 다음 회의 일정은 추후에 결정하는 것이 바람직하다.

유 박사: 최대한 빠른 시일 내에 다음 회의를 개최했으면 좋겠다.

가쓰노: 이의 없다.

끝

42. 제4차 한일회담 법적지위위원회 제17차 회의 요록

1014 September 10, 1959

GIST OF TALKS
SEVENTEENTH SESSION
COMMITTEE ON LEGAL STATUS OF KOREAN RESIDENTS IN JAPAN

1. Time and Place:

10:35-11:20 a.m., September 7, at Room 212, Foreign Ministry, Japanese Government

2. Conferees:

Korean side: Dr. YU Chin-O
Mr. LEE Ho (as observer)
Mr. CHOI Kyu Hah
Mr. CHIN Pil Shik
Mr. HAN Kibong
Mr. ROIL Jae Won
Mr. LEE Chang Soo
Mr. KWON Tae Woong

Japanese side: Mr. KATSUNO Yasusuke
Mr. HIRAGA Kenta
Mr. MIYAKE Kijiro
Mr. HASEGAWA Shinzo

Mr. MORI Junzo

Mr. HIRATSUKA Nenoichi

Mr. NAKAJIMA Toshijiro

Mr. NAKAGAWA Toyokichi

Mr. IKEBE Ken

3. Gist of Talks:

Mr. Katsuno: If your side has any suggestions on how to proceed this meeting or any other opinions, I would like to listen to them first.

Dr. Yu: This committee meeting on Legal Status of Korean Residents in Japan is not a newly-held one, but a continued session. I think that our side put forward a proposal last October, which had been discussed before. Since during the long recess and unexpected situation has developed, it is first hoped that opinions be exchanged regarding the old proposal made last year. It will be amended if it has any points to be amended. I hope that a foundation be laid by exchanging opinions first for making a draft agreement on this problem. I would like to know your side's opinion.

Mr. Katsuno: I think that the Japanese side has agreed to resume this committee meeting to discuss the three categories of Korean residents in Japan which the Korean side proposed. I would like to know what connections exist
1015 between the three categories of Korean residents in Japan and the proposal which was presented before the recess of this committee.

Dr. Yu: As I stated before, the classification of Korean residents in Japan into the three categories was done due to the development of the new situation. I think that the Korean side's proposal has never been withdrawn. The first two categories of the three are concerned, for the most part, with legal status problems of Korean residents in Japan.

Mr. Hiraga: I would like to know if your side has any new proposal in connection with the three categories of Korean residents in Japan.

Dr. Yu: It does not necessarily mean that our side has any new proposal. But as the Korean residents belonging to the third category has never been discussed before, our opinions on them will be quite new to the committee.

Mr. Hiraga: If your side has any new proposal to make in relation to this problem, I hope that it will be presented, even though not today, as soon as possible.

Dr. Yu: I agree with you. However, it is desirable to exchange opinions before any formal proposal is presented.

Mr. Katsuno: I think that this committee meeting is a continued session from last year, and there was submitted the Korean side's proposal on legal status of Korean residents in Japan. Various problems regarding Korean residents in Japan, such as their nationality, treatment, property to be taken home, and deportation of criminals other than illegal entrants, were discussed and both sides made their stands clear. However, there was difference of opinions between the two countries as regards the scope of Korean residents in Japan, especially on the question that whether their descendants be included or not. I hope that many disputable problems be discussed one by one seeking a concrete solution.

Dr. Yu: I have no objection. It was true that such many problems as to nationality of Korean residents in Japan, treatment of Koreans having permanent residence, property in possession of returnees, deportation problems, were discussed. I also hope to discuss them one by one for a solution.

Mr. Katsuno: It is desired that the scope of Korean residents in Japan be discussed in detail at next meeting. Some questionable points in the preamble of the Korean proposal may be adjusted following agreement on substantial matters.

1016 Dr. Yu: I think it is more desirable to proceed to discussions in a way to embody agreement reached on substantial matters into articles rather than to have discussions on prepared articles.

Mr. Hiraga: In relation to legal status of Korean residents in Japan, I would like to know Korean side's views on the scope of Korean residents in Japan.

Dr. Yu: I remember that our side made the proposal to the effect that the Koreans who had been resident in Japan before August 15, 1945 when World War II ended, and their descendants(子孫) as well be included in the scope of Korean residents in Japan. However, the Japanese side expressed dissenting opinions as to the inclusion of the descendants in the scope of Korean residents in Japan. If permanent residence is to be accorded to Koreans in Japan, the second or third Korean generation in Japan has most urgent necessity to be accorded it first rather than the Koreans resident in Japan before the end of World War II. It is because the Koreans resident in Japan before the end of the War had, in a certain sense, such reliances for their livelihood in the homeland as their hometowns, relatives, while their second or third generation born in Japan had less connections with their homeland.

As the system of jus sanguinis is adopted by both countries in the acquisition of nationality, Koreans born in Japan are regarded as Korean nationals. If the territorial principle were to applied to Koreans born in Japan, they would acquire the Japanese nationality. It is, therefore, a matter of urgency to recognize permanent residence for such Koreans who were born in Japan but has little connections with their homeland. They may feel as if they were in a foreign country even if they are sent to homeland.

Mr. Hiraga: I would like to know the descendants are meant by only those Koreans who continued residing in Japan after their birth in Japan.

Dr. Yu: Synthetic explanations on details of the descendants cannot be given now. However, it is certain that such Koreans who left Japan temporarily in order to study abroad or to visit their homeland on business are within the scope of the descendants.

Mr. Katsuno: They do not belong to the scope of the descendants whose domicile has been transferred to their homeland, do they?

Dr. Yu: I do not want to stick to the word of (子孫). It is conceivable to define them to the extent of lineal descendants(直系卑屬). There may be many problems in relation to property rights and inheritance rights. Definite explanations will be given later after study.

1017 Mr. Hiraga: In Japan, there is enforced the law 'Horei'(法例) to rule the conflict of laws. How about in your country?

Dr. Yu: I think that a similar law is enforced in Korea.

Mr. Hiraga: I will see a copy sent to you later. Now I woud like to explain our views on the nationality problem of the Korean residents in Japan. I hold the Korean proposal made last year that the Korean residents in Japan shall be recognized as the nationals of the Republic of Korea by both governments of Korea and Japan.

The problem of nationality is, in principle, a matter of domestic affairs. However, the nationality problem of Koreans resident in Japan is a particular one, because it has to be settled as a part of the post-war arrangements of the World War II. Before the War ended, the Japanese government had accorded rights and obligations to Koreans resident in Japan regarding them as Japanese nationals. It is because of this fact that the Japanese government's recognition is necessitated in the settlement of the nationality problem of Koreans resident in Japan.

Mr. Katsuno: Shall we adjourn today's meeting?

Dr. Yu: When shall we have next meeting?

Mr. Katsuno: How about coming Monday?

Dr. Yu: Wednesday or Thuesday[Thursday] of this week is desirable. I would like to listen to your side's opinion as soon as possible.

Mr. Katsuno: How is it to have next meeting at 10:30 a.m. on Friday of this week.

Dr. Yu: No objection.

(Remarks)

Before adjournment, both side agreed to the following press release: "Substantial matters were discussed at today's meeting on legal status of Korean residents in Japan."

번역

1959년 9월 10일

재일한인 법적지위위원회 17차 회의 요록

1. 일시 및 장소

1959년 9월 7일, 오전 10시 35분~11시 20분, 일본 외무성 212호

2. 참석자

한국 측: 유진오 박사, 이호(옵서버), 최규하, 진필식, 한기봉, 노재원, 이창수, 권태웅

일본 측: 가쓰노 야스스케, 히라가 겐타, 미야케 기지로, 하세가와 신조, 모리 준조, 히라쓰카 네노이치, 나카지마 도시지로, 나카가와 도요키치, 이케베 겐

3. 회의록

가쓰노: 이번 회의의 진행 방식이나 다른 의견이 있으면 먼저 들어보고 싶다.

유 박사: 재일한인 법적 지위에 대한 본 위원회 회의는 새로운 회의가 아니라 전부터 이어지고 있는 회의다. 우리 측이 지난 10월에 제안서를 제출했고 이미 제안서에

대해 논의했었다. 오랜 기간 휴회되었고 예기치 못한 상황이 펼쳐졌기 때문에 먼저 작년에 제출한 제안서에 대한 의견을 교환했으면 좋겠다. 수정할 부분이 있다면 수정할 것이다. 먼저 이 문제에 대한 협약의 초안을 작성하기 위해 의견을 나눔으로써 토대를 만들고 싶다. 일본 측의 의견을 듣고 싶다.

가쓰노: 일본 측은 한국이 제안한 재일한인의 세 가지 유형에 대해 논의하기 위해 본 위원회를 재개하는 데 합의했다고 생각한다. 재일한인의 세 가지 유형과 본 위원회 휴회 전에 제출한 제안서에 어떠한 관계가 있는지 알고 싶다.

유 박사: 이미 언급했듯이 재일한국을 세 가지 유형으로 분류하게 된 것은 새로운 상황이 발생했기 때문이었다. 한국이 제출한 제안서를 철회한 바가 없다. 세 가지 유형 중 두 가지 유형이 재일한인의 법적 지위와 관련이 있다.

히라가: 한국 측이 재일한인의 세 가지 유형과 관련하여 새롭게 제안할 내용이 있는지 궁금하다.

유 박사: 우리 측이 새로운 제안서를 가지고 있다는 의미는 아니지만, 세 번째 유형에 속하는 재일한인들에 대해서는 기존에 논의한 바가 없기 때문에 이들에 대한 우리 측의 의견은 상당히 새로운 내용일 것이다.

히라가: 이 문제에 대한 새로운 제안서가 있다면 오늘은 아니더라도 최대한 빠른 시일 내에 제출해 주면 좋겠다.

유 박사: 동의한다. 하지만 공식적인 제안서를 제시하기 전에 먼저 의견을 교환하는 것이 바람직하다.

가쓰노: 본 위원회 회의는 작년부터 이어지고 있으며 한국 측이 재일한인의 지위에 관한 제안서를 제출했다. 국적, 처우, 본국으로 반출할 재산, 불법 입국자 외 범죄자 추방 등 재일한인과 관련한 여러 가지 문제를 논의했고 양측의 입장을 명확히 표명했다. 그러나 재일한인의 범위, 특히 이들의 자손을 포함시킬 것인가의 여부에 대해 양국의 의견이 달랐다. 구체적인 해결책을 도출하기 위해 논쟁거리가 될 만한 문제들을 하나씩 논의했으면 좋겠다.

유 박사: 이의 없다. 재일한인의 국적, 영주권 소지 한국인에 대한 처우, 송환자 소유의 재산, 추방 문제와 같이 다양한 문제들을 논의했던 것이 사실이며, 하나씩 논의하면서 해결책을 찾고 싶다.

가쓰노: 다음 회의에서 재일한인의 범위에 대해 자세히 논의하면 좋겠다. 구체적인 문제에 대해 합의한 후 한국의 제안서 서문에 담긴 일부 미심쩍은 부분을 조정할 수 있을 것이다.

유 박사: 작성된 조항에 대해 논의하기보다는 구체적인 문제에 대한 합의를 도출할 수 있는 방식으로 논의를 진행하는 것이 바람직하다고 생각한다.

히라가: 재일한인의 법적 지위와 관련하여 이들의 범위에 대한 한국의 의견을 듣고 싶다.

유 박사: 내 기억에 따르면 우리 측 제안서는 제2차세계대전이 종료된 1945년 8월 15일 이전부터 일본에 거주한 한인들과 이들의 자손들까지 재일한인의 범위에 포함시켜야 한다는 내용을 담고 있었다. 하지만 일본 측이 자손들을 재일한인의 범위에 포함시키는 것에 반대하는 의견을 표명했다. 영주권을 재일한인에게 부여한다면 제2차세계대전 종전 전부터 거주한 재일한인보다도 먼저 긴급히 영주권을 받을 필요가 있는 대상은 한인 2세 또는 3세일 것이다. 제2차세계대전 종전 전부터 거주한 재일한인들은 어떻게 보면 고향과 친인척 등 고국에 생활 터전을 갖고 있었던 반면 일본에서 태어난 2세대 또는 3세대는 본국과의 유대가 상대적으로 약하기 때문이다.

국적 취득에 있어서 양국이 속인주의 시스템을 채택했기 때문에 일본에서 태어난 한인들은 한국 국민으로 간주한다. 속지주의를 일본 태생 한인들에게 적용한다면 일본 국적을 취득하게 될 것이다. 따라서 일본에서 태어났으나 본국과의 연결 고리가 거의 없는 한인의 영주권을 인정하는 것이 시급하다. 이들은 본국으로 송환되더라도 타국에 있는 듯한 느낌일 수 있다.

히라가: 자손이 일본에서 태어난 후 계속 일본에 거주해 온 한인들만을 의미하는 것인지 알고 싶다.

유 박사: 지금 자손에 대한 구체적인 내용을 종합적으로 설명할 수는 없으나, 유학이나 업무로 본국을 방문하기 위해 일시적으로 일본을 떠났던 한인들이 자손의 범위에 포함되는 것은 확실하다.

가쓰노: 거주지가 본국으로 변경된 이들은 자손의 범위에 포함되지 않는다. 맞나?

유 박사: '자손'이라는 단어를 고수하고 싶지 않다. 직계비속으로 정의하면 될 것이다. 재산권 및 상속권과 관련하여 여러 가지 문제가 있을 것이다. 검토 후에 명확하게

설명할 예정이다.

히라가: 일본에서는 법의 상충을 조율하기 위한 '법례'가 시행되고 있는데 한국은 어떤가?

유 박사: 한국에서도 유사한 법이 시행되고 있다.

히라가: 한 부 보내주겠다. 재일한인의 국적에 대한 우리 측의 입장을 설명하고 싶다. 한국과 일본 정부가 재일한인들을 대한민국 국민으로 인정해야 한다는 내용이 담긴, 작년에 한국 측이 제시한 제안서를 가지고 있다.

원칙적으로 국적 문제는 내정의 사안이다. 그러나 재일한인의 국적 문제는 제2차세계대전 전후 합의사항의 일환으로 결정할 문제이기 때문에 특별하다. 종전 전에 일본 정부는 재일한인을 일본 국민으로 간주하며 권리와 의무를 부여했다. 그렇기 때문에 재일한인의 국적 문제를 해결할 때 일본 정부의 인정이 필요한 것이다.

가쓰노: 오늘 회의는 여기에서 마무리하는 것이 어떤가?

유 박사: 다음 회의는 언제가 좋겠는가?

가쓰노: 다음 주 월요일 어떤가?

유 박사: 이번 주 수요일이나 목요일이 좋겠다. 일본의 의견을 최대한 빨리 듣고 싶다.

가쓰노: 이번 주 금요일 오전 10시 30분은 어떤가?

유 박사: 이의 없다.

(비고)

회의를 종료하기 전에 양측은 다음과 같은 보도 자료에 합의했다.

"위원회는 재일한인의 법적 지위에 관한 구체적인 사안에 대해 논의했다."

44. 제4차 한일회담 법적지위위원회 제18차 회의 요록

1020

September 15, 1959

GIST OF TALKS
EIGHTEENTH SESSION
COMMITTEE ON LEGAL STATUS OF KOREAN RESIDENTS IN JAPAN

1. Time and Place:

10:30－12:00 a.m. September 11, 1959, at Room 411, Foreign Ministry, Japanese Government

2. Conferees:

Korean side: Dr. YU Chin－O
Mr. LEE Ho
Mr. CHOI Kyu Ha
Mr. EA Chai Hang
Mr. CHIN Pil Shik
Mr. HAN Kibong
Mr. ROH Jae Won
Mr. KWON Tae Woong

Japanese side: Mr. KATSUNO Yasusuke
Mr. KIRAGA Kenta
Mr. MIYAKE Kijiro
Mr. HASEGAWA Shinzo

Mr. MORI Junzo

Mr. HIRATSUKA Nenoichi

Mr. NAKAJIMA Toshijiro

Mr. NAKAGAWA Toyokichi

Mr. IKEBE Ken

3. Gist of Talks:

Mr. Katsuno: At today's meeting the Japanese side wishes to discuss the term of "descendants" in order to define it from the legal point of view. As the concept of descendants is vague, I think it should be legally cleared in connection with the question on whether it be included in the scope of the Korean residents in Japan.

Dr. Yu: At the previous meeting, I suggested that both sides exchange views on overall problems in general first before entering into detailed discussions on the proposed agreement article by article.

Mr. Hiraga: It is my understanding that we are to enter into article by article discussions on the Korean draft agreement at today's meeting.

1021 Dr. Yu: As I stated at the previous meeting, our proposal made last year has not been withdrawn. I suggested then that mutual views in general be exchanged first, withholding discussions on the said proposal for a while, because there had developed a new situation. I referred to the matters on the scope of Korean residents and on the nationality as part of the exchange of general views on overall matters. Therefore, I would like to listen to the Japanese views first, if any, as to the scope of the Korean residents in Japan and their nationality problem. Thereafter, I would present our general views further on other matters concerned.

Mr. Hiraga: I would like to set forth our views in connection with article 1 of the Korean proposals as follows: Firstly, "the date of the termination of hostilities of the Pacific War" quoted in the proposed agreement should be determined lest there should be conflicting interpretations.

Secondly, it is necessary to define the term of descendants from the legal point of view. For instance, the following question may be raised, that is, whether such descendants of Korean residents be included in the "descendants", whose domiciles were in Korea or in a country other than Japan, at the time of the termination of hostilities of the Pacific War.

The Japanese side is of the opinion that such Koreans who were domiciled in a country other than Japan, even if they were lineal descendants of Korean residents in Japan, be excluded from the scope of the "descendants". Accordingly, we hold that the scope of "the descendants" be limited to the lineal descendants who have been residing in Japan continuously after their birth in Japan.

Another question may also be raised, that is, whether children who were born of a father of U.S. citizenship and a mother who is a Korean resident in Japan be included in the scope of the descendants of the Korean residents in Japan. The legitimacy or illegitimacy of the descendants also leaves room for discussion. It is, therefore, hoped that the scope of the Korean residents in Japan be defined as strictly as possible. I think that a mere fact of lineal descendants in blood relations is not sufficient to define the descendants in this regard. Besides, I would like to know how the descendants are related to the treatment that is provided in Article 3 and so forth in the proposed agreement.

For instance, in connection with the provisions of Article 3 which stipulates that a Korean resident can apply for permanent residence, within two years after coming into force of the proposed agreement, with a registration certificate, I would like to know on how this provision would be applied to a person who was born two years after the coming into force of the proposed agreement.

Thirdly as regards the confirmation of nationality of the Korean residents
1022 in Japan, it is necessary to be cleared that whether Article 2 of the draft agreement purports to confirm their nationality already established or whether their nationality is to be established newly by virtue of the said Article. The Japanese side takes the former view. In this connection I would like to know (from technical view point) on what legal basis and when those Koreans became nationals of the Republic of Korea. We don't mean that they are Japanese nationals. Frank discussions on these problems are sincerely desired.

Dr. Yu: Our views on the questions raised by you now will be given later on when we enter into detailed discussions on the problems concerned.

I am now going to present our general views on other problems on the Korean residents in Japan.

As regards paragraphs 1 and 2 of Article 3, there is no change in their fundamental principles.

As regards Article 4, which relates to property rights of the Korean residence in Japan, there is no change in principle.

However, in connection with the treatment of the Korean residents in Japan, I am of the opinion that the Korean residents shall also be granted the treatment equal to Japanese nationals with respect to education, economic activities and social welfare (social security included) as well. It is also desired that the descendants of the Korean residents should be admitted to Japanese schools on an equal footing with Japanese nationals. Likewise the Korean residents should be able to establish and run their schools of various grades and types.

The problem concerning the repatriation to the Republic of Korea of individual Koreans is provided in Article 6. I want to make it clear that the Government of the Republic of Korea not only welcomes their repatriation but also intends to encourage them to return. It is, therefore, desired that measures be worked out on this problem at the earliest date so as to expedite the return of as many Korean residents in Japan as possible.

As regards Article 6, which relates to their property to be taken away, it is necessary to stipulate the principle of placing no restrictions on the quantity of such property. This does not necessarily mean that a vast quantity of their movables is taken home at one time. I admit that separate arrangements with the Japanese government is necessary on the method of taking their movables away from Japan.

As regards paragraph 2 of Article 6, which relates to the remittance of their funds, I am of the opinion that no charges should be imposed on it, and whole amount of their funds be made remittable, although I don't mean necessarily that the whole amount of their funds shall be remittable at one time when they return to Korea.

1023 Next, I am going to make a new proposal, which is aimed at seeking measures to encourage the Korean residents to return en masse to the Republic of Korea, The above-mentioned provisions of Article 6 are concerned only with their individual returns.

The followings are related to mass return of the Korean residence in Japan. Provided that the Japanese government pays compensations necessary for their repatriation to and resettlement in the Republic of Korea within a limited period after the coming into force of the proposed agreement, our Government is ready to receive them and make every possible effort to facilitate their re-settlement in Korea. Such action, if taken by the Japanese government, is sure, I believe, to encourage the return of as many Korean residents as possible.

Furthermore, I hold that such provisions of the proposed agreement relating to property rights, remittance of funds, shall also be applied to those Koreans who return en masse.

As regards Article 7, there may be possible adjustment in technical points, though no change appears necessary at present.

As the views I have stated so far are of general character, any change in them is conceivable in the course of the discussions after Japanese opinions are heard.

Mr. Katsuno: Your remarks on paragraphs 1 and 2 of Article 6 of the Korean proposal of October 20, 1958 sound to us to be a substantially new proposal. Also, we would separately discuss the problem of the quantity of property to be taken by repatriates.

Your proposal on the mass repatriation to the Republic of Korea of the Korean residents is something entirely new. Do I understand correctly that the original Korean proposal of October 20, 1958 will be superseded by this new one?

Dr. Yu: I am afraid that you have misunderstood my remarks. Article 6 of the Korean proposal remains as it was in principle. I said there should be in the said article a clause clarifying that no restrictions should be placed on the quantity of property to be taken by the repatriates. It is correct that our proposal regarding the mass repatriation of the Korean residents is something new.

We are considering to re-arrange the original Korean proposal of October 20, 1958 on the basis of various points I have just explained. In the course of re-arrangement, there may be some changes in the order of articles, when necessary.

Mr. Hiraga: Regarding your proposal on the mass repatriation of the Korean residents to the Republic of Korea, you proposed that the Japanese government pay compensation to the repatriates and provide facilities for the repatriation.
1024 Exactly what do you mean by "compensation for the repatriates to resettle"?

Dr. Yu: If necessary, we can sufficiently theorize basis for such claim. However, since you will easily know that we mean, we would not attempt to waste time in this connection, today. It is easy to resume that the repatriates are mostly poor.

In view of the historical background of their immigration to Japan, I believe the Japanese government would not refuse to pay compensation to them for their resettlement in Korea, even from the humanitarian viewpoint. What is more important in this regard is, we should endeavor to encourage them to repatriate to the Republic of Korea.

Mr. Hiraga: As to "the historical background" which you mentioned, I am afraid that I don't fully understand it. Do you mean that the compensation for the resettlement in the Republic of Korea covers expenses for repatriation housing and setting up occupation, etc.

Dr. Yu: We will have to continue the exchange of our views on this matter, We do not ask for such large sum of money as to lead a wealthy life. But, it should be enough for them to restart a decent life.

Mr. Katsuno: Since the proposal is of great importance, we should like to give it a careful study. Regarding your proposal on education, economic activities, social security, etc. for the Korean residents, we will give you a reply after a careful study.

Dr. Yu: As we have presented our general views on various problems concerning Korean residents, we would like to hear the Japanese views.

Mr. Katsuno: We will give you our views at the next session, if possible.

*****

(Remarks)

1. It was agreed that the next meeting of the Committee would be held at 10:30 a.m., September 19, 1959, Saturday.

2. Both sides agreed to adopt a press release which reads as follows:

The 18th session of the Committee on Legal Status of Korean Residents in

Japan was held at 10:30 a.m., September 11. Both sides continued substantial discussions on legal status, treatment, repatriation to the Republic of Korea of Korean residents in Japan. It was agreed that the next meeting of the Legal Status Committee would be held at 10:30 a.m. September 19, 1959."

-The end-

번역

1959년 9월 15일

재일한인 법적지위위원회 18차 회의 요록

1. 일시 및 장소

1959년 9월 11일, 오전 10시 30분~12시, 일본 외무성 411호

2. 참석자

한국 측: 유진오 박사, 이호, 최규하, 이재항, 진필식, 한기봉, 노재원, 권태웅

일본 측: 가쓰노 야스스케, 히라가 겐타, 미야케 기지로, 하세가와 신조, 모리 준조, 히라쓰카 네노이치, 나카지마 도시지로, 나카가와 도요키치, 이케베 겐

3. 회의록

가쓰노: 오늘 회의에서 일본 측은 법적인 측면에서 정의하기 위해 '자손'이라는 용어에 대해 논의하고 싶다. 자손의 개념은 모호하다. 재일한인의 범위에 포함시켜야 하는가의 문제와 관련하여 법적으로 명확히 정의할 필요가 있다.

유 박사: 지난 회의에서 제안한 협약을 조항별로 구체적으로 논의하기 전에 전체적인 문제에 대한 의견을 교환하자고 제안했다.

히라가: 오늘 회의에서는 한국 측이 제안한 협약서에 대해 조항별로 논의할 것이라고 이해했다.

유 박사: 지난 회의에서 언급했듯이 작년에 제출한 제안서를 철회한 적이 없다. 전반적인 의견을 먼저 교환하고 그동안 잠시 해당 제안서에 대한 논의는 보류할 것을 제안했다. 새로운 상황이 발생했기 때문이다. 전체적인 사안에 대한 의견을 교환하는 과정의 일환으로 재일한인의 범위와 국적 문제를 언급한 것이다. 따라서 재일한인의 범위와 국적 문제에 대한 일본의 의견을 먼저 들어보고 싶다. 그 다음으로는 기타 관련 문제에 대한 우리 측의 전반적인 견해를 제시하겠다.

히라가: 한국 제안서 제1조에 관한 우리 측 견해를 다음과 같이 표명한다.

첫째, 해석이 상충하지 않도록 제안한 협약에서 언급한 "태평양전쟁의 적대 행위가 종식된 일자"를 판단해야 한다.

둘째, 자손이라는 용어를 법적인 관점에서 정의해야 한다. 예컨대, 태평양전쟁의 적대 행위가 종식된 시점에 한국 또는 일본이 아닌 국가에 주소지를 둔 '자손'들을 재일한인의 자손에 포함시켜야 하느냐는 질문이 제기될 수 있겠다.

일본 외의 국가에 주소지를 둔 한인들은 재일한인의 직계비속이라 하더라도 '자손'의 범위에서 배제시켜야 한다는 것이 일본 측의 입장이다. 따라서 '자손'의 범위를 일본에서 출생 후 계속해서 일본에 거주해 온 직계비속으로 제한해야 한다고 생각한다.

미국 시민권을 가진 부친과 재일한인인 모친 사이에서 태어난 아이를 재일한인의 자손이 범위에 포함시켜야 하느냐는 의문도 제기될 수 있다. 이러한 자손의 정통성 또는 비정통성에 대해서도 논의의 여지가 있다. 따라서 재일한인의 범위를 최대한 엄격하게 정의했으면 좋겠다. 혈연관계에서의 직계비속이라는 개념은 이 문제에서 자손을 정의하기 위한 기준으로 충분하지 않다고 생각한다. 또한 자손들이 제안된 협약 제3조 등에서 언급하는 처우와 관련이 있는지도 궁금하다.

예를 들어, 재일한인이 협약 발효 2년 이내에 등록증과 함께 영주권을 신청할 수 있다고 명시하는 제3조와 관련하여 협약 발효 2년 후에 태어난 사람에게는 이 조항을 어떻게 적용할 것인지 알고 싶다.

셋째, 재일한인의 국적 확정과 관련하여 협약 초안 제2조가 이미 확립된 국적의 확정을 요구하는 것인지, 아니면 해당 조항을 통해 국적을 새로이 확립하기 위한 것인지 명확히 할 필요가 있다. 일본 측의 입장은 전자에 해당한다. 이와 관련하여 이 한인들이 대한민국 국민이 된 법적 근거와 시점을 (기술적인 관점에서) 파악하고 싶다. 이들이 일본 국민이라는 의미가 아니라 이 문제에 대해 솔직한 논의를 하고 싶다.

유 박사: 방금 제기한 의문에 대한 의견은 해당 문제들에 대한 구체적인 논의에 착수하면 제시하겠다.

재일한인 관련 기타 문제에 대한 우리 측의 전반적인 의견을 제시하겠다.

제3조 1항 및 2항의 기본적인 원칙은 변경되지 않았다.

재일한인의 재산권에 대한 제4조는 기본적으로 변경된 부분이 없다.

그러나 재일한인의 처우와 관련하여 교육, 경제 활동 및 사회 복지(사회 보장 포함)에 대해서도 일본인과 동등한 처우를 재일한인에게 제공해야 한다고 생각한다. 또한 재일한인의 자손들은 일본 국민들과 동등한 자격으로 일본 학교에 입학할 수 있어야 한다. 마찬가지로, 재일한인들은 여러 가지 학년과 유형의 학교를 설립하고 운영할 수 있어야 한다.

개별 한국인들의 대한민국 송환 문제는 제6조에 언급되어 있다. 대한민국 정부는 이들의 송환을 환영할 뿐만 아니라 귀환할 것을 독려할 계획이다. 따라서 최대한 많은 재일한인의 귀국을 가속화할 수 있도록 최대한 빠른 시일 내에 이 문제에 대한 대책을 고안하고 싶다.

반출 재산에 대한 제6조와 관련하여 이러한 재산의 규모를 제한하지 않는 원칙을 명시할 필요가 있다. 그렇다고 해서 꼭 한 번에 방대한 양의 동산을 본국으로 반출한다는 의미는 아니다. 일본에서 동산을 반출할 방법에 대해서는 일본 정부와 별도의 협의가 필요함을 인정한다.

자금 송금에 대한 제6조 2항에 대해서는 어떠한 요금도 부과하지 않아야 하고, 자금 전액을 송금할 수 있어야 한다고 생각하나 한국에 귀국할 때 자금 전액을 한 번에 송금할 수 있어야 한다는 의미는 아니다.

다음으로는 새로운 내용을 한 가지 제안하고 싶은데, 재일한인들이 집단으로 대한민국에 귀환하도록 장려하기 위한 조치를 고안하기 위한 제안이다. 앞서 언급한 제6조는 개인별 송환에만 적용되는 내용이다.

다음 내용은 재일한인의 집단 송환에 대한 것이다. 일본 정부가 협약 발효 이후 제한적인 기간 내에 대한민국으로의 송환과 재정착에 필요한 보상금을 지급한다는 전제하에, 우리 정부는 이들을 수용하고 한국에서의 재정착을 돕기 위해 가능한 모든 노력을 기울일 준비가 되어있다. 일본 정부가 이러한 조치를 취해준다면 최대한 많은 재일한인들의 송환을 독려하게 될 것이라고 확신한다.

또한 재산권, 자금 송금과 관련한 앞서 언급한 조항을 집단으로 귀환하는 재일한인들에게도 적용해야 한다고 생각한다. 제7조의 경우 기술적인 부분을 조정할 수는 있겠지만 지금으로서는 수정이 필요한 부분이 보이지 않는다.

지금까지 제시한 의견은 개괄적인 것이며 일본의 의견을 들은 후 논의하는 과정에서 변경될 수 있다.

가쓰노: 1958년 10월 20일 자 한국 측 제안서의 제6조 1항 및 2항에 대한 발언은 우리 측에는 새로운 제안으로 다가온다. 또한 송환자들이 반출할 재산의 규모에 대해서는 별도로 논의할 예정이다.

재일한인의 집단 송환은 완전히 새로운 제안이다. 방금 새로 제안한 내용이 1958년 10월 20일 자의 본래 제안서를 대체하는 것이 맞는가?

유 박사: 내 말을 오해한 것 같다. 우리가 제시한 제안서 제6조는 기본적으로 그대로 유지된다. 내 말은 이 조항에 송환자가 반출하는 재산의 규모를 제한하지 않아야 함을 명확히 보여주는 내용을 삽입해야 한다는 의미였다. 재일한인의 집단 송환에 대한 제안은 새로운 내용이 맞다.

방금 설명한 여러 가지 내용을 바탕으로 1958년 10월 20일 자 원본 제안서를 조정하는 것을 검토 중이다. 조정 과정에서 필요하면 조항의 순서가 일부 변경될 수 있다.

히라가: 재일한인의 집단 송환과 관련하여 일본 정부가 송환자들에게 보상금을 지급하고 송환을 위한 시설을 제공할 것을 제안했는데, '송환자의 재정착을 위한 보상'이 정확히 의미하는 바가 무엇인가?

유 박사: 필요하면 해당 주장의 근거를 충분히 이론으로 제시할 수 있다. 하지만 우리가 의미하는 바가 무엇인지 쉽게 알 수 있을 테니 시간을 낭비하지 않겠다. 송환자들이 대부분 빈곤하다는 것은 쉽게 예상할 수 있는 사실이다.

이들이 일본으로 이주하게 된 역사적 배경을 고려하여 한국에서 재정착할 수 있도록 인도적인 관점에서라도 보상금을 지불하는 것을 일본 정부가 거부하지 않을 것이라고 생각한다. 더욱 중요한 것은 이들이 대한민국으로 귀환하도록 독려해야 한다는 점이다.

히라가: 방금 언급한 "역사적 배경"을 내가 완전히 이해하지 못하는 것 같다. 대한민국에서 재정착하기 위한 보상금에 주택과 구직 등을 위한 비용이 포함되는 것인가?

유 박사: 이 문제에 대해서는 계속해서 의견을 교환해야 할 것이다. 부유한 삶을 살기 위한 거액을 요구하는 것은 아니지만 제대로 된 삶을 다시 시작하기에 충분한 보상이 이루어져야 한다.

가쓰노: 이 제안사항은 매우 중요하기 때문에 신중하게 검토하고 싶다. 재일한인의 교육, 경제 활동, 사회 보장 등에 관한 제안사항에 대해서는 신중히 검토한 후 답변하겠다.

유 박사: 재일한인과 관련한 여러 가지 문제에 대해 우리 측의 개괄적인 이견을 제시했으니 일본의 견해를 듣고 싶다.

가쓰노: 가능하면 다음 회의에서 우리 측의 의견을 표명하고 싶다.

(비고)

1. 다음 회의는 1959년 9월 19일 토요일 오전 10시 30분에 개최하기로 합의했다.

2. 양측은 다음과 같은 보도 자료에 합의했다.

"재일한인 법적지위위원회 18차 회의가 9월 11일 오전 10시 30분에 개최되었다. 양측은 재일한국의 법적 지위, 처우 및 송환에 대한 구체적인 논의를 이어갔고, 다음 회의는 1959년 9월 19일 오전 10시 30분에 개최하기로 합의했다."

끝

47. 제4차 한일회담 법적지위위원회 제19차 회의 요록

1028 October 1, 1959

GIST OF TALKS

NINETEENTH SESSION

COMMITTEE ON LEGAL STATUS OF KOREAN RESIDENTS IN JAPAN

1. Time and Place:

10:30-12:10 a.m., September 26, 1959, at Room 411, Foreign Ministry, Japanese Government

2. Conferees:

Korean side:	Mr. LEE HO
	Mr. CHIN Pil Shik
	Mr. HAN Kibong
	Mr. OHM Young Dal
	Mr. ROH Jae Won
	Mr. KWON Tae Woong
	Mr. LEE Chang Soo
Japanese side:	Mr. KATSUNO Yasusuke
	Mr. HIRAGA Kenta
	Mr. MIYAKE Kijiro
	Mr. HASEGAWA SHINZO
	Mr. MORI Junzo

Mr. HIRATSUKA Nenoichi

Mr. NAKAJIMA Toshijiro

Mr. NAKAGAWA Toyokichi

Mr. NAGAHASHI

Mr. IKEBE Ken

3. Gist of Talks:

Mr. Katsuno: (Introduced a new Japanese member, Mr. Nagahashi, of Foreign Exchange Bureau, Finance Ministry.)

Mr. Lee: As you know, Dr. Yu has not returned from Seoul yet, and Minister Choi, who was supposed to act on behalf of Dr. Yu in his absence, also went home owing to the change of his official status. Being not a formal member, I attend this Committee in a vicarious capacity today.

At today's meeting, I would like to hear Japanese views on the principles which Dr. Yu set forth at the previous meeting in relation to over-all matters concerning legal status of the Korean residents in Japan.

Mr. Katsuno: It is true that at the previous meeting Dr. Yu expressed his
1029 views on over-all matters. However, the compensation problem he then referred to was a real surprise to our side. The Japanese side holds that no discussions shall be made on the compensation problem at this Committee.

Furthermore, I was rather confused to learn that some press reports on the compensation issue were carried in Korean newspapers, despite the agreement reached at the previous meeting that no press release would be made thereabout in view of the delicacy of the matter at the present stage. Your attention is invited to this matter.

Mr. Lee: As regards the mass repatriation to the Republic of Korea and compensation problems, it was agreed not to release them to the press for the time being, at the previous meeting. As far as I know, no news about such problems was intentionally released by our side, though some press articles on them were found in Korean newspapers. I do not know how and from what source they were released. Such news reports might come of the speculation of reporters. Anyhow, it was a regrettable case for our side, too.

Regarding the compensation problem which your side objected to discuss at this Committee, I hold that the problem has to be discussed at this Committee, though a definite view is with-held on account of my vicarious capacity.

Mr. Katsuno: I suggest to stop arguing over the case of the press reports. Mutual attention is desired in this respect.

At today's meeting I would like to hear your opinions further on any other problems except the compensation problem.

Mr. Lee: Since Dr. Yu stated our views on over-all matters at the previous meeting, I want first to hear Japanese views on the matters in general including the compensation problems at today's meeting.

Mr. Katsuno: The Japanese side, as I told, holds that the compensation problem shall not be discussed at this Committee.

I would like to hear your opinions on any other problems, besides the general views which Dr. Yu stated.

Mr. Lee: I hardly understand what you meant by "any other problems". Since our side set forth views in principle on over-all matters, it is reasonable, only after Japanese views are heard, to start discussing them in detail. Therefore, I want first to hear Japanese views on the substantial points on which our views were stated by our side at the previous meeting.

As regards the compensation problem on which your side are positively denying to discuss at this Committee, I think it is a quite proper proceeding to exchange views on it since the problem was put forward for discussion by our side.

1030 Mr. Katsuno: At the outset of the previous meeting, the status of Korean residents who want to remain in Japan was discussed. And, in this connection, the Japanese side raised a few questions, that is, what were exactly meant by "the Korean residents in Japan", and by "their descendants". I think the solution of these questions is a basis on which solution of other problems may depend. Therefore, as exchange of views, I hope that some explanation be given by your side on the questions which were raised by us in relation to them.

In addition, I would like to know that either your side has any intention to discuss the Korean proposal as a whole, or to discuss it article by article. I further wonder if your side has any particular subject in mind to start with.

Mr. Lee: I know that your side, at the previous meeting, raised a few questions regarding the Korean proposal of last October. However, such questions can be regarded as problems of mere technical character compared with the substantial matters on which Dr. Yu stated our views. So I want to hear Japanese views on any of the points Dr. Yu stated.

Mr. Katsuno: At the beginning, the status of Korean residents who want to remain in Japan was discussed. However, Dr. Yu proposed the repatriation problem of Korean residents for discussions. I think they will be such Koreans who had been resident in Japan who return to Korea. So it is first necessary to define the scope of the Korean residents. The Japanese side, after presenting its views in general regarding the definition and scope of Korean residents, brought up a few questions about them. Therefore, I would like first to hear your clarification on such questions.

Mr. Lee: I do not know how this Committee meeting will be proceeded in future when Dr. Yu returns from Seoul. But, the few Japanese questions with respect to the scope of the Korean residents, as I said, are of mere technical character compared with the principle matters on which the Korean side presented its view.

I think if the Japanese side express its views on the principles we stated, works of this Committee will be much expedited.

Mr. Hiraga: I remember that Dr. Yu stated in principle, that Korean residents should be accorded equal treatment with Japanese nationals with respect to education, economic activities and social security. He further referred, in connection with the repatriation, to such problems as to property to be taken home, remittance of funds, etc.

For our Japanese side, it is the possible way of answer, if asked, to say roughly yes or no on each of such principles. Such answer seems to serve no purpose. Therefore, it is desirable to discuss points one by one. I think that to
1031 frame a clear definition of the Korean residents in Japan is the first step towards solution of the other problems regarding their treatments.

Mr. Lee: It is true that Dr. Yu expressed such principles which Mr. Hiraga now referred to. I remember that, Dr. Yu stated, besides them, some other principles on such problems as the confirmation of nationality, special permanent residence, property rights and occupation rights.

For our side, I would like to hear your stand on these principles even in the way as Mr. Hiraga now suggested.

As regards the scope of Korean residents in Japan, the rough definition was already given, either in the Korean proposal or in Dr. Yu's remarks, to the effect that those Koreans who had been residing in Japan since the end of the hostilities of World War II and their descendants. Therefore, some Japanese questions regarding the descendants are of minor and technical character in comparison with the principles we stated.

I remember that the Japanese side, at the previous meeting, promised to express its views on the principles we then stated at next meeting. Your contention today, therefore, makes me rather confused.

(Some heated discussions on the way of proceeding the Committee discussions were repeated in similar way between the two sides.)

Mr. Katsuno: It is, of course, an important problem to discuss on how the Korean residents be treated. However, in my opinion, Korean residents in Japan fall under the scone of aliens in general and they should not be treated differently from other aliens, though you side may raise objection to such treatment.

I think that the scope of Korean residents and the problems of their nationality and descendants are to be first clearly defined before entering into discussions on the problems of their property rights, education, etc.

Mr. Lee: I do not deny the importance of defining clearly the scope of Korean residents in Japan. Nevertheless, as I repeated, the few Japanese questions with respect to the definition of the Korean residents given in the Korean proposal are of quite technical character.

Though Mr. Katsuno now contended that the Korean residents belong to ordinary aliens, I am, on the contrary, of the opinion that they are special aliens who should be accorded special treatments by the Japanese government. That is why they have been the subject of our discussions at this special committee.

Mr. Hiraga: In relation to the definition of the Korean residents given by your
1032 side, I once proposed that "the date of termination of hostilities of the Pacific War" be determined concretely to avoid divergent interpretation. And I further raised some questions as the "lineal descendants" which your side suggested as the scope of the descendants. So I expected today your side would give some clarifications on my questions.

Regarding the principle matters which you mentioned of, I think many problems are included therein. Therefore, it would be difficult to answer them at one time. Firstly I would like to discuss the nationality problem, if any more time is available, or at next meeting.

Mr. Lee: As I repeated, the Korean side wants to hear first Japanese views on the principle matters in general on which ours were set forth at the previous meeting. Shall we fix the date for next meeting if no more time is available for today?

Mr. Hiraga: At next meeting, I would like to hear Korean views on the problem of the nationality confirmation. Thereafter, Japanese views thereon will be stated.

Mr. Lee: At next meeting, we will expect that the Japanese side presents its views in general on the over-all points in reply to Dr. Yu's remarks made at the previous meeting, though I don't mind on what point your side should start with.

(Remarks)

Before adjourning the nineteenth session of the Committee;

1) It was agreed that next meeting would be held on 10:30 a.m., 30th, inst.

2) The Japanese side desired to know that on what grounds and when-from quasi-legal, aside from political, point of view the Korean residents in Japan became nationals of the ROK at next meeting.

3) The following press release was agreed: The Committee continued discussing substantial matters regarding the legal status of the Korean residents in Japan.

-The End-

번역

1959년 10월 1일

재일한인 법적지위위원회 19차 회의 요록

1. 일시 및 장소

1959년 9월 26일, 오전 10시 30분~12시 10분, 일본 외무성 411호

2. 참석자

한국 측: 이호, 진필식, 한기봉, 엄영달, 노재원, 권태웅, 이창수

일본 측: 가쓰노 야스스케, 히라가 겐타, 미야케 기지로, 하세가와 신조, 모리 준조, 히라쓰카 네노이치, 나카지마 도시지로, 나카가와 도요키치, 나가하시, 이케베 겐

3. 회의록

가쓰노: (재무성 외환국의 나가하시를 일본 측의 신임 위원으로 소개했다.)

이: 알다시피 유 박사가 서울에서 아직 돌아오지 않았고 유 박사 역할을 대행해야 할 최 공사 또한 직위가 변경되어 귀국했다. 나는 공식 위원이 아니기에 오늘 대리인으로서 본 위원회에 참석한다. 오늘 회의에서는 지난 회의에서 유 박사가 재일한인 법적 지위의 전반적인 문제와 관련하여 제시한 원칙에 대해 일본의 의견을 듣고 싶다.

가쓰노: 지난 회의에서 유 박사가 전반적인 사안에 대한 의견을 표명한 것은 사실이나, 당시 언급한 보상 문제에 우리 측이 상당히 놀랐다. 본 위원회에서 보상 문제에 대해서는 논의하지 않아야 한다는 것이 우리의 입장이다.

또한 지난 회의에서 현시점에서 민감한 문제에 대해서는 보도하지 않겠다고 합의했음에도 한국 신문에서 보상 문제에 대해 일부 보도되었음을 알게 되어 혼란스러운 상태다. 이 문제에 주의를 기울일 것을 요청한다.

이: 지난 회의에서 대한민국으로의 집단 송환과 보상 문제에 대해 당분간 언론에 공개하지 않기로 합의했다. 우리 측에서 의도적으로 공개한 내용은 없지만 한국 신문에서 일부 기사가 보도된 것으로 알고 있다. 어떠한 경로로 어떻게 정보가 유출되었는지

는 모른다. 기자들의 추측으로 작성한 기사일 수도 있다. 어쨌든 우리 측에서도 유감스럽게 생각한다.

일본 측이 본 위원회에서 논의하는 것을 반대한 보상 문제의 경우 내가 대리인 자격으로 참석하고 있어서 정확한 입장은 유보하겠으나 본 위원회에서 논의할 문제라는 것이 내 의견이다.

가쓰노: 언론 보도에 대한 논쟁은 그만하는 것이 좋겠고, 이 부분에 대해 서로 주의를 기울여야 할 것이다.

오늘 회의에서는 보상 문제를 제외한 다른 사안에 대해 한국 측의 의견을 듣고 싶다.

이: 지난 회의에서 유 박사가 전반적인 사안에 대한 의견을 전달했으니 오늘 이 자리에서는 보상 문제 등 전체적인 사안에 대한 일본의 견해를 먼저 듣고 싶다.

가쓰노: 말했듯이 보상 문제는 이 위원회에서 논의하지 않아야 한다는 것이 일본 측의 입장이다.

유 박사가 표명한 전체적인 견해 외의 다른 문제에 대한 의견을 듣고 싶다.

이: "다른 문제"가 무엇을 의미하는지 잘 모르겠다. 전반적인 문제에 대한 입장을 표명했으니 일본의 의견을 들은 후에 구체적인 논의에 착수하는 것이 타당하다. 따라서 지난 회의에서 우리가 의견을 표명한 구체적인 지점에 대한 일본의 의견을 먼저 듣고 싶다.

일본 측이 본 위원회에서 논의하기를 거부하고 있는 보상 문제의 경우 우리 측이 논의하자고 제안한 문제이므로 의견을 교환하는 것이 적절한 진행 방식이라고 생각한다.

가쓰노: 지난 회의를 시작할 때 일본에 잔류하고자 하는 재일한인의 지위에 대해 논의했다. 일본 측은 '재일한인'과 '그들의 자손'이 정확히 의미하는 바에 대한 몇 가지 의문을 제기했다. 이 문제에 대한 해결책은 다른 문제에 대한 해결책의 근간이 된다고 생각한다. 따라서 의견을 교환하는 과정의 일환으로 우리 측이 제기한 질문에 대해 한국이 어느 정도 설명해 주기를 바란다.

그리고 한국 측이 한국 제안서 전체를 논의하고자 하는지, 아니면 조항별로 논의하기를 원하는지 궁금하다. 그리고 논의를 시작하며 다루고 싶은 특정한 주체가 있는지도 알고 싶다.

이: 지난 회의에서 일본 측이 지난 10월에 제출한 제안서에 대한 몇 가지 질문을 던

진 것을 알지만, 유 박사가 견해를 표명한 구체적인 문제에 비해 기술적인 성격의 문제로 간주할 수 있는 질문이었다. 따라서 일본의 의견을 듣고 싶다.

가쓰노: 일본에 잔류하고자 하는 재일한인의 지위에 대해 논의했으나, 유 박사가 재일한인의 송환 문제를 논의할 것을 제안했다. 재일한인이었다가 한국으로 돌아간 이들도 있을 것이므로, 먼저 재일한인의 범위를 정의해야 한다. 재일한인의 정의와 범위에 대한 견해를 밝힌 후 일본 측은 몇 가지 질문을 던졌다. 따라서 이 질문에 대한 한국 측의 답변을 먼저 듣고 싶다.

이: 유 박사가 서울에서 돌아오면 앞으로 본 위원회가 어떻게 진행될지 모르겠지만, 재일한인의 범위에 대한 일본의 질문은 한국 측이 견해를 제시한 원칙상의 문제에 비교하면 기술적인 내용에 불과했다.

일본 측이 우리가 제시한 원칙에 대한 의견을 표명하면 위원회의 진행 속도가 훨씬 빨라질 것 같다.

히라가: 유 박사가 원칙적으로 재일한인은 교육, 경제 활동 및 사회 보장에 있어서 일본 국민과 동등한 대우를 받아야 한다고 말한 것으로 기억한다. 유 박사는 또한 송환과 관련하여 반출할 재산, 자금 송금 등의 문제에 대해서도 언급했다.

이러한 원칙 각각에 대해 '그렇다' 또는 '아니다'로 답변할 수 있겠지만, 이러한 답변은 의미가 없다고 생각한다. 따라서 하나씩 논의하는 것이 바람직하다. 재일한인의 처우에 대한 다른 문제들을 해결하기 위한 첫걸음이 재일한인을 명확히 정의하는 것이라고 생각한다.

이: 유 박사가 방금 히라가가 말한 원칙들을 언급한 것은 맞다. 그 외에도 유 박사는 국적 확정, 특별 영주권, 재산권 및 직업권 등의 문제에 대한 다른 원칙도 제시한 것으로 기억한다.

한국 측에서는 히라가가 방금 언급한 방식으로라도 이러한 원칙에 대한 일본의 입장을 알고 싶다.

한국 제안서 또는 유 박사의 발언을 통해 재일한인의 범위를 제2차세계대전의 적대행위가 종료된 후부터 일본에 거주해 온 한인과 이들의 자손들로 개략적으로 정의했다. 따라서 자손에 대한 일본의 질문은 한국이 제시한 원칙에 비하면 사소하고 기술적인 성격의 질문이다.

지난 회의에서 일본 측이 다음 회의에서 원칙에 대한 의견을 표명하겠다고 약속했다. 따라서 오늘 주장하고 있는 내용은 혼란스럽다.

(논의 진행 방식에 대한 설전이 비슷하게 반복되었다.)

가쓰노: 물론 재일한인의 처우를 논의하는 것이 중요하지만 한국 측이 이러한 처우에 이의를 제기할 수는 있겠으나 재일한인은 일반적인 외국인의 범위에 속하고 다른 외국인과 다르게 취급하지 않아야 한다고 생각한다.

재산권, 교육 등의 문제를 논의하기 전에 먼저 재일한인의 범위와 이들과 자손들의 국적 문제를 명확히 정의해야 한다고 생각한다.

이: 재일한인의 범위를 명확하게 정의하는 것이 중요하다는 사실을 부인하지는 않는다. 하지만 여러 차례 말했듯이 한국 측 제안서에서 언급한 재일한인의 정의에 대한 일본의 질의사항은 상당히 기술적인 내용이다.

가쓰노가 재일한인들이 일반적인 외국인에 속한다고 주장했지만 재일한인들은 일본 정부가 특별히 취급해야 할 특수한 외국이라고 생각한다. 그렇기 때문에 본 특별위원회의 논의 주제가 된 것이다.

히라가: 한국 측이 제시한 재일한인의 정의에 대해 다양한 해석을 방지하기 위해 '태평양전쟁의 적대 행위가 종료된 일자'를 구체적으로 정하자고 제안한 바 있고, 한국 측이 자손의 범위로 제안한 '직계비속'에 대해 몇 가지 의문을 제기했다. 따라서 오늘은 한국 측이 내 질문에 답변할 것이라고 기대한다.

원칙적인 문제라고 했는데, 이러한 원칙적인 문제에 여러 가지 문제가 포함되어 있다고 생각한다. 따라서 한 번에 답변하기는 어려울 것이다. 시간 여유가 있다면 일단 국적 문제를 논의하고 싶고, 아니라면 다음 회의에서 논의하고 싶다.

이: 여러 차례 말했듯이 지난 회의에서 우리 측이 제시한 전반적인 원칙의 문제에 대한 일본의 의견을 먼저 듣고 싶다. 오늘 더 이상 시간이 없다면 다음 회의 일정을 정하자.

히라가: 다음 회의에서는 국적 확정 문제에 대한 한국의 의견을 듣고 싶다. 그 후에 우리 측의 견해를 표명하겠다.

이: 다음 회의에서는 유 박사가 지난 회의에서 발언한 내용에 대한 답변으로 전체적인 사안에 대한 일본의 전반적인 견해를 들을 수 있을 것으로 기대하겠다. 어떠한 항

목부터 시작하든 상관없다.

(비고)

회의를 종료하기 전에

1) 다음 회의는 1959년 9월 30일 오전 10시 30분에 개최하기로 합의했다.

2) 일본 측은 다음 회의에서 정치적인 관점이 아닌 준법률적 관점에서 재일한인이 어떠한 근거로 언제 한국의 국민이 되었는지에 관해 알고 싶다고 했다.

3) 다음과 같은 보도 자료에 합의했다.

"위원회는 재일한인의 법적 지위에 대한 구체적인 논의를 이어갔다."

끝

49. 제4차 한일회담 법적지위위원회 제20차 회의 요록

1035

Tokyo, October 14, 1959

THE TWENTYTH[TWENTIETH] SESSION
COMMITTEE ON PROBLEMS OF KOREAN RESIDENTS IN JAPAN

1. Time and Place:

10:30 a.m.-11:40 a.m., October 14, 1959 Room 311, Japanese Ministry of Foreign Affairs

2. Conferees:

Korean side: Dr. YU, Chin-O
Mr. EA, Chai Hang
Mr. CHIN, Pil Shik
Mr. HAN, Ki Bong
Mr. ROH, Chae Won
Mr. LEE, Chang Soo

Japanese side: Mr. Yasusuke KATSUNO
Mr. Kenta HIRAGA
Mr. Kijiro MIYAKE
Mr. Shinzo HASEGAWA
Mr. Junzo MORI
Mr. Toyokichi NAKAGAWA
Mr. Ken IKEBE

3. Gist of Talks:

Mr. Katsuno: Until the last meeting of the Committee, we have heard the general views of the Korean side regarding the problems of Korean residents in Japan. Today, we would like to present our views. As it is difficult for us to present our views on all aspects at one time, we will state our views on the problem of Korean residents who wish to stay in Japan, to the extent we have so far studied. Now, Mr. Hira-ga will speak on behalf of the Japanese side.

Mr. Hiraga: I want to cover three points concerning Articles 1 and 2 of the Korean proposal of October 20, 1958.

1. With regard to Article 1 concerning the date of the termination of hostilities of the Pacific War, the Japanese side is of the opinion that a definite date should be fixed, such as August 15 or September 2, 1945. Of course, if the Korean side has any other date in mind, such date would also be considered.

2. With regard to Article 1 concerning the 'descendants' of Korean residents, the Japanese side has no particular objection to the basic point as introduced by Dr. Yu that the 'descendants' should mean 'lineal descendants.' However, we are of the opinion that such definition of the lineal descendants should further be clarified in detail. For instance, primarily the descendants as stipulated in Article 1 should be those who are lineal descendants born in Japan of Korean residents in Japan and continuously residing in Japan. Further, he should be a legitimate issue of a Korean resident father. If he is an illegitimate issue, his mother must be a Korean resident. By this way, we think that legal definition of the descendants could be made possible.

1036 3. With regard to Article 2 concerning the nationality of Korean residents in Japan, the Japanese side understands that, by virtue of coming into force of the San Francisco Peace Treaty, the Korean residents lost their Japanese nationality. Besides, the Japanese side has no intention to claim that the Korean residents hold Japanese nationality, and this point was already set forth in the Japanese domestic laws concerned. Also it is the view of the Japanese side that the problem of deciding the nationality of a person is a matter of concern of a state or states which claims that she is a national of such state or states. Besides, since the Japanese side, as a matter of fact, is going to conclude an agreement with the Republic of Korea on the Korean residents, this fact itself evidently proves that the Japanese side does not object the contention that the Korean residents are nationals of the Republic of Korea. The decision of the nationality of Koreans is, therefore, not a matter for the Japanese side to participate in, interfere with or make agreement with the Korean side.

In view of the above, the Japanese side takes the view that the stipulation of Paragraph 1 of Article 2 is not only inappropriate but unnecessary.

As regards Paragraph 2 of Article 2, as the stipulation of the same paragraph is a matter of course, the Japanese side opines that the same paragraph is unnecessary.

Accordingly, the Japanese side is of the opinion that Article 2 as a whole is not necessary. In this regard, we would like to add that the Japanese side should refrain from giving impression of interfering in other's domestic affairs in deciding the nationality matter of the Korean residents.

This is about all I have to say today. Thank you.

Dr. Yu: We would like to hear the opinions of the Japanese side on the other matters concerning the Korean proposal of October 20, 1958, and also we hope to hear the views of the Japanese side on the matters which have been brought up under the new situations.

As the discussions develop, we will be able to draft a new proposal on the problems of Korean residents. Therefore, we wish your side would express your views on the newly raised matters, they are on matters concerning those Koreans who desire to repatriate to the Republic of Korea.

1037 Of course, the problem has been already touched upon in the proposal of

October 20, 1958, but the new idea is based on our policy of encouraging as many Korean residents as possible to repatriate to the Republic of Korea. Therefore, we would like to hear also your opinions on our new idea for repatriation of Korean residents in a large number to the Republic of Korea within a limited period of time.

Mr. Katsuno: We will of course discuss the matters concerned in due courses. But, as a matter of order in proceeding the Committee's works, we are now discussing the problem of those Koreans who will remain in Japan. We would like to hear the opinions of the Korean side on ours just presented by Mr. Hiraga concerning the three points as aforementioned. If the Korean side has any opinion contrary to ours, we would be ready to listen to it.

As for the problem on the repatriation to the Republic of Korea of Korean residents, we have no objection at all to the fundamental point of the policy. In the 'condition' of the repatriation, we can point out that such repatriation can be carried out en masse and individually upon their own free will. Since the problem was proposed by the Korean side on September 11, we are still studying it among the ministries concerned and we are not ready to present concrete views of the Japanese side.

While this committee proceeds with other matters, for instance one on those Koreans who will stay in Japan, we will have enough time to study it and make up our views on the problem concerned. As regards the facilities to be provided for the repatriates, we would like to have the Korean side make suggestions in details what kind of facilities or treatments are necessary for such repatriation, so that we would be able to study them.

We understand that the Korean side proposes for repatriations of Korean residents both in group and by individual. As to the group repatriations, many Koreans returned to the Republic of Korea shortly after the end of World War II. The reasons which necessitate such mass repatriation usually are that travels between the two countries concerned are restricted for some reasons and so, the Governments concerned have to provide those repatriates with special means of transportation. Since there exist quasi-diplomatic relations between the Republic of Korea and Japan, as evident from the Korean Mission stationed in Japan and there is regular transportation available between the Republic of Korea and Japan, we don't see why such mass repatriation of Korean residents is necessary, especially in the light of the fact that the two countries are belonging to the free world.

1038 Dr. Yu: 1. First, in regard to Mr. Hiraga's view, we will present our views next time. In the meantime, I would like to point out, in connection with the matter of 'descendants,' that there is a problem of dispersed families. I don't know how many, but I know there are many, and certainly considerations should be given to their reunion, I do not insist that the Japanese side should make a formal reply now but I hope that it would give a consideration to such necessity.

2. As regards the mass repatriation, I would like to make clear the basic principle of our policy concerning the mass repatriation before entering into further discussion. The problem of Korean residents' repatriation discussed at the previous talks had a place in our proposal of October 20, 1958. But at that time, the proposal dealt mainly with the problem of individual repatriation. It is the new policy of the Korean Government, however, that both the Governments of the Republic of Korea and Japan should take positive measures to encourage as many Korean residents in Japan as possible to return to the Republic of Korea in a short period not as 5 or 10 years. We must take further steps to encourage such repatriation. Mr. Katsuno certainly had a point of reason in his contention concerning the necessity of 'mass repatriation'. But, the reason why we consider mass repatriation this time is that there are many Korean residents who are too poor that they need governmental aid for their

repatriation.

Therefore, we should enable Korean residents to repatriate either individually or in group at their convenience. As to the facilities to be given to the repatriates, we can point out the facilities in inland and maritime transportations and others necessary for the repatriation.

Mr. Katsuno: As regards the dispersed families in connection with the 'descendants' problem, we can understand that there are dispersed families whose masters have their basis for livelihood in Japan with their dependents living in Korea. But, it should be put into consideration that, among the dispersed families, there are some whose members have separated themselves upon their own will.

When persons falling under such category entered illegally into Japan, they have received special treatment to stay in Japan without being detained in Omura Camp When the agreement on the Korean residents' problem is reached, they may be allowed to visit Japan for reunion with their families. As to the scope of members or of dependents of the dispersed families requiring reunion, there should be a certain classification thereof such as wife, minors, etc.

Dr. Yu: We should further discuss on the problem of the reunion of the dispersed families later on. As the problem on the repatriation of Korean residents to ROK is a main subject of this Committee as well as the problem of Korean residents to stay in Japan, we expect that the Japanese side would make efforts to bring about a satisfactory settlement of the repatriation problem. Of course, the Korean side is ready to exert its effort for a reasonable result in this regard.

Also I should like to suggest that, rather than spending the Committee's time for discussing on the details of certain technical and procedural matters, it would be better for the Committee to have experts of both sides discuss and draw up a draft of technical arrangements to be attached to the agreement concerned.

1039 Mr. Katsuno: As regards the details in the problem of the repatriation of Korean residents, we have difficulties in deciding the details of facilities and treatments to be provided for the repatriates for we had already an experience in repatriating en masse Chinese residents to the China Continent after the end of World War II, Therefore, it is difficult for the administrative level of the Japanese side to work out better facilities and treatment for Korean repatriates beyond its scope which had been set at the time of the Chinese repatriation.

But if the Korean side make a clear-cut proposal in this regard, we would be willing to study such proposal.

Dr. Yu: On that problem, we would have to exchange views from every angle before reaching a conclusion, But, I would like to emphasize that, since the problem of Korean residents is unique in its nature, special considerations should be paid by the Japanese side to the problem of the repatriation of Korean residents to ROK.

Would there be other matters to be discussed for today?

Mr. Katsuno: Shall we adjourn?

Dr. Yu: No objection.

(Remarks)

1. It was agreed that the next meeting would be held at 10:30 a.m. on October 20, Tuesday.

2. Both sides agreed to a press release which reads: "The Committee on Problems of Korean residents in Japan was held at 10:30 a.m., October 14, 1959. At this meeting, both sides continued substantial discussions on the repatriation of Korean residents to the Republic of Korea and other problems of Korean residents in Japan."

-End-

번역

1959년 10월 14일, 도쿄

재일한인문제위원회 20차 회의

1. 일시 및 장소

1959년 10월 14일, 오전 10시 30분~11시 40분, 일본 외무성 311호

2. 참석자

한국 측: 유진오 박사, 이재항, 진필식, 한기봉, 노재원, 이창수

일본 측: 가쓰노 야스스케, 히라가 겐타, 미야케 기지로, 하세가와 신조, 모리 준조, 나카가와 도요키치, 이케베 겐

3. 회의록

가쓰노: 지난 회의 때까지 재일한인 문제에 대한 한국 측의 전반적인 견해에 대해 들었고, 오늘은 우리 측의 의견을 제시하고자 한다. 한 번에 모든 부분에 대한 견해를 제시하기 어려우니 현재까지 분석한 범위에서 일본에 잔류하기를 원하는 재일한인 문제에 대한 견해를 표명하겠다. 지금부터는 히라가가 일본 측을 대신하여 발언한다.

히라가: 1958년 10월 20일 자 한국 제안서 제1조 및 제2조의 세 가지 부분에 대한 의견이다.

1. 태평양전쟁의 적대 행위 종식 일자에 관한 제1조의 경우 일본 측은 1945년 8월 15일 또는 9월 2일과 같이 정확한 날짜를 정해야 한다는 입장이다. 물론 한국 측이 다른 날짜를 생각하고 있다면 그 날짜도 검토할 수 있다.

2. 재일한인의 '자손'에 대한 제1조의 경우 일본 측은 '자손'이 '직계비속'을 의미해야 한다는 유 박사의 기본적인 발언에는 특별한 이의가 없다. 그러나 직계비속에 대한 정의를 보다 구체적으로 정의해야 한다는 입장이다. 예를 들어, 제1조에 명시된 자손들은 일단 일본에서 태어나 계속 일본에 거주한 재일한인의 직계자손이어야 한다. 또한 재일한인 부친의 친생자여야 하고, 자신이 친생자인 경우 모친이 재일한인이어야 한다. 이렇게 하면 자손에 대해 법적으로 정의할 수 있다고 생각한다.

3. 재일한인의 국적에 관한 제2조의 경우 일본 측은 샌프란시스코 강화조약이 발효되면서 재일한인들이 일본 국적을 상실했다고 생각한다. 그리고 재일한인들이 일본 국적을 보유한다고 주장하려는 의도는 없으며, 이 부분은 이미 일본의 국내법에 명시되어 있다. 또한 일본 측은 개인의 국적을 결정하는 문제는 해당 개인이 자국의 국적을 가진다고 주장하는 국가가 결정할 사안이라고 생각한다. 일본 측이 재일한인에 대해 대한민국과 협약을 체결할 예정이라는 사실 자체가 일본 측은 재일한인이 대한민국 국민이라는 주장에 이의가 없음을 명확하게 증명해 준다. 따라서 재일한인들의 국적은 일본 측이 관여하거나 개입하거나 한국 측과 합의를 도출할 사안이 아니다.

위 내용을 고려하여 일본 측은 제2조 1항이 부적절할 뿐만이 아니라 불필요하다고 생각한다.

제2조 2항의 경우 동일한 항에 언급되기 때문에 일본 측은 동일한 항은 불필요하다고 생각한다.

따라서 일본 측은 제2조 전체가 필요하지 않다는 입장이다. 재일한인의 국적 문제를 결정하는 과정에서 일본 측이 다른 국가의 내정에 간섭하는 인상을 주는 것을 삼가야 한다는 내용을 삽입하고 싶다.

오늘 할 말은 이것이 전부다.

유 박사: 1958년 10월 20일 자 한국 제안서에 대하여 기타 문제에 관한 일본 측의 의견을 듣고 싶고, 새로운 상황에서 발생한 문제에 대한 일본 측의 입장을 파악하고자 한다.

논의가 진행되면서 재일한인 문제에 대한 새로운 제안서를 작성할 수 있을 것이므로 일본 측이 새로 제기된 문제, 즉 대한민국으로의 송환을 원하는 재일한인 문제에 대한 의견을 표명해 주기를 바란다.

물론 이 문제는 1958년 10월 20일 자 제안서에서도 다루었으나, 새로운 계획은 최대한 많은 재일한인이 대한민국으로 송환되도록 장려하겠다는 한국의 방침을 바탕으로 한다. 제한된 기간 동안 재일한인들을 대규모로 대한민국에 송환하자는 새로운 계획에 대한 일본의 의견도 듣고 싶다.

가쓰노: 물론 적절한 시점에 그 문제를 논의할 것이다. 하지만 본 위원회의 진행 순서에 따라 지금은 일본에 잔류할 재일한인 문제를 논의하고 있다. 히라가가 언급한 세

가지 사안에 대한 한국 측의 의견을 듣고 싶다. 한국 측이 우리와 반대되는 의견을 가지고 있다면 들을 준비가 되어있다.

재일한인의 대한민국 송환 문제에 대해 한국 측 방침의 기본적인 내용에 전혀 의의가 없다. 송환 '조건'에 대해서는 자유의지에 따라 집단 및 개인별로 송환이 이루어질 수 있음을 지적할 수 있다. 9월 11일에 한국 측이 제안한 계획이기 때문에 관련 부처에서 아직 검토 중이고 일본 측의 구체적인 견해를 제시할 준비가 되지 않았다.

본 위원회가 일본에 잔류할 재일한인 등 다른 문제를 논의하는 동안 검토하고 입장을 결정할 시간이 충분할 것이다. 송환자에게 제공할 시설에 대해서는 우리가 검토할 수 있도록 한국 측이 송환에 필요한 시설의 종류나 처우의 세부사항을 제안해 주면 좋겠다.

한국 측이 집단 및 개인별 송환을 제안했다. 집단 송환의 경우 제2차세계대전 종전 직후에 많은 한인이 대한민국으로 귀환했다. 집단 송환은 어떠한 이유로 인해 양국 간의 이동이 제한되어 있어서 필요한 경우가 일반적이기 때문에, 당사국 정부들이 특별 이동 수단을 송환자들에게 제공한다. 주일 한국대표부에서 알 수 있듯이 현재 대한민국과 일본 간에 준외교 관계가 존재하며, 한국과 일본을 잇는 정기적 교통편이 운행되고 있기 때문에 특히 양국이 자유 진영에 속한다는 사실을 고려하면 재일한인의 집단 송환이 왜 필요한지 모르겠다.

유 박사: 1. 첫째, 히라가의 의견에 대한 우리 측 견해는 다음 회의에서 제시하겠다. 먼저 '자손' 문제에 대해 이산가족 문제가 있음을 지적하고 싶다. 이산가족의 숫자는 모르겠지만 많다는 것은 알고 있으며, 이들이 다시 만날 수 있도록 배려해야 한다. 일본 측이 지금 공식적인 답변을 해야 한다는 것은 아니지만, 이러한 내용을 고려해 주기를 바란다.

2. 집단 송환의 경우 더 이상 논의하기 전에 집단 송환에 대한 정책의 기본 원칙을 명확하게 짚고 넘어가고 싶다. 기존 한일회담에서 논의한 재일한인 송환 문제가 1958년 10월 20일 자 제안서에 언급되었지만, 당시에는 제안서가 주로 개인별 송환 문제를 다루었다. 대한민국과 일본 정부가 5~10년이 아닌 단기간 동안 최대한 많은 재일한인들이 대한민국으로 돌아가도록 장려해야 한다는 내용의 새로운 정책이다. 이러한 송환을 독려하기 위해 추가적인 조치를 취해야 한다. 가쓰노가 '집단 송환'의 필

요성에 대해 맞는 말을 했으나, 우리가 지금 집단 송환을 고려하는 이유는 너무 빈곤하여 송환을 위해 정부의 지원을 필요로 하는 재일한인들이 많기 때문이다.

따라서 재일한인들이 선택에 따라 개인별로 또는 집단으로 귀환할 수 있게 해야 한다. 송환자에게 제공할 시설에 대해서는 내륙 및 해상 수송 시설과 송환에 필요한 기타 시설이 무엇인지 설명할 수 있다.

가쓰노: '자손' 문제와 관련하여 이산가족의 경우 가장이 일본에 생활의 터전을 두고 있고 자손들은 한국에서 거주하고 있는 이산가족들이 있다는 것은 안다. 하지만 자유의지로 떨어져 사는 이산가족들도 있다는 것을 감안해야 한다.

이러한 유형에 속하는 사람이 일본에 불법 입국하면 오무라수용소에 구금되지 않고 일본에 체류할 수 있는 특별한 대우를 받았다. 재일한인에 대한 합의에 도달하면 가족을 만나기 위해 일본에 방문하는 것이 허용될 수도 있다. 합쳐져야 하는 이산가족 구성원이나 피부양자의 범위에 있어서 배우자, 미성년자와 같은 일정한 분류가 필요하다.

유 박사: 이산가족의 재회 문제를 추후 논의해야 한다. 대한민국으로의 재일한인 송환 문제와 일본에 잔류할 재일한인 문제가 본 위원회의 주요 논의 주제이기 때문에 일본 측이 송환 문제를 만족스럽게 해결하기 위해 노력할 것이라고 기대한다. 물론 한국 측은 합리적인 결과를 도출하기 위해 노력을 기울일 준비가 되어있다.

또한 기술적인 절차상의 문제를 논의하며 위원회의 시간을 낭비하기보다는 양측의 전문가들이 협약에 첨부할 기술적인 합의사항을 논의하고 작성하는 것이 낫다고 생각한다.

가쓰노: 재일한인 송환 문제의 세부사항에 대해서는 제2차세계대전 종전 후에 재일중국인들을 집단으로 중국 대륙에 송환한 경험이 있기 때문에 송환자들에게 제공할 시설과 처우의 세부사항을 결정하는 데에 어려움이 없다. 따라서 일본 측 실무진이 중국 송환 시 결정한 범위를 넘어 한국인 송환을 위해 더 좋은 시설과 처우를 고안하기는 어렵다.

그러나 한국 측이 이 부분에 대해 명확하게 제안한다면 제안사항을 검토할 의향이 있다.

유 박사: 그 문제에 대해서는 결론에 도달하기 전에 모든 각도에서 의견을 교환할 것이다. 그러나 재일한인 문제의 성격이 특수하기 때문에 일본 측은 재일한인의 대한

민국 송환 문제를 특별히 고려해야 한다.

오늘 논의할 다른 문제 있는가?

가쓰노: 종료해도 좋은가?

유 박사: 이의 없다.

(비고)

1. 다음 회의는 10월 20일 화요일 오전 10시 30분에 개최하기로 합의했다.

2. 양측은 다음과 같은 보도 자료에 합의했다. "위원회는 재일한인의 대한민국 송환과 기타 문제에 대해 구체적인 논의를 이어갔다."

끝

52. 제4차 한일회담 법적지위위원회 제21차 회의 요록

1045

October 29, 1959

GIST OF TALKS
TWENTY-FIRST SESSION
COMMITTEE ON PROBLEMS OF KOREAN RESIDENTS IN JAPAN

1. Time and Place:

10:30-12:10 a.m., October 20, 1959, at Room 411, Foreign Ministry Japanese Government

2. Conferees:

Korean side:	Dr. YU Chin-O
	Mr. EA Chai Hang
	Mr. CHIN Pil Shik
	Mr. OHM Young Dal
	Mr. LEE Won Dal
	Mr. ROH Chae Won
	Mr. KWON Tae Woong
Japanese side:	Mr. KATSUNO Yasusuke
	Mr. HIRAGA Kenta
	Mr. MIYAKE Kijiro
	Mr. HASEGAWA Shinzo
	Mr. MORI Junzo

Mr. HIRATSUKA Nenoichi

Mr. NAKAJIMA Toshijiro

Mr. NAKAGAWA Toyokichi

Mr. NAGAHASHI

Mr. IKEBE Ken

3. Gist of Talks:

Dr. Yu: As for the Japanese views which were stated at the previous meeting regarding the scope and nationality problem of the Korean residents in Japan, they are under examination now.

At today's meeting, I would like to hear Japanese views regarding those Korean residents returning to the ROK, as was provided in the Korean proposal of last October. Furthermore, I would like to know views of the Japanese side on the Korean government's proposal, as was presented orally in September or as was stated after my recent return from Seoul, to facilitate the repatriation to the ROK of as many Korean residents in Japan as possible to the ROK within a shoretast period.

1046 Mr. Katsuno: Two categories of the Korean residents-the one who want to return to the ROK, the other who want to remain in Japan-have been concurrently discussed at this Committee. In presenting views of the Japanese side on the problem of the Korean residents returning to the ROK, I hope that Korean views be also given as to such questions as 'concrete date of the termination of hostilities of the Pacific War', 'definition of the descendant', and the scope of the Korean residents in Japan', which were repeatedly asked by our side. Korean views thereon, when given, will serve much for the progress of this Committee's works.

The Japanese side hopes too that as many Korean residents as possible be able to return to the ROK. Noting that they are nationals of the ROK who return to the ROK, I believe that the motive force for their return depends, not upon what facilities the Japanese government affords to them, but upon what extent the Korean government makes preparations and offers facilities for their re-settlement in terms of its domestic policy. For our Japanese side, we will give every possible assistance to facilitate their repatriation.

As regards the transportation when they return en masse, the Japanese government has readiness to offer such facilities as billeting, meals, first-aid medicine and transportation to a gathering place where the repatriates embark.

Dr. Yu: Korean views regarding 'the concrete date of the termination of hostilities of the Pacific War, the scope of the descendant', etc., will be presented later after over-all views of the Japanese side are heard.

You now stressed that the Korean government should work out practical policy for the re-settlement of the repatriates. It is a matter of course that our Government should make full preparation for receiving the repatriates in case a great number of the returns to Korea. However, in this respect, it is quite unnecessary to discuss at this Committee what measures have to be taken by our government in return for the facilities which your government offers.

I have to repeat again that our government is ready to prepare fully for receiving the repatriates, and that our government receives them regardless of their past political activities.

Mr. Katsuno: I did not mean that your government has no planned programme for receiving the repatriates. However, how many Korean residents would return to the ROK is, I think, mainly dependent on what practical policy be planned out by the Korean government, besides the policy of disregarding their political activities in the past, though number of repatriates may, in part, be affected by the extent of what facilities the Japanese government affords.

1047 I was told that your government was carrying out such practical policy as housing programme, cultivation programme of salt-farms, etc., for the refugees from north Korea. So I believe that it is the time for the Korean government to work out technical programme in preparation for those Koreans who return from Japan.

Turning back to the transportation facilities, vessels have to be arranged at the expense of the Korean government. It is a quite exceptional case that the Japanese government arranged vessels for the illegal Korean entrants. As there is the regular shipping service between Japan and ROK, vessels for the repatriation should be provided by the Korean government.

As regards the funds to be taken home, not more than 45,000 Yen shall be settled through Japan-ROK Open Account in a for of 'traveler's letter of credit'. The funds in excess of 45,000 Yen shall be deposited in Japanese banks in the name of the owner, and be afterwards settled, upon owner's application, through Japan-ROK Open Account in accordance with the provisions of Japanese laws and regulations.

As regards the property to be taken home, which can be classified as hand baggages, personal belongings, occupational instruments, etc., they shall be permitted to be taken home unless their exportation is prohibited by the provisions of Japanese laws and regulations. Such valuable papers as stocks, bonds, deposits, securities, etc., shall not be permitted to be taken home because their exportation is prohibited by the provisions of the Japanese laws and regulations concerned.

And the Japanese government shall not impose any kind of export tax on any of the property which the repatriates takes home. The proprietary rights of the property which may leave in Japan shall, as a matter of course, be legally recognized.

What was stated above is, in general substance, the maximum possible facilities which the Japanese government can affords.

Dr. Yu: You have just stated the Japanese views on the practical procedures of how to remit the funds and of how to take the property to Korea.

Our views on these matters will of course be presented later. However, I would like to draw your attention on two points now.

First, though opinions may divide concerning such procedures, I believe no difference of opinions exist as to the principle that the whole value of the property be taken home. Since the Japanese government can never seize nor confiscate the property, supposing that some property be left in Japan as a result of a ROK-Japan arrangement, it is possible in the end to take the property home in different forms.

1048 Therefore, 1 believe that the principle of taking home the whole value of the property is not affected at all.

I would like to hear Japanese views on this matter.

Second, I hold that the remittance of funds and the taking home of property of Korean residents in Japan shall not be regulated by the provisions of Japanese laws and regulations, but by special arrangements between the two countries.

Mr. Katsuno: I would like to answer your question on the principle of taking home the whole value of property, at later meetings after consultation with Japanese ministries concerned.

What I just stated covers the whole points of the Japanese views on the matter.

The financial obligations covering such expenses as transportation, billeting, meals, medicine, in case of the mass repatriation, mean a considerable burden to the Japanese government.

I think the Korean residents in Japan may roughly divided into two groups, excluding those who return home individually at their on expense: the one who want to return to the ROK if transportation fee is available; the other who hesitates to return in fear of how to make living after their arrival in

Korea. Therefore, I believe that, if the Japanese government provides the transportation facilities to a gathering place and the Korean government works out practical policy for their re-settlement in Korea, the number of the Korean residents who want to return home will be much increased.

Dr. Yu: What you have just stated so far makes me feel that you figured the problem of the repatriation under normal circumstances, centering around the measures to be taken for the repatriates.

Though I withhold to repeat the historical backgrounds, the problem of the Korean residents in Japan is a unique case.

The Korean residents in Japan whose number amounted to as many as two million when the Pacific War ended, did not come to Japan as immigrants nor did they come to Japan to engage in commercial activities as aliens.

Their treatment, which should have been settled by agreement upon the termination of the Pacific War, remains unsettled so far. As fourteen years have elapsed since the end of the War, it might be forgettable that the settlement of their treatment is part of the special post-war arrangements. For this reason, the problem of either their repatriation to the ROK or their continued residence in Japan has to be settled not by unilateral measures of the Japanese government in accordance with the provisions of Japanese domestic laws, but by agreement between the ROK and Japan.

1049 In the past, our government concentrated on the problem of their treatment, because the remaining Korean residents — about 1,400,000 Korean returned home under the control of the SCAP — were considered to have settled or to have intended to settle in Japan. Nevertheless, most of them are so miserably poor that some of the poverty-stricken Korean residents are said to have expressed their will to go to the communist-controlled north Korea.

Under such situation that cannot be left to develop any further, the Korean government, seeking a thorough-going solution to the problem, has decided to take as many Korean residents in Japan as possible to home. And in case a large number of the Korean residents in Japan be able to return to the ROK, I believe that the relation of the ROK and Japan will be much improved, and that none but real communist would go to north Korea.

Therefore, I hope that the Japanese side give deep considerations to the Korean residents in Japan so that their treatment may be governed, not by general regulations that are applicable under ordinary circumstances, but by special regulations to be arranged between the two countries. You must not forget that the repatriation problem is a part of the post-war arrangements.

Mr. Katsuno: I do not want to refer to the historical backgrounds of the Korean residents in Japan, either. It is admitted that they did not come to Japan as foreign immigrants.

However, the investigation of the Japanese side revealed that 1,400,000 of two million Korean residents returned to the ROK, and the rest of them remained in Japan of their own free will. As most of them are not war-time draftees, the remaining Korean residents in Japan are to be treated as ordinary aliens. So, as you say, it is not in accordance with the prevailing practice, but belongs to a special case that the Japanese government undertakes, in connection with the proposed mass repatriation, such financial obligations as is necessary for repatriates to get to a gathering place.

I think it is the duty of the ROK government to protect its own nationals. Therefore, it is quite a matter of reason that leading role in the mass repatriation of the Korean residents to the ROK be played by the Korean government, while the Japanese government offers every possible assistance.

Dr. Yu: I hold the problem of the Korean residents in Japan has to be settled by the cooperation of the two countries. In view of the current situation, they tends to become a minority race in Japan. Such tendency is not a favourable phenomenon for the Korean residents themselves nor for your country. I

am not going to quote such foreign precedents as the Versailles treaties or the treatment of the Irish in England, because I believe that the problems of the Korean residents in Japan should be solved, not by mere mechanical
1050 application of the foreign precedents, but by specific methods which would be arranged by agreement of the two countries.

I do not deny that some facilities which the Japanese government affords for the mass repatriates are also a kind of special ones. But stronger considerations must be given them, taking into account of the fact that the settlement of such treatment is part of the post-war arrangement.

Mr. Katsuno: For our Japanese side, it is up to the free will of the Korean residents whether they return to the ROK or remain in Japan. When they choose to return to the ROK, the leading role to facilitate their return should be undertaken by the Korean government.

There were about two million Korean residents in Japan when the Pacific War ended. During the period of August 1945-March 1946, 900,000 of them returned to Korea by means of the vessels which the Japanese authorities offered, while 500,000 of them returned individually at their own expense. Thereafter, the Japanese government offered again to the remaining Korean residents whose number amounted to about 650,000 the last available opportunity to return to the ROK. Of 500,000 applicants, 160,000 actually returned.

Therefore, as the rest of the Korean residents remained in Japan of their free will, the Japanese side believes that the post-war arrangement for them was completed.

In the meantime, as the Korean government decided to receive mass repatriatess the Japanese government, corresponding to the decision, is ready to give possible assistance to them. However, I believe that unless practical policy for receiving them, besides the political considerations, is worked out by the Korean government, their return en masse to the ROK will not be much encouraged.

Dr. Yu: You just contended that the post-war arrangements for the Korean residents in Japan was completed. However, I hope you to understand that they were done unilaterally by the Japanese side. As no measures have so far been done for the Korean residents through mutual agreement of the two countries, and the problems of the Korean residents in Japan have been discussed at this Committee as an item of the agenda of the ROK-Japan talks, I consider that the problem of Korean residents in japan has never reached a settlement so far.

With respect to the free will of the Korean residents which Mr. Katsuno now referred to, the Korean government by no means intends to compel them to return to the ROK.

As regards the active policy which required to encourage their return, I think it is matter of course for the Korean government to work out detailed plans in preparation for them. However, such measures are not of such character as to be discussed at this Committee.

1051 Mr. Katsuno: At next meeting, Japanese views regarding the treatment of the Korean residents remaining in Japan will be presented. Thereafter, I would like to hear views of the Korean side.

(Remarks)

1. It was agreed that next meeting be held at 11:00 a.m., November 2, 1959.

2. The following press release was agreed: " At today's meeting, substantial matters regarding the repatriation of the Korean residents to the ROK and others were continuously discussed."

(Observation)

The views formally expressed by the Japanese side at today's session are much stiffer than those which have so far been expressed by the Japanese side at informal meetings.

-End-

번역

1959년 10월 29일

재일한인문제위원회 21차 회의 요록

1. 일시 및 장소

1959년 10월 20일, 오전 10시 30분~12시 10분, 일본 외무성 411호

2. 참석자

한국 측: 유진오 박사, 이재항, 진필식, 엄영달, 이원달, 노재원, 권태웅

일본 측: 가쓰노 야스스케, 히라가 겐타, 미야케 기지로, 하세가와 신조, 모리 준조, 히라쓰카 네노이치, 나카지마 도시지로, 나카가와 도요키치, 나가하시, 이케베 겐

3. 회의록

유 박사: 재일한인의 범위와 국적 문제에 대해 지난 회의에서 일본이 밝힌 견해에 대해 현재 검토 중이다.

오늘 회의에서는 지난 10월에 제출한 한국 측 제안서에서 명시한 바와 같이 대한민국으로 귀환하는 재일한인에 대한 일본의 입장을 듣고 싶다. 그리고 최단기간 내에 최대한 많은 재일한인을 대한민국으로 송환하기 위해 9월에 구두로 전달한, 또는 최근 내가 서울에서 복귀한 후에 말한 한국 정부의 제안사항에 대한 일본 측의 견해를 파악

하고 싶다.

가쓰노: 본 위원회에서는 두 가지 유형의 재일한인, 즉 대한민국으로의 송환을 원하는 이들과 일본에 잔류하기를 원하는 이들에 대해 동시에 논의해 왔다. 대한민국으로 귀환하는 재일한인 문제에 대한 일본 측 견해를 표명할 때에는 '태평양전쟁의 적대 행위가 종료된 구체적인 일자', '자손의 정의' 및 '재일한인의 범위' 등 우리 측이 여러 차례 질문한 내용에 대해서 한국 측도 답변을 해주길 바란다. 한국의 견해를 밝히면 본 위원회를 진행하는 데 큰 도움이 될 것이다.

일본 측 역시 최대한 많은 재일한인이 대한민국으로 돌아갈 수 있기를 바란다. 이들이 대한민국으로 귀환하는 대한민국 국민임을 고려하면 일본 정부가 제공하는 편의가 아니라 한국 정부가 정책을 통해 이들의 재정착을 도모하기 위해 얼마나 준비하고 편의를 제공하느냐에 따라 한국 국내의 정책을 통해 이들의 재정착을 얼마나 돕느냐가 귀환의 원동력이 될 것이다. 일본 측은 송환을 위해 최대한 지원하겠다.

집단 송환 시 교통편의 경우 일본 정부가 송환자들이 출국을 위해 집결하는 장소까지 숙박, 식사, 응급 의료 및 교통편을 제공할 준비가 되어있다.

유 박사: '태평양전쟁의 적대 행위가 종료된 구체적인 일자', '자손의 범위'에 대한 한국 측의 입장은 일본 측의 전체적인 입장을 파악한 후에 표명할 예정이다.

일본 정부는 한국 정부가 송환자의 재정착을 위해 현실적인 정책을 수립해야 한다고 강조했는데, 대인원이 한국에 귀환하는 경우 송환자들을 수용하기 위해 우리 정부가 철저히 준비하는 것도 물론 중요하다. 하지만 본 위원회에서 일본 정부가 편의를 제공하는 대신 우리 정부가 취할 조치를 논의하는 것도 상당히 필요한 작업이다.

우리 정부는 송환자를 수용하기 위해 철저히 준비할 의향이 있으며, 과거의 정치 활동과 무관하게 수용한다는 방침이다.

가쓰노: 한국 정부가 송환자를 수용하기 위한 계획을 가지고 있지 않다는 의미는 아니었고, 일본 정부가 제공할 편의의 범위도 일부 영향을 미칠 수 있겠지만 대한민국에 귀환할 재일한인의 규모는 과거의 정치 활동을 감안하지 않는다는 방침 외에 한국 정부가 기획할 실질적인 정책에 달려있다고 생각한다는 의미였다.

일본 정부는 한국 정부가 북한 난민들을 위해 주거 대책, 염전 경작 프로그램 등의 실질적인 정책을 시행하고 있다고 들었다. 이와 같이 일본에서 송환될 한인들을 맞이하기 위해 기술적인 프로그램을 구상할 시점이라고 생각한다.

교통 편의로 돌아가 보면, 선박에 소요되는 비용은 한국 정부가 부담해야 한다. 일본 정부가 불법 입국자 한국인들을 위한 선박을 마련해 준 것은 상당히 예외적인 경우였다. 한일 간 정기 해상 운송편이 운항되고 있기 때문에 송환을 위한 선박은 한국 정부에서 제공해야 한다.

본국으로 반출할 자금은 45,000엔 이하인 경우 '여행자신용장'의 한일 당좌계정으로 처리해야 한다. 45,000엔을 초과하는 금액은 소유자 명의로 일본 은행에 예치한 후 소유자가 신청하면 일본의 법과 규제에 의거하여 한일 당좌계정을 통해 처리된다.

수하물, 개인 소지품, 업무용 장비 등으로 분류할 수 있는 본국으로 반출할 재산의 경우 일본 법과 규제에 따라 반출이 금지되어 있는 품목인 경우를 제외하고 본국으로 가져갈 수 있다. 주식, 채권, 예금, 증권과 같은 유가증권은 일본 법과 규제에 따라 반출이 금지되어 있기 때문에 본국으로 가져갈 수 없다.

일본 정부는 송환자가 가져가는 일체의 자산에 대해 어떠한 종류의 수출세도 부과하지 않을 것이다. 물론 일본에 남길 재산의 소유권을 법적으로 인정받아야 한다.

이렇게 전체적으로 언급한 사항이 일본 정부가 제공할 수 있는 최대한의 편의다.

유 박사: 한국으로의 재산 반출과 자금 송금에 대한 실질적인 절차에 대한 일본의 입장을 표명해 주었다.

물론 추후 이 문제들에 대한 우리의 입장을 표명할 것이나, 지금은 두 가지 사안에 주목했으면 좋겠다.

첫째, 절차에 대해 의견이 나뉘지만 재산 전체를 가지고 귀환할 수 있다는 원칙에 대해서는 의견 차이가 없다고 생각한다. 일본 정부가 재산을 압수하거나 몰수할 수 없기 때문에 한일 협약에 따라 일부 재산을 일본에 남긴다고 가정하면 결국에는 여러 가지 형태로 재산을 가지고 귀환할 수 있을 것이다. 따라서 재산 전액을 가지고 갈 수 있다는 원칙은 전혀 영향을 받지 않는다고 생각한다. 이 문제에 대한 일본의 견해를 듣고 싶다.

둘째, 자금 송금과 재일한인의 재산 반출은 일본의 법과 규제로 규제하는 것이 아니라 양국의 특별한 협의를 통해 규제해야 한다.

가쓰노: 재산 전액을 가지고 갈 수 있어야 한다는 원칙에 대한 질문에 대해서는 관

련 부처와 협의 후 추후 있을 회의에서 답변하겠다.

앞서 발언한 내용이 이 문제에 대한 일본의 입장을 대변한다.

집단 송환을 실시하는 경우 교통, 숙박, 식사, 의료 등의 비용을 지원해야 할 의무는 일본 정부에 상당한 부담을 준다. 자비를 지출하여 개인별로 귀환하는 사람들을 제외하고 재일한인들을 크게 두 그룹으로 나눌 수 있을 것이다. 첫 번째 그룹은 교통비가 지원되면 대한민국으로 돌아가기를 원하는 이들이고, 두 번째 그룹은 한국 귀환 후 생계에 대한 우려로 송환을 망설이는 이들이다. 따라서 일본 정부가 집결 장소까지 교통편을 제공하고 한국 정부가 이들이 한국에서 재정착할 수 있도록 실질적인 정책을 마련한다면 송환을 원하는 재일한인의 숫자가 크게 증가할 것이라고 생각한다.

유 박사: 방금 발언한 내용을 들으니 송환자들을 위해 취할 조치에 중점을 두고 일반적인 상황에서의 송환 문제에 대한 해결책을 도출했다는 느낌이 든다.

역사적 배경을 다시 언급하지는 않겠지만 재일한인 문제는 특이한 사례다.

태평양전쟁 종전 시점에 200만 명에 달하던 재일한인들은 이민자로 일본에 온 것도 아니었고 외국인으로서 상업 활동을 도모하기 위해 온 것도 아니었다.

태평양전쟁 종전 시 합의하여 결정해야 했던 이들에 대한 처우가 여전히 해결되지 않고 남아있다. 종전 후 14년이 지난 만큼 재일한인의 처우 문제가 전후 특별 협의 대상임이 잊힐 수 있다. 따라서 대한민국으로의 송환 또는 일본 잔류 문제는 일본 국내법에 따른 일본 정부의 일방적 조치가 아닌 한일 간의 합의를 통해 해결해야 한다.

과거에 우리 정부는 SCAP의 통제하에 약 140만 명이 한국인이 본국으로 돌아간 후 남은 재일한인들이 일본에 정착했거나 정착할 의향이 있다고 판단하고 이들의 처우 문제에 집중한 바 있다. 그러나 이들 중 대부분이 극도로 빈곤한 상태라 가난에 시달리는 재일한인들 중 일부가 공산주의 북한으로 가기를 원한다는 의사를 표현하기도 했다.

더 이상 이러한 상황을 좌시할 수 없는 한국 정부는 종합적인 해결책을 모색했고 최대한 많은 재일한인을 본국으로 송환하기로 결정했다. 다수의 재일한인이 대한민국으로 귀환할 수 있다면 한일관계가 크게 개선될 것이고, 실제로 공산주의자인 사람들을 제외한 누구도 북한행을 선택하지 않을 것이라고 생각한다.

따라서 일본 측이 일반적인 상황에서 적용하는 일반적인 규제가 아니라 양국이 합의하여 결정할 특별한 규정을 재일한인의 처우에 적용하는 방안을 면밀히 검토해 주기를 바란다. 송환 문제는 전후 협의사항 중 하나임을 잊지 않아야 한다.

가쓰노: 나 또한 재일한인의 역사적 배경에 대해 언급하고 싶지는 않다. 재일한인들이 해외 이민자로서 일본에 온 것이 아님을 인정한다.

하지만 일본 측의 조사에 따르면 재일한인 200만 명 중 140만 명이 한국으로 돌아갔고, 나머지는 자유의지로 일본에 잔류했다. 대부분이 전시 징용자가 아니기 때문에 남아있는 재일한인들은 일반적인 외국인으로 취급해야 한다. 따라서 일반적인 관행이 아니라 집단 송환에 대해 일본 정부가 송환자들이 집결지로 이동하기 위해 필요한 비용 등을 지원하는 특수한 사례에 해당한다.

대한민국 정부는 자국 국민들을 보호할 의무를 가지고 있다고 생각한다. 따라서 재일한인을 대한민국으로 집단 송환하는 과정에서 한국 정부가 주도적인 역할을 하고 일본 정부는 최대한 지원하는 역할을 해야 한다고 생각한다.

유 박사: 재일한인 문제는 양국이 공조하여 해결할 사안이라는 입장이다. 현 상황을 고려하면 재일한인이 일본에서 소수 민족이 되는 경향이 있다. 이러한 경향은 재일한인들에게도, 일본에도 긍정적인 현상이 아니다. 베르사유조약이나 영국의 아일랜드인에 대한 처우와 같은 해외의 사례를 인용하지는 않겠다. 재일한인 문제는 해외 사례의 기계적인 적용이 아닌 양국이 합의한 방법을 통해 해결해야 한다고 생각하기 때문이다.

일본 정부가 집단 송환에 제공할 일부 편의가 특별한 경우라는 사실을 부인하지는 않겠으나, 이러한 처우가 전후 협의사항의 일환임을 고려하여 더욱 배려해야 한다.

가쓰노: 일본의 입장에서는 재일한인들이 대한민국으로 귀환하거나 일본에 잔류하는 것은 이들의 자유의지이다. 대한민국으로 돌아가기로 선택한 경우 이들의 귀환을 도모하는 과정에서 한국 정부가 주도적인 역할을 해야 한다.

태평양전쟁 종전 후 재일한인의 규모는 약 200만 명이었다. 1945년 8월부터 1946년 3월까지 이들 중 90만 명이 일본 당국이 제공한 선박을 통해 한국으로 돌아갔고, 50만 명은 자비를 지출하여 개인적으로 귀환했다. 그 후에 일본 정부는 약 65만 명의 나머지 재일한인들에게 대한민국에 돌아갈 마지막 기회를 제안했다. 신청자 50만 명 중 16만 명이 실제로 송환되었다. 따라서 나머지 재일한인들은 자유의지로 일본에 잔류한 것이므로 일본 측은 이들에 대한 전후 협의가 완료되었다고 생각한다.

한국 정부가 집단 송환을 수용하기로 결정했으므로 일본 정부는 결정되는 바에 따라 이들의 송환을 지원할 것이다. 그러나 한국 정부가 정치적 고려 외에 이들을 수용하기 위한 실질적인 정책을 수립하지 않으면 이들이 단체로 대한민국에 귀환하는 것을 크게 독려할 수 없을 것이라고 생각한다.

유 박사: 방금 재일한인에 대한 전후 협의가 완료되었다고 주장했지만, 일본 측이 일방적으로 취한 조치임을 인지하기를 바란다. 현재까지 양국이 상호 합의하여 재일한인에게 취해진 조치는 없었고, 재일한인 문제는 한일회담의 안건 중 하나로 본 위원회에서 논의되고 있다. 재일한인 문제는 지금까지 한 번도 해결된 적이 없었다고 생각한다. 가쓰노가 방금 언급한 자유의지로 일본에 남은 재일한인에 대해 한국 정부는 이들을 강제로 대한민국으로 송환할 의향이 없다.

이들의 귀환을 독려하기 위해 필요한 적극적인 정책에 대해서는 물론 한국 정부가 송환자를 수용할 준비를 하면서 구체적인 계획을 구상할 것이라고 생각한다. 하지만 이러한 조치는 본 위원회에서 논의할 성격의 문제는 아니니다.

가쓰노: 다음 회의에서는 일본에 잔류한 재일한인에 대한 처우와 관련하여 일본 측의 입장을 밝힐 예정이다. 그 후에는 한국 측의 견해를 듣고 싶다.

(비고)

1. 다음 회의는 1959년 11월 2일 화요일 오전 11시에 개최하기로 합의했다.

2. 다음과 같은 보도 자료에 합의했다.

“오늘 회의에서 재일한인의 대한민국 송환 및 기타 사안에 대한 구체적인 논의를 이어갔다.”

(의견)

오늘 회의에서 일본 측이 공식적으로 표명한 의견은 비공식적 회의에서 일본 측이 보인 의견에 비해 훨씬 경직되어 있었다.

끝

54. 제4차 한일회담 법적지위위원회 제22차 회의 요록

1054 November 11, 1959

GIST OF TALKS
TWENTY-SECOND SESSION
COMMITTEE ON PROBLEMS OF KOREAN RESIDENTS IN JAPAN

1. Time and Place:

11:00-11:50 a.m., November 2, 1959, at Room 320, Foreign Ministry, Japanese Government

2. Conferees:

Korean side: Dr. YU Chin-O
Mr. EA Chai Hang
Mr. CHIN Pil Shik
Mr. OHM Young Dal
Mr. LEE Won Dal
Mr. KWON Tae Woong

Japanese side: Mr. KATSUNO Yasusuke
Mr. HIRAGA Kenta
Mr. MIYAKE Kijiro
Mr. HASEGAWA Shinzo
Mr. MORI Junzo
Mr. HIRATSUKA Nenoichi

Mr. NAKAJIMA Toshijiro

Mr. NAKAGAWA Toyokichi

Mr. NAGAHASHI

Mr. IKEBE Ken

3. Gist of Talks:

Dr. Yu: At the previous meeting, the Japanese side stated its views on the question of Korean residents who will return to the ROK. At today's meeting, I would like to listen to Japanese views on the question of Korean residents who will remain in Japan.

Mr. Hiraga: So far, the Japanese views have been stated concerning the Korean proposal of last October. Our views having been stated on the provisions of articles 1 and 2 of the proposal, I am now going to refer to the rest of articles at today's meeting.

With reference to article 3 which stipulates the permanent residence and
1055 deportation of Korean residents, the Japanese side is of the opinion that they have inseparable relation each other. Therefore, the Japanese government has readiness to permit permanent residence to Korean residents in Japan by means of simple procedures, provided that the ROK government accepts deportation of the Korean residents who have violated Japanese laws or the Koreans who have illegally entered Japan.

Moreover, I make it clear that the Japanese side is ready, in case of Korean residents, to relax the deportation criteria, as compared with aliens in general, for some years after the coming into force of an agreement which is now under negotiation between the two countries.

The extent of how far the deportation criteria be relaxed for Korean residents was stated in our paper which was delivered to the Korean side on July 11, 1958. Any answer thereto, which we still expect to have, has not been yet presented by the Korean side. However, it is our government's stand that the Korean government should accept the deportation of such Korean residents whose continued residence in Japan cannot be permitted because of vicious nature of the offense they may involve, and the deportation of Korean illegal entrants⋯.

*****

Let me allow to make some corrections of what I have just stated. I have mistakingly stated due to my wrong memory. The whole criteria of deportation provided in the Japanese domestic law were covered in the above-mentioned paper of July 11, 1958. Repeatedly speaking, the following six categories, which correspond to the international practice, are listed as the deportation criteria: 1) Person who are sentenced guilty by courts.

2) Person who engage in relevant business to prostitution.

3) Person who render assistance to illegal entrants.

4) Leprous patients, person of mental disorder or person of poverty who are taken care of by public organization.

5) Person who stay illegally in excess of the term of residence

6) Person who, by act of violence, breach the Constitution or laws, or disturb public order.

However, it has been our government's stand, and will remain same for some years to come, not to deport Korean residents only because of their poverty.

It is possible to treat, by virtue of the provisions of the Peace Treaty, Korean residents in Japan as aliens in general. But the Japanese side admits it reasonable to accord them special treatment for some years to come in view of their historical backgrounds. I make it clear that the Japanese government has readiness to accord special treatment to Korean residents for some years to come, if an agreement be concluded as a result of the negotiation under way now between the two countries.

I hope that views of the Korean side be presented on this matter.

1056 Articles 4 and 5 are related to the occupation and property rights of Korean residents, which are not entitled to enjoy by aliens in general. There are few occupations, from government officials, which are prohibited to be enjoyed by aliens in general by Japanese domestic laws. 'Pilot' may be only occupation which is prohibited to aliens. The investigation of the Japanese side revealed that there is no Korean resident who holds such occupation or enjoys such property rights at present, which are prohibited to be enjoyed by aliens. Therefore, I think it unnecessary to insert such provisions of articles 4 and 5 in the proposed Agreement, because they have no practical meanings.

With reference to the provisions which stipulate that any occupation or property rights enjoyed by Korean residents at the time of the coming into force of the Peace Treaty be retroactively recognized, the Japanese side hardly understands the meanings and possible outcome of such provisions. However, the Japanese side makes it clear that such provisions are not acceptable because they might cause confusion in the order of the Japanese domestic laws.

As regards article 6, which stipulates the property to be taken home by repatriates, the substantial points of the Japanese views are not different from what was stated at the previous meeting in connection with the proposed mass repatriation. In case of individual return of Korean residents to the ROK, no facilities such as billeting, medicine, etc., will be offered by the Japanese side.

What was stated above covers the whole points of the Japanese views on the Korean proposal of last October.

Dr. Yu: Though the Korean side has its own different views on what was stated by you, I withhold to express them, because I intend, at today's meeting, to listen to Japanese views.

However, I have one question. You have just contended that no Korean residents, according to the Japanese investigation, hold any occupation or enjoy any property rights which are not allowed to aliens in general. However, as far as I remember, there was a considerable number of Korean residents who held such occupation or enjoyed such property rights. If there is none of such Korean residents at present, I want to know how and for what they have lost such occupation or such property rights.

Mr. Hiraga: The fact was found by our inquiry to the ministries concerned. I think that the Japanese side has never stated that there was a considerable number of such Korean residents.

With reference to the mining right which is not allowed to be held by aliens, some provisions of the Japanese mining industry law was revised upon the entering into force of the Peace Treaty. According to the revision, the mining
1057 right enjoyed by Korean residents at the time of the coming into force of the Peace Treaty was continuously recognized for the following two years in anticipation of the conclusion of an agreement as a result of the Japan-ROK talks then under way. However, unfortunately no agreement was reached within the two years. If there had been any Korean resident who enjoyed mining right at that time, the mining right might have been transferred, after the elapse of the two years, to the national treasury of the Japanese government.

It is also conceivable that the Korean resident concerned disposed of the mining right within the two years. Actually, no mining right of Korean residents, according to the investigation of the Japanese authorities, has ever been transferred to the Japanese national treasury. Accordingly, the mining right of Korean residents enjoyed at the time of the coming into force of the Peace Treaty was lost by means of free deposition within the limited two years.

As to the occupation, apart from government officials, few occupation, except pilot, are prohibited to be held by aliens. I think that there is no Korean resident who engages in pilot.

Dr. Yu: With respect to the occupation, I remember that there was a considerable number of Korean residents who engage in teachers or served as local officials. If they are now dismissed, I want to know how and for what they were dismissed.

Mr. Hiraga: There is no discrimination of nationality in the employment of teachers, and no Korean resident has ever been dismissed for mere reason that he is a Korean resident.

Dr. Yu: Views of the Korean side on what was stated by your side will be presented at later meeting.

Remarks

1. The date for next meeting would be decided later on by mutual consultations.

2. The following press release was agreed upon: At today's meeting, substantial discussions were continuously made on the repatriation problem of Korean residents to the ROK and others.

-End-

번역

1959년 11월 11일

재일한인문제위원회 22차 회의 요록

1. 일시 및 장소

1959년 11월 2일, 오전 11시~11시 50분, 일본 외무성 320호

2. 참석자

한국 측: 유진오 박사, 이재항, 진필식, 엄영달, 이원달, 권태웅

일본 측: 가쓰노 야스스케, 히라가 겐타, 미야케 기지로, 하세가와 신조, 모리 준조, 히라쓰카 네노이치, 나카지마 도시지로, 나카가와 도요키치, 나가하시, 이케베 겐

3. 회의록

유 박사: 지난 회의에서 일본 측은 대한민국으로 돌아갈 재일한인 문제에 대한 견해를 밝혔다. 이번 회의에서는 일본에 잔류할 재일한인 문제에 대한 일본의 입장을 듣고 싶다.

히라가: 지금까지 지난 10월에 한국이 제출한 제안서에 대한 일본의 견해를 제시해 왔다. 제안서 제1조 및 제2조에 대한 견해를 이미 밝혔고, 지금부터는 나머지 조항에 대한 의견을 제시하겠다.

제3조는 재일한인의 영주권과 추방에 대해 명시하는데, 일본 측은 이 두 가지가 서로와 뗄 수 없는 관계를 가진다고 생각한다. 따라서 일본 정부는 대한민국 정부가 일본 법을 위반한 재일한인이나 일본에 불법으로 입국한 한국인의 추방을 수락한다는 전제하에 간단한 절차를 통해 재일한인에게 영주권을 부여할 준비가 되어있다.

또한 일본 측은 현재 양국이 협상 중인 협약이 발효된 후 몇 년간 일반적인 외국인과 비교하여 완화된 추방 기준을 재일한인에게 적용할 준비가 되어있다. 재일한인에게 얼마나 완화된 추방 기준을 적용할 것인지는 1958년 7월 11일에 한국 측에 전달한 문서에 명시되어 있다. 이 문서에 대한 한국 측의 답변을 기다리고 있으나 아직 받지 못한 상태다. 그러나 가담한 범죄의 흉악함으로 인해 일본에 계속 거주하는 것을 허용할 수 없는 재일한인의 추방과 불법 입국자 한국인의 추방을 한국 정부가 수용해야 한다는 것이 일본 정부의 입장이다.

*****

방금 발언한 내용의 일부를 수정하고 싶다. 잘못된 기억으로 잘못 말한 부분이 있다. 일본 국내법의 모든 추방 기준이 1958년 7월 11일 자 문서에 포함되어 있다. 다시

말해, 국제 관행에 상응하는 다음과 같은 6가지 유형이 추방 기준이다.

1) 법정에서 유죄 판결을 받은 자

2) 유죄 판결을 받지는 않았으나 성매매 활동에 몸담은 자

3) 불법 입국을 도운 자

4) 공공 기관의 돌봄을 받는 빈곤한 자, 정신 질환자 또는 나병 환자

5) 거주 기간을 초과하여 불법으로 체류한 자 '불법 체류자'

6) 폭력을 행사하여 헌법 또는 법을 위반하거나 공공 질서를 해치려는 자 또는 정부의 전복을 기도하는 자 또는 일본의 국익을 해하려는 의도를 가진 자

그러나 빈곤만을 이유로 재일한인을 추방하지 않는다는 것이 우리 정부가 취해왔고 앞으로 수년간 유지할 입장이다. 강화조약에 따라 재일한인을 일반적인 외국인으로 취급할 수 있지만, 일본 측은 이들의 역사적 배경을 고려하여 앞으로 수년간 특수한 대우를 제공하는 것이 타당함을 인정한다. 일본 정부는 현재 양국이 진행하고 있는 협상의 결과로 협약이 체결된다면 앞으로 수년간 재일한인을 특별히 취급할 준비가 되어있다.

이 문제에 대해 한국 측이 의견을 제시하면 좋겠다.

제4조 및 제5조는 일반적인 외국인에게는 부여되지 않으나 재일한인은 가지고 있는 직업 및 재산권에 대한 내용을 담고 있다. 일본 국내법에서 공무원 등 외국인에게 금지된 직업은 거의 없다. 외국인에게 금지되어 있는 직업으로는 '파일럿'이 유일할 것이다. 일본 측의 조사에 따르면 현재 외국인에게 금지되어 있는 직업을 가지고 있거나 재산권을 보유한 재일한인이 없다. 따라서 제안한 협약에 제4조 및 제5조와 같은 조항이 실질적으로 무의미하기 때문에 삽입할 필요가 없다고 생각한다.

강화조약 발효 당시 재일한인이 가지고 있었던 일체의 직업이나 재산권을 소급적으로 인정해야 한다는 조항의 의미와 결과를 이해하기 어렵다. 그러나 이러한 조항은 일본 국내법의 질서에 혼란을 초래할 수 있기 때문에 수용할 수 없다는 것이 일본 측의 명확한 입장이다.

송환자들이 귀국하며 반출할 재산에 대해 명시하는 제6조의 경우 일본의 기본적인 입장이 제안된 집단 송환에 대해 지난 회의에서 밝힌 입장과 다르지 않다. 재일한인의 개인적인 대한민국 귀환에 대해서는 숙박, 의료 등의 편의를 일본 측이 제공하지 않을

것이다.

앞서 언급한 내용이 지난 10월 한국이 제출한 제안서에 대해 일본이 표명할 의견의 전부다.

유 박사: 발언한 내용에 대해 한국 측은 다른 견해를 가지고 있으나 오늘 회의에서는 일본의 입장을 들어보려고 했으니 유보하겠다. 그러나 한 가지 질문이 있다. 일본 측의 조사에 따르면 현재 일반적인 외국인에게 금지되어 있는 직업을 가지고 있거나 재산권을 보유한 재일한인이 없다고 말했는데, 그러한 직업을 가지거나 재산권을 보유했던 재일한인의 숫자가 상당했던 것으로 기억한다. 현재는 여기에 해당하는 재일한인이 없다면 그러한 직업이나 재산권을 어떻게 무엇 때문에 잃은 것인지 알고 싶다.

히라가: 관련 부처가 조사한 결과 드러난 사실이고, 일본 측이 그러한 재일한인의 수가 상당하다고 말한 적은 없는 것 같다.

외국인에게 허용되지 않는 광업권과 관련하여 강화조약이 발화되면서 일본 광업산업법의 일부 조항이 개정되었고, 그 결과 당시 진행 중이던 한일회담의 결과로 협약이 체결될 것을 기대하며 2년간 강화조약 발효 당시 재일 한인들이 보유했던 광업권을 인정했다. 그러나 안타깝게도 2년 내에 협약이 체결되지 못했다. 당시 광업권을 보유했던 재일한인이 있다면 그러한 광업권은 2년의 기간이 지난 후에 일본 정부의 국고로 이전되었을 수 있다.

또한 해당 재일한인들이 2년 내에 광업권을 처분했을 수도 있다. 실제로 일본 당국의 조사에 따르면 재일한인의 광업권은 일본 국고에 이전된 내역이 없었다. 따라서 강화조약 발효 당시 재일한인이 보유하던 광업권은 2년이라는 제한된 기간 동안 자유처분을 통해 상실되었다.

직업의 경우 공무원을 제외하면 파일럿 외에는 외국인에게 금지되어 있는 직업이 거의 없다. 파일럿이 직업인 재일한인은 없는 것으로 안다.

유 박사: 직업에 대해서는 교사나 지방 공무원으로 일하던 재일한인의 수가 상당했던 것으로 기억한다. 지금은 해고된 상태라면 어떻게 무엇 때문에 해고되었는지 알고 싶다.

히라가: 교사 채용에 있어서 국적으로 인한 차별은 존재하지 않으며 재일한인이라는 이유만으로 해고된 경우는 없었다.

유 박사: 일본이 제시한 의견에 대한 한국 측의 견해는 추후 회의에서 표명하겠다.

비고

1. 다음 회의 일정은 상호 협의하여 추후 결정할 예정이다.

2. 다음과 같은 보도 자료에 합의했다.

"오늘 회의에서는 재일한인의 대한민국 송환 문제 등에 대한 구체적인 논의가 이어졌다."

끝

30. 1~3차 한일회담 재일한인의 법적지위위원회 토의 개요 및 제4차 한일회담 예비교섭에서의 재일한인 법적 지위 문제 토의사항을 외무부에서 정리한 문서

1059 제1장 제1, 제2, 제3차 회의의 재일한교 법적지위문제위원회 토의 개요

1. 제1차 회의

재일한교의 법적 지위에 관한 문제는 그 논의된 유래가 오래된 것으로, 1949년 5월
정항범 대사 시대에 논의된 일이 있었고 다시 1950년 3월 김용주 공사 시대에 SCAP과
1060 토의한 일이 있었고 1951년 8월 신성모 대사가 부임한 직후에는 이 문제는 본격화하
여 SCAP 제의로 8월 24일부터 SCAP에서 한미 간에 문제 해결 방도에 관하여 당시의
주일 대표부 참사관 갈홍기 박사 및 도일 중에 있던 유진오, 임송본 양 씨의 진력으로
준비회담을 개최한 바 있었으며 이것이 전체적인 한일회담의 계기가 되었던 것이다.

이 문제에 관한 분과위원회는 1951년 10월 30일 즉 일본의 신출입국관리법이 발효
하는 11월 1일에 2일 앞선 날 제1차 회합을 한 이래 동년 말 휴회에 이르기까지 21차
회합을 거듭한 결과 상당한 진척이 있었던바, 이 기간 중 토의 성과는 다음과 같은 것
이었다. 본래 일본은 재일한교 문제에 관하여 별로 성의가 없었고 다만 재일한국인이
한국 국적을 가졌음을 한국 측으로 하여금 확인시켜 평화조약 발효 후에 그들을 '외국
1061 인'으로 취급하여 일반 외국인에게 가하는 모든 제한을 재일한국인에게도 가하려는
것이었다. 이에 대하여 한국 측은 재일한국인이 일본에 있어서 특수한 지위를 점하는
외국인임을 지적하여 일반 외국인보다는 우대를 받아야 한다는 주장으로써 대항하였
던 것이다. 여사한 한국 측의 주장을 가지고 일본 측은 '무리한 주장'이라고 내외에 선
전함으로써 그들의 입장을 유리케 하려 하였으나 우리는 "한국은 결코 모든 한국인에
게 일반 외국인보다 우월한 지위를 인정하라는 것은 아니다. 1945년 8월 9일 이후에
일본에 입국한 한국인에 관하여는 일반 외국인 대우를 받는 데 대하여 하등의 이의가

없다. 다만 그 이전부터 일본에 거주하는 한국인은 현재 일반 외국인과는 다른 특수한 지위를 가지고 있는 것이 사실이므로 그 기성 사실을 그대로 인정하라는 것이다"라고
1062 주장하여 일본 측을 설복시키는 동시에 제3자에 대하여도 한국 측의 주장이 결코 정의공평의 원칙과 국제법의 원리에 위반되는 것이 아니라는 것을 납득시키기에 노력하였던 것이다. 이하 구체적 내용에 관하여 나누어 설명하면 아래와 같다.

(A) 국적 문제

상술한 바와 같이 당초에 일본 측은 본회담에서 재일한국인이 한국 국적을 가졌음을 한국 측으로 하여금 확인시키기에 그치려 하였으므로 아래 3개 조항을 일본 측 제안으로 제출하였음.

(1) 재일한국인은 대일평화조약 발효로써 일본 국적을 이탈하고 한국 국적을 취득한다.

(2) 재일한국인의 국적은 호적을 기준으로 하여 결정한다.

(3) 재일한국인의 일본 국적 취득(Naturalization)은 일본 국적법에 의하여 행한다.

1063 이상과 같은 일본 측 제안에 대하여 한국 대표는 하인(何人)이 자국 국적을 갖는가 하는 문제 및 Naturalization의 문제는 국제법상 '국내 문제(Matter within the domestic jurisdiction)'로서 국제회의의 의제가 될 성질의 것이 아니라 함을 지적하는 동시에 한국 정부는 일본에 재류하는 한국 국민에 대하여 국제법상 보호권을 가졌으므로 한일회담에 있어서는 일본에 있어서의 그들의 처우 및 법적 지위에 관하여 논의하여야 한다고 주장하여 그 이후 국적분과위원회에 있어서는 국적 문제보다도 주로 재일한국인의 처우 및 법적 지위에 관하여 토의를 전개하였다.

(B) 영주권 문제

재일한국인의 일본 내 영주권 허가에 관하여는 당초에 일본은 자국의 「출입국관리령」에 의하여 재일한국인으로부터 일일이 영주 허가 신청을 받고 그들이 (1) 선량한
1064 사람인가 (2) 독립하여 생계를 유지할 만한 자산 또는 기능을 가진 사람인가 (3) 그들의 일본 영주가 일본국의 이익에 합치되는가 등을 심사하여 그 허가 여부를 결정하고 또 그 신청에 제하여는 1인당 일본 화폐 2,000엔의 수수료를 받겠다고 주장하였으나

논전을 거듭한 결과 한국 정부의 재일 대표 기관에서 등록증명서를 발급하면 일본 측은 그들의 외국인등록부와 대조하여 그 한국인이 1945년 8월 9일 이전부터의 거주자인 것만 확인하면 하등의 심사도 하지 않고 또 하등의 수수료도 받지 않고 영주권을 부여하겠다는 점까지 양보하였다.

영주 허가에 관련되는 문제는 퇴거 강제(Deportation)인바 퇴거 강제의 사유 중 가
장 재일한국인에게 해당자가 많은 것은 '빈곤자, 방랑자, 신체 장해자로서 일본의 국
1065 가 또는 지방 공공단체의 부담이 되어있는 자'에 대한 퇴거 강제이다. 일본의 「생활보
호법」에 의하여 일본 정부로부터 생활 부조비를 받고 있는 한인의 수효는 약 6만 인에
달하며 그 금액은 연액 일화 약 6억 6,000만 엔에 달하는바 일본 정부는 차등 한인을
점차 퇴거시키겠다는 것이었다. 단 사실상의 빈곤자라 할지라도 일본 정부로부터 부
조비를 받지 않는 자는 퇴거 강제의 대상이 되지 아니한다는 것이다.

이 문제에 관하여는 한국 측은 일종의 Dilemma에 함입하였다. 즉 일본 측이 주장
하듯이 빈곤자에 대한 생활 부조는 차후로는 한인에게는 지급하지 않겠다는 것을 승
인하면 빈곤을 이유로 퇴거 강제를 받는 한인은 없게 될 것이나 그 대신 사실상 생활
부조비에 의존하고 있는 적빈자의 생활이 문제일 뿐 아니라 이는 또 재일공산주의자
들에게 한국 정부를 비방하는 자료를 제공하는 것이 되는 것이다. 공산주의자들은 일
1066 본 정부의 한인 빈곤자에 대한 생활 부조비 지급을 마치 자기들이 일본 정부와 투쟁한
결과 획득한 것같이 선전하고 있으므로 한일회담의 결과 그러한 부조비가 없어지게
되면 그들은 즉시 이를 한국 정부에 대한 악선전의 재료로 사용할 것이 명약관화한 일
이다. 그렇다고 퇴거 강제를 감수할 수도 없는 처지이므로

(1) 한인 빈곤자에 대한 생활 부조는 계속할 것

(2) 생활 부조를 받는 한인에 대하여는 그들이 경제적 자립이 가능할 때까지 일정 한 연한 동안 퇴거 강제를 행하지 말 것

을 제의하였던 것이다. 이에 대하여 일본 측은

1) 앞으로 1년 동안은 생활 부조를 행할 것을 약속한다. 그 이후에도 한인 빈곤
자에 대한 생활 부조는 계속하지만 한국과의 국제 조약에 의하여 행하는 것은
1067 1년에 그치고 그 이후는 자주적으로 행하겠다

2) 앞으로 1년간 빈곤을 이유로 퇴거 강제에 해당하는 자가 있는 때에는 사전에

한국 정부와 협의하여 한국 측에서 적당한 보호 수단을 강구하여 주면 퇴거 강제를 안 하도록 하겠다

는 제의를 하였다.

(C) 처우 문제

재일한국인의 처우 문제에 관하여서는 일본 측은 대일평화조약 발효 후 재일한국인에 대하여 일반 외국인과 동일한 대우를 하였으며 앞으로 체결될 한일 간의 통상항해조약에 있어서는 한국인에 대하여 최혜국민대우(Most Favored Nation Treatment)를 공여할 용의가 있다 하였으나 한국 대표는 최혜국민대우 운운은 장래 상호 간 입국하는 자에 관한 문제이므로 지금 논의할 바 아니며 지금은 종전 전부터 일본에 거주하
1068 던 특수 외국인인 한국인의 대우에 관한 것을 결정하자는 것인바 재일한국인은 현재 일본에 있어서 참정권을 제외하고는 일본 국민과 동일한 대우, 즉 소위 내국민 대우(Nation Treatment)를 받고 있으므로 그러한 현재의 대우를 장래에도 계속 제공하라고 주장하였다. 이에 대하여 일본 측은 재일한국인에 대하여 한일 통상조약에 의하지 않고 장래 영구히 내국민 대우를 공여함은 일본 국내에 '2종의 외국인'을 인정하는 것이며 이는 국제법상 유례가 없으므로 도저히 승인할 수 없으나 현재 일반 외국인에게는 금지되어 있는 권리 또는 자격으로서(예를 들면 광업권 등) 한국인이 향유하고 있는 것은 기득권이므로 그 사람이 일본에 재류하는 한 이를 인정하고 다만 상속 및 일본인 이외의 자에 대한 양도만은 법령으로 특히 용인되는 경우 이외에는 인정할 수 없다고 주장하였다.

1069 생각하건대 한국 대표가 당초에 주장한 바와 같이 재일한국인에게 영구히 National Treatment를 허여하라는 것을 끝까지 고집함은 다소 무리한 감이 불무하다. 그러나 일본 측이 주장하는 바를 승인하면 그러한 특수한 권리를 가진 자의 급사 등의 경우에 부당히 그의 권익이 손해를 받을 염려가 있으므로 일본 측 제안을 그대로 수락함은 불가능하며 적어도 10년 내지 30년의 기간을 정하여 그 기간 동안은 일반 외국인에게는 금지된 권리라 할지라도 한국인에게는 인정하도록 주장하는 것이 가할 것으로 사료한다(국제법상의 유례를 찾아보면 외국인의 토지 소유를 허용하던 국가가 새로이 법을 정하여 외국인의 토지 소유를 금지하는 경우에는 대개는 5년, 10년 등 일정한 기간을 정하여

그 기간은 재래 토지를 소유하던 외국인에게는 토지 소유를 용인하는 것이 예로 되어있음).

1070 (D) 귀환자의 동산 휴대 및 송금 문제

이 문제에 관하여 최초 일본 측은 전적으로 일본의 수출무역관리령(동산은 중량 4,000파운드까지, 송금은 일화 10만 엔까지)과 위체관리법에 의하여 제한할 것을 주장하였으나 한국 대표는

(1) 귀환자의 재산 반출은 자유일 것. 그 수량이나 종류에 하등의 제한을 가하지 말 것

(2) 재산 반출에 관하여는 하등의 과세도 하지 말 것

(3) 그러나 재산 반출의 명목으로 밀무역을 행하거나 아편, 화약 등 금제품을 운반함은 불가하므로 차를 방지하기 위하여 한일 양국이 협력할 것

을 제의하였다.

1071 이에 대하여 일본 측에서는 대장성, 통산성 등의 맹렬한 반대가 있었으나 결국 한국 측의 주장을 원칙적으로 용인하고 다만

1) 그러한 특별 취급에는 기한을 부여할 것

2) 밀무역 방지, 송금 방법에 관하여는 다시 전문가로 하여금 세목 협정을 행하게 할 것을 제의하여 왔다.

이상으로 보아 알 수 있는 바와 같이 본 위원회는 다른 분과위원회보다 비교적 빨리 원칙적인 의견 접근을 보았다. 1952년 회합은 22차부터 36차 회합에 이르기까지 무려 15차 회합을 통하여 예의 공동안 작성을 위하여 노력한 결과 전년 회합 토의 내용에 특히 큰 변경은 없이 드디어 별첨과 같은 공동안(부록 1 참조)을 작성하는 데 성공하였다.

1072 2. 제2차 회담

제2차 한일회담의 국적분과위원회에서는 다음과 같은 문제가 토의되었다.

(A) 강제 퇴거의 문제

1073 불명예의 행위를 범한 자 또는 사회의 선량한 복지를 저해한 자로서 입국관리회에 의하여 강제 퇴거 처분을 당한 자는 현재 460명이고 그중 작년 5월에 125명의 인수를 한국 정부가 거절하였기 때문에 일본의 대한 관계가 악화되는 동시에 선량한 재일한인에게 일종의 불안이 파생되고 있으니 신속히 해결할 것을 일본 측이 요청한 데 대하여 아 측은 ① 본건은 회담 이후에 발생하였으며 해당자는 범죄 사실에 대한 확정 판결을 받고 복역 후에 수용소에 구속당한 것 ② 해당자 중에는 구속 정지를 정식으로 제소하였으나 각하되었다는 것 ③ 응당 한국 정부에서 이를 인수할 것이라고 예상하고 구속한 것과 또 그 송환이 불가능 시에는 계속하여 구속하겠다고 하는 일본 측의 의도를 재확인하고 그 부당성을 법리적으로 추궁하였다.

(B) 구속 처분의 비법성

1074 아 측은 사법 절차도 경유치 않고 행정 처분으로써 개인의 신체의 자유를 1년 이상 또는 무기한으로 구속한다는 것은 일본 헌법에서 허여된 인권 사상에 배치된다고 문의한즉 일본 측은 행정 처분을 취하였다 하더라도 일본 헌법 제31조에 의한 것이고 장기 구속을 예상치 않았던 것이 아 측의 인수 거부로 인하여 사실상 그렇게 된 것이고 그 위법 사태는 일본 측에 유책이라고 단언할 수 없다고 주장하였으며, 이에 대하여 아 측은 작년 회담에서 정식으로 한일협정이 성립된 후 발생할 퇴거 해당자에 관하여 한국 정부와 사전 협의를 하기로 되었는데 그 해당자가 이 협정 성립 이전에 발생한 것과 퇴거 처분에 관하여 사전 협의가 없었다는 사실은 국제 관습상 비우호적이며 책임은 일본 측에 있다고 반박하였다.

일본 측은 이에 대하여 일반 국제 관습상 사전 협의의 합의가 있었다 하더라도 국
1075 가의 주권으로서 퇴거 처분권을 행사할 수 있으며 과거 한국 정부에서 인수한 전례가 있고 또 국적 미확정이라는 것은 창설적 효과를 의미하는 것이 아니라고 주장하였으나 아 측은 작년에 합의된 협정안은 국적의 미확정 상태를 확인하기 위한 것이고 재일교포의 국적에 관하여는 양국 간에서 사실상의 합의가 유하였으나 일본의 재일한인에 대한 성명과 등록 사무 취급을 보더라도 재일한인의 국적은 법적으로 상금 미확정 상
1076 태이니 국적이 확정될 때까지 사전 협의 없이는 한국 측으로서 퇴거 해당자를 인수할

수 없다고 주장하였으나, 일본 측은 주권의 행사로서 자주적으로 강제 송환권을 행사하고 빈곤자에 대하여는 역사적 사실을 고려하여 즉시로는 퇴거를 실시하지 않겠다고 하였으며, 또 '사전 협의'라는 의미는 실질적 심사라는 것보다 단지 사무 연락상의 수속이라고 해석하고 작년의 회의를 말소하고 새로이 협의하자고 함에 아 측은 공동 초안 제1조에 의한 실질적 대우 문제가 충분히 협정되지 않은 현재에 있어서는 재일교포의 국적 문제도 미확정인 것이고 주일 대표부의 재일교포에 대한 외교 보호권의 행사로서 재일교포가 사실상 대한민국의 국적을 취득한 것으로 인정된다고 주장하는 것은 국적을 보류한 것이지 법적 효과를 즉시 재래(齎來)하는 것이 아니라는 의미를 주
1077 장하고 '사전 협의'에 있어 작년에 일본이 별도 협의안까지 제출한 것은 퇴거에 관한 사무적 수속보다 실질적 내용을 의미한 것이고 주장의 발동으로서의 강제 퇴거권 행사는 자유의사에서 입국한 평상의 외국인에 한한 것이라고 반박하였다.

(C) 자유 귀국 문제

아 측이 자유 귀국자에 대한 특별 대우를 요청한바 일본 측은 특히 빈곤자의 자유 귀국에 대하여 선임(船賃)을 주면 어느 정도의 귀국자를 예상하는가의 반문까지 유하였기에 아 측은 다음과 같은 요망사항을 제출하였다.

(1) 자유 귀국자의 재산 반출과 송금에 관하여 원칙적으로 일본의 국내법 제한 없이 자유롭게 허가할 것

1078 (2) 일화의 송금은 특별 조치를 취할 것. 예컨대 convertible account(환체계정) 또는 무역의 Open account로 할 것

(D) 영주권 부여와 그 제한

일본 측으로부터 재일한인에 영주권을 부여하되 ⓐ 전과자는 일정한 연기(年期)에 한하여 거주를 허가하나 그 품행의 상태를 보아서 기한의 연장을 인정하며 ⓑ 미성년자는 우선 연한을 설정하여 그 거주를 허가하고 성년 이후에 있어서 부여된 거주상의 지위에 관하여는 일본 정부의 일방적 판단에 의하여 이를 결정하고 싶다.

1079 강제 퇴거 해당자는 전기한 기득권을 상실할 것이며 강제 퇴거에 관한 규정은 조약 문면상에 표현하지 않고 부속 교환 공문으로써 밝히고 싶으며 그리고 빈곤자로서 자

유 귀국하는 경우에는 특히 우대할 예정이며 일방 계속하여 재류하는 생활 곤란자에 관하여는 한국 측에서도 살펴야 할 책임이 있으므로 필요한 경우에는 전기한 빈곤자에 대하여도 퇴거권을 행사할 예정이라고 발언하니 아 측은 재일한인의 지위에 언급하여 SCAP 관할 시에는 재일한인을 일본인으로 취급하였으며 그들의 국적 문제에 관하여는 일본 독립 전후를 불문하고 합의된 사실이 없음을 재확인시킨 후 영주권과 그 제한 문제에 대하여 다음과 같이 반박하였다.

1080 전기한 영주권 부여에 있어서 전과자와 미성년자에 한하여는 차별을 설정하려는 일본 측의 의견에 찬성할 수 없으며 작년 회의에서는 한일 간의 협정이 성립된 후 앞으로 발생하는 범죄자를 대상으로 하여서 즉 죄형법정주의적으로 그 취급 문제를 토의하였던 것이므로 전기와 같은 세분은 그 대우에 있어서 작년의 것보다 더 불리함을 의미하는 것이며 빈곤자에 대한 보호 문제에 관하여는 그렇게 된 원인이 과거에 일본 정부가 초래한 것이므로 국적 협정이 성립된 이후에 있어서도 계속하여 원조 조치를 취해줄 것을 기대하는 동시에 한편으로 일본 정부의 책임에도 한계가 있는 것으로 생각하며 한국은 전쟁을 수행하는 나라로서 재일한인의 생활 보호 조치까지 취하기 곤란한 입장에 있다고 하였다.

(1) 전과자에 대한 취급

1081 일본 측은 전과자 취급에 관한 일본 측의 근본적 태도는 양국의 우호 관계를 위하여 국제적 관행에 부합해야 된다는 취지하에 합리적으로 취급함에 있다고 하면서 전과자들에게 3년간의 거주권을 부여하되 이 동안 준법 생활을 순조롭게 하면 그 거주 기간을 연장하거나 혹은 영주권을 부여한다고 설명함에 한국 측은 전과자를 포함한 모든 재일한인에게 일률적으로 영주권을 부여하여도 퇴거권 행사에는 지장이 없을 것이며 지금부터 새로이 영주를 허가하는 것이 아니고 과거에 있었던 한인의 영주권을 확인한다는 것에 불과함이니 예컨대 이제부터 새로 입사하는 것이 아니고 입사되었던 정식 사원을 이력서를 뒤적거리어 정식 사원을 가사원으로 떨어뜨린다는 것은 부당한
1082 일인 것이다. 요컨대 작년 회의 당시의 자료에 의하면 재감자 1만 명과 기타를 포함하여도 총합 5만 명에 불과하니 그네들도 일본의 법률을 준수하면 거주할 수 있다는 취지하에 일반인과 구별 없이 전부 영주권을 부여하라고 강조하였다.

(2) 빈곤자에 대한 보호

일본 측은 빈곤자에 대한 보호 조치를 한국 측이 취하기 곤란하다고 발언하였으나 이에 대한 책임을 무기한으로 인수하기에는 곤란하니 최악의 경우에는 한국 측에서 보호 책임을 인수할 것을 요청하였음에 한국 측은 그네들의 생활 보호를 보장하기 위하여 「일본생활보호법」의 적용을 명문화하는 동의까지 하였으며 원래 해외 동포는 돈을 벌어서 본국에 송금함으로써 본국을 원호하는 것이 통례이므로 본 빈곤자에 대한
1083 보호 문제에 관하여는 한국 측으로서는 일본 측의 성의에 의하여 원호 조치를 취함을 기대할 수밖에 없다고 설명하였다.

(E) 국적 규정의 방법

일본 측은 조약 중에 국적을 규정치 않고 조약에 부속될 교환 공문에서 정함이 여하하냐고 말하였으나 한국 측은 영토의 변경이 있는 경우에는 '주소지 영유국의 국적을 추정한다'는 원칙을 재일한인의 국적에 관하여 적용한다면 재일한인은 일본 국적을 받고 그 자유의사에 의하여 조국인 한국 국적을 선택할 수 있는 것인데 이번 회담에서 이러한 원칙과 다른 협정을 체결한다면 그것은 조약에 명시되어야 한다고 반박하였다.

(F) 등록의 본질과 그 수속

1084 아 측으로부터 한국 정부에 대한 등록은 대한민국 국적 취득의 확인 행위로 되는 동시에 일본에 관련해서는 영주 허가의 요건 행위로 된다는 취지하에 그 등록을 실시하겠으며 이것이 재일한인을 파악하는 최선의 방법으로 생각한다. 종래 주일 대표부에서는 가등록의 형식으로 실시하였으나 수수료, 기타의 사정으로 등록 완료자가 불과 20만 명이지만 전기 20만 명과 일본 정부에서 외국인등록령에 의하여 대한민국 국민으로 등록된 것을 제외한다면 결국은 좌익분자의 문제만 남을 것이니 이 문제는 피차 양국이 협의하여서 적당히 처분할 수 있을 것이라고 주장함에 일본 측은 문제점은 등록 행위와 영주 허가 신청과의 관련성에 있는데 등록하지 않으면 영주 허가가 부여되지 않는 이상 등록 행위 자체로서 필요하고 충분한 요건이 구비되게 되니 단지 남은 문제는 강제 퇴거 문제뿐이다.

1085 그러므로 현재 일본 정부가 실시한 외국인등록증을 그대로 인정함이 여하한지 한국 측에서 재일한인을 파악하는 방법으로서 등록을 실시한다고 발언하였으나 일본 측으

로서는 등록을 사무적 수속상의 문제로서 취급하고 싶다, 현실에 있어서 파악이라고 하면 정략적 인상을 주게 되어 결과에 있어서는 일본 국내 치안 문제가 발생할지 모른다고 반박함에 대하여 60만이나 되는 국민에 관하여 한 번밖에 없는 문제이니만치 국가적 입장에서 곤란을 극복하여야 하며 일본도 이에 협력하여야 될 것이라고 주장하였다.

이상 토의한 외에 합의에 도달하지 못한 ① 국적 확인 문제 ② 강제 퇴거에 관한 문제 ③ 영주 자격을 인정하는 등록 문제를 거시(擧示)하여 토의코자 하였으나 한국 측은 우선 강제 퇴거의 문제에 있어서 ① 범죄로 인하여 1년 이상의 형을 받은 자의 강제 퇴거에 있어서는 확정 판결 등본(사본)을 제시하고 ② 퇴거의 원인이 빈곤인 경우에는 한국의 동의를 얻고 ③ 기타의 이유로 인한 퇴거는 진정한 증거를 제시할 것을 주장함에 일본 측은 개괄적 설명에는 시일이 요한다고 하였다.

1086 3. 제3차 회담

4286년 10월 12일에 개최되었다. 개회 벽두 아 측은 당시 오무라수용소에 구속당하고 있는 120명의 한인 석방을 요구한바 정상교섭으로 대표부와 일본 출입국관리청이 이 문제를 해결하자는 데 합의를 보았다. 그리하여 아 측은 전기 120명의 법적 지위는 협정 성립 전에는 그 국적이 미확정 상태에 있으며 또 공동협정안에 의하면 사전 협의 없이는 퇴거 처분을 취할 수 없음을 지적하니 일본 측은 실제 현재까지 오무라수용소에 구속하고 있는 것은 유감으로 생각하나 이러한 사태를 해소하기 위하여서는 현재가 아니라도 일정한 시기에 새로이 합의가 성립된 후라든지 혹은 한국 측이 인수를 약속하여 주면 그 취급을 연구하여서 적당히 처리하겠다고 발언하는 동시, 빈곤
1087 의 이유로는 강제 퇴거를 실시하지 않겠으나 일본 측의 재정 상태가 불건전하므로 무제한으로는 원호 조치를 계속하기 곤란함에 비추어 한국 측이 보호 책임을 인계하여 주기를 바라며 그 방법으로서 원조금을 입체하는 방식을 취하여도 좋다고 하였다. 아 측은 이에 대하여 다시 강제 송환과 인수 자체가 공동협정안 제1조 국적 조항, 동 3조 사전 협의의 조항에 관련되는 문제이며 환언하면 강제 퇴거에 관하여는 국적이 확정된 이후에 한국과 사전에 협의하여 결정하기로 되었으므로 일시적으로 구속하면 모르

거니와 무기한으로 2년 수개월이나 신체의 자유를 구속하여 사망자까지 발생시킨다는 것은 일종의 처벌이라고 인정하지 않을 수 없다고 반박하였다.

그러나 일본 측은 강제 퇴거는 주권의 자유로운 행사이기 때문에 전기 해당자를 한국 측에서 인수해야 되는 것이고 현재 한국 측에서 인수하겠다고 약속하면 즉시 석방
1088 조치를 취하겠다고 하였으며 법리상으로 논쟁하여도 일치점을 발견할 수 없으니 본건 문제는 이 회담과 별도로 협의하여 해결하자고 제의하였다. 아 측은 이에 동의하는 한편 보통의 형사 범인이 일본으로 도망하여 와서 일본 당국의 동정을 얻기 위하여 정치범인이라는 언동을 함으로써 양국 간에 불미스러운 관계를 조성시키고 있는바 이러한 범죄인을 한국 측에 인도하도록 협력하여 주기를 요청하였으나 그것은 별도로 범죄인 인도 협정을 체결하여야 할 문제라고 일본 측은 대답하였다.

1089 [삭제]

1090

제2장 예비교섭과 재일한교 법적 지위 문제

1. 예비교섭에 있어서의 진전 상황

제4차 한일전면회담의 재개를 위하여 진행된 예비교섭에 있어 재일한인의 법적 지
1091 위 문제는 약간의 진전을 보았다고 할 수 있다. 이 문제에 관하여 세부적인 면에서 구체적 합의에 도달한 바는 없으나, 제4차 회담에서도 본 문제가 의제로 채택되기로 합의를 보았으며 주목되는 바는 일본 정부가 예비교섭 종결에 제하여 합의된 문서(별첨 호)
1092 에서 일본 수용소에 억류되어 있는 한인 중 제2차세계대전 종결 이전부터 일본에 거주하던 한인은 이들은 일본 국내에 석방하기로 하였으며 특히 미공개 부속 합의서(별첨
1093 호)에 의하여 일본 측이 제4차 회담에서 재일한인의 처우 문제가 토의될 것을 예상하여 여기에서 만족할 만한 합의가 이루어질 때까지 제2차세계대전 종결 이전부터 일본에 거주하던 한인을 억류하지 않기로 약정하였으니 이는 곧 일본 측이 최초로 1945년
1094 8월 9일 이전부터 일본에 거주하던 한국인의 특수 지위를 문서상으로 인정한 것으로, 앞으로 재일한교의 영주권 획득을 위한 교두보를 확보하였다고 할 수 있는 것이다.

1095 또한 이 문제와 관련하여 예비교섭에서 주목되는 점은 일본 측이 미공개 합의의사
록(별첨)에 의하여 제2차세계대전 종결 이후에 일본에 불법 입국한 한인의 본국 송환
문제를 제4차 전면회담에서 토의하는 데 동의한 것이다.

1096 물론 이 문제는 고유한 의미에 있어서의 재일한인의 법적 지위 문제에 속하는 것이
아닌 이질적인 것이나 편의상 본 문제와 관련하여 1, 2, 3차 회담에서도 잠시 언급된
일이 있다.

1097 이 불법 입국자 송환 문제의 연혁을 보건대 일본에 있는 한인 불순분자들을 본국으
로 송환시키고자 하는 우리 정부의 요구에 의하여 전기한 바와 여히 1, 2, 3차 회담에
1098 서 아 측에 의하여 제기되어 불법 입국자 송환의 인수 문제와 관련하여 아 정부가 지
적하는 불순분자의 송환을 시행토록 일본 측에게 요구한 바도 있었던 것이나 일본 측
이 퇴거 강제권 행사는 국내 문제에 속하는 사항이며 또한 이 문제는 범죄인 인도 조
1099 약으로 규정될 성질의 문제라 하여 이에 응하지 않았던 바로, 금차 예비교섭에서 아
측의 요구로 이 문제가 토의의 대상으로 삽입된 것이다. 그러나 아직도 해결되어야 할
문제는 중첩하여 있다.

1100 재일한인의 국적 문제만 하더라도 사실상 묵시적으로는 이들이 한국 국적을 갖는
다는 데 의문의 여지가 없는 것이나 엄밀히 법적으로 보면 이들의 국적은 아직 미확인
1101 상태에 있다. 이들에게 부여되어야 할 영주권 문제도 상금 해결되지 않고 있는 것이며
퇴거 강제, 재산권 및 귀환 한교의 일본으로부터의 재산 반출 문제 등이 오는 전면회
담에서 본 문제에 관한 중요한 논점이 될 것이다. 국제법상의 원칙에 비추어 강제 추
1102 방의 합법성 여부가 다루어져야 할 것이며 또한 이 문제에 관련하여 한일 양국의 국적
법, 호적법 및 상속법 등이 비교 연구되어야 할 것이다.

2. 본 문제의 앞으로의 논점

1103 전장에서 술한바 1, 2, 3차 회담에서 토의되다가 합의에 달하지 못한 수다한 문제
가 또다시 토의의 대상이 될 것은 췌언(贅言)을 요치 않는 바이나 우선은 전반 회담에
1104 서 오랜 논의 끝에 공동안(별첨 호)이 작성되어 이를 중심으로 논의가 전개되었던 만
큼 제4차 회담에서 다른 특이한 사정이 없는 한 필연적으로 이 공동안이 교섭의 출발

1105 점이 될 것이다. 따라서 이 공동안에 대한 쌍방의 의견 차이점이 중요 논의 대상이 될 것임은 명백하다. 이 공동안을 중심으로 차이점을 관찰하면 여좌하다.

(A) 제3조 2항

1106 본 협정 발효 후 영주권을 부여받은 재일한인의 퇴거 강제에 대하여서 한일 양 당국이 그 실시를 위하여 필요 사항에 관하여 상호 협의하는 기간을 한국 측이 협정 발효 후 5년을 주장하고 있는 데 반하여서 일본 측은 3년을 주장하고 있는 것이다. 즉 일본
1107 측은 본 협정 발효 후 3년이 경과한 이후에는 일방적 조치로써 이들 재일한인의 강제 추방을 결정하고자 하는 것이다.

(B) 제6조 3항

1108 동조 1항에는 본 협정 발효 3년 이내에 재일한교가 한국으로 귀국하는 경우에는 그의 동산 반출에 대하여서는 하등의 관세나 기타 비용을 과하지 않기로 되어있는바 협
1109 정 발효로부터 2년 9개월을 경과한 후 전기 제1항의 기간 3년이 만료할 때까지의 사이에 있어 양국 정부가 내외의 사정으로 이 기간은 연장함이 필요하다고 사료할 때 협
1110 의하여 2년을 넘지 않는 범위 내에서 연장할 수 있다고 되어있으나 일본 측은 이 조항에 동의치 않고 보류하고 있는 것이다.

어업 및 평화선위원회 회의록 및 일반 문제, 1958~1960

분류번호 : 723.1JA 어 1958-60
등록번호 : 709
생산과 : 아주과
생산연도 : 1960
필름번호 : C1-0004
프레임번호 : 0001~0168

이 장 전반부에는 1958년 10월 2일부터 12월 19일까지 8차례에 걸쳐 개최된 어업 및 평화선위원회 회의 기록(회의록은 2차 회의만 담겨있음)이, 후반부에는 1, 2, 3차 회담에서 한국 측이 일본 측에 제시한 협정 요강 및 협정 초안에 대한 재검토 내용 등 일본 측과의 협상을 위한 한국 측 입장 등이 담긴 문서들이 수록되어 있다.

일본 측은 여타 위원회 또는 소위원회와는 달리 이 어업 및 평화선위원회에서는 매우 적극적인 자세로 협상에 임하였다. 1958년 10월 10일 개최된 제2차 회의에서 일본 측은 어업협정 핵심사항을 한국 측에 제시하였다.

그러나 한국 측은 이에 대해 수용 불가 입장을 표명하였다. 그리고 일본 측 사정으로 네 차례 연기 끝에 제5차 회의에서 일본 측은 조업 규제가 필요한 수역을 표시한 어업협정 골자를 한국 측에 제시하였다. 한국 측은 이러한 제안에 대응하면서 소극적인 자세를 취하였다.

1. 제4차 한일회담 어업 및 평화선위원회 제1차 회의 결과 보고 전문

1447 NO. MTA-040

DATE. 10021730

TO. KYUNG MU DAI, FOREIGN MINISTER

UNDER THE ARRANGED SCHEDULE FOR COMMITTEE MEETINGS, THE FIRST MEETING OF THE COMMITTEE ON FISHERIES AND QUOTE PEACE LINE UNQUOTE WAS HELD AT THREE PM ON THURSDAY, OCTOBER 2, 1958, AT THE JAPANESE FOREIGN MINISTRY. AT THIS MEETING, EACH SIDE INTRODUCED ITS MEMBERS TO THE OTHER SIDE FOLLOWING THE EXCHANGE OF BRIEF WORDS BY THE CHIEF MEMBERS OF BOTH SIDES. THE RULES OF PROCEDURES FOR COMMITTEE MEETINGS SET FORTH AT THE EIGHT PLENARY SESSION HAVE BEEN CONFIRMED. THE SECOND MEETING WILL BE HELD AT TEN THIRTY AM ON OCTOBER 10TH, 1958.

AMBASSADOR LIMB

번역 번호: MTA-040

일자: 10021730[1958. 10. 2]

수신인: 경무대, 외무부 장관

정해진 일정에 따라 어업 및 '평화선'위원회의 첫 번째 회의가 1958년 10월 2일(목요일) 오후 3시에 열렸습니다. 양측 수석대표가 간단한 인사말을 나누고 대표단을 소개했습니다. 8차 본회의에서 제시한 위원회 회의의 절차에 관한 규칙을 확정했고, 두 번째 회의는 1958년 10월 10일 오전 10시 30분에 개최할 예정입니다.

임 대사

2. 제4차 한일회담 어업 및 평화선위원회 제2차 회의 결과 보고 전문

1449 NO. MTB-010

DATE. 10111500

TO. OFFICE OF THE PRESIDENT, FOREIGN MINISTER

THE SECOND MEETING OF COMMITTEE ON FISHERIES AND PEACE LINE WAS HELD AT TEN THIRTY ON FRIDAY OCTOBER TEN, NINETEEN FIFTY EIGHT AT THE JAPANESE FOREIGN MINISTRY. AT THIS MEETING THE JAPANESE SIDE STATED ITS GENERAL OPINION ON FISHING IN EFFECT THAT, WHILE IT IS THE INTERNATIONAL PRACTICE MONDAYS FUR COUNTRIES CONCERNED TO TAKE MEASURES IN COOPERATION FOR PRESERVATION OF FISHERIES RESOURCES ON THE HIGH SEAS IT CANNOT BE RECOGNIZED BY ESTABLISHED INTERNATIONAL LAW THAT A COUNTRY EXERCISES ITS JURISDICTION EXCLUSIVELY OVER A CERTAIN AREA ON THE HIGH SEAS FOR THE ABOVE PURPOSE. THE JAPANESE SIDE ALSO SUBMITTED TO THIS MEETING A PROPOSAL CONCERNING THE GIST OF FISHERIES AGREEMENT DRAFTED ON THE BASIS OF THE ABOVE GENERAL OPINION. RESERVING OUR OVERALL COMMENTS ON THE ABOVE
1450 JAPANESE OPINION AND PROPOSAL UNTIL NEXT MEETING, OUR SIDE TOLD THE JAPANESE SIDE THAT THE ABOVE JAPANESE PROPOSAL WOULD BE TANTAMOUNTING TO REFUSAL TO RECOGNIZE THE PEACE LINE. IN VIEW OF THE ABOVE, OUR DELEGATION WILL REJECT THE ABOVE JAPANESE PROPOSAL AT THE NEXT SESSION ON OCTOBER SEVENTEEN

AS "OUT OF THE QUESTION," WITHOUT DISCUSSING IT IN DETAIL. THE SUMMARY RECORD OF THE MEETING INCLUDING THE ABOVE JAPANESE PROPOSAL WILL BE SENT TO THE GOVERNMENT VIA NEXT POUCH.

AMBASSADOR LIMB

번역 번호: MTB-010

일자: 10111500[1958. 10. 11]

수신인: 대통령실, 외무부 장관

어업 및 평화선위원회의 2차 회의가 1958년 10월 10일 오전 10시 30분에 일본 외무성에서 개최되었습니다. 이 회의에서 일본 측은 공해에서 당사국이 어장 자원을 보존하기 위한 조치를 취하는 것이 국제적인 관행이지만, 국제법에서는 특정 국가가 이러한 목적에서 공해상의 특정 구역에 대한 배타적 관할권을 행사하는 것을 인정하지 않는다는 의견을 피력하고, 위의 관점을 바탕으로 작성한 어업협정의 핵심 내용에 관한 제안서를 제출했습니다. 일본의 이러한 의견과 제안서에 대한 우리 측의 전체적인 입장은 다음 회의에서 제시하기로 유보하고 우리 대표단은 일본의 제안서가 평화선에 대한 인정을 거부하는 것에 버금가는 의미를 지닌다고 말했습니다. 10월 17일에 열릴 다음 회의에서 일본의 제안서에 대해 구체적으로 논의하지 않고 '수용 불가'하다고 답변할 것입니다. 다음 행낭을 통해 일본 측 제안서를 포함하는 회의 요록을 송부하겠습니다.

임 대사

별첨

2-1. 제4차 한일회담 어업 및 평화선위원회 제2차 회의 요록

1451 Tokyo, October 13, 1958

GIST OF TALKS

SECOND SESSION

COMMITTEE ON FISHERIES AND "PEACE LINE"

1. Time and Place:

3 p.m.-3:50 p.m., October 10, 1958, at Room 411, Ministry of Foreign of Affairs, Japanese Government

2. Conferees:

Korean sides:	Mr. CHANG, Kyung Keun
	Mr. CHOI, Kyu Hah
	Mr. CHEE, Chul Keun
	Mr. CHIN, Pil Shik
	Mr. MOON, Chul Soon
	Mr. OHM, Young Dal
	Mr. LEE, Won Ho
Japanese sides:	Mr. Wataru OKUMA
	Mr. Kenjiro NISHIMURA
	Mr. Masamichi NAKAMURA
	Mr. TACHIKAWA
	Mr. Kiyoshi SUGANUMA
	Mr. Minao TSUCHIYA
	Mr. Kenzo KAWAKAMI

Mr. Shiro KOYAMA

3. Gist of Talks:

(At the beginning of the second meeting of this Committee, chief member of the Japanese delegation Mr. OKUMA expressed the view of the Japanese Government concerning fishery problem as follows.)

"As the opening speech delivered by Korean delegate at the first meeting of this Committee, which was held the other day, touched on the view of the Korean side concerning fishery problem, today, I would like to express the view of the Japanese side thereto.

In order to maintain the optima sustained productivity of fisheries resources in the high seas in keeping with the recent development of fishing technique, there growing are the practices that the countries concerned are taking conservation measures through mutual cooperation. It goes without saying that this is the most effective method in making possible the flourished fish catch throughout a long period of time for the welfare of human being. The freedom of high seas is the freedom accompanied by the obligation to preserve such resources and this freedom does not allow unrestricted and irresponsible fish catch.

Japan, for its part, holds a greater concern toward the preservation of fisheries resources as the degree of her dependence upon the fishing industry is greater.

Under these circumstances, Japan has so far been contributing to the preservation of the resources in cooperation with the countries concerned either by newly concluding agreements regarding the preservation of fisheries resources in the high seas or by according to existing fisheries agreement.

As Mr. Chang, chief member of the Korean delegation, mentioned in his opening speech, the Japanese side, too, holds the view that we would set up a basis for permanent peace and friendship between the two countries by preventing the decrease or exhausting of stocks of fishes in the high seas and also the cause of disputes.

1452 However, it thinks that, in case of taking such conservation measures or regulations, no international law or customs recognize a state to exercise unilaterally an exclusive jurisdiction over certain area of the high seas.

What is more, such an exercise of exclusive jurisdiction will not be appropriate for the effective conservation and utility of the resources, as well.

As to regulations and conservation measures, it is necessary for the countries concerned to ease them on scientific findings, and to mutually cooperate on equal footing. This will be in accord with the principles of international law and furthermore may well result in achieving a real objective thereof.

The Japanese side entertains a hope that we will be able to work out just and proper arrangements that can satisfy the both sides, through a careful reexamination of the experiences, on the said basis, which we have obtained during the past three conferences, for preserving the fisheries resources over which Japan and Korea have a common concern and also to secure the maximum sustained productivity thereof."

Mr. Chang: Though there were points which are not in accord with our views in what you have stated now, I would like to study on it. However, I think it might be conducive to smooth proceeding of our meetings at this Committee if the Japanese side tell the Korean side more practical and concrete opinion in this regard rather than such a theoretical principle.

Mr. Okuma: As the Korean side wanted to know the concrete view of the Japanese side, I will present the essentials of Japan-Korea Fisheries Agreement here now as follows:

1. In view of the fact that an exclusive jurisdiction by one country within a specifies area on the high seas is not recognized under international law and

customs, Japan and Korea will make arrangements for the preservation and exploitation, through mutual collaboration, necessary for the maintenance of the maximum sustained productivity of the aquatic resources in the high seas where the two countries have common interest.

2. The two countries will establish and maintain the Japan-Korea Joint Fisheries Commission which will consist at the members appointed by each Government in equal number. The Commission shall recommend necessary measures for the preservation and exploitation of fisheries resources. The said measures shall be based on scientific findings and applied to the two countries on equal footing.

3. Until such time as the said Commission makes its recommendations on necessary arrangements, the two countries will set up the "abstention areas" in respect of fishing with trawls and dragnets.

4. As the arrangements for the prevention of undesirable competition and disputes in the waters where the fishing vessels of the two countries are intermingled in engaging in fishing, the two countries shall provide for necessary restraints concerning fishing by trolling apparatus and on the illuminating power of fish-collecting light.

5. The two countries shall enact and enforce necessary laws and regulations for the matters referred to in paragraphs 3 and 4, with regard to its nationals and fishing vessels, with appropriate penalties against violation thereof."

1453 Mr. Chang: Is the "essentials of Korea-Japan Fisheries Agreement" the formal proposal of the Japanese side?

Mr. Okuma: Yes, that is the formal proposal of the Japanese side.

Mr. Chang: I will reserve Korean view on the Japanese proposal now. However, I would like to say a word in this connection. I received from the "essentials of Korea-Japan Fisheries Agreement" an impression that the Japanese side denies to recognize Korea's Peace Line. That is quite contrary to my expectation.

Mr. Okuma: (After silence for several minutes) Have you anything to say in this regard?

Mr. Chang: Not now.

Mr. Okuma: Then, I would like to suggest next Wednesday (October 15) for our next meeting.

Mr. Chang: I would like to have enough time to study the Japanese proposal. I would therefore rather like to propose next Friday (October 17).

Mr. Okuma: No objection.

Mr. Chang: What time will be convenient to you?

Mr. Okuma: 3 p.m.

Mr. Chang: That will do. And any particular idea at press release?

Mr. Okuma: Let us leave the matter to Mr. Suganuma and Mr. Chin.

Mr. Chang: No objection.

1454 (Text of joint press release:

The Japanese side stated its general opinion on fisheries and the view of the Korean side will be presented at the next meeting in this record.)

-The end-

번역

1958년 10월 13일, 도쿄

어업 및 '평화선'위원회 2차 회의 요록

1. 일시 및 장소

1958년 10월 10일 오후 3시~오후 3시 50분, 일본 외무성 411호, 일본 정부 외무성

회의실

2. 참석자

한국 측: 장경근, 최규하, 지철근, 진필식, 문철순, 엄영달, 이원호

일본 측: 오쿠마 와타루, 니시무라 겐지로, 나카무라 마사미치, 다치카와, 스가누마 기요시, 쓰치야 미나오, 가와카미 겐조, 고야마 시로

3. 회의록

일본 측 수석대표인 오쿠마는 제2차 회의 시작과 함께 어업 문제에 대한 일본 정부의 입장을 다음과 같이 표명하였다.

"전일 개최된 본 위원회 제1차 회의에서 한국 측 수석대표가 개회사를 통해 어업 문제에 관한 한국 측 견해를 말해준 바 있으므로, 오늘은 이에 대한 일본 측의 견해를 말하고자 한다.

최근 어업 기술의 발달에 따라 공해상에서 수산 자원의 생산성을 최적으로 유지하기 위해 관련국들이 상호 협력을 통해 보존 조치를 취하는 관행이 확산되고 있다. 이것이 인류의 복지를 위해 오랜 기간 동안 풍성한 어획을 가능하게 하는 가장 효과적인 방법임은 두말할 나위가 없다. 공해의 자유는 이러한 자원을 보존해야 할 의무가 수반되는 자유이며, 이러한 자유는 무분별하고 무책임한 어획을 허용하지 않는다.

일본은 수산업에 대한 의존도가 높기 때문에 수산 자원 보존에 더 큰 관심을 가지고 있다.

이러한 상황에서 일본은 지금까지 공해 수산 자원 보존에 관한 협정을 새로 체결하거나 기존 어업협정에 따라 관련 국가와 협력하여 자원 보존에 기여해 왔다.

한국 측 수석대표인 장경근이 개회사에서 언급했듯이 일본 측도 공해에서의 어족 자원 감소 및 고갈을 방지하고 분쟁의 원인을 차단함으로써 양국 간 항구적 평화와 우호의 기반을 구축해 나가자는 입장이다.

그러나 이러한 보존 조치나 규제를 취하는 경우 공해의 특정 수역에 대해 어느 국가가 일방적으로 배타적 관할권을 행사하는 것을 인정하는 국제법이나 관습은 존재하지 않는다고 생각한다.

또한 이러한 배타적 관할권 행사는 자원의 효과적인 보존과 유용성에도 적합하지 않다.

규제 및 보존 조치와 관련하여 관련 국가들은 과학적 발견에 따라 규제를 완화하고 동등한 입장에서 상호 협력할 필요가 있다. 이는 국제법의 원칙에 부합하는 것이며, 나아가 실질적인 목적을 달성하는 결과를 가져올 수 있는 것이다.

일본 측은 지난 세 차례의 회의에서 얻은 경험을 바탕으로 한일 양국이 공통의 관심사인 수산 자원의 보존과 지속적인 최대 생산성 확보를 위해 면밀한 재검토를 통해 양측이 모두 만족할 수 있는 정당하고 적절한 조치가 도출되기를 희망한다.

장: 지금 말한 내용 중에 우리의 견해와 일치하지 않는 부분도 있지만 검토해 보겠다. 다만 일본 측에서 그런 이론적인 원칙보다는 좀 더 실질적이고 구체적인 의견을 한국 측에 말해주면 이번 위원회에서의 원활한 회의 진행에 도움이 되지 않을까 생각한다.

오쿠마: 한국 측에서 일본 측의 구체적인 견해를 알고 싶다고 했기 때문에 지금 이 자리에서 한일어업협정의 요강을 다음과 같이 이야기하겠다.

1. 공해상의 특정 수역에 대한 한 국가의 배타적 관할권은 국제법 및 관습상 인정되지 않는다는 점을 고려하여, 일한 양국은 양국이 공동의 이익을 가지는 공해상의 수산 자원의 최대 지속적 생산성 유지에 필요한 보존 및 이용에 관해 상호 협력에 의한 조치를 취한다.

2. 양국은 한-일 어업공동위원회를 설치·운영하며, 위원회는 양국이 동수로 지명하는 위원으로 구성한다. 위원회는 수산 자원의 보존과 이용을 위하여 필요한 조치를 권고한다. 상기 조치는 과학적 발견에 기초하고 양국에 동등하게 적용되어야 한다.

3. 위원회가 필요한 조치에 대한 권고를 할 때까지 양국은 트롤 및 저인망 어획과 관련하여 '조업 포기 구역'을 설정한다.

4. 양국은 양국 어선이 조업으로 서로 뒤섞이는 수역에서의 바람직하지 않은 경쟁 및 분쟁을 방지하기 위한 조치로서, 트롤 어구에 의한 조업 및 집어등의 조명에 관한 필요한 제한을 규정한다.

5. 양국은 자국민과 어선에 관하여 제3항 및 제4항에 언급된 사항에 대하여 필요한 법령을 제정·시행하고, 이를 위반할 경우 적절한 벌칙을 부과한다."

1453 장: '한일어업협정의 요강'이 일본 측의 공식 제안인가?

오쿠마: 그렇다. 일본 측의 공식적인 제안이다.

장: 일본 측 제안에 대한 한국 측의 입장 표명은 일단 유보하겠다. 다만 이와 관련해서 한 가지 말하고 싶다. 나는 '한일어업협정 요강'에서 일본 측이 한국의 평화선을 인정하지 않겠다는 인상을 받았다. 예상과는 상당히 다른 내용이다.

오쿠마: (몇 분간 침묵 후) 이 부분에 대해서 할 말이 있는가?

장: 지금은 없다.

오쿠마: 그럼 다음 회의는 다음 주 수요일(10월 15일)로 제안하고 싶다.

장: 일본 측 제안을 충분히 검토할 시간이 필요하다. 그래서 다음 주 금요일(10월 17일)을 제안하고 싶다.

오쿠마: 이의 없다.

장: 몇 시쯤이 편한가?

오쿠마: 오후 3시가 편하다.

장: 그렇게 하자. 보도 자료에 관해 특별한 아이디어가 있나?

오쿠마: 스가누마와 진 서기관에게 맡기자.

장: 이의 없다.

1454 (공동 보도문 전문: 일본 측은 어업에 관한 일반적인 의견을 밝혔고, 한국 측의 견해는 다음 회의에서 속기록에 제시하기로 함.)

끝

3. 일본 측 「한일어업협정 요강」에 대한 대표단의 견해 요청 전문

1455 NO. FTB-006

DATE. 10161130

SENT TO. AMBASSADOR LIMB KORKIPSION

RECEIVED GIST OF TALKS OF SECOND MEETING OF FISHERIES COMMITTEE PD THE MINISTRY WISHES TO KNOW WHAT VIEWS DELEGATION IS PLANNING TO PRESENT AT OCTOBER SEVENTEEN MEETING PD PLEASE SUBMIT TO THE MINISTRY DELEGATIONS VIEWS CMA OBSERVATIONS AND RECOMMENDATION CONCERNING QUOTE ESSENTIALS OF JAPAN KOREA FISHERIES AGREEMENT UNQUOTE AND CONCERNING POSITION OUR SIDE SHOULD TAKE AT THE COMMITTEE AT THIS STAGE PD PLEASE DO NOT FAIL TO CABLE DISPATCH THE ABOVE BY THIS AFTERNOON CABLE PD

FOREIGN MINISTER

번역 번호: FTB-006

일자: 10161130[1958. 10. 16]

수신인: 임 대사

어업위원회 2차 회의 요록을 잘 받았습니다. 10월 17일 회의에서 대표단이 어떠한 의견을 제시할 것인지 파악하고 싶습니다. '한일어업협정 요강'과 현 단계에서 우리 측이 취해야 할 입장에 관한 대표단의 견해, 의견 및 권고사항을 제출해 주기 바랍니다. 오늘 오후까지 반드시 전보로 보내주시기 바랍니다.

외무부 장관

4. 본부의 견해 요청에 대한 주일 대사의 회신 전문

1456 NO. MTB-015

DATE. 0171610

TO. OFFICE OF THE PRESIDENT, FOREIGN MINISTER

WITH REFERENCE TO YOUR CABLE NUMBER FTB-ZERO ZERO SIX OF OCTOBER SIXTEENTH REGARDING THE FISHERIES COMMITTEE CMA IT IS THE VIEW OF THIS DELEGATION THAT THE PROPOSAL REGARDING DRAFT KOREA JAPAN FISHERY AGREEMENT PUT FORWARD BY THE KOREAN DELEGATION IN THE PREVIOUS KOREA JAPAN CONFERENCE IS STANDING AS OUR POSITION AS NO CHANGE THERE HAVE BEEN MADE PD AT THE THIRD SESSION OF FISHERIES COMMITTEE TO BE HELD THIS AFTERNOON BRACKET OCTOBER SEVENTEENTH BRACKET OUR DELEGATION WILL STATE CONCERNING QUOTE ESSENTIALS OF JAPAN KOREA FISHERY AGREEMENT UNQUOTE SUBMITTED BY JAPANESE SIDE THAT THE KOREAN DELEGATION VIEWS THAT THE JAPANESE PROPOSAL CAN NOT BE CONSIDERED AS A BASIS FOR DISCUSSIONS AT THIS COMMITTEE AND SO THAT THEREFORE IT REQUESTS THE JAPANESE SIDE TO SUBMIT ANOTHER CONSTRUCTIVE PROPOSAL IN THIS REGARD IF THE JAPANESE SIDE DESIRES PD RESULT OF DISCUSSIONS AT THIS AFTERNOON SESSION WILL BE REPORTED TO THE GOVERNMENT VIA CABLE PD

AMBASSADOR LIMB

번역 번호: MTB-015

일자: 0171610[1958. 10. 17]

수신인: 대통령실, 외무부 장관

어업위원회에 관한 10월 16일 자 전보 FTB-006와 관련하여, 우리 측 입장에는 변화가 없었으므로 지난 한일회담에서 한국대표단이 제출한 한일어업협정 초안에 대한 제안서가 여전히 유효하다는 의견입니다. 오늘 (10월 17일) 오후에 개최될 어업위원회 3차 회의에서 우리 대표단은 일본 측이 제출한 '일한어업협정안의 핵심'에 대하여 일본의 제안서를 논의의 토대로 삼을 수 없으므로 일본 측이 원한다면 다른 건설적인 제안서를 새로 제출할 것을 요청한다고 말할 계획입니다. 오늘 오후 회의 결과를 전보로 보고드리겠습니다.

임 대사

5. 제4차 한일회담 어업 및 평화선위원회 제3차 회의 결과 보고 전문

1458 NO. MTB-019

DATE. 10181230

TO. OFFICE OF THE PRESIDENT, FOREIGN MINISTER

THE THIRD MEETING OF THE FISHERIES COMMITTEE WAS HELD AT THREE PM OCTOBER SEVENTEENTH AT JAPANESE FOREIGN MINISTRY. AT THIS MEETING, COUNTERING THE JAPANESE PROPOSAL ON "ESSENTIALS OF JAPAN KOREA FISHERY AGREEMENT" PRESENTED BY JAPANESE SIDE AT PREVIOUS MEETING, OUR DELEGATION STATED THAT THE SAID JAPANESE PROPOSAL COULD NOT BE CONSIDERED AS A BASIS FOR DISCUSSIONS. AT THIS STAGE THE JAPANESE SIDE ASKED US IF THE KOREAN SIDE WOULD SUBMIT A PROPOSAL. WE TOLD THE JAPANESE SIDE THAT OUR PROPOSAL REGARDING ESSENTIALS OF KOREA JAPAN FISHERY AGREEMENT SUBMITTED AT THE SECOND KOREA JAPAN CONFERENCE IN NINETEEN FIFTY THREE IS STANDING AS OUR POSITION IN THIS REGARD. THEN OUR DELEGATION REQUESTED JAPANESE SIDE TO SUBMIT ANOTHER CONSTRUCTIVE PROPOSAL ON FISHERY AGREEMENT. THE JAPANESE SIDE SAID IT WOULD STUDY ON THE MATTER AND EXPRESS ITS VIEW AT NEXT MEETING WHICH WILL BE HELD ON OCTOBER TWENTY SECOND.

AMBASSADOR LIMB

번역 번호: MTB-019

일자: 10181230[1958. 10. 18]

수신인: 대통령실, 외무부 장관

10월 17일 오후 3시 일본 외무성에서 어업위원회 3차 회의가 개최되었습니다. 지난 회의에서 일본 측이 제시한 '일한어업협정 요강'에 관한 제안서에 대하여 우리 대표단은 해당 제안서를 논의의 토대로 삼을 수 없다고 밝혔습니다. 일본에서 우리 측에 제안서를 제출할 것을 요청하여 1953년 2차 한일회담에서 제출한 한일어업협정 요강에 관한 제안서가 우리의 입장이라고 답변했습니다. 그리고 어업협정에 대한 건설적인 제안서를 다시 제출할 것을 일본 측에 요청했습니다. 일본은 이 문제를 검토한 후에 10월 22일에 개최될 다음 회의에서 입장을 밝히겠다고 답변했습니다.

임 대사

7. 제4차 한일회담 어업 및 평화선위원회 제4차 회의 결과 보고 전문

1464 NO. MTB-026

DATE. 10221630

TO. OFFICE OF THE PRESIDENT, FOREIGN MINISTER

THE FOURTH SESSION OF THE FISHERIES AND PEACE LINE COMMITTEE WAS HELD AT ELEVEN WEDNESDAY OCTOBER TWENTYSECOND WORKING AT JAPANESE FOREIGN OFFICE PD JAPANESE SIDE STATED THAT IT HAD NOT COMPLETED PREPARATION TO PRESENT ITS VIEWS AT THIS MEETING AND REQUESTED US TO WAIT UNTIL NEXT MEETING PD IT HAS BEEN AGREED TO HOLD THE NEXT MEETING ON WEDNESDAY TWENTYNINTH PD

AMBASSADOR LIMB

번역

번호: MTB-026

일자: 10221630[1958. 10. 22]

수신인: 대통령실, 외무부 장관

어업 및 평화선위원회 4차 회의가 10월 22일(수요일) 오전 11시에 일본 외무성에서 개최되었습니다. 일본대표단은 이번 회의에서 입장을 표명할 준비를 마치지 못했다며 다음 회의까지 기다려 줄 것을 요청했습니다. 다음 회의는 29일(수요일)에 개최하기로 했습니다.

임 대사

13. 제4차 한일회담 어업 및 평화선위원회 제5차 회의 결과 보고 전문

1471 NO. MTB-071

DATE. 11281830

TO. Office of the President & Foreign Minister

The 5th Session of the Committee on Fisheries and Peace Line was held at 3 p.m. on November 28, 1958 at the Japanese Foreign Ministry.

At this meeting, the Japanese side submitted "Gist of the Draft of Japan-Korea Provisional Fisheries' Agreement". Reserving our views and questionnaire regarding the Gist mentioned above until next Session, our side stated that the Japanese idea as expressed in the said gist was too far from the Korean view.

Minister Yiu will bring the text of the Gist with him and make a detailed report in person regarding the proceeding of the Session upon his arrival in Seoul on Monday, December 1.

Ambassador Limb

번역 번호: MTB-071

일자: 11281830[1958. 11. 28]

수신인: 대통령실, 외무부 장관

어업 및 평화선위원회 5차 회의가 1958년 11월 28일 오후 3시에 일본 외무성에서 개최되었습니다.

이번 회의에서 일본은 '일한어업협정안의 골자'를 제출했습니다. 우리 대표단은 다음 회의에서 견해와 질의사항을 제시하겠다고 유보하며, 해당 제안서에 담긴 일본의 생각이 우리 측의 견해와 지나치게 거리가 멀다고 말했습니다.

유 공사가 12월 1일(월요일)에 서울에 도착하면 해당 제안서를 가지고 가서 회의 진행상황을 직접 상세히 보고드릴 예정입니다.

임 대사

14. 제4차 한일회담 제5차 어업위원회에서 일본 측이 제안한 「일한 잠정 어업협정안의 골자」 송부 및 보고 공문

1472 한일대 정 제2510호

단기 4291년 11월 29일

제4차 한일회담 수석대표 임병직[인장]

외무부 장관 각하

제5차 어업위원회에서 일본 측이 제시한 「일한 잠정 어업협정안의 골자」의 송부 및 보고의 건

수제지건 11월 28일 자 MIB/071 전문으로써 보고드린 바 있는 제5차 어업 및 평화선 위원회에서 일본대표단이 제출한 「일한 잠정 어업협정안의 골자」 일본문과 본 대표단에 의한 그의 시역(試譯)(영문) 각 1통 식(式)을 유 공사 귀국편에 송치하나이다.

별첨: 1. 「일한 잠정 어업협정안의 골자」(일문)

2. 「일한 잠정 어업협정안의 골자」의 영문 시역

별첨

14-1. 일한 잠정 어업협정안의 골자(일어본)

1473 日韓暫定漁業協定案の骨子

昭三三, 一一, 二八

日韓両国は, 共通の利害関係を有する公海における漁業資源の最大の持続的生産性を確保するとともに, 同水域における操業上の調整を図るため, 当分の間, 共同してつぎの措置を行うものとする.

一, 機船底曳網漁業およびトロール漁業については, 資源保存の見地から操業止区域を設定する.

1, 機船底曳網漁業の禁止区域はつぎのとおりとする.

左記の線と朝鮮半島との間の水域

(イ)北緯三七度三分の線以北の朝鮮半島東海岸沖合海面においては, 朝鮮半島の海岸線から沖合六海里の線

(ロ)上記の線と北緯三七度三分の線との交叉点, 北緯三六度三〇分, 東経一二九度三五分の点, 北緯三六度五分・東経一二九度四二分の点, 北緯三五度二九分・東経一二九度三九分の点, 北緯三四度五七分・東経一二九度一二分の点, 鴻島灯台, 下白島灯台, 北緯三三度二九分・東経一二七度六分の点,
1474 北緯三三度一五分・東経一二六度六分の点, 北緯三三度七分・東経一二六度三四分の点, 北緯三三度五分・東経一二六度一五分の点, 小黒山島頂上, 北緯三四度四〇分・東経一二五度三分の点, 北緯三五度二〇分・東経一二五度五二分の点, 北緯三六度八分・東経一二五度五一分の点, 北格列飛島灯台, 小青島灯台, および北緯三七度四九分・東経一二四度三二分の点を順次結ぶ線

(ハ)北緯三七度四九分の線以北の朝鮮半島西海岸沖合海面においては, 朝鮮半島の海岸線から沖合六海里の線

2, トロール漁業の禁止区域はつぎのとおりとする.

左記の線と朝鮮半島との間の水域

(イ)東経一三〇度の線

(ロ)北緯三五度三四分・東経一三〇度の点, 鴻島灯台, 北緯三三度八分・東経一二七度四分の点, 北緯三三度二分・東経一二六度三分の点, 小黒山島頂上, および北緯三七度五八分・東経一二四度二九分の点を順次に結ぶ線

(ハ)小黒山島頂上と北緯三七度五八分・東経一二四度二九分の点を結びこれを北に延長した線

1475 二, 機船底曳網漁業およびトロール漁業については, 操業調整の見地から調整区域はつぎのとおりとする.

左記の点を順次に結ぶ直線により囲まれる水域

北緯三六度〇分・東経一二五度五一分の点

北緯三五度二〇分・東経一二五度五二分の点

北緯三四度四〇分・東経一二五度三分の点

小黒山島頂上

北緯三三ど五分・東経一二六度一五分の点

北緯三三度七分・東経一二六度三四分の点

北緯三三度一五分・東経一二六度五六分の点

北緯三三度二〇分・東経一二七度〇分の点

北緯三二度三〇分・東経一二七度〇分の点

北緯三二度三〇分・東経一二五度〇分の点

北緯三四度〇分・東経一二五度〇分の点

北緯三四度〇分・東経一二四度三〇分の点

1476 北緯三六度〇分・東経一二四度三〇分の点 および

北緯三六度〇分・東経一二五度五一分の点

三, まき網漁業およびサバ釣漁業については, 操業調整の見地から調整区域を設定し, 同区域内における両国漁船の操業隻数及び光力制限について協定する.

前項の区域はつぎのとおりする.

朝鮮半島, 対馬および済州島と左記の線によって囲まれた水域

(イ)牧の島灯台と三島灯台を結ぶ線

(ロ)神崎灯台と済州島東南端を結ぶ線

(ハ)済州島最高峯頂上, 北緯三四度〇分・東経一二六度〇分の点

および魚竜島灯台を順次に結ぶ線

四, 両国は, それぞれ自国民をして協定を遵守せしめる責任を負い, かつ, 右に必要な国内措置を講ずるものとする.

별첨

14-2. 일한 잠정 어업협정안의 골자(영어 번역본)

1477 (Tentative Translation)

Tokyo, November 28, 1958

GIST OF DRAFT OF JAPAN-KOREA PROVISIONAL FISHERY AGREEMENT

In order to ensure the maximum sustained productivity of the fishery resources in the high seas where both countries have common interests and to regulate their fishing operations in the said areas, Japan and Korea shall take in cooperation the following measures for the time being.

I. Concerning bull-trawler fishery and trawler fishery, contracting parties shall establish "fishing prohibited zone" with a view to conserving fishery resources.

(i) "Fishing prohibited zone" for the bull-trawler fishery shall be as follows: The waters lying between the lines mentioned hereunder and the Korean peninsula.

(a) In the eastern waters off the coast of the Korean peninsula, lying north of 37° 03′ N, the line drawn as far as six nautical miles from the coast of the Korean peninsula.

(b) The line drawn by consecutively connecting the following points; crossing point of the afore-said line and 37° 03′ N, 36° 30′ N-129° 35′ E, 36° 05′ N-129° 42′ E, 35° 29′ N-129° 39′ E, 34° 57′ N-129° 12′ E, Hongdo light house, Habaekdo light house, 33° 29′ N-127° 06′ E, 33° 15′ N-126° 06′ E, 33° 07′ N-126° 34′ E, 33° 05′ N-126° 15.′ E, the highest peak of So-huksando, 34° 40′ N-125° 03′ E, 35° 20′ N-125° 52′ E, 36° 08′ N-125° 51′ E, Bukkyuk-yulbido light house, Sochungdo light house, and 37° 49′ N-124° 32′ E.

1478 (c) In the western waters off the coast of the Korean peninsula, lying in the north of 37° 49′ N, the line drawn as far as six nautical miles frost the coast of the Korean peninsula.

(ii) The fishing prohibited zone for trawler fishery shall be as follows: The waters lying between the lines motioned hereunder and the Korean peninsula.

(a) the line of 130° E.

(b) the line drawn by consecutively connecting the following points: 35° 34′ N-130° E, Hongdo light house, 33° 08′ E-127° 04′ E, 33° 02′ N-126° 03′ E, the highest peak of So-huksando, and 37° 58′ N-124° 29′ E.

(c) the line drawn by connecting the highest peak of So-huksando and the point of 37° 58′ N-124° 29′ E, and its extension northward.

II. As to bull-trawler and trawler fisheries, the both sides shall establish "regulted zone", with a view to regulating fishing operations and make an arrangement regarding the number of vessels of each side to be allowed to operate in the said zone.

The zone mentioned in the foregoing paragraph shall be as follows.

The waters encompassed by the straight lines drawn by consecutively connecting the following points;

1479 36° 00′ N-125° 51′ E, 35° 20′ N-125° 52′ E, 34° 40′ N-125° 03′ E the highest peak of So-huksando, 33° 05′ N-126° 15′ E, 33° 07′ N-126° 34′ E, 33° 15′ N-126° 56′ E, 33° 20′ N-127° 00′ E, 32° 30′ N-127° 00′ E, 32° 30′ N-125° 00′ E, 34° 00′ N-125° 00′ E, 34° 00′ N-125° 30′ E, 36° 00′ N-124° 30′ E and 36° 00′

N – 125° 51′ E.

III. With respect to purse seine fishery and angling fishery of mackerel the both sides shall establish "regulated zone" with a view to regulating fishing operations and make an arrangement regarding the number of vessels of each side to be allowed to operate in the said zone and also on the restriction of light intensity of gathering lamps.

The zone mentioned in the foregoing paragraph shall be as follows

The waters encompassed by the Korean peninsula, Daimado, Chejudo and the lines mentioned hereunder:

(a) the line connecting Makinoshima light house and Mishima light house.

(b) the line connecting Kamisaki light house and southeast tip of Chejudo.

(c) the line drawn by consecutively connecting the highest peak of the highest mountain of Chejudo, the point of 34° 00′ N – 126° 00′ E, and Euryongdo light house.

IV. Each country shall be responsible for the observance by its nationals of the present agreement and take domestic measures required in this connection.

번역 (임시 번역본)

1958년 11월 28일, 도쿄

일한 잠정 어업협정 초안의 골자

양국이 공동의 이해를 지닌 공해의 수산 자원이 지닌 생산성을 최대한 보존하고 해당 수역에서의 조업 활동을 규제하기 위해 일본과 한국은 잠정적으로 다음과 같은 조치에 대하여 협력한다.

I. 쌍끌이 저인망 및 저인망 조업과 관련하여 당사국들은 '수산 자원 보존을 위한 조업 금지 구역'을 설정한다.

(1) 쌍끌이 저인망 조업에 대한 '조업 금지 구역'은 다음과 같다. 아래에서 언급하는 선과 한반도 사이에 위치한 수역

(a) 37° 03′ N 북쪽에 해당하는 한반도 동해에서 한반도 연안에서부터 6해리 길이로 이어지는 선

(b) 다음 지점을 순서대로 연결하는 선: 위에서 언급한 선과 37° 03′ N의 교차점, 36° 30′ N－129° 35′ E, 36° 05′ N－129° 42′ E, 35° 29′ N－129° 39′ E, 34° 57′ N－129° 12′ E, 홍도 등대, 하백도 등대, 33° 29′ N－127° 06′ E, 33° 15′ N－126° 06′ E, 33° 07′ N－126° 34′ E, 33° 05′ N－126° 15.′ E, 소흑산도 최고점, 34° 40′ N－125° 03′ E, 35° 20′ N－125° 52′ E, 36° 08′ N－125° 51′ E, 북격을비도 등대, 소청도 등대, 37° 49′ N－124° 32′ E

(c) 37° 49′ N 북쪽에 해당하는 한반도 서해에서 한반도 연안으로부터 6해리 길이로 이어지는 선

(ii) 저인망 조업 금지 구역을 다음과 같이 지정한다. 아래에서 언급하는 선과 한반도 사이에 위치하는 수역

(a) 130° E 선

(b) 다음 지점을 순서대로 연결하는 선: 35° 34′ N－130° E, 홍도 등대, 33° 08′ E－127° 04′ E, 33° 02′ N－126° 03′ E, 소흑산도 최고점, 37° 58′ N－124° 29′ E

(c) 소흑산도 최고점과 37° 58′ N－124° 29′ E 지점을 잇는 선과 이 선으로부터 북쪽으로 이어지는 선

II. 쌍끌이 저인망 및 저인망 어업에 대하여 해당 구역에서 각 측이 운행할 수 있는 선박 수를 정하고 조업 활동을 규제하기 위한 '규제 수역' 을 설정한다.

앞서 언급한 구역은 다음과 같이 설정한다.

다음 지점을 순서대로 연결하여 그린 직선에 포함되는 수역.

36° 00′ N－125° 51′ E, 35° 20′ N－125° 52′ E, 34° 40′ N－125° 03′ E, 소흑산도 최고점, 33° 05′ N－126° 15′ E, 33° 07′ N－126° 34′ E, 33° 15′ N－126° 56′ E, 33° 20′ N－127° 00′ E, 32° 30′ N－127° 00′ E, 32° 30′ N－125° 00′ E, 34° 00′ N－125° 00′ E, 34° 00′ N－124° 30′ E, 36° 00′ N－124° 30′ E, 36° 00′ N－125° 51′ E.

III. 건착망 조업 및 민물낚시와 관련하여 양측은 해당 수역에서 각 측이 운행할 수 있는 선박 수와 집어등의 조도 제한을 결정하고 조업 활동을 규제하기 위한 '규제 수역'을 설정한다.

앞서 언급한 수역은 다음과 같이 설정한다.

한반도, 대마도, 제주도 및 아래에서 언급한 선에 포괄되는 수역

(a) 마키노시마 등대와 미시마 등대를 연결하는 선

(b) 가미사키 등대와 제주도 남단을 연결하는 선

(c) 제주도 최고봉의 정상과 34° 00′ N－126° 00′ E 지점 및 의령도 등대를 순서대로 연결하는 선

IV. 각국은 국민들이 현재 합의한 사항을 준수하도록 감독하고 이와 관련한 국내적 조치를 취할 책임을 보유한다.

15. 제4차 한일회담 일본 측 협정안 골자에 대한 의견 문의 공문

1483 다음과 같이 공문을 발송함이 어떠하오리까?

장관 차관[인장] 정무국장[인장] 아주과장 담당자

(발송할 공문의 내용)

외정 제 호

단기 4291년 12월 3일

외무부 장관

해무청장 귀하

건명: 제4차 한일회담 어업 및 평화선위원회 토의에 관한 건

머리의 건에 관하여 제4차 한일회담 어업 및 평화선위원회에서 일본 측은 최근 별첨과 같은 '잠정 어업협정안의 골자'를 제출하여 왔는바, 이 일본 측 안에 대한 귀청의 견해를 조속히 회시하여 주심을 바라나이다.

별첨: 일한 잠정어업협정안의 골자 사본 1통

이상

16. 제4차 한일회담 어업 및 평화선위원회 제6차 회의에 대한 청훈 전문

1484 NO. MTB-074

DATE 1202

TO. Office of the President & Foreign Minister

With reference to Hanildai No. 2510 in which the text of the so-called gist of Japan-Korea provisional Agreement on Fisheries was enclosed it is necessary for this delegation to have government instructions on how to proceed with the forthcoming Session of the Fisheries and Peace Line Committee scheduled to be held at 11 a.m. on December 5. Early government instructions in this regard would be highly appreciated.

Ambassador Limb

번역 번호: MTB-074

일자: 1202[1958. 12. 2]

수신인: 대통령실, 외무부 장관

'일한 잠정 어업협정안의 골자'를 첨부한 한일대-2510과 관련하여 12월 5일에 열릴 어업 및 평화선위원회 회의 진행 방식에 대한 정부 훈령이 필요합니다. 조속히 훈령을 보내주시면 감사하겠습니다.

임 대사

18. 어업 및 평화선위원회 훈령 문서

1490 Document No. ____ Date: December 4, 1958

Re: The 4th Korea-Japan Conference

1. Even at worst case, we have to avoid a rupture at the Committee on Fisheries and Peace Line. The Japanese proposal for a provisional fishery agreement of November 28, 1958 is hardly worthy of serious consideration. However, this is not the time for us to irritate unnecessarily the Japanese side at the above-mentioned committee, though we expect little result from debate on the basis of the said Japanese proposal.

2. Being in defensive but seemingly flexible position at the Fisheries and Peace Line Committee, we must exhaust our energy at the Committees on Korean Claims and Legal Status of Korean Residents in Japan, since at least it is highly necessary for us to sound out what the Japanese side has in their bottom of heart on these issues.

3. Therefore, at the Fisheries and Peace Line Committee, we have to negotiate in the following way:

A. We should say: "The Japanese draft of November 28 is under study by our side. But in this study, we have to ask many questions." Thus, Delegation should present various technical questions for Japanese reply, saving time while we take active move at the other committees.

1491 B. A series a questions as stated above will include, among others, the following questions: 1) "How did you reflect what you had in mind when signing the Agreed Minutes of December 31, 1957, by which the problem of the Peace Line was to be placed on agenda at the 4th Korea-Japan conference; 2) "The Japanese proposal of November 28 is mainly to regulate fishing in the areas closely adjacent to the Korean peninsula. We wonder, under the circumstance, whether the Japanese side presented the said proposal really in the spirit of preventing the fishing disputes." 3) "It seems that principles governing the said Japanese draft proposal are different from those of the Japan-U.S.-Canada Fishery Agreement. We wonder under what legal ground they are so different." The Japanese proposal of November 28 is mainly to regulate fishing in the areas closely adjacent to the Korean peninsula. We wonder, under the circumstance, whether the Japanese side presented the draft proposal of November 28 really in the spirit of preventing the fishing disputes."

4. In the view of the Government, there will be no prospect of progress at the Committee on Korean Claims unless the Japanese side shapes the so-called "basic policy". Under this circumstance, we should request the Japanese side to hold a plenary session, at which the following questions will be raised up:

1) Art objects - "We wonder when the Japanese side will set forth its "basic policy" on the problem of returning Korean art objects." "We wonder whether Japan will return these objects any way."

1492 2) Vessels - "Our request for vessels of Korean registry is made on the ground of SCAPIN No. 2168" "If the Japanese side has any different view therefrom, we would like to be informed thereof."

Delegation should be cautious to put exactly on record the Japanese remarks which it may make in reply to our questions.

5. In the Committee on Legal Status of Korean Residents in Japan, Delegation

should put forward such five questions as stated in government instructions No. OJ-4355, and put Japanese answers into record.

6. We should not take initiative for adjourning the conference or for postoning meetings under any circumstance, se that we may impress the world that the Japanese side is responsible for delay or failure of settlement.

7. It is not the time to transfer any issue to a talk at higher levels. But it is highly necessary for our delegates to be positive in contacting informally the Japanese authorities or Japanese chief members of committees to sound out what the Japanese side is contemplating in its talks with us. The chief delegate is, of course, responsible for reporting on the general development of the formal or informal talks with Japan. But each delegate may report on his informal activities, under his own responsibility, with his own observations or recommendations

번역 문서번호: ___ 일자: 1958년 12월 4일

4차 한일회담 관련

1. 최악의 경우에도 어업 및 평화선위원회의 결렬은 막아야 합니다. 일본의 1958년 11월 28일 자 잠정 어업협정 제안서는 진지하게 검토할 만한 가치가 거의 없어 보이고 해당 제안서에 대한 논쟁에서 얻을 만한 성과도 거의 없어 보이지만 해당 위원회에서 일본 측을 불필요하게 자극하기에 적절한 시기가 아닙니다.

2. 어업 및 평화선위원회에서 방어적이지만 유연한 듯한 입장을 취하면서 재일한인의 법적지위위원회 및 한국청구권위원회에 모든 힘을 쏟아야 합니다. 적어도 이 두 가

지 문제에 있어서 일본 측의 진의가 무엇인지는 반드시 파악해야 하기 때문입니다.

3. 따라서 어업 및 평화선위원회에서는 다음과 같은 방식으로 협상해야 합니다.

A. '11월 28일에 일본이 제출한 초안을 검토 중인데 그 과정에서 많은 질의사항이 발생하고 있다'고 말해야 합니다. 해당 위원회에서 여러 가지 기술적인 질문에 대한 일본 측의 답변을 요구함과 동시에 다른 위원회에서는 적극적인 행보를 이어가야 합니다.

B. 앞서 언급한 기술적인 질문에 다음과 같은 내용이 포함될 것입니다. 1) 4차 한일회담의 의제에 평화선 문제를 포함시키기로 했던 1957년 12월 31일 자 합의의사록을 체결할 때 어떠한 생각이었는가? 2) 일본의 11월 28일 자 제안서는 주로 한반도 근해에서의 조업을 규제하는 내용을 담고 있었다. 이러한 배경을 고려했을 때 일본이 정말로 어업분쟁을 방지하기 위한 목적에서 해당 제안서를 제출한 것이 맞는지 궁금하다. 3) 일본의 제안서가 바탕으로 하는 원칙은 일-미-캐 어업협정의 원칙과는 상이해 보인다. 이러한 차이가 어떠한 법적 근거를 바탕으로 하는지 궁금하다.

4. 정부는 일본 측이 소위 '기본적인 방침'을 결정하지 않는 한 한국청구권위원회가 진전될 가능성이 없다고 생각합니다. 따라서 일본 측에 본회의를 소집할 것을 요청하고 다음과 같은 문제를 제기해야 합니다.

1) 예술품: 일본이 한국 예술품 반환 문제에 관한 '기본적인 방침'을 언제 수립할 것인지 궁금하다.

일본이 예술품들을 반환할 것인지의 여부를 알고 싶다.

2) 선박: 한국적 선박 반환 요청은 SCAPIN 제2168호를 근거로 한다. 일본이 이와 관련하여 이견을 가지고 있다면 알고 싶다.

대표단은 일본이 우리의 질문에 답변하면서 하는 발언을 정확히 기록할 수 있도록 유의해야 합니다.

5. 재일한인 법적지위위원회에서 대표단은 정부 훈령 외정-4355에서 명시한 5가지 질문을 던지고 일본 측의 답변을 기록해야 합니다.

6. 어떠한 상황에서도 우리 측이 먼저 회담을 중단하거나 회의를 연기하지 않아야 합니다. 전 세계에 타결이 지연되거나 회담이 결렬되는 것의 책임은 일본에 있다는 인상을 주어야 하기 때문입니다.

7. 어떠한 문제든 고위급의 논의에 맡길 시기가 아닙니다. 그러나 우리 대표단은 비공식적으로 일본 당국 또는 위원회의 수석위원들과 접촉하여 회담 과정에서 일본 측이 생각하고 있는 바가 무엇인지 파악해야 합니다. 일본과의 공식적 또는 비공식적 대화의 전체적인 전개 상황을 보고할 책임은 물론 수석대표에게 있습니다. 그러나 대표들 또한 각자의 의견이나 권고사항을 제시하며 비공식적 활동에 대해 보고해도 좋습니다.

19. 제4차 한일회담 어업 및 평화선위원회 제6차 회의 결과 보고 전문

1494 NO. MTB-078

DATE. 1205

TO. Office of the President and Foreign Minister

The 6th session of the Committee on Fisheries and Peace Line was held at 11 a.m. on December 5, 1958 at the Japanese Foreign Ministry. Next meeting will be held at 3 p.m. on December 12, 1958.

At today's meeting, Counsellor Choi who acted as chief member repeated the remarks made by delegate Chang at the previous session that the Japanese proposal embodied in its gist of draft provisional agreement on fisheries submitted at the previous session was too far from the Korean position on fisheries, while reserving the expression of the Korean formal opinion on the Japanese gist under reference pending the receipt of the government instructions on how to handle it. In this connection Mr. Choi said that Minister Yiu and Delegate Chang are now in Seoul for consultations with the Government. In reply to Mr. Choi's remarks that Korean would listen to
1495 Japanese additional remarks in connection with the Japanese proposal under reference if any the Japanese side stated that it had nothing particular in mind to say at today's meeting excepting that it looks forward to an early expression of the formal opinion by the Korean side regarding its proposal.

Ambassador Limb

번역 번호: MTB-078

일자: 1205[1958. 12. 5]

수신인: 대통령실 및 외무부 장관

어업 및 평화선위원회 6차 회의가 1958년 12월 5일 오전 11시에 일본 외무성에서 개최되었습니다. 다음 회의는 1958년 12월 12일 오후 3시에 열릴 예정입니다.

오늘 회의에서 수석위원 역할을 대행한 최 참사관이 지난 회의에서 장 대표가 그랬듯이 기존에 제출한 잠정 어업협정안의 골자에 담긴 내용이 어업에 관한 우리의 입장과 지나치게 거리가 멀다고 다시 한 번 말하고, 어업 문제를 다룰 방식에 대한 정부의 지시를 아직 받지 못했기 때문에 해당 제안서에 대한 한국의 공식적인 의견은 추후에 표명하기로 했습니다. 최 참사관은 유 공사와 장 대표가 현재 정부와 협의하기 위해 한국에 있다고 말했습니다. 최 참사관은 일본 측이 제안서와 관련하여 추가로 발언할 내용이 있으면 들어보고 싶다고 했고, 일본은 제안서에 대한 한국의 공식적 의견을 조속히 듣고 싶다는 것 외에 오늘 회의에서 특별히 할 말은 없다고 답변했습니다.

임 대사

22. 주일 캐나다 대사와의 면담 결과 보고 서한[19]

1501 Tokyo, December 13, 1958

No. 233

TO: Office of the President

FROM: Minister Tai Ha Yiu

At 11 yesterday morning (Dec. 12) Canadian Ambassador William F. Bull visited me in a return courtesy call and talked for about half an hour. At my suggestion that he visit our country once, he said he would like to do so when the weather is more mild next spring.

To my question on the Tripartite (US-Canada-Japan) Fisheries Agreement on which negotiations were conducted in Tokyo recently, the Canadian Ambassador replied that the talks were concluded without reaching agreement on the proposed revision, however, there would be a very stiff argument expected next year, as the Agreement is due to expire then.

Regarding our fisheries talk with Japan, Mr. Bull asked me several questions. I said the recent Japanese proposal on the matter was a far cry from our stand and can hardly be accepted. Mentioning then the article appearing in the day's Japan Times, he congratulated my writing it, because he thought that that sort of our opinion should have appeared long ago. He continued that he himself was not quite certain about Korea's stand until he read the article (incidentally, my article entitled: "Korean Opinion" started appearing in the Japan Times in a series

19 미국, 캐나다, 일본 3국 간 어업협정 관련 대화.

beginning yesterday and apparently the Canadian Ambassador read it already).

I stressed that Japan is greatly advanced in fisheries (to which opinion Mr. Bull wholeheartedly agreed) and unless some definite restrictive measures are provided in our fisheries agreement, Korea will not stand much chance in the future and, I explained, that's the reason why we are so much concerned about the matter.

After listening to my explanation on the art objects issue Amb. Bull told me that in Canada there are some art objects kept in the Bank of Canada vault which were entrusted for safekeeping by the former Polish Government. He said, now two governments of Poland; one in exile and the other Communist, both are claiming them and the Canadian Government does not know whom it should return the art objects to.

I also told him about our claim to Japan of gold and silver bullion which was taken away from Korea. Mr. Bull said such should be returned promptly, saying that Canada had already returned the bullion which she kept during World War II at the request of some European countries. He then wished us success in the current overall talks with Japan.

번역

1958년 12월 13일, 도쿄

번호: 233

수신처: 대통령실
발신인: 유태하 공사

어제(12월 12일) 오전 11시에 윌리엄 F. 불 캐나다 대사가 예방에 대한 화답으로 찾아와 약 30분간 대화를 나누었습니다. 방한을 제안하자 내년 봄에 날씨가 조금 따뜻해지면 방문하고 싶다고 말했습니다.

최근 도쿄에서 교섭을 완료한 3자 간(미국-캐나다-일본) 어업협정에 대한 질문에 불 대사는 제안된 개정안에 대한 합의를 도출하지 못한 상태로 회담이 마무리되었지만 현 협정이 만료되는 내년에 매우 치열한 논쟁이 있을 것으로 예상한다고 답변했습니다.

일본과 한국의 어업 교섭에 대해 불 대사는 몇 가지 질문을 던졌습니다. 저는 최근 일본이 제출한 제안서가 우리 측의 입장과 너무 거리가 멀고 수용하기 어렵다고 말했습니다. 불 대사는 오늘 자 『재팬 타임스』에 실린 저의 기고문을 언급하며 이미 오래전에 그러한 종류의 내용이 보도되었어야 한다고 생각한다면서 축하한다는 말을 전했습니다. 그리고 이번 기고문을 읽기 전까지는 한국의 입장이 무엇인지 정확히 몰랐다고 말했습니다(우연찮게도 제가 작성한 「한국의 의견」이라는 기고문이 어제부터 『재팬 타임스』에 연재되기 시작했는데 불 대사가 이 글을 읽은 것이었습니다).

저는 일본이 매우 발전된 조업 기술을 보유하고 있고(이 부분에 대해 불 대사는 진심으로 동의했습니다) 한일어업협정을 통해 확실한 제한 조치를 취하지 않는다면 앞으로 한국의 수산업이 살아남을 가능성이 낮음을 강조하고 그렇기 때문에 어업 문제에 그토록 우려하는 것이라고 설명했습니다.

예술품 문제에 대한 설명을 들은 불 대사는 캐나다의 경우 과거 폴란드 정부가 안전한 보관을 위해 위탁한 예술품이 캐나다은행 금고에 보관되어 있는데, 현재 폴란드의 두 정부(망명 정부와 공산 정부)가 모두 이러한 예술품에 대한 권리를 주장하고 있어서 캐나다 정부로서는 어디로 예술품을 반환해야 할지 모르는 상황이라고 말했습니다.

한국에서 반출된 금괴와 은괴에 대해서도 언급했습니다. 불 대사는 즉시 반환해야 한다면서 캐나다는 제2차세계대전 당시 확보했던 금괴를 일부 유럽 국가들의 요청으로 이미 반환한 바 있다고 말했습니다. 그리고 일본과의 회담에서 성공을 거두기를 기원해 주었습니다.

24. 제4차 한일회담 어업 및 평화선위원회 제7차 회의 결과 보고 전문

1504 NO. MTB-087

DATE. 1215

TO. Office of the President & Foreign Minister

The 7th session of the Committee on Fisheries and Peace Line was held at three p.m. on December 12th. Minister Yiu attended the session as Acting Chief member in the absence of Delegate Chang. Next meeting would be held at 11 a.m. on December 19th.

Our side stated at this meeting that the Japanese list of the provisional Japan-Korea Agreement on Fisheries as submitted at the 5th session on November 28th was too far from the Korean position, and, therefore, the said Japanese proposal was not acceptable,

Our side accordingly requested the Japanese side that latter would consider the submittance of a new proposal which would be closer to the Korean
1505 position and be acceptable to us. Japanese side said that, if the Korean side was not satisfied with the said Japanese proposal which "had been submitted for the second time after every consideration", it wished the Korean side to submit a counter proposal on this matter so that the difference between the Japanese proposal and the Korean position could be clarified.

Our side stated in this regard that the Japanese wish would be conveyed to delegate Chang upon his return from Seoul, and further that as to the difference between the Japanese proposal and the Korean position, it could be well verified by an instance that the Japanese proposed area for prohibition of dragnet fishing was even narrower than the same prohibition area as set forth about thirty years ago.

Ambassador Limb

번역 번호: MTB-087

일자: 1215[1958. 12. 15]

수신인: 대통령실, 외무부 장관

어업 및 평화선위원회 7차 회의가 12월 12일 오후 3시에 개최되었습니다. 부재중인 장 대표 대신 유 공사가 수석위원 역할을 했습니다. 다음 회의는 12월 19일 오전 11시에 열릴 예정입니다.

우리 측은 일본이 11월 28일에 있었던 5차 회의에서 제출한 일한 잠정 어업협정 제안서가 어업에 대한 한국의 입장과 지나치게 거리가 멀고 수용할 수 없는 내용이라고 말했습니다.

이에 한국의 입장에 보다 가까운 내용을 담고 있으며 우리 측이 수용할 수 있는 새로운 제안서를 제출할 것을 일본 측에 요청했습니다. 일본은 '모든 측면을 고려한 후 두 번째로 제출한' 제안서에 한국 측이 만족하지 않는다면 일본의 제안서와 한국 측 입장 사이에 존재하는 차이를 명확하게 드러내기 위해 한국이 어업 문제에 대한 제안서를 역으로 제출할 것을 요청했습니다.

우리 대표단은 일본의 요청사항을 장 대표가 한국에서 돌아오면 전달하겠다고 말하고, 일본의 제안서와 한국의 입장 사이에 존재하는 차이는 일본이 제안한 저인망 조업 금지 구역이 30년 전에 설정한 저인망 조업 금지 구역보다도 좁다는 사실만으로도 잘 확인할 수 있는 부분이라고 덧붙였습니다.

임 대사

25. 오스트레일리아 대사 앨런 와트와의 면담 내용 보고 서한

1506 Tokyo, December 19, 1958

No. 238

TO: Office of the President

FROM: Minister Tai Ha Yiu

At 11 this morning I called on Australian Ambassador Sir Alan Watt for a courtesy and talked about half an hour. He replaced Dr. Ronald Walker, who is now Australian Representative at the United Nations.

Sir Alan told me that he had briefly visited Korea in 1951 with External Affairs Secretary Casey, as he was Undersecretary for Mr. Casey. At that time he was privileged to be received by Your Excellency and Mrs. Rhee.

I asked him about the Arafura pearling dispute with Japan, to which he replied that although the issue is still pending, there is an interim agreement every year with Japan whereby annual quota and restrictive areas are decided and the situation is quite peaceful. He added that recently the Australian position has greatly been strengthen as the greater majority of nations in the world supported the idea of continental shelf.

He explained to me that although he was not too familiar with the present fisheries dispute between Korea and Japan, he believed it is greatly different from the Australia-Japan pearling dispute, as the former asserts jurisdiction over fishing resources in the water, while the latter claims and asserts the right to pearl shell and other potential resources on or in the continental shelf. That is why, he said, many nations' support for the idea of continental shelf at the recent Law of Sea Conference greatly strengthened the Australian position.

I said that we in Korea had to maintain our peace line for the purpose of security and protection of fishery resources from unrestricted exploitation by highly-advanced technic of the Japanese fishing industry. At this point, Amb. Watt said that he quite understood our position, because he was fully aware of difference of the situation of each country. He said, as a matter of fact, one of the reasons why Australia does not assert the right to the waters is that she herself sends many vessels around Indonesian waters which are just above the Australian continent.

I was interested to hear that Australia and Japan opened their diplomatic relations in 1940 for the first time. The Australian Embassy is located close to our Mission and an dignified and impressive building.

번역

1958년 12월 19일, 도쿄

번호: 238

수신처: 대통령실
발신인: 유태하 공사

오늘 오전 11시 앨런 와트 경 호주 대사를 예방하고 약 30분간 대화를 나눴습니다. 와트 대사는 현재 유엔 호주 대표인 로널드 워커의 뒤를 이어 대사로 취임했습니다.

앨런 경은 외무차관이던 1951년에 케이시 외무장관과 함께 한국을 잠시 방문했었는데 당시 이승만 대통령의 환대를 받았다고 말했습니다.

저는 일본과의 아라푸라해 진주 채취 분쟁에 대해 물었고, 그는 이 문제가 아직 해결되지는 않았지만 연간 할당량과 제한 구역을 결정하기 위해 매년 일본과 잠정협정을 체결하고 있고 평화로운 상황이라고 답변하면서, 최근 많은 국가들이 대륙붕 개념을 지지함에 따라 호주의 입지가 한층 강화되었다고 덧붙였습니다.

와트 대사는 현재 한국과 일본 사이에서 벌어지고 있는 어업 분쟁에 대해 잘 알지는 못하지만 호주는 수산 자원에 대한 관할권을, 일본은 대륙붕의 진주 및 기타 잠재적 자원에 대한 권리를 주장한 호주와 일본의 진주 채취 분쟁과는 차이가 클 것으로 생각한다고 설명했고, 최근에 있었던 해양법 회의에서 많은 국가가 대륙붕 개념을 지지했다는 사실이 호주의 입지를 크게 강화시켜 주었다고 말했습니다.

저는 일본이 지닌 최첨단 어획 기술을 통한 무분별한 착취로부터 수산 자원을 보호하고 보존하기 위한 목적에서 평화선을 유지해야 했다고 말했습니다. 와트 대사는 각 국가의 상황이 다르다는 것을 매우 잘 알기 때문에 한국의 입장을 충분히 이해할 수 있다면서, 사실 호주가 해양에 대한 권리를 주장하지 않은 이유 또한 호주에서도 호주 대륙 바로 위에 위치한 인도네시아 수역 주변에 많은 선박을 보내기 때문이었다고 말했습니다.

호주와 일본이 1940년에 처음으로 외교 관계를 수립했다는 사실이 흥미로웠습니다. 주일 한국대표부 근처에 위치하는 호주 대사관 건물은 웅장하고 인상적입니다.

26. 일본 정계 지도자들과의 비공식 대화에 대한 보고 서한

1507 Tokyo, December 20, 1958

No. 241

TO: Office of the President

FROM: Minister Tai Ha Yiu

Supplementing my cable report which I believe is already in Your Excellency's hands, the following is the contents of my conversation with Japanese political leaders, especially Mr. Ichiro Kohno, Liberal-Democratic Party Executive Board Chairman at an informal dinner Saturday evening.

As I reported by cable, Vice President Bamboku Ohno, Foreign Affairs Chairman Funada and Ambassador Sawada and Ambassador Limb on our side were present besides Kohno and myself. Premier Kishi and Secretary-General of the party Kawashima were scheduled to come together, however, some urgent business prevented it.

Needless to repeat, Mr. Kohno who did most of talking that day, is one of the most influential in the main current factions of the government party and was instrumental for the Russo-Japanese fisheries and normalization talks a few years ago, when he served as Agriculture and Forestry Minister tinder Prime Minister Hatoyama.

We devoted two hours and half to our conversation which concerned the Korea-Japan relations at length. First, Kohno wanted to be very frank with us and we agreed to be likewise.

To begin with, he said he, like the greater part of the Japanese top officials and leaders is not quite convinced of our real intention in the current overall talks. He expressed his dissatisfaction over our seizure of Japanese fishing boats which violated the Peace Line. He said he fully realized the necessity for us to conserve fishing resources in view of the highly-advanced Japanese fishing technic and capability, however, he did not believe it appropriate for us to one-sidedly draw a line and capture every fishing boats violating it. He thought there should be some other way to meet Korea's will in this regard.

Kohno, boatful of his own role in bringing about the Russo-Japanese normalization (he was regarded as Hatoyama's right arm that time and still is feared by most of his foe as toughest), said he is capable of doing what he says, once he sets his mind on it. He continued, if Korea stop antagonizing Japan, there are some elements in Japan who are trying to make friends with Korea. Although he is not regarded as especially friendly to Korea, he would be willing to do what he can for the better relations of the two countries. He said he wanted to have an evidence that Korea is making various insistences on the basis of the
1508 facts to enable his Government to study on them and, he emphasized that he will talk the top leaders of Japan, including Mr. Kishi, into settling the pending issues soon.

In reply, I told him that the Japanese are often speaking of our presenting the facts, however, if they are really sincere toward the settlement, it is quite simple to start with settlement of the vessels and art objects problems. As far as I knew, I continued, all the precedents indicate that those items are immediately returned after the war by every nation concerned. Nevertheless, Japan has not made any definite commitment on the matters, on various pretense. In this regard, Kohno said that the Japanese stand will be communicated to us through Vice Minister Yamada or Amb. Sawada shortly (I believe he meant the remarks made by Mr. Yamada last week on which I already reported). I said I am also known as a man of frankness and have been wanting to meet him, if such a meeting would help the solution of the pending issues.

Mr. Kohno then mentioned that if the things improve and the outlook is good, he might talk wither. Kishi and have either Kishi himself or Mr. Ohno visit Your Excellency at some appropriate time. In this regard, I replied that if the outlook is really good, I might arrange such a meeting in Seoul, however, as the things stand now, it would not be of so much help for the settlement, especially when such a simple issue like the art objects is not settled by Japan.

As I stated before, this meeting is the first of this kind and we did not touch upon any individual issues which I believe can very well be taken up later on.

Mr. Ohno then spoke. He said the Liberal-Democrats will elect a new president on January 17, next. As he did not believe the business-level talk would settle the issue, he suggested that a discussion be held at the top political level with a view to reaching some kind of agreement even before Jan.17. Although we did not go into details, it appears quite likely that the Japanese will now come up with some concrete attitude.

번역

1958년 12월 20일, 도쿄

번호: 241

수신처: 대통령실

발신인: 유태하 공사

이미 대통령께 전달되었을 것으로 생각하는 전보 보고서에 추가하여 토요일 저녁 비공식 만찬에서 일본의 정치 지도자들, 특히 고노 이치로 자민당 총무회장과 나눈 대화의 내용을 다음과 같이 보고드립니다.

전보에서 말씀드렸듯이 고노와 저 외에도 오노 반보쿠 부총재, 후나다 외교조사위원장, 사와다 대사가 만찬에 함께했고 우리 측에서는 임 대사가 동석했습니다. 기시 총리와 가와시마 간사장도 참석할 예정이었으나 긴급한 업무 때문에 오지 못했습니다.

말할 필요도 없이 가장 많은 말을 한 고노는 여당 주류파의 가장 영향력 있는 인물 중 하나이자 하토야마 총재 행정부 당시 농림상으로 재임하며 몇 년 전 러일 어업 및 국교 정상화 회담에서 주된 역할을 한 인물입니다.

2시간 반 동안 한일 관계에 대한 대화를 나누었습니다. 고노는 허심탄회하게 대화하기를 원했고 저희도 동의했습니다.

먼저 고노는 일본 정부 관료들 및 지도자들의 대부분과 마찬가지로 현재 전면회담에서 한국의 진의가 무엇인지에 대한 확신이 없다고 말했습니다. 그는 평화선을 위반한 일본 어선을 나포한 데 대한 불만을 표현하고, 일본의 최첨단 조업 기술과 역량으로 인해 수산 자원을 보존해야 할 필요성이 존재한다는 사실은 전적으로 이해하지만, 한국이 일방적으로 선을 지정하고 그 선을 위반하는 모든 어선을 나포하는 것은 적절하지 않다고 생각한다고 했습니다. 고노는 이 부분에 있어서 한국의 목적을 충족하기 위한 다른 방법이 필요하다고 했습니다.

러일 관계 정상화에도 크게 기여했던 고노는(그는 하토야마의 오른팔이었고 여전히 강력한 인물로서 정적들이 두려워하는 대상입니다) 마음만 먹으면 무엇이든 말한 대로 할 수 있다며, 한국이 일본에 대한 적개심을 멈추기만 하면 한국과 우호적인 관계를 맺기를 바라는 세력들이 일본에 있다고 말했습니다. 고노가 한국에 특별히 우호적인 인물로 간주되지는 않지만 양국 관계를 개선하기 위해 할 수 있는 일은 할 의지가 있는 듯합니다. 그는 일본 정부가 검토할 수 있도록 한국이 사실을 바탕으로 주장을 펼치고 있다는 증거를 확보하고 싶다고 말하며 현안들을 조속히 해결하기 위해 기시 총리 등 일본의 최고위급 지도자들과 논의하겠다고 했습니다.

이에 저는 일본이 사실을 근거로 제시하라고 말하는 경우가 많은데, 현안들을 진심으로 해결하고자 한다면 선박과 문화재 문제부터 시작하면 되는 것이라고 말했습니다. 그리고 어떠한 선례를 살펴봐도 전쟁이 끝나면 선박이나 문화재 등을 즉시 반환하는 것이 일반적인데도 불구하고 일본은 이 문제에 대해 여러 가지 구실을 대며 확실한 약속을 하지 않고 있다고 덧붙였습니다. 이에 대해 고노는 일본의 입장을 야마다 차관이나 사와다 대사를 통해 곧 저희 측에 전달하겠다고 했습니다(제가 보고드린 야마다가 발언한 내용을 의미하는 것 같습니다). 저는 저 또한 솔직한 사람이고 회동이 현안 해결에 도움이 된다면 만날 의향이 있다고 했습니다.

고노는 상황이 나아지고 전망이 긍정적이라면 기시 또는 오노가 적절한 시기에 대통령님을 찾아뵐 의향이 있다고 말했습니다. 이에 저는 전망이 정말 좋아지면 서울에서의 만남을 주선해 볼 수 있겠으나 지금과 같은 상황이라면, 특히 일본이 예술품과 같은 단순한 문제조차 해결하지 않는 상황이라면 만난다고 해서 큰 도움이 되지는 않을 것이라고 했습니다.

위에서 언급했듯이 이러한 만남을 처음 가진 것이었고 개별 현안에 대해 논의하지는 않았습니다. 각 현안에 대해서는 추후 거론할 수 있을 것이라고 생각합니다.

그 다음으로는 오노가 말을 이어갔습니다. 그는 자민당이 1월 17일에 신임 총재를 선출할 예정이라고 했습니다. 그는 실무진 교섭에서 문제가 해결될 것이라고 생각하지 않는다면서 1월 17일 이전에 어느 정도의 합의에 도달하기 위해 최고위 정부 지도자급 논의를 가질 것을 제안했습니다. 자세한 내용을 논의하지는 않았지만 일본이 이제는 어느 정도 확실한 태도를 보일 가능성이 높아 보입니다.

27. 제4차 한일회담 어업 및 평화선위원회 제8차 회의 결과 보고 서한

1510 Tokyo, December 22, 1958

No. 37

Dear Mr. President:

(1) The 8th session of the Committee on Fisheries and Peace Line was held at the Japanese Foreign Ministry on December 19, 1958. At this meeting, the Japanese side asked if the Korean side had brought with it a counter proposal regarding fisheries. In reply, we told the Japanese that our side attended the session, expecting a new proposal from the Japanese side. After repeating their respective requests put forth at the previous meeting for the consideration of submitting a new proposal or a counter proposal on fisheries, both sides expressed their view that the committee would excert efforts to work out an early solution to the fishery problems when the committee would resume its works early next year.

(2) Minister Yiu and I met with Japanese chief delegate Sawada on December 18, 1958, and Minister Yiu had another meeting with Mr. Sawada on December 19, 1958. At these meetings, we told Mr. Sawada, in accordance with the Government instructions, that we had no objection to the Japanese proposal to recess temporarily the Korea-Japan Talks until January 25, 1959. However, we regretted that little substantial progress had been made during the 8 long months of negotiations due to indecision and lack of sincerity on the Japanese side. In this connection, Mr. Sawada said that he would exert his efforts to

convince the authorities concerned of the various Ministries of the necessity for an early settlement of the pending problems during the recess.

Regarding the matter of holding a plenary session, Mr. Sawada feared that it would bring about an adverse effect on his efforts to expedite the settlement of the problems, if charges or arguments were to be exchanged at a plenary session. Our side stated that the Korean side would not insist on the holding of a plenary session at this stage with the expectation that Mr. Sawada would make his effort toward settlement of issues during the recess.

1511 Thus, it has been agreed upon that the Talks would enter into a temporary recess from December 20, 1958 until January 25, 1959, and that committee or sub-committee meetings would be resumed from January 26, 1959 as follow:

1. Committee on Legal Status of Korean Residents .... January 26
2. Sub-committee on Vessels .... January 27
3. Sub-committee on Other Claims Regarding General Claims ...... January 28
4. Committee on Fisheries and Peace Line.................................... January 30
5. Sub-committee on Other Claims Regarding Korean Art Objects.. January 31

With the sentiment of loyalty and esteem, I remain,

Most respectfully,

Ben C. Limb

번역

1958년 12월 22일, 도쿄

번호: 37

대통령 각하,

(1) 1958년 12월 19일 일본 외무성에서 어업 및 평화선위원회의 8차 회의가 개최되었습니다. 이 회의에서 일본은 어업에 대한 역제안서를 제출할 준비가 되었는지 물었고, 우리 대표단은 일본이 새로운 제안서를 제시할 것을 기대하며 본회의에 참석했다고 답변했습니다. 지난 회의에서와 같이 각 측이 어업에 대한 새로운 제안서 또는 역제안서를 제시하라는 요청을 반복한 후에 양측은 내년 초에 위원회가 재개되면 어업 문제를 조기에 타결할 수 있도록 노력하자고 했습니다.

(2) 유 공사와 제가 1958년 12월 18일 사와다 일본 수석대표와 만났고, 유 공사는 1958년 12월 19일에 사와다 수석대표와 또 한 번 만났습니다. 이때 저희는 정부 훈령에 따라 1959년 1월 25일까지 한일회담을 잠정 휴회하자는 일본의 제안에 이의는 없으나, 일본 측이 결정을 내리지 않고 진정성을 보이지 않아 교섭이 이어진 8개월 동안 구체적으로 진행된 바가 거의 없다는 사실이 유감이라고 말했습니다. 사와다는 휴회 기간 중에 현안을 조기 타결할 필요성에 대하여 관련 부처를 설득하기 위해 노력하겠다고 했습니다.

본회의 개최와 관련하여 사와다는 본회의에서 책임 소재를 논하거나 논쟁이 오가면 문제 해결을 앞당기려는 자신의 노력에 부정적인 영향을 미치지 않을까 우려가 된다고 했습니다. 저희는 사와다가 휴회 중에 현안 해결을 위해 노력해 줄 것임을 기대하며 지금 시점에서 본회의 개최를 고집하지는 않겠다고 말했습니다 .

따라서 회담은 1958년 12월 20일부터 1959년 1월 25일까지 임시 휴회에 돌입하며, 위원회 또는 소위원회 회의는 1959년 1월 26일부터 다음과 같은 일정으로 재개될 예정입니다.

1. 재일한인 법적지위위원회 ························ 1월 26일
2. 선박소위원회 ························ 1월 27일

3. 일반청구권위원회 ··· 1월 28일
4. 어업 및 평화선위원회 ·· 1월 30일
5. 한국예술품소위원회 ··· 1월 31일

감사합니다.

임 대사

28. 평화선에 관한 내용이 담긴 문서

1512 **평화선**

법령: 한반도와 그 부속 도서의 해안과 아래의 제선을 연결함으로써 조성되는 경계선 간의 해양을 어업 자원을 보호하기 위한 관할 수역으로 한다(4286년 12월 12일 법률 제296호).

제(1)점. 북위 39-41-00 동경 124-00-00

제(2)점. 북위 32-00-00 동경 124-00-00

제(3)점. 북위 32-00-00 동경 127-00-00

제(4)점. 북위 34-40-00 동경 129-10-00

제(5)점. 북위 35-00-00 동경 130-00-00

제(6)점. 북위 38-00-00 동경 132-50-00

제(7)점. 북위 42-15-00 동경 130-45-00

1513 **평화선과 아국 연안과의 (최근 거리) 이정표** (단위: 마일)

동해안	
오포단	5.5
난도	10.2
대초도	22.5
고말산단	50
여랑진	75.5
무수단	75.5
성진단	112.5
차호항	151.5
서호진	183

여도	198
고저포	194
장전항	186
속초항	167.8
주문진	150
독도	9
울능도	56
용추갑	98
수장말	82.1
축산만	76.2
장기갑	55.9
구룡포	53.5
감포	47.8
양절갑	38

남해안

부산	22
매물도	23.5
지세포	21
명도	13
소려도	46.2
나로도	57
상맥도	43
거문도	53.2
우도	50.5
서귀포	61

마라도	②에서 132
	③에서 76.2

서해안

매화도	58.8
소흑산도	54
칠발도	88.2
부남군도	92
법성포	112.5
안마도	100
고군산도	110.1
어청도	95
북격렬비도	75.1
목덕도	85.5
안도	104.9
강화도	115.5
덕척도	100.9
독순항	78
소청도	35.2
초도	36.4
석도	47.1
덕도	45.5
대화도	28
신도	6
아국 해안선	1,389마일

29. 한일회담 어업 문제 관련 한국 측 입장에 관한 내용을 해무청장에게 확인 요청하는 공문

1515 결재 연월일 4291. 1. 14

외정 제193호

장관[인장] 차관[인장] 정무국장[인장] 아주과장[인장] 주무자 기안자

건명: 한일회담에서 토의될 어업 문제에 관한 건

수신인: 해무청장

발신인: 장관

수제지건에 관하여 객년 12월 31일 한일 양국 간에 조인된 한일예비교섭 종결문서
1516 (별첨 1 – 외정 제 호 공한에 첨부되어 있으므로 이에는 생략)에 의거하여 오는 3월 1일부터 일본 도쿄에서 재개키로 되어있는 한일회담에서는 단기 4284년 10월 이래 개최되었던 제1, 2, 3차 한일회담에서 취급되었던 바와 원칙적으로 동일한 의제가 상정 토의되기로 합의되었으며 한일 간 어업 문제에 있어서는 동 회담 '어업분과위원회(가칭)'에서 귀부로서는 전기 제1, 2, 3차 회담에서의 아국 측 제안의 기초가 되어있는 「한일어업조약 요강(한국 측 안)」(별첨 2) 및 「어업에 관한 대한민국 정부와 일본국 정부의 협정에 관한 한국 측 초안」(별첨 3)을 제1차적으로 재제안할 위계이온데 상기한 조항 및 협정안은 당시 어업 관계 주관 당국의 관계관과 협의하에 작성되었던 것인데 동
1517 2개 안을 재검토하시와 추보 또는 수정할 사항 기타 귀견이 있으시면 이를 조속한 시일 내에 통지하여 주심을 경망하오며 그 후 본건에 관련된 제반 문제에 관하여 귀부와 재협의할 예정임을 첨신하나이다.

별첨

29-2. 한일어업조약 요강(대한민국 안)

1523 **한일어업조약 요강**(대한민국 안)

단기 4286년 7월 17일

1. 기본 정신

한국 연안에 근접한 수역에 있어서의 어업 자원 감퇴의 경향이 현저함에 감하여 그 최대 지속적 생산성을 확보하기 위하여는 통절한 보존 조치로써 어업의 규제가 긴급하여 한일 양국 간의 현존하는 어업 능력의 현격한 차등에 감하여 어업 자원의 분배에 있어서 실질적 공평을 기하기 위하여는 보존 조치의 실적이 있는 연안국의 어업관할권을 인정하는 것이 양국 간의 어업 조정에 있어서 가장 타당한 방도라고 생각한다.
1524 또 이것은 양국의 어로의 교착으로 인하여 발생할 수 있는 분쟁의 요인을 제거하는 결과도 가져올 수 있을 것이다.

그 이외의 수역에 있어서는 어업 자원의 감퇴를 방지하기 위하여 양국의 협정에 의하여 필요한 어업의 규제를 실시하여야 할 것이다.

2. 조약의 요령

(1) 체약국의 영수(領水)에 근접한 일정한 수역 내에 대한 연안국으로서의 어업관할권을 상호 확인할 것

(2) 어업 관할 수역 외의 양국 공동의 이해관계가 있는 수역에 있어서는 다음의 방법에 의하여 양국의 공동 보존 조치를 취할 것

① 한일어업공동위원회의 권고에 의하여 어종, 어획량, 구역, 기간, 어법, 어선 척수, 톤수, 마력 또는 장비 등에 관한 금지 제한 기타의 규제를 가할 것

② 한일어업공동위원회의 권고를 체약국의 보존 조치에 대한 동의가 있을 때까지는 과도적 조치로서, 양국이 실시할 보존 조치를 부속서로서 작성할 것

③ 한일어업공동위원회를 설치하여 체약국의 공통의 이해관계가 있는 어업 자원에

대한 최대의 지속 생산성을 확보하기 위하여 필요로 하는 공동 조치의 확정에 필요한 과학적 조사와 연구를 추진하고 조정하여 체약국에 대하여 그 조치를 권고하도록 할 것

또 본 조약 실시를 확보하기 위하여 단속상 필요한 조치 및 본 조약 위반자에 대한 처벌 규정에 관하여 체약국에 권고하도록 할 것

3. 일본 어업협정 요강 4는 너무나 추상적으로 신축성 있게 표현되어 있는 관계로 그 내용을 명확히 파악할 수 없으므로 한국의 본 요강과의 거리를 측정할 수 없으니 더 구체적인 구상의 내용을 제시하여 주기를 희망한다.

30. 일본 어선의 평화선 침범 대책 관련 해무청장에게 보내는 공문

1525 장관 차관[서명] 정무국장[인장] 과장 담당자

외정 제 호
단기 4291년 11월 12일

외무부 장관

해무청장 귀하

건명: 일본 어선의 평화선 침범에 대한 대책에 관한 건

머리의 건에 관하여 현재 평화선 내 수역은 어획기에 놓여있으므로 귀청 관하 해양경비대에서는 어업자원보호법 시행에 있어 만전을 기하고 있을 것으로 믿는 바이오나, 당부에서 입수한 제반 정보를 종합하여 보건대, 근래에 일본 어선단은 큰 지장을 받지 않고 상기 수역 내에 침입하여 어로에 종사하고 있으며 그 어획고는 평화선 선포 이래 드문 높은 숫자를 나타내고 있다고 하는바, 만일 이러한 사태가 사실이라면 전기 법률 시행에 관한 문제뿐만 아니라 대일 외교 관계에 있어서도 평화선에 대한 우리의 일관한 입장을 시위하는 데 있어서 유감스러운 결과가 될 뿐 아니라, 또한 이에 따라서 대일 교섭에 있어서의 우리의 입장도 약화될 가능성이 있는 것이오니 귀청에서 이 취지를 양지하시고 평화선 및 동 수역 내에 있어서의 우리의 입장을 관철하는 데 유감 없도록 만전의 조치를 취하여 주시는 동시에 귀청으로서 평화선을 침월하는 일본 어선단에 대하여 경고를 발하는 뜻의 담화를 시급히 신문 등을 통하여 발표하여 주심을 바라나이다.

이상

31. 이승만 대통령의 평화선 변경 관련 발언에 대한 일본의 반응 보고 전문

1526 번호: MTB-261

일시: 11/14/1350

TO: Foreign Minister

Re cable: FTB-261

There has so far been no comment from Government sources. Many newspapers carried articles on His Excellency's answer to AP question headlining " President Rhee is willing to make substantial and lasting changes in the Peace Line" without making specific comment thereon. However, the Japan Times of Nov. 13th editorially commented His Excellency's answer, asserting that it was tantamount to an admission that the Line was drawn as an instrument for putting pressure on Japan, etc. I am preparing a letter to editor refuting the editorial which I expect will be carried sometime early next week in the Japan Times. The news clippings and text of my letter to editor will be sent via next pouch.

Ambassador Yiu

번역 번호: MTB-261

일자: 11/14/1350[1958. 11. 14]

수신인: 외무부 장관

FTB-261 관련

(일본) 정부로부터는 아무런 의견 제시가 없습니다. 여러 신문에서 특별한 논평 없이 "이승만 대통령, 평화선에 대한 중대하며 영구적인 변경 의향 있어"라는 제목으로 AP 통신에 대한 대통령님의 답변에 관한 기사를 보도했습니다. 그러나 11월 13일 자 『재팬 타임스』의 사설에서는 대통령님의 답변이 일본에 압박을 행사하기 위한 도구로서 평화선을 설정했음을 인정하는 것과 같다고 논평했습니다. 이 사설에 대해 논박하기 위해 편집장에게 보낼 서한을 작성 중이며 다음 주 초쯤 『재팬 타임스』에 보낼 예정입니다. 뉴스 스크랩과 에디터에게 보낼 서한의 전문을 다음 행낭으로 송부하겠습니다.

유 대사

32. 평화선에 대한 한국의 입장이 담긴 문서[20]

1527 THE KOREAN POSITION ON THE PEACE LINE

With the coming into force of the San Francisco Peace Treaty, by which Japan regained its sovereignty, the MacArthur Line — established by SCAP directives with a view to regulating Japanese fishing activities and preventing possible fisheries frictions between Korea and Japan — was discontinued. But the vital interests of the Republic of Korea demanded the reimposition of such a demarcation. On January 19 of 1952, this Government therefore announced a Presidential Proclamation setting forth a boundary(Peace Line) in the seas adjacent to Korea and within which the Republic of Korea would exercise Jurisdiction for purposes of defense and the conservation of natural resources.

The Peace Line has multiple purposes. First of all, it protects the fishing resources of this country. During the forty-year occupation of Korea, the Japanese monopolized fishing in Korean wasters. Japan's fishing fleets, equipped with modern gear, had been engaged in the intensive exploitation of fishing resources all around the Korea peninsula. The MacArthur Line has prevented such spoliation in the years immediately after the 1945 defeat of Japan. But it was obvious that with the lifting of this demarcation, Japanese fishing fleets would flood back into Korea's contiguous seas and quickly exhaust marine resources that provide the Korean people with 85 per cent
1528 of their animal protein. This also would have meant collapse of the slowly recovering Korean fishing industry and a loss of livelihood by tens of thousands

20 유태하 대사가 『재팬 타임스』 평화선 관련 사설에 대한 반박을 위해 작성한 문서로 추정된다.

of our people.

Secondly, the Peace Line was intended to preserve the peace between Korea and Japan until such time as the two peoples could live together in friendship and mutual trust. Without an effective measure to take the place of the MacArthur Line, the swarming of Japanese fishing boats into Korean fishing grounds unquestionably would have led to bitter and perhaps violent clashes with Korean fisherman. Such clashes would have led to further deterioration of re ations[reaction] between the two countries and, in view of recent history, quite probably to extremely serious consequences.

Thirdly, the Peace Line is an inherent segment of Korea's sea defenses against Communist infiltration and aggression. The need for such a measure was clearly recognized in the MacArthur Line and subsequently in the Clark Line, proclaimed in 1952. It is generally r recognized that a state or belligerent may establish a defense zone in wartime. The Republic of Korea was at war when the Peace Line was proclaimed, and still remains technically and actually in a state of war with the Communists. Without the protection afforded by the Peace Line, Communists agents would materially increase their infiltrations via the sea routes from the north.

The Peace Line also has full legal jurisdiction under international law and precedents. Both the law and these precedents were carefully studied before
1529 the proclamation, and it was further true that the Line did not have the sole purpose of keeping Japanese fisherman out of waters adjacent to Korea. Proclamation was a fully legitimate exercise of Korea's sovereign right to make regulation for fishing and to defend itself. So-called freedom of the high seas is not unrestricted, but carries with it the responsibility of conserving resources, especially on the part of the continental state, and also is subject to modification in time of war of national emergency.

In this connection, attention can be called to the proclamations issued numerous countries which are similar to that of the Peace Line in its nature. They had the effect of expending the jurisdiction of these countries for limited purposes, much as does the Peace Line. Some international fisheries conferences have implemented a similar line of thought. The Rome Fishery Conference of 1956, for example, adopted recommendations concerning the special rights of coastal states in preservation of maritime resources. This principle then was adopted at Geneva Conference on the Law of the sea in 1958.

Japan has sought to maintain that Korea is apprehending and incarcerating its fisherman without basis of legality. This is not true. The Japanese Government was fully notified of the Peace Line proclamation and of Korea's intentions. These treasures of this Government have the full force and effect of domestic law. Had Japan recognized the justice and validity of the Peace Line, and taken steps to prevent its fisherman from violating the demarcation, there would
1530 have been no violations and no fishery-frictions between the two countries. Disputes over the issue Line and apprehension of offending fisherman therefore are wholly the responsibility of Japan.

Furthermore, all Japanese fisherman who had completed their sentences were repatriated in strict accordance with the Korea-Japan Agreement of December 31, 1957, and only those who were not then eligible for repatriation, or who have been apprehended and convicted since, remain at Pusan. These fisherman number one hundred and fifty-three.

But Japan still detains-at the OMURA camp-more than 1000 Korean, including women and children. Many of them have been held for several years. This is a direct and flagrant violation of the detainee mutual release provisions of the agreement of December 31, 1957. In that accord, Japan pledged itself to repatriate those detainees who had smuggled themselves into Japan after the August 15, 1945, end of the World War II. Japan continues to refuse to repatriate these Korea nationals.

For any permanent and satisfactory settlement of the problem of the Japanese fisherman, it is necessary for Korea and Japan to work out definite fishing arrangements, This can be done only through direct negotiations of the two countries, and it was Korea's belief that this would be achieved at the formal Korea-Japan Conference which began last year. Questions of fishing
1531 occupied a prominent place on the agenda, and status of the fishermen held at Pusan was to be discussed. But instead of entering into such talk spirit of friendship and conciliation, the Japanese attempted to involve the International Committee of the Red Cross in a matter that is essentially political. At the same time, Japan has undertaken to conduct direct talks with the Communist of the northern part of Korea on an illegal, unfriendly plan to send Korean residents of Japan to territory under the temporary control of Communism. The dual nature of such diplomacy is clearly evidenced by Japan's hesitation in reopening of the Korea-Japan Conference despite the unequivocal suggestion of the Republic of Korea that this be done immediately.

Japan still declines, through one pretext or another, to turn over such properties as old books, art treasures, and silver and gold bullion that rightly belong to Korea. It also refused to discuss any of the critical issues that disrupt friendly relations between the two countries and that threaten the peace and security of East Asia.

An unfortunate implication seems to be that Japan cilings to its old ambitions towers Korea. This Government repeats to Japan and to the countries with which it is associated diplomatically, that the only way out of the current impasse is for the Japanese to give proof of fairness and sincerity. In that case, all problems between Korea and Japan can be settled quickly and satisfactory through renewed negotiations at the Korea-Japan Conference.

번역 **평화선에 대한 한국의 입장**

샌프란시스코 강화조약이 발효되면서 일본은 주권을 회복했고, 한국과 일본 사이의 잠재적 어업 분쟁을 방지하고 일본의 조업 활동을 규제하기 위해 연합국최고사령부 지령에 의거하여 수립된 맥아더 라인의 효력이 중단되었다. 대한민국의 국익을 고려하면 이러한 경계를 다시 지정할 필요가 있었기에 정부는 1952년 1월 19일 한국 근해에서의 국방과 천연자원 보존을 목적으로 대한민국이 관할권을 행사하는 경계(평화선)를 지정하는 대통령 선언문을 발표했다.

평화선의 목적은 여러 가지다. 첫 번째는 수산 자원을 보호하는 것이다. 40년간 한국을 지배하는 기간 동안 일본은 한국 수역에서의 조업을 독점했다. 현대식 장비를 갖춘 일본 어선들은 한반도 근해에서 수산 자원을 공격적으로 착취했다. 1945년 일본 패전 직후부터 수년간 맥아더 라인을 통해 이러한 착취를 방지했다. 그러나 맥아더 라인이 철폐되면 일본 어선들이 다시 한국 근해로 몰려와 한국인이 섭취하는 동물성 단백질의 85퍼센트를 충당하는 수산 자원을 빠르게 소진할 것이 분명했다. 서서히 회복 중인 한국 수산업이 붕괴되고 수만 명의 생계가 무너질 수 있는 상황이기도 했다.

둘째, 평화선은 양국 국민들이 상호 신뢰와 우정의 정신으로 함께 살아갈 수 있는 날이 올 때까지 한일 간의 평화를 보존하기 위한 것이다. 맥아더 라인을 대신할 효과적인 대책이 없다면 한국의 어장에 일본 어선들이 무리 지어 몰려와 한국 어민들과 격렬하고 폭력적인 충돌을 빚을 것이 분명하다. 이러한 충돌은 양국 관계를 더욱 악화시키고 가까운 과거의 사례에 비추어 보았을 때 매우 심각한 결과를 초래할 것이다.

셋째, 평화선은 공산주의의 침투와 공격에 대한 한국의 해양 방어 태세의 일부다. 이러한 조치의 필요성은 맥아더 라인, 그리고 1952년에 선포된 클라크 라인을 통해 명확히 드러났다. 전시에 국가나 교전국이 방어 지대를 지정할 수 있다는 것은 널리 받아들여지는 사실이다. 평화선을 선포한 당시 대한민국은 전쟁 중이었고, 여전히 엄밀히 말하면 실질적으로 공산 진영과 전쟁을 치르는 중이다. 평화선이라는 보호 장치가 없다면 북한에서 해상 경로를 통한 공산분자들의 침투가 크게 증가할 것이다.

평화선은 국제법과 선례에 따라 완전히 합법적인 관할 구역에 해당한다. 평화선을 선포하기 전에 국제법과 국제법의 선례들을 모두 신중히 검토했으며, 평화선은 한국 근해에 대한 일본 어민들의 접근을 막기 위한 목적에서만 지정된 것이 아니다. 평화선 선포는 어획에 대한 규제를 수립하고 국토를 방어하기 위해 완전히 합법적으로 한국의 주권을 행사한 행위였다. 소위 공해의 자유는 규제로부터 자유로운 것이 아니라, 특히 연안국에는 자원을 보존할 책임을 부여하며 국가적 비상사태인 전시 상황에서는 변경의 대상이 될 수도 있는 것이다.

이와 관련하여 평화선과 유사한 성격의 제도를 선포한 수많은 국가의 사례는 주목할 만하다. 이러한 제도들을 살펴보면 평화선과 마찬가지로 제한적인 목적에서 선포한 국가의 관할권을 연장하는 효과를 지닌다. 일부 국제 수산회의에서 유사한 방식을 채택한 바 있다. 예컨대 1956년 로마수산회의에서 해양 자원 보존에 대한 연안국의 특수한 권리에 관한 권고사항을 채택했고, 이 원칙이 1958년 제네바해양법회의에서 채택되었다.

일본은 한국이 합법적인 근거 없이 일본 어민들을 나포 및 구금하고 있다는 입장을 견지해 왔으나 이는 사실이 아니다. 일본 정부는 평화선 선포와 한국의 의도에 대해 충분히 통보받은 상태였다. 평화선은 국내법에 따라 완전한 효력을 보유한다. 일본이 평화선의 정당성과 유효성을 인정했다면, 그리고 어민들이 평화선을 위반하지 않도록 조치를 취했다면 양국 사이에는 어떠한 폭력 사태도, 어업 분쟁도 발생하지 않았을 것이다. 따라서 평화선을 둘러싼 분쟁과 평화선을 위반한 어민들의 나포에 대한 책임은 전적으로 일본에 있다.

그리고 형기를 마친 일본 어민 전원은 1957년 12월 31일 자 한일 협약에 따라 송환되었고, 당시 송환 대상이 아니었던 자들과 그 후에 체포되어 유죄를 선고받은 자들만이 부산에 남아있다. 이러한 어민들의 인원은 153명이다.

일본은 여전히 오무라수용소에 여성과 아동 등 한국인 1,000명 이상을 수용 중이다. 이들 중 다수는 수년간 구금되어 있는 상태다. 이것은 1957년 12월 31일 자 합의에서 명시한 억류자 상호 석방 조항을 직접적이고 노골적으로 위반하는 행위다. 일본은 제2차세계대전이 막을 내린 1945년 8월 15일 이후에 일본에 밀입국한 억류자들을 석방하기로 약속해 놓고도 송환을 계속해서 거부하고 있다.

일본 어민 문제를 영구적이며 만족스럽게 해결하기 위해서는 한국과 일본이 어획에 대한 확실한 방침을 마련해야 한다. 이를 위해서는 양국 간의 직접적인 교섭이 필요하며, 한국은 작년에 시작된 공식적인 한일회담을 통해 이러한 목표를 달성할 수 있다고 생각했다. 어업 문제가 회담 의제에서 중요한 부분을 차지했고 부산에 억류 중인 어민의 지위에 대해 논의하기로 했다. 그러나 우정과 화해의 정신을 바탕으로 논의에 돌입하는 대신 일본은 기본적으로 정치적인 문제에 ICRC를 결부시키려 했다. 한편, 일본은 현재 공산주의 세력이 지배하고 있는 북한으로 재일한인을 보내려는 불법적이며 우호적이지 않은 계획에 대해 북한의 공산 진영과 직접 논의했다. 이렇게 이중적인 외교는 즉시 회담을 재개하자는 대한민국의 제안에도 불구하고 한일회담의 재개를 주저하던 일본의 모습에서도 명확하게 드러났다.

일본은 여전히 온갖 핑계를 대며 한국의 소유물인 고서, 예술품, 금괴 및 은괴의 반환을 거부하고 있다. 또한 양국의 우호적인 관계를 방해하고 동아시아의 평화와 안보를 위협하는 중대한 문제에 대한 논의 또한 거부하고 있다.

안타깝게도 일본은 한국에 대한 오랜 야망에 여전히 집착하는 듯하다. 한국 정부는 일본, 그리고 일본과 외교 관계를 맺고 있는 국가들을 향해 현재의 교착 상태를 극복하기 위한 유일한 방법은 일본이 공정함과 진정성을 증명해 보이는 것이라고 말하고 싶다. 그렇게 한다면 한국과 일본 사이에 존재하는 모든 문제는 한일회담에서의 협상을 통해 신속하고 만족스럽게 해결할 수 있을 것이다.

33. 제4차 한일회담 어업 및 평화선위원회 토의 관련 해무청의 답신 공문

1532 해수 제 호

단기 4292년 1월 27일

해무청장[관인]

외무부 장관 귀하

제4차 한일회담 어업 및 평화선위원회 토의에 관한 건

대 (단기 4291년 12월 3일 자 외정 제4462호)

머리의 건에 관하여 당청 견해를 별지와 같이 회보하나이다.

1533 일본국 제안 중 본건 '공해 내에서의 설정' 문제에 대하여는 당청으로서는 영해의 한계 규정에 있어 종래의 3리설을 지양하여 되도록이면 폭이 넓은 영해설을 주장하여 주시기 바라는 동시에 금반 일본국에서 제안한 본건

1. 기선 저인망, 트롤 어업 조업 금지 수역 설정
2. 기선 저인망, 트롤 어업 조업 조정 수역 설정
3. 선망 및 고등어 조(釣)어업 조업 조정 수역 설정

등 각 항은 아래와 같은 이유로 우리나라에서는 이를 동의할 수 없음.

기

1534 1. 기선 저인망, 트롤 어업 조업 금지 수역 설정 및 조정 수역 설정에 관하여

우리나라에서는 연해 수산 자원의 번식 보호를 위하여 기선 저인망, 트롤 어업 조업

금지 수역 및 조정 수역을 타국의 예와 같이 기이 융희 2년 이래 법령으로서 설정, 실시하여 왔으나 과거 어법이 미개하였던 30년 전에 비해 근시 현저한 과학 기구를 이용하는 어법의 발달과 어로 기술 및 설비의 고도화된 금일에 있어서는 수산 자원의 번식 보호와 그 지속적 생산 유지상 그 보호 수역 범위는 자연적으로 확대되지 않을 수
1535 없는 바로서 우리나라, 현 어업 자원 보호 관할 수역선은 이와 같은 목적하에서 제반 기술적 검토하에 설정하여 1952년 어업자원보호법을 제정, 실시하고 있으므로 본 법에 의한 어업 관할 수역선 내에 있어서의 여하한 금지 또는 조정 수역 설정도 이를 동의하기 난하옵고 동선 외에서 설정하는 데 대하여는 이를 동의할 용의가 있음.

2. 선망, 고등어 조어업 조업 조정 수역 설정에 관하여

일본국 제안의 그 수역은 우리나라 연안 대륙붕상에 위치하는 역사적 영해인 동시
1536 에 우리나라 수산 자원의 역사적 번식 보호 수역으로서 동 영해 수역 내에서는 주권국인 아국이 독자적으로 결정할 문제임.

34. 도쿄신문 기사:
이승만 라인에서 정당방위적 어업에 대한 여론 조사

1538 Survey of public opinion on self-defense fishing in Rhee Line area:
(The Tokyo Shimbun, July 25)

The Republic of Korea is not likely to refrain from unlawful capture of Japanese fishing vessels in the neighborhood of the Rhee Line, and therefore Japanese fishermen in Northern Kyushu once planned to carry out forcible fishing operations under the protection of self-defense vessels armed with weapons.

As mentioned above, Japan is in dispute with the ROK over the Rhee Line issue.

On July 13, this company (Tokyo Shimbun), in cooperation with the Public Opinion Science Association, conducted a survey of public opinion on Japanese policy toward the Republic of Korea especially in regard to the problem of self-defense vessel and the Rhee Line issue; The survey, which was conducted in Tokyo by random formula, covered 797 persons having right to vot(vote).

The result of the survey is as follows:

Question: In connection with the Rhee Line issue, Japanese fishermen in Western Japan are going to carrying out fishing operation by arming their fishing vessels for them selves. What do you think about this plan?

Answer: 8.4 per cent of the persons who joined the survey supported fishing operations by armed fishing vessels. 29.7 per cent of them said that fishermen cannot but do so.

46.1 per cent said that unnecessary friction should be avoided.

1.5 per cent hoped for a solution through government negotiations.

1.4 per cent demanded the cooperation of the Marine Self-Defense Force.

0.6 per cent hoped for international mediation by UN.

11.9 per cent said "I don't know."

0.4 per cent others.

ROK guard ships have repeatedly captured Japanese fishing vessels outside the Rhee Line. Japanese fishermen in Kyushu and Western Japan, who were provoked by such unlawful action of the ROK side, once planned to protect their fishing ground for themselves by putting so-called "self-defense vessels" into operation.

For fear of possible friction between armed self-defense ships and the ROK side, the Maritime Safety Agency is going to use the self-defense ships as liaison ships between fishing vessels and its patrol boats.

According to the above survey of public opinion, 38. I per cent of those who joined the survey gave an affirmative reply to the self-defense fishing, and the remainder hoped for a solution by peaceful means.

1539 Those who gave an affirmative answer to the self-defense fishing consisted mainly of 42 per cent of students and 34.6 per cent of those engaged in commerce and industry, while those who preferred avoidance of unnecessary friction with the ROK included 71.4 per cent of farmers and fishermen, 48.3 per cent of labourers, and 46.7 per cent of house-wives.

Question: What attitude do you think the Japanese Government should take under such circumstances?

Answer: 17.4 per cent said that the Government should solve the issue by peaceful talks while avoiding friction.

16.2 per cent requested the Government to tackle the issue with a stronger attitude.

5.8 per cent called for the protection of fishing vessels by the mobilization of the self-defense force.

5.6 per cent called for finding a way to solve the problem positively.

3.8 per cent called upon the Government to solve the problem positively through the United Nations.

2.9 per cent called upon the Government to adopt a method of abolishing the Rhee Line.

2.8 per cent called upon the Government to appeal this problem to international opinion.

2.6 per cent called upon the Government to protect fishermen and stablize their living.

1.0 per cent called upon the Government to talk with the ROK through the good offices of a third power.

6.6 per cent are others.

38.4 per cent expressed no particular opinion.

Those persons who favored peaceful solution of this problem called upon the Government to conduct peaceful talks with the ROK or to solve it through the UN or to appeal it to the public opinion of the world or to ask for the good offices of the United States or other third power.

On the other hand, these, who advocated strong policy including the mobilization of the Self-Defense Forces, called upon the Government to take the more strong attitude toward the ROK or to abolish the Rhee Line.

The percentage or those who advocate strong approaches is nearly same as that of those who advocate peaceful approaches

As a whole, none of the above mentioned answers provided an effective methed for solution

-End-

번역

평화선 수역에서의 자기 방위 조업에 대한 여론 조사

(『도쿄신문』, 7월 25일)

대한민국이 이승만 라인 인근에서 일본 어선을 불법 나포하는 행위를 중단할 가능성이 낮아 보이자 한때 북규슈의 일본 어민들은 무장한 선박의 보호하에 조업할 계획을 세웠다.

앞서 말했듯이 일본은 이승만 라인을 두고 한국과 분쟁 중이다.

7월 13일 당사(『도쿄신문』)는 여론연구협회와 함께 대한민국, 특히 자기 방위 선박과 이승만 라인 문제와 관련한 일본의 정책에 대한 여론 조사를 실시했다. 투표권자 797명을 대상으로 무작위 방식으로 도쿄에서 진행한 이 여론 조사의 결과는 다음과 같았다.

질문: 이승만 라인 문제와 관련하여 서일본 어민들이 스스로를 보호하기 위해 어선을 무장하고 조업할 예정인데, 이에 대해 어떻게 생각하는가?

답변: 설문 참여자의 8.4퍼센트는 무장 어선을 통한 조업을 지지했고, 29.7퍼센트는 어민들이 선택할 수 있는 유일한 방법이었다는 반응을 보였고, 46.1퍼센트는 불필요한 마찰을 방지해야 한다고 답변했다. 1.5퍼센트는 정부 차원의 협상을 통해 해결책을 찾기를 원하고, 1.4퍼센트는 해양자위대의 공조를 요구했다. 0.6퍼센트는 UN을 통한 국제적 중재를 원했고 11.9퍼센트는 '모른다'고 답변했으며, 0.4퍼센트는 '기타'를 선택했다.

대한민국 해양경비대 선박이 이승만 라인 외부에서 여러 차례 일본 어선들을 나포했다. 한국의 이와 같은 불법적 행위로 인해 자극을 받은 규슈와 서일본의 어민들은 한때 소위 '자기 방위 선박'을 투입함으로써 어장을 보호할 계획을 세웠다.

자기 방위 선박과 한국이 마찰을 빚을 것을 우려하여 해양안전청은 어선과 정찰선을 오가는 연락선으로서 자기 방위 선박을 활용할 계획이다.

위 여론 조사에 따르면 참석자 중 38.1퍼센트는 자기 방위 조업에 대해 긍정적인 반응을 보였고, 나머지 참석자들은 평화로운 수단을 통한 해결을 원했다.

자기 방위 조업에 대해 긍정적인 답변을 한 이들 중 42퍼센트는 학생, 34.6퍼센트는 상업과 산업에 종사하는 이들이었고, 한국과의 불필요한 마찰을 방지하는 것을 선호했던 참석자의 71.4퍼센트는 농부와 어부, 48.3퍼센트는 노동자, 46.7퍼센트는 주부였다.

질문: 이러한 상황에서 일본 정부가 어떠한 태도를 취해야 한다고 생각하는가?

답변: 17.4퍼센트는 정부가 마찰을 방지하면서 평화로운 대화를 통해 문제를 해결하기를 원했다.

16.2퍼센트는 정부가 보다 강력한 태도로 문제를 해결하기를 원했다.

5.8퍼센트는 자위대를 동원하여 어선을 보호하기를 원했다.

5.6퍼센트는 긍정적으로 문제를 해결하기를 원했다.

3.8퍼센트는 정부가 UN을 통해 긍정적인 방식으로 문제를 해결하기를 원했다.

2.9퍼센트는 정부가 이승만 라인을 철폐하기 위한 방법을 도입하기를 원했다.

2.8퍼센트는 정부가 이 문제를 국제 여론에 호소하기를 원했다.

2.6퍼센트는 정부가 어민들을 보호하고 이들의 생계를 안정화시키기를 원했다.

1.0퍼센트는 제3자의 중재를 통해 정부가 대한민국과 대화하기를 원했다.

6.6퍼센트는 '기타'를 선택했다.

38.4퍼센트는 특정한 의견을 표명하지 않았다.

문제를 평화롭게 해결하는 방식을 선호하는 이들은 대한민국과 평화롭게 대화하거나 UN을 통해 해결하거나 세계 여론에 호소하거나 UN이나 다른 제3자의 개입을 요청할 것을 촉구했다.

한편 자위대 동원 등 강력한 대책을 원하는 이들은 정부가 대한민국을 향해 보다 강경한 태도를 취하거나 이승만 라인을 철폐할 것을 요구했다.

강경한 접근법을 지지하는 이들의 비중은 평화로운 접근법을 옹호한 이들의 비중과 거의 차이가 없었다.

앞서 언급한 답변 중 무엇도 해결책을 도출하기 위한 효과적인 방법을 제시해 주지는 못했다.

끝

35. 제4차 한일회담 재개에 따른 한일 간 어로 및 평화선 문제 관련 해무청 의견 조회 공문(독촉) 재가 문서

1540 장관(차관의 전결사항) 차관[서명] 정무국장[인장] 아주과장[인장] 기안자

단기 4292년 8월 18일 기안

외정(아) 제1905호

외무부 장관

해무청장 귀하

건명: 제4차 한일회담 재개에 따른 한일 간 어로 및 평화선 문제에 대한 우리 입장 수립에 관한 건

머리의 건 단기 4290년 12월 31일에 제4차 한일회담의 개최를 위한 한일 양국 간의 예비교섭이 타결됨을 계기로 당부에서는 동 회담에 임할 우리 정부의 입장을 세워두어야 할 필요가 있었으므로 귀청에 대하여 동 회담의 의제의 하나로 합의 채택된 한일 간 어업 및 평화선 문제에 대한 귀청의 의견을 제출하여 줄 것을 요망한 바 있었으나 상금 그 회보를 접하지 못하고 있는바로 그간 귀청에서 이에 대한 신중한 연구를 계속 중이신 것으로 사료되옵는바, 금반 지난 8월 13일부터 동 제4차 한일회담이 재개됨에 제하여 이 문제가 동 회담에서 다시 본격적으로 토의될 가능성이 있는 바이므로 시급히 이에 대한 우리 정부의 입장을 수립하여야 할 필요가 있는 바이오니 귀청에서는 기술적 견지에서 본건에 대한 우리의 이상안(理想案, STANDARD POSITION)과 최대 양보선을 포함하는 수 개의 대안을 입안 작성하시어 조속히 당부에 제출하여 주시기 바랍니다.

이상

36. 어업에 관한 대한민국 정부와 일본국 정부의 협정안 (한국 측 안)[21]

1544 **어업에 관한 대한민국 정부와 일본국 정부의 협정안(한국 측 안)**

대한민국 정부 및 일본 정부는

공해에 있어서의 어업 자원의 최대 지속적 생산성을 확보하며 개발하는 것이 인류 공통의 복지이며 양 체약국의 이익임을 인식하고 또한 그리하는 것이 국제법 및 국제 관습에 기인한 각자의 권리 및 의무임을 서로 이해하며 다시 양 체약국의 지리적 근접 및 어업 조업의 교착의 결과로서 체약국 간에 발생할 수 있는 분쟁의 원인을 제거하려는 점을 고려하여

[번호 없음] 양 체약국의 영수에 접속된 일정한 수역에 대한 연안국으로서의 어업관리권을 상호 존중하고 양 체약국으로서의 공통의 관심을 가지고 있는 어업 자원에 대한 최대의 지속적 생산성을 확보하며 개발하기 위하여 취할 것을 필요로 하는 공동 조치를 과학적 조사 연구 및 조정 및 이의 결정, 결의 및 권고를 할 수 있는 한일어업공동위원회를 설치할 필요성을 같이 인정하고

차등 모든 목적을 달성하기 위하여 협정을 체결할 것을 결정하여

자에 정당히 위임을 받은 각자의 전권위원을 통하여 다음과 같이 협정한다.

1545 제1조

1. 체약국은 체약국의 국민 또는 어선이 타 체약국의 영수(領水) 및 어업관할권이 미치는 수역(이하 '관할 수역'이라고 칭한다)에 있어서의 어업 활동을 금지할 것을 상호

21 본 문서는 제1차 한일회담 어업위원회 제9차 회의(1952. 3. 20)에서 한국 측이 제출한 협정안으로, 한국 외교문서철에 수록된 것은 판독이 어렵다. 난독 부분은 일본 외교문서철 1655에 수록되어 있는 동일한 문서를 참고로 작성하였다.

확인한다. 단 체약국의 국민 또는 어선이 타 체약국 정부의 허가를 득하여 그 통제 규율에 따를 경우는 차한(此限)에 부재(不在)한다.

2. 본건에 말하는 상호 확인된 관할 수역은 동 협정 제1부속서에 게재한 수역으로 한다.

제2조

체약국은 관할 수역 외에 있어서의 중국 동해(동지나해), 황해, 동해(일본해) 및 이에
[번호 없음] 접속하는 수역(이하 '협정 수역'이라고 칭한다)에 있어서의 양 체약국이 공통의 관심을
가진 어업 자원의 최대의 지속적 생활성을 확보하기 위하여 평등한 입장에서 필요한 공통 조치를 취할 것을 동의한다.

제3조

본 협정 적용상 A '어선'이라 함은 수산 동물을 채포(採捕)하는 것 또는 공해에서 적재한 수산 동물을 가공하거나 수송하는 일에 종사하는 선박은 이러한 활동을 하기 위한 장비를 가진 선박을, B '트롤 어업'이라 함은 나선 추진기를 장비한 선박에 의하여 오터트롤 또는 빔트롤을 사용하여 행하는 어업을, C '기선 저예망 어업'이라 함은 트
1546 롤 어업을 제외한 나선 추진기를 장비한 선박에 의하여 저예망을 사용하여 행하는 어
업을 각각 말한다.

제4조

1. 체약국은 협정 수역에 있어서의 어업 자원 중 중요한 어종에 대하여 당해 어종의 주요한 산란 및 치어 육성 구역 또는 산란 및 치어 육성 기간 혹은 특정한 어종에 대하여 일정한 수역 내에서 자발적 어획 억지를 요한다는 것이 과학적 조사에 의하여 입증되었을 때에는 당해 중요한 어종에 대한 당해 구역 및 기간 중 또는 당해 특정 어종에 대한 일정 수역 내에서 각자의 국민 또는 어선이 트롤 어업 및 기선 저예망 어업 내지
[번호 없음] 본 협정 제5조 규정에 의하여 설치된 한일어업공동위원회가 추가 지정할 수 있는 어
업을 하는 것을 금지하는 것에 동의한다.

2. 체약국은 전기 중요한 어종에 대한 중요한 구역 및 기간 결정 또는 전기 특정 어

종 및 그 일정 수역의 결정은 전기 위원회가 조사, 권고한 바에 의할 것에 동의한다.

3. 체약국은 연안국으로서 어업 자원에 대한 보존 조치를 하여온 장점을 고려하여 협정 수역에 있어서의 당해 자원 개발에 관한 적정 어업 방식 및 단속상 필요한 공동 조치를 전기 위원회가 결정, 권고하는 바에 의하여 정할 것에 동의한다.

1547 4. 본건 1의 규정은 전기 위원회가 하는 어업 조업에는 적용하지 않는 것으로 한다.

제5조

1. 체약국은 본 협정의 목적을 달성하기 위하여 한일어업공동위원회(이하 '위원회'라고 칭한다)를 설치하고 유지한다.

2. 위원회는 2의 국별 위원부로 구성하고 각 국별 위원부는 각자의 체약국이 임명한 사인 이하의 위원으로써 구성한다.

3. 본 위원회의 모든 결의, 결정 및 권고는 양 국별 위원부의 합의에 의하여서만 행한다.

4. 위원회는 그 회의의 운영에 관한 규정을 결정하고 필요 있을 경우에는 이를 개정할 수 있다.

[번호 없음] 5. 위원회는 적어도 매년 1회 회합하고 또 어느 일방의 국별 위원부의 요청에 의하여서도 타 시기에 회합한다. 제1회 회의의 기일 및 장소는 체결국의 합의로써 결정한다.

6. 위원회는 기 제1회 회의에 있어서 의장 및 사무국장을 각 다른 국별 위원부에서 선정한다. 의장 및 사무국장의 임기는 1년으로 한다. 그 후 각 연에 있어서는 국별 위원부로부터의 의장 및 사무국장의 결정은 각 체결국이 그러한 직의 지위에 순번으로 선임되게 교체하여 정하기로 한다.

7. 위원회는 그 본부의 설치에 적합한 장소를 결정한다.

1548 8. 체약국은 공통의 관심이 있는 어업 자원에 관하여 정통한 자로써 구성된 자문위원회를 자국의 국별 위원부를 위하여 설치할 수 있다. 각 자문위원회는 위원회가 비밀회의로 하는 결정을 한 회의를 제외하고는 위원회의 모든 회의에 출석하게끔 초청되어야 한다.

9. 위원회는 공청회를 열 수가 있다. 또 각 국별 위원부는 자국에서 공청회를 열 수가 있다.

10. 위원회의 공용어는 한국어 및 일본어로 하되, 필요할 때에는 타국어로 번역한다. 제안 및 자료는 어느 편의 일방의 국어로라도 위원회에 제출할 수 있다.

[번호 없음] 11. 체약국은 자국의 국별 위원부의 경비를 결정하고, 또 지불한다. 위원회의 공동의 경비는, 위원회가 권고하고 또 체약국이 승인한 형식 및 비율로 체약국이 부담한 분담금으로 위원회가 지불한다.

12. 공동의 경비의 연차 예산은 위원회가 권고하고 또 체약국에 승인을 위하여 제출한다.

13. 위원회는 그 공동의 경비 때문에 자금의 지출의 권한을 가진다. 위원회는 그 임무를 수행하기 위하여 필요한 인원을 고용하고 또 필요한 편익을 취득할 수 있다.

第6조

1. 위원회는 다음의 임무를 수행한다.

1549 A. 양 체약국의 공통의 관심을 가진 중요한 어업 자원에 관한 생식량, 생활사 및 생태학에 대하여 필요하다고 인정할 만한 자료를 수집하고 평가하며 필요한 경우에는 과학적 입증을 얻고자 직접 조사한다.

B. (i) 어업 자원의 최대의 지속적 생산성을 보유할 과학적 조사의 근거에 비추어 본 협정 제4조 1에 규정된 중요한 어종에 대한 주요한 구역 및 기간 또는 특정 어종 및 그에 대한 일정 수역 등을 조정 결정하여 각 체약국에 권고한다.

(ii) 전기의 특정 어종에 대하여서는, 과학적 증거에 의하여 본조 C에 규정된 어종
[번호 없음] 방식의 제한으로는 도저히 연년 지속되는 생산의 실질적 증가를 초래하지 못할 것이 명확하여졌고 또 그 최고 생산을 유지하는 데 필요한 조건을 발견하기 위하여 과학적 조사 중에 있는 경우에는 당해 어종에 대한 어구 및 어업 등의 특수한 연구 조치를 강구하며, 수역을 결정하여 당해 어종의 어획을 자발적 억지토록 각 체약국에 권고하는 것으로 한다.

C. 제4조 3의 규정을 충실히 실천하기 위하여 양 체약국이 공통의 관심을 가진 중요한 어업 자원의 총어획량을 결정하고 그에 필요한 어업의 종류, 어선의 톤수 및 척수를 제한하는 어업 방식(어종의 체장 제한, 어구 및 그 구조 장비 등에 대한 조정을 포함한다)을 결정하여 각 체약국에 권고한다.

1550 D. 협정 수역에 있어서 각 체약국이 어업에 종사할 어선의 표식, 정선 신호 및 기타 단속상 필요한 조치를 결정하여 각 체약국에 권고한다.

E. 본 협정의 위반에 관한 동등의 형의 세목을 제정하는 데 관하여 심의하고 각 체약국에 권고한다.

F. 체약국이 본 협정 제9조 3의 규정에 의하여 제공한 기록을 편집하고 연구한다.

G. 위원회의 사업 조사 및 결정에 관한 보고를 적당한 권고와 동시에 매년 체약국에 제출하고 또 적당하다고 인정될 때에는 언제든지 본 협정의 목적에 관계 있는 사항에 대하여 체결국에 통보한다.

[번호 없음] 2. 위원회는 그 임무의 수행에 있어서 될 수 있는 한 체약국의 관공서의 기술적 과학적 역무 또는 정보를 이용할 것으로 하고 또 요망되며 가능한 때에는 공사의 단체 또는 기관의 역무 및 정보를 이용할 수 있다.

제7조

1. 체약국은 본 협정의 체약국이 아닌 타국의 국민 또는 어선이 위원회의 사업 또는 본 협정의 목적 달성에 장해가 되는 일을 하였음을 알았을 때에는 다른 체약국에 통보하기로 한다. 이 경우에는 양 체약국은 취하여야 할 조치에 관하여 협의하기로 동의한다.

2. 체약국은 체약국의 국민 또는 어선이 본 협정의 체약국이 아닌 타국의 국민 또는
1551 어선과 형식적으로나 실질적으로나 동업 혹은 투자 관계를 맺고 본 협정의 목적 달성을 장해함에 이르지 않도록 단속할 것에 동의한다.

3. 체약국은 본조 2의 규정을 위반한 체약국의 국민 또는 어선은 본 협정의 모든 단속 규정에 복종케 할 것에 동의한다.

제8조

1. 체약국은 본 협정 제1조의 규정을 실시하기 위하여 타국의 국민 또는 어선에 관하여서는 본 협정 제1부속서에 명기한 관할 지역에 있어서 본 협정 제4조 1의 규정을 실시하기 위하여 각자의 국민 또는 어선에 관하여서는 위원회가 결정하는 중요한 어
[번호 없음] 종에 관한 구역 및 기간 중 또는 특정 어종에 대한 일정 수역 내에 있어서 어획에 종사하는 것 또 어획물을 당해 구역 및 기간 또는 당해 특정 어종에 대한 당해 일정 수역

내에 있어서 어획한 것이 아니라는 것이 입증될 경우에는 차한에 부재한다.

2. 체약국은 차등의 협정의 규정을 실효적으로 하기 위하여 체약국의 국민 및 어선에 관하여 위반에 대한 적당한 벌칙을 가진 필요한 법령을 제정, 시행하며 또 이에 관하여 자국이 취한 조치의 보고를 위원회에 송부하기로 동의한다.

3. 체약국은 본 협정의 규정에 의하여 각자 국민에게 어업 허가를 한 내용을 위원회에 통고한다.

제9조

1552 1. 체약국은 본 협정의 규정을 성실하게 실시하기 위하여 적정하고 유효한 조치를 취하는 데 대하여 상호 간에 협력하고자 다음과 같이 동의한다.

A (i) 본 협정 제1조의 관할 수역을 침범한 타 체약국의 어선을 발견하였을 때에는 당해 수역을 관할하는 체약국의 정당한 권한을 가진 공무원만이, 본 협정 제4조 1 및 3의 규정에 의하여 취해진 모든 제한 조치를 위반한 체약국의 어선을 발견하였을 때에는 어느 편의 체약국의 정당한 권한을 가진 공무원이라도 차등 어선에 임하여 기 장비, 장부, 서류, 기타의 물건을 검사하고 또 선내에 있는 사람에게 질문을 할 수 있다.

[번호 없음] (ii) 전기의 공무원은 선장의 요구가 있을 때에는 각자의 정부에서 발행한 신분증명서를 정시(呈示)하여야 한다.

B (i) 전기의 발견된 어선 및 사람 중 본 협정 제1조의 관할 수역을 침범하였을 때에는 그 수역을 관할하는 체약국만이 그 사람을 체포하거나 또는 그 어선을 나포할 수 있다.

(ii) 전기의 체포 또는 나포한 사람 또는 어선은 당해 수역을 관할하는 체약국이 그 국내법 단속의 규정에 의하여 재판하고 형을 과할 수 있다.

C (i) 전기의 발견된 어선 및 사람 중 본 협정 제4호 1 및 3의 규정에 위반된 행위를
1553 실행하였거나 또는 체약국의 공무원이 그 어선에 임할 직전에 그러한 위반 행위를 한 것을 명확하게 인정할 만한 상당한 이유가 있을 때에는 그 공무원은 그 사람을 체포하거나 또는 그 어선을 나포할 수 있다. 이 경우에 있어서 당해 공무원이 소속한 체약국은 전기의 사람 또는 어선이 소속한 체약국에 그 체포 또는 나포를 통고하고 또 될 수 있는 한 신속히 양 체약국이 상호 간에 합의된 장소에서 그 사람 또는 어선을 그 소속

한 체약국의 정당한 권한을 가진 공무원에게 인도하여야 한다.

(ii) 전기의 통고를 받은 체약국이 즉시로 인도를 받지 못하고 혹은 요청을 하였을
[번호 없음] 때에는 그 통고를 한 체약국은 전기의 사람 또는 어선을 양 체약국이 상호 간에 합의
한 조건에 의하여 자국의 영역 내에 감시하에 둘 수 있다.

(iii) 전기의 사람 또는 어선은 그 사람 또는 어선이 소속한 체약국의 당국만이 위반을 재판하고 또 차에 대한 형을 과할 수 있다.

(iv) 위반을 설명하는 데 필요한 증인 및 증거는 본 협정의 체약국의 관할하에 있는 한 위반을 재판하는 재판 관할권을 가진 체약국에 될 수 있는 한 속히 제공되어야 한다.

2. 체약국은 본 협정이 실시된 5년 후부터 1년간에 본 조 단속 규정에 실효성을 검
1554 토하기 위하여 또는 요망되는 경우에는 그를 일층 유효적으로 실시될 방법을 협의하
기 위하여 회합할 것에 동의한다.

3. 체약국은 위원회가 요청하는 모든 기록을 보존하고 또 위원회의 요청이 있을 때는 그 기록 및 기타의 정보와 편집물을 제공하는 것에 동의한다.

제10조

체약국은 위원회의 권고로 체약국의 동의가 있을 때까지는 본 협정 제6조 1 B의 규정에 의한 중요한 어종에 대한 주요한 구역 및 기간 또는 특정 어종 및 그의 일정 수역에 관하여서는 본 협정 제2부속서에 본 협정 제6조 1 C의 규정에 의한 어업 방식 및 동 D의 규정에 의한 어선 표지, 정선 신호, 기타 단속상 필요한 조치는 본 협정 제3부속서에 의거하기로 한다.

[번호 없음] 제11조

1. 본 협정에 부속된 제1부속서, 제2부속서 및 제3부속서는 본 협정과 불가분의 일부이며 본 협정 규정에 의하여 제2부속서 및 제3부속서가 수정되었을 때에도 이를 포함한다.

본 수정의 효력은 위원회가 행한 권고를 각 체약국이 수락하였다는 통지를 위원회에서 전부 수령한 날부터 발생한다.

2. 본 협정 각 규정 중에 각 체약국의 동의로써 효력을 발생할 경우에는 각 체약국

이 그 동의를 하였다는, 또는 위원회의 권고를 수락하였다는 통지를 위원회에서 전부 수령한 날부터 그 효력이 발생한다.

1555 제12조

체약국은 제3국이 본 협정 취지에 찬동하여 체약국으로서의 가입을 표명하는 경우에는 그 가입을 동의한다.

제13조

1. 본 협정은 체약국에 의하여 각자의 헌법상의 절차에 좇아 비준되어야 한다. 비준서는 될 수 있는 한 속히 도쿄에서 교환될 것으로 한다.

2. 본 협정은 비준서의 교환의 날에 효력을 발생한다.

본 협정은 10년간 효력을 존속하고 그 후는 타 체약국에 본 협정을 종료시킬 의사를 통고한 날부터 1년간 효력을 존속한다.

[번호 없음] 이상의 증거로써 각 전권위원은 정당한 위임장을 받아 본 협정에 서명한다.

1952년 월 일 도쿄에서와 같은 정문인 한국어, 일본어, 영어로 본서 2통을 작성한다.

대한민국 대표

일본국 대표

제1부속서

제2부속서

제3부속서

별첨

36-1. 한일어업협정안(한국 측 안 영문본)

1556 PROPOSED AGREEMENT FOR FISHERIES BETWEEN THE GOVERNMENT OF THE REPUBLIC OF KOREA AND THE GOVERNMENT OF JAPAN

(By the Korean side)

The Government of the Republic of Korea and the Government of Japan.

Being cognizant that it is of the common welfare of mankind, as well as of the interests of the two contracting parties, to ensure and develop the maximum sustained productivity of the fishery resources in the high seas, and also knowing that it is their right and duty based on the international law and custom to do so, and moreover, considering the desirability for elimination of causes of the disputes which might arise between the contracting parties as a result of their geographical proximity and intermingling of their fishing operation, and thus mutually respecting such jurisdiction as of coastal states over fisheries within the designated waters contiguous to the territorial waters of the two contracting parties, and

Recognizing equally the necessity for establishing the Korea-Japan Joint Fisheries Commission to be authorised, through scientific researches and studies and through co-ordinations, to make decisions, resolutions and recommendations to each party concerning such joint measures as necessary to be taken in order to ensure and develop the maximum sustained productivity of the fisheries resources, whereabout the two contracting parties are jointly concerned, and

Having, for these purposes, decided to conclude an agreement,

Hereby, through their respective duly empowered plenipotentialies, agree as follows:

1557 Article I

1. The contracting parties mutually confirm that each contracting party shall prohibit its national or fishing vessels from engaging in fishing activities in territorial waters of the other party and in waters under its jurisdiction over fisheries (hereinafter referred to as "the controlled waters"). However, the case that nationals or vessels of each party are given permission by the Government of the other party and observe the latter's controlling laws and regulations, shall be excepted from the above rule.

2. The mutually confirmed controlled-waters as stated in the paragraph 1 of the present article shall be the waters specified in the Annex No. 1 of the present agreement.

Article II

The contracting parties agree to take such joint measure on an equal footing as may be necessary for ensuring the maximum sustained productivity of the fisheries resources, about which the two contracting parties are jointly concerned, in the China East Sea (The Ease China Sea), Yellow Sea, East Sea) Sea of Japan without the controlled waters and the waters contiguous to these seas(hereinafter referred to as "the agreement waters").

Article III

For the purpose of this agreement, A the term "fishing vessel" shall mean any vessel engaged in harvesting aquatic animals or plants loaded on the high seas, or any vessel outfitted for such activities, and B the term "trawl fishing", any fishing operation performed by a vessel equipped with screw propeller using an otter trawl or a beam trawl and C the term "small trawl fishing", any fishing

1558 operation other than trawl fishing performed by a vessels equipped with screw propellers using a bottom dragnet.

Article IV

1. Regarding the fishery resources in the agreement waters, when an area of waters or period, in respect to important stock of fish, has through scientific researches been proved to be the main area of waters or period fro spawning of such stocks and growing-up of young fish and when special stocks of fish have through the same method been proved to be required for abstention from the catching thereof in a designated area of waters, the contracting parties agree to prohibit the nationals or fishing vessels from engaging in such trawl fishing, small trawl fishing and fishing activities which may be designated in addition by the Korea-Japan Joint Fisheries Commission to be established under the provision of the article V of the present agreement, as to be made in such area of water and during such period, concerning such important stocks of fish, and as to be made in the designated waters, concerning such special stocks of fish.

2. The Contracting Parties agree, when making the decisions on the main area and period in respect to the said important stocks fish and on the said special stocks of fish and the designated waters in respect thereto, to be in accordance with the investigation and recommendation made by the said Commission.

3. The Contracting Parties, considering the fact that they, as coastal state, have been taking the measures on conservation of the fishery resources,
1559 agree to decide, in accordance with the decision and recommendation by the aforementioned Commission, upon the appropriate fishing methods and the joint measures necessary for checking in connection with the exploitation of such resources in the agreement area.

4. The provision of Paragraph 1 of the present Article shall not be applicable to any fishing operation conducted by the said Commission.

Article V

1. The Contracting Parties shall, for the purposes of the present Agreement, establish and maintain a commission to be named as the Korea-Japan Fisheries Commission (hereinafter referred to as "the Commission").

2. The Commission shall be composed of two national sections, each consisting of not more than four members appointed by the respective Contracting Parties.

3. All resolutions decisions and recommendations of the Commission shall be made only by agreement of the two national sections.

4. The Commission may decide upon and amend, in case of necessity, rules and regulations for the conduct of its meetings.

5. The Commission shall meet at least once each year and at such other times as may be requested by either national section, The date and place of the first meeting shall be determined by agreement, between the Contracting Parties.

6. At its first meeting the Commission shall select a chairman and a secretary from different national sections. The chairman and Secretary shall hold office
1560 for a period of one year. During succeeding years, the selection of a chairman and a secretary from the national sections shall be made in such manner as will provide each Contracting Party in turn with representation in those offices.

7. The Commission shall decide on a convenient place for establishing the headquarters of the Commission.

8. The Contracting Parties may respectively establish an advisory Committee for their own national section, to be composed of persons who shall be well-informed concerning the fishery resources of common concern. Each such advisory committee shall be invited to attend all sessions of the Commission

except those which the Commission decides to be in camera.

9. The Commission may hold public hearings. Each national section may also hold public hearings within its own country.

10. The official languages of the Commission shall be Korean Japanese and if necessary, the translation and interpretation shall be made into other languages. Proposals and date may be submitted to the Commission in either official language.

11. Each Contracting Party shall determine and pay the expenses incurred by its national section. Joint expenses incurred by the Commission shall be paid by the Commission through contributions Made by the Contracting Parties in the form and proportion recommended by the Commission and approved by the Contracting Parties.

12. An annual budget of joint expenses shall be recommended by the Commission and submitted to the Contracting Parties for approval.

13. The Commission shall be authorized to disburse the funds for acquire facilities necessary for the performance of its functions.

1561 Article VI

1. The Commission shall perform the following functions:

A. To collect and appraise such information as may be deemed necessary, relating to the abundance, life history and cecology with respect to the fishery resources where about the Contracting Parties are jointly concerned, and if necessary, make, for getting the scientific proof, independent investigation, relating thereto.

B. (1) To make recommendations to each Contracting Party, adjusting and deciding upon, on the basis of the scientific investigations to e made for keeping the maximum sustained production of fishery resources, such main area and period in respect to the important stocks of fish or such special stocks of fish and designated waters in respect thereto as set forth in the Paragraph 1 of Article IV of the present Agreement;

(2) Regarding the aforementioned special stocks of fish, when it has come to be manifest through the scientific evidence that such restriction of fishing methods alone as will be prescribed in the Sub-paragraphc of this Article will not be, from every angle, capable of bringing forth the substantial increase in the anually continuing productivity, and in the case that the Commission is under the scientific investigation for the purpose of finding out the conditions necessary for the maintenance of the maximum production, to take special studies and measures as to the fishing tools, methods, etc. for such stocks of fish and to recommends to each Contracting Party the abstention from catching each stocks of fish, delineating the area of water;

1562 C. For the purpose of the through execution of the provision of the paragraph 3 of Article IV of the present Agreement, to decide upon the total fishing amount in the fishery resources wherein the two Contracting Parties have the common concern and to decide upon and recommend such fishing methods will lay restrictions necessary therefore on the kinds of fishing activities and the tonnage and number of fishing vessels, (inclusive of the restriction of height of fish and the adjustment of fishing tools and their structure and equipment);

D. To decide upon and recommend to each Contracting Party the marks, the lying signals, and other necessary measures for the checking, of the fishing vessels engaging in fishing activities in the Agreement area;

E. To consider and recommend to each Contracting Party the detailed items of equal penalties against the violation of provisions of the present Agreement;

F. To compile and study the records to be furnished with by the Contracting Parties under the provision of the Article IX, 3 of this Agreement;

G. To submit annually to the Contracting Parties a report, with appropriate recommendations, on the Commission's operations, investigations and decisions and to inform the Contracting Parties of any matter connected with the purposes of the present Agreement whenever it seems advisable to do so.

2. In the performance of its functions, the Commission shall, insofar as feasible, utilize the technical and scientific services or information of the official agencies of the Contracting Parties and may, when desirable and possible.
1563 utilize the services and information of any public or private institution or organization.

Article VII

1. In the event that it shall come to the attention of a Contracting Party that the nationals or fishing vessels of any country which is not a Party to this Agreement appear by their action to affect adversely the performances of the Commission's function and the attaining of the objectives of this Agreement, such Party shall inform the other Contracting Party of the matter. The two contracting Parties agree to confer in such cases about the steps to be taken.

2. The Contracting Parties agree to make checkings and controls in order that the nationals or fishing vessels of the Parties may not affect adversely the attaining of the objectives of this Agreement, being either formally or substantially in connection of Partnership or investment with the nationals or fishing vessels of any country which is not a Party to this Agreement.

3. The Contracting Parties agree to have the nationals or fishing vessels of the Contracting Parties when; violate the previsions of the Paragraph 2 of this Article be subject to all the controlling rules of this Agreement.

Article VIII

1. The Contracting Parties agree that the nationals or fishing vessels of one Party shall be prohibited, in the other Party's controlled-waters specified in

the Annex No. 1 of the present Agreement, in order to put into practice the provision of the Article I of the present Agreement, and the nationals or fishing
1564 vessels of each Party shall be prohibited, in case of such important stocks of fish, in such areas and during such period with respect to the important stocks of fish or in such designated waters with respect to the special stocks of fish as decided by the Commission, in order to put into practice the provision of the Paragraph I of Article IV of the present Agreement, respectively from engaging is fishing activities and from loading, possessing, processing, or transporting the catches of fish in such waters, However, the case that the catches of fish being loaded, possessed, processed or transported are proved not to be such catches of fish as in such area and during such period with respect to such important stocks of fish or as in such designated waters in respect to such special stocks of fish, shall be excepted from the above rule.

2. The Contracting Parties agree, for the purpose of rendering effective these provisions of the Agreement, to enact and enforce necessary laws and regulations with regard to their nationals and fishing vessels, with appropriate penalties against violations thereof and to transmit to the Commission a report on any action taken by them in respect thereto.

3. The Contracting Parties shall inform the Commission of the contents of the issuance of fishing licenses to their own nationals in accordance with the provisions of the present Agreement.

Article IX

1. To cooperate with each other in taking adequate and proper and
1565 effective measures in order to carry out faithfully the provisions of the present Agreement, the Contracting Parties agree as follows:

A (1) When fishing vessels of one Contracting Party have been found infringing the controlled-waters prescribed in the Article I of the present

Agreement, only the duly authorized officials of the Contracting Party which controls such waters may board such vessels to inspect their equipment, books, documents and other articles and may question the persons on board and when fishing vessels of a Contracting Party have been found violating all the restriction measures taken in accordance with the provisions of the Article IV, 1 and 3 of the present Agreement, the duly authorized officials of any Contracting Party may do the same.

(2) Such officials shall present credentials issued by their respective Governments if requested by the master of the vessels.

B (1) When such fishing vessels and persons have been found infringing the controlled-waters prescribed in the Article I of the present Agreement, only the officials of such Contracting Party as controls the waters may arrest or seize persona or vessels.

(2) With regard to the arrested persons or seized vessels mentioned above, the Contracting Party which controls such waters may try the offense and impose penalties therefore in accordance with the penalty provisions of its national law.

C (1) When any such person or fishing vessels has actually conducted in violation of the provisions of the Article IV,1 and 3 of the present Agreement of when there is reasonable ground for such violations to be obviously recognized immediately prior to boarding of such vessels by any official of the Contracting Parties, the official may arrest such persons of seize such vessels.
1566 In that case, the Contracting Party, to which the official belongs, shall notify the Contracting Party to which such persons or vessels belong of such arrest or seizure, and shall deliver such vessels of persons as promptly as practicable to the duly authorized officials of the Contracting Party to which such vessels or persons belong at a place to be agreed upon by other Parties.

(2) When the Contracting Party which receives such notification cannot

immediately accept delivery and make request, the Contracting Party which gives such notification may keep such persons or vessels under surveillance within its own territory, under the conditions agreed upon by both Contracting Parties.

(3) Only the authorities of the Contracting Party to which the above-meationed persons or vessels belong may try the offense and impose penalties therefore.

(4) The witnesses and evidence necessary for establishing the offense, so far as they are under the control of one of the Parties to this Agreement, shall be furnished as promptly as possible to the Contracting Party which has jurisdiction to try the offense.

2. The Contracting Parties agree to meet, during the sixth year of the operation of this Agreement, to review the effectiveness of the enforcement provisions of this Article and, if desirable, to consider means by which they may more effectively be carried, out.

3. The Contracting Parties agree to keep all records requested by the Commission and to furnish compilations of such reports and other information upon request of the Commission.

1567 Article X

The Contracting Parties shall act on the Annex No. 2 of the present Agreement, relating to such main area and period in respect to the important stocks of fish or such special stocks of fish and designated waters in respect thereto as prescribed in the paragraph 1, b of this agreement, relating to the fishing methods prescribed in the paragraph 1, c of Article VI of this agreement and to the marks of fishing vessels, the lying signals, and other necessary enforcement measures, prescribed in the paragraph 1, d of the same Article, until the matters mentioned above are recommended by the Commission and approved by the Contracting Parties.

Article XI

1. The Annexes No. 1, 2 and 3 attached hereto, including the part of Annexes No. 2 and 3 amended in accordance with the provision of the present agreement, shall form integral parts of the present agreement.

These amended annexes mentioned above shall be effective on the date upon which the Commission receives notification from all the contracting parties of their acceptance of a recommendation made by the Commission.

2. In the case of such provisions of this agreement as shall be effective by the agreement of the contracting parties, such provisions shall be effective on the date upon which the Commission receives notifications from all the contracting parties, of the agreement of the parties thereon or of their acceptance of the recommendation made by the Commission.

1568 Article XII

The contracting parties agree that a third country may join the parties in the case that she, supporting the effects of the present agreement, expresses the will for so doing.

Article XIII

1. The present agreement shall be ratified by the contracting parties in accordance with their respective constitutional procedure and the instrument of ratification shall be exchanged as soon as possible at Tokyo.

2. The present agreement shall enter into force on the date of the exchange of ratification. It shall remain in force for a period of ten years and thereafter until one year from the day on which a contracting party shall give notice to the other contracting party of an intention of terminating the agreement.

IN WITNESS WHEREOF the respective plenipotentiaries, duly authorized, have signed the present agreement.

DONE in duplicate, in the Korean, Japanese and English languages, each equally authentic, at Tokyo, This day of ______________, one thousand nine hundred fifty ______________.

REPUBLIC OF KOREA

Annex No. 1

Annex No. 2

Annex No. 3

37. 일본 어부 문제에 관한 대통령의 유시를 각 재외공관에 전달하는 공문

1569 장관(차관 전결사항) 차관[서명] 정무국장[인장] 아주과장[인장] 기안자[인장]

단기 4292년 8월 24일 기안

외정(아) 제1940호

단기 4292년 8월 24일

외무부 장관

각 재외공관장 귀하

건명: 일본 어부 문제에 대한 대통령 각하 유시 전달의 건

머리의 건 대통령 각하께서 우리 변호사협회가 일본어부 문제에 관한 일본 변호사협회의 성명을 반박한 신문 기사를 읽으시고 별첨과 같은 유시 말씀이 계셨으므로 그 사본을 송부하오니 참고하시기 바랍니다.

별첨: 동 유시문 사본 1통

이상

별첨

37-1. 대통령의 유시를 외무부에 전달하는 공문

1570 대통령 비서실

대비 제 호

단기 4292년 8월 21일

외무부 장관,

법무부 장관 각하

(사본: 외무부 차관)

대통령 각하 유시 전달의 건

머리의 건에 관하여 대통령 각하께옵서 신문에 발표된 우리 변호사협회에서 일인 변호사협회의 발언을 반박하는 기사를 읽으시고 참조하라는 뜻으로 별첨과 같은 유시 말씀이 계셨사오니 사수하시기를 경망하나이다.

이상

대통령비서관 박찬일

1571 "우리가 이 평화선을 만들어 선포한 것은 우리나라와 일본 두 나라 중간에다 선을 그어놓고 일인은 선 저쪽에서 우리는 선 이쪽에서 서로 평화스럽게 고기를 잡아먹자는 것이다.

일인들은 지난 40년 동안 우리가 우리 바다에서 고기를 잡는 것도 못 하게 하고 아무 손을 댈 수 없게 만들어 놓았으며 이때 우리를 돕는 우방도 없어서 우리 어업자들은 굶어가며 끌고 나오던 중 일본이 미국과의 싸움에 패한 후 한국에서 쫓겨 나갔으나 해안은 그냥 일인들이 점령하고 있었으니 우리로서는 이에 보복을 할 생각이 없지 않았던 것이다. 그런고로 우리가 일인에 대하여 저이들이 과거 40년을 혼자 해먹었으나 지금부터는 우리가 장차 40년을 혼자서 해먹겠다고 반론을 하고자 생각했었으나 이것이 너무 과하다고 생각도 되며 악을 악으로 갚는 것은 좀 심한 것 같기도 하고 또 따라서 감정으로 이것을 해결하려 하면 피차에 좋지 않을 것이므로 다시 생각하고서 우리가 의도하는 것은 평화를 유지하자는 것인 만치 그 가운데나 줄을 그어 평화선을 만들어 줄 저쪽은 너희들이 고기를 잡고 우리는 이편에서 고기를 잡아 서로 싸움을 말고 평화로이 지내자 해온 것인데 일인 정부에서는 이것을 안 하겠다고 하니 그 사람들은
1572 병력을 가지고 다 자기 것을 만들려고 하던 사람들이었으나 지금은 말하기를 바다는 만국 공동인 것인데 어떻게 한 나라의 것이라고 하겠는가 하고 나오나 우리는 이것이 우리 것이라고 한 것은 아니며 일본은 태평양을 자기 호수라고 하였지만 우리는 그런 것을 믿지도 않고 우리는 다만 공평하게 해놓은 것뿐인 것이다. 일인이 국제법에 위배되어 못 한다 하며 국제 재판에서 해결할 문제라 하나 세계의 공평한 재판장이 있어서 국제 공법에 의하여 결정해 놓겠다 해도 그것은 우리가 달게 여기지 않는 것이니 지금은 옳고 그른 것을 막론하고 병력 가진 사람들이 다 성공을 하니 세계 모든 나라가 이 문제를 해결하려 하여도 우리의 상당한 양해 없이는 믿는 마음이 없는 것이다. 왜 그런가 하면은 일인들이 과거에 우리나라에 들어와 국제 관계나 법을 다 잊어버리고 우리나라를 빼앗아 갔음에도 불구하고 그때 우리와 조약을 맺은 나라들이 속수무책으로 방관만 하고 있었던 것이며 또한 일인들이 우리와 약조한 것은 포기하고 우리나라를 자기 것으로 만들려 할 때 우리나라 대표자들이 모든 나라에 가서 호소하였으나 우리와 약조한 나라들이 일인이 우리나라를 뺏어가야 공정하다고 생각했거나 또 국제 공법이 없어서가 아니라 심지어 미국, 영국까지도 일본을 무서워하고 우리나라에 어려운 일이 있을 적에 돕겠다는 약조를 다 버리고 한국을 내버려 두었던 것이다. 우리 대
1573 표단 사람들이 어디를 가든지 그 우방들이 이 핑계 저 핑계 대면서 하나도 받아주지 않았으며 '이준', '이상설', '이위종' 등이 '해야[헤이그]' 국제회의에 호소하러 갔는데도 받아주지도 않고 내쫓아서 이준은 거기서 자결해서 죽어버렸던 것이니 이런 경험을 우리가 다 지낸 사람들이니까 국제상 도덕이니 공법이라 하는 게 아무 소용이 없었던 것이다. 우리가 알기까지는 이것이 차차 변경되어 국제적으로 옳고 그른 것을 가릴 수

있을 때까지는 우리는 우리 생각에 공정하고 옳은 것만을 가지고 시행해 보는 것이 좋
으리라는 것이니 지금에 양국 관계로는 거기서 더 공평한 일이 없는 줄로 아는 바이며
그래서 평화선을 그어놓고 이대로 하자고 하였지만 이것을 안 하겠다고 하니 그 사람
들은 군기와 친구들을 믿고 우리를 다시 해치려는 것밖에 안 되는 것이다. 세상에 공
평한 생각을 하는 사람은 남의 것을 뺏지도 말고 빼앗기지도 말자는 것이니 만일 평화
선이 잘못되었거든 누구든지 잘못된 것을 표명해 내라는 것이다. 우리 정부에서는 국
회를 통과해서 국법을 만들어 가지고 우리가 이것을 공평한 대로 해가는 것이니 이것
이 잘못되었다면 우리에게 알려줄 것이요, 잘못되지 않은 것을 일인을 도와서 해나간
다면 우리는 세상을 탄식할 뿐인 것이다. 오직 우리 알기까지는 공정한 법이 있다면
그것 가지고 시행하려 하며 만일 어떤 나라가 강력을 믿고 제 것을 만들어 가는 것을
1574 보고도 그 이웃 나라들이 법을 막론하고 그 사람들을 도와나가겠다면 남의 것을 빼앗
는 사람들의 세상이 될 것이니 우리는 이것을 피하려 하는 것이다. 이 평화선은 우리
가 어길 수 없는 원칙이니 국제법 운운하는 것은 토론이 있을 것이니 여기에 쓰지 않
는 것이 좋을 것이다."

38. 일본 정부의 동해 수역 자위선 파견 승인에 대한 조정환 외무부 장관 항의 담화문

1575 조 외무부 장관은 금일 다음과 같은 담화를 발표하였다.

8월 26일

대한민국 정부는 일본 어부들이 두 척의 소위 민간 자위선으로 하여금 동해에서 어로에 종사하는 일본 선박을 수행케 하고자 하는 계획을 세운 것을 일본 정부가 공식적으로 승인한 사실에 대하여 깊은 관심을 표명하는 바이다.

거반 일본 원양 어업협회가 6월 22일에 열린 긴급 총회에서 평화선을 침범한 일본 어선을 한국 관헌이 정당히 나포하는 데 대하여 도전할 것을 결정하였을 때 한국 정부는 일본 정부가 일본 어부들이 이와 같은 행동을 취하는 것을 방지할 적절한 조치를 취하리라고 기대하였었다. 이러한 기대와는 반대로 이에 일본 정부는 이 계획을 승인하기에 이르던 것이다.

한국 정부가 평화선을 선포한 근본 목적의 하나는 한일 양국 간의 공공연한 충돌로 발전할지도 모르는 어업 분쟁의 야기를 미연에 방지하자는 것이었다. 이 예방적 조치는 그네들 정부의 승인을 받은 일본 어부들의 도발적 행동으로 말미암아 방해를 당하고 있다.

한국 정부는 이 계획을 대한민국에 대한 매우 비우호적인 행위이며 또한 공공연한 도발 행위라고 간주하지 않을 수 없다. 대한민국과 일본의 양국 정부가 어업 및 평화선 문제를 포함한 제반 현안 문제를 회의 석상에서 토의하고 있는 이때 일본 정부가
1576 이 계획을 승인하기로 결정하였다는 것은 일본 정부가 성실성이 없고 또 이와 같은 여러 문제의 해결에 진정한 관심을 가지고 있지 않다는 것을 의미하는 것이다.

대한민국에 의한 그 정당한 권리의 정당한 행사를 방해하고자 평화선 근방에 소위 민간 자위 선박을 파견한다는 것은 비단 국제법에 대한 중대한 위반일 뿐만 아니라 대

한민국의 안전과 복리에 대하여 커다란 위협을 가하는 것이다. 더욱이 이 소위 자위선박들이 현재로서는 무장이 되어있지 않다고 하나 이는 평화선 내에 충돌할 일본 어선단의 종국적인 무장에의 첫 단계를 꾀하는 것이라고 해석될 수 있는 것이다.

이 문제에 관련하여 보도된 바에 의하면 일본 외무부는 만일 한국이 한일회담 진행 중에 평화선 내에서 일본 어선을 나포하지 않겠다고 보장한다면 평화선 근해로부터 이 소위 자위선을 철수할 것을 결정하였다고 한다. 일본 정부가 이 소위 자위선의 철수에 이와 같은 조건을 붙인다는 것은 실로 불합리하고 당치도 않은 일이다.

한국 정부는 일본 정부 및 일본 어부들이 이러한 그들의 행위가 어떠한 위태로운 결과를 가지고 올 것인가를 인식하여 평화선 내에로의 소위 자위선의 파견을 철회하는 조치를 시급히 취하여 한일 관계, 특히 현재 진행 중인 한일회담을 위하여 우호적인 분위기를 조성하여 줄 것을 충심으로 바라는 바이다.

별첨

38-1. 조 외무부 장관 담화문 영문본

1581 Foreign Minister Chung W. Cho issued today the following Statement.

August 26, 1959

The Republic of Korea Government views with serious concern the fact that the Japanese Government has given its official endorsement to the plan of Japanese fishermen to have two private "self-defense" ships accompany those of their vessels which are fishing in the Eastern Sea.

When the Japan Pelagic Association decided at an emergency meeting held on June 22 to challenge the lawful seizure by the Korean authorities of Japanese fishing vessels encroaching the Peace Line, the Korean Government expected that the Japanese Government would take appropriate measures to prevent these Japanese fishermen from engaging in such an action. Contrary to this expectation, the Japanese Government has come to approve this plan.

One of the fundamental purposes of the Korean Government in proclaiming the Peace Line was to forestall the occurrence of fishery disputes which might develop into open conflict between Korea and Japan. This precautionary measure has been thwarted by the provocative moves of the Japanese fishermen with the endorsement of their Government.

The Korean Government cannot but regard this project as a moat unfriendly
1582 action against this Republic and also as an action of overt provocation. The decision of the Japanese Government to endorse this plan at a time when the Governments of the Republic of Korea and Japan are discussing at the conference table all the various pending issues, including the fisheries problem and the Peace Line, implies that Japan lacks in sincerity and has no true interest

in resolving these differences.

The dispatch of private "self-defense" ships to the Peace Line areas to intervene in the lawful exercise of lawful rights by this Republic not only is in flagrant violation of international law, but also poses a serious threat to the security and well-being of the Republic of Korea. Furthermore, although the "self-defense ships in question are not to be armed now, this can be construed as making the first step toward the eventual arming of the Japanese fishing fleet operating in Peace Line areas.

In this connection, it is reported that the Japanese Foreign Office has decided to withdraw "self-defense" boats from the Peace Line areas if Korea guarantees not to seize Japanese fishing boats there while the Korea-Japan talks are under way. It is indeed illogical and even absurd that the Japanese Government should attach such a condition to its withdrawal of the "self-defense" ships.

The Korean Government sincerely hopes that the Japanese Government, as well as the Japanese fishermen, will come to realize the dangerous implications
1583 of their action in this regard and take prompt measures to withdraw the dispatch of "self-defense" ships to the Peace Line areas, thereby creating an amicable atmosphere for Korea-Japan relations, and particularly for the Korea-Japan Conference now under way.

45. 주일 미 대사관 2등서기관 윌리엄 H. 글라이스틴과의 대담에 대한 보고서[22]

1595 Tokyo, December 14, 1959

TO: Ambassador Tai Ha Yiu

FROM: Counselor Pil Shik Chin

Second Secretary William H. Gleysteen of the US Embassy came to see me this afternoon to talk on the Korea-Japan negotiations, and talked for about an hour. First Secretary Kibong Han was also present at the meeting.

First, he was greatly concerned about the reports concerning a top-level meeting by our government officials, including military service chiefs, asking me if we had any report in this regard from Seoul. As there was none, I told him that this office received nothing on the matter officially.

He then told us that he and Ambassador MacArthur, since their meeting with Amb. Yiu Monday last week, have been spending considerable length of time almost every day in close touch with the Japanese Foreign Office in the expectation that the joint communique would be announced, as scheduled. He was, of course, familiar with the difficulties which he said lied with both sides. Hoping that a series of recent developments, as indicated in various press reports, would not seriously affect the future of the negotiations now pending between Japan and our country, he asked what the present status of the negotiations was.

---

22 재일한인의 북한 송환 문제가 주된 내용이다.

I informed him as he was apparently not very familiar with detailed points, that although there was not much disagreement in regard to the text of the joint communique, the Japanese side failed to come out quite satisfactorily in respect of the contents of the Agreed Minutes. I explained to him that wording employed in the Agreed Minutes was not acceptable to us and the Japanese suggested a formula that another agreed minutes which would be those of the Committee on the Korean residents, be prepared to supplement the original Agreed Minutes. This suggestion of the Japanese side has been reported to the Government, I continued.

Gleysteen stressed the importance of reaching agreement with the Japanese side, especially, because both sides nearly reached one, repeating his hopes that both sides will be able to iron out the final details to mutual satisfaction. He said he believed it was still possible, if we permit no further delay. He has been receiving information concerning meetings between Vice Minster Choi and Charge d'Affaires Gilstrap from the US Embassy in Seoul. I said that if the Japanese had been a little more sincere in regard to the property to be taken by repatriating Korean residents and also to the amount of the compensation, the situation would have been better.

Regarding the latest proposal by our side concerning the International Court of Justice's arbitration of the deportation issue, he asked if we had any plan in mind in case the Japanese chose to reject it I told him that our objection to the Japanese deportation scheme is extremely strong and we intend to
1596 exhaust every means, when there are still any chances. I said, we certainly would wish the Japanese to agree to our proposal by immediately withholding the implementation of the deportation. I stressed that we wanted the Court arbitration on the issue, especially on the point that Japan violated the terms of the Agreed minutes signed at the end of 1957. Gleysteen felt that, if the proposal had been made at the early stage of the problem, for instance in

February or so, Japan might nave accepted it, provided our side agree to bring other issues pending with Japan before the court. He personally did not think it possible for Japan to do anything to stop the "repatriation", especially at this stage.

번역

1959년 12월 14일, 도쿄

수신인: 유태하 대사
발신인: 진필식 참사관

미 대사관의 윌리엄 H. 글라이스틴 2등서기관이 오늘 오후 찾아와 한일교섭에 대해 약 1시간 동안 대화를 나눴습니다. 한기봉 1등서기관도 동석했습니다.

첫째로, 글라이스틴은 군부 장관들이 포함된 한국 정부의 최고위급 회의에 대해 보고받고 크게 우려하고 있다며, 서울로부터 보고받은 내용이 있는지 물었습니다. 보고받은 바가 없었으므로 주일 대표부가 공식적으로 통보받은 사안은 없다고 답변했습니다.

그는 자신과 맥아더 대사가 지난 월요일 유 대사와 만난 후 예정대로 공동성명서가 발표될 것이라는 기대를 가지고 거의 매일 상당한 시간을 들여 일본 외무성과 긴밀히 소통하고 있다고 했습니다. 글라이스틴은 양측이 겪고 있는 어려움에 대해서는 잘 알고 있다고 말했습니다. 여러 언론 보도에서도 언급되었듯이 최근에 발생한 일련의 상황들이 현재 계류 중인 한일교섭에 앞으로 심각한 영향을 미치지 않기를 바란다고 말하며, 현재 회담의 상태에 대해 물었습니다.

글라이스틴이 구체적인 사안에 대해 아주 잘 알지는 못하는 것이 분명해 보여서 저는 공동성명서의 문안에 대해서는 큰 이견이 없으나 일본 측이 합의의사록의 내용과 관련하여 그다지 만족스러운 제안을 하지 못했다고 말했습니다. 합의의사록에서 사용한 표현을 수용할 수 없었고 일본이 재일한인위원회의 합의의사록을 작성하여 본래의 합의의사록을 보완하는 방식을 제안하여 우리 정부에 보고했다고 설명했습니다.

글라이스틴은 특히 양국이 거의 합의에 이르렀으므로 일본 측과 합의를 도출하는 것이 중요하다고 강조하며, 상호 만족할 수 있는 최종적인 합의안을 도출할 수 있기를 희망한다고 다시 한 번 언급했습니다. 그는 더 이상 합의 과정을 지연시키지 않는다면 가능하다고 생각한다고 했습니다. 글라이스틴은 최 차관과 길스트랩 대리대사가 서울에서 진행하고 있는 회의에 대한 정보를 받고 있다고 합니다. 저는 송환되는 재일한인이 가져갈 재산과 보상금에 대해 일본이 조금 더 성의를 보였다면 상황이 지금보다 나았을 것이라고 했습니다.

추방 문제에 대한 국제사법재판소의 중재에 관련하여 최근 우리 측이 제안한 바를 일본이 거부하는 경우에 대한 계획이 있느냐고 물어서 일본의 추방 계획에 대한 우리 측의 반대가 매우 강하며 가능성이 남아있는 한 모든 수단을 동원할 계획이라고 답변했습니다.

저는 일본이 추방을 즉시 보류하고 우리 측의 제안에 동의하기를 바라며 이 문제, 특히 1957년 말에 서명한 합의의사록을 일본이 위반한 데 대한 국제사법재판소의 중재를 원한다고 강조했습니다. 글라이스틴은 우리 측이 다른 현안을 사법재판소에 회부하는 데 동의한다는 전제하에 문제의 초기 단계, 예컨대 2월경에 제안을 했다면 일본이 수용했을 수도 있다고 생각한다고 했습니다. 그는 개인적으로 일본이 특히 지금 시점에서는 '송환'을 중단하기 위한 어떠한 조치도 취하지 않을 것이라는 의견이었습니다.

51. 한일 간 어업 및 평화선 문제에 대한 우리 입장 관련 해무청에 의견 송부 독촉 공문

1604 장관[서명] 차관[서명] 정무국장[인장] 아주과장[인장] 기안자[인장]

단기 4293년 4월 14일 기안

외정(아) 제514호

단기 4293년 4월 일

외무부 장관

해무청장 귀하

건명: 한일 간 어업 및 평화선 문제에 대한 우리 입장에 관한 건

머리의 건, 당부는 단기 4292년 8월 19일 자 외정(아) 제1906호로 한일회담의 의제의 하나인 어업 및 평화선 문제에 대한 우리 정부의 입장을 수립하기 위하여 귀청이 본건에 관한 우리 측의 이상안(Standard position)과 최대 양보선을 포함한 수 개의 대안을 작성, 제출하여 줄 것을 요망한 바 있으며 그간 귀청에서 이에 대하여 신중한 검토가 있었을 것으로 사료되온데, 오는 4월 15일에 속개될 한일회담에서 동 문제가 활발히 토의될 것이 예측되오니 전기 대안을 조속히 입안 작성하시어 당부에 송부하여 주시기 바라나이다.

사본: 상공부 장관

한일회담 자료총서 4

한국외교문서
제4차 한일회담 II

초판 1쇄 인쇄 2023년 12월 15일
초판 1쇄 발행 2023년 12월 27일

엮은이 동북아역사재단
해제·번역·감수 조윤수, 유의상
펴낸이 이영호
펴낸곳 동북아역사재단

등록 제312-2004-050호(2004년 10월 18일)
주소 서울시 서대문구 통일로 81 NH농협생명빌딩
전화 02-2012-6065
팩스 02-2012-6189
홈페이지 www.nahf.or.kr
제작·인쇄 역사공간

ISBN 979-11-7161-038-9 94910
978-89-6187-641-4 (세트)